BRIDGING THE TIBER

This volume is dedicated to the memory of
TIM POTTER

BRIDGING THE TIBER

APPROACHES TO REGIONAL ARCHAEOLOGY IN THE MIDDLE TIBER VALLEY

Edited by

HELEN PATTERSON

TIBER VALLEY
PROJECT

13

ARCHAEOLOGICAL MONOGRAPHS *OF*

THE BRITISH SCHOOL *AT* ROME

The British School at Rome, London
2004

Registered charity no. 314176

ISBN 0 904152 40 5

Cover illustration
The Tiber, with Monte Soratte in the background. *(H. Patterson.)*

Designed by SILVIA STUCKY

Typeset by STUDIO LODOLI SUD, ROME, ITALY

Printed by TIPOLITOGRAFIA AURELIA 72, ROME, ITALY

CONTENTS

List of figures   vii
List of colour plates   xi
List of tables   xi
Acknowledgements   xii

FOREWORD
T.W. Potter   xiii

CHAPTER 1   INTRODUCTION
Helen Patterson   1

APPROACHES TO RURAL SETTLEMENT

CHAPTER 2   THE RE-EVALUATION OF THE SOUTH ETRURIA SURVEY: THE FIRST RESULTS FROM VEII
Helen Patterson, Francesco di Gennaro, Helga Di Giuseppe, Sergio Fontana, Marco Rendeli,
Marta Sansoni, Andrea Schiappelli and Rob Witcher   11

CHAPTER 3   THE ENHANCEMENT OF THE SOUTH ETRURIA SURVEY: PHASE 1
Andrew Harrison, Ulla Rajala, Simon Stoddart, Rob Witcher and Ezra Zubrow   29

CHAPTER 4   MODELLI DI OCCUPAZIONE DEL TERRITORIO TRA L'ENEOLITICO E LA PRIMA ETÀ
DEL FERRO NELLA MEDIA VALLE DEL TEVERE
Alessandro Guidi   37

CHAPTER 5   IL PAESAGGIO ETRUSCO-ITALICO
Paolo Carafa   45

CHAPTER 6   CITY, TERRITORY AND METROPOLIS: THE CASE OF THE TIBER VALLEY
John R. Patterson   61

CHAPTER 7   LE CAMPAGNE DI FALERII E DI CAPENA DOPO LA ROMANIZZAZIONE
Franco Cambi   75

CHAPTER 8   LA VALLE DEL TEVERE NELLA TARDA ANTICHITÀ: INQUADRAMENTO DEI PROBLEMI
ARCHEOLOGICI
Federico Marazzi   103

CHAPTER 9   CIMITERI PALEOCRISTIANI E INSEDIAMENTI NEL TERRITORIO MERIDIONALE
DELLA SABINA TIBERINA
Vincenzo Fiocchi Nicolai   111

CHAPTER 10   L'INSEDIAMENTO E L'AMBIENTE NEI POSSESSI DI SAN CIRIACO IN VIA LATA E
SAN SILVESTRO IN CAPITE PRESSO LE ANSE DEL TEVERE (SECOLI XII–XIII)
Susanna Passigli   125

URBANISM

CHAPTER 11   UN CONFRONTO TRA GLI ORGANISMI PROTOSTATALI DELLE DUE SPONDE DEL TEVERE: LE PRIME FASI DI VEIO E DI CRUSTUMERIO
Francesco di Gennaro, Andrea Schiappelli and Angelo Amoroso   147

CHAPTER 12   CENTRI DELLA SABINA TIBERINA IN EPOCA PRE-ROMANA
Alessandro Guidi and Paola Santoro   179

CHAPTER 13   VEIO—PIAZZA D'ARMI: CAMPAGNE DI SCAVO 1996–7
Gilda Bartoloni   189

CHAPTER 14   I SANTUARI DI VEIO: RICERCHE E SCAVI SU PIANO DI COMUNITÀ
Giovanni Colonna   205
Appendice I: VEIO, PIANO DI COMUNITÀ: L'INDAGINE DEL 1997
Barbara Belelli Marchesini and Claudia Carlucci   214
Appendice II: L'ANTEFISSA A TESTA DI DEA ELMATA
Claudia Carlucci   218

CHAPTER 15   NEW APPROACHES TO ROMAN URBANISM IN THE TIBER VALLEY
Simon Keay, Martin Millett, Sarah Poppy, Julia Robinson, Jeremy Taylor and Nicola Terrenato   223
Appendix: THE HISTORICAL SIGNIFICANCE OF FALERII NOVI
Nicola Terrenato   234

CHAPTER 16   FORUM NOVUM (VESCOVIO): A NEW STUDY OF THE TOWN AND BISHOPRIC
Vince Gaffney, Helen Patterson and Paul Roberts, with contributions by Meg Watters   237
Appendix: HIGH RESOLUTION GROUND PENETRATING RADAR SURVEY AT FORUM NOVUM (VESCOVIO, RIETI)
Dean Goodman, Yasushi Nishimura and Salvatore Piro   248

PRODUCTION, EXCHANGE AND EXCHANGE NETWORKS

CHAPTER 17   CERAMICA PRE-ROMANA E SISTEMI ALIMENTARI: ELEMENTI PER UNA RICERCA
Andrea Zifferero   255

CHAPTER 18   CERAMICS AND COINS IN THE MIDDLE TIBER VALLEY FROM THE FIFTH TO THE TENTH CENTURIES AD
Helen Patterson and Alessia Rovelli   269

CHAPTER 19   THE ECONOMIC EXPLOITATION OF MINERAL RESOURCES IN THE TIBER VALLEY: ROAD BUILDING
Ray Laurence   285

CHAPTER 20   IL TEVERE E LE VIE DI TERRA NELL'ALTO MEDIOEVO
Tersilio Leggio   297

COLOUR PLATES   307

Index   317
Contributors' addresses   335

LIST OF FIGURES

PREFACE

1. Tim Potter and his daughter Belinda visiting Monte Gelato in 1998. *(H. Patterson.)*   xiii

CHAPTER 1

1. The Tiber Valley Project study area and surveys. *(S. Kay.)*   2

CHAPTER 2

1. Field walking at Veii in the late 1950s. *(BSR archive.)*   12
2. Quantity and distribution of all materials at Veii. *(R. Witcher.)*   13
3. Distribution of protohistoric materials at Veii. *(R. Witcher.)*   15
4. Distribution of Etruscan pottery at Veii. *(R. Witcher.)*   15
5. Distribution of Etruscan architectural objects, votives and kilns. *(R. Witcher.)*   16
6. Number of Etruscan sherds at Veii, divided into 25 year periods. *(R. Witcher.)*   16
7. Fragment of black-figure pottery depicting Heracles and Apollo. *(M. Sansoni.)*   17
8. Distribution of Roman pottery at Veii. *(R. Witcher.)*   18
9. Number of Roman sherds at Veii, divided into 25 year periods. *(R. Witcher.)*   19
10. Distribution of pottery of 350–250 BC. *(R. Witcher.)*   20
11. Distrubution of Roman votives and kilns. *(R. Witcher.)*   20
12. Distribution of pottery of 250–50 BC. *(R. Witcher.)*   21
13. Kiln spacers from the production of black glaze ware. *(H. Di Giuseppe.)*   22
14. Distribution of pottery of 50 BC–AD 100. *(R. Witcher.)*   23
15. Distribution of Roman luxury materials. *(R. Witcher.)*   23
16. Distribution of pottery of AD 100–250. *(R. Witcher.)*   24
17. Distribution of pottery of AD 250–450. *(R. Witcher.)*   25
18. Distribution of pottery of AD 450–650. *(R. Witcher.)*   25

CHAPTER 3

1. Basic elements of the Geographical Information System for South Etruria. *(Authors.)*   30
2. Network model, based on a Triangular Irregular Network, for the South Etruria Survey sites. *(A. Harrison.)*   33

CHAPTER 4

1. Distribuzione delle presenze di età pre- e protostorica della media valle del Tevere. *(R. Witcher.)*   38
2. Eneolitico–Bronzo medio iniziale (3500–1500 a.C. circa). *(R. Witcher.)*   39
3. Bronzo medio avanzato–Bronzo finale (1500–1000/960 a.C. circa). *(R. Witcher.)*   40
4. Prima età del ferro (1000/960–750 a.C. circa). *(R. Witcher.)*   41

CHAPTER 5

1. La media e bassa valle del Tevere e i territori attraversati dal fiume. *(Da Colonna 1986: fig. 1.)*   46
2. Roma, *Suburbium* settentrionale (1995–8). Tipologia e cronologia relativa degli insediamenti del VII secolo a.C. *(P. Carafa.)*   48
3. Roma, *Suburbium* settentrionale (1995–8). Tipologia e cronologia relativa degli insediamenti del VI secolo a.C. *(P. Carafa.)*   50
4. Roma, *Suburbium* settentrionale (1995–8). Percentuali di attestazione dei siti a continuità del occupazione, dei siti di nuova fondazione e dei siti abbandonati articolate per fasi. *(P. Carafa.)*   51
5. (a) Roma, Acqua Acetosa–Laurentina. Pianta ricostruttiva dell'edificio rustico, VI secolo a.C. *(Da Bedini 1990: 171.);* (b) Roma, nuovo Auditorium. Pianta ricostruttiva della fattoria, 550/500 a.C. circa. *(Da Carandini et al. 1997: fig. 7.)*   52
6. Roma, *Suburbium* settentrionale. Totali dei siti individuati articolati per fasi (dati aggiornati alla fine del 1998). *(P. Carafa.)*   54

7.   Roma, *Suburbium* settentrionale (a) totale dei siti di nuova fondazione articolati per fasi; (b) totale dei siti
     abbandonati articolati per fasi (dati aggiornati alla fine del 1998). *(P. Carafa.)*   55

8.   Roma, nuovo Auditorium. Pianta ricostruttiva della villa altorepubblicana. *(Da Carandini et al. 1997: fig. 8.)*   56

CHAPTER 7

1.   I confini fra i territori di Veio, *Falerii* e Capena. *(F. Cambi.)*   76

2.   *Ager Faliscus* 200–50 a.C. *(F. Cambi.)*   80

3.   *Ager Faliscus* 50 a.C.–100 d.C. *(F. Cambi.)*   82

4.   *Ager Faliscus* 100–200 d.C. *(F. Cambi.)*   91

5.   *Ager Faliscus* 200–500 d.C. *(F. Cambi.)*   94

CHAPTER 9

1.   I monumenti paleocristiani dell'Etruria e della Sabina meridionale tiberina (III–VI secolo). *(R. Witcher.)*   112

2.   Planimetria del complesso monumentale di Sant'Alessandro sulla Via Nomentana. *(Da Marucchi 1922: tav. 2.)*   113

3.   Galleria della catacomba di Sant'Alessandro sulla Via Nomentana. *(V. Fiocchi Nicolai.)*   114

4.   Ubicazione della basilica di Sant'Antimo e della catacomba di Montemaggiore. *(Da Stevenson, Codice Vaticano Latino,*
     10561, fol. 218v.)   115

5.   Planimetria della catacomba di Montemaggiore. *(Da Stevenson, Codice Vaticano Latino, 10561, fol. 217v.)*   116

6.   Pianta della catacomba di San Restituto a Monterotondo. *(V. Fiocchi Nicolai.)*   117

7.   Ubicazione dei santuari martiriali di San Giacinto e San Getulio nel territorio di *Cures Sabini.* *(R. Witcher.)*   118

CHAPTER 10

1.   Localizzazione delle tenute raffigurate nel Catasto Alessandrino. *(R. Witcher.)*   133

2.   Mappa del Catasto Alessandrino, del 15 marzo 1660.   134

3.   Il nodo di salice, esempio di uso della fibra vegetale. *(Da Patri s.d.: 99.)*   135

4.   Restituzione cartografica dell'uso del suolo delle mappe del Catasto Gregoriano. *(S. Passigli, S. Cann.)*   136

5.   Restituzione cartografica dell'uso del suolo delle mappe del Catasto Alessandrino. *(S. Passigli, S. Cann.)*   137

CHAPTER 11

1.   *Crustumerium.* Frammenti ricongiunti di vaso di impasto del Bronzo antico o medio dalle pendici occidentali
     dell'area urbana (ritrovamento *BSR* 1954). *(F. di Gennaro.)*   151

2.   *Crustumerium.* Monte Del Bufalo. Materiali dalla tomba n. 18, scavi 1996. *(M. Sabatini.)*   152

3.   *Crustumerium.* Monte Del Bufalo. Materiali dalla tomba n. 18, scavi 1996. *(M. Sabatini.)*   153

4.   *Crustumerium.* Cippo di tufo riproducente un'abitazione a pianta circolare dall'area sudorientale. *(M. Sabatini.)*   154

5.   *Crustumerium.* Protome fittile di felino. *(F. di Gennaro.)*   155

6.   *Crustumerium.* Olla di impasto rosso con quattro piattelli e decorazione dipinta in bianco. *(M. Sabatini.)*   156

7.   Veio. Distribuzione dei materiali della prima età del ferro sul pianoro. *(Da Guaitoli 1981a: fig. 1, con integrazioni.)* 158

8.   Veio, pianoro. Localizzazione schematica delle aree di rinvenimento dei materiali riferibili al primo ferro.
     (A. Schiappelli.)   159

9.   Veio, pianoro. South Etruria Survey: materiali riferibili alla prima età del ferro. *(S. Cann.)*   160

10. *Crustumerium.* Carta dei gradi di visibilità riscontrati nel corso delle ricognizioni effettuate tra il 1995 ed il 1996.
     (A. Amoroso.)   163

11. *Crustumerium.* Presenze della prima età del ferro (fasi IIB/III). *(A. Amoroso.)*   164

12. *Crustumerium.* Frammenti fittili provenienti dalle aree 1–6. *(A. Amoroso, L. Alessandri.)*   166

13. *Crustumerium.* Frammenti fittili provenienti dalle aree 7–13. *(A. Amoroso, L. Alessandri.)*   167

14. *Crustumerium.* Frammenti fittili provenienti dalle aree 14–22. *(A. Amoroso, L. Alessandri.)*   168

15. *Crustumerium.* Frammenti fittili provenienti dalle aree 23 e frammenti sporadici. *(A. Amoroso, L. Alessandri.)*   169

16. I territori dei centri latini compresi tra i fiumi Tevere e Aniene ed il torrente Fiora, delimitati attraverso poligoni di
     Thiessen. Fasi IIB/III della cultura laziale. *(A. Amoroso.)*   170

CHAPTER 12

1. Presenze dell'età del bronzo finale nell'area compresa tra *Nomentum* e Campo del Pozzo. *(R. Witcher.)*   180
2. Presenze della fase recente della prima età del ferro nell'area compresa tra *Nomentum* e Campo del Pozzo. *(R. Witcher.)*   181
3. Frammento ceramico raccolto alla base del versante nordoccidentale della collina di Puzzaroli. *(A. Guidi.)*   181
4. Presenze del periodo orientalizzante nell'area compresa tra *Nomentum* e Campo del Pozzo. *(R. Witcher.)*   182
5. Insediamenti del bronzo finale nell'area compresa tra Campo del Pozzo e Otricoli. *(R. Witcher.)*   183
6. Insediamenti dell'età del ferro nell'area compresa tra Campo del Pozzo e Otricoli. *(R. Witcher.)*   183
7. Magliano ed il suo territorio nel periodo orientalizzante. *(R. Witcher.)*   184
8. Poggio Sommavilla ed il suo territorio nel periodo orientalizzante recente. *(R. Witcher.)*   184
9. Insediamenti del periodo orientalizzante nell'area compresa tra Campo del Pozzo e Otricoli. *(R. Witcher.)*   185

CHAPTER 13

1. Veio, Piazza d'Armi: pianta generale degli scavi. *(S. Barberini, G. Benedettini.)*   190-1
2. Veio, Piazza d'Armi: pianta della campagna di scavo 1997. *(Disegno scavo.)*   192
3. Veio, Piazza d'Armi: veduta dell'edificio A da nordest. *(Foto scavo.)*   194
4. Veio, Piazza d'Armi: grafici dei materiali rinvenuti nelle diverse fasi dell'edificio B.   195
5. Veio, Piazza d'Armi: frammenti ceramici dall'edificio B. *(Disegni scavo.)*   196
6. Veio, Piazza d'Armi: ceramica d'impasto attribuibile alla fase medio orientalizzante. *(Disegni scavo.)*   197
7. Veio, Piazza d'Armi: frammenti ceramici dalle diverse fasi della strada principale nordovest–sudest. *(Disegni scavo.)*   198
8. Veio, Piazza d'Armi: grafici dei materiali rinvenuti nelle diverse fasi della strada principale nordovest–sudest.   199
9. Veio, Piazza d'Armi: la strada minore tra la struttura A e la struttura B da nordest. *(Foto scavo.)*   200

CHAPTER 14

1. Terrecotte dai dintorni di Piazza d'Armi. *(Da von Urlichs 1846: s.n.)*   206
2. Edificio Lanciani; rilievo di Lavernio Lufrani (MSS Lanciani 79, tav. XIX; BINASA). *(Da Delpino 1999: fig. 11.)*   208
3. Veio, Piano di Comunità. Carta riassuntiva delle anomalie della prospezione elettrica e delle tracce da fotointerpretazione. *(Università degli Studi di Roma 'La Sapienza'.)*   210
4. Veio, Piano di Comunità. Planimetria generale. *(Università degli Studi di Roma 'La Sapienza'.)*   211
5. Veio, Piano di Comunità. Cisterna romana, lato occidentale (anomalia 4, saggi E e F). *(Università degli Studi di Roma 'La Sapienza'.)*   212
6. Veio, Piano di Comunità. Strutture a sudovest della cisterna (saggio 12). *(Università degli Studi di Roma 'La Sapienza'.)*   213
7. Veio, Piano di Comunità. Muro di terrazzamento (saggio 13, anomalia 5). *(Università degli Studi di Roma 'La Sapienza'.)*   214
8. Veio, Piano di Comunità. Frammento di *louterion* dal saggio 13. *(Università degli Studi di Roma 'La Sapienza'.)*   215
9. Materiali votivi dalle pendici di Comunità (MSS Lanciani 79, tav. XI; BINASA). *(Da Delpino 1999: fig. 13.)*   216
10. Antefissa a testa di dea elmata. (Archivio della Soprintendenza Archeologica per l'Etruria Meridionale, neg. 17214, 17215).   218

CHAPTER 15

1. Location of sites discussed in the text. *(S. Cann, H. Goodchild.)*   225
2. *Falerii Novi*. Magnetometer image of parts of Insulae XXI, XXII, XXIII, XXXII, XXXIII, XXXIV, XLIII, XLIV, XLV. *(After Keay et al. 2000: fig. 25.)*   229
3. *Falerii Novi*. Interpretative plan of the area covered by Figure 2. *(After Keay et al. 2000: fig. 26.)*   230

CHAPTER 16

1. The location of *Forum Novum* (Vescovio). *(R. Witcher.)*   238
2. General view of *Forum Novum* (Vescovio). *(Our thanks to Marco Marcigiani for permission to use this photograph.)*   239
3. Magnetometry results — grey scale image — in relation to the church, the old excavations and the modern roads. *(M. Watters.)*   240
4. Interpretation of the magnetometry results — in relation to the church, old excavations and the modern roads. *(M. Watters.)*   241

5.   Resistivity results from the villa area. *(M. Watters.)*   242
6.   Magnetometry results from the villa area. *(M. Watters.)*   242
7.   Resistivity results from the villa area: (a) the results after preliminary processing of the data; (b) the results of data processing using a high-pass filter of x radius and y radius five; (c) the results of data processing using a high-pass filter of x radius and y radius ten. *(M. Watters.)*   243
8.   Magnetometry results from the area adjacent to the forum complex. *(M. Watters.)*   245
9.   GPR and magnetometry results from the villa area and the precinct with associated funerary structures. *(D. Goodman, Y. Nishimura, S. Piro, M. Watters.)*   246

CHAPTER 17

1.   Un modello interpretativo per la ceramica domestica pre-romana. *(A. Zifferero.)*   257
2.   Quadro di distribuzione (non esaustivo) dei fornelli della tipologia Scheffer, dalla tarda età del ferro al periodo ellenistico (seconda metà VIII–IV secolo a.C.), nell'area medio-tirrenica. *(Il quadro distributivo è ricavato da Zifferero 2000.)*   258
3.   Quadro di distribuzione (non esaustivo) dei 'testi da pane' con quattro prese, dalla fase orientalizzante alla fase tardoarcaica (seconda metà VII–prima metà V secolo a.C.). *(Da Zifferero 2000.)*   260
4.   Quadro ipotetico per un consumo della carne suina a Roma, tra VIII e VII secolo a.C. *(A. Zifferero.)*   262
5.   Quadro ipotetico per un consumo dei cereali a Roma, tra VI e V secolo a.C. *(A. Zifferero.)*   262
6.   Bacino con quattro prese complanari alla base, dal sito di Poggio Evangelista (Latera, VT), seconda metà VI–V secolo a.C. *(Da Berlingò 1995: 167, fig. 9.)*   263
7.   La figura dell'inserviente che lavora al *mortarium*, dalla parete laterale sinistra della tomba Golini I di Orvieto (metà IV secolo a.C.). *(Da Feruglio 1982: 16, fig. 6.)*   263
8.   Quadro di distribuzione (non esaustivo) dei 'testi da pane' con quattro prese, dalla fase classica alla fase ellenistica (seconda metà V–III secolo a.C.). *(Da Zifferero 2000.)*   264

CHAPTER 18

1.   Location of sites discussed in the text. *(H. Goodchild.)*   270
2.   *1–3* Late Roman cooking- and domestic-wares from Monte Gelato. *4–8* Late sixth- to seventh- (eighth-?) century cooking- and domestic-ware forms from excavations and survey in the Sabina. *(S. Cann.)*   273
3.   Late sixth- to seventh- (eighth-?) century cooking- and domestic-ware forms from excavations and survey in the Sabina. *(S. Cann.)*   274
4.   Late sixth- to seventh- (eighth-?) century pottery from excavations and survey in the Sabina: examples of vessels with combed slipped decoration. *(H. Patterson.)*   275
5.   Late eighth- to ninth-century cooking- and domestic-wares from excavations in the Campagna romana. *(S. Cann.)*   276
6.   Late eighth- to ninth-century domestic pottery and *ceramica a vetrine pesante* from excavations in the Campagna romana. *(S. Cann.)*   277
7.   Late eighth- to ninth-century pottery assemblage from the Campagna romana. *(H. Patterson.)*   278
8.   Coins of Justinian, Totila and Pope Hadrian III from excavations at the Mola di Monte Gelato. *(After Potter and King 1997: fig. 168. Reproduced by kind permission of R.P.J. Jackson and The British Museum.)*   280

CHAPTER 19

1.   Modern *selce* quarry on Monte Maggiore. *(R. Laurence.)*   286
2.   *Occhio di pesce selce* from the Via Flaminia at *Ocriculum*. *(R. Laurence.)*   289
3.   The Via Flaminia at *Ocriculum*: limestone blocks included alongside *occhio di pesce selce*. *(R. Laurence.)*   290
4.   *Falerii Novi*: use of *occhio di pesce selce* alongside blocks quarried from the Monti Sabatini. *(R. Laurence.)* 291
5.   Ostia: use of three types of *selce* on the Decumanus Maximus. *(R. Laurence.)*   292

LIST OF COLOUR PLATES

CHAPTER 14

1. Topografia di Isola Farnese e Vaccareccia: dettaglio della carta archeologica su base catastale. *(Da Delpino 1999: tav. V.)*   308
2. Veio, Piano di Comunità. Strada romana (saggio 6d).   309

CHAPTER 15

1. *Falerii Novi.* Interpretation of the magnetometer survey in relation to the city walls, the 1969–75 excavations and the medieval church. *(After Keay et al. 2000: fig. 7.)*   310-1

CHAPTER 16

1. GPR time-slices from the villa site. *(D. Goodman, Y. Nishimura, S. Piro.)*   312
2. GPR time-slices from the area adjacent to the forum complex. *(D. Goodman, Y. Nishimura, S. Piro.)*   313
3. Plan of the excavations of the forum complex and the probable *horreum*, as revealed by the GPR survey. *(D. Goodman, Y. Nishimura, S. Piro.)*   314
4. GPR results from the area adjacent to the forum complex. *(D. Goodman, Y. Nishimura, S. Piro.)*   315
5. Example of GPR profiles. Length of profiles 50 m, time-window 100 ns. *(D. Goodman, Y. Nishimura, S. Piro.)*   316

LIST OF TABLES

CHAPTER 7

1. *Ager Capenas*: i culti attestati in età romana.   78
2. *Ager Faliscus*: i culti attestati in età romana.   81
3. *Ager Faliscus*: prosopografia.   84
4. *Falerii Veteres*: prosopografia.   85
5. *Ager Faliscus*: prosopografia dei villaggi.   86
6. *Ager Capenas*: prosopografia.   89
7. Fiano Romano: prosopografia.   89
8. Morlupo: prosopografia.   90
9. Riano: prosopografia.   91
10. Rignano: prosopografia.   92
11. *Seperna*: prosopografia.   93

CHAPTER 13

1. Articolazione schematica della stratigrafia nell'area degli edifici A e B.   201

CHAPTER 19

1. Works detailed on milestones from the Via Appia.   288

CHAPTER 20

1. La presenza di scali lungo il corso del Tevere a nord di Roma.   300

ACKNOWLEDGEMENTS

Very warm thanks go to Gill Clark (the School's Publications Manager) for her valuable advice and expertise in the editing of the volume and to Inge Hansen for her help with the editing and the difficult task of contacting the authors with queries and deadlines. The expertise of Rob Witcher and Stephen Kay in supplying many of the images was greatly appreciated, and thanks are due to Helga Di Giuseppe, Maria Pia Malvezzi and Marta Sansoni for the Italian translations of the English abstracts. I am also indebted to Graeme Barker and Roger Wilson for their valuable comments and suggestions and to Andrew Wallace-Hadrill for his support in general for the project. Thanks also go to Silvia Stucky for her work on the design of the volume. Finally I would like to thank the authors themselves for contributing to the volume.

Helen Patterson,
Rome, September 2003

FOREWORD

T.W. Potter †

> *This preface was written by Tim Potter in 1999,*
> *when this volume was first being planned.*
> *As many readers will know, Tim sadly died in*
> *January 2000, depriving the Tiber Valley Project*
> *of his enthusiasm, inspiration and wise counsel.*
> *We have chosen to publish his text as he wrote it.*

FIG. 1. **Tim Potter and his daughter Belinda visiting Monte Gelato in 1998.** *(H. Patterson.)*

THE BRITISH TRADITION of archaeological fieldwork in the Roman Campagna is long-standing. In 1834, Sir William Gell published a handsome two-volume study, *The Topography of Rome and its Vicinity*, with a well-documented and meticulous site-by-site catalogue. George Dennis's celebrated *Cities and Cemeteries of Etruria* followed soon afterwards, in 1848, a majestic work both in terms of scholarship and literary elegance. These books surely influenced Thomas Ashby, Director of the British School at Rome (founded in 1901) from 1906 to 1925, in his great topographical researches, as undoubtedly did the *Carta archeologica d'Italia*; this was a project, initiated in the *Ager Faliscus* in 1881 by A. Cozza, A. Pasqui, G. Gamurrini and R. Mengarelli, that paved the way for the influential *Forma Italiae* series. In turn came John Ward-Perkins's magisterial South Etruria Survey, carried out over a period of nearly two decades from the early 1950s, a key British School at Rome venture.

The database for this region is thus enormously rich. Nevertheless, it has long been evident that the models of settlement evolution, developed essentially by Ward-Perkins in the 1950s and 1960s, would require fresh scrutiny, especially in the light of a new examination of the surface collections of pottery, about the chronology (and production centres) of which so much more is now known. Furthermore, there are innovative computer techniques of landscape analysis, especially Geographical Information Systems (GIS), which were undreamt of until recent years. Thus, when Dr Helen Patterson was appointed Assistant Director at the British School at Rome in 1996, a re-analysis of the South Etruria Survey material was clearly a top priority.

The need for a sharp academic focus for such a project was immediately obvious. This had been very much the thrust of Mrs Gill Andrews's conclusions in an external review of the School's archaeological activities, commissioned in 1993 by the Faculty of Archaeology, History and Letters. So was born the Tiber Valley Project, the inspired initiative of the School's Director from 1995, Professor Andrew Wallace-Hadrill. The principal research theme is to examine the nature and processes of urbanization on *both* sides of the river Tiber. This is incorporating a reassessment of the South Etruria material, as well as the results of more recent surveys such as those in the Farfa and Rieti areas. This will afford the chance to pose some intriguing questions. To what extent, for example, was the Tiber a bridge between two regions (and a corridor to Rome); or was it more of a cultural, economic, political and social barrier?

A start to this new phase of research in the Roman Campagna had already been made by Drs Simon

Stoddart and Caroline Malone in their investigation of Nepi and its environs, begun in 1991. But, from 1997, as the Tiber Valley Project's aims acquired a precise direction, teams from other universities (including Bradford, Birmingham, Bristol, Cambridge, Durham, Leicester, Oxford, Reading, Sheffield, Southampton, and also the British Museum) were drawn into the project. Important work, especially deploying geophysical techniques of investigation, has begun at *Falerii Novi*, *Ocriculum* and *Forum Novum*, with startlingly detailed results: town plans, entirely without excavation, emerged in an extraordinary way. These were presented at the 'workshops' held at the British School at Rome in the spring of 1997 and 1998. Other invited speakers included many Italian scholars, who are also working in the region, and whose studies are of direct relevance to the Tiber Valley Project. Both of these occasions proved to be exceptionally stimulating, and it was clearly desirable to publish many of the papers, as a statement of the project's aims and achievements.

The Tiber Valley Project is monitored by a Steering Committee, meeting annually at the School, and by a smaller Monitoring Committee, which convenes more frequently. It is our primary task (an academic fascination apart) to see that the project remains on course, and will lead to a full and prompt publication. Here, it is an especial pleasure to acknowledge a major award of £149,110 made by the Leverhulme Trust, to enable the appointment of two Tiber Valley Project Research Fellows, for a period of three years. An Italian and a British scholar were appointed to these posts, Helga Di Giuseppe and Rob Witcher, respectively specializing in the archaeological and historical aspects and in computer storage and analyses of the data. Likewise, it is excellent to be able to report that a team of mainly Italian ceramic specialists is hard at work, re-examining the South Etruria collections. As the first results emerge, it is already clear that there are many surprises in store. The dialogue between Italian and British archaeologists is here warmingly close and productive as, indeed, it is with the project as a whole. It is a splendid example of a bountiful Anglo-Italian collaboration.

The Tiber Valley Project is a very large venture. Geographically, it is intended to encompass the region between the middle reaches of the river, down to its mouth at Ostia; it is thus hard to think of any comparable enterprise on such a scale. Something of this will emerge in the ensuing pages. Meanwhile, we must be extraordinarily grateful to Helen Patterson, both for directing the British School at Rome's project with such flair, and for organising such highly successful 'workshops'. Her own expertise in medieval pottery, and her profound knowledge of the region's archaeology, will also make a decisive contribution. The prospect, as this volume sharply underlines, is a fascinating — indeed, crucial — re-evaluation of what must now rank amongst Europe's most intensively studied archaeological landscapes. It is a privilege to be part of this visionary enterprise, the parameters of which were first shaped, not least (as chance would have it) by British scholars, nearly two centuries ago.

INTRODUCTION

Helen Patterson

Non sine causa dii hominesque hunc urbi condendae locum elegerunt ...
flumen opportunum, quo ex mediterraneis locis fruges devehantur, quo maritimi
commeatus accipiantur ...
(Not without cause did gods and men select this place for establishing our city — with its ...
convenient river, by which crops can be floated down from the mid-land regions
and foreign commodities brought up ...)*

Livy v. 54.4

FEW RIVER VALLEYS can claim the historical importance of that of the Tiber, and an understanding of the river and its valley is key to an understanding of Rome and of its place in the ancient world. Rome's expansion to the north took place during the second half of the first millennium BC, as it gradually extended its dominion over the Sabines, Etruscans and Faliscans. By the third century BC Rome's control over the entire middle Tiber valley was affirmed, and the Tiber became a vital route for communication and trade, supported by a growing network of roads. At the height of Rome's power the Tiber was essential to the provision of the Urbs, linking the growing urban capital with its maritime ports and, to the north, the rich and fertile lands of central Italy. With the decline of the Roman world from the fourth century AD, but in particular from the sixth century, the river valley once again was divided into a series of separate political units, with the Tiber acting as a boundary between the Roman-Byzantine state centred on the west bank and the Lombard duchy of Spoleto to the east.

The effects of Rome's expansion and decline, and of the subsequent reorientation of the social, political and economic life of its hinterland, are themes that are central to Roman historical studies. Archaeology offers a unique opportunity to examine these processes in detail. It is surprising, therefore, that research in this area has tended to concentrate on one or the other side of the river valley. Despite the extensive evidence available, in particular as regards rural settlement, the full potential of the data for understanding these processes remains largely undeveloped. In particular, there has been no attempt to integrate the evidence relating to settlement, economy and culture to obtain the overview necessary for our comprehension of the development of the river valley and of the changing relations between the metropolis and its hinterland.

The papers in this volume were first presented at two workshops held at the British School at Rome in the spring of 1997 and of 1998 on 'Approaches to regional archaeology in the middle Tiber valley'. The background to both workshops is a project — the Tiber Valley Project — that the British School at Rome is organizing in collaboration with a number of British and Italian institutions and scholars. (It now involves twelve British universities and institutions, as well as a large number of Italian scholars.) The broad aim of the project is to examine the changing landscapes on both sides of the Tiber through two millennia, from 1000 BC to AD 1300, to produce a new, materially based, history of the river valley. The focus is on the middle Tiber valley as the hinterland of Rome, looking at the impact of the rise of Rome as a regional and then Imperial power and of its subsequent decline on the history of settlement, economy and culture.

The catchment area of the middle river valley has been defined by natural boundaries and roads; it covers an area of *c.* 2,500 square kilometres. Broadly speaking, it runs from Rome to the confluence of the river Nera with the Tiber, just north of Otricoli, including the Monti Sabatini and Monti Cimini on the west bank and the Monti Sabini on the east bank (**Fig. 1**).

The structure of the Tiber Valley Project has been outlined in detail elsewhere (Patterson and

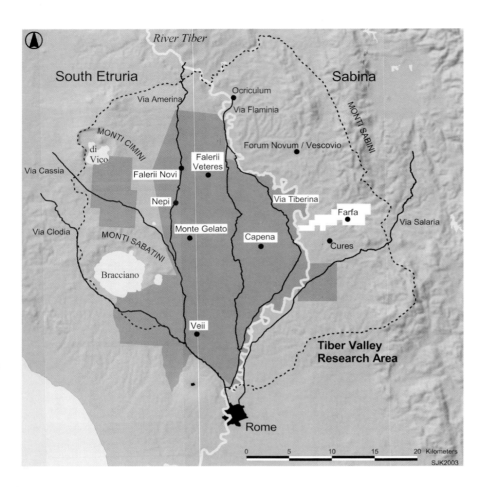

FIG. 1. **The Tiber Valley Project study area and surveys.** (S. Kay.)

Millett 1998; Patterson *et al.* 2000). It is based on comparative survey and involves the restudy of the material from John Ward-Perkins's South Etruria Survey (carried out between the 1950s and 1970s),[1] the integration of these data with material from more recent British surveys, in particular the Farfa Survey directed by John Moreland in the 1980s (Leggio and Moreland 1986; Moreland 1987), and with information from the numerous published surveys and excavations carried out primarily by Italian scholars. These data, their restudy, integration and analysis, form the core of the Tiber Valley Project. At the same time, new fieldwork aimed at filling the *lacunae* in our knowledge of settlement is being developed. A strong element of the latter is the study of urban centres, which has been relatively neglected, while other projects focus on the Sabina, on the east bank of the Tiber, where field survey has been less intensive, and on the study of the late antique and early medieval landscapes that are still poorly understood.[2] The project is therefore considering three broad sets of data: fieldwalking collections, published sources (excavation and survey) and geophysical survey, the latter being a major component of the new fieldwork.

Within these datasets, thematic studies are being undertaken by a number of scholars on specific aspects of the landscape.[3] In effect it comprises a series of projects, each with its own specific research aims, but forming part of the broader initiative. The fundamental tools for the integration and analysis of the data are the Tiber valley Geographical Information Systems (GIS) and database. At the core of the project are the School's two Leverhulme Research Fellows. Helga Di Giuseppe is collating and assessing all the published evidence relating to settlement and the economy and Rob Witcher is developing the Tiber valley GIS-database system. The final outcome will be a volume by Helga Di Giuseppe, Helen Patterson and Rob Witcher on the changing landscapes of the river valley.

It is an ambitious initiative but, as Tim Potter describes in the Foreword, the long tradition of landscape archaeology in this area has resulted in a wealth of data. Such studies began in the early nineteenth century, but the main contribution of John Ward-Perkins's South Etruria Survey was to identify a dense distribution of rural settlement in the area immediately to the north of Rome. Subsequently, other field surveys have been carried out in the same region, and in the Sabina, on the east bank, along with the excavation of individual sites. The middle Tiber valley is now one of the most intensively studied areas in the Mediterranean; the quantity of fieldwork, and in particular field survey, is immense. Another important factor is the developments in ceramic studies. In this respect, the Tiber valley is in a privileged position compared to many other mediterranean areas: the establishment of regional ceramic coarse-ware sequences in particular is permitting significant advances in the reconstruction of the landscape, especially for problem periods, such as late antiquity and the early Middle Ages. The restudy of old data, from surveys carried out when these sequences were not available, has much to offer in this context.[4] Finally, computerized technology, in particular GIS, now provides an invaluable tool for the organization and analysis of the vast quantities of data.

There are, of course, problems to be addressed, the greatest being the compatability of the data from numerous and diverse projects. The long history of survey in this area means that changing research interests and methodologies have produced markedly different results. The South Etruria Survey took place over some twenty years, and the methodologies adopted changed during this period. This problem is most evident, however, when comparing the results of old projects with those from recent surveys. Ward-Perkins's South Etruria Survey was a pioneering project and already advanced for its time, but not surprisingly there is an enormous difference between its methodological approaches and the sophisticated and highly intensive approaches to the collection and analysis of surface-survey data used by more recent projects. However, even the latter have methodological differences that complicate comparison of the data. The compatability necessary for the integration of these old and recent data is, therefore, a major consideration. A number of variables need to be assessed in order to understand the nature and form of the archaeological record of the valley in terms of landscape history: the variability in recovery techniques; the chronology of surface assemblages and excavated deposits that is based primarily on ceramic dating; and the definition of what is a 'site' and the diverse criteria used to define types of 'sites'.

The Tiber Valley Project is using various approaches in an attempt to resolve these problems. The re-evaluation of the South Etruria Survey is fundamentally improving our understanding of the chronology of sites and survey methodologies, while some new fieldwork is designed to enhance our knowledge of previous surveys. Another approach to this problem is to characterize the methodologies used by individual projects. However, whereas these details are available for recent surveys, this is often not the case for earlier work. In these cases some of the variables can be 'reconstructed' through the analysis of the survey results. Other discrepancies are in the terminology used and the dating criteria. The use of fine-wares to date survey material is a case in point. These problems are highlighted most clearly in areas that have been surveyed more than once (around *Cures* and Farfa, for example). Not surprisingly, a comparison of the results of a number of surveys carried out in this area from the 1880s to the 1990s[5] shows not only discrepancies in the dating of sites, but even in the spatial location of features. This is the result of various factors, for example changing methodologies and research interests, or changes in the nature of the archaeological record itself.

✳ ✳ ✳

The workshops brought together primarily British and Italian scholars and institutions working in the middle Tiber valley, between Rome and Otricoli on the Umbrian border, to present their work and discuss the significance of individual research projects in the broader context. As well as encouraging closer collaboration and the exchange of ideas, a further goal was to highlight the gaps in our knowledge and suggest directions for future research.

The first workshop marked the launch of the Tiber Valley Project. It highlighted the potential of an integrated approach to the study of the middle river valley and the problems to be confronted. The focus was on regional or landscape archaeology, with a session devoted to methodological approaches, followed by period syntheses of the archaeological landscapes of the river valley from prehistory to the Middle Ages. A further session focused on archaeological research and cultural resource management, with members of the Soprintendenze, Regioni and Provincie outlining the aims and priorities of their institutions for the archaeology of the middle Tiber valley. The second workshop, held in March 1998, considered other aspects of the landscape, with sessions devoted to the study of urbanism (with papers describing the latest results from the study of individual centres in the valley), followed by thematic sessions on production, consumption and distribution, communication networks, and historical perspectives.

✳ ✳ ✳

The format of the volume follows the structure of the two workshops and is divided into three sections that relate to a series of complementary themes: 'Approaches to rural settlement', 'Urbanism' and 'Production, exchange and communication networks'. The periods covered range from the Eneolithic and Bronze Age through to the Middle Ages. The aim is to provide a synthesis of recent work in the area and a sound starting-point for the next stage of research.

Although the volume is divided into three sections, there is clearly much overlap between the arguments and issues discussed, and I shall highlight some of the recurring themes here. Developments during the Eneolithic and Iron Age are summarized by Alessandro Guidi and Paola Santoro (Chapters 4 and 12) and by Andrea Schiappelli (in Chapter 11). Guidi emphasizes the need to reconstruct the ancient course of the Tiber for a valid interpretation of past settlement patterns, noting that the impossibility of identifying sites now buried by alluvial sediment is a major problem for the prehistoric and protohistoric periods. Interesting in this context is Susanna Passigli's paper (Chapter 10) on medieval settlement and economy in a specific area of the valley where, as she points out, the comparison of maps of the seventeenth, eighteenth and nineteenth centuries allows us to monitor changes in the course of the Tiber.

The Late Bronze Age to Early Iron Age saw the emergence of the first proto-urban centres in this area, including Rome itself: these centres became the focal points for the Etruscans, Latins, Sabines and Faliscans. When and how these proto-urban centres emerged, their organization and their relationships with their territories, are long-debated issues. It is clear from the various papers that discuss this period (Chapters 2, 4, 5, 11 and 12) that many issues are still not resolved. Although most scholars are in agreement as to when these centres emerged, with those of the east bank developing slightly later than those on the west bank, the nature of their formation is less clear. This is clearly highlighted by the contrasting opinions of Francesco di Gennaro/Andrea Schiappelli (Chapter 11) and those of Marco Rendeli (Chapter 2) for the evidence from *Veio*. Both are basing their conclusions in part on the results of the restudy of the South Etruria Survey material from this major Etruscan centre, and it is interesting to note how the same set of evidence can be interpreted very differently. Their contrasting interpretations represent diverse hypotheses regarding the development of proto-urban centres. One sees the contemporary existence of independent villages at the edge of the plain, each with its own necropolis (Rendeli, Chapter 2). The second sees a more extended form of settlement on the plain, perhaps with areas for cultivation, and diverse necropoli as seen in a number of ancient centres from protohistory to the medieval period (a summary of these arguments being given by Schiappelli in Chapter 11).

The discussion of the surface material from *Veio* (Chapter 2) represents the first results of the School's restudy of the South Etruria Survey. A large percentage of the material collected by Ward-Perkins and his team comes from the plain of *Veio* and its necropolis: however, the material had remained largely unpublished. Despite substantial interim reports, Ward-Perkins never published in full the results of his survey. It was Tim Potter who provided a synthesis of the results in his classic work, *The Changing Landscape of South Etruria* (Potter 1979). Large sections of Tim Potter's volume are dedicated to the discussion of *Veio*, and it is not surprising that this major Etruscan centre is the subject of several papers. *Veio* has for long attracted the interests of archaeologists, in part because of its sheer importance as a rival to the expansionist ambitions of Rome. Consequently, it is one of the most intensively studied proto-urban centres in the middle Tiber valley. As demonstrated in Chapter 2, the full and systematic study of the material collected from the plain during the South Etruria Survey gives a valuable insight into the development of the centre through time. However, as the contrasting interpretations of the evidence by Rendeli and by di Gennaro and his colleagues highlight, surface-survey data does have limitations. Furthermore, the South Etruria Survey, although advanced for its time, was methodologically not at the level we would expect today. The recent excavations by Gilda Bartoloni (Chapter 13) in the area of Piazza d'Armi and by Giovanni Colonna in the area of Piano di Comunità (Chaper 14) promise well for a more detailed understanding of this complex centre. However, the opinions given in these papers regarding the location of the acropolis of Etruscan *Veio*, a long-debated issue, highlight the need for further research. Bartoloni's research focuses on the area of Piazza d'Armi, traditionally thought to be the acropolis of *Veio*. Although not confirming or denying this interpretation, Bartoloni believes that from the beginning of the urbanization of *Veio*, Piazza d'Armi seems to have been the 'residenza del potere'. Geophysical survey followed by excavation has permitted an assessment of earlier excavations in the area and shed new light on the urban plan and road system during the Iron Age and the Etruscan period. Previously Piazza d'Armi was thought to have been abandoned by the late sixth century: however, the recent excavations have revealed evidence for a phase of intense building activity at the end of the sixth or beginning of the fifth century BC. It is after this date that the area was abandoned, suggesting a substantial change in the urban plan. Colonna's excavations at Piano di Comunità again build on earlier survey and excavations of this area. He identifies Piano di Comunità as the acropolis of the Etruscan city of *Veio* and discusses the first results of the excavations aimed at identifying the temple of Juno Regina and examining developments in the area during the Etruscan and Roman periods.

As regards differences between the west and the east bank, not only do the proto-urban centres of the west bank develop more precociously, but they are much larger — we have only to contrast the 190 hectares of *Veio* with the 25–30 hectares of *Cures*. As several authors point out, this in part is a consequence of the diverse nature of the geomorphology: on the west bank predominantly volcanics, and on the east bank predominantly limestone. Certainly in the case of the hilltop settlements, or 'insediamenti in altura', characteristic of the Iron Age and the medieval period, limestone formations provide well-defined plateaux of substantial dimensions for the development of large nucleated centres, for example that of *Veio*. This is not the case for volcanic areas. However, the difference in the size of nucleated settlements is one that seems to remain throughout the history of this area, even in the Roman period, when settlements tended to be on low and open terrain. This is certainly the case if we compare the plan of the Roman town of *Falerii Novi* on the west bank (Chapter 15) and the small market town of *Forum Novum* on the east (Chapter 16). Although recent research suggests that, in terms of sheer size, *Falerii Novi* is fairly exceptional compared with other Roman centres throughout the middle Tiber valley, the general impression is that, as in the Iron Age, the Roman nucleated settlements on the west bank are larger than those of the east bank, and the same is largely true of the modern landscape.

A key theme, and one addressed by several papers, is the impact of the rise and expansion of Rome on its immediate hinterland. During the fifth to early fourth centuries Rome began to extend its dominion over the middle Tiber valley. The picture painted by the histor-

ical sources for this period is one of great conflict and instability. During the fifth century Rome undertook endless wars with its Etruscan and Latin neighbours to the north, south and east. The countryside suffered a series of famines, but the gravest threat of all was the Gallic attack on Rome itself in the late fourth century BC. For Tim Potter, in *The Changing Landscape of South Etruria*, the fifth and fourth centuries were characterized by the Roman conquest of the area. Many Etruscan and Faliscan centres were defended with substantial stone walls, including Veii, Capena and *Falerii Veteres*, and there was evidence for a reduction in the size of the centres. However, he found little evidence for any abandonment or decline in the countryside and even saw a modest rise in the number of rural sites. He therefore identified little evidence of the historically attested instability of this period; instead, the transition from the Etruscan to the Roman Republican period was established as part of the gradual, but increasingly rapid, expansion of settlement that continued to its peak during the Imperial period. Paolo Carafa's analysis of the settlement evidence, primarily on the basis of surveys in the area, from the eighth century BC to the Republican period (Chapter 5) supports this picture. In this context it will be interesting to see the final results of the restudy of the South Etruria Survey material. The preliminary results of the restudy suggest a different pattern to that proposed by Potter, with evidence for periods of instability that tend, to a certain extent, to support models based on the historical evidence. These arguments are also discussed by Franco Cambi (Chapter 7), who uses the evidence from the work of Potter and Jones within the South Etruria Survey alongside the literary and epigraphic sources, as a basis for a detailed analysis of the landscapes of the *Ager Faliscus* and the *Ager Capenas*. It is a diachronic analysis that attempts to define the various settlement types and their relationship with the landscape from the Republican until the late Imperial period and beyond. Not surprisingly, a constant theme throughout Cambi's paper is the impact of Rome on the area, in particular on the cults and on landownership.

As noted above, the emphasis of fieldwork in this area has been on survey, and the evidence for Roman rural settlement is abundant. In contrast, understanding of urban centres is relatively poor; much of our knowledge is based on the epigraphic evidence and limited excavation. The restudy of the material collected from *Veio* (Chapter 2) gives a valuable insight into the history of this centre during the Roman period, highlighting the contraction of settlement from the Republican period followed by the concentration of settlement in the central and northeastern parts of the plain, in an area that corresponds to the later *municipium*. Interestingly, the survey evidence suggests a progressive decline at *Veio* from the later second century AD, a decline suggested also by the epigraphic evidence. A similar decline in the same period is noted at another urban centre, *Forum Novum* (Chapter 16), and also in rural settlement on both sides of the Tiber. Simon Keay and Martin Millett's work on a range of Roman settlements in the middle Tiber valley, carried out as part of the Tiber Valley Project, highlights the enormous potential of geophysical survey for understanding the layout of ancient centres, providing in the case of *Falerii Novi* a detailed plan of the town (Chapter 15). The work at *Forum Novum* (Chapter 16) uses a slightly different approach, combining geophysical survey with the excavation of selected areas to provide a detailed study of one centre and of a particular form of urbanism — fora. As noted above, the comparison of the results from *Falerii Novi* and those from *Forum Novum* clearly reveals the great variations in the size and nature of Roman centres in the middle Tiber valley.

With the consolidation of Rome's power, the society, economy and culture of the river valley was oriented towards the Imperial capital. John Patterson (Chapter 6) uses both archaeological and historical evidence to examine the relationship between Rome and the middle Tiber valley during the first and second centuries AD. He suggests a series of models for the impact of Rome on economic, social and political structures, and in particular looks at the effect of the demand for goods and produce generated by Rome and the interests of members of the imperial house in the area. Ray Laurence's paper (Chapter 19) also focuses on the demand for goods, but for a specific material, basalt for the paving of roads. He looks at the history of road-paving and examines the exploitation of *selce* or basalt from two main sources within the Tiber valley in order to establish the chronological and regional use of these materials. His analysis suggests more complex mechanisms than might be expected behind the supply and consumption of such stone, and raises interesting new issues regarding the economic systems in operation. One of the most interesting points to emerge regards the types of basalts used in the construction of roads; it is clear from Laurence's study that this did not always depend on the most easily available source of this material and that other factors were at work.

Several papers examine the issues surrounding the decline or 'transformation' of the Roman world and the transition to late antiquity and the early Middle Ages (Chapters 8, 9 and 18), a period that has been the subject of much debate in recent years. In Chapter 8 Federico Marazzi analyses the late antique landscape, focusing on the fourth and fifth centuries. He summarizes the evidence and comments on the contrast between the relatively rich documentary evidence for churches and cemeteries in this period and the archaeological evidence for settlement. The former suggests a well-populated landscape, although not at the level of the first and second centuries AD, while the latter is noticeably scarce. Marazzi suggests ways in which archaeologists should be focusing their research in order to resolve these problems. Vincenzo Fiocchi Nicolai, with his classic work on the churches and early Christian cemeteries of southern Etruria (Fiocchi Nicolai 1988), first noted the discrepancy between the abundant evidence for dead people in the area and the almost total lack of evidence for the living. He highlighted this contrast in his comparison of Potter's map for settlement in South Etruria between the fifth and the ninth centuries with the evidence for churches and cemeteries of the same period (Fiocchi Nicolai 1994). In this volume, he extends his research to the southern part of the Sabina Tiberina (Chapter 9), noting that, in contrast to the situation in South Etruria, in this area the early Christian cemeteries, although still mainly rural, were much larger in size and seem predominantly to have been connected with martyr cults. As in the case of South Etruria, however, the evidence for churches and cemeteries contrasts with the poverty of archaeological evidence for settlement.

Another important element to consider regarding developments during the transition from the Roman to the medieval landscape is the communication networks; the road system and, of course, the Tiber itself. This is the subject of Tersilio Leggio's paper (Chapter 20), which uses primarily documentary sources to examine the role of the Tiber and the nature of the road network during the early medieval and medieval periods. One of the main points to emerge is the importance of the Tiber both as a boundary and as a communication and transport route during the early Middle Ages.

Documentary sources are also used to great effect in Susanna Passigli's paper (Chapter 10), where she integrates the written sources of the twelfth to thirteenth centuries from the monastery of San Silvestro in Capite and the chapter house of Santa Maria in Via Lata with later textual, cartographic and ethnographic sources to provide a detailed reconstruction of landholding and land use on both sides of the Tiber within the *Ager*

Romanus. One of the major points to emerge from her research is a marked change in the rural environment in the fourteenth century, when the methods of land use that have characterized this area during the twelfth and thirteenth centuries appear to have been abandoned. This change corresponds with the crisis already noted for economic and settlement systems in this period.

Field survey is heavily dependent on ceramics for the identification and dating of settlement, an aspect that emerges clearly from many of the papers presented in this volume. However, a number of papers discuss the ceramic evidence, not only in terms of settlement patterns, but for the information it provides regarding past social, economic and cultural systems (for example, Chapters 2, 17 and 18). The restudy of the South Etruria Survey material from *Veio* has, for example, shed light on the exchange networks in which the centre was involved during the Etruscan and Roman periods, and has identified a previously unknown production centre of black glaze ware (Di Giuseppe, in Chapter 2). Andrea Zifferero's paper (Chapter 17) shows the potential of pre-Roman coarse-wares for a study of the subsistence systems and diets of the peoples of the middle Tyrrhenian area. He uses the results of his research to examine broader issues, such as the acculturation between communities, the status of consumers and ritual practices.

As regards the late antique and early medieval periods, the main problem has been identifying the pottery (and consequently settlement) in the first place. Both Marazzi and Fiocchi Nicolai (Chapters 8 and 9) emphasize the problems of the archaeological evidence for our understanding of late antique and early medieval settlement. One of the major issues, as Marazzi notes, is the poor understanding of the ceramic types in use and thus the inability to identify the pottery and consequently the failure to identify settlement. However, in recent years great advances have been made in ceramic studies of this period and, although there are still substantial gaps in our knowledge, we are now at a point where it is possible to use the ceramic evidence to examine social and economic developments during the late Roman and early medieval periods. Helen Patterson and Alessia Rovelli's paper (Chapter 18) uses the evidence of both pottery and coins to examine aspects of this period and to synthesize the problem and discuss the resulting biases in the evidence for settlement. One of the main points to emerge from this study is the fragmentation of the economic systems following the collapse of the Roman state. From the late fourth century and especially from the fifth to sixth centuries there is an increasing divergence between the coarse-ware types available in Rome itself and those in the countryside: this represents the first signs of the fragmentation of the existing system. However, it is from the later sixth century in particular that the evidence of both the pottery and the coins indicates the breakdown of the Roman economic system, after which a monetary economy ceased to exist and different ceramic production and supply systems emerged on either side of the Tiber. Only in the late eighth century does the ceramic evidence indicate renewed links between Rome and its hinterland: however, these links are limited to the west bank of the Tiber and contemporary with the foundation of the *domuscultae* in this area by the papacy. The most striking illustration of this comes from Tim Potter's excavations at Monte Gelato, itself part of the *domusculta* of *Capracorum* (Potter and King 1997), which right from its foundation in the late eighth century had a pottery kiln producing ceramic vessels identical to those circulating in Rome.

* * *

Tim Potter's contribution to archaeological research in this area is enormous — the Mola di Monte Gelato remains one of the few excavations in the middle Tiber valley study area to have been published fully. However an even greater contribution was that made by his *The Changing Landscape of South Etruria*, published in 1979, which represented the first and only attempt to examine changes in settlement, economy and culture in one part of this area through time. The South Etruria Survey and Tim Potter's original analysis was and still is enormously influential in British and Italian landscape archaeology, and not surprisingly they are a constant reference-point for many papers in this volume.

The Tiber Valley Project takes his achievement one step further. Tim was Chairman of the Tiber Valley Committee, a role he fulfilled with enormous enthusiasm and genuine support. Tim felt very strongly the need to restudy the data collected by the South Etruria Survey, although he realized that it would probably lead to a substantial modification of his original synthesis. It was a great pleasure to see him meet the group of young British and Italian specialists working on the material collected by him, John Ward-Perkins and others so many years ago, and discuss with them the first results. His enthusiasm, wise counsel and the encouragement he gave, in particular to the younger British and Italian participants in the project, are greatly missed, and it is with much affection and sincere thanks that this volume is dedicated to him.

Notes

* The translation is taken from the Loeb Classical Library.

1. The first results of the restudy of the South Etruria Survey data are presented in Chapter 2 and focus on the material collected from the Etruscan and Roman town of *Veio*.

2. Preliminary results of some of the new projects are presented in this volume. On-going fieldwork includes Simon Keay and Martin Millett's study of Roman towns through geophysical survey (see Chapter 15); and Vince Gaffney, Helen Patterson and Paul Roberts's study of the Roman town and early medieval bishopric of *Forum Novum* (Vescovio) in the Sabina through geophysical survey and excavation (Chapter 16). Field-survey projects include the Corese field survey directed by Helga Di Giuseppe, Marta Sansoni, John Williams and Rob Witcher (Di Giuseppe *et al.* 2002), the Galantina survey directed by Alessandro Guidi, Paola Santoro and Helen Patterson, both in the Sabina, and, on the west bank, the Nepi survey directed by Ulla Rajala and Simon Stoddart (di Gennaro *et al.* 2002).

3. The thematic studies are as follows: Ray Laurence, Josie Browning and Stuart Black — fora and roads (Chapter 19); Will Clarke — decorative building stones; Shawn Graham — bulk building materials; Andrew Wilson — water management; Louise Revell — epigraphy; Helen Goodchild — agriculture. A number of Italian scholars are developing medieval themes: see, for example, Vincenzo Fiocchi Nicolai — early Christian sanctuaries and cemeteries (Chapter 9); Tersilio Leggio — medieval roads (Chapter 20); and Helen Patterson and Alessia Rovelli — ceramics and coins in late antiquity and the Middle Ages (Chapter 18).

4. This was one of the main reasons why Tim Potter never published in full the results of his survey of the *Ager Faliscus*. With the new information emerging from excavations both in Rome and in South Etruria, he realized that a full restudy of the material in the light of these new sequences was necessary. See Chapter 2 for the first results of the restudy.

5. See, for example, Jones 1962; 1963; Gamurrini *et al.* 1972; Muzzioli 1980; Leggio and Moreland 1986; Moreland 1987.

References

di Gennaro, F., Cerasuolo, O., Colonna, C., Rajala U., Stoddart, S. and Whitehead, N. (2002) Recent research on the city and territory of Nepi (VT). *Papers of the British School at Rome* 70: 29–77.

Di Giuseppe, H., Sansoni, M., Williams, J. and Witcher, R. (2002) The *Sabinensis Ager* revisited: a field survey in the Sabina Tiberina. *Papers of the British School at Rome* 70: 99–149.

Fiocchi Nicolai, V. (1988) *I cimiteri paleocristiani del Lazio* I. *Etruria meridionale* (*Monumenti di antichità cristiana* 10 serie 2). Vatican City, Pontificio Istituto di Archeologia Cristiana.

Fiocchi Nicolai, V. (1994) Considerazioni sull'archeologia del territorio laziale nell'alto medioevo. In R. Francovich and G. Noyé (eds), *La storia dell'alto medioevo italiano (VI–X secolo) alla luce dell'archeologia (Convegno internazionale, Siena, 2–5 dicembre 1992)*: 403–6. Florence, All'Insegna del Giglio.

Gamurrini, G.F., Cozza, A., Pasqui, A. and Mengarelli, R. (1972) *Carta archeologica d'Italia (1881–1897). Materiali per l'Etruria e la Sabina (Forma Italiae* 2 (1)). Florence, Leo S. Olschki.

Jones, G.D.B. (1962) Capena and the Ager Capenas. Part 1. *Papers of the British School at Rome* 30: 116–207.

Jones, G.D.B. (1963) Capena and the Ager Capenas. Part 2. *Papers of the British School at Rome* 31: 100–58.

Leggio, T. and Moreland, J. (1986) Ricognizione nei dintorni di Farfa, 1985: resoconto preliminare. *Archeologia Medievale* 13: 333–44.

Moreland, J. (1987) The Farfa Survey: a second interim report. *Archeologia Medievale* 14: 409–18.

Muzzioli, M.P. (1980) *Cures Sabini (Forma Italiae, Regio IV* 2). Florence, Leo S. Olschki.

Patterson, H. and Millett, M. (1998) The Tiber Valley Project. *Papers of the British School at Rome* 66: 1–20.

Patterson, H., di Gennaro, F., Di Giuseppe, H., Fontana, S., Gaffney, V., Harrison, A., Keay, S.J., Millett, M., Rendeli, M., Roberts, P., Stoddart, S. and Witcher, R. (2000) The Tiber Valley Project: the Tiber and Rome through two millennia. *Antiquity* 74: 395–403.

Potter, T.W. (1979) *The Changing Landscape of South Etruria*. London, Paul Elek.

Potter, T.W. and King, A.C. (1997) *Excavations at the Mola di Monte Gelato (Archaeological Monographs of the British School at Rome* 11). London, British School at Rome.

APPROACHES TO RURAL SETTLEMENT

THE RE-EVALUATION OF THE SOUTH ETRURIA SURVEY: THE FIRST RESULTS FROM VEII

Helen Patterson, Francesco di Gennaro, Helga Di Giuseppe, Sergio Fontana, Marco Rendeli, Marta Sansoni, Andrea Schiappelli and Rob Witcher

Abstract • Riassunto

THE RE-EVALUATION OF THE SOUTH ETRURIA SURVEY carried out during the 1950s to '70s is at the core of the British School at Rome's Tiber Valley Project. Since 1997 a team of fifteen ceramic specialists has been restudying the material collected by John Ward-Perkins and his team, and the information has been entered into the Tiber Valley Project GIS and database. This paper presents the first results of this restudy, focusing on the material from the important Etruscan and Roman centre of Veii. The survey finds from this site have never been studied or published fully. Their restudy in the light of recent developments in ceramic studies provides an important contribution to our understanding of the history and development of this major Etruscan city and rival to Rome, from its origins in the protohistoric period, through its conquest in the early fourth century BC to its final decline during the late Imperial period.

IL RIESAME DELLA SOUTH ETRURIA SURVEY svolta negli anni 1950–70 è parte fondamentale del progetto sulla valle del Tevere della British School at Rome. Dal 1997 un *team* di quindici specialisti della ceramica è impegnato nello studio del materiale raccolto da John Ward-Perkins e dalla sua équipe; parallelamente le informazioni sono state immesse nel GIS del Tiber Valley Project e in un sistema di database. La seguente relazione presenta i primi risultati dello studio focalizzato sul materiale proveniente dall'importante centro etrusco e romano di Veio. Il materiale ceramico proveniente dalla ricognizione di questo sito è stato studiato e pubblicato solo parzialmente. Il riesame di questo alla luce dei recenti progressi negli studi sulla ceramica offre un importante contributo per la comprensione della storia e dello sviluppo di una delle principali città etrusche rivali di Roma, dalle origini nel periodo protostorico, attraverso la sua conquista agli inizi del IV secolo a.C. fino al suo declino durante il periodo tardo imperiale.

INTRODUCTION *H. Patterson*

THIS PAPER PRESENTS THE FIRST RESULTS of the restudy of the material from the South Etruria Survey directed by John Ward-Perkins, then Director of the British School at Rome, in the 1950s to 1970s (Ward-Perkins 1961; Kahane, Murray Threipland and Ward-Perkins 1968) (**Fig. 1**). The re-evaluation of the survey is a core element of the British School at Rome's Tiber Valley Project. South Etruria lies immediately to the northwest of Rome, defined by the Tiber to the south and east, by the rivers Paglia and Fiora to the north and by the Tyrrhenian coast to the west. Over a period of 25 years, Ward-Perkins and his team field-walked *c.* 1,000 square kilometres of this area, concentrating on the southern part of the region.

The importance of the South Etruria Survey, a landmark in Italian and mediterranean archaeology, has been stressed elsewhere (Potter 1979; Patterson and Millett 1998; Patterson *et al.* 2000). Despite a number of publications and Tim Potter's seminal synthesis of the results (Potter 1979), the survey has never been published fully. Perhaps more importantly, it is only over the last five to ten years, with the progress in ceramic studies, that the full potential of the information can be realized. The majority of the surface finds consists of diagnostic ceramic wares, comprising rims, bases, handles and decorated sherds. Both during and after the original study of the material, ceramic

FIG. 1. Field walking at Veii in the late 1950s. (*BSR archive.*)

typologies and their dating have developed rapidly. The study of this material, in the light of the new ceramic sequences, is allowing us for the first time to map with confidence landscape activity through time, and is providing an important contribution to our understanding of the social, cultural and economic landscape of this part of South Etruria.

The re-evaluation has two main components: the full restudy of the material collected during the original survey, and the computerization of these data within a Geographical Information System (GIS). The restudy of the material began at the British School at Rome in February 1997, involving the re-identification of over 300 crates of mainly diagnostic surface finds. A team of fifteen specialists is studying the pottery, which forms the bulk of the material; other specialists are studying architectural fragments, glass, marble and building materials.[1]

The results of this restudy are being entered into a series of interrelated, custom-built relational databases. In turn, these data are linked directly to a database holding information from the original survey record cards. A preliminary computerization of the sites and material commenced in Britain in the 1980s (see Belcher, Harrison and Stoddart 1999; and below, Chapter 3). This preliminary work is now being developed at the British School at Rome by the Tiber Valley Leverhulme researcher Rob Witcher. As well as site and material databases, this includes the collection of a range of geographical data, such as a Digital Elevation Model (DEM) of the area.

Work has concentrated so far on the evidence from Veii and the *Ager Veientanus*, and will be published in full in a forthcoming monograph. The preliminary results of the study of the material from Veii are presented below. They clearly demonstrate the potential of the material and at the same time some of its limitations.

VEII: THE FIRST RESULTS
H. Patterson and R. Witcher

Veii lies on a vast plain only 17 km from Rome itself. The closest of the Etruscan cities to Rome, it was also the greatest protagonist of Etruscan expansion and consequently Rome's principal rival. The Etruscan city is thought to have extended over 190 ha. The territorial expansion of Veii is recorded from the eighth century BC. This, and the vastness of its territory, which extended as far as the Tyrrhenian sea, where salt production sites existed, led to great rivalry with Rome (Camporeale 1997). After continual conflict and war with Rome, Veii was finally conquered in the early fourth century BC. Although Veii lost its political power, the settlement survived for many centuries. Under Augustus it received the title of *municipium*, although Roman Veii was considerably smaller in size, probably occupying only about one-third of the previous area.

The field survey of the plain of Veii was carried out in the late 1950s by Ward-Perkins, following his excavations of the northwest gate. Although the excavations were published (Ward-Perkins 1959) and an entire volume of *Papers of the British School at Rome* was dedicated to the topography of Veii (Ward-Perkins 1961), none of the surface material was published systematically. The 1961 volume concentrated largely on the standing structural remains and the road system, and only a minimal part of the survey data was considered. The study of this material is particularly important given that, even today, surprisingly little is known of the development of this major centre. Until very recently, interest in Veii focused, not surprisingly, on the Etruscan phase, concentrating in particular on the cemeteries and cult centres. Although the main areas of Etruscan settlement were known (Campetti, Macchia Grande, Comunità and Piazza d'Armi), it is only for Piazza d'Armi that we have an understanding of the sixth-century BC urban layout. As regards the rest of the plain, only recently, with a series of excavations organized by the Università di Roma 'La Sapienza' (Drago Troccoli 1998), has there been some attempt to investigate the organization of the centre, both at the height of its importance in the Etruscan period and in the Roman period (see Chapters 13 and 14; also Moretti Sgubini 2001). A systematic field survey of the plain, organized by the Istituto di Topografia di Roma e dell'Italia Antica of the Università di Roma 'La Sapienza' and directed by Marcello Guaitoli, was conducted at the end of the 1970s (Guaitoli 1981); the results of this work are published only summarily, though promise to add much to our understanding of the urban layout of the city.

The vast amount of material recovered by Ward-Perkins and his team from Veii — and the wider area of South Etruria — represents a unique dataset, the like of which will never again be possible. However, precisely because it was a pioneering study, there are also problems with these data and their interpretation. There is no full description of the methodological approaches used, although it is clear from the records that, over the twenty-plus years of the survey's duration, the methodology did become more refined. Furthermore, the collection methods, the visibility conditions, the density of the material and the dimensions of the surface scatters comprise a series of variables that today, more than 30 years on, can be reconstructed only partially.

A few points can be made from this first analysis of the data. It was a purely 'site-oriented' survey, recording only concentrations of surface material (**Fig. 2**). Each concentration or find-spot was documented on an index card. These record the Istituto Geografico Militare (IGM) map sheet and coordinates with a brief description of the find-spot, its topography and a list of the material present, including a note of material that was not collected. Occasionally mention is made of the agricultural conditions (for example, ploughed field, vineyard), providing a guide to surface visibility. In some cases the size of a scatter is recorded, but usually only in relative terms (for example, large or small). Only the later surveys, such as Tim Potter's coverage of the southern *Ager Faliscus*, documented actual dimensions. For these reasons we have preferred, certainly in this first analysis, to restrict any interpretation of the settlement typologies to the minimum, simply presenting the distribution of concentrations as they were positioned at the moment of the collection. The six-figure grid references derived from the IGM 1:25,000 map series permit the plotting of these concentrations within 1 ha blocks (100 × 100 m).

The collection methods can be reconstructed partly from the study of the material itself and partly from the information listed on the original index cards under the heading 'material not collected'. As regards the pot-

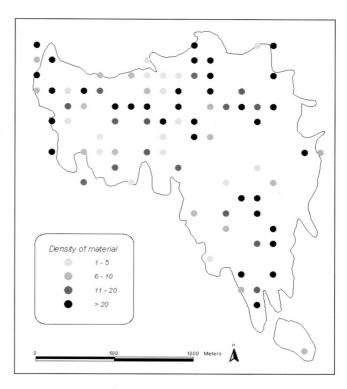

FIG. 2. **Quantity and distribution of all materials at Veii. Each dot represents a group (or groups) of material located to the nearest 100 m.** *(R. Witcher.)*

tery, the field walkers appear to have collected fine-wares — at the time the only material datable with any precision — as well as decorated sherds and diagnostic coarse-ware forms. Certain classes are rarely listed as collected, the most obvious example being transport amphorae. Consequently, quantitative estimates of the proportions of ceramic classes are misleading, with fine-wares predominating. Tile and brick appear to have been collected only in the case of stamped examples, and often only a sample of marble fragments was retained. All these classes are frequently listed as 'material not collected'. Finally, it should be noted that evidence for the prehistoric period is extremely sketchy — flint, for example, appears to have been collected only very rarely and on an arbitrary basis. Despite these limitations, however, the percentage of material collected appears high, and the preliminary results of the restudy indicate its potential to contribute significantly to our understanding of the historic landscape of South Etruria.

With regard to the more specific example of Veii, the survey was carried out over the entire plain, with the exception of Piazza d'Armi (see below). Some 84 concentrations of material were identified, offering an extremely vivid picture of the buried stratigraphy disturbed by the first deep ploughing of the site (**Fig. 2**). As with the wider South Etruria results, the interpretation of the data is in some cases problematic. In particular, it is often difficult to assess the extent to which the surface distribution is a valid reflection of buried archaeological features or simply a product of differing visibility or accessibility. A case in point is the apparent lacuna in the distribution of material from the area of Piazza d'Armi — probably resulting from failure to obtain permission to field-walk this area. Piazza d'Armi was of particular interest to scholars, and it was here that, just a few years later, the Soprintendenza Archeologica per l'Etruria Meridionale would begin excavations (Bartoloni and Boitani 1996: 321; Delpino 1999).

In this paper, we present preliminary phased distribution maps that give a quantitative indication of the number of datable fragments collected from each square (one–five fragments, six–ten fragments, eleven–twenty fragments, and more than twenty fragments). Even in the absence of full documentation of the collection methods used, this information has great value, above all for the qualitative evidence it provides.

Through the identification of probable areas of habitation and production, as well as cult places, the restudy offers an insight into the development and layout of the centre over some sixteen centuries, from its origins in the Iron Age, its peak in the Etruscan period, its role as a Roman *municipium* and its decline in late antiquity.

PROTOHISTORIC VEII
F. di Gennaro and A. Schiappelli

Over the last decades a lively discussion regarding the emergence of the principal urban centres of southern Etruria — Vulci, Tarquinia, Orvieto, Cerveteri and Veii — has led to a debate among protohistorians of diverse schools of thought and between protohistorians and classical archaeologists. One of the results of this debate is that the emergence of the *polis*, the 'poleogenesis', in southern Etruria is no longer seen as being dependent on developments in the mediterranean areas outside the Italian peninsula (Peroni 1969; 2000; Rittatore Vonwiller 1977; di Gennaro 1979; 1986; Peroni and di Gennaro 1986; Guidi 1989; 1998; Carandini 1997; Mandolesi 1999; Pacciarelli 2001; Vanzetti forthcoming). It has been demonstrated that the large settlements definable as proto-urban not only developed earlier than initially thought, but also too early to have resulted from the diffusion of the corresponding phenomenon in Greece (Peroni 2000; D'Ercole, di Gennaro and Guidi 2002).

Far from being a sudden development of foreign inspiration, the early formation of the proto-urban centres of middle Tyrrhenian Italy was a product of a process of selection and concentration of settlement, on naturally-defined areas isolated — in varying degrees — from the surrounding territory, by communities that during the Bronze Age tended to increase in size (on average from 1 ha to 4/5 ha). The acceleration of this process resulted, in a brief period between the Late Bronze Age and the Early Iron Age, in the concentration of large groups of people on naturally-defined habitable areas, whose dimensions were vast: 85 ha in the case of *Volsinii* (Orvieto), 126 ha at Vulci, 150 ha at Tarquinia, 160 ha at *Caere* (Cerveteri), 190 ha at Veii.

The vicinity of the proto-urban and urban settlement of Veii to Rome makes it particularly attractive for the study of territorial and cultural relationships between centres of the Etruscan territory and those of *Latium Vetus*. Furthermore, the plain of Veii — unlike, for example, nearby *Cisra* (Cerveteri) and *Velzna* (Orvieto) — was not occupied in modern times, but to a large extent preserves intact the archaeological data relating to the earliest occupation phases. It therefore offers a valuable opportunity for investigating the phenomenon of proto-urbanism in Etruria. The systematic field survey carried out by Ward-Perkins and his team is of particular importance in this context. A further important element of the research is that the study of the materials from the transition between the Early Iron Age and the Orientalizing period is being carried out jointly by protohistorians and Etruscologists, allowing a more clearly defined typology and chronology of the pottery types produced.

The preliminary analysis of the survey material is demonstrating the importance of the data for our understanding of the formation of Veii. For the proto-historic period (Bronze Age and Early Iron Age) 69 concentrations of material have been identified on the plain and in its immediate vicinity, the latter mainly in areas corresponding to the necropolises (**Fig. 3**). The material from the main plateau is all of the Early Iron Age (of both sub-phases of this period) and appears to be diffused over the entire plain. The virtual absence of evidence for occupation during the Final Bronze Age (only one pottery fragment has been identified: di Gennaro 1986: fig. 24 B), is in marked contrast to the situation at Vulci and Tarquinia, where proto-vil-

lanovan material is diffused over the plain, suggesting that we should be cautious about assuming that the great centres of *Tuscia* underwent completely analogous processes of formation and development.

ETRUSCAN VEII
M. Rendeli and M. Sansoni

Over 3,000 diagnostic pottery fragments of the Etruscan (Orientalizing and archaic) period were collected during the 1950s and '60s from almost a hundred squares within the IGM grid, 73 on the plain itself and eighteen from the necropolises facing the settlement of Veii. This material is mentioned only very briefly in the volume Ward-Perkins dedicated to the Etruscan city (Ward-Perkins 1961). It is therefore a rich mine of data, largely unpublished, which has stimulated much discussion regarding the nature of occupation on the site, in particular for the earliest phases (Guaitoli 1981: 79; di Gennaro 1986: 140; Colonna 1986: 388). The study of the material therefore offers the first picture of the demographic and topographic development of the Etruscan city.

The distribution map (**Fig. 4**) shows a diffused and

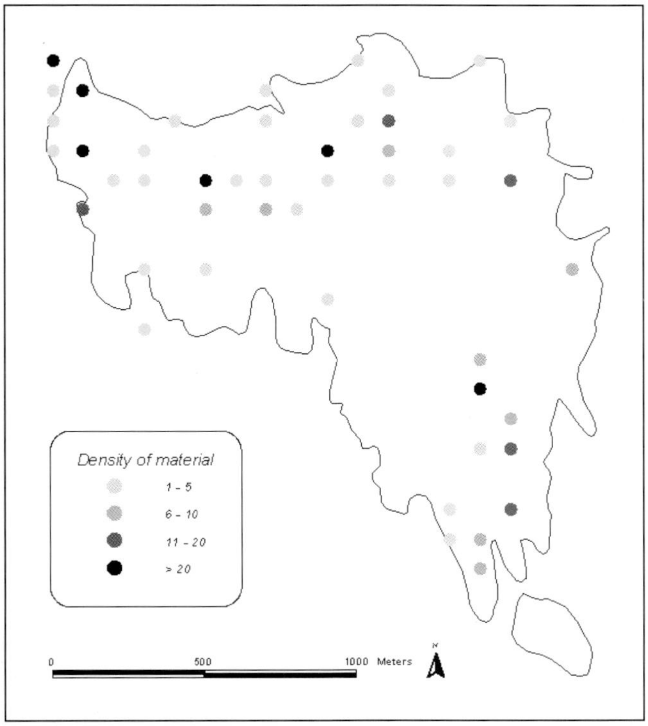

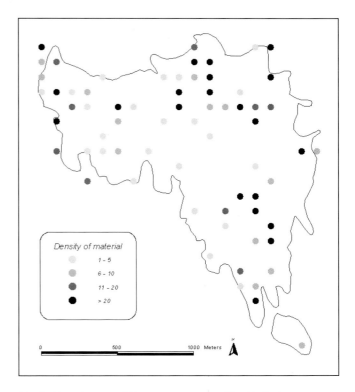

FIG. 3. **Distribution of protohistoric materials at Veii. Each dot represents a group (or groups) of material located to the nearest 100 m.** *(R. Witcher.)*

FIG. 4. **Distribution of Etruscan pottery at Veii. Each dot represents a group (or groups) of material located to the nearest 100 m.** *(R. Witcher.)*

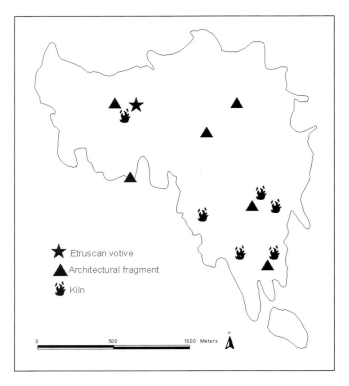

FIG. 5. Distribution of Etruscan architectural objects, votives and kilns. Each symbol represents a group (or groups) of material located to the nearest 100 m. *(R. Witcher.)*

homogeneous distribution over the entire plain, but also some substantial empty areas. As noted above, one of the main problems is to ascertain to what extent the absence of material from certain areas is of archaeological significance or is due to other factors. If, however, the distribution of the material reflects fairly faithfully the archaeological reality of the plain, it could represent the first evidence at Veii of a phenomenon common to the earliest phases of other Etruscan centres, like, for example, Cerveteri (Cristofani 1986; Nardi 1986; Cristofani, Nardi and Rizzo 1988), of the organization of the settlement around the plateau into distinct and separate areas. This aspect is reflected also in the dislocation of the burial areas (Bartoloni *et al.* 1994: 1; Berardinetti, De Santis and Drago 1997: 317; and in general Bartoloni 1997).

The distribution of the material suggests a certain degree of continuity between the protohistoric and Etruscan periods: of the 69 find-spots that yielded protohistoric material, only a very small number did not continue into the Etruscan period. However, the plain was increasingly densely inhabited, with a clear increase in the number of occupied areas. Furthermore, in all the areas where Etruscan material was present, the material shows a continuity of use or frequentation

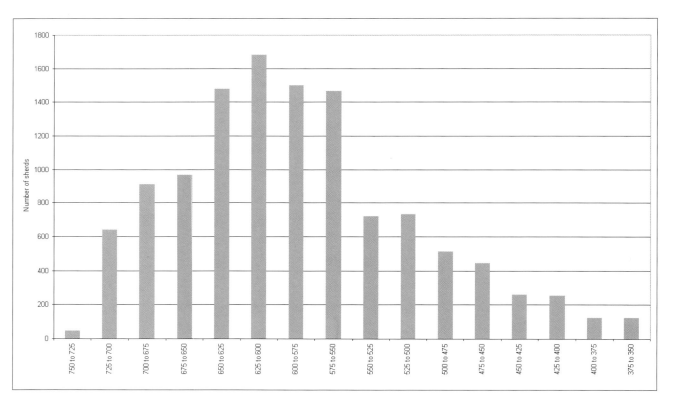

FIG. 6. Number of Etruscan sherds at Veii, divided into 25 year periods. *(R. Witcher.)*

FIG. 7. Fragment of black-figure pottery depicting Heracles and Apollo (maximum width 35 mm). *(M. Sansoni.)*

from the Orientalizing period until the end of the sixth century BC, and in many instances until the fifth and fourth centuries BC.

The study of the material has permitted the identification of sanctuary or cult areas and of production centres, as well as probable areas of habitation (**Fig. 5**). Architectural fragments (22 examples) and votive material (one example only) indicative of cult areas have been identified at a number of locations on the plain. The presence of these sites was in all cases already known, although a further five find-spots yielded architectural fragments relating to probable cult areas: two at Macchia Grande, one near Portonaccio and two at Comunità. The single votive object identified for this period is a miniature votive object, representing a loaf of unleavened bread (*focaccia*), from the area between Campetti and Macchia Grande. The earliest architectural pieces are small fragments of *sime* belonging to second-phase (480–470 BC) terracottas, probably from sacred buildings that, as at Macchia Grande and Comunità, were disturbed in the areas excavated by Stefani and Vespignani between the end of the nineteenth and the beginning of the twentieth centuries (Lanciani 1889; Stefani 1922: 379; Delpino 1999). Although architectural terracottas are not necessarily indicative of cult areas, the presence in the same areas of votives of the Roman period suggests that this may be the case. If this is so, it demonstrates the continued use of the sacred areas on the plateau of Veii throughout the Etruscan and Roman periods. Evidence for pot-

tery production comes mainly from the areas of Comunità and Campetti. Kiln wasters were recovered with sherds of Etrusco-Corinthian pottery and Etruscan banded ware. These, together with a few rare fragments of deformed or overfired bucchero, provide a useful indication of the presence of pottery workshops on the plain between the end of the seventh and the sixth centuries BC.

The study of the pottery is still in progress, but a few points can be made regarding the ceramic products circulating in this period (**Fig. 6**). The figured fine-wares show some interesting trends. From the second half of the eighth until the mid-sixth centuries BC only a small number of imported wares is attested: however, imitations are well represented, comprising Italo- or Etrusco-geometric pottery (83 fragments), Etrusco-Corinthian pottery (113 fragments), Etruscan banded ware (87 fragments) and archaic *acroma* pottery (23 fragments). Between the second half of the sixth and the end of the fifth centuries the imported wares show a marked increase. About 30 fragments of Attic pottery form a small, but representative, group, especially if compared to the previous phase. They are almost all open vessels, mainly kylikes connected with wine drinking. Of particular interest is a fragment of a black-figure vessel depicting the contest between Heracles and Apollo for the Delphic tripod. It is similar to the products of the School of the Antimenes Painter and datable to the last decade of the sixth century BC (Burow 1989: 94 n. 132, and especially 99 no. U8 for a vessel in the style of the same painter most similar to our vessel; cf. Stefani 1945: 270, fig. 76 for a fragment of Attic black-figure ware with a Heracles fairly similar to our example) (**Fig. 7**). Alongside these imports is a series of imitation-wares, mainly red-figure, comprising kylikes of probable fifth-century BC date.

Bucchero is one of the better represented classes of pottery, with over 950 fragments, comprising 30% of all the Etruscan material. The forms are mainly from drinking services, comprising cups, kythoi and kantharoi. The sixth century, in addition to the forms noted above, is represented by a wide range of carinated or hemispherical bowls, which in some cases continue into the fifth century BC. Closed forms are less common. Of great interest are two possible *alari* or 'toys', similar to complete examples from excavations on the plain of Veii and at Capena (Stefani 1945: 269, fig. 75; Murray Threipland 1963: 71).

Impasto wares constitute almost 50% of the Etruscan material. The date-ranges comprise the second half of the eighth century (brown impasto), the seventh to mid-sixth centuries (red impasto), the sixth century (kitchen-wares and storage-wares), and the fifth century BC (internal slip ware and *impasti chiaro sabbiosi*). In the earliest phases open forms predominate, including kylikes, carinated cups and one-handled cups. During the seventh to mid-sixth centuries BC, with the introduction of red impasto ware, which is present in large amounts, the situation is reversed, and closed vessels, including globular jars and jugs, are the most widely attested forms. Also present are a few sherds with white on red decoration. Open forms include bowls, plates and dishes (De Santis 1997: 129, n. 1, fig. 12). Archaic impasto is equally well represented, with a wide variety of types, in particular ovoid cylindrical jars and bowls. The forms have parallels with pottery from the excavations at the northwest gate of Veii, the votive deposit at Macchia Grande and the territory of Casale Pian Roseto (Murray Threipland 1963: 33; 1969: 1; Murray Threipland and Torelli 1970: 84–5). The study of the survey pottery in conjunction with excavated material is permitting a first attempt at the creation of a typology for these wares.

Containers for daily use, such as kitchen-, domestic- and transport-vessels, comprise only a relatively small percentage of the surface assemblage for the Etruscan period. As noted in the introduction, this is probably due to collection methods. This is particularly true of the transport amphorae, of which only ten fragments were recovered, comprising five imports and five of Etruscan production. Better represented are the large containers for foodstuffs, usually of red impasto, in a wide range of forms, which have numerous parallels with material from excavations at Veii itself and from fieldwork along the opposite bank of the Tiber (Quilici and Quilici Gigli 1978: 124, tav. 47). Braziers and basins show a similar variety of forms: the former include vessels decorated in cylindrical moulds with figurative scenes dating to between the end of the seventh and the second half of the sixth centuries BC, and similar to an example recovered from the excavations at Piazza d'Armi (Stefani 1945: 268, fig. 73). The basins include some sherds of red impasto and *impasto chiaro sabbioso* similar to well-known forms from other Veii contexts of the sixth and fifth centuries BC. Cooking stands are well represented, with examples comparable to finds from Veii, from South Etruria (Cerveteri, Acquarossa) and from the other side of the Tiber (*Crustumerium*) (Quilici and Quilici Gigli 1978; 1980; 1986).

In conclusion, the preliminary study of this large and rich group of material is providing a valuable contri-

bution to the understanding of the development of this important, but still largely unknown, metropolis of southern Etruria.

ROMAN VEII
S. Fontana

About 2,400 fragments of Roman pottery, comprising diagnostic ceramic wares and forms, were collected from the plain of Veii. Their distribution covers a good part of the plain: however, the find-spots of Roman pottery are *c.* 30% fewer than those that yielded pottery of the Etruscan period (**Fig. 8**).

For the material of the Roman period, chronological divisions of 150 or 200 years have been used. These periods have been chosen essentially on the basis of our knowledge of the ceramics of this period, which permit an evaluation of the evidence between the early Republican period and late antiquity. The material consists predominantly of fine-wares (80.9%), with much smaller amounts of coarse- and domestic-wares (17.4%), and of amphorae (1.7%). The extremely low percentage of transport amphorae and the marked predominance of fine table-wares over domestic, kitchen and transport containers reflect, as noted above, a bias

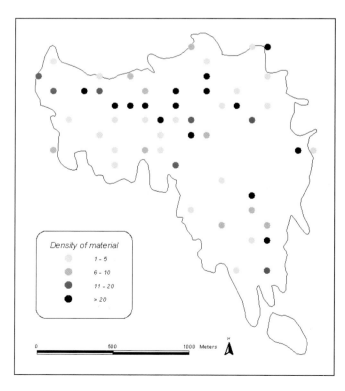

FIG. 8. **Distribution of Roman pottery at Veii.** Each dot represents a group (or groups) of material located to the nearest 100 m. *(R. Witcher.)*

caused by collection methods, rather than the real quantity of material on the surface. This is not the case, however, for the different proportions of the fine-wares themselves. Here we see a striking predominance of black glaze wares (1,275 fragments), over Italic *sigillata* (386 fragments) and African red slip ware (106 fragments).

The study of the material is giving a valuable insight into demographic developments during the Republican, Imperial and late antique periods. **Figure 9** shows the number of sherds attributable to a series of 25 year intervals between 350 BC and AD 650. The total provides an estimate of the material attributable to each 25 year period. The resulting graph shows a peak in the first half of the third century BC, with another moment of growth evident in the late first century BC, followed by a progressive drop in the amount of material, which, from the late third century AD, is limited to a few tens of fragments. Pottery finds (and presumably frequentation of the plain) almost disappear in late antiquity, with just three fragments being datable to the late sixth to seventh centuries.

In the interpretation of the evidence we must be cautious about relating quantities of pottery directly to demographic growth and decline. As well as the biases

caused by the collection and dating methods, it is also probable that in some periods the availability on the market of large quantities of pottery, in particular fine table-wares, has influenced the archaeological data. The production of black glaze pottery at Veii in the first half of the third century BC, for which we now have secure evidence, could have contributed in part to the notably high percentage of the ware recorded in this period, while the revival after 50 BC could be linked to the creation in the Augustan period of the *Municipium Augustum Veiens*. The sharp drop in ceramic material seen in the mid-Imperial period could be linked, in fact, to the ruralization and depopulation of the plain, which is also reflected by a marked decrease in the surface concentrations.

THE REPUBLICAN PERIOD
H. Di Giuseppe

The study of the ceramic material dating to the phases between 350 and 250 BC and between 250 and 50 BC, respectively the period following the Roman conquest of the city and the period in which the first real break in occupation on the plateau can be seen, has allowed a reinterpretation of the history of Veii in this period. Analysis of the surface finds has permitted not

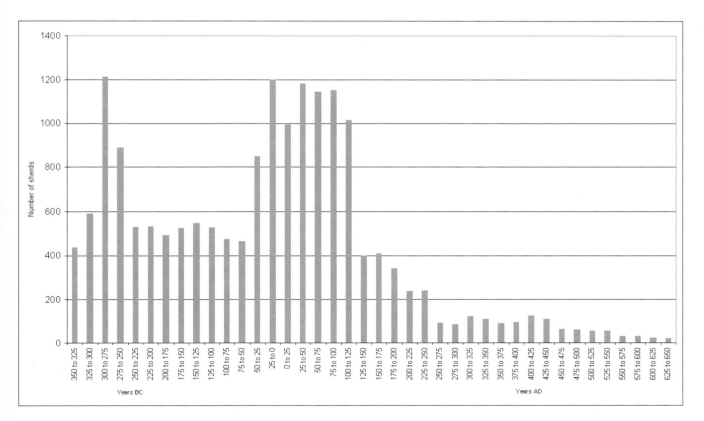

FIG. 9. **Number of Roman sherds at Veii, divided into 25 year periods.** *(R. Witcher.)*

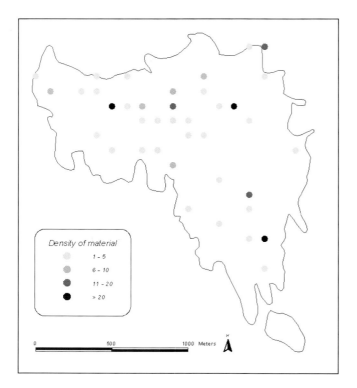

FIG. 10. Distribution of pottery of 350–250 BC. Each dot represents a group (or groups) of material located to the nearest 100 m. *(R. Witcher.)*

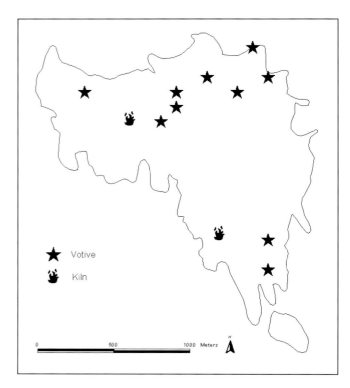

FIG. 11. Distrubution of Roman votives and kilns. Each dot represents a group (or groups) of material located to the nearest 100 m. *(R. Witcher.)*

only a more precise dating of the sites than was possible in the 1950s, but also the identification of various cult sites and production centres in the city that were hitherto unknown.

Only some of the Etruscan find-spots continued to yield Roman material, forming part of a more generalized decline in the total number of occupied areas on the plain. The 73 find-spots on the plain documented in the Etruscan phase drop to 42 in the middle Republican period: in addition, thirteen can be attributed generically to the Republican period) (**Fig. 10**).

It is interesting to note that the areas situated near the walls, which were intensely frequented in the Etruscan period, are now characterized by surface concentrations of more modest dimensions, and so in the Roman period can be considered as peripheral. At the same time, a process of intensified occupation began to develop in the central and northeastern parts of the plateau. **Figure 10** shows how the first phase (350–250 BC) is characterized by two large and continuous concentrations of ceramic material — one situated in the north, between Macchia Grande and Campetti, and the other located to the south, at Comunità. These have yielded clear evidence for cult activities, in particular a series of Roman anatomical votives (**Fig. 11**). These

areas, which already existed in the Etruscan period, continued to preserve their cult function until at least the third–second centuries BC, as the material demonstrates. The evidence of the surface-survey data is supported by the finds from past and recent excavations at Veii: a cult area with a *stipe votiva* (votive deposit) datable to no earlier than the third century BC discovered at Comunità (Lanciani 1889: 30–1, 63–5; Ward-Perkins 1961: 31); six altars dedicated to Roman divinities at Macchia Grande (Stefani 1922: 386–8; Ward-Perkins 1961: 56; Torelli 1982: 127; 1999); a sanctuary dedicated to Demeter in the Etruscan period and Ceres in the Roman period at Campetti (Pallottino 1938–9: 403; Ward-Perkins 1961: 56; Vagnetti 1971; Torelli 1982: 126; Comella and Stefani 1990); and finally, near Porta Cerere, another small cult area of the third to second centuries BC probably dedicated to Minerva (Pohl and Torelli 1973: 227; Torelli 1982: 126). In all these cases the focal points of the Roman cults appear to have been in areas that already in the Etruscan period had a sacred connotation (Torelli 1982: 127). They were located near the city gates, on the highest point of Veii (the Comunità hill), and near the intersection of the two main roads that crossed the city — at a point where Ward-Perkins had already recorded a large concentration of black glaze ware (Ward-Perkins 1961: fig. 15).

For the late Republican phase (250–50 BC) (**Fig. 12**) there is a marked decrease in the quantity of Roman material. However, it is unclear to what extent this corresponds to a decrease in the number of find-spots, 24 certain plus sixteen that are considered uncertain because of the impossibility of dating the material with any precision. One important change is in the area of Campetti, where we see the definitive disappearance of a series of small, distinct surface scatters, and the emergence of a single large building. The structure (it is uncertain if it was a villa or a public building: Ugo Fusco pers. comm.) is situated in a favourable position on the extreme western end of the plain, next to one of the main road axes that crossed the city, and was monumentalized in the Augustan period. At Macchia Grande, however, the process of increased settlement density next to the crossing of the two principal roads continued. The distribution of the material in this area maintained a continuity from the previous phase, though this does not necessarily reflect continuity in the nature of occupation.

The dramatic decrease in the ceramic finds can be attributed to a number of causes, such as demographic decline or the lack of production centres. Production centres were certainly active in the 350–250 BC phase, but we have no evidence to suggest that they continued to function after this date, a fact that may have limited greatly the availability of pottery on the market. This could indicate that the inhabitants were now less independent economically, and that the settlement perhaps no longer had the stable political and economic conditions required to maintain local production. The decline of the city from the second half of the third century BC was noted by Santangelo (1948) and later by Ward-Perkins (1961: 56). However, Ward-Perkins preferred to see this in terms of a conservatism in the forms of black glaze ware in this area, which resulted in the misleading dating of sites. In reality, the case of Veii should be seen in the context of a large-scale phenomenon of contraction that involved not only the surrounding territory, but also the whole area of Etruria Tiberina (Sutri, Narce, *Lucus Feronaie*, Nazzano and the *Ager Faliscus*), the Sabina Tiberina (*Cures Sabini*) and Lazio (*Crustumerium*, Gabi, *Lavinium*, Ardea, *Satricum*) (Liverani 1984: 43–4).

A new element that has emerged from this study is the identification at Veii of a previously unknown production centre of black glaze ware (**Fig. 11**). This important discovery permits us to place Veii among the

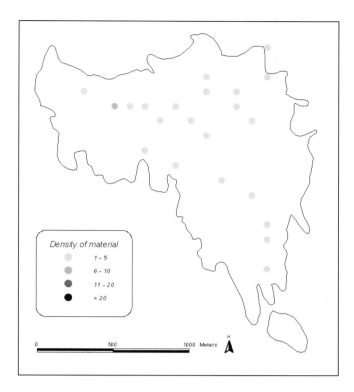

FIG. 12. **Distribution of pottery of 250–50 BC. Each dot represents a group (or groups) of material located to the nearest 100 m.** *(R. Witcher.)*

other cities of southern Etruria and Lazio (Tarquinia, Cerveteri, Capena, Rome, Segni, Palestrina, for example), all of which produced this ware (Camilli and Vitali Rosati 1995; Giangiulio 1998; Olcese 1998). At Veii kilns active in the Etruscan period, and which continued to function until the third century BC, had already been recorded at Comunità (Peña 1987: 284–304) and at the lowest point of the saddle that links the plain of Comunità with the hill of Piazza d'Armi (Guaitoli 1981; Peña 1987: 294). The survey pottery has revealed clear evidence for a further and previously unknown production centre in the northeastern sector of the city, along the principal road that crossed Veii. The area has yielded kiln wasters, overfired vessels and 530 forms of medium quality (comprising 56% of all the black glaze ware collected on the plain), as well as seven kiln spacers datable between the second half of the fourth and the first half of the third centuries BC (for parallels, see Serra 1970: 543–4, fig. 400; Stanco 1989: 26, tav. 5A) (**Fig. 13**). On the evidence of Ward-Perkins's survey and the excavations by Vagnetti (1971), it would appear that production was widely diffused over the plain. It is probable that the markets of Veii also supplied part of the *Ager Veientanus*, where many of the forms produced in the

Fɪɢ. 13. **Kiln spacers from the production of black glaze ware.** *(H. Di Giuseppe.)*

city itself have been found. (It is hoped that analysis of the clays of these wares, currently being carried out by David Williams at the University of Southampton, will provide confirmation of this.)

Throughout the Republican period, the city seems to have been well integrated into the commercial exchange networks: for example, 33 fragments of imported pottery were recovered. For the third century BC it is difficult to distinguish between local products and vessels imported from Rome, given the wide diffusion of the products of the *atelier des petites estampilles* and the difficulty of distinguishing the clays of Rome from those of the surrounding area (Morel 1969; Olcese 1998: 144–5). However, in the late Republican period, the city was integrated in a wider exchange network, which also involved southern and northern Etruria, as well as northern Campania. In particular, the pottery includes forms typical of Volterra (Pasquinucci *et al.* 1998) and of Arezzo, which in this phase became the great export centre (Palermo 1998), as well as vessels with lozenge decoration produced somewhere between northern Campania and Lazio (Morel 1981a: 46; 1981b: 82, 95–6).

THE IMPERIAL AND LATE ANTIQUE PERIODS
S. Fontana

The distribution of material over the plain of Veii between the late Republican and early Imperial periods appears to indicate substantial changes in the pattern of occupation. In the period 50 BC to AD 100 (**Fig. 14**)

many of the find-spots present in the preceding phase disappeared. The disappearance of numerous small surface concentrations is particularly evident in the area of Macchia Grande, in the northeastern sector of the plateau. The same phenomenon can be seen in the area of Comunità. In comparison to the period 200–50 BC, the quantity of datable material seems greater, but the areas of provenance are notably fewer. This should not necessarily be seen in terms of a decline in the population, but rather as a progressive centralization of settlement around a smaller number of inhabited nuclei. It is therefore probable that large areas, which previously had been occupied, were in a state of abandonment by this time, and had become increasingly rural. In this context the desolate and bucolic image of Veii left to us by Propertius (4.10.27–30) could appear realistic.

The occupied area where the two main roads intersect, which rightly has been identified as the nucleus of the Roman city (Ward-Perkins 1961: 62–6), seems to be of the same dimensions as in the preceding phase, although the density of material is notably greater. The creation of the *municipium* at Veii in the Augustan period (Liverani 1987: 143–5) certainly must have contributed to the development of urban structures of a public nature, but it was a short-lived growth that did not last beyond the mid-Imperial period. The bulk of the material of the first and second centuries AD was found in the area of the city, but by the late Antonine period there was already a noticeable reduction in the amount of material recovered from the centre, and a progressive decline in the evidence began, which continued through the late Imperial period.

From the period of Caesar and Augustus the distribution of high-quality building materials and decoration, such as marble and mosaics, demonstrates the hierarchy of sites. **Figure 15** shows those areas that have yielded marble, mosaics, plaster and stucco. There is a clear concentration of such material in the central area, probably the remains of decoration from public buildings left on the surface after the systematic robbing of the site, carried out from the beginning of the nineteenth century. Other sites have also yielded material of this type: for example, the large villa or public structure situated near Macchia Grande, on the northeastern edge of the urban area, and the villa, partially excavated by Lanciani (1889: 10), in the contrada Quarticcioli northwest of the city (for its position, see Liverani 1987: 162, n. 18). It seems probable that from the late Republican period some sites assumed the characteristics of luxurious suburban villas, thus fostering the centralization of settlement and the depopulation of the surrounding areas. In the majority of cases, however, the sites yielding high-quality materials appear to have been occupied already in the early Republican period, as shown by the frequent presence of pavements in *opus signinum* with white tesserae. It does not appear, therefore, that these represented new foundations, but rather a gradual evolution of the settlement pattern that saw the progressive emergence of villas to the detriment of lesser sites and small conglomerations. However, the luxury architectural materials cannot in every case be linked back to the existence of a villa. One such example is the site investigated by Lanciani in the eastern part of Comunità, where walls in *opus reticulatum* and mosaics were built on top of an Etruscan temple. There are grave doubts about the interpretation of the Roman remains: Lanciani (1889: 63) saw it as a public building, whereas Ward-Perkins (1961: 69) thought that the remains were part of a villa. It is, however, also possible that it continued in use as a cult site.

In the mid-Imperial period (AD 100–250) **(Fig. 16)**, the decline in the presence of small surface scatters on the plain seems to have continued, just as the urban area continued to yield material from the central and western zones, though noticeably less material was recovered from the eastern area. In the mid-third century AD, the various inscriptions referring to restorations and dedications, many carried out by Caesius Athictus (*CIL* XI 3807, 3809–10; Liverani 1987:

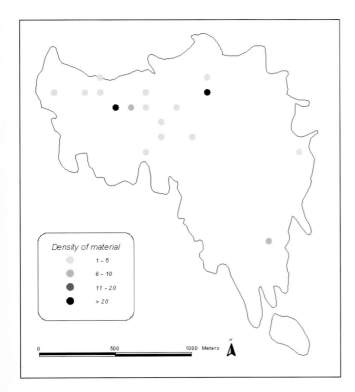

FIG. 14. Distribution of pottery of 50 BC–AD 100. Each dot represents a group (or groups) of material located to the nearest 100 m. (R. Witcher.)

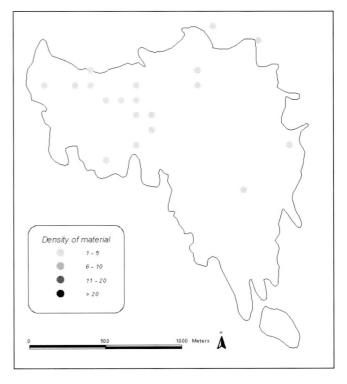

FIG. 15. Distribution of Roman luxury materials. Each dot represents a group (or groups) of material located to the nearest 100 m. (R. Witcher.)

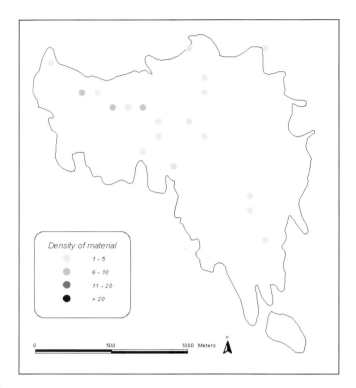

FIG. 16. Distribution of pottery of AD 100–250. Each dot represents a group (or groups) of material located to the nearest 100 m. *(R. Witcher.)*

96–102, 159–61; Papi 2000: 109), appear as a possibly unsuccessful attempt at revitalizing a city that must by then have become merely a monument to itself. After the tetrarchic period (late third century AD, *CIL* XI 3796 representing the latest example), the public epigraphic sources are silent.

The distribution of the material in the following phase, AD 250 to 450 (**Fig. 17**), would seem to indicate a total breakdown of the urban fabric of Veii, although the territory's major villa sites on the plain show greater stability. A mosaic from the villa at Quarticcioli (Baratte 1970), dating to the fourth century AD, showing the transport of an elephant by ship, is an obvious indicator of continuity in the level of lifestyle in the villas of the late Empire. The villas on the plain cannot, however, be defined as suburban, since they were becoming focal points for settlement on the plateau, which had by now assumed a rural appearance. This situation is highlighted by the evidence presented in **Figure 17**, which indicates that the city yielded almost no archaeological material. However, the villas on the plain yielded no material beyond the fourth century AD, by which time the area must have appeared desolate, with a very low density of settlement. At this point the great Etruscan city was becoming no more than a faint

memory. Pseudacrone (*Sermones* 2.3.143), a commentator on Horace, writing at the beginning of the fifth century AD, had little or no knowledge of Veii, as he seems to place it in Campania or even in Apulia (Liverani 1987: 162, n. 117).

Evidence for the early medieval period is represented by three fragments of late sixth- to seventh-century coarse-ware (**Fig. 18**), suggesting that the area was only frequented episodically in this phase. It is possible that large areas of the plain were abandoned, becoming largely woodland.

After the excavations of the nineteenth century, aimed at the recovery of antiquities or individual monuments (Delpino 1985), it was only with the arrival of intensive farming, after the Second World War, that collaborative research projects were set up, such as the one begun by the British School at Rome, which continue to provide a valid basis for the reinterpretation of the ancient centre.

CONCLUSION

The preliminary results of the study of the surface material collected from Veii during the 1950s to 1960s suggest the following developments and patterns.

Unlike other protohistoric centres, such as Vulci and Tarquinia, there is virtually no evidence for occupation at Veii prior to the Early Iron Age. Material of the Early Iron Age, however, is well represented, with 48 concentrations on the plain and nineteen in its immediate vicinity, mainly in areas corresponding to the necropolises. Material from both sub-phases of the period (FeI, FeII) are to be found over the entire plain.

There is some continuity in the pattern of settlement between the Iron Age and the earliest Etruscan phase (the Orientalizing period). However, the plain was now more densely inhabited, with an increase in the number of occupied areas. Seventy find-spots of Etruscan material were noted on the plain itself and eighteen in areas corresponding to the necropolises. The same areas continued to be occupied until the sixth and in many cases into the fifth and fourth centuries BC. The study of the surface material has permitted the identification of sanctuary or cult areas and pottery production centres relating to Etruscan occupation of the site; the former appear to have continued into the Republican period. Imported pottery from the second half of the eighth century until the mid-sixth century BC is comparatively rare; however, imitations are common. Between the second half of the sixth and the end of the fifth centuries, the situation changes, with a marked increase in imported wares.

The Republican period is characterized by a marked decline in the total number of occupied areas on the plain: of the 70 areas occupied in the Etruscan period, only 42 yielded mid-Republican material. The areas close to the walls, which were intensely frequented in the Etruscan period, appear to have become peripheral in this period — represented by surface scatters of modest dimensions. In the same areas there is, however, evidence for cult sites, many of which appear to overlie areas that in the Etruscan period had a sacred connotation, indicating a certain continuity. At the same time, occupation of the plain appears to have intensified and to have concentrated in the central and northeastern parts of the plateau. This area, in fact, corresponds to the centre of the later *municipium*. Of particular interest is the identification of a previously unknown centre for the production of black glaze ware, which probably also supplied part of the *Ager Veientanus*. Throughout this period Veii was integrated into regional exchange networks, and for the late Republican period there is clear evidence of contacts with southern and northern Etruria and with Campania.

In the late Republican phase there is a further marked decrease in the quantity of surface material. It is unclear whether this represents a demographic decline or a decrease in the amount of black glaze ware available, given that it is uncertain if the Veii production centre continued to function in this period.

Between the late Republican and early Imperial periods there was a significant change in the pattern of settlement on the plain. Between 50 BC and AD 100, many of the small surface concentrations disappear. The quantity of datable material is greater than that of the period 200–50 BC, but the areas of provenance are noticeably fewer, suggesting an increasing concentration of settlement around a smaller number of inhabited nuclei, rather than a decline in population. Although the dimensions of the area identified as the centre of the Roman city do not appear to change, the density of material is notably greater in this period, with a markedly high concentration of high-quality building materials in this area. This corresponds with the creation, in the Augustan period, of a *municipium* at Veii, which must have stimulated the construction of public buildings.

Other areas of the plain that have yielded the same high-quality materials are probably indicative of luxurious suburban villas, although in some cases they

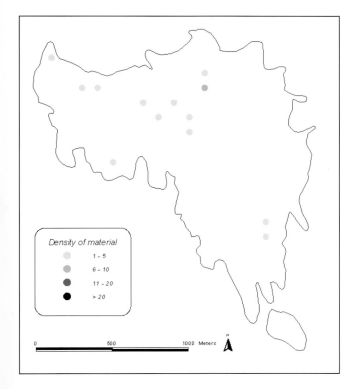

FIG. 17. Distribution of pottery of AD 250–450. Each dot represents a group (or groups) of material located to the nearest 100 m. *(R. Witcher.)*

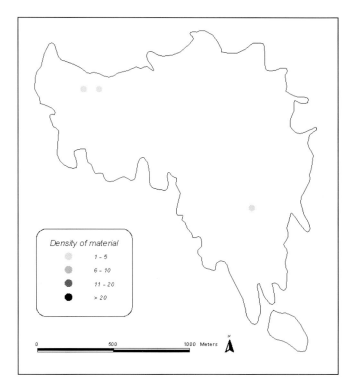

FIG. 18. Distribution of pottery of AD 450–650. Each dot represents a group (or groups) of material located to the nearest 100 m. *(R. Witcher.)*

may have been public buildings. Many of these sites were already occupied in the early Republican period, rather than new foundations, and it would seem that we are witnessing the gradual emergence of villas to the detriment of lesser sites and small conglomerations. This pattern continues throughout the mid-Imperial period.

The growth of the *municipium* was short-lived. By the first half of the third century AD there are indications of a progressive decline, which becomes especially marked by the late Imperial period. The same picture is reflected in the epigraphic evidence from Veii. This decline continued during the late third to mid-fifth centuries AD, when virtually no material of this period was recovered from the area of the *municipium* itself. The foci of settlement on the plain in this period appear to have been the villas; however, even they did not yield any material later than the fourth century. The sparse evidence for the late sixth and seventh centuries AD suggests that the area was largely abandoned by this period, with only sporadic frequentation.

NOTES

1. The team of specialists consists of Francesco di Gennaro and Andrea Schiappelli for the protohistoric pottery; Roberta Cascino, Maria Teresa Di Sarcina, Marco Rendeli, Marta Sansoni and Marta Solinas for the Etruscan pottery; for the Roman pottery, Alessandra Bousquet, Helga Di Giuseppe, Fabrizio Felici, Sergio Fontana, Massimo Pentiricci and Sabrina Zampini; and, for the medieval pottery, Enrico Cirelli and Helen Patterson. The glass is being studied by Franca Del Vecchio, the marble by Will Clarke and the brick stamps by Shawn Graham.

REFERENCES

CIL = *Corpus Inscriptionum Latinarum* (1863–). Berlin, George Reimer and Walter de Gruyter.

Baratte, F. (1970) Une mosaïque retrouvée: l'embarquement de l'éléphant de Veii. *Mélanges de l'École Française de Rome* 82: 787–807.

Bartoloni, G. (1997) (ed.) *Le necropoli arcaiche di Veio. Giornata di studio in memoria di Massimo Pallottino*. Rome, Università degli Studi di Roma 'La Sapienza'.

Bartoloni, G. and Boitani, F. (1996) Il pianoro di Piazza d'Armi a Veio. Progetto di studio. In G. Bartoloni, F. Boitani and S. Piro, Prospezioni geofisiche integrale nell'area di Veio, Piazza d'Armi: 321–7. *Studi Etruschi* 62: 321–36.

Bartoloni, G., Berardinetti, A., Drago, L. and De Santis, A. (1994) Veio tra IX e VI secolo a.C. Primi risultati sull'analisi comparata delle necropoli veienti. *Archeologia Classica* 46: 1–46.

Belcher, M., Harrison, A. and Stoddart, S. (1999) Analysing Rome's hinterland. In M. Gillings, D. Mattingly and S. Van Dalen (eds), *Geographical Information Systems and Landscape Archaeology* (*POPULUS Project. The Archaeology of Mediterranean Landscapes* 3): 95–101. Oxford, Oxbow.

Berardinetti, A., De Santis, A. and Drago, L. (1997) Burial as evidence for proto-urban development in southern Etruria: the case of Veii. In H. Damgaard Andersen, H.W. Horsnæs, S. Houby-Nielsen and A. Rathje (eds), *Urbanization in the Mediterranean from the 9th to 6th Centuries BC* (*Acta Hyperborea* 7): 317–42. Copenhagen, Museum Tusculanum Press/University of Copenhagen.

Burow, J. (1989) *Der Antimenesmaler*. Mainz am Rhein, Verlag Philipp von Zabern.

Camilli, A. and Vitali Rosati, B. (1995) Nuove ricerche nell'agro capenate. In N. Christie (ed.), *Settlement and Economy in Italy, 1500 BC to AD 1500. Papers of the Fifth Conference of Italian Archaeology* (*Oxbow Monograph* 41): 403–12. Oxford, Oxbow.

Camporeale, G. (1997) Il sale e i primordi di Veio. In G. Bartoloni (ed.), *Le necropoli arcaiche di Veio. Giornata di studio in memoria di Massimo Pallottino*: 197–9. Rome, Università degli Studi di Roma 'La Sapienza'.

Carandini, A. (1997) *La nascita di Roma. Dei, Lari, eroi uomini all'alba di una civiltà*. Turin, Einaudi.

Colonna, G. (1986) Urbanistica e architettura. In M. Pallottino (ed.), *Rasenna. Storia e civiltà degli Etruschi*: 371–530. Milan, Scheiwiller.

Comella, A. and Stefani, G. (1990) *Materiali votivi del santuario di Campetti a Veii. Scavi 1947 e 1969 (Corpus delle stipi votive in Italia 5. Regio 7 2)*. Rome, Giorgio Bretschneider.

Cristofani, M. (1986) Nuovi dati per la storia urbana di Caere. *Bollettino d'Arte* 35–6: 1–24.

Cristofani, M., Nardi, G. and Rizzo, M.A. (1988) *Caere* I. *Il parco archeologico*. Rome, Consiglio Nazionale delle Ricerche.

Delpino, F. (1985) *Cronache veientane. Storia delle ricerche archeologiche a Veio* I. *Dal XIV alla metà del XIX secolo*. Rome, Consiglio Nazionale delle Ricerche.

Delpino, F. (1999) La 'scoperta' di Veio etrusca. In A. Mandolesi and A. Naso (eds), *Le ricerche archeologiche in Etruria meridionale nel XIX secolo (Atti dell'incontro di studio, Tarquinia, 6–7 luglio 1996)*: 73–85. Florence, All'Insegna del Giglio.

D'Ercole, V., di Gennaro, F. and Guidi, A. (2002) Appartenenza etnica e complessità sociale in Italia centrale: l'esame di situazioni territoriali diverse. In *Primi popoli d'Europa*: 127–36. Florence, All'Insegna del Giglio.

De Santis, A. (1997) Alcune considerazioni sul territorio veiente in età orientalizzante e arcaica. In G. Bartoloni (ed.), *Le necropoli arcaiche di Veio. Giornata di studio in memoria di Massimo Pallottino*: 101–43. Rome, Università degli Studi di Roma 'La Sapienza'.

di Gennaro, F. (1979) Contributo alla conoscenza del territorio etrusco meridionale alla fine dell'età del bronzo. In *Atti della XXI riunione scientifica dell'Istituto Italiano di Preistoria e Protostoria, Firenze 1977*: 267–74. Florence, Istituto Italiano di Preistoria e Protostoria.

di Gennaro, F. (1986) *Forme di insediamento tra Tevere e Fiora dal bronzo finale al principio dell'età del ferro (Biblioteca di studi etruschi 14)*. Florence, Leo S. Olschki.

Drago Troccoli, L. (1998) (ed.) *Scavi e ricerche archeologiche dell'Università di Roma 'La Sapienza'*. Rome, L'Erma' di Bretschneider.

Giangiulio, M.N. (1998) La ceramica a vernice nera dalla Civita di Tarquinia: problemi e metodi di una ricerca in corso. In P. Frontini and M.T. Grassi (eds), *Indagini archeometriche relative alla ceramica a vernice nera: nuovi dati sulla provenienza e la diffusione. Atti del seminario internazionale di studio, Milano 22–23 nov. 1996*: 131–6. Como, New Press.

Guaitoli, M. (1981) Notizie preliminari su recenti ricognizioni svolte in seminari dell'Istituto. In *Ricognizione archeologica. Nuove ricerche nel Lazio (Quaderni dell'Istituto di Topografia Antica dell'Università di Roma 'La Sapienza' 9)*: 79–87. Florence, Leo S. Olschki.

Guidi, A. (1989) Alcune osservazioni sull'origine delle città etrusche. In *Atti del II congresso internazionale etrusco (Firenze 1985)* I: 285–92. Rome, Giorgio Bretschneider.

Guidi, A. (1998) The emergence of the state in central and northern Italy. *Acta Archaeologica* 69: 139–61.

Kahane, A., Murray Threipland, L. and Ward-Perkins, J.B. (1968) The Ager Veientanus, north and east of Veii. *Papers of the British School at Rome* 36: 1–218.

Lanciani, R. (1889) Veio. Scoperte nell'area della città e nella necropoli veientana. *Notizie degli Scavi di Antichità*: 10–12, 29–31, 60–5, 154–8, 238–9.

Liverani, P. (1984) L'Ager Veientanus in età repubblicana. *Papers of the British School at Rome* 52: 36–48.

Liverani, P. (1987) *Municipium Augustum Veiens: Veio in età imperiale attraverso gli scavi Giorgi (1811–1813)*. Rome, L'Erma' di Bretschneider.

Mandolesi, A. (1999) *La 'prima' Tarquinia. L'insediamento protostorico sulla Civita e nel territorio circostante (Grandi contesti e problemi della protostoria italiana 2)*. Florence, All'Insegna del Giglio.

Morel, J.P. (1969) Études des céramique campanienne 1. L'atelier des petites estampilles. *Mélanges d'Archéologie et d'Histoire* 81: 59–117.

Morel, J.P. (1981a) *Céramique campanienne: les formes (Bibliothèque des Écoles Françaises d'Athènes et de Rome 244)*. Rome, École Française de Rome.

Morel, J.P. (1981b) La produzione della ceramica campana: aspetti economici e sociali. In A. Giardina and A. Schiavone (eds), *Società romana e produzione schiavistica* II. *Merci, mercati e scambi nel Mediterraneo*: 81–97. Rome/Bari, Laterza.

Moretti Sgubini, A.M. (2001) (ed.) *Veio, Cerveteri, Vulci. Città d'Etruria a confronto*. Rome, L'Erma' di Bretschneider/ Soprintendenza Archeologica per l'Etruria Meridionale.

Murray Threipland, L. (1963) Excavations beside the north-west gate at Veii, 1957–58. Part II. The pottery. *Papers of the British School at Rome* 31: 33–73.

Murray Threipland, L. (1969) Veii. A deposit of votive pottery. *Papers of the British School at Rome* 37: 1–13.

Murray Threipland, L. and Torelli, M. (1970) A semi-subterranean Etruscan building in the Casale Pian Roseto (Veii) area. *Papers of the British School at Rome* 38: 62–121.

Nardi, G. (1986) Ricognizioni nell'area urbana antica. In *Archeologia nella Tuscia* II *(Quaderni del Centro di Studio per l'Archeologia Etrusco-italica 13)*: 15–21. Rome, Consiglio Nazionale delle Ricerche.

Olcese, G. (1998) Ceramiche a vernice nera di Roma e area romana: i risultati delle analisi di laboratorio. In P. Frontini and M.T. Grassi (eds), *Indagini archeometriche relative alla ceramica a vernice nera: nuovi dati sulla provenienza e la diffusione. Atti del seminario internazionale di studio, Milano 22–23 nov. 1996*: 141–52. Como, New Press.

Pacciarelli, M. (2001) *Dal villaggio alla città (Grandi contesti e problemi della protostoria italiana 4)*. Florence, All'Insegna del Giglio.

Palermo, L. (1998) Contributo alla conoscenza della ceramica aretina a vernice nera: i materiali dello scavo di Chiusi, Orto del Vescovo. In P. Frontini and M.T. Grassi (eds), *Indagini archeometriche relative alla ceramica a vernice nera: nuovi dati sulla provenienza e la diffusione. Atti del seminario internazionale di studio, Milano 22–23 nov. 1996*: 119–30. Como, New Press.

Pallottino, M. (1938–9) Scavo di un'area sacra a Veii. *Le Arti* 1: 402–3.

Papi, E. (2000) *L'Etruria dei Romani. Opere pubbliche e donazioni private nell'età imperiale*. Rome, Quasar.

Pasquinucci, M., Alessi, D., Bianchini, S., Capelli, C., Cibecchini, F., Cherubini, L., Del Rio, A., Menchelli, S., Spinesi, P. and Vallebona, M. (1998) Ceramica a vernice nera dall'Etruria settentrionale costiera. Primo contributo alla caratterizzazione delle produzioni locali e delle importazioni. In P. Frontini and M.T. Grassi (eds), *Indagini archeometriche relative alla ceramica a vernice nera: nuovi dati sulla provenienza e la diffusione. Atti del seminario internazionale di studio, Milano 22–23 nov. 1996*: 101–18. Como, New Press.

Patterson, H. and Millett, M. (1998) The Tiber Valley Project. *Papers of the British School at Rome* 66: 1–20.

Patterson, H., di Gennaro, F., Di Giuseppe, H., Fontana, S., Gaffney, V., Harrison, A., Keay, S.J., Millett, M., Rendeli, M., Roberts, P., Stoddart, S. and Witcher, R. (2000) The Tiber Valley Project: the Tiber and Rome through two millennia. *Antiquity* 74: 395–403.

Peña, J.T. (1987) *Roman-period Ceramic Production in Etruria Tiberina: a Geographical and Compositional Study*. University of Michigan, Ph.D. thesis.

Peroni, R. (1969) Per uno studio dell'economia di scambio in Italia nel quadro dell'ambiente culturale dei secoli intorno al mille a.C. *Parola del Passato* 125: 134–60.

Peroni, R. (2000) Formazione e sviluppi dei centri protourbani medio-tirrenici. In A. Carandini and R. Cappelli (eds), *Roma. Romolo, Remo e la fondazione della città*: 26–30. Milan/Rome, Electa/Ministero per i Beni e le Attività Culturali.

Peroni, R. and di Gennaro, F. (1986) Aspetti regionali dello sviluppo dell'insediamento protostorico nell'Italia centro-meridionale alla luce dei dati archeologici e ambientali. *Dialoghi di Archeologia* 2: 193–200.

Pohl, I. and Torelli, M. (1973) Veii. Scoperta di un piccolo santuario etrusco in località Campetti. *Notizie degli Scavi di Antichità* 27: 40–258.

Potter, T.W. (1979) *The Changing Landscape of South Etruria*. London, Paul Elek.

Quilici, L. and Quilici Gigli, S. (1978) *Antemnae*. *Latium Vetus* I. Rome, Consiglio Nazionale delle Ricerche.

Quilici, L. and Quilici Gigli, S. (1980) *Crustumerium*. *Latium Vetus* III. Rome, Consiglio Nazionale delle Ricerche.

Quilici, L. and Quilici Gigli, S. (1986) *Fidenae*. *Latium Vetus* V. Rome, Consiglio Nazionale delle Ricerche.

Rittatore Vonwiller, F. (1977) Età del ferro. In F. Rittatore Vonwiller, F. Falchetti and N. Negroni, Preistoria e protostoria della valle del fiume Fiora: 111–13. In A. Neppi Modona con M.G. Marzi Costagli and L. Tamagno Perna (eds), *La civiltà arcaica di Vulci e la sua espansione (Atti del X convegno di studi etruschi ed italici, Firenze 1975)*: 99–165. Florence, Leo S. Olschki.

Santangelo, M. (1948) Per la storia di Veii fra la conquista romana e il 'Municipium Augustum Veiens'; iscrizioni in Latino arcaico su Pocula Deorum. *Rendiconti dell'Accademia dei Lincei* n.s. 3: 454–64.

Serra, F.R. (1970) Fittili vari. In Pyrgi. Scavi del santuario etrusco (1959–67): 543–4. *Notizie degli Scavi di Antichità* 24, suppl. 2.

Stanco, E. (1989) Una officina di ceramiche ellenistiche presso Segni. *Ricognizioni Archeologiche* 4: 12–42.

Stefani, E. (1922) Veio. Esplorazione dentro l'area dell'antica città. *Notizie degli Scavi di Antichità*: 379–404.

Stefani, E. (1945) Scavi archeologici a Veio in contrada Piazza d'Armi. *Monumenti Antichi dell'Accademia dei Lincei* 40: 177–290.

Torelli, M. (1982) Veio, la città, l'arx e il culto di Giunone Regina. In H. Blanck and S. Steingräber (eds), *Miscellanea archeologica Tobias Dohrn dedicata*: 117–28. Rome, Giorgio Bretschneider.

Torelli, M. (1999) Early Republican colonization: Ardea, Veii, Ostia. In M. Torelli (ed.), *Tota Italia. Essays in the Cultural Formation of Roman Italy*: 20–31. Oxford, Clarendon Press.

Vagnetti, L. (1971) *Il deposito votivo di Campetti a Veii. Materiale degli scavi 1937–1938*. Florence, Sansoni.

Vanzetti, A. (forthcoming) *Risultati e problemi di alcune attuali prospettive di studio della centralizzazione e urbanizzazione di fase protostorica in Italia*.

Ward-Perkins, J.B. (1959) Excavations beside the north-west gate at Veii, 1957–58. *Papers of the British School at Rome* 27: 38–79.

Ward-Perkins, J.B. (1961) Veii. The historical topography of the ancient city. *Papers of the British School at Rome* 29: 1–124 and plates.

THE ENHANCEMENT OF THE SOUTH ETRURIA SURVEY: PHASE 1

Andrew Harrison, Ulla Rajala, Simon Stoddart, Rob Witcher and Ezra Zubrow

Abstract • Riassunto

THIS PAPER GIVES AN HISTORICAL ACCOUNT of the first steps towards the computerization of the South Etruria Survey data prior to the current Leverhulme Project. Preliminary analysis of the quality of the data was undertaken, together with some preliminary interpretation. On this basis, various papers reviewing the data were written. Some of the authors of this preliminary work have been engaged more recently in a field-work investigation of the Nepi area, partly within the larger area of the South Etruria Survey, in order to produce a further assessment of data quality from the ground itself.

LA PRESENTE RELAZIONE ILLUSTRA il percorso effettuato verso l'informatizzazione dei dati della South Etruria Survey prima che iniziasse il Progetto Leverhulme attualmente in corso. Sono stato condotte una prima verifica della qualità dei dati e una interpretazione preliminare. Su questa base è stata scritta una serie di resoconti aventi come oggetto il riesame dei dati. Alcuni degli autori di questo lavoro preliminare sono stati recentemente impegnati in una indagine sul campo nell'area di Nepi, in parte all'interno di quella più ampia del South Etruria Survey, al fine di presentare una nuova valutazione della qualità dei dati partendo dalla documentazione emersa dalla ricerca sul campo.

INTRODUCTION: THE HISTORY OF THE PROJECT

THE POTENTIAL OF RE-EVALUATING and computerizing the data from the surveys of the British School at Rome was first realized in the 1980s (di Gennaro and Stoddart 1982; David Whitehouse pers. comm.), but it was not until the early 1990s that the first formulation was devised (Carver and Stoddart 1990). From the very beginning, this formulation envisaged an enhancement of the available data, through redating of the pottery in the light of modern developments, and re-survey to assess the accuracy of the original sample (**Fig. 1**). Between 1991 and 1992, the rearrangement of the material in the archives of the British School at Rome, undertaken by Vedia Izzet in Bristol and Rome, gave a further stimulus to the creation of a computerized catalogue of the sites surveyed in the original South Etruria Survey (Potter 1992). The database (called 'the Bristol database' in this text) was created from the existing card file at the British School at Rome and from a preliminary investigation and reordering of the artefacts housed originally in the grounds of the British Embassy, but recently transferred to an outbuilding of the British School at Rome. This was undertaken on a fixed budget in a limited timescale and gave an initial reading of the scale of the data.

All this was happening during the time when Geographical Information Systems (GIS) were becoming known to a wider circle of archaeologists (see, for example, Allen, Green and Zubrow 1990; Gaffney and Stancic 1991). The project was thus elaborated further to facilitate the introduction of the available information into such a system. A trial area was analysed for the ARCH-GIS project of the government-funded Teaching and Learning Technology programme (Blake *et al.* 1995). In 1995, Martin Belcher began to assist Andrew Harrison and Simon Stoddart in GIS studies at the University of Bristol. A stereo-pair of *Satellite pour l'Observation de la Terre* satellite images, with a spatial resolution of 10 m, were bought from the profits of a University of Bristol Continuing Education tour of the South Etruria area, but the ground survey required to derive an accurate Digital

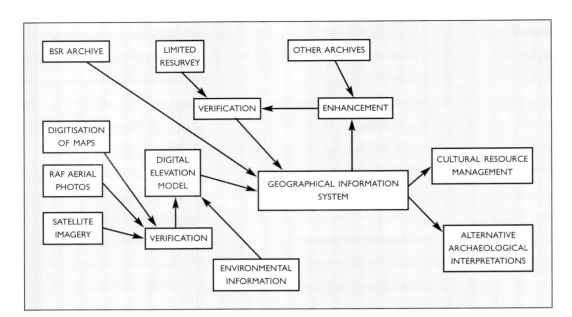

FIG. 1. **Basic elements of the Geographical Information System for South Etruria.** *(Authors.)*

Elevation Model (DEM) from this imagery was not completed, since this needed a coordinated set of Global Positioning System (GPS) readings. As a temporary substitute, a DEM delivered by the United States geological survey was deployed, although this was too coarse for more detailed GIS analyses (Stoddart, Belcher and Harrison 1996). A more detailed DEM was envisaged for a sub-area of the region, using stereographic air photographs to extract elevation points and draw contour lines. For this purpose, a series of Royal Air Force (RAF) photographs of southeastern Etruria was purchased from the collections of the Department of Geography of Keele University, which currently curates the image archives of the RAF.

In 1996, Simon Stoddart left the University of Bristol and joined the staff at the Department of Archaeology at the University of Cambridge. Work continued at the University of Bristol, with the addition of two new researchers, invited by Simon Stoddart before his departure: Prof. Ezra Zubrow and Ulla Rajala. Professor Zubrow from Buffalo, a visiting research professor at the university, was specifically engaged in a project to undertake population modelling of early mediterranean communities. Ulla Rajala, a classical archaeologist from Finland, was registered for an MA in Landscape Archaeology, with the need to undertake practical projects and a dissertation. Through contact with Simon Stoddart, she had been introduced to the Bristol database and intended to use it in her projects. It soon became clear that the data were not yet suitable for population modelling, since they were based on the summary card records of the

British School at Rome and very limited information of the archived pottery. Furthermore, the Bristol database was a direct computerization of the paper record, and required restructuring, systematization and cross-checking, a task that it was possible to execute only partially from a base in Britain. This phase produced, however, a valuable assessment of the material in the form of studies, project work and an MA dissertation (cf. Rajala 1997; 1999; Rajala, Harrison and Stoddart 1999), under the direction of Andrew Harrison and Simon Stoddart. These data (which are effectively comparable to those published by Potter (1979)) will provide a valuable comparison with the final record once enhanced by the team in Rome.

The enhancement of the South Etruria Project is currently one of the core projects of the Tiber Valley Project, and the restudy of the material and the Geographical Information System (GIS) studies are now centralized in the British School at Rome. The Bristol–Cambridge team has concentrated on a focused research strategy in the Nepi area, contributing the products of their efforts to the central Tiber Valley GIS system, assembled by Rob Witcher.

THE BRISTOL DATABASE

The original file of the Bristol database was created as a dBase table, which was later converted to an Access 2.0 table. It is not a relational database, but a flat table with all the fields needed to cover the data on the cards of the site file of the original survey. In its original form, the Bristol database lacked a unique identifier, other than the record number, and was indexed, in the same way as the card file, on the six-figure grid references. These eastings and northings were not necessarily unique, since separate areas of the same site could share a grid reference within the same 100 × 100 m area. A separate unique identifier was inserted in December 1996, before any other corrections were made.

The original file included 3,400 data entries. These included some sites without a grid reference (mainly information on excavation trenches or soil dumps) and a series of sites that lacked all other information, except grid reference, since — although the artefactual material had been located — there was no corresponding card file. The number of entries with data was 3,100 and those with a grid reference 2,980.

There were 58 fields listing the name of the site, topography, land use, date of visit, surveyors, and some numerical and qualitative data on the finds, together with the information on the state of the finds — whether the material was washed and catalogued, for example. The fields were based on the headings on the record cards and on the material classes listed, such as bucchero. The data were inserted into the fields in either written form or, in the case of the quantities of diagnostic pottery, in numerical form. In common with the file cards, there was no systematization of the key words or a list of allowed terms. Without access to the artefactual material or to the knowledge of the original surveyors, we were totally dependent on the information on the record cards. This could lead to some confusion with definitions. For example, some of the terms used by the original surveyors to describe certain pottery types are ambiguous; green glazed ware could refer to early medieval and medieval glazed pottery of the eighth/ninth to early thirteenth centuries or to later medieval types. Topographical descriptions could also be ambiguous, the fact that a site lay on a hill being expressed in a number of ways.

As planned, a checking and systematization of the database was undertaken — in as much as this was possible from a UK location — by Ulla Rajala. The format as such was left unchanged; the database was still formed by one table, but some fields were deleted, due to the low number of data entries, and some new ones were inserted in order to accommodate all the data in systematically defined fields. Since the number of sherds of each pottery type could not be checked, without time-consuming reference to the artefacts in Rome, the corrected database was based on the presence or absence of different diagnostic pottery types.

In the end, 61 fields and the unique record identifier were defined, covering the basic information on sites and the material found (with no differentiation between what was observed in the field and what is preserved in the artefact assemblages in Rome).

The data were now inserted using a consistent data entry form with fixed key words. Because sites could have many attributes describing land-cover type, site type or medieval pottery types present, a list of suitable key words was used. The purpose was to obtain raw data that allowed the use of Structured Query Language (SQL) queries to search for the existence of a defined attribute. During the process of inserting the data, the unique grid reference was added to all sites missing this information — if there was enough information to reconstruct their location. This was done to create unique geographical entities to be used in GIS studies. The sites that could be divided into different subsites were always entered as just one entry, even though information on when they were discovered might contribute to an understanding of the accumulation of the cultural resource at a later date. The easting and northing were originally presented as only three numbers each, but at the beginning of the work, the full Universal Transverse Mercator (UTM) grid reference was created to give the coordinates in metres, avoiding a further duplication of numbers between two coordinate sheets.

Unfortunately, not all the material was enhanced in this new format. Only the material from six IGM map sheets could be reworked in the short time allowed. The information on the sites on the Civita Castellana, Nepi, Campagnano di Roma, Stimigliano, Rignano Flaminio and Castelnuovo di Porto map sheets was corrected according to the principles listed above. This amounts to a sample of one-third of all sites in the full Bristol database.

THE STUDIES

Two general papers were written that assessed the potential of the South Etruria Survey for GIS analysis (Stoddart, Belcher and Harrison 1996; Belcher, Harrison and Stoddart 1999). The former set out the importance of the South Etruria Survey in terms of world archaeology, bearing comparison with other seminal work in Peru in the late 1940s (Willey 1953). It continued by stressing the importance of making the survey accessible (even though its published record was good) and enhancing the quality of the data. This paper laid out clearly the strengths and weaknesses of the data, stressing the need for verification and precision, particularly addressing the problem of combining within a GIS framework different levels of accuracy and quality of information: for example, how should one combine modern off-site density, a geophysical plot, an urban excavation, a six-figure survey coordinate and an inscription found in the nineteenth century in the territory of Nepi? All these data are valuable, but they need to be employed at different scales of analysis. Such questions are most apposite in terms of the continuing work now taking place at the British School at Rome. Various strategies were laid out in the paper for enhancing the quality of the data and the DEM behind that data. Finally, a distinction was made between the physical and cultural landscape and the ways in which both could be addressed in South Etruria. The funerary landscapes offer great opportunities for mapping cultural perception on to a dissected physical relief. The second paper (Belcher, Harrison and Stoddart 1999) addressed some of the more technical issues, particularly in terms of the preparation of the DEM for the region, the quality of the data and the preliminary results for a trial area in the immediate vicinity of Nepi. This trial combined the effects of viewshed analysis and cost surface analysis in terms of the perception of the funerary landscape (Blake *et al.* 1995).

As part of her practical placement work, Ulla Rajala also digitized rivers for six IGM map sheets and visited Keele University to discover the air photograph cover over South Etruria. For the aerial photographic coverage, she wrote a memo with a map appendix showing the flight coverage of South Etruria. In addition, she undertook two projects and a dissertation as part of her studies based on the material in the corrected Bristol database combined with other published material on the area.

Her first project on the early Imperial villas on the Nepi map sheet was partly presented in the first Tiber Valley workshop. A second project analyzed the accumulation of the archaeological resources in the Faliscan area, and showed statistically the impact of Roman roads in determining the search strategy for pre-Roman sites near Narce and *Falerii Veteres* (Rajala, Harrison and Stoddart 1999). The dissertation was on the intensification of the pre-Roman settlement in the southern Faliscan area and some of the main arguments have been published (Rajala 1999). The dissertation applied some GIS tools to the study of the density and distribution of the settlement. Thiessen polygons were constructed around main centres and

cost surfaces were used to correct these. A simple research strategy presented by Gaffney and Stancic (1991) was applied to study the importance of the attributes of the locations of the geographical sites in past decision-making processes. The study reconfirmed the intensification of the settlement and showed that the road network was important in rural areas, although more distant areas were settled during the later periods. Some further work was done by Andrew Harrison and Ezra Zubrow on the intensity of sites in different parts of South Etruria. They applied network modelling, using a Triangular Irregular Network, in an unpublished study. **Figure 2** illustrates such a network, constructed using the three-dimensional coordinates of the survey sites. Analysis of these networks has revealed the impact of the landscape, particularly topography, on the spatial connectivity and concentration of sites.

THE NATURE OF THE DATA OF THE SOUTH ETRURIA SURVEY

The real importance of the preliminary work of the enhancement project has been the deeper understanding of the nature of the data gathered by the South Etruria Survey. It is an essential basis on which re-survey (as always planned) can be mounted. It is a blessing for the modern GIS researchers that the grid references were used to define the site, although the real drawback is the accuracy of the measurements. The grid reference is given to an accuracy of 100 m, which is not precise enough by modern standards, although reasonable when one recalls that, in those days, the grid was not systematically drawn on the map sheets, but often had to be drawn in by hand before the measurements could be taken. For the topography, the accuracy allows only general analysis, leaving geomorphological questions partly unanswered.

The survey done by Tim Potter stands apart from earlier work. He gave more detailed descriptions and defined the area of the site when possible (and for the methods used, see Potter 1992). From a modern point of view, none of the surveys that formed part of the original project was systematic enough to meet modern standards; however, we should be measuring standards against contemporary seminal projects, such as the Virú Valley in South America (Willey 1953). The topographic location of the sites is often missing, as is land-use information. The dates of visit were usually written down, but not consistently. Many times the information is meagre, reduced to the pair of coordinates and a list of diagnostic sherds. The redating of the pottery done by the team at the British School at Rome (Chapter 2) is crucial, because much of the typological analysis of past times is tentative, belonging to those years when coarse-wares were not so well known as today. This lack of refinement of dating was the main reason the manuscript of the survey of the southern Faliscan area was not published (Tim Potter pers. comm.).

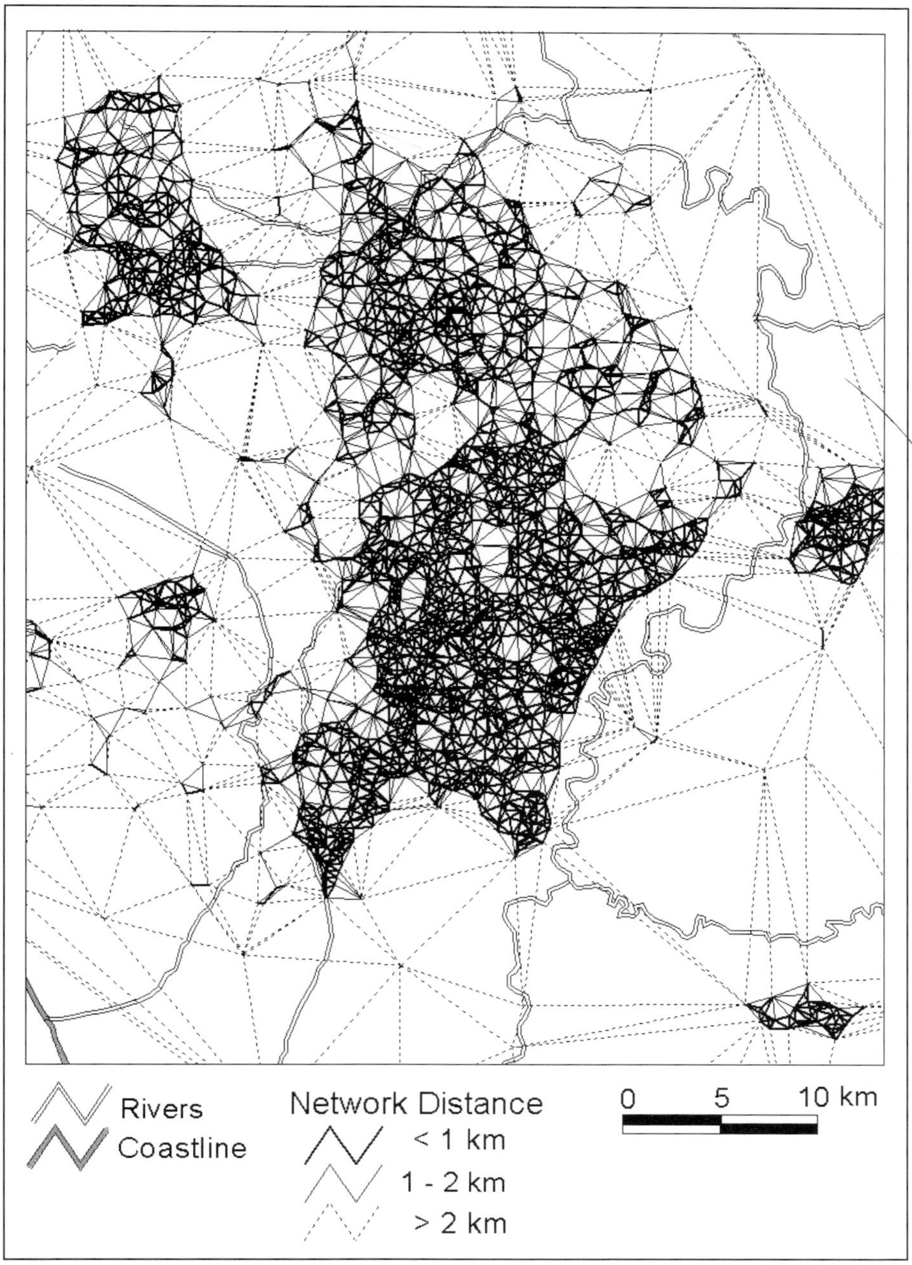

Can the material usefully be integrated into the GIS studies? Yes, but the characteristics of the data need to be taken into account when planning research strategy. It is possible to use the material in GIS analyses, but one has to be aware of all the limitations that the coarser accuracy brings. But, with some imagination and good questions, satisfactory results can be achieved (for example Belcher, Harrison and Stoddart 1999; Rajala, Harrison and Stoddart 1999). The limitations of older data always will be with us, but the qualities of these same data should not be ignored.

THE FUTURE

Of the present authors, Rajala and Stoddart are now concentrating their attention on detailed sampling of the Nepi area (Rajala and Stoddart 2000; di Gennaro *et al.* 2002). Systematic fieldwork, under the field direction of Rajala, has been undertaken already in the territory of Nepi in order to review the settlement patterns established there by Potter's survey and more recent Italian ones. During the first season (1999) a square area up to 1.5 km from the town was studied, defining 35 concentrations of material. The preliminary results suggest that most of the sites Potter surveyed can still be found. Struck stone was found widely in small quantities, confirming that certain aspects of prehistory have been underrepresented in previous research. The second season, in spring 2000, concentrated on the survey of a spur adjacent to the modern town of Nepi, Il Pizzo, confirming the early settlement of this area (di Gennaro n.d.). The September 2000 season located 29 concentrations of material, including strong evidence for prehistoric material, starting in the Middle Bronze Age, and information on the relationship between

FIG. 2. **Network model, based on a Triangular Irregular Network, for the South Etruria Survey sites.** *(A. Harrison.)*

archaic and Roman settlement. These data demonstrate that the British School at Rome surveys are not merely the study of a periphery of Rome, but, as Ward-Perkins and Potter realized, contribute important information on the development of autonomous pre-Roman states. One earlier re-survey of an area covered by the British School at Rome was pessimistic about the state of the landscape (King 1993). However, preliminary results from the Nepi area demonstrate the continuing value of testing the results of the British School at Rome surveys, not only by redating the pottery, but also by active fieldwork.

The main reworking of the material from the South Etruria Survey is being done at the British School at Rome itself (Patterson *et al.* 2000). When the redating of material is finished, there will be a perfect opportunity to use modern methods to reconsider Potter's *The Changing Landscape of South Etruria*. With the benefit of a cleaned dataset, GIS methodologies can be used most effectively to examine, by modern standards, non-systematically collected material. As an additional step, it will even be possible to reconstruct a biographical narrative of the survey (cf. Potter and Stoddart 2001), even though many of the key players — Ashby, Ward-Perkins, Jones, Potter — are no longer present to relate the story.

Acknowledgements

The authors would like to thank the British School at Rome and the British Academy for financing the project.

References

Allen, K.M.S., Green, S.W. and Zubrow, E.B.W. (1990) (eds) *Interpreting Space: GIS and Archaeology*. London, Taylor and Francis.

Belcher, M., Harrison, A. and Stoddart, S. (1999) Analysing Rome's hinterland. In M. Gillings, D. Mattingly and S. Van Dalen (eds), *Geographical Information Systems and Landscape Archaeology (POPULUS Project. The Archaeology of Mediterranean Landscapes* 3): 95–101. Oxford, Oxbow.

Blake, V., Harrison, A., Shell, C. and Stoddart, S. (1995) *ARCH-GIS. A Multi-media Tutorial for the Use of GIS in Archaeology*. Bristol/Cambridge/Glasgow, TLTP Archaeology Consortium.

Carver, M. and Stoddart, S. (1990) *Settlement and Economy in South Etruria. Preliminary Scope of Research Design.* Unpublished paper prepared for the British School at Rome.

di Gennaro, F. (n.d.) *Ricerche di superficie negli insediamenti dell'età del bronzo di 'Torre Stroppa' e 'Il Pizzo' (Nepi, VT).* Unpublished report submitted to the Soprintendenza Archeologica per l'Etruria Meridionale.

di Gennaro, F. and Stoddart, S. (1982) A review of the evidence for prehistoric activity in part of South Etruria. *Papers of the British School at Rome* 50: 1–21.

di Gennaro, F., Cerasuolo, O., Colonna, C., Rajala, U., Stoddart, S. and Whitehead, N. (2002) Recent research on the city and territory of Nepi. *Papers of the British School at Rome* 70: 29–77.

Gaffney, V. and Stancic, Z. (1991) *GIS Approaches to Regional Analysis: a Case Study of the Island of Hvar*. Ljubljana, Znanstveni Institut Filozofske Fakultete.

King, N. (1993) An archaeological field survey near Campagnano di Roma, southern Etruria. *Papers of the British School at Rome* 61: 115–24.

Patterson, H., di Gennaro, F., Di Giuseppe, H., Fontana, S., Gaffney, V., Harrison, A., Keay, S.J., Millett, M., Rendeli, M., Roberts, P., Stoddart, S. and Witcher, R. (2000) The Tiber Valley Project: the Tiber and Rome through two millennia. *Antiquity* 74: 395–403.

Potter, T.W. (1979) *The Changing Landscape of South Etruria*. London, Paul Elek.

Potter, T.W. (1992) Reflections on twenty-five years' fieldwork in the Ager Faliscus. Approaches to landscape archaeology. In M. Bernardi (ed.), *Archeologia del paesaggio ** (Quaderni del Dipartimento di Archeologia e Storia delle Arti. Sezione Archeologica. Università di Siena* 30–1): 637–66. Florence, All'Insegna del Giglio.

Potter, T.W. and Stoddart, S. (2001) A century of prehistory and landscape studies at the British School at Rome. *Papers of the British School at Rome* 69: 3–34.

Rajala, U.M. (1997) *The Intensification of Landuse in the Southern Ager Faliscus during the Pre-Roman Times. A Study on an Italian Landscape Using GIS*. University of Bristol, MA dissertation.

Rajala, U.M. (1999) GIS in the analysis of the settlement patterns in central Italy. The possibilities and problems in studying south-east Etruria. In R.F. Docter and E.M. Moormann (eds), *Classical Archaeology towards the Third Millennium: Reflections and Perspectives. Proceedings of the 15th International Congress of Classical Archaeology, Amsterdam July 12–17, 1998 (Allard Pierson Series* 12): 311–13. Amsterdam, Allard Pierson Museum.

Rajala, U. and Stoddart, S. (2000) The Nepi survey project. *Papers of the British School at Rome* 68: 402.

Rajala, U.M., Harrison, A.R. and Stoddart, S.K.F. (1999) The enhancement of the South Etruria Survey. GIS in the study of the research history of the southern Faliscan area. In L. Dingwall, S. Exon, V. Gaffney, S. Laflin and M. van Leusen (eds), *Archaeology in the Age of the Internet. Computer Applications and Quantitative Methods in Archaeology (British Archaeological Reports, International Series* 750): 82 (full version on inserted CD). Oxford, Archaeopress.

Stoddart, S., Belcher, M. and Harrison, A. (1996) L'applicazione del GIS all'Etruria Meridionale. The South Etruria Survey: why apply GIS? In A. Bietti, A. Cazzella, I. Johnson and A. Voorrips (eds), *Theoretical and Methodological Problems. Colloquium* II. *The Present State of GIS Applications and Analogous Systems in Prehistoric Archaeology. Preprints of the XIII Congress of the UISPP, Forlì, Italy*: 185–92. Forlì, Abaco. Republished in I. Johnson and M. North (1997) (eds), *Archaeological Applications of GIS. Proceedings of Colloquium* II, *UISPP XIIIth Congress, Forlì, Italy, September 1996 (Sydney University Archaeological Methods Series* 5). CD-ROM format. Sydney, Archaeological Computing Laboratory, University of Sydney.

Willey, G.R. (1953) *Prehistoric Settlement Patterns in the Virú Valley, Peru (Smithsonian Institution, Bureau of American Ethnology, Bulletin* 155). Washington (DC), Government Printing Office.

Modelli di occupazione del territorio tra l'Eneolitico e la prima età del ferro nella media valle del Tevere

Alessandro Guidi

Riassunto • Abstract

Nell'articolo, dopo una breve storia degli studi e una disamina delle difficoltà che si possono trovare nella ricostruzione del popolamento pre- e protostorico della valle del Tevere, dalla necessità di ricostruire le variazioni del percorso del fiume all'impossibilità di individuare siti sepolti dalla potente sedimentazione alluviale, si passano in rassegna le presenze attribuibili a tre grandi fasi: 1. Eneolitico–Bronzo antico; 2. Bronzo medio–finale; 3. prima età del ferro. Se per quanto riguarda la prima fase è difficile trovare molte attestazioni, nel corso della media età del bronzo aumentano le presenze sull'una e sull'altra riva, forse connesse ad attività stagionali, come la transumanza, mentre nel corso del Bronzo finale la scarsezza di siti può essere messa in connessione con una generale propensione all'occupazione di alture. È con la prima età del ferro, epoca della progressiva affermazione di un modello di organizzazione protourbana, che, in analogia con quanto avviene per un altro grande asse di communicazione naturale, la Via Salaria, si assiste a un'occupazione sistematica (ben undici le presenze attestate) della media valle del Tevere.

The article opens with a brief look at the history of the subject of prehistoric and protohistoric population figures, and examines the problems that may be encountered in the reconstruction of these for the Tiber valley: from the need to reconstruct variations in the course of the river, to the impossibility of identifying sites now buried by alluvial sediment. The main part of the article concerns a review of the archaeological evidence attributable to the three main phases: 1. the Neolithic–Early Bronze Age; 2. Middle to Late Bronze Age; 3. the Early Iron Age. Evidence for the first of these phases is scarce, but increases during the Middle Bronze Age, when evidence from both sides of the river may point towards seasonally determined activity, such as transhumance. The scarcity of sites belonging to the Late Bronze Age may be related to a more general preference for hilltop settlements. The Early Iron Age, with its affirmation of proto-urban organization, is the phase in which systematic occupation of the middle Tiber valley can be seen (in all eleven sites can be identified) — a development that may also be found around another great communication axis, the Via Salaria.

Se si eccettuano alcune sporadiche esplorazioni svolte nel quadro del più ampio progetto della *Forma Italiae* e l'isolata notizia dei materiali funerari della prima età del ferro recuperati da cultori locali (e oggi purtroppo dispersi) a Fiano Romano negli anni '20, spetta alla British School at Rome il merito storico di aver intrapreso il primo *survey* sistematico nella media valle del Tevere. Quest'eccezionale impresa, i cui risultati saranno valorizzati nella giusta luce solo dopo la pubblicazione dei materiali raccolti (a suo tempo solo parzialmente editi e con criteri di documentazione grafica che oggi appaiono superati) si svolgeva in un periodo, gli anni '60, in cui l'archeologia 'ufficiale', con l'eccezione dell' Istituto di Topografia dell'Università di Roma 'La Sapienza', non sembrava avere troppo interesse per le ricognizioni di superficie.

È sintomatico il fatto che l'individuazione di alcuni dei siti oggetto del presente contributo siano il risultato dell'attività di dilettanti, in particolare del Gruppo Archeologico Sabino, cui dobbiamo le prime segnalazioni di materiali protostorici nelle zone di Magliano e Poggio Sommavilla, tra la fine degli anni '60 e la prima metà degli anni '70. In questa situazione, la scoperta e lo scavo della necropoli di Colle del Forno e il convegno tenuto a Roma nel 1973, in occasione della mostra sui materiali recuperati nelle tombe (Santoro 1973), costituirono la molla per l'inizio di un lungo e fruttuoso periodo di ricerche di superficie, sotto l'egida del Consiglio Nazionale delle Ricerche (CNR), portate avanti nei territori di *Antemnae*, *Fidenae* e *Crustumerium* da Lorenzo Quilici e Stefania Quilici Gigli (Quilici e Quilici Gigli 1978; 1980; 1986); nel corso della seconda metà degli anni '70, inoltre, viene realizzata la *Forma Italiae* di *Cures Sabini*, che contiene dati di un certo interesse su tutte e due le rive del Tevere (Muzzioli 1980), e inizia il *survey* coordinato da Anna Maria Bietti Sestieri nel territorio della Soprintendenza Archeologica di Roma (Bietti Sestieri 1986), l'unico, a tutt'oggi, finalizzato alla ricostruzione del popolamento pre- e protostorico. Negli anni '80, alle iniziative già intraprese si aggiungono l'attività del Museo Civico di Magliano Sabina, coordinata da Paola Santoro, quella svolta su tutte e due le rive del fiume nell'ambito del Centro Regionale di Catalogazione della Regione Lazio (Belardelli 1995) e le ricerche e gli scavi diretti, per conto della Soprintendenza Archeologica di Roma, da Francesco di Gennaro. L'incontro di studio organizzato dal Comitato per l'Archeologia Laziale nel 1984 sul 'Tevere e le altre vie d'acqua' e la mostra 'Tevere. Un'antica via per il Mediterraneo', allestita nel 1986 in collaborazione tra il Ministero per i Beni Culturali e Ambientali costituiscono, in quest'ambito, la prima occasione per un tentativo di sintesi sulle vicende del popolamento pre- e protostorico della media e bassa valle del fiume (Angle *et al.* 1986; Guidi 1986). Negli anni '90, infine, vanno segnalati diversi contributi sul popolamento della riva sinistra del fiume (vedi, tra gli altri, Belelli Marchesini e di Gennaro 1993; Bistolfi e Zifferero 1995; Quilici Gigli e Santoro 1995; Santoro e Zarattini 1995; Turchetti 1995; Bistolfi *et al.* 1996; Santoro 1996 (con bibliografia precedente sulle attività del Museo di Magliano Sabina); Santoro 1997), il proseguimento delle ricerche nell'agro capenate (Camilli e Vitali Rosati 1995; *Capena* 1995) e l'isolato rinvenimento a Orte, ad opera di Marco Pacciarelli, di materiali dell'età del bronzo e della prima età del ferro (Iaia e Mandolesi 1993).

La distribuzione dei siti pre- e protostorici localizzati nella media valle del Tevere (Fig. 1) appare certamente influenzata dalla storia delle ricerche, come appare evidente dalla mancanza di dati nel tratto della riva sinistra del fiume compreso tra Campo del Pozzo alla confluenza tra Tevere e Farfa e Poggio Sommavilla[1] o nella porzione più settentrionale della valle, a nord

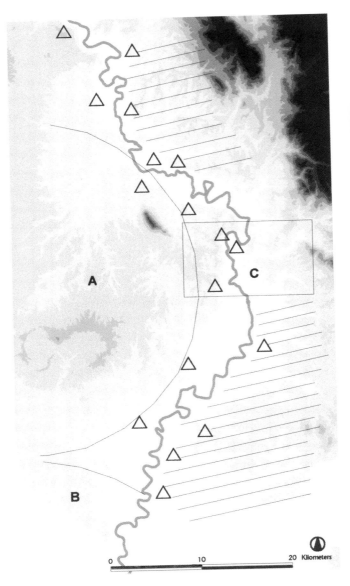

Fig. 1   Distribuzione delle presenze di età pre- e protostorica della media valle del Tevere (triangoli vuoti). Sulla riva sinistra sono evidenziate, in alto a tratteggio obliquo, le aree oggetto di ricerche, scavi e ricognizioni di superficie, su quella destra (riprese da di Gennaro 1990: fig. 1) le zone interessate dal *survey* della British School at Rome (A) e da quello della Soprintendenza Archeologica di Roma (B); è inoltre evidenziata la zona della *Forma Italiae* di *Cures Sabini* (C). In basso è indicata, a tratteggio, l'estensione approssimativa (per difetto) dell'area urbana di Roma. *(R. Witcher.)*

di Otricoli, e, su quella destra, dalla scarsità di presenze nella parte più vicina a Roma (ma si tenga anche conto della rapida crescita urbanistica della capitale) o nel tratto compreso tra Monte Ramiano e Orte. A queste difficoltà si aggiunge quella di ricostruire il percorso del fiume di cui conosciamo numerose divagazioni in età storica che, a loro volta, hanno cancellato quelle precedenti, e per il quale abbiamo indicazioni sicure, relative alla protostoria, solo per quanto riguarda il tratto terminale (Segre 1986). Va infine considerata la difficoltà di individuare le presenze più antiche nella piana di fondovalle, sia per le già citate variazioni del percorso, che possono averne cancellato le tracce, sia per l'obliterazione dovuta alla consistente copertura alluvionale. Presentano un estremo interesse, a questo riguardo, le tabelle relative ai siti individuati nel corso del *survey* effettuato nel territorio della Soprintendenza di Roma, dai quali risulta come l'occupazione di aree poste a una distanza compresa tra 0 e 1.500 m dai maggiori corsi d'acqua (il Tevere e l'Aniene) sia attestata solo a partire dalla media età del bronzo (Bietti Sestieri 1986); non è un caso che i resti dell'unico abitato di fondovalle qui preso in esame siano stati trovati, a Monte Ramiano, in una sezione a più di 10 m al di sotto dell'attuale piano di campagna (Jones 1963: fig. 6).

Per quanto riguarda il lungo periodo compreso tra l'Eneolitico e il Bronzo medio iniziale (3500–1500 a.C. circa), sono documentati sette siti (**Fig. 2**). Se si eccettuano quello di Vallelunga (**Fig. 2.5**), di cui è incerta la collocazione tra Eneolitico e Bronzo antico, e quello di Monte Fiore (**Fig. 2.4**), attestato da pochissimi materiali e qui inserito dubitativamente, all'Eneolitico possono essere attribuiti i frammenti recuperati sulla riva sinistra a Caroci-Monte delle Palme (**Fig. 2.1**) e sulle alture di Casacotta (**Fig. 2.3**), non lontano dal centro arcaico di *Eretum*. Al Bronzo antico vanno invece riferiti il già citato sito di Monte Ramiano (**Fig. 2.2**) e i frammenti raccolti sulle alture di *Crustumerium* (**Fig. 2.6**) presentati, in questa sede, da Francesco di Gennaro (Capitolo 11). Come nel periodo eneolitico, le fasi iniziali della media età del bronzo sono attestate solo sulla riva sinistra del fiume dagli strati associati a una palizzata difensiva individuata sulla collina di Monte Spada (**Fig. 2.7**), acropoli della futura città di *Fidenae*. Va comunque sottolineato il dato significativo dell'occupazione di quei siti destinati a ospitare le città arcaiche, sorte sulla riva sinistra del fiume, già nel corso della prima metà del II millennio a.C.

I sei siti attribuibili ai pochi secoli compresi tra la fase avanzata della media età del bronzo e l'età del bronzo finale (1500–1000/960 a.C. circa) sembrerebbero indicare a prima vista, nonostante l'assenza di segnalazioni nel tratto mediano, un incremento dell'occupazione della media valle del Tevere (**Fig. 3**). In realtà, ben cinque di essi hanno materiali attribuibili al Bronzo medio avanzato, caratterizzato dalla diffusione della caratteristica ceramica 'appenninica'. Sulla riva sinistra, oltre ai materiali da Scornabecchetto (**Fig. 3.5**) e dalle pendici di Villa Spada a *Fidenae* (**Fig. 3.6**),

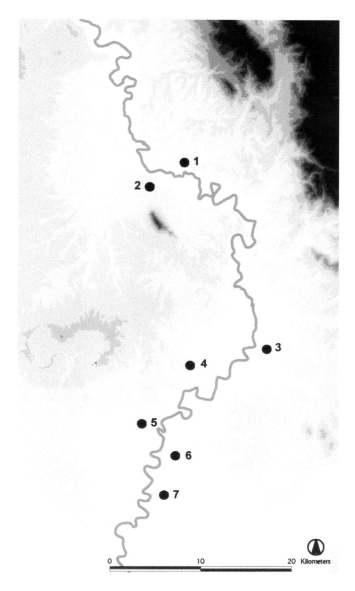

FIG. 2. Eneolitico–Bronzo medio iniziale (3500–1500 a.C. circa). 1. Caroci-Monte delle Palme (Collevecchio, RI) (Guidi 1986). 2. Monte Ramiano (Ponzano Romano, RM) (Guidi e Pascucci 1996). 3. Casacotta (Montelibretti, RM) (Guidi 1986). 4. Monte Fiore (Castelnuovo di Porto, RM) (di Gennaro e Stoddart 1982). 5. Vallelunga (Roma) (Bietti Sestieri 1986). 6. *Crustumerium* (Roma) (di Gennaro sotto, Capitolo 11). 7. Villa Spada (Roma) (di Gennaro e Staffa 1986). *(R. Witcher.)*

vanno segnalati, a Poggio Sommavilla (**Fig. 3.4**), due nuclei di materiali, uno a fondovalle, in località i Grotti, corrispondente all'area occupata dalla necropoli arcaica (Filippi e Pacciarelli 1991: carta a p. 50, punto A), l'altro nella zona interessata dagli scavi condotti dalla Soprintendenza Archeologica per il Lazio e dal Museo di Magliano Sabina nel 1993 (Santoro e Zarattini 1995: 625, pallino sopra al punto E), occupata da resti di abitato a partire dall'età del ferro. La

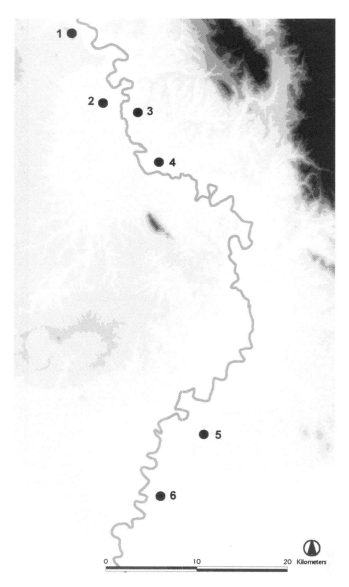

FIG. 3. Bronzo medio avanzato–Bronzo finale (1500–1000/960 a.C. circa). 1. Orte (VT) (Iaia e Mandolesi 1993). 2. Grotta Porciosa (Civita Castellana, VT) (di Gennaro 1991–2). 3. Maglianello/Fontanelle (Magliano Sabina, RI) (Filippi e Pacciarelli 1991). 4. Poggio Sommavilla (Collevecchio, RI) (Filippi e Pacciarelli 1991; Bistolfi e Zifferero 1995; Santoro e Zarattini 1995). 5. Scornabecchetto (Roma) (Bietti Sestieri 1986). 6. *Fidenae* (Roma) (Belelli Marchesini e di Gennaro 1993). *(R. Witcher.)*

cea, ben difesa e dominante il corso del Tevere, di Orte (**Fig. 3.1**). Uno stretto rapporto degli abitati con i corsi d'acqua maggiori appare evidente anche dalla distribuzione delle presenze 'appenniniche' lungo l'Aniene (Filippi e Guidi 1991–2); Bietti Sestieri (1986: 68) ha ipotizzato come tale fenomeno 'sia legato all'inizio dell'uso delle valli fluviali come vie di transumanza, e quindi indirettamente come vie di collegamento a lunga distanza'. Allo stesso tempo, l'aumento generalizzato di abitati in ambiente umido che si verifica nel corso della media età del bronzo potrebbe essere spiegato anche con l'influenza del clima caldo e asciutto documentato dai diagrammi pollinici (Bietti Sestieri *et al.* 1991–2; Angle 1996). La brusca diminuzione del numero di abitati posti lungo la media valle del Tevere nella tarda età del bronzo coincide con un processo di selezione e concentrazione dell'insediamento su alture o pianori ben difesi; appare sintomatico, da questo punto di vista, che l'unica attestazione del Bronzo recente sia quella di Orte, abitato destinato a durare fino all'età del ferro. A una fase antica del Bronzo finale sono stati attribuiti alcuni frammenti rinvenuti a Poggio Sommavilla, nell'area della necropoli arcaica, mentre quelli da contesti di abitato (Fontanelle e Maglianello) e di necropoli (Collicello) di Magliano Sabina (**Fig. 3.3**), databili a un momento terminale dello stesso periodo, consentono di collocare già in quest'epoca l'origine del processo di formazione del centro protourbano arcaico (Filippi e Pacciarelli 1991: 129; Guidi e Santoro sotto, Capitolo 12).

È con la prima età del ferro (1000/960–750 a.C. circa), epoca della progressiva affermazione di un modello di organizzazione protourbana, che si assiste a un'occupazione sistematica (ben undici le presenze attestate) della media valle del Tevere (**Fig. 4**), in larga parte coincidente, nella parte inferiore, con l'altro grande asse di comunicazione naturale che si struttura in questo periodo, quello della Via Salaria (Guidi 2000). A un momento avanzato della prima età del ferro si data, inoltre, Campo del Pozzo (**Fig. 4.7**), lo stretto e allungato pianoro alla confluenza tra Tevere e Farfa in cui si è giustamente voluto individuare il più antico scalo-traghetto in qualche modo collegato, sulla riva opposta, al coevo abitato di Nazzano, cui vanno riferite le sepolture di Santa Lucia (**Fig. 4.6**; Quilici Gigli 1986). Accanto alla funzione di via preferenziale dello scambio di merci e di uomini, il Tevere sembra assumere quella ugualmente importante, dal punto di vista politico, di 'frontiera'. In quest'ottica, tenendo conto delle più aggiornate ricostruzioni dei territori dei grandi centri protourbani dell'Etruria meridionale

distanza tra le due località, di poco inferiore ai 400 m in linea d'aria, non autorizza a pensare che essi possano essere attribuiti ad un unico insediamento. Sulla riva destra, oltre ai pochi materiali provenienti da Grotta Porciosa (**Fig. 3.2**), presentati in una mostra tenutasi in occasione del convegno di Studi Etruschi sulla civiltà falisca del 1987 e tuttora inediti (Francesco di Gennaro com. pers.), è a questo periodo che va datato l'inizio dell'occupazione dell'altura tufa-

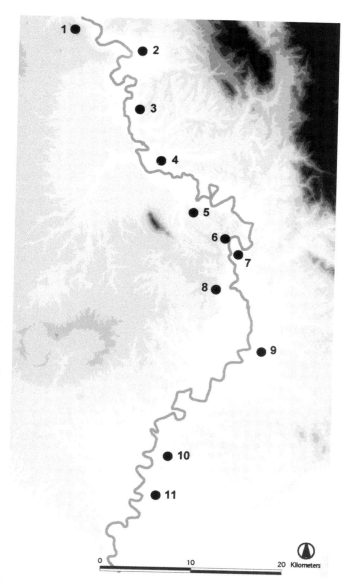

sua volta riferibile al più vasto territorio veiente. Anche sulla riva sinistra il controllo della valle del Tevere sembra essere uno dei criteri più importanti; accanto ai centri difesi ma ancora di limitata estensione della Sabina tiberina, come il già citato Campo del Pozzo (Fig. 4.7), vanno ricordati *Ocriculum* (Fig. 4.2), Magliano Sabina (Fig. 4.3), Poggio Sommavilla (Fig. 4.4) ed *Eretum* (Fig. 4.9); i due più meridionali, *Crustumerium* (Fig. 4.10) e *Fidenae* (Fig. 4.11), già in quest'epoca hanno dimensioni tipiche dei centri pro-tourbani. Confine tra gruppi etnici, frontiera tra stati e, allo stesso tempo, grande via di comunicazione dell'intera area medio-tirrenica: è nel corso della prima età del ferro che il Tevere assume quella fisionomia che, nel periodo arcaico, manterrà a lungo.

La ricostruzione della storia del popolamento pre- e protostorico della media valle del Tevere costituisce un'altro dei tasselli necessari per tentare di decifrare le tappe di un'evoluzione della complessità sociale che ha prodotto la nascita delle prime città dell'Europa occidentale; in quest'ottica il riconoscimento delle variazioni del corso del fiume e la ricognizione attenta delle zone della valle ancora poco conosciute sono solo alcuni degli obiettivi che il progetto coordinato dalla British School at Rome potrà contribuire a raggiungere.

FIG. 4. Prima età del ferro (1000/960–750 a.C. circa). 1. Orte (VT) (Iaia e Mandolesi 1993). 2. *Ocriculum* (San Vittore, TN) (Filippi e Pacciarelli 1991). 3. Magliano Sabina (RI) (Guidi e Santoro sotto, Capitolo 12). 4. Poggio Sommavilla (Collevecchio, RI) (Filippi e Pacciarelli 1991; Bistolfi e Zifferero 1995; Santoro e Zarattini 1995). 5. Monte Pelliccia (Ponzano Romano, RM) (Jones 1963). 6. Sant'Antimo/Santa Lucia (Nazzano Romano, RM) (Iaia e Mandolesi 1993). 7. Campo del Pozzo (Nazzano Romano, RM) (Filippi e Pacciarelli 1991). 8. Fiano Romano (Roma) (Iaia 1996). 9. *Eretum* (Montelibretti, RM) (Quilici Gigli e Santoro 1995). 10. *Crustumerium* (Roma) (di Gennaro sotto, Capitolo 11). 11. *Fidenae* (Roma) (Belelli Marchesini e di Gennaro 1993). (R. Witcher.)

(Ceci e Cifarelli 1995), Orte (Fig. 4.1), la cui estensione è stata valutata intorno agli 8 ha, costituirebbe un avamposto di *Volsinii*, mentre i tre piccoli centri di Monte Pelliccia (Fig. 4.5), Nazzano (Fig. 4.6) e Fiano Romano (Fig. 4.8) ricadrebbero nell'agro capenate, a

NOTE

1. La ricognizione topografica di una parte di questa zona (quel-la delimitata dal Tevere, dalle prime pendici dei sistemi colli-nari dei Monti Sabini e dai torrenti Galantina e Farfa) è adesso l'obiettivo di un ulteriore progetto, la ricognizione Galantina. La ricognizione è diretta da Alessandro Guidi (Università di Verona), Paola Santoro (Istituto per lo Studio delle Culture Italiche e del Mediterraneo Antico del CNR) e Helen Patterson (British School at Rome) congiuntamente all'Istituto per le Tecnologie Applicate ai Beni Culturali del CNR e ai Musei Civici di Magliano Sabina e di Fara Sabina.

RIFERIMENTI BIBLIOGRAFICI

Angle, M. (1996) Torre del Padiglione. In C. Belardelli e P. Pascucci (a cura di), *Repertorio dei siti protostorici del Lazio. Province di Rieti e Latina*: 59–61. Roma, Centro Regionale per la Documentazione dei Beni Culturali e Ambientali.

Angle, M., Guidi, A., Petitti, P. e Zarattini, A. (1986) La valle del Tevere in età pre- e protostorica. In *Tevere. Un'antica via per il Mediterraneo*: 109–12. Roma, Istituto Poligrafico e Zecca dello Stato.

Belardelli, C. (1995) Ricerche pre- e protostoriche nelle valli del Tevere e del Farfa. In N. Christie (a cura di), *Settlement and Economy in Italy, 1500 BC to AD 1500. Papers of the Fifth Conference of Italian Archaeology* (*Oxbow Monograph* 41): 57–61. Oxford, Oxbow.

Belelli Marchesini, B. e di Gennaro, F. (1993) Fidenae. *Studi Etruschi* 58: 515–22.

Bietti Sestieri, A.M. (1986) Preistoria e protostoria nel territorio di Roma. Modelli di insediamento e vie di comunicazione. In S. Quilici Gigli (a cura di), *Il Tevere e le altre vie d'acqua del Lazio antico* (*Archeologia Laziale* 7 (2); *Quaderni del Centro di Studio per l'Archeologia Etrusco-italica* 12): 30–70. Roma, Consiglio Nazionale delle Ricerche.

Bietti Sestieri, A.M., Belardelli, C., Capoferri, B., Moscetta, M.P. e Saltini, A. (1991–2) La media età del bronzo nel territorio di Roma. In *L'età del bronzo in Italia nei secoli dal XVI al XIV a.C. Atti del congresso, Viareggio 26–30 ottobre 1989* (*Rassegna di archeologia* 10): 439–54. Firenze, All'Insegna del Giglio.

Bistolfi, F. e Zifferero, A. (1995) Poggio Sommavilla. *Studi Etruschi* 61: 436–9.

Bistolfi, F., Colazingari, O., Fulgenzi, M.T., Guidi, A. e Zifferero, A. (1996) Cultura materiale e sistemi insediamentali nella Sabina tiberina. In A.M. Bietti Sestieri, The Iron Age in the mediterranean area: archaeological materials as indicator of social structure and organization (with particular reference to the Early Iron Age), Colloquium 23. In A.M. Bietti Sestieri (a cura di), *The Iron Age in Europe* (*Forlì, XIII U.I.S.P.P. Congress*): 91–106. Forlì, ABACO Edizioni.

Camilli, A. e Vitali Rosati, B. (1995) Nuove ricerche nell'agro capenate. In N. Christie (a cura di), *Settlement and Economy in Italy, 1500 BC to AD 1500. Papers of the Fifth Conference of Italian Archaeology* (*Oxbow Monograph* 41): 403–12. Oxford, Oxbow.

Capena e il suo territorio (1995). Bari, Dedalo.

Ceci, F. e Cifarelli, F. (1995) La fase antica della prima età del ferro in Etruria Meridionale: aggiornamenti. In N. Negroni Catacchio (a cura di), *Preistoria e protostoria in Etruria* II. *Atti del secondo incontro di studi, Farnese, 21–23 maggio 1993. Tipologia delle necropoli e rituali di deposizione: ricerche e scavi*: 281–3. Milano, Edizioni ET.

di Gennaro, F. (1990) Aspetti delle ricerche sull'assetto territoriale dell'area mediotirrenica in età protostorica. In F.M. Andrashko e W.-R. Teegen (a cura di), *Gedenkschrift für Jürgen Driehaus*: 203–24. Mainz am Rhein, Philipp von Zabern.

di Gennaro, F. (1991–2) Presenze del bronzo medio nella Tuscia. In *L'età del bronzo in Italia nei secoli dal XVI al XIV a.C. Atti del congresso, Viareggio 26–30 ottobre 1989* (*Rassegna di archeologia* 10): 708–9. Firenze, All'Insegna del Giglio.

di Gennaro, F. e Staffa, A. (1986) Sito 8. In L. Quilici. e S. Quilici Gigli, *Fidenae. Latium Vetus* V: 94–100. Roma, Consiglio Nazionale delle Ricerche.

di Gennaro, F. e Stoddart, S. (1982) A review of the evidence for prehistoric activity in part of South Etruria. *Papers of the British School at Rome* 50: 1–21.

Filippi, G. e Guidi, A. (1991–2) Popolamento del territorio sabino. In *L'età del bronzo in Italia nei secoli dal XVI al XIV a.C. Atti del congresso, Viareggio 26–30 ottobre 1989* (*Rassegna di archeologia* 10): 714–16. Firenze, All'Insegna del Giglio.

Filippi, G. e Pacciarelli, M. (1991) *Materiali protostorici della Sabina tiberina: l'età del bronzo e la prima età del ferro tra il Farfa e il Nera* (*Quaderni del Museo Archeologico di Magliano Sabina* 1). Roma, Assessorato alla Cultura di Magliano Sabina.

Guidi, A. (1986) Strategie insediamentali nelle valli del Tevere e dell'Aniene dall'eneolitico alla prima età del ferro. In S. Quilici Gigli (a cura di), *Il Tevere e le altre vie d'acqua del Lazio antico* (*Archeologia Laziale* 7 (2); *Quaderni del Centro di Studio per l'Archeologia Etrusco-italica* 12): 23–9. Roma, Consiglio Nazionale delle Ricerche.

Guidi, A. (2000) Presenze pre- e protostoriche lungo il tracciato della Salaria. In E. Catani e G. Paci (a cura di), *La Salaria in età antica (Ascoli–Offida–Rieti, 2–4.10.1997)*: 267–76. Macerata/Roma, Dipartimento di Scienze Archeologiche e Storiche dell'Antichità (Università degli Studi di Macerata)/L'Erma' di Bretschneider.

Guidi, A. e Pascucci, P. (1996) Nuovi dati sull'antica età del bronzo nell'area medio-tirrenica. In D. Cocchi Genick (a cura di), *L'antica età del bronzo in Italia (Atti del congresso, Viareggio 9–12 Gen. 1995)*: 459–74. Firenze, Octavo.

Iaia, C. (1996) Le origini dell'urbanizzazione nell'agro falisco e capenate: osservazioni e ipotesi. *Informazioni* 5: 25–35.

Iaia, C. e Mandolesi, A. (1993) Topografia dell'insediamento dell'VIII secolo a.C. in Etruria meridionale. *Journal of Ancient Topography — Rivista di Topografia Antica* 3: 17–48.

Jones, G.D.B. (1963) Capena and the Ager Capenas. Part II. *Papers of the British School at Rome* 31: 100–58.

Muzzioli, M.P. (1980) *Cures Sabini (Forma Italiae, Regio IV* 2).

Firenze, Leo S. Olschki.

Quilici, L. e Quilici Gigli, S. (1978) *Antemnae. Latium Vetus* I. Roma, Consiglio Nazionale delle Ricerche.

Quilici, L. e Quilici Gigli, S. (1980) *Crustumerium. Latium Vetus* III. Roma, Consiglio Nazionale delle Ricerche.

Quilici, L. e Quilici Gigli, S. (1986) *Fidenae. Latium Vetus* V. Roma, Consiglio Nazionale delle Ricerche.

Quilici Gigli, S. (1986) Scali e traghetti sul Tevere in epoca arcaica. In S. Quilici Gigli (a cura di), *Il Tevere e le altre vie d'acqua del Lazio antico* (*Archeologia Laziale* 7 (2); *Quaderni del Centro di Studio per l'Archeologia Etrusco-italica* 12): 71–89. Roma, Consiglio Nazionale delle Ricerche.

Quilici Gigli, S. e Santoro, P. (1995) *Eretum*: ricerca topografica sull'abitato in epoca arcaica. In *Archeologia Laziale* 12 (2) (*Quaderni del Centro di Studio per l'Archeologia Etrusco-italica* 24): 641–63. Roma, Consiglio Nazionale delle Ricerche.

Santoro, P. (1973) (a cura di) *Civiltà arcaica dei Sabini nella valle del Tevere* I. Roma, Consiglio Nazionale delle Ricerche.

Santoro, P. (1996) Il museo di Magliano Sabina nella prospettiva delle ricerche sulle culture della Sabina. In *Identità e civiltà dei Sabini (Atti XVIII convegno di studi etruschi e italici, Rieti–Magliano Sabina 1993)*: 275–85. Firenze, Leo S. Olschki.

Santoro, P. (1997) *Magliano: origine e sviluppo dell'insediamento (Civiltà arcaica dei Sabini nella valle del Tevere)*. Roma, Giardini.

Santoro, P. e Zarattini, A. (1995) Poggio Sommavilla: rendiconto preliminare di un intervento di emergenza. In *Archeologia Laziale* 12 (2) (*Quaderni del Centro di Studio per l'Archeologia Etrusco-italica* 24): 625–33. Roma, Consiglio Nazionale delle Ricerche.

Segre, A.G. (1986) Considerazioni sul Tevere e sull'Aniene nel Quaternario. In S. Quilici Gigli (a cura di), *Il Tevere e le altre vie d'acqua del Lazio antico* (*Archeologia Laziale* 7 (2); *Quaderni del Centro di Studio per l'Archeologia Etrusco-italica* 12): 9–17. Roma, Consiglio Nazionale delle Ricerche.

Turchetti, R. (1995) Il territorio di Monterotondo nell'antichità. In *Monterotondo e il suo territorio*: 33–58. Bari, Dedalo.

IL PAESAGGIO ETRUSCO-ITALICO*

Paolo Carafa

Riassunto • Abstract

LE RECENTI RICERCHE TOPOGRAFICHE nella media e bassa valle del Tevere costituiscono una notevole base di dati per considerare lo sviluppo dell'insediamento in queste aree dall'inizio della prima età storica fino alla conquista romana. Dalla metà dell'VIII secolo a.C. si avvertono chiaramente i segni di una stabile gerarchia insediativa che, nel corso dei successivi due secoli, si articola ulteriormente fino all'apparire di veri e propri 'open sites', prefigurando una parallela evoluzione dei rapporti sociali che sovrintendono alle dinamiche di possesso e sfruttamento della terra. Fino alla metà circa del VI secolo a.C. non sembrerebbe possibile rilevare sostanziali differenze nelle linee di sviluppo dell'insediamento rurale sulle due rive — etrusca e latino/sabina — del fiume. Dopo questa data e con maggiore evidenza nel corso del V secolo a.C., le mutate condizioni storico-politiche, che preludono agli scontri tra Roma e Veio e riservano un ruolo subalterno alla regione Sabina, provocano per la prima volta la nascita di differenti sistemi di popolamento rurale. Solo Roma sembrerebbe essere stata in grado di realizzare un profondo rinnovamento delle proprie strutture produttive alla fine dell'età regia e, di conseguenza, a imporre successivamente il proprio modello ai territori vicini. In questa prospettiva la storia del paesaggio etrusco e italico nella media e bassa valle del Tevere, dalla prima età orientalizzante alla media età repubblicana, potrebbe apparire come la storia della più antica romanizzazione di comunità esterne alla città e al suo primitivo agro.

RECENT TOPOGRAPHICAL SURVEYS in the middle and lower Tiber valley provide an excellent database for evaluating the development of settlement in this area from the eighth century BC to the time of the Roman conquest. From the mid-eighth century there are clear signs of a stable settlement hierarchy; in the course of the following two centuries, this develops and proper 'open sites' appear, foreshadowing a parallel evolution in social relationships, which in turn affected landownership and land use. Until some time around the middle of the sixth century BC it is not possible to distinguish any substantial differences in the ways in which rural settlements developed on the two sides of the river — Etruscan and Latin/Sabine areas respectively. After this date, and in particular during the fifth century BC, changing historical and political conditions, which foreshadow the battles between Rome and Veii and play a subordinate role in the region of the Sabina, for the first time give rise to different models of rural population. Only Rome seems to have been able to effect a profound renewal of its production systems at the end of the period of the Kings, and, consequently, to establish its own settlement-model on neighbouring territories. In this respect, the history of the Etrusco-Italic landscape in the middle and lower Tiber valley from the early orientalizing period to mid-Republican times may be seen as the history of the earliest Romanization of communities outside the city and its original *ager*.

PREMESSA

LUNGO IL SUO MEDIO E BASSO CORSO il Tevere attraversa e separa aree dalla diversa caratterizzazione storica e geografica (**Fig. 1**) dove lo sviluppo delle forme e dei tipi di insediamento non ha sempre seguito analoghi processi di evoluzione. A partire almeno dallo scorcio dell'età protostorica, i territori falisco ed etrusco con *l'enclave* capenate lungo la riva destra del fiume e i territori sabino e latino lungo la riva sinistra rivelano significative differenze nella gerarchia degli insediamenti e nella strutturazione dei paesaggi (Baglione 1986; Bartoloni 1986; Colonna 1986; Santoro 1986). La cosiddetta 'rivoluzione villanoviana' da un lato, la discesa delle genti sabine dalla conca reatina verso le pianure del Lazio dall'altro, posero le premesse per la formazione e lo sviluppo dei più anti-

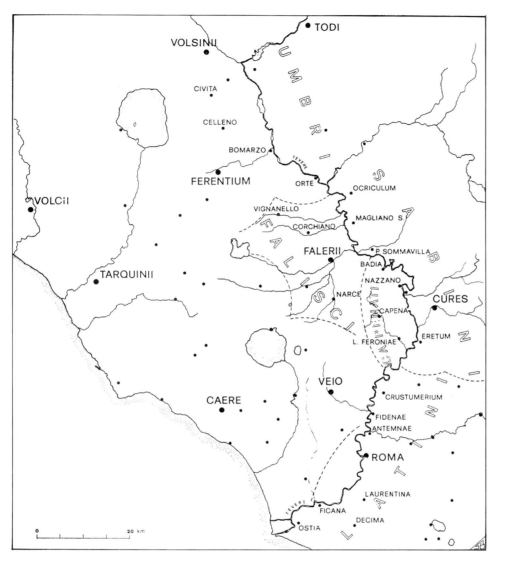

FIG. I. La media e bassa valle del Tevere e i territori attraversati dal fiume. *(Da Colonna 1986: fig. I.)*

PRIME CITTÀ, PRIMI AGRI E GERARCHIA DEGLI INSEDIAMENTI

Per i centri tiberini del Lazio e dell'Etruria, la prima età del ferro coincise con l'inizio di un lungo periodo di sviluppo e allo stesso tempo di instabilità, che si concluse dopo un ampio lasso di tempo, attraverso una serie di profondi cambiamenti. Nel corso della fase laziale III (= Veio IIB) — in cronologia assoluta tradizionale tra il secondo e il terzo quarto dell'VIII secolo a.C. — la documentazione archeologica relativa ai centri etruschi meridionali, falisco-capenati, sabini e latini rivela evidenti segni di diversità rispetto alle fasi precedenti. La struttura sociale delle comunità si articola con maggiore evidenza e all'interno degli abitati, come sembrerebbe emergere con una certa chiarezza specialmente nel caso di Roma, sono attestati processi di ristrutturazione e di rinnovamento dell'insediamento. A causa di

chi centri urbani nei territori gravitanti intorno alla media e bassa valle tiberina. La nascita delle prime città comportò il definitivo strutturarsi di questi territori in veri e propri *agri* e aprì, a sua volta, una nuova fase nella storia dei paesaggi antichi.

La nostra analisi prenderà le mosse dal momento in cui l'occupazione e lo sfruttamento delle campagne tiberine qui considerate iniziarono ad essere controllati e gestiti da centri urbani. Cercheremo di ricostruire i diversi, possibili sistemi di insediamento rurale esistenti in queste aree dall'inizio dell'età storica e tenteremo di cogliere i segni di continuità e/o di cambiamento di questi sistemi fino a quando l'originario assetto politico e territoriale di queste regioni fu cancellato per sempre dall'inarrestabile ascesa di Roma.

questi mutamenti, è stato recentemente proposto di riconoscere negli anni compresi tra la metà e la fine dell'VIII secolo a.C. il momento in cui i grandi agglomerati protourbani si trasformarono, o furono trasformati, in centri urbani in formazione (Carandini 1997: 494–6; 2000; Carafa 2000a).

L'apparire di insediamenti politicamente centralizzati — e in quanto tali da considerarsi urbani — nell'area medio tirrenica rappresenta, come è noto, un problema ancora oggi assai dibattuto. Gran parte degli storici e degli archeologici tendono a datare diversamente la formazione della città in quest'area, ritenendo che l'esistenza di strutture politico-religiose evolute al punto tale da poter definire una città non sia dimostrabile prima del 630 a.C. circa (Ampolo 1988a). Non sarebbe possibile riprendere una discussione così complessa nei limiti richiesti da questo contributo e appare di conseguenza necessario limitarsi ad una considerazione assolutamente concisa del problema. In estrema sintesi: personalmente ritengo meno problematica la prima delle due ipotesi sopra accennate perché, allo stato attuale della discussione, mi sembra essere la più aderente al quadro offerto dalla documentazione archeologica. Si tratta naturalmente di una proposta interpretativa da sottoporre alla discussione generale e a tutte le necessarie verifiche. Se tuttavia la possibilità di una più precoce nascita della città venisse rafforzata con il proseguire delle ricerche e ritenuta valida, dovremmo riconsiderare la storia del paesaggio nei territori attribuibili a questi centri alla luce di una diversa premessa. Sarebbe infatti plausibile immaginare che un mutamento così radicale nell'organizzazione sociale e politica delle comunità antiche abbia avuto un immediato riflesso nell'organizzazione dei territori.

Veniamo ora ai dati. Grazie ad una serie di recenti ricerche (Quilici 1974; Potter 1979; Muzzioli 1980; Quilici e Quilici Gigli 1980; 1986; 1993; Bietti Sestieri e Sebastiani 1986; Guidi 1986; Leggio e Moreland 1986; Moreland 1987; Coccia e Mattingly 1992; 1995; Camilli 1993; Camilli e Vitali Rosati 1995; Camilli, Carta e Conti 1995; Tartara 2000; Carafa 2000b; Dell'Era 2003) disponiamo ormai di una buona base di informazioni per considerare, almeno nelle sue linee generali, lo sviluppo dell'insediamento in area veiente, falisco-capenate da un lato e romano-sabina dall'altro, tra la metà circa dell'VIII secolo a.C. e la fine del IV secolo a.C.

Un primo, evidente segno di un cambiamento delle strategie insediative in atto nel Lazio e nell'Etruria meridionale tiberina si registra a partire dalla metà dell'VIII secolo a.C. In questi anni è infatti riconoscibile l'inizio di un'occupazione dei territori assai più sistematica rispetto alle fasi precedenti (Bietti Sestieri e Sebastiani 1986; Guidi 1986). Anche la gerarchia degli insediamenti acquista maggiore complessità, articolandosi in almeno tre livelli. Attorno ad alcuni dei centri principali di origine pre- e protourbana (Roma, *Cures*, Veio — livello 1) nascono o vengono rioccupati una serie di abitati di 'medio rango' (Acqua Acetosa Laurentina e La Rustica per Roma, Campo del Pozzo per *Cures*, Quarto della Vipera per Veio — livello 2), a cui fanno riferimento siti minori direttamente identificati o segnalati dalla presenza di piccoli gruppi isolati di sepolture (Casale Massima, Torrino e Tor de Cenci per Acqua Acetosa Laurentina, Monte Roncione e Malagrotta-Pantan di Grano nel territorio di Veio — livello 3). Occorre tuttavia sottolineare il fatto che questo fenomeno sembra svilupparsi nel Lazio con un

lieve anticipo rispetto all'Etruria dove, allo stato attuale delle conoscenze, non è possibile cogliere una gerarchia di insediamento altrettanto articolata prima dell'età orientalizzante, cioè non prima dall'ultimo quarto dell'VIII secolo a.C. (De Santis 1991: 101; Zifferero 1991: 109; Tartara 2000: 27). Per valutare in maniera corretta la portata di tali trasformazioni dovremmo inoltre ricordare che, almeno per quanto riguarda l'Etruria meridionale, questa nuova fase di espansione e di articolazione dei tipi di insediamento non sembrerebbe essere strettamente limitata alla fascia tiberina. Grazie ad una recente riconsiderazione della documentazione relativa al territorio cerite (Brocato 2000: 464–9) possiamo infatti constatare come in questo vasto distretto, all'inizio dell'età orientalizzante, accanto al sito primario (Cerveteri — livello 1) e ai cosiddetti 'centri satellite' (Ceri, Sasso di Furbara, per esempio — livello 2) di più antica origine appaiano siti di nuova fondazione e di 'modesta estensione' (Riserva del Ferrone, Piano della Conserva, per esempio — livello 3). Analoghe forme di insediamento sono state individuate anche nel territorio tarquiniese (Mandolesi 1999). Come nel caso degli abitati di livello 2, l'esistenza dei più piccoli centri di livello 3 è spesso rivelata dalla scoperta delle relative necropoli. L'omogenea distribuzione e la localizzazione di questi siti, che tendono a prediligere le aree coltivabili e i potenziali pascoli, farebbero pensare ad uno stretto rapporto tra il nuovo tipo di insediamento e lo sfruttamento agricolo del territorio.

L'apparire di una gerarchia insediativa stabile e articolata dalla seconda metà/fine dell'VIII secolo a.C. rappresenta un'evidente soluzione di continuità nella storia di queste aree. Con la nascita di nuovi insediamenti in località non occupate in passato si assiste inoltre a un'inversione di tendenza nelle modalità di occupazione del territorio rispetto alla situazione che si era venuta a creare con la nascita dei grandi agglomerati protourbani. Allora, infatti, molti siti erano stati abbandonati e la popolazione si era concentrata in poche, ampie, nuove sedi. Vale la pena di ricordare che è proprio in questo momento che si manifestano i primi segni di evoluzione nella struttura delle comunità e degli insediamenti protourbani. La coincidenza è tale da far supporre che i due fenomeni possano essere messi in relazione. Fu forse lo stabilirsi di organizzazioni politicamente centralizzate, quali dobbiamo immaginare le prime città, a dare l'impulso decisivo verso un'occupazione sempre più sistematica delle aree rurali. In una prospettiva storica più ampia sarebbe suggestivo collegare questo fenomeno all'esistenza,

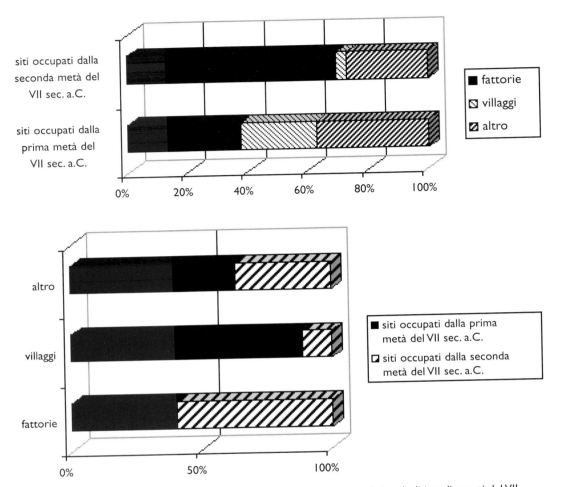

FIG. 2. Roma, *Suburbium* settentrionale (1995–8). Tipologia e cronologia relativa degli insediamenti del VII secolo a.C. *(P. Carafa.)*

gruppi di sepolture), ci rivela generalmente delle realtà di estensione pari o superiore ad 1 ha e di consistenza demografica superiore a quella attribuibile ad un solo nucleo familiare ristretto. Non si tratterebbe dunque di insediamenti costituiti da un solo edificio, come avverrà solo più tardi con l'apparire delle cosiddette fattorie o di strutture isolate di altro tipo. L'unico criterio per distinguere un tipo dall'altro è rappresentato dalla maggiore o minore estensione.

Cogliere la struttura sociale delle comunità che occuparono i nuovi siti sembrerebbe invece più difficile. Tuttavia, alcuni indizi ci consentono di formulare qualche ipotesi al riguardo. Sia in Etruria che nel Lazio le necropoli relative a questi centri minori accolgono tombe caratterizzate da corredi e, in alcuni casi, da architetture di elevata qualità. Si pensi in particolare ai nuclei di Casale Massima, Torrino e Tor de Cenci, tutti centri di livello 3 gravitanti intorno ad Acqua Acetosa Laurentina e databili ancora nell'ambito della III fase laziale, o ai più recenti tumuli isolati (fase IVA) intorno a Veio e a *Crustumerium*, ragionevolmente interpretati come le sepolture di aristocratici residenti in modo stabile all'esterno del centro primario (Bedini 1984; 1985; Zifferero 1991). Per questo motivo non è possibile considerare le diverse tipologie che abbiamo tentato di definire come il riflesso immediato di una suddivisione sociale tra abitanti all'interno e all'esterno del centro principale. Sembra piuttosto evidente che questa sistematica e probabilmente pianificata occupazione degli spazi rurali verificatasi agli albori dell'età storica sia stata condotta replicando all'esterno la struttura sociale già esistente

già accettata per altre vie, di veri e propri *agri gentilicii* in età notevolmente antica (Capogrossi Colognesi 1988; Zifferero 1991). In conclusione: sembrerebbe possibile riconoscere dalla seconda metà dell'VIII secolo a.C. l'esistenza di insediamenti stabili inferiori per dimensioni e rango ai grandi abitati protourbani e/o alle prime città, sorti probabilmente per assicurare ai gruppi gentilizi un'occupazione più capillare del territorio direttamente controllato dai centri primari o dei terreni disponibili in quanto non ancora gestiti o rivendicati da altri.[1]

Per tentare di distinguere con maggiore dettaglio queste nuove tipologie di insediamento potremmo in primo luogo ricorrere alle seguenti definizioni (vedi già Brocato 2000: 464): centri minori o intermedi per gli insediamenti di livello 2 e villaggi per gli insediamenti di livello 3. Infatti, nei casi in cui è possibile condurre le opportune verifiche, la documentazione archeologica relativa a questi centri, sia essa diretta (materiali di superficie individuati nel corso di ricognizioni topografiche) o indiretta (necropoli o piccoli all'interno dell'insediamento primario. Restano purtroppo oscure le ragioni che spinsero alcuni membri delle giovani aristocrazie a preferire le sedi periferiche e altri invece a restare nella propria sede originaria (per un interessante approccio a questa problematica, vedi Brocato 2000: 467–8).

DALL'INIZIO DEL VII ALLA FINE DEL VI SECOLO A.C.: FATTORIE E DISTRETTI RURALI

IL QUADRO ARCHEOLOGICO

Con l'età orientalizzante (in cronologia assoluta tradizionale dal 725 a.C. circa) il processo di evoluzione delle forme di insediamento avviata nella generazione precedente diviene sempre più evidente. In tutti i territori a destra (*agri* veientano, falisco e capenate) e a sinistra (*agri* delle città latine e sabine) del fiume assistiamo in questa fase ad un deciso incremento degli insediamenti rurali. Gran parte delle presenze è ora rappresentata da aree di frammenti ceramici dalla limitata estensione, in genere inferiore a 1.000 mq, spesso caratterizzate dalla presenza di materiali solidi di copertura (tegole e embrici), pesi da telaio, fuseruole e macine. Generalmente è bassa la percentuale di attestazione di ceramiche fini quali bucchero, ceramica greca di importazione o imitata localmente. Per quanto mi è stato possibile verificare, poche di queste realtà sono state scavate fino ad oggi (vedi oltre) e solo in questi casi è stato possibile verificare che questi insediamenti erano costituiti da un solo edificio. Tuttavia, data la limitata dispersione delle aree di frammenti in superficie e la presenza di tegole e embrici, possiamo ipotizzare che si trattasse generalmente di strutture isolate e realizzate in materiale non interamente deperibile. Per quanto concerne la funzione di questi siti, è difficile non riconoscervi insediamenti deputati allo sfruttamento delle risorse agricole. Si tratta dunque di una realtà nuova rispetto al panorama che si era configurato appena una o due generazioni prima, di rango inferiore ai siti di livello 3 (che nella maggior parte non vengono abbandonati) per cui è stato adottato ed è comunemente accettato il termine convenzionale di 'fattoria'. La gerarchia dei tipi di insediamento raggiunge così la sua massima articolazione. Potremmo infatti definire le fattorie siti di livello 4.

Riguardo questa nuova realtà esiste tuttavia un problema di cronologia (già Colonna 1990: 15 nota 30). Abbiamo visto (cfr. paragrafo precedente) che la fase iniziale dell'età orientalizzante — in cronologia assoluta tradizionale l'ultimo quarto dell'VIII secolo a.C. — non fa ancora registrare alcun segno di cambiamento rispetto alle dinamiche di insediamento inaugurate alla metà circa dell'VIII secolo a.C. Inoltre, la presenza di tegole o embrici e la frequente attestazione di frammenti di bucchero tra i reperti raccolti nei siti di livello 4, indurrebbe a datare le prime attestazioni certe di fattorie dopo la metà del VII secolo a.C. se non, procedendo con maggiore prudenza, a partire dall'ultimo venticinquennio dello stesso secolo, cioè dall'Orientalizzante Recente. Ulteriori determinazioni sono al momento difficili data la natura della documentazione a nostra disposizione. Anche senza voler considerare la generale mancanza di dati stratigrafici, nelle edizioni di gran parte dei contesti topografici indagati sistematicamente, questo tipo di siti è spesso datato genericamente all'età orientalizzante oppure all'età arcaica o ancora al VII secolo a.C., senza altre particolari indicazioni riguardo il materiale ceramico individuato o raccolto. In altri casi, come ad esempio il South Etruria Survey, lo studio sistematico del materiale è ancora in corso e, una volta compiuto, dovrebbe fornire un contributo fondamentale per tentare di dare una risposta a questo tipo di domande. Al momento un contributo alla discussione ci viene offerto dalle ricerche ancora in corso nel settore settentrionale del *Suburbium* di Roma compreso tra la riva sinistra del Tevere e la Via Nomentana (Carafa 2000b; Dell'Era 2003).[2] Tra i siti databili al VII secolo a.C. individuati fino ad oggi (**Fig. 2**), più del 50% sono già occupati nella prima metà del secolo e, tra il 700 e il 650 a.C. circa, le fattorie rappresentano quasi il 30% del totale degli insediamenti individuati. Di poco inferiore — circa il 20% — è la percentuale relativa agli insediamenti di tipo differente, estesi tra 10.000 e 50.000 mq circa e interpretati convenzionalmente come villaggi. Dopo il 650/630 a.C. circa il numero delle presenze subisce un incremento pari a quasi un terzo del totale. Tutti i siti già esistenti continuano ad essere occupati. Un solo nuovo villaggio viene fondato mentre la percentuale di attestazione delle nuove fattorie supera ora il 60% del totale dei siti esistenti in questa fase. Se tale situazione dovesse essere confermata con il proseguire della ricerca, avremmo un indizio a favore dell'apparire dei siti di livello 4 nella prima metà del VII secolo a.C., almeno presso le città latine lungo la riva sinistra del fiume.[3] Successivamente questo nuovo tipo di organizzazione del territorio si diffuse piuttosto rapidamente, nell'arco di una o due generazioni al massimo, tanto da essere preferito a forme più 'tradizionali' di insediamento come sembrerebbero indicare i valori a cui

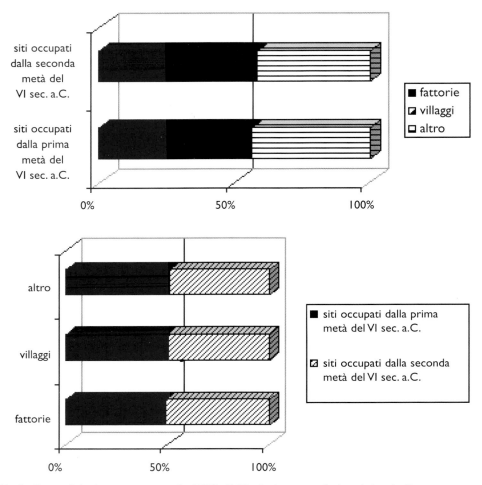

FIG. 3. Roma, *Suburbium* settentrionale (1995–8). Tipologia e cronologia relativa degli insediamenti del VI secolo a.C. *(P. Carafa.)*

numero dei siti di età orientalizzante e arcaica individuati nel corso della South Etruria Survey, non è possibile paragonare l'impatto dei nuovi insediamenti in queste aree e in quelle controllate dalla potente città etrusca. Inoltre, nell'agro veientano, con l'apparire delle prime fattorie, sembrerebbe essersi verificato l'abbandono dei nuclei abitativi minori (siti di livello 2 e di livello 3). Anche in questo caso in nessuno dei territori vicini, inclusi quelli alla sinistra del fiume, si verifica una simile estremizzazione nella gerarchia del popolamento. Spostandoci sulla riva sinistra notiamo che nei territori sabini la portata del cambiamento è in assoluto la più bassa dal punto di vista quantitativo. Per quanto riguarda infine le città latine abbiamo già anticipato le principali caratteristiche dei relativi sistemi insediativi. Ci sembra tuttavia opportuno sottolineare lo stadio ancora preliminare delle ricerche in corso, l'eccezionalità del quadro che ne deriverebbe nel panorama generale della media e bassa valle tiberina e il fatto che, per quanto riguarda le strategie di occupazione del territorio, Roma non sembrerebbe ancora distinguersi dalle città vicine.

Con il VI secolo a.C. la quantità e la qualità dei dati a nostra disposizione si arricchisce ulteriormente. Il moltiplicarsi degli insediamenti non si arresta. In particolare dopo il 550 a.C. in Etruria, e non solo nella regione tiberina, la crescita dei siti rurali subisce una vera e propria impennata (Colonna 1990: 15–16), mentre sulla riva sinistra non sembrerebbero ancora dimostrabili evidenti differenze nella crescita degli insediamenti di livello 4 prima e dopo la metà del VI secolo a.C. (**Fig. 3**). Dove è stato possibile verificare, la percentuale dei siti di nuova fondazione in età arcaica si è rivelata la più alta nella storia di questi territori in tutta l'antichità, mentre la percentuale di siti abbandonati è sempre bassissima se non pari a zero (**Fig. 4**).

Grazie ad alcune fortunate scoperte anche la struttu-

abbiamo appena fatto riferimento. Tuttavia, è bene ricordarlo, rispetto alle attuali conoscenze sulle dinamiche del popolamento nell'area medio-tirrenica questa situazione si presenta come un caso del tutto isolato.

Poste le questioni di cronologia, si devono anche rilevare alcune differenze tra i singoli territori tiberini che contribuiscono a precisare le particolarità interne a questo processo di generale rinnovamento delle forme di insediamento rurale (vedi già Rendeli 1993). Sulla riva destra è Veio che gioca il ruolo principale. L'incremento delle presenze nel suo territorio tra il VII e il VI secolo a.C. è impressionante, superiore all'800%, e la loro distribuzione assai uniforme (Potter 1979). Nessuno dei territori vicini, dove peraltro si registra costantemente una più intensa occupazione delle campagne, raggiunge un simile valore. Anche a seguito delle recenti riconsiderazioni della documentazione relativa ai territori falisco e capenate (Camilli 1993; Camilli e Vitali Rosati 1995; Camilli, Carta e Conti 1995), che pure hanno decisamente accresciuto il

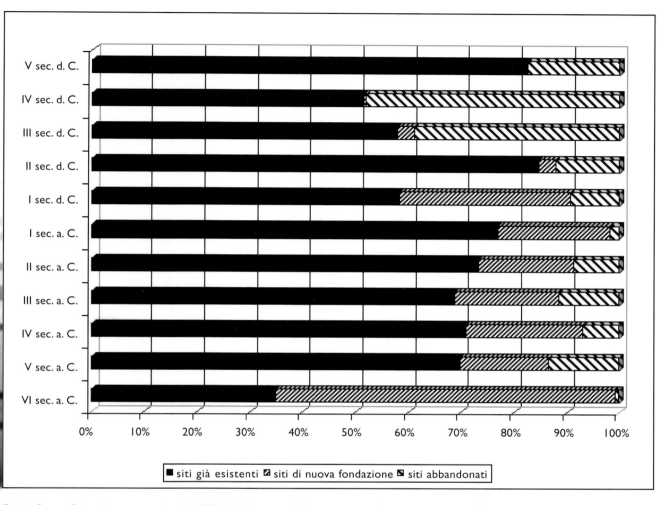

FIG. 4. Roma, *Suburbium* settentrionale (1995–8). Percentuali di attestazione dei siti a continuità del occupazione, dei siti di nuova fondazione e dei siti abbandonati articolate per fasi. *(P. Carafa.)*

ra delle fattorie è ora nota, sebbene in una serie ancora limitata di esempi (Colonna 1990: 16; Attolini e Perkins 1992; Calci e Sorella 1995; Cifani 1999). Si tratta in alcuni casi di edifici estremamente semplici, costituiti da un solo ambiente quadrato o rettangolare. In altri casi la planimetria è più complessa. La fattoria scoperta in località Torrino a sud di Roma (VI secolo a.C.; Bedini 1985) e la fattoria dell'Auditorium di Roma, presso i Parioli (550/500 a.C. circa; Carandini *et al.* 1997: 120–3) presentano una serie di ambienti disposti su tre lati di un cortile rettangolare che possiamo immaginare scoperto (**Fig. 5a–b**).

CITTÀ ARCAICHE E TERRITORIO

Possiamo a questo punto tentare di affrontare un problema di ordine più generale. Come valutare la nascita e il rapido sviluppo di questo nuovo paesaggio rurale? Quale è stato il suo rapporto con le forme di organizzazione istituzionale e con le strutture

sociali e produttive delle città che lo hanno ideato e realizzato? Il nuovo sistema di insediamento, ed evidentemente di pianificazione e gestione dello sfruttamento delle risorse agrarie, che si viene a configurare tra VII e VI secolo a.C. è stato ideato e applicato simultaneamente in aree diverse. Dobbiamo inoltre tenere ben presente che i nuovi siti di livello 4 non sembrerebbero più direttamente riconducibili a gruppi gentilizi residenti stabilmente all'esterno della città, poiché la bassa qualità dei relativi ritrovamenti non lo consente. Con l'apparire delle fattorie dovremmo quindi considerare anche la possibilità che l'intera struttura sociale e produttiva di queste comunità sia stata in qualche modo coinvolta nel cambiamento. Tutto ciò prefigura un fenomeno di vaste proporzioni, piuttosto complesso, che accomuna come nella fase precedente le due rive del fiume, destinato a influenzare in maniera determinante il rapporto tra l'uomo e il territorio in queste aree.

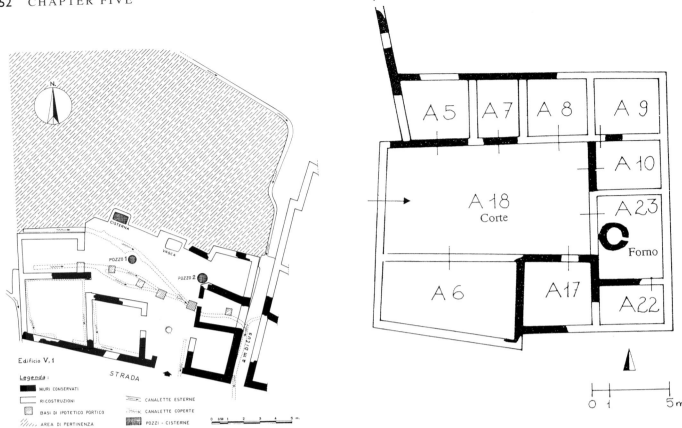

FIG. 5. (a) Roma, Acqua Acetosa–Laurentina. Pianta ricostruttiva dell'edificio rustico, VI secolo a.C. *(Da Bedini 1990: 171.)*; (b) Roma, nuovo Auditorium. Pianta ricostruttiva della fattoria, 550/500 a.C. circa. *(Da Carandini et al. 1997: fig. 7.)*

È merito di Colonna (1990) aver posto con la consueta lucidità le premesse per una 'proficua discussione' al riguardo. Riprendiamo brevemente le sue proposte. In Etruria meridionale alla metà del VI secolo a.C. si assiste a un duplice mutamento nelle dinamiche del popolamento. I siti minori (qui considerati di livello 2 e 3) impoveriscono o sono abbandonati e, parallelamente, cresce il numero dei siti rurali (qui considerati di livello 4). Tale fenomeno è interpretato come l'esito di una 'colonizzazione interna' che comportò una nuova distribuzione delle proprietà terriere di tipo viritano a favore di ceti urbani emergenti e costituí la premessa alla risentita 'serrata' aristocratica del secolo successivo. Un'ipotesi sostanzialmente analoga a questa è stata recentemente avanzata da Carandini a proposito della fattoria arcaica scoperta in occasione dei lavori per la costruzione del nuovo Auditorium di Roma (Carandini *et al.* 1997: 117–18). La costruzione di questa struttura, databile alla seconda metà del VI secolo a.C., è infatti messa in relazione con le nuove forme di possesso della terra promosse dalla cosiddetta riforma serviana — l'aumento degli insediamenti nel corso del VI secolo a.C. nel settore settentrionale del *Suburbium* di Roma è già stato messo in relazione con la tradizione

relativa alla 'riforma serviana' da Quilici (1974) e da Quilici e Quilici Gigli (1980; 1986; 1993). Coerentemente la distruzione di questa fattoria, avvenuta nei primi anni del V secolo a.C., e la conseguente costruzione di un grandioso edificio di circa 700 mq è interpretata nel quadro delle questioni agrarie che opposero nella primissima età repubblicana i patrizi e i piccoli proprietari terrieri plebei spinti alla rovina da carestie, guerre e debiti (per questi problemi vedi anche oltre al paragrafo successivo). Mi sembra che i dati a cui si è fatto riferimento fino ad ora si accordino sostanzialmente con le ricostruzione proposte dai due studiosi.

Tuttavia, una volta accettata, questa suggestiva interpretazione meriterebbe di essere confrontata con alcune particolarità del quadro archeologico generale che abbiamo considerato precedentemente (vedi sopra 'Il quadro archeologico'). In particolare dovremo riconsiderare le attestazioni di siti rurali di livello 4, databili nella prima e nella seconda metà del VII secolo a.C., nel territorio a nord di Roma. Queste evidenze sembrerebbero suggerire che le 'colonizzazioni interne' di età serviana e tardo arcaica siano state precedute da un periodo sufficientemente ampio di evoluzione delle strutture rurali. Potremmo ipoteticamente definire questo periodo come 'fase di sperimentazione'. Infatti, nelle zone dove queste presenze sono attestate con maggior sicurezza come nel *Suburbium* settentrionale di Roma, la densità dei rinvenimenti databili nel corso del VII secolo a.C. è ancora piuttosto bassa, inferiore a un sito per chilometro quadrato. La documentazione attualmente a nostra disposizione sembrerebbe inoltre giustificare l'ipotesi che tale processo sia stato innescato da Roma e dai centri vicini lungo la riva del fiume, *Fidenae* e *Crustumerium* in particolare, per i quali è possibile sostenere un certo grado di autonomia per tutta l'età regia (vedi ad esempio Cornell 1995: 204–5). Meno chiaro è al momento il quadro corrispondente del territorio di Veio (vedi sopra). Sarebbe suggestivo immaginare già in età orientalizzante il paesaggio intorno a *Fidenae* non troppo dissimile da quello che potrebbe aver configurato la sua potente alleata etrusca, ma lo stato della documentazione impone una certa prudenza al riguardo.

Se escludiamo le conquiste attribuite dai Romani al proprio fondatore — in gran parte peraltro concentrate nella fascia tiberina — le fonti letterarie hanno conservato il ricordo di imprese militari condotte nella prima età regia da Tullo Ostilio e Anco Marcio. Il primo, oltre ad essere stato il distruttore della metropoli albana, avrebbe combattuto contro *Fidenae* e contro i Sabini (Livio 1.27, 30; Dionigi di Alicarnasso 3.23–32). Il secondo sarebbe stato ideatore e realizzatore di un vero e proprio progetto di espansione del territorio romano che si sarebbe concluso con la fondazione del *castrum* di Ostia, con la conquista delle città lungo il fiume tra Ostia e Roma e con il trasferimento della popolazione di questi centri nella città conquistatrice (Livio 1.33; Dionigi di Alicarnasso 3.35–44). Sulla validità della tradizione relativa ad Anco Marcio ha recentemente insistito con convincenti argomenti Coarelli (1988: 136–43), ed è in un simile quadro di progressivo compimento ed espansione delle strutture urbane che dovremmo forse leggere la nascita dei siti rurali più antichi. Inoltre nella tradizione è esplicitamente ricordato il trasferimento a Roma di abitanti provenienti da centri esterni. Ciò potrebbe essere considerato un indizio ulteriore a favore dell'ipotesi che almeno Roma avesse intrapreso una politica non solo di espansione territoriale, ma anche di riorganizzazione delle terre conquistate di volta in volta, già nel corso dell'età orientalizzante.

Nei più antichi siti di livello 4 non possiamo ancora ipotizzare la presenza di quel ceto di piccoli proprietari terrieri che i successivi regimi 'tirannici' intenderanno favorire e che sarà invece fortemente contrastato dalle *nobilitates* repubblicane. Nel proporre possibili interpretazioni ancora una volta la prudenza è d'obbligo data la scarsità di documentazione archeologica dirimente al riguardo. Tuttavia, sarebbe forse possibile considerare l'eventualità che la nascita del nuovo modo di sfruttamento delle campagne sia avvenuta nell'ambito di quella 'polarità *domini – servi*' riconosciuta da Colonna (1990: 14) in Etruria meridionale. Il territorio latino tiberino si prestava forse meglio di quelli circostanti alla realizzazione di una struttura produttiva innovativa. Qui infatti la densità dei centri di livello 1 quali Roma, *Fidenae*, *Crustumerium*, *Ficulea*, *Nomentum* e forse *Cameria* è tale che, con la significativa eccezione di Roma, la dimensione dei relativi *agri* è piuttosto ridotta, pari in media a circa 25/30 kmq.[4] Ciò rendeva possibile raggiungere in breve tempo anche le più lontane periferie del proprio territorio e, di conseguenza, il controllo delle proprietà da parte dei *domini* poteva essere esercitato senza che fosse necessario risiedere stabilmente all'esterno della città. Per lo stesso motivo sarebbe stato possibile sorvegliare le persone addette alle coltivazioni anche se residenti in campagna. Si tratta naturalmente solo di una delle possibili ipotesi interpretative.

In ogni caso, anche se i siti di livello 4 fossero più antiche sedi di piccoli proprietari o di *servi* dediti al lavoro agricolo, ci sembra importante sottolineare che l'evoluzione dell'insediamento nelle aree tiberine sia da intendersi in una prospettiva di lungo periodo. Un paesaggio costituito anche di edifici isolati non venne creato per la prima volta al momento in cui ebbero luogo riforme di tipo cosiddetto serviano. L'impulso dato alla sistematica suddivisione e occupazione delle campagne dall'incremento della piccola proprietà di persone libere dovette certo essere fondamentale. Consideriamo inoltre che a Servio Tullio veniva attribuita la prima suddivisione del territorio di Roma in tribù rustiche e che questa tradizione, pur con le opportune precisazioni, è stata ritenuta sostanzialmente affidabile (Cornell 1995: 173–8). Veniva così sancita definitivamente l'appartenenza al corpo civico di chi viveva fuori le mura della città. Ma residenze rurali stabili, poco estese o addirittura monocellulari, erano già note da tempo almeno nei territori di Roma, *Fidenae* e *Crustumerium*.

LA FINE DI UN EQUILIBRIO

La stagione di intensa vitalità della piccola proprietà contadina inaugurata nel corso del VI secolo a.C. si concluse piuttosto in fretta con la restaurazione voluta dai regimi repubblicani di tipo aristocratico nel corso del V secolo a.C.[5] A questa constatazione si è accom-

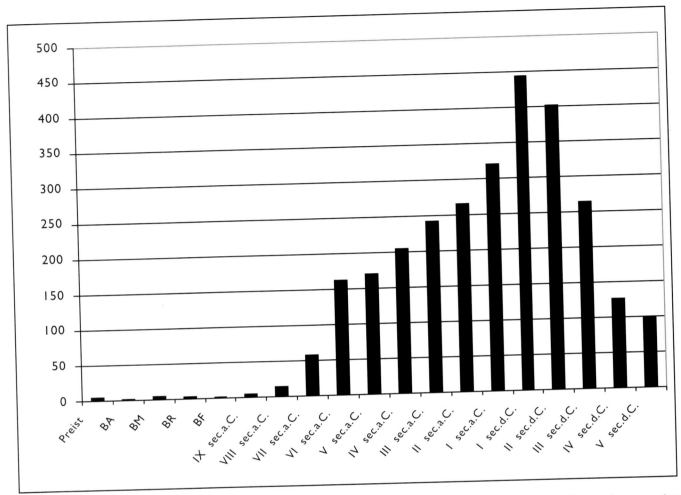

FIG. 6. Roma, *Suburbium* settentrionale. Totali dei siti individuati articolati per fasi (dati aggiornati alla fine del 1998). BA = bronze antico; BM = bronzo medio; BR = bronzo recente; BF = bronzo finale. (*P. Carafa.*)

pagnata per lungo tempo la convinzione che le realtà medio tirreniche subirono nello stesso periodo una profonda e generalizzata crisi politica ed economica. Grazie a recenti contributi, la valutazione di un tale fenomeno può dirsi ormai fortunatamente inquadrata in una più ampia e corretta prospettiva storica generale. Si tende infatti ormai a tenere nel debito conto il fatto che tale supposta 'crisi' sia stata comunque accompagnata da una fase di sostanziale vitalità dei centri urbani etruschi e latini, inclusa Roma (*Crise et transformation* 1990).

Sulla riva destra del Tevere, Veio conserva intatto il sistema territoriale costituito tra l'età orientalizzante e l'età tardo arcaica. Le lievi variazioni nelle percentuali di attestazione dei siti rurali che si verificano in tutta l'area veiente, falisca e capenate tra il VI e il V secolo a.C. non sono tali da giustificare in alcun modo un'immagine di crisi del popolamento e dello sfruttamento del territorio. In alcuni settori di questi territori si regi-

stra addirittura un incremento delle presenze nel periodo compreso tra il V e il IV secolo a.C. (Potter 1979: 107–15). Sulla base di questi stessi dati è già stato rilevato quanto la politica di Veio si differenzi ora da quella perseguita dalle altre città etrusche meridionali e come ciò determinerà per questa città l'isolamento che le sarà fatale nello scontro che la opporrà a Roma (Colonna 1990: 18).

Diversamente, sulla sponda opposta la situazione che si è tentato di ricostruire nel paragrafo precedente muta radicalmente. Il nuovo secolo, o per meglio dire la nuova fase, si apre con il trattato tra Roma e Cartagine (circa 500 a.C.), l'accrescimento del numero delle tribù rustiche (data convenzionale 495 a.C.), il trattato tra Roma e i Latini stipulato all'indomani della battaglia del lago Regillo (493 a.C.) e si conclude con la presa definitiva di *Fidenae* (al più tardi 426 a.C.), la conquista di Veio (396 a.C.) e, poco tempo dopo, con la promulgazione delle *leges Liciniae Sextiae*

(367–366 a.C.).[6] Roma, poco dopo la cacciata dell'ultimo re, può già trattare con Cartagine in una posizione dominante rispetto agli altri Latini. Secondo una clausola del *foedus Cassianum* ha diritto alla stessa parte delle prede di guerra che spetta a tutte le altre comunità latine messe insieme. Anche in questo caso però, per quanto riguarda specificamente i problemi di cui ci stiamo occupando, si rendono necessarie alcune riconsiderazioni, soprattutto dal punto di vista archeologico.

Le interessanti ipotesi proposte da Quilici e Quilici Gigli riguardo le dinamiche del popolamento rurale nei territori a nord di Roma sono ben note (Quilici 1974; Quilici e Quilici Gigli 1980; 1986; 1993), ma vale forse la pena di riassumerle brevemente. Con la prima età repubblicana il quadro formatosi nei due secoli precedenti sarebbe trasformato da profondi cambiamenti. Dall'inizio del V secolo a.C. il numero dei siti inizierebbe a diminuire progressivamente fino alla seconda metà del II secolo a.C. quando il totale dei siti abbandonati raggiungerebbe un valore pari all'82% del totale attestato in età arcaica. La concentrazione delle proprietà fondiaria nelle mani delle *gentes* patrizie attuata all'inizio della repubblica ai danni dei piccoli proprietari precedentemente privilegiati dalla 'riforma serviana', sarebbe la causa principale di questo improvviso e duraturo declino. Alla luce dei dati più recenti è forse possibile integrare il quadro e l'interpretazione ora presentata.

Le indagini ancora in corso nel *Suburbium* settentrionale della città, a cui abbiamo più volte fatto riferimento, sembrerebbero infatti rivelare una costante tendenza ad una sempre più sistematica e capillare occupazione del territorio a partire dall'età arcaica. Il dato a nostro avviso più interessante sta nell'estrema stabilità di questo sistema. Dal VI secolo a.C. al II secolo a.C. il numero dei siti è in lieve ma costante aumento per

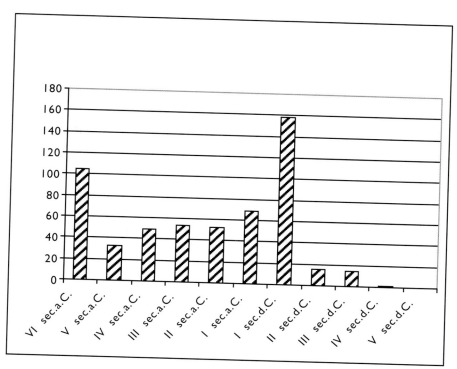

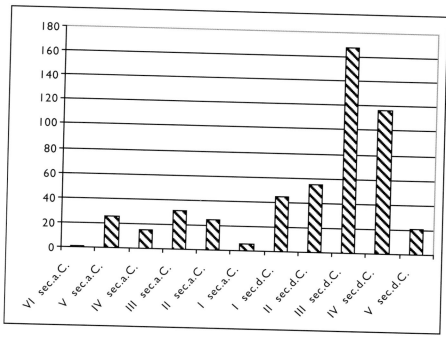

FIG. 7. Roma, *Suburbium* settentrionale (a) totale dei siti di nuova fondazione articolati per fasi; (b) totale dei siti abbandonati articolati per fasi (dati aggiornati alla fine del 1998). *(P. Carafa.)*

toccare i valori più alti nel corso del I secolo d.C. (**Fig. 6**). Se consideriamo però altre variabili ci accorgiamo che dietro questa apparente stabilità il quadro insediativo risulta ben più dinamico. La percentuale di siti che non vengono abbandonati è generalmente elevata con una sola significativa eccezione. Nel VI secolo a.C.

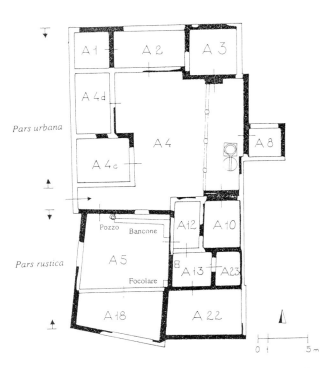

FIG. 8.   Roma, nuovo Auditorium. Pianta ricostruttiva della villa
altorepubblicana. *(Da Carandini et al. 1997: fig. 8.)*

infatti il numero dei siti di nuova fondazione è assai
superiore sia a quello dei siti già occupati sia a quello
dei siti abbandonati. Nel V secolo a.C. invece, quando
il totale delle presenze nel territorio resta pressoché
invariato, il numero dei siti abbandonati quasi equivale quello dei siti di nuova fondazione (**Fig. 7**).
Sembrerebbe possibile interpretare questi dati come un
generalizzato mutamento nella scelta delle sedi insediative e, di conseguenza, dell'assetto proprietario
delle campagne.

Come è stato già proposto (Torelli 1990: 124), il
denso popolamento di età arcaica non dovrebbe dunque essere stato seguito da un prolungato periodo di
abbandono delle campagne. Al contrario, la prima età
repubblicana sembrerebbe essere la premessa per
un'ulteriore sviluppo dell'occupazione e, di conseguenza, dello sfruttamento delle terre intorno a Roma.
Termine ideale di questa nuova fase sarà l'apparire
della cosiddetta 'villa catoniana' (Carandini 1989:
103–5, 112–14; Torelli 1990: 127–32) nel corso del II
secolo a.C. Il fortunato scavo della cosiddetta 'villa
dell'Auditorium' (Carandini *et al.* 1997; Ricci e
Terrenato 1998) contribuisce a nostro avviso a chiarire i momenti iniziali di questo processo di rinnovata e
sistematica occupazione del territorio suburbano. La
già ricordata fattoria costruita nella seconda metà del
VI secolo a.C. (cfr. **Fig. 5b**) viene distrutta all'inizio
del secolo successivo per essere sostituita da un

imponente edificio dotato di un cortile rustico,
magazzini e un torchio per la spremitura delle olive,
in cui possiamo forse riconoscere una seppure primitiva villa caratterizzata da una tipologia architettonica che non prevede ancora un atrio di tipo 'canonico'
(**Fig. 8**).

L'omogeneità che, pur con qualche differenza,
aveva caratterizzato le scelte insediative sulle due rive
tiberine dall'VIII secolo a.C. è ora svanita. Due stati si
fronteggiano ai lati del fiume fino a quando uno dei
due dovrà soccombere alla potenza dell'altro. Alla
Sabina, esclusa dalla polarità romano-veiente, è riservato ora un ruolo periferico e ciò potrebbe essere
dovuto a una diversa dialettica interna ai ceti del corpo
civico e/o a una diversa potenzialità agricola del territorio riflessa nei modi di gestione dell'agro. Vale tuttavia la pena di sottolineare che anche in quest'area
l'assetto territoriale arcaico mostra una notevole continuità e tende a non dissolversi per tutta l'età alto e
medio repubblicana (Muzzioli 1980; Leggio e
Moreland 1986; Moreland 1987; Coccia e Mattingly
1992; 1995).

CONCLUSIONE: PAESAGGI ARCAICI E ROMANIZZAZIONE

Esaminando la documentazione archeologica relativa ai territori tiberini latini, sabini ed etruschi, abbiamo tentato di ricostruire e interpretare i tempi e i modi
delle loro trasformazioni. La fase compresa tra la metà
dell'VIII e l'inizio del IV secolo a.C. vede il succe-
dersi di almeno tre sistemi insediativi diversi. Il primo
e più antico è basato su un'articolazione della gerarchia degli insediamenti minori ancora incompleta e
sembra databile in concomitanza o subito dopo la
nascita dei centri urbani. Nell'area latina i segni del
cambiamento appaiono con un lieve ma forse significativo anticipo rispetto alle altre aree. La particolarità
del territorio latino sembrerebbe confermata anche
quando la gerarchia insediativa raggiunge la sua massima complessità con l'apparire dell'insediamento
rurale diffuso. Ancora una volta è sulla riva sinistra
del Tevere che il nuovo sistema si prefigura con un
leggero anticipo rispetto alle aree circostanti. Con l'i-
nizio del V secolo a.C. il quadro di questi territori
muta nuovamente. Il destino di Roma appare ormai
segnato con sempre maggiore evidenza e, con esso,
quello dei territori e dei centri vicini come Veio, forse
più potente ma incapace di rinnovare le proprie strutture politiche, sociali ed economiche. Sarebbe sugge-

stivo riconoscere nei fermenti che caratterizzarono i sistemi insediativi arcaici una sorta di premessa e di preparazione al 'salto di qualità' che solo Roma sembrerebbe essere stata in grado di realizzare alla fine dell'età regia. In questa prospettiva la storia del paesaggio etrusco e italico nella media e bassa valle del Tevere, dalla prima età orientalizzante alla media età repubblicana, potrebbe apparire come la storia della più antica romanizzazione di comunità e territori esterni alla città e al suo primitivo agro.[7]

NOTE

*   Desidero ringraziare gli organizzatori del seminario per avermi invitato a presentare un contributo alla discussione e la British School at Rome per aver richiesto e accettato questo testo. Sono grato in particolare a Helen Patterson e a Inge Lyse Hansen per la pazienza con cui hanno atteso che portassi a termine il compito assegnatomi, a Paolo Brocato e a Gabriele Cifani per aver voluto discutere con me alcuni punti delle conclusioni qui presentate. Naturalmente è solo mia la responsabilità per ogni eventuale inesattezza o errore. Dedico questo lavoro alla memoria di Tim Potter che ho incontrato proprio in occasione del primo seminario sulla media valle del Tevere e che troppo presto ci ha lasciato.

1.   Accettare una simile ipotesi significa riconoscere una sostanziale analogia nell'evoluzione delle forme di insediamento sulle due rive del Tevere, e in particolare nei territori romano e veiente, pur con la significativa differenza dovuta al fatto che gli insediamenti di livello 2 e 3 sembrerebbero attestati prima e in numero maggiore nel Lazio piuttosto che in Etruria. In una prospettiva diversa da quella qui presentata è stato recentemente proposto di interpretare la precoce diversificazione delle forme di insediamento sulla riva laziale come il segno di una minore valenza politica di Roma rispetto alla vicina e più potente Veio. Quest'ultimo centro infatti sarebbe stato in grado di eliminare le comunità di villaggio per un più efficace controllo del territorio, grazie ad una struttura politica più solida. Solo alla fine del VII secolo a.C. la valenza politica delle due città potrebbe dirsi equivalente (De Santis 1991: 101 in particolare).

2.   Questa ricerca si propone l'analisi archeologica di un'area vasta circa 115 kmq, di cui il 70% circa, pari a 80 kmq, è stato fino ad oggi sottoposto a ricognizione sistematica intensiva. Si prevede di ultimare l'analisi dell'intera area entro i prossimi due anni.

3.   Per quanto riguarda la distribuzione delle più antiche fattorie in questa zona, la maggiore concentrazione si registra al momento a nord dell'Aniene, nei territori attribuibili ai centri di *Fidenae* e *Crustumerium*.

4.   Per una possibile localizzazione di *Cameria* nel settore settentrionale del *Suburbium* di Roma, vedi Carafa 2000b.

5.   Per le conseguenze economiche su ampia scala di un simile sistema produttivo, vedi Cristofani 1986.

6.   Per la valutazione di questi avvenimenti e della relativa tradizione storica seguo qui l'impostazione critica proposta in Ampolo 1988b; 1990; Torelli 1990; Cornell 1995: 174, 299–301, 333–40.

7.   Per una diversa impostazione vedi Bouma e van't Lindenhout (1997: 94 in particolare). I due autori ritengono infatti che una 'incorrectly assumed dominance of Rome in the region of Latium' abbia comportato nella storia degli studi un'errata valutazione del ruolo delle comunità latine nello sviluppo della storia della regione in epoca arcaica e altorepubblicana.

RIFERIMENTI BIBLIOGRAFICI

Ampolo, C. (1988a) La nascita della città. In *Storia di Roma* I. *Roma in Italia*: 153–80. Torino, Einaudi.

Ampolo, C. (1988b) Il 'paesaggio politico' della città arcaica in Grecia e in Italia: per uno studio comparato del centro e delle tribù. *Opus* 6–8: 71–84.

Ampolo, C. (1990) Roma arcaica e i Latini nel V secolo a.C. In *Crise et transformations des sociétés archaïques de l'Italie antique au Ve siècle av. J.-Chr.*: 117–33. Roma, École Française de Rome.

Attolini, I. e Perkins, P. (1992) The excavation of an Etruscan farm at Podere Tartuchino. *Papers of the British School at Rome* 60: 1–76.

Baglione, M.P. (1986) Il Tevere e i Falisci. In S. Quilici Gigli (a cura di), *Il Tevere e le altre vie d'acqua del Lazio antico* (*Archeologia Laziale* 7 (2); *Quaderni del Centro di Studio per l'Archeologia Etrusco-italica* 12): 124–42. Roma, Consiglio Nazionale delle Ricerche.

Bartoloni, G. (1986) I Latini e il Tevere. In S. Quilici Gigli (a cura di), *Il Tevere e le altre vie d'acqua del Lazio antico* (*Archeologia Laziale* 7 (2); *Quaderni del Centro di Studio per l'Archeologia Etrusco-italica* 12): 98–110. Roma, Consiglio Nazionale delle Ricerche.

Bedini, A. (1984) Scavi al Torrino. In S. Quilici Gigli (a cura di), *Archeologia Laziale* 6 (*Quaderni del Centro di Studio per l'Archeologia Etrusco-italica* 8): 84–90. Roma, Consiglio Nazionale delle Ricerche.

Bedini, A. (1985) Tre corredi protostorici dal Torrino: osservazioni sull'affermarsi e la funzione delle aristocrazie terriere nell'VIII secolo a.C. nel Lazio. In S. Quilici Gigli (a cura di), *Archeologia Laziale* 7 (*Quaderni del Centro di Studio per l'Archeologia Etrusco-italica* 11): 44–63. Roma, Consiglio Nazionale delle Ricerche.

Bedini, A. (1990) Laurentina–Acqua Acetosa. In M. Cristofani (a cura di), *La grande Roma dei Tarquini*: 171–7. Roma, L''Erma' di Bretschneider.

Bietti Sestieri, A.M. e Sebastiani, R. (1986) Preistoria e protostoria nel territorio di Roma. Modelli di insediamento e vie di comunicazione. In S. Quilici Gigli (a cura di), *Il Tevere e le altre vie d'acqua del Lazio antico* (*Archeologia Laziale* 7 (2); *Quaderni del Centro di Studio per l'Archeologia Etrusco-italica* 12): 30–70. Roma, Consiglio Nazionale delle Ricerche.

Bouma, J.W. e van't Lindenhout, E. (1997) Light in dark age Latium. Evidence from settlements and cult places. In *Caeculus* III. *Debating Dark Ages*: 91–102. Groningen, Archaeological Institute, University of Groningen.

Brocato, P. (2000) *La necropoli etrusca della Riserva del Ferrone*. Roma, Quasar.

Calci, C. e Sorella, R. (1995) Forme di paesaggio agrario nell'ager Ficulensis. In *Interventi di bonifica agraria nell'Italia romana*: 117–27. Roma, L''Erma' di Bretschneider.

Camilli, A. (1993) Progetto Narce. Ricognizioni intensive in Etruria meridionale tiberina. *Archeologia, Uomo, Territorio* 12: 7–30.

Camilli, A. e Vitali Rosati, B. (1995) Nuove ricerche nell'agro capenate. In N. Christie (a cura di), *Settlement and Economy in Italy, 1500 BC to AD 1500. Papers of the Fifth Conference of Italian Archaeology* (*Oxbow Monograph* 41): 403–12. Oxford, Oxbow.

Camilli, A., Carta, L. e Conti, T. (1995) Ricognizioni nell'ager Faliscus meridionale. In N. Christie (a cura di), *Settlement and Economy in Italy, 1500 BC to AD 1500. Papers of the Fifth Conference of Italian Archaeology* (*Oxbow Monograph* 41): 395–401. Oxford, Oxbow.

Capogrossi Colognesi, L. (1988) La città e la sua terra. In *Storia di Roma* I. *Roma in Italia*: 263–91. Torino, Einaudi.

Carafa, P. (2000a) I contesti archeologici dell'età romulea e della prima età regia. In A. Carandini e R. Cappelli (a cura di), *Roma. Romolo, Remo e la fondazione della città*: 68–73. Milano/Roma, Electa/Ministero per i Beni e le Attività Culturali.

Carafa, P. (2000b) Una nuova analisi archeologica per il settore settentrionale del suburbio di Roma. *Bullettino della Commissione Archeologica del Comune di Roma* 100: 185–96.

Carandini, A. (1989) La villa romana e la piantagione schiavistica. In E. Gabba e A. Schiavone (a cura di), *Storia di Roma* IV. *Caratteri e morfologie*: 101–200. Torino, Einaudi.

Carandini, A. (1997) *La nascita di Roma. Dei, Lari, eroi uomini all'alba di una civiltà*. Torino, Einaudi.

Carandini, A. (2000) Centro proto-urbano (*Septimontium*), città in formazione (prima età regia) e città in sé compiuta (seconda età regia). In A. Carandini e P. Carafa (a cura di), *Palatium e Sacra Via* I (*Bollettino di Archeologia* 31–3): 63–83. Roma, Istituto Poligrafico e Zecca dello Stato.

Carandini, A., Ricci, G., D'Alessio, M.T., De Davide, C. e Terrenato, N. (1997) La villa dell'Auditorium dall'età arcaica all'età imperiale. *Mitteilungen des Deutsches Archäologisches Instituts. Römische Abteilungen* 104: 117–48.

Cifani, G. (1999) Caratteri degli insediamenti rurali nell'ager Romanus tra VI e III secolo a.C. In M. Tosi e M. Pearce (a cura di), *Papers from the EAA Third Annual Meeting at Ravenna 1997*, II, *Classical and Medieval* (*British Archaeological Reports, International Series* 717): 53–64. Oxford, British Archaeological Reports.

Coarelli, F. (1988) I santuari, il fiume, gli empori. In *Storia di Roma* I. *Roma in Italia*: 127–52. Torino, Einaudi.

Coccia, S. e Mattingly, D. (1992) (a cura di) Settlement history, environment and human exploitation of an intermontane basin in the central Apennines: the Rieti survey, 1988–1991, part I. *Papers of the British School at Rome* 60: 213–89.

Coccia, S. e Mattingly, D. (1995) (a cura di) Settlement history, environment and human exploitation of an intermontane basin in the central Apennines: the Rieti survey, 1988–1991, part II. Land-use patterns and gazetteer. *Papers of the British School at Rome* 63: 105–58.

Colonna, G. (1986) Il Tevere e gli Etruschi. In S. Quilici Gigli (a cura di), *Il Tevere e le altre vie d'acqua del Lazio antico* (*Archeologia Laziale* 7 (2); *Quaderni del Centro di Studio per l'Archeologia Etrusco-italica* 12): 90–7. Roma, Consiglio Nazionale delle Ricerche.

Colonna, G. (1990) Città e territorio nell'Etruria Meridionale del V secolo. In *Crise et transformations des sociétés archaïques de l'Italie antique au Ve siècle av. J.-Chr.*: 7–21. Roma, École Française de Rome.

Cornell, T.J. (1995) *The Beginnings of Rome. Italy and Rome from the Bronze Age to the Punic War (c. 1000–264 B.C.).* Londra/New York, Routledge.

Crise et transformations des sociétés archaïques de l'Italie antique au Ve siècle av. J.-Chr. (1990). Roma, École Française de Rome.

Cristofani, M. (1986) Economia e società. In M. Pallottino (a cura di), *Rasenna. Storia e civiltà degli Etruschi*: 79–156. Milano, Scheiwiller.

Dell'Era, F. (2003) Osservazioni sul popolamento nel territorio crustumino, fidenate e ficulense dal III al VII secolo d.C. In F. di Gennaro e F. dell'Era, Dati archeologici di età tardoantica dal territorio dell'*Insula Inter Duo Flumina*: 102–21. In P. Pergola, R. Santangeli Valenzani e R. Volpe (a cura di), *Suburbium. Il suburbio di Roma dalle crisi del sistema delle ville a Gregorio Magno* (*Collection de l'École Française de Rome* 311): 97–121. Roma, École Française de Rome.

De Santis, A. (1991) Proprietà terriera e controllo del territorio in età orientalizzante: la necropoli di Pantan di Grano, Malagrotta (Roma). In E. Herring, R. Whitehouse e J. Wilkins (a cura di), *Papers of the Fourth Conference of Italian Archaeology* I. *The Archaeology of Power. Part 1*: 93–106. Londra, Accordia Research Centre (University of London).

Guidi, A. (1986) Strategie insediamentali nelle valli del Tevere e dell'Aniene dall'eneolitico alla prima età del ferro. In S. Quilici Gigli (a cura di), *Il Tevere e le altre vie d'acqua del Lazio antico* (*Archeologia Laziale* 7 (2); *Quaderni del Centro di Studio per l'Archeologia Etrusco-italica* 12): 23–9. Roma, Consiglio Nazionale delle Ricerche.

Leggio, T. e Moreland, J. (1986) Ricognizione nei dintorni di Farfa, 1985: resoconto preliminare. *Archeologia Medievale* 13: 333–44.

Mandolesi, A. (1999) *La 'prima' Tarquinia. L'insediamento proto-storico sulla Civita e nel territorio circostante* (*Grandi contesti e problemi della protostoria italiana* 2). Firenze, All'Insegna del Giglio.

Moreland, J. (1987) The Farfa Survey: a second interim report. *Archeologia Medievale* 14: 409–18.

Muzzioli, M.P. (1980) *Cures Sabini* (*Forma Italiae, Regio IV* 2). Firenze, Leo S. Olschki.

Potter, T.W. (1979) *The Changing Landscape of South Etruria.* Londra, Paul Elek.

Quilici, L. (1974) *Collatia.* Firenze, Leo S. Olschki.

Quilici, L. e Quilici Gigli, S. (1980) *Crustumerium. Latium Vetus* III. Roma, Consiglio Nazionale delle Ricerche.

Quilici, L. e Quilici Gigli, S. (1986) *Fidenae. Latium Vetus* V. Roma, Consiglio Nazionale delle Ricerche.

Quilici, L. e Quilici Gigli, S. (1993) *Ficulea. Latium Vetus* VI. Roma, Consiglio Nazionale delle Ricerche.

Rendeli, M. (1993) *Città aperte. Ambiente e paesaggio rurale organizzato nell'Etruria meridionale costiera durante l'età orientalizzante e arcaica.* Roma, Gruppo Editoriale Internazionale.

Ricci, G. e Terrenato, N. (1998) La villa dell'Auditorium. In M. Tosi e M. Pearce (a cura di), *Papers from the EAA Third Annual Meeting at Ravenna 1997*, II, *Classical and Medieval* (*British Archaeological Reports, International Series* 717): 31–5. Oxford, British Archaeological Reports.

Santoro, P. (1986) I Sabini e il Tevere. In S. Quilici Gigli (a cura di), *Il Tevere e le altre vie d'acqua del Lazio antico* (*Archeologia Laziale* 7 (2); *Quaderni del Centro di Studio per l'Archeologia Etrusco-italica* 12): 111–23. Roma, Consiglio Nazionale delle Ricerche.

Tartara, P. (2000) *Torrimpietra.* Firenze, Leo S. Olschki.

Torelli, M. (1990) La formazione della villa. In G. Clemente, F. Coarelli e E. Gabba (a cura di), *Storia di Roma* II. *L'impero romano* 1. *La repubblica imperiale*: 123–32. Torino, Einaudi.

Zifferero, A. (1991) Forme di possesso della terra e tumuli orientalizzanti nell'Italia centrale tirrenica. In E. Herring, R. Whitehouse e J. Wilkins (a cura di), *Papers of the Fourth Conference of Italian Archaeology* I. *The Archaeology of Power. Part 1*: 107–34. Londra, Accordia Research Centre (University of London).

CITY, TERRITORY AND METROPOLIS: THE CASE OF THE TIBER VALLEY*

John R. Patterson

Abstract • Riassunto

THIS PAPER EXPLORES THE NATURE of the economic, social and political relationships between Rome and the middle Tiber valley in the first and second centuries AD. Evidence for the supply of the city with agricultural produce and building materials from the Tiber valley is complemented by data derived from archaeological field survey. This reveals high levels of rural settlement to the north of Rome in the early Empire, though with significant diversities even within this area apparently reflecting the levels of demand generated by the capital. Properties in the Tiber valley were favoured by the Roman élite, and the incorporation of many of these estates into the holdings of the emperor is reflected in the epigraphic record of the towns, together with indications of imperial concern to support urban centres of historical importance.

IL PRESENTE LAVORO ESAMINA LA NATURA dei rapporti economici, sociali e politici tra Roma e la media valle del Tevere nel I e II secolo d.C. L'evidenza del rifornimento della città di prodotti agricoli e materiali da costruzione dalla valle del Tevere è supportata dai dati derivati dalla ricognizione archeologica. Quest'ultima rivela alti livelli di centri rurali a nord di Roma nel primo Impero, sebbene con significative diversità anche all'interno di questa area e che, apparentemente, riflettono i livelli della domanda generati da Roma stessa. I possedimenti nella valle del Tevere furono favoriti dall'*élite* di Roma, e la fusione di numerosi beni all'interno delle proprietà dell'imperatore è riflessa nella documentazione epigrafica delle città, insieme con le indicazioni dell'interesse imperiale per sostenere i centri urbani di importanza storica.

INTRODUCTION

THE IMPORTANCE OF THE TIBER was quite rightly a recurrent element in Romans' accounts of the natural advantages of their city. Cicero, in his account of the origin of the Roman state, asks 'how, then, could Romulus have acted with a wisdom more divine, both availing of all the advantages of the sea and avoiding its disadvantages, than by placing his city on the bank of a never-failing river whose broad stream flows with unvarying current into the sea?'. 'Such a river', he continues, 'enables the city to use the sea both for importing what it lacks and for exporting what it produces in superfluity ... scarcely could a city placed upon any other site in Italy have more easily maintained our present widespread dominion' (*De Re Publica* 2.10 with Edwards 1996: 20). Livy, in a passage that owes much to Cicero, stresses in particular the importance of the territory upstream from Rome, as well as the possibility of obtaining imports from overseas. Camillus, addressing a *contio* of the Roman people with a view to dissuading them from their intention to abandon the site of the city after it had been laid waste by the Gauls, claims: 'not without cause did gods and men select this place for establishing our city — with its healthful hills; its convenient river, by which crops may be floated down from the midland regions and foreign commodities brought up ... a spot, in fact, uniquely adapted for the expansion of a city' (Livy 5.54.4 with Ogilvie 1965: 748). Strabo (5.3.7), too, lists the resources made available by the Tiber and its tributaries among the natural advantages of the site of Rome.

Undoubtedly, the growth of Rome from a cluster of iron age settlements to the leading city of the Mediterranean was of crucial importance for the history of the lands that lay on either side of the valley of the Tiber. However, until comparatively recently, these areas were themselves relatively little known to scholars. In 1950, Holland and Holland, describing an intrepid piece of experimental archaeology in an article entitled 'Down the Tiber on a raft', commented that 'it is strange that the section of the Tiber's course which has had the most influence in shaping the history of central Italy is the part of the river least familiar to historians' (Holland and Holland 1950: 87); three years later, Le Gall, in a book that remains of fundamental importance for the study of the Tiber valley, made a point of underlining in his preface that it was (as yet) impossible to paint a satisfactory picture of human activity in the upper and middle Tiber valleys, observing gloomily that it was 'un désert archéologique' (Le Gall 1953: 1, 186). Happily, thanks to the work of Ward-Perkins and his collaborators in the South Etruria Survey, and of many other archaeologists subsequently working in the same region and in Sabine territory on the left bank of the Tiber, this is no longer the case — indeed, there is now a substantial body of information available in terms of data from field survey and from excavation of individual urban and rural sites, to set alongside the epigraphic record from the cities and the comparatively substantial literary documentation dealing with an area of considerable importance to the concerns of the Roman élite — but there is still scope for fruitful further investigation of the history of rural and urban settlement. This chapter represents a preliminary contribution to such a further exploration of the complex history of the valley in antiquity, outlining the ancient evidence for the nature of the relationship of the imperial capital and the middle Tiber valley in the first two centuries AD, and tentatively suggesting some possible models for the impact of Rome on the economic, social and political structures of southern Etruria and Sabine territory, with a particular focus on the impact of: (i) the demand for goods and produce generated by the city of Rome; (ii) the interest of members of the imperial house in the area.

THE TIBER AS A TRANSPORT CORRIDOR IN ANTIQUITY

The Tiber rises from a spring below Monte Fumaiolo in the Apennines, north of Arezzo, from which it is a distance of 403 km to where it joins the sea at Ostia. Starting off as a mountain torrent, it flows southwards and is joined by a series of other rivers —

the Chiascio, draining the plain around Assisi, the Paglia, draining the area around Orvieto, and most notably the Nera (which itself is joined by the Velino, Salo and Turano, draining the Rieti plain and the area around Terni). Subsequently (just above Rome), the Aniene flows in from the central Apennines above Tivoli (Smith 1877: 7–23; Le Gall 1953: 3–6). The size and importance of the Tiber are increased substantially by the inflow of the Nera and the Aniene — the addition of the Nera, for example, more than doubles its average flow, which in the 1930s increased south of the confluence of the two rivers from 68.8 m^3 per second to 178 m^3 per second (Frosini 1937: 752; Le Gall 1953: 11).

The character of the river thus changes quite markedly from being a typical mountain torrent in the upper part of its course — significantly affected by seasonal variation, and largely drying up during the summer months — to become a more reliably navigable stream between Orte and the sea, rightly described by Cicero as perennis (De Re Publica 2.10; Le Gall 1953: 3–6). This diversity is reflected in the different accounts given of the navigability of the Tiber by ancient authors (see Quilici 1986: 213–17; Laurence 1999: 109–14). Although Dionysius of Halicarnassus (3.44.1) was probably overoptimistic to think that 'the river is navigable quite up to its source for river-boats of considerable size', Pliny the Younger's account of his estate at Tifernum Tiberinum suggests that seasonal navigation was possible not too far south of the source: 'the river is navigable, so that the produce is conveyed to Rome by boat, but only in winter and spring — in summer its level falls and its dry bed has to give up its claim to the title of a great river until the following autumn' (Letters 5.6.12). The technique by which this seasonal navigation was possible in the upper reaches of the Tiber is revealed by Pliny the Elder, who may himself have bequeathed the Tifernum property to his nephew (Sherwin-White 1966: 322; Duncan-Jones 1982: 19; De Neeve 1990: 369–70); if so, he may have been particularly well informed about local practices. 'At first it is a narrow stream, only navigable when its waters are dammed by sluices and then discharged in the same way as its tributaries, the Tinia and the Chiana, the waters of which must be so collected for nine days, unless augmented by showers of rain. The Tiber, owing to its rugged and uneven channel, is even so not navigable for a long distance except for rafts or rather logs of wood' (Natural History 3.53). Remains of several of these dams have been identified in the upper course of the Tiber valley (Quilici 1986: 215). The 'nine days' period when the water of these streams was collected seems to coincide with the *nundinae* or periodic markets at which the produce transported would be sold, either at Rome or in other towns in the valley of the Tiber (Gabba 1975: 146–9; De Ligt 1993: 51–4, 111–17; Frayn 1993: 3). Juvenal refers to flagons of poor-quality wine brought down the Tiber in this way (*Satires* 7.121, with Le Gall 1953: 263; Tchernia 1986: 255) and the density of shipping on the Tiber in the vicinity of Rome is suggested by Martial's graphic picture of boats to be seen passing along the river near the *Pons Milvius* (Ponte Milvio), seen from the villa of Julius Martialis on the Janiculum (*Epigrams* 4.64.23–4; see Le Gall 1953: 276; Quilici 1986: 198).

This body of literary testimony, taken together, suggests that substantial quantities of agricultural produce — wine, oil and other crops from Umbria, Etruria and Sabine territory — were transported down the Tiber (Le Gall 1953: 263–4). The picture is complemented by the evidence derived both from amphora studies and the examination of the historical topography of the city of Rome. Recent urban excavations have demonstrated the importance of the Tiber valley in supplying Rome with wine, especially during the second half of the first and the second centuries AD, perhaps in part as a consequence of the disastrous effect of the eruption of Vesuvius in AD 79 on wine production in Campania (Panella and Tchernia 1994: 155). The so-called 'Spello amphorae' (small vessels with a flat base, otherwise known as type Ostia III 369: Panella 1989: 144), which have been identified at a series of locations in the upper and middle Tiber valley, most notably at a kiln site at Spello (Tchernia 1986: 253–6; Manconi 1989; Lapadula 1997: 147–50), made up about a quarter of the entire assemblage of wine amphorae found in levels dated to AD 90–110 in excavated buildings on the Via Sacra, and of a ditch of *c.* AD 130–50 at the Meta Sudans site by the Arch of Constantine (Panella 1992: 197–9; Panella and Tchernia 1994: 157). Not all of these may have come from the Tiber valley itself, but the quantity of the material is very striking, even taking into consideration the fact that the 'Spello amphorae' are smaller in size than the previously widespread Dressel 2–4 type. The shape of the amphorae seems to have been designed with river transport in mind (Panella 1989: 156–61), and it seems very likely that Rome was the intended destination for much of this production (Lapadula 1997: 151–4).

Substantial remains of port installations have been identified at Ponte Milvio, north of the urban centre (Quilici 1986: 200–2) — it was here that Nero used to enjoy the 'nocturnal attractions' of the port, presumably its low-life taverns and brothels (Tacitus, *Annals* 13.47) — and it seems that although the main port area of Rome lay downstream of the Tiber island, below the Aventine, many of the storage and handling facilities specifically related to the supply of wine were located to the north of the city (Purcell 1985: 12, 17). The storage and distribution of *fiscalia vina* took place in late antiquity at Aurelian's Temple of the Sun (*Historia Augusta, Aurelian* 48.4), which was located close to the Via Flaminia; barrels of wine were brought here from the port installation known as 'Ciconiae', 'the storks' (*CIL* VI 1785, 31931), which must have been located nearby on the Campus Martius, though its precise position is a matter of dispute, some topographers locating it just above the *Pons Aelius*, near the modern Lungotevere Tor di Nona (Castagnoli 1980: 35; La Rocca 1984: 60–5; Flambard 1987: 201–4), others further upstream near Via della Scrofa/Via di Ripetta (Palmer 1990: 55–7; see also Lega 1993). Coarelli identifies the Portus Vinarius and Forum Vinarium known from inscriptions in the area adjacent to the Ciconiae (Coarelli 1995; 1996: 106–7); interestingly, a dedication set up to an *argentarius coactor de portu vinario superiori* by his freedmen was found in the territory of Falerii (*CIL* XI 3156 = *ILS* 7504; see Di Stefano Manzella 1981: 122). An early second-century AD inscription attests the existence of the *Cellae Vinariae Nova et Arruntiana* in imperial hands a little further downstream, on the left bank of the river below the Lungotevere della Farnesina (*CIL* VI 8826 = *ILS* 7276, with Bertinetti 1985; Rodriguez Almeida 1993; see also Palmer 1980: 223–4).

Remains of port installations have likewise been identified at a series of locations along the middle part of the Tiber valley, serving in particular the towns of *Ocriculum*, *Horta* and *Lucus Feroniae*, though unfortunately in general our knowledge of these sites is scanty due to alluviation caused by the Tiber, and only limited information is available on the excavated site at Seripola/Castiglioni, near Orte (Begni Perina *et al.* 1986; Quilici 1986: 205–8; Stanco 1986).

Substantial quantities of building materials were also brought down the Tiber and the Anio for use in the city of Rome, as Strabo notes (5.3.7): 'To meet these requirements the Romans are offered a wonderful supply of materials by the large number of mines, by the timber, and by the rivers which bring these down', namely the Anio, the Nar, the Teneas and the Clanis. The city of Rome required vast quantities of wood for building, cooking, heating bath-houses and other buildings, and for cremations; and the woodlands along the Tiber valley were undoubtedly a major source of this material (Meiggs 1982: 237–8, 243–6). Several of the main quarries that supplied the city with building materials can be identified along the course of the Tiber or close to the Aniene, notably the tufa quarries at *Fidenae* and Grotta Oscura near Veii, and the sources of travertine between Rome and Tivoli (Le Gall 1953: 57, 266; Mocchegiani Carpano 1984: 59–60; Quilici 1986: 209; DeLaine 1995: 559). Likewise, a limekiln found in the vicinity of *Lucus Feroniae* and close to the Tiber, located in one of the few areas with natural limestone outcrops in the vicinity of Rome, may well have been intended to supply the capital, as well as the builders of the nearby town (DeLaine 1995: 560; Fontana 1995). The study of brick stamps found at Rome and nearby has demonstrated that substantial numbers of brickworks were located close to the Tiber; stamps attest brickworks 'in the estates of *Narnia*', and bricks from 'estates below *Horta*', 'from *Ocriculum*', and elsewhere along the river (Steinby 1978: 1508; 1981: 238–9). Other artefacts from inland Etruria and Umbria were most probably transported downstream in the same way, notably millstones from the area of Orvieto and pottery from the workshops of *Arretium* (Pavolini 1985); a *terra sigillata* workshop has been identified and recently excavated close to the Tiber at Scoppieto, in the territory of ancient *Tuder*, and many examples of its products have been discovered at Rome (Bergamini 1993; 2001).

Interestingly, the river might also provide an appropriately discreet way of moving individuals or cargoes of particular sensitivity. Cicero (*Pro Milone* 64) tells us that during the violent rivalry of Milo and Clodius in the 50s BC, it was falsely alleged that Milo's villa at *Ocriculum* was supplied with arms by means of the Tiber. When Cn. Piso returned from his provincial command in Syria after the mysterious death of Germanicus in AD 19, Tacitus tells us that to avoid suspicion he chose to avoid the final stretch of the Via Flaminia from *Narnia* to Rome, instead travelling down the Nera and Tiber by boat; however, he then caused great offence by alighting at the Mausoleum of Augustus, where Germanicus recently had been buried (Tacitus, *Annals* 3.9 with Woodman and Martin 1996: 126; Le Gall 1953: 259–60).

THE ECONOMY OF THE TIBER BASIN

The picture emerging both from the literature and from the archaeological evidence clearly suggests, then, that the middle Tiber valley was, in the early Empire, a route of major importance for the supply of food and other requirements of the city of Rome — as indeed it was at other periods, notably in the Renaissance (Delumeau 1957: 103–21) — and this inevitably must have had a major effect on the economy of the parts of Sabine, Etruscan and Umbrian territory closest to the river (and potentially those further away, too). Although Pliny's account of his estate at *Tifernum Tiberinum* shows that the impact of the Roman market extended deep into the Apennines, we might reasonably predict that the local economies would be affected in different ways according to the distance from, and the effectiveness of communications with, the city of Rome. The extent to which this commercial activity affected local agricultural practices and local economies of different areas along the valley of the Tiber, and the nature of these effects, demand further investigation.

A valuable theoretical framework for the analysis of the impact of a major market centre on agricultural production in its hinterland is provided by the (now quite well-known) model of the 'isolated city' proposed by von Thünen, the nineteenth-century German agronomist, and in recent years discussed by De Neeve (1984: 10–16), Carandini (1988: 339–42) and Morley (1996: 59–82). This model predicts that, within each part of the territory of a notional city located at the centre of a flat plain, the activity yielding the highest economic rent will be practised. So highly lucrative but perishable crops are likely to be grown in the immediate vicinity of the city, because of the vital need to get them to market as quickly as possible. The growing of timber in this ideal scheme occupies the area immediately beyond that of horticulture, reflecting its low cash value but high transport cost; production of grain, wine and olive oil, which can be transported safely substantial distances in sacks and amphorae, is located further away from the centre still; and pastoralism, of which the products can either be transported 'on the hoof' to the city or in the form of goods with a high value and low transport cost, such as cheeses or woollen products, occupies the outer periphery (Carandini 1988: 339; Morley 1996: 58–63).

This model is obviously highly idealized and avoids many of the complexities inherent in any real landscape; for instance, it deliberately takes no account of the possibility that some parts of a hinterland might be more or less accessible to the central market, either because of mountainous territory, or because of access to good roads, navigable rivers or the sea. Factors such as soil fertility, climate and geology, each of which in reality must have been crucial in determining the character of agricultural production, are similarly ignored, as is the possible existence of other local markets within the territory, which might well themselves have been significant centres of exchange. It also represents a static representation of what must, in practice, have been a constantly shifting pattern of production, as the size of the city changed and producers altered their practice to take account of changing markets (Morley 1996: 58–82). Nevertheless, the von Thünen model has particular interest and importance in the context of an investigation of Rome's economy, given that in outline it does seem apparently to correspond in several significant ways to the pattern of production that — as we have seen — can be identified in Rome's hinterland by examination of literary texts, the Roman agricultural writers in particular, and archaeological research. This suggests that the central market of Rome may, indeed, have had the primacy implied for it by recent readings of von Thünen's model, in part, no doubt, because of the higher prices obtainable there by comparison with the rest of Italy (Duncan-Jones 1982: 345–70). The area in the immediate periphery of the city of Rome was in the late Republic and early Empire well known for its production of *pastiones villaticae*, the rearing of birds, snails and other delicacies for the table (Rinkewitz 1984; Morley 1996: 86–90) and perishable vegetables and fruit were also produced for consumption in the city, contributing significantly to the diet of both rich and poor (Carandini 1988: 354; Morley 1996: 88–90). As we have seen, timber production, quarrying and brick manufacture, all activities involving goods with low value and high transport costs, also took place on an extensive scale in areas close to Rome but beyond the immediate periphery characterized by horticulture, exactly as von Thünen's model would predict.

The principal question to be investigated in the present context, though, is the nature of agricultural production and economic activity slightly further up the Tiber valley. Comparative evidence suggests that the journey down the Tiber from Orte to Rome might have taken as much as five days (Holland and Holland 1950: 91); so although it seems likely that here too — as indeed further north — estates were likely to have been

significantly oriented towards production for the city, we might imagine that the type of agricultural production taking place may well have been much less concerned specifically with *pastiones villaticae* and horticulture than that of the immediate *suburbium* of Rome. It is precisely in this type of area that we might expect to find the changing agricultural strategies relating to the changing prices available on the Roman market predicted by Morley (1996: 108) — new types of land use, the occupation of marginal land, investment in new forms of production — on the part of those producers who are sufficiently affluent and ambitious to be able to exploit the market, and the history of the landscape needs to be re-examined in the light of this model.

Quite substantial bodies of evidence are now available for patterns of rural settlement on either side of the Tiber, from the British School at Rome's South Etruria Survey and subsequent studies of that region (Potter 1979; see also this volume, Chapter 1), and from fieldwork around *Cures Sabini* (Muzzioli 1980), around Farfa (Leggio and Moreland 1986; Moreland 1987) and elsewhere in the region. The techniques adopted by the different surveys and the chronological contexts vary substantially — the work took place across a period stretching from the 1950s to the 1980s — so the re-examination of the material collected by Ward-Perkins and his associates, in the light of increased knowledge of fine-ware and, in particular, coarse-ware types and chronologies (see Chapter 2), is appropriately a central element in the Tiber Valley Project. Until this work is accomplished, conclusions drawn from the original publications must be treated as provisional. Nevertheless, it is reassuring that recent re-survey of specimen areas of the *Ager Capenas* suggests that although particular types of material or individual sites may have been undervalued or missed by the fieldworkers in the 1950s (Camilli and Vitali Rosati 1995: 403–4), there are grounds for optimism about the reliability of the overall pattern revealed by the original South Etruria Survey; and it should not be forgotten that Ward-Perkins's work, examining as it did many areas that in the late 1950s were coming under the plough for the first time in centuries, allowed a particularly thorough recording of the ancient landscape, including small rural sites, such as the subsequently excavated farmstead at Monte Forco in the *Ager Capenas* (Jones 1963: 147–58), of a type that surveys conducted after many years of ploughing might well have missed.

The complex patterns of exploitation within the

rural landscape of the Tiber valley, hypothesized as a result of von Thünen's model, do indeed seem to be supported by the patterns of settlement revealed for the first two centuries AD by fieldwork in the area (Potter 1979: 132–3; Morley 1996: 97–103). In the *Ager Veientanus*, for example, there seems to be a considerable increase in the number of sites in the early Empire; some of these, generally the smaller ones, disappear in the first or second centuries AD, but others appear and take their place, so there is a continuity in numerical terms (Kahane, Murray Threipland and Ward-Perkins 1968: 150). Further north, in the territory of Sutri and in the northern part of the *Ager Capenas*, however, the same period is characterized by an expansion of settlement into areas not exploited previously (Duncan 1958: 95–6; Jones 1963: 133; Potter 1979: 133), and the same general pattern was identified in the area investigated by the Cassia-Clodia Survey between Veii, Anguillara and Cerveteri (Hemphill 1975: 157). Around Cerveteri itself, the situation revealed by recent fieldwork seems analogous to that around Veii, with a maximum density of settlement in the first and early second centuries AD; thereafter, there is a decline in site numbers, those on marginal land disappearing first (Enei 1995). Similar, too, is the settlement pattern identified on the east bank of the Tiber: around Farfa the greatest density of settlement is again recorded in the first century AD, and a decline in numbers is apparent in the second century AD (Leggio and Moreland 1986: 337; Moreland 1987: 413); high levels of rural settlement have been noted around *Cures Sabini* in both the first and second centuries AD (Muzzioli 1980: 43).

Three key trends can be identified: (i) the generally very high level of settlement identified across the Tiber valley area in the first two centuries AD, in many cases settlement at a level higher than any subsequently recorded until the 1950s; (ii) the apparent increase in settlement in many parts of the region from the late Republic into the Imperial period, especially notable by comparison with many other areas of Italy, where declining site numbers are discernible much earlier than in the Tiber valley (Camilli and Vitali Rosati 1995: 408); and (iii) the apparent diversity of the pattern between areas closer to and areas further away from the city of Rome, the latter being densely settled at an appreciably later period than the former.

How to interpret survey data of this type is, of course, problematic; the link between patterns of land tenure and rural settlement is not a straightforward one, and the increasingly dense occupation of the landscape potentially might be explained in a number of ways — for example, in terms of a more general increase in population levels, immigration into the area from outside, a preference for rural living over residence in cities, exploitation of the landscape in small(er) units, with landowners and/or labourers resident on their estates, or a combination of these (or other) possibilities. The high level of site numbers in the early Empire is particularly striking and, even at first sight, paradoxical, given the attractions of the Tiber valley for the Roman élite, which we might prima facie have expected to have resulted in the widespread development of large estates, and the disappearance of sites from the archaeological record, as larger properties were administered from a single villa and outlying farms abandoned or used for storage purposes, a picture familiar from other areas of Italy in this period.

Certainly, a substantial number of the rural estates of the Tiber valley were, in the late Republic and early Empire, in the ownership of both senators and equestrians, as well as members of the municipal élites of the towns along the valley of the Tiber, and the upwardly mobile from the city of Rome. Perhaps best known is the case of Sextus Roscius of Ameria, who at the time of Sulla's dictatorship is said by Cicero to have owned thirteen estates, together worth six million sesterces, 'almost all bordering on the Tiber' (Cicero, *Pro Roscio Amerino* 20), but members of the Roman élites, too, were attracted by properties along the Tiber in the late Republic. As well as Milo's property at *Ocriculum*, we know that P. Servilius Vatia Isauricus also owned an estate in the *Ager Capenas* (Cicero, *In Verrem* 2.2.31; see also Wiseman 1971: 195–6). In the mid-first century BC, the Volusii Saturnini built a massive villa near *Lucus Feroniae* (Moretti and Sgubini Moretti 1977; Taliaferro Boatwright *et al.* 1982; Bodel 1997: 26–7). As Shatzman has noted (1975: 32), the literary record, on which we predominantly rely for our knowledge of senatorial landholdings under the late Republic, can be seen to have a systematic bias in favour of the most prestigious senators (consulars, patricians, *nobiles*) on the one hand and friends and associates of Cicero on the other, and as a result there may be a systematic under-recording of senatorial properties outside the traditional heartland of *Latium Vetus*, and the communities located close to Cicero's own home town of *Arpinum*. The few references we have may therefore underrepresent the importance of the Tiber valley for wealthy Romans, since villas here had numerous attractions.

Many of the most substantial sites identified by field

survey, notably the Baldacchini, Torrita Tiberina and Badia villas in the northern part of the *Ager Capenas* (Jones 1963: 105, 110–11) and others around Farfa (Moreland 1987: 413), occupied positions overlooking the river — well-placed to transport an estate's produce down to the Tiber for onward export, but also with the added benefit of an attractive scenic view. Pliny the Elder comments that the Tiber is 'a most tranquil trafficker in the produce of all the earth, with perhaps more villas on its banks and overlooking them than all the other rivers in the whole world' (*Natural History* 3.54), and Martial's account of Julius Martialis's villa on the Janiculum similarly suggests that an attractive river view was a considerable asset. Horace warns his affluent friend Q. Dellius of the inevitability of death and the necessity that he will some day lose his 'villa, which the yellow Tiber washes' (*Odes* 2.3.18, with Nisbet and Hubbard 1978: 51–66). Villas in the Tiber valley, like those in coastal Etruria or on the Laurentine coast, combined the advantages of fertile soil, ready access for produce to markets at Rome along the river or the complex network of roads that characterized the countryside of Southern Etruria (Potter 1979: 101–9; Potter and King 1997: 11–15; Laurence 1998; 1999: 101–8), and rapid transport along the Via Flaminia, Via Tiberina or Via Salaria for the owner, who could enjoy the rural landscape without too burdensome a journey from the city of Rome. These villas may not have had the social cachet of those near *Tusculum* or *Tibur* (Champlin 1982: 102), but they were attractively situated and potentially lucrative. Some may have been purely residential in nature, rather than productive (and this phenomenon would in itself have contributed to the density of rural settlement identified by field survey), but for those concerned with the productive side of their property, substantial returns could be expected from the production of wine for the Roman market, the growing of olives (another celebrated product of Sabine territory: Strabo 5.3.1), the exploitation of the Tiber flood-plain for grain production and the practice of transhumant pastoralism (Muzzioli 1985: 58; Reggiani 1985; Migliario 1988: 19–20).

One specific factor that may well have contributed to the density of rural settlement and comparative continuity of the settlement pattern here, into the high Empire (by comparison with other areas of Italy), was the complex interrelation of agriculture, brick production, quarrying and other quasi-industrial activities that took place in the rural landscape of the Tiber valley (DeLaine 1995). DeLaine stresses the import-ance of the availability of local manpower for the functioning of the brick industry in this area; equally, the possible reciprocal benefits for agriculture in the area of the presence of brickworks and quarrying are also worth emphasizing. It was highly appropriate for brickworks and quarries to be located in areas of dense rural settlement; smaller estates could be seen as repositories of additional labour for the manufacturing, working and carting of bricks and stone, and for the provision and care of the vast numbers of draught animals needed to haul building materials either to the nearest river port or to Rome itself. The existence of these potential sources of income outside agriculture might well have led comparatively small estates to survive here for longer than elsewhere in Italy, when the viability of similar units was becoming increasingly doubtful on the basis of agriculture alone, especially in areas particularly attractive to members of the Roman élite. The integration of the local economy suggested here may also, as Steinby has noted (1982: 235–6), be implied by the link between the declining numbers of rural settlements in the Tiber valley and the downturn in demand for bricks at Rome from the mid-second century onwards, a development that may have been aggravated by the disastrous effects of the Antonine plague; the Tiber valley, a region in very close regular contact with the metropolis, may itself have been seriously affected by the plague (Lo Cascio 1994: 123; Duncan-Jones 1996: 135). Agglomeration of properties in the Tiber valley area during the second century AD may have been encouraged also by the efforts of emperors to induce senators from overseas to acquire properties in Italy (Pliny, *Letters* 6.19; *Historia Augusta, Marcus Aurelius* 11.8), many of which were located in the vicinity of Rome (Coarelli 1986: 54).

In several ways, then, the striking density and continuity of settlement in the middle Tiber valley in the first two centuries AD may be explained, at least in part, in terms of the continuing demand provided by the market at Rome, and the intensive occupation and exploitation of lands accessible to it. Lands further away from Rome, in the northern part of the *Ager Capenas*, around Sutri, and in the more distant parts of the *Ager Caeretanus*, were among the latest to be occupied intensively, as demand in the capital continued to rise, and landowners sought further to exploit its potential, exactly as Morley's hypotheses derived from the von Thünen model would predict; this pattern may well reflect also a more general increase in the population of Italy in the comparatively secure conditions of the first and early second centuries AD (Lo Cascio 1994: 112–13). Likewise, these marginal zones were among the first to be affected by contraction of settlement in the second century.

THE EMPERORS AND THE TIBER VALLEY

The large and lavish estates so attractive to senators and *equites* were also extremely attractive to emperors, who similarly acquired significant tracts of public land in the Tiber valley (Migliario 1988: 44). The evidence of brick stamps suggests that during the second century AD many of the brickworks came into imperial control, and this process presumably must have involved the acquisition of the associated rural estates (Setälä 1977: 235; Steinby 1978: 1524–8; Steinby 1982: 234–6). Emperors might acquire holdings by various means, notably gift, adoption, marriage, inheritance or confiscation; and there is a substantial body of literary and epigraphic evidence for imperial properties in the area of the Tiber valley from the first century AD onwards. Three major imperial estates were located just north of Rome, at *Fidenae*, *Saxa Rubra* and *Gallinas Albas* (Quilici and Quilici Gigli 1980: 202, 301). A bronze plaque fished out of the Tiber near Ponte Vittorio Emanuele is thought to have belonged to a boat (or perhaps a wagon) used to transport goods and produce down to Rome from the imperial estates of the Tiber valley (Pasqui 1909; Vaglieri 1910; Le Gall 1953: 260–1; Quilici and Quilici Gigli 1986: 427–8; Balbi de Caro and Mocchegiani Carpano 1987: 28–30). It appears that Augustus, in addition to improving the channel and reinforcing the banks of the Tiber within the city of Rome itself (Suetonius, *Augustus* 30), undertook improvements twenty miles to the north of the city (*Historia Pseudo-Isidoriana* 5); if so, this may have been linked with the presence of imperial estates to the north of Rome, and the need to improve transport links with the city (see Le Gall 1953: 113–19; Quilici 1986: 204–5). Other imperial properties are known to have existed further up the Tiber valley from literary and epigraphic texts: the *praetorium Pallantianum* in Sabine territory mentioned by Phlegon of Tralles (*On Long Life* 4), which previously must have belonged to Pallas, Claudius's freedman, was known for its brickworks, and is probably to be identified in the territory of *Forum Novum* (see Filippi 1989: 232); the *fundus Germanicianus*, attested by the early medieval documents from Farfa, which is presumably to be associated with Germanicus, the son of Drusus, was located in the territory of *Cures Sabini* (Migliario 1988: 47–8).

Imperial properties, then, formed a substantial presence in the valley of the Tiber, and the implications of this for the history of rural and urban settlement in the valley are clearly of considerable interest. Was the impact of imperial ownership significantly different to that of ownership by absentee senators or other members of the Roman élite? Clearly any firm conclusions will have to wait for further detailed study of the archaeology of the urban centres, combined with the re-examination of the epigraphic corpus, to be undertaken within the context of the Tiber Valley Project; but some preliminary suggestions can be offered.

It was a commonplace among ancient authors that in some parts of the hinterland of Rome, including areas such as those around *Fidenae* and Veii, the ancient cities were by the time of the early Empire so eclipsed by Rome, or laid low by civil war (in Lucan's formulation), that they were thought to have disappeared entirely (for example, Cicero, *De Lege Agraria* 2.96; Strabo 5.3.2; Pliny, *Natural History* 3.70; Lucan 7.391–6). In fact, the notion that the cities and their territories had been abandoned entirely in the Imperial period is a problematic one, given the dense rural settlement identified close to Rome by archaeological survey, but many of the archaic urban centres closest to Rome — such as *Fidenae* (Quilici and Quilici Gigli 1986: 404, 410), *Crustumerium* (Quilici and Quilici Gigli 1980: 294, 301) and *Antemnae* (Quilici and Quilici Gigli 1978: 165–7) — do indeed seem to have shrunk dramatically by the Imperial period (Morley 1996: 178–80). A similar phenomenon seems to have affected some of the cities of the middle Tiber valley which likewise declined in size from Republic to Empire. The area inhabited in the Imperial period at *Cures Sabini* was only one-fifth of the area of the archaic settlement (Muzzioli 1980: 40); Strabo describes it as a *komion* (5.3.1). In the same way, the inhabited area at *Capena* seems to have shrunk substantially during the Imperial period (Camilli and Vitali Rosati 1995: 410–12; Turchetti and Bartolini 1995) while *Forum Novum*, apparently a creation of the later Republic (Filippi 1989: 148), never seems to have had a substantial urban population (see Chapter 16, this volume).

Paradoxically, however, these towns produced considerable numbers of inscriptions, and many of them were concerned with the imperial house and imperial estates. At *Forum Novum*, to take one example, honorary inscriptions and/or statues were set up to Agrippa

(*CIL* IX 4779), Germanicus and Drusus (Filippi 1989: nos. 2–3), Caracalla and/or Geta (Filippi 1989: no. 5), Gordian III (two instances, *CIL* IX 4780; Filippi 1989: no. 6) and to Philippus (Filippi 1989: no. 7), as well as three fragments of texts referring to unidentified emperors and dating to the first century AD (Filippi 1989: nos. 8–10). There is also an inscription commemorating a vow undertaken for the health of a second-century emperor by Chryseros, an imperial freedman (*CIL* IX 4773, with Filippi 1989: 160), another set up by Daphnus, a slave of the imperial house (*CIL* IX 4782), again in the second century, and a collection of stones commemorating individuals with the *nomina* Julius, Claudius, Flavius and Ulpius, who might reasonably be assumed to have been freedmen or sons of freedmen of first- and second-century emperors (*CIL* IX 4816, 4819; Filippi 1989: nos. 32–3). We do, of course, have to ask ourselves exactly how to interpret the wealth of dedications to the imperial house found here, bearing in mind that the corpus of epigraphic material from the site is incomplete, being a product in part of the later history of the site and of its rediscovery. Nevertheless, comparison with the corpora of material from other nearby towns, such as *Capena* or *Cures Sabini* (where there is a similarly impressive body of texts associated with the imperial house: see Muzzioli 1980: 45, n. 314), suggests that there might here be a significant local pattern. The possible motives behind the setting up of these dedications to emperors remain a matter for speculation, however; often we do not know who was responsible for setting up the inscriptions, and the circumstances are seldom clear. Some might be explained in terms of a specific incident or event in the emperor's life, as Cogitore has argued (1992: 830–4); other possibilities might be as a manifestation of loyalty (perhaps particularly appropriate during or following an episode of civil war or tension within the imperial house), or as thanks for gifts or benefactions received or hoped for. Members of local aristocracies and the occupants of local villas might have set up the monuments to manifest their loyalty to the principate (perhaps especially in the Augustan period); notable individuals of local origin include C. Annaeus, a senator in the 70s BC, and M. Fulvius Gillo, suffect consul in AD 76 (Torelli 1982: 195–6); others might have been set up by the *apparitores* and other upwardly mobile members of the imperial household who settled in the hinterland of Rome in large numbers (Purcell 1983: 166). However, in the case of the Tiber valley, it is tempting also to suggest a link between the multiplicity of dedications to the

imperial house (continuing into the third century AD) and the presence of extensive imperial estates in the vicinity. Freedmen or slaves working on these imperial properties set up inscriptions in the nearby cities; the communities themselves would have hoped for manifestations of imperial favour and support in the form of monuments or other acts of generosity, and the act of setting up a statue — duly notified to the emperor himself — might have been either a spur to future generosity or an expression of thanks for a past benefaction (Patterson 2003). The hopes of the cities in this direction were not always in vain: one inscription, discovered in the *Augusteum* of *Lucus Feroniae*, honours Trajan as *restitutor* of the colony (*AE* 1985, 377; with Sgubini Moretti 1982–4: 75 n. 7), and a series of texts from *Falerii Novi* commemorates Gallienus as *redintegrator coloniae Faliscorum* (*CIL* XI 3089, 3094, 3090a = Di Stefano Manzella 1981: no. 11); it is possible that he may have had family links with the town (Di Stefano Manzella 1979: 111).

Celebrated ancient cities seem to have been a particular focus of imperial attention, especially in the Augustan period. Veii, for example, was revived by the *princeps* as the *Municipium Augustum Veiens* (Ward-Perkins 1961: 57–60; Liverani 1987: 144–5) and an important series of imperial portraits and dedications to the emperors was found on the site (Ward-Perkins 1961: 57; Liverani 1987: 26–34; Cogitore 1992: 843–6, 862–3). A well-known inscription dated to AD 26 records how the *centumviri*, the municipal senate of Veii, met in the Temple of Venus Genetrix at Rome to bestow privileges on C. Iulius Gelos, an imperial freedman (*CIL* XI 3805 = *ILS* 6579). The fact that such honours are granted to Iulius Gelos again illustrates the importance of members of the imperial household in municipal life in the periphery of Rome in this period; but the title given to the local senate, the *centumviri*, is also of particular interest. It has often been believed, on the basis of this and other evidence, that a membership of 100 was the norm for local senates in Italy (for example, Duncan-Jones 1982: 283–7), but, in fact, only in the case of three senates has this specific title been attested so far — all three are towns in the Tiber valley, Veii (*CIL* XI p. 557), *Cures Sabini* (Muzzioli 1980: 45, n. 305) and *Forum Novum*, where a mosaic inscription, excavated in the early 1970s, recording the *centumviri* is dated to the early Augustan period (Filippi 1989: no. 18). In the cases of Veii and *Cures Sabini*, it seems very likely that their acquisition of this title was tied in with the activities of Augustus, and more specifically his interest in the earlier history of

Rome. Veii had been Rome's great rival in the fifth century BC, while it was believed that the Romans took the name 'Quirites' from *Cures Sabini*, chief city of the Sabines. It was also the native city of Numa, second king of Rome (Varro, *On the Latin Language* 6.68; Livy 1.13, 18, with Ogilvie 1965 *ad loc*; Plutarch, *Numa* 3.4). Both places — perceived at Augustus's time as being in decline — might well have been seen as deserving candidates for revival, given their legendary and historical importance. The historical associations of *Forum Novum* are, by contrast, much less clear, and this settlement was clearly much later in date than the other two, so presumably the community gave its senate this title at its own initiative, in imitation of its two more celebrated neighbours. A senate of 100 members might in practical terms be seen as excessively ostentatious for such small communities (in fact, only thirteen members of the Veian senate were actually present when the honours were conferred on C. Iulius Gelos), and it is likely that in reality only larger towns had such a substantial ruling council (Nicols 1988; Mouritsen 1998); the choice of a senate of 100 at Veii and *Cures Sabini* may well have been inspired by a desire to recreate the traditional senate of Romulus, believed to have had 100 members (Livy 1.8, with Ogilvie 1965: 64; Dionysius of Halicarnassus 2.12), in these ancient but apparently decayed cities.

Imperial interest, then, was encouraged by the historical associations of some of the towns in the Tiber valley; and the presence of imperial estates might also have encouraged communities to hope for assistance from and to demonstrate their loyalty to the imperial house through inscriptions and statuary. The generosity of the emperors, however, was, like imperial power itself, unpredictable and erratic; we may doubt whether it brought substantial long-term benefits to the towns.

CONCLUSION

Clearly the impact of the demand generated by the city of Rome on the economy of the Tiber valley was very significant, but the discussion here is preliminary in nature and there are still numerous questions to be answered, or answered more fully. For example: can we form a clearer picture of the various types of agricultural production taking place in different areas within the valley at different periods, testing hypotheses derived from von Thünen's model? To what extent were cities that were located further away from Rome and from the Tiber able to maintain more of an inde-

pendent political and economic existence than those closer to the metropolis? What was the impact of the creation and development of imperial property on the cities and on rural modes of production? Undoubtedly, the detailed re-examination of the pottery and other artefacts recovered during the South Etruria Survey, linked to the study of urban centres by means of surface survey, excavation and geophysical techniques, and the further investigation of the epigraphic record from the valley will, in due course, be able to make a major contribution to answering these questions, as also to our understanding of the history of the valley and of Roman Italy more generally.

NOTES

* Preliminary versions of this paper were delivered at seminars held in Nottingham and Rome; I am very grateful to those present on both occasions for their helpful comments. Translations are taken from the Loeb Classical Library.

REFERENCES

AE = L'Année Épigraphique (in Revue Archéologique and separately).

CIL = Corpus Inscriptionum Latinarum (1863–). Berlin, George Reimer and Walter de Gruyter.

ILS = Inscriptiones Latinae Selectae (1892–1916). Berlin, Weidmann.

Balbi de Caro, S. and Mocchegiani Carpano, C. (1987) Tevere: archeologia e commercio. Rome, Soprintendenza Archeologica di Roma.

Begni Perina, G., Caretta, L., Incitti, M. and Catalli, F. (1986) Il porto sul Tevere in località Seripola. Note sui materiali ceramici rinvenuti a Seripola. Le anfore. Le monete. I pesi. In Tevere. Un'antica via per il Mediterraneo: 184–90. Rome, Istituto Poligrafico e Zecca dello Stato.

Bergamini, M. (1993) Un insediamento produttivo sul Tevere in territorio tudertino. Journal of Ancient Topography — Rivista di Topografia Antica 3: 179–94.

Bergamini, M. (2001) Recenti scoperte a Scoppieto. In G.M. Della Fina (ed.), Gli Umbri del Tevere. Atti dell'VIII convegno internazionale di studi sulla storia e l'archeologia dell'Etruria (Annali della Fondazione per il Museo C. Faina 8): 163–78. Rome, Edizioni Quasar.

Bertinetti, M. (1985) Epigrafi riguardanti il commercio. In Misurare la terra: centuriazione e coloni nel mondo romano. Città, agricoltura, commercio: materiali da Roma e dal suburbio: 159–60. Modena, Panini.

Bodel, J. (1997) Monumental villas and villa monuments. Journal of Roman Archaeology 10: 8–35.

Camilli, A. and Vitali Rosati, B. (1995) Nuove ricerche nell'agro capenate. In N. Christie (ed.), Settlement and Economy in Italy, 1500 BC to AD 1500. Papers of the Fifth Conference of Italian Archaeology (Oxbow Monograph 41): 403–12. Oxford, Oxbow.

Carandini, A. (1988) Schiavi in Italia: gli strumenti pensanti dei Romani fra tarda repubblica e medio impero. Rome, La Nuova Italia Scientifica.

Castagnoli, F. (1980) Installazioni portuali a Roma. In J.H. D'Arms and E.C. Kopff (eds), The Seaborne Commerce of Ancient Rome: Studies in Archaeology and History (Memoirs of the American Academy in Rome 36): 35–43. Rome, American Academy in Rome.

Champlin, E. (1982) The suburbium of Rome. American Journal of Ancient History 7: 97–117.

Coarelli, F. (1986) L'urbs e il suburbio. In A. Giardina (ed.), Società romana e impero tardoantico II: 1–58. Rome/Bari, Laterza.

Coarelli, F. (1995) Forum Vinarium. In E.M. Steinby (ed.), Lexicon Topographicum Urbis Romae II (D–G): 360. Rome, Quasar.

Coarelli, F. (1996) Il forum vinarium di Ostia: un'ipotesi di localizzazione. In A. Gallina Zevi and A. Claridge (eds), 'Roman Ostia' Revisited. Archaeological and Historical Papers in Memory of Russell Meiggs: 105–13. London, British School at Rome.

Cogitore, I. (1992) Séries de dédicaces italiennes à la dynastie julio-claudienne. Mélanges de l'École Française de Rome 104: 817–70.

DeLaine, J. (1995) The supply of building materials to the city of Rome. In N. Christie (ed.), Settlement and Economy in Italy, 1500 BC to AD 1500. Papers of the Fifth Conference of Italian Archaeology (Oxbow Monograph 41): 555–62. Oxford, Oxbow.

De Ligt, L. (1993) Fairs and Markets in the Roman Empire. Amsterdam, J.C. Gieben.

Delumeau, J. (1957) Vie économique et sociale de Rome dans la seconde moitié du XVIe siecle. Paris, E. de Boccard.

De Neeve, P.W. (1984) Peasants in Peril: Location and Economy in Italy in the Second Century BC. Amsterdam, J.C. Gieben.

De Neeve, P.W. (1990) A Roman landowner and his estates: Pliny the Younger. Athenaeum 78: 363–402.

Di Stefano Manzella, I. (1979) Falerii Novi negli scavi degli anni 1821–1830 (Atti della Pontificia Accademia Romana di Archeologia. Memorie 12 (2)). Rome, L''Erma' di Bretschneider.

Di Stefano Manzella, I. (1981) Falerii Novi. Supplementa Italica n.s. 1: 101–76.

Duncan, G. (1958) Sutri (Sutrium). (Notes on Southern Etruria, 3). Papers of the British School at Rome 26: 63–134.

Duncan-Jones, R.P. (1982) The Economy of the Roman Empire: Quantitative Studies (second edition). Cambridge, Cambridge University Press.

Duncan-Jones, R.P. (1996) The impact of the Antonine plague. Journal of Roman Archaeology 9: 108–38.

Edwards, C. (1996) Writing Rome: Textual Approaches to the City. Cambridge, Cambridge University Press.

Enei, F. (1995) Ricognizioni archeologiche nell'Ager Caeretanus, 1990–1992. In N. Christie (ed.), Settlement and Economy in Italy, 1500 BC to AD 1500. Papers of the Fifth Conference of Italian Archaeology (Oxbow Monograph 41): 63–79. Oxford, Oxbow.

Filippi, G. (1989) Region IV. Sabina et Samnium. Forum Novum (Vescovio – IGM 144, IV, NE). Supplementa Italica 5: 145–238.

Flambard, J.-M. (1987) Deux toponymes du Champ de Mars: ad Ciconias, ad Nixas. In L'Urbs: espace urbain et histoire (Collection de l'École Française de Rome 98): 191–210. Rome, École Française de Rome.

Fontana, S. (1995) Un impianto per la produzione di calce presso Lucus Feroniae. In N. Christie (ed.), Settlement and Economy in Italy, 1500 BC to AD 1500. Papers of the Fifth Conference of Italian Archaeology (Oxbow Monograph 41): 563–70. Oxford, Oxbow.

Frayn, J.M. (1993) *Markets and Fairs in Roman Italy*. Oxford, Oxford University Press.

Frosini, P. (1937) Tevere. In *Enciclopedia italiana di scienze, lettere e arti* XXXIII: 750–4. Rome, Istituto della Enciclopedia Italiana.

Gabba, E. (1975) Mercati e fiere nell'Italia romana. *Studi Classici e Orientali* 24: 141–63.

Hemphill, P. (1975) The Cassia-Clodia survey. *Papers of the British School at Rome* 43: 118–72.

Holland, L.A. and Holland, L.B. (1950) Down the Tiber on a raft. *Archaeology* 3: 87–94.

Jones, G.D.B. (1963) Capena and the Ager Capenas. Part II. *Papers of the British School at Rome* 31: 100–58.

Kahane, A., Murray Threipland, L. and Ward-Perkins, J.B. (1968) The Ager Veientanus, north and east of Veii. *Papers of the British School at Rome* 36: 1–218.

Lapadula, E. (1997) Le anfore di Spello nelle *Regiones VI* e *VII*. *Papers of the British School at Rome* 65: 127–56.

La Rocca, E. (1984) *La riva a mezzaluna*. Rome, L''Erma' di Bretschneider.

Laurence, R. (1998) Land transport in Roman Italy: costs, practice and the economy. In H. Parkins and C. Smith (eds), *Trade, Traders and the Ancient City*: 129–48. London, Routledge.

Laurence, R. (1999) *The Roads of Roman Italy: Mobility and Cultural Change*. London, Routledge.

Lega, C. (1993) Ciconiae. In E.M. Steinby (ed.), *Lexicon Topographicum Urbis Romae* I *(A–C)*: 267–9. Rome, Quasar.

Leggio, T. and Moreland, J. (1986) Ricognizione nei dintorni di Farfa, 1985: resoconto preliminare. *Archeologia Medievale* 13: 333–44.

Le Gall, J. (1953) *Le Tibre: fleuve de Rome dans l'antiquité*. Paris, Presses Universitaires de France.

Liverani, P. (1987) *Municipium Augustum Veiens: Veio in età imperiale attraverso gli scavi Giorgi (1811–1813)*. Rome, L''Erma' di Bretschneider.

Lo Cascio, E. (1994) La dinamica della popolazione in Italia da Augusto al III secolo. In M. Lenoir (ed.), *L'Italie d'Auguste à Dioclétien (Collection de l'École Française de Rome* 198): 91–125. Rome, École Française de Rome.

Manconi, D. (1989) Anfore romane in Umbria alla sinistra del Tevere. In M. Lenoir, D. Manacorda and C. Panella (eds), *Amphores romaines et histoire économique: dix ans de recherche (Collection de l'École Française de Rome* 114): 590–3. Rome, École Française de Rome.

Meiggs, R. (1982) *Trees and Timber in the Ancient Mediterranean World*. Oxford, Oxford University Press.

Migliario, E. (1988) *Strutture della proprietà agraria in Sabina dall'età imperiale all'alto medioevo (Pubblicazioni della Facoltà di Lettere e Filosofia dell'Università di Pavia* 48). Florence, La Nuova Italia.

Mocchegiani Carpano, C. (1984) Il Tevere: archeologia e commercio. *Bollettino di Numismatica* 2–3: 21–81.

Moreland, J. (1987) The Farfa Survey: a second interim report. *Archeologia Medievale* 14: 409–18.

Moretti, M. and Sgubini Moretti, A.M. (1977) *La villa dei Volusii a Lucus Feroniae*. Rome, Autostrade SpA.

Morley, N. (1996) *Metropolis and Hinterland. The City of Rome and the Italian Economy 200 BC–AD 200*. Cambridge, Cambridge University Press.

Mouritsen, H. (1998) The album from Canusium and the town councils of Roman Italy. *Chiron* 28: 1–26.

Muzzioli, M.P. (1980) *Cures Sabini (Forma Italiae, Regio IV* 2). Florence, Leo S. Olschki.

Muzzioli, M.P. (1985) Capena e Lucus Feroniae. In *Misurare la terra: centuriazione e coloni nel mondo romano. Città, agricoltura, commercio: materiali da Roma e dal suburbio*: 53–8. Modena, Panini.

Nicols, J. (1988) On the standard size of the *ordo decurionum*. *Zeitschrift der Savigny-Stiftung für Rechtsgeschichte* 105: 712–19.

Nisbet, R. and Hubbard, M. (1978) *A Commentary on Horace: Odes Book II*. Oxford, Oxford University Press.

Ogilvie, R.M. (1965) *A Commentary on Livy Books 1–5*. Oxford, Oxford University Press.

Palmer, R.E.A. (1980) Customs on market goods imported into the city of Rome. In J.H. D'Arms and E.C. Kopff (eds), *The Seaborne Commerce of Ancient Rome: Studies in Archaeology and History (Memoirs of the American Academy in Rome* 36): 217–33. Rome, American Academy in Rome.

Palmer, R.E.A. (1990) Studies of the northern Campus Martius in ancient Rome. *Transactions of the American Philosophical Society* 80 (2): 1–62.

Panella, C. (1989) Le anfore italiche del II secolo d.C. In M. Lenoir, D. Manacorda and C. Panella (eds), *Amphores romaines et histoire économique: dix ans de recherche (Collection de l'École Française de Rome* 114): 139–78. Rome, École Française de Rome.

Panella, C. (1992) Mercato di Roma e anfore galliche nella prima età imperiale. In F. Laubenheimer (ed.), *Les amphores en Gaule: production et circulation (Annales littéraires de l'Université de Besançon* 474): 185–206. Besançon, Université de Besançon.

Panella, C. and Tchernia, A. (1994) Produits agricoles transportés en amphores: l'huile et surtout le vin. In M. Lenoir (ed.), *L'Italie d'Auguste à Dioclétien (Collection de l'École Française de Rome* 198): 145–65. Rome, École Française de Rome.

Pasqui, A. (1909) Alveo del Tevere. *Notizie degli Scavi di Antichità*: 433–6.

Patterson, J.R. (2003) The emperor and the cities of Italy. In K. Lomas and T.J. Cornell (eds), *Bread and Circuses: Euergetism and Municipal Patronage in Roman Italy*: 89–104. London, Routledge.

Pavolini, C. (1985) I commerci di Roma e di Ostia nella prima età imperiale: merci d'accompagno e carichi di ritorno. In *Misurare la terra: centuriazione e coloni nel mondo romano. Città, agricoltura, commercio: materiali da Roma e dal suburbio*: 200–5. Modena, Panini.

Potter, T.W. (1979) *The Changing Landscape of South Etruria*. London, Paul Elek.

Potter, T.W. and King, A.C. (1997) *Excavations at the Mola di Monte Gelato. A Roman and Medieval Settlement in South*

Etruria (*Archaeological Monographs of the British School at Rome* 11). London, British School at Rome.

Purcell, N. (1983) The *apparitores*: a study in social mobility. *Papers of the British School at Rome* 51: 125–73.

Purcell, N. (1985) Wine and wealth in Roman Italy. *Journal of Roman Studies* 75: 1–19.

Quilici, L. (1986) Il Tevere e l'Aniene come vie d'acqua a monte di Roma in età imperiale. In S. Quilici Gigli (ed.), *Il Tevere e le altre vie d'acqua del Lazio antico* (*Archeologia Laziale* 7 (2); *Quaderni del Centro di Studio per l'Archeologia Etrusco-italica* 12): 198–217. Rome, Consiglio Nazionale delle Ricerche.

Quilici, L. and Quilici Gigli, S. (1978) *Antemnae. Latium Vetus* I. Rome, Consiglio Nazionale delle Ricerche.

Quilici, L. and Quilici Gigli, S. (1980) *Crustumerium. Latium Vetus* III. Rome, Consiglio Nazionale delle Ricerche.

Quilici, L. and Quilici Gigli, S. (1986) *Fidenae. Latium Vetus* V. Rome, Consiglio Nazionale delle Ricerche.

Reggiani, A.M. (1985) La villa rustica nell'agro sabino. In *Misurare la terra: centuriazione e coloni nel mondo romano. Città, agricoltura, commercio: materiali da Roma e dal suburbio*: 61–5. Modena, Panini.

Rinkewitz, W. (1984) *Pastio villatica: Untersuchungen zur Intensiven Hoftierhaltung in der Römischen Landwirtschaft*. Frankfurt am Main, Peter Lang.

Rodriguez Almeida, E. (1993) Cellae Vinariae Nova et Arruntiana. In E.M. Steinby (ed.), *Lexicon Topographicum Urbis Romae* I (*A–C*): 259. Rome, Quasar.

Setälä, P. (1977) *Private Domini in Roman Brick Stamps of the Empire*. Helsinki, Suomalainen Tiedeakatemia.

Sgubini Moretti, A.M. (1982–4) Statue e ritratti onorari da Lucus Feroniae. *Rendiconti della Pontificia Accademia Romana di Archeologia* 55–6: 71–109.

Shatzman, I. (1975) *Senatorial Wealth and Roman Politics*. Brussels, Latomus.

Sherwin-White, A.N. (1966) *The Letters of Pliny: a Historical and Social Commentary*. Oxford, Oxford University Press.

Smith, S.A. (1877) *The Tiber and its Tributaries*. London, Longmans, Green and Co.

Stanco, E.A. (1986) Il Tevere e il territorio falisco-capenate in età romana. In *Tevere. Un'antica via per il Mediterraneo*: 181–2. Rome, Istituto Poligrafico e Zecca dello Stato.

Steinby, M. (1978) Ziegelstempel von Rom und Umgebung. In *Paulys Realencyclopädie der Classischen Altertums-wissenschaft*, Supplementband XV: 1489–531. Munich, Alfred Druckenmüller.

Steinby, M. (1981) La diffusione dell'opus doliare urbano. In A. Giardina and A. Schiavone (eds), *Società romana e produzione schiavistica* II. *Merci, mercati e scambi nel Mediterraneo*: 237–45. Rome/Bari, Laterza.

Steinby, M. (1982) I senatori e l'industria laterizia urbana. In S. Panciera (ed.), *Epigrafia e ordine senatorio* I: 227–37. Rome, Edizioni di Storia e Letteratura.

Taliaferro Boatwright, M., Buonocore, M., Coarelli, F., Di Stefano Manzella, I., Manacorda, D., Medri, M., Panciera, S. and Torelli, M. (1982) *I Volusii Saturnini. Una famiglia romana della prima età imperiale* (*Archeologia: materali e problemi* 6). Bari, De Donato.

Tchernia, A. (1986) *Le vin de l'Italie romaine: essai d'histoire économique d'après les amphores* (*Bibliothèque des Écoles Françaises d'Athènes et de Rome* 261). Rome, École Française de Rome.

Torelli, M. (1982) Ascesa al senato e rapporti con i territori d'origine. Italia: regio IV (Samnium). In S. Panciera (ed.), *Epigrafia e ordine senatorio* II: 165–99. Rome, Edizioni di Storia e Letteratura.

Turchetti, R. and Bartolini, F. (1995) Notizie preliminari sulle ricognizioni a Capena e nel territorio. In N. Christie (ed.), *Settlement and Economy in Italy, 1500 BC to AD 1500. Papers of the Fifth Conference of Italian Archaeology* (*Oxbow Monograph* 41): 413–20. Oxford, Oxbow.

Vaglieri, D. (1910) Targhetta di rame trovata nel Tevere. *Bullettino della Commissione Archeologica Comunale di Roma* 37: 141–9.

Ward-Perkins, J.B. (1961) Veii. The historical topography of the ancient city. *Papers of the British School at Rome* 29: 1–124 and plates.

Wiseman, T.P. (1971) *New Men in the Roman Senate*. Oxford, Oxford University Press.

Woodman, A.J. and Martin, R.H. (1996) *The* Annals *of Tacitus Book 3: Edited with a Commentary*. Cambridge, Cambridge University Press.

LE CAMPAGNE DI *FALERII* E DI CAPENA
DOPO LA ROMANIZZAZIONE

Franco Cambi

Riassunto • Abstract

I PAESAGGI ROMANI dell'*ager Faliscus* e dell'*ager Capenas* sono esaminati alla luce delle ricognizioni condotte a suo tempo da T.W. Potter e da G.D.B. Jones e di fonti di altro genere, letterarie ed epigrafiche. In questo modo è possibile definire meglio la natura dei paesaggi della prima fase della romanizzazione e il rapporto di questi paesaggi con i diversi tipi di insediamenti. Nel III–II secolo a.C. il tipo di insediamento prevalente è la casa contadina, anche di discrete dimensioni. Fra il II secolo a.C. e il II d.C. si assiste, soprattutto nelle aree migliori, al sorgere delle ville (come quella dei Volusii Saturnini). Per l'età imperiale l'analisi delle iscrizioni mostra con forza il riemergere dell'orizzonte dei villaggi, alcuni dei quali (Vignanello) di remote origini preromane. Il villaggio finirà per diventare il vero protagonista dell'età imperiale, soprattutto nelle zone meno favorevoli dei territori falisco e capenate. Questo è confermato, nella tarda antichità, dalle iscrizioni che attestano il precoce diffondersi del cristianesimo.

THE LANDSCAPES of the *Ager Faliscus* and the *Ager Capenas* are examined in the light of the surveys carried out by T.W. Potter and G.D.B. Jones, and of the literary and epigraphic sources. Using this approach, it is possible to define with greater accuracy the nature of these landscapes of the earliest phase of Romanization and the relationship between the landscape and the various settlement types. In the third and second centuries BC the most prevalent settlement type was the farmstead, which may have been of reasonable size. The period between the second century BC and the second century AD witnessed the development of the villa (like that of the Volusii Saturnini), especially in more attractive areas. The analysis of inscriptions of Imperial date provides strong evidence for the re-emergence of village settlements, including some (like Vignanello) of pre-Roman origin. In fact, the village settlement structure proves to be the predominant type in the Imperial period, especially in the less favourable areas of the *Ager Faliscus* and *Ager Capenas*. This trend is confirmed in late antiquity by the inscriptions attesting the early spread of Christianity.

QUESTO CONTRIBUTO[1] tenta di raccordare i risultati delle ricognizioni con i dati storici ed epigrafici e di trovare degli indicatori tipologici (per gli insediamenti), cronologici (per le fasi) e, se possibile, culturali. Per potere interpretare bene bisogna analizzare bene, su questo non vi sono dubbi. È tuttavia inevitabile che chi intraprende una analisi coscienziosa sia poi fatalmente sospinto verso il piacere dell'interpretazione. Tutti i grandi progetti di *survey* degli scorsi decenni hanno conosciuto fasi alterne di entusiasmo e di depressione, di slancio e di ripiegamento. Il momento più critico è senz'altro quello dell'edizione scientifica del progetto tanto che è ormai mentalità diffusa che sia molto più difficile pubblicare una ricognizione piuttosto che uno scavo anche complesso. Credo tuttavia che, a prescindere dalla effettiva difficoltà di edizione dei *survey*, si possa essere soddisfatti del gran lavoro svolto in questi ultimi anni sia sui materiali archeologici provenienti dalle ricognizioni (per poterli rendere comprensibili agli archeologi distanti dalla archeologia dei paesaggi e agli storici) sia sulle procedure necessarie ad inquadrare questi dati in un'ottica storica corretta. È in questo lavoro, spesso duro e oscuro, che si sono svolti quelli che potrebbero chiamarsi 'i percorsi dell'interpretazione', ovvero le strade che hanno portato a definire una certa cosa in un certo modo, e che hanno permesso di colmare il vuoto talvolta imbarazzante fra analisi spesso impeccabili ma prive di un filo conduttore e sintesi inappuntabili ma costruite secondo criteri più di affabulazione che di ricerca. Il concetto di 'percorso dell'interpretazione' applicato all'archeologia dei paesaggi indica i parametri per cui un certo ritrovamento può essere interpretato come casa, un altro come villa, un altro come villaggio. Questi parametri possono essere archeologici (ovvero basati sulla determinazione delle misure del sito, della tipologia dei ritrovamenti, della cronologia) oppure non archeologici, ovvero costruiti sulla base della lettura delle fonti (la villa) o delle iscrizioni (il *pagus* e il *vicus*, la sepoltura).

Se pensiamo soltanto in termini di 'siti' archeologici, la ricostruzione della successione dei paesaggi in una determinata regione non potrà che tradursi in una descrizione, anche precisa e degna della massima fede, delle statistiche di fondazione/vita/abbandoni relative alla storia insediativa. In questo caso, poichè è prevalente il peso della documentazione archeologica acquisita con le ricognizioni, si dà della storia di un territorio un rilievo soprattutto quantitativo e si tende fatalmente a mettere in luce soprattutto le fasi in cui questo territorio era più densamente popolato o più razionalmente sfruttato dal punto di vista economico.

La chiave di volta per il superamento di questa ambiguità consiste nel riportare i dati della ricognizione nell'alveo di una archeologia se si vuole più tradizionale, in grado di far interagire tipi di documentazione completamente diversi: i siti della ricognizione, le iscrizioni, le letterature antiche, le monete e altro. In questo modo è possibile sottrarre la documentazione archeologica di superficie al destino, frequente e immeritato, di fonte spesso svilita, strumentalizzata e ridotta a puro indice di analisi di una romanizzazione angustamente confinata ai soli aspetti agrari (una storia quantitativa) e non a sufficienza elaborata per cogliere aspetti del divenire dei paesaggi non meno importanti di quelli economici e forse più complessi: quelli sociali, culturali, religiosi e di percezione del paesaggio circostante. Il passo successivo è senz'altro rappresentato dalla costruzione di sistemi complessi di dati (GIS) ove anche le suggestioni non strettamente legate al *survey* possano trovare spazio.

POPOLAZIONI, VILLAGGI, CULTI E INSEDIAMENTO SPARSO

La disfatta di Veio e di *Fidenae*, avamposto veiente sulla sponda sinistra del Tevere, rappresentò per gli Etruschi la definitiva perdita della bassa valle del Tevere (Jones 1962: 118–25; Papi 1990) e per i Falisci la fine dell'originaria unità culturale del loro compren-

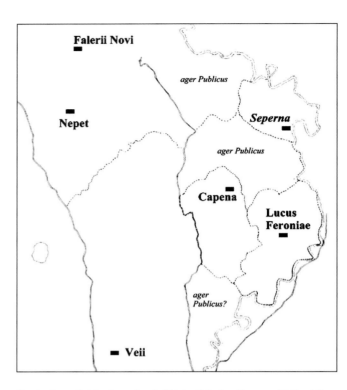

FIG. I. I confini fra i territori di Veio, *Falerii* e Capena. (F. Cambi.)

sorio.[2] Contestuale alla caduta di Veio fu infatti l'attacco alle campagne capenati (Livio 5.8–24). Con la resa di Capena, nel 395, la frontiera romana venne portata fino ai piedi del Soratte. La concessione di cittadinanza ai Capenati sconfitti, nel 389 a.C., insieme ai Veienti ed ai Falisci, si riferiva probabilmente soltanto alle parti che si erano adoperate contro gli Etruschi. Ad essi, dice sempre Livio (6.4.4), furono anche assegnate delle terre.

L'agro capenate era sempre stato appartato sia rispetto all'agro falisco sia rispetto all'Etruria (**Fig. I**). Affacciato al versante occidentale della valle del Tevere, separato dall'*ager Veientanus* dai rilievi sui quali correva la Via Flaminia, il paesaggio doveva essere molto boscoso. Linguisticamente Capena costituisce il settore meridionale dell'isola falisca e, benchè la documentazione archeologica capenate vada considerata nel quadro più ampio della civiltà falisca, non vanno dimenticati i cospicui apporti culturali del versante sabino della valle del Tevere e la tradizionale importanza dell'area come punto d'incontro fra etnie diverse (Gazzetti 1992: 6–7). La trasformazione di Capena in *municipium foederatum* comportò l'iscrizione alla tribù Stellatina — dal *campus Stellatinus*, la pianura ai piedi di Capena (Livio 6.4–5; Harris 1971: 86–8). Il *foedus*, ricordato da iscrizioni di epoca più tarda, i Capenati lo avrebbero ricevuto non per un rapporto privilegiato con Roma, ma probabilmente in forma di garanzia di pace dura-tura anche se pagata al prezzo della perdita di buona parte del territorio che diventava *ager publicus* (Harris 1971: 95). Meno persuasiva sembra l'inter-pretazione che vede nel *foedus* il riflesso di un remo-to sinecismo delle *tres civitates* di Capena, *Lucus Feroniae* e *Seperna* (Jones 1962: 124–5) in quanto insostenibile un *foedus inter se* fra comunità alla pari (Harris 1971: 86–8).

Al di là delle questioni riguardanti le personalità giuridiche delle tre comunità, la loro esistenza è tutta-via di fondamentale importanza nell'ottica della geo-grafia storica dell'*ager Capenas*. Capena divenne il punto di riferimento per i conquistatori perché era l'a-bitato maggiore in quel dato momento rispetto ad altri abitati come *Lucus Feroniae* o *Seperna*. In età medio-repubblicana le popolazioni di questa zona si concen-travano prevalentemente in abitati fortificati e l'inse-diamento sparso aveva un peso decisamente seconda-rio, soprattutto al confronto con il coevo *ager Veientanus* (Potter 1985: 103, fig. 25). Fra il V e il IV secolo i tre principali *foci* di insediamento furono Capena, *Lucus Feroniae* e *Seperna* e, poiché nessuno di questi tre abitati divenne al momento una città, è pensabile che il modello insediativo del villaggio con-tinuasse ad essere prevalente. Nei decenni successivi alla conquista la maggior parte delle superfici arabili rimasero deserte, non essendovi siti di nuova fondazio-ne nel IV secolo, al contrario di quanto accade nell'*a-ger Veientanus* (Jones 1962; 1963).

Questo paesaggio dovette caratterizzare il territorio per il IV e per buona parte del III secolo, fino al 220 a.C., anno dell'apertura della Via Flaminia. La gran-de strada, sfruttando le dorsali che separavano i terri-tori di Capena e di Veio, offrì ai costruttori la possibi-lità di conseguire l'effetto politico-ideologico di emar-ginare l'antica *civitas* capenate, secondo il consueto intento di trasformare in periferia i poli che un tempo costituivano il centro, e l'effetto pratico di far passare la strada lungo uno spartiacque, cosicché, per 35 miglia, da Prima Porta fino al Treia, non vi fu bisogno di costruire ponti (Jones 1962: 165). La costruzione della Flaminia ruppe ogni continuità con il passato falisco mentre la Via Tiberina, strada arcaica lungo la sponda occidentale del Tevere, decadde momentanea-mente al ruolo di strada locale. Ben più importanti divennero gli assi di raccordo orizzontali fra la Flaminia e la Tiberina e fra questa ed il Tevere (Jones 1962: 165).

Lo scenario della romanizzazione dei Capenati è chiuso a nord dal Monte Soratte, grande massiccio calcareo incombente sulla pianura del Tevere, simbo-lo visivo di spicco del territorio capenate e soprattut-to montagna sacra a Soranus Apollo–Dispater e cen-tro naturale della vita religiosa dell'area (Edlund 1987: 46ss). Il culto di Soranus, officiato dai tempi più remoti in un altare sommitale e verosimilmente collegato a un *lucus* (Jones 1963: 125–7), traeva ori-gine dal mitico, primordiale sacrificio dei pastori, puniti per avere aggredito i lupi sacri al dio.[3] Un ora-colo avrebbe allora spiegato ai superstiti che avrebbe-ro dovuto espiare la colpa diventando essi stessi lupi e vivendo come lupi, cioè di rapina. Al di là delle ori-gini oracolari connesse con le cavità della montagna (analoghe a quelle dei culti di Apollo a Delfi e in Arcadia), il mito capenate porta assai lontano. L'epiteto riservato ai sacerdoti officianti il culto in età imperiale (*Hirpi Sorani*) si spiega con il lessico sabi-no-sannita *hirpus*, 'lupo' (Plinio, *Naturalis Historia* 7.19; Virgilio, *Aeneis* 11.785–9; Silius Italicus 5.175–81; Servius, *Ad Aeneidem* 11.785; Festo 93; Taylor 1923). Gli *Hirpi* erano celebrati per la loro capacità di camminare sul fuoco restando illesi, ceri-monia in cui veniva ricordata la punizione inflitta dal dio. In questa luce il Soranus Apollo trova significa-tive somiglianze con il Faunus del Lupercal nelle cerimonie della comunità preistorica del Palatino (Ovidio, *Fasti* 1.2.267ss; Dumézil 1977; Coarelli 1983: 273ss; Andreussi 1988; Carandini 1997) e l'o-rigine del suo culto è rinviata ad una fase pre-agrico-la. Gli *Hirpi* sarebbero dunque i Luperci dell'area di confine fra il vero e proprio *ager Faliscus* e l'area capenate. Il fatto che nella tradizione religiosa di quei luoghi sia rimasto il lessico sabino *hirpus* rende il problema della genesi del culto ancora più intrigante. Erano Sabini i pastori protagonisti del mito? La faci-lità di accesso al Soratte dalla Sabina grazie al guado del Tevere presso la Badia non dissolve tutti i dubbi in proposito ma sembra orientare verso l'esistenza di un culto sincretistico fra l'etrusco Soranus Apollo e la sabina Feronia, assai verosimile nel principale punto di transito fra Etruria e Sabina, e questo potrebbe spiegare perché Strabone (5.2–4) confuse i culti del Soratte con quelli di *Lucus Feroniae* (Fluss 1929; Edlund 1987: 46ss; Di Stefano Manzella 1992). L'attributo di *Sorani* dato ai sacerdoti può essere oggi spiegato con la filiazione dalla divinità infera etrusca Suri, collegata alle *sortes*, alla divinazione, quindi all'oracolo, che ha lasciato tracce evidenti nella topo-nomastica di questa (*Monte Soracte*) come di altre zone dell'Etruria.[4] È comunque straordinario il carat-tere di apertura di questo confine fra Etruria e Sabina, che favorì la fusione di culture e di suggestioni spirituali profondamente diverse (Tabella 1).

L'immagine del Soratte come montagna abitata soltanto da capre e da lupi, santuario di un Dispater dall'immagine inquietante, non si associa con edifici termali spaziosi e gradevoli in cui bagnarsi, attestati invece in altre montagne sacre (Sabatini e Cimino). L'unica notizia positiva in questo senso riferisce del cristiano Silvestro, esule sul Soratte durante una persecuzione, che tornò a Roma per guarire miracolosamente Costantino (Edlund 1987: 46ss). La leggenda è confermata dal ritrovamento di una iscrizione, …](SIL)BESTRI, rinvenuta sulla sommità del Monte Soratte (*AE* 1992: 596; Di Stefano Manzella 1992). L'immagine cupa e per certi versi sinistra della letteratura antica è rafforzata dalle descrizioni dei topografi del secolo scorso: il Soratte era quasi interamente coperto di boschi estesi fin oltre la Via Flaminia, e numerosi erano i viaggiatori attaccati dai lupi (Dennis 1883: 134). La caduta di Capena, seguita dalle deduzioni coloniali a *Sutrium* e *Nepet* (383 e 373 a.C.) acuì la critica situazione di accerchiamento dell'*ager Faliscus*. Il tentativo di rompere questo accerchiamento attraverso l'alleanza con Tarquinia e l'offensiva antiromana degli anni 358–353 a.C. non sortirono alcun effetto. *Falerii*, attaccata e sottomessa nel 293 a.C., conservò lo *status* non meglio precisabile di *civitas*. Il territorio falisco cessò di esistere con il fallito tentativo di rivolta del 241, la repressione, la distruzione della città e il massacro di 15.000 persone (Zonar 8.18; Hülsen 1909; Harris 1971; Di Stefano Manzella 1976–7; 1981; 1990; 1992; Moscati 1985; 1987; Loreto 1989).

Poichè la maggior parte dei siti repubblicani dell'agro falisco si data fra il IV e gli anni centrali del III secolo a.C., pare ragionevole ipotizzare che non necessariamente gli abbandoni furono causati dalla repressione e dal massacro (Torelli 1980: 28–9; Potter com. pers.) e che probabilmente già verso la metà del III secolo a.C., quindi prima della rivolta, le campagne di *Falerii* vissero in uno stato di prostrazione economica dovuta alla sempre maggiore pressione esercitata da Roma, divenuta ormai la principale potenza mercantile. L'emarginazione dalle principali correnti di traffico e il conseguente impoverimento furono fra le cause che spinsero *Falerii* alla rivolta: la repressione fu l'ultimo atto di una lunga e sventurata vicenda, iniziata nel lontano 293. La nuova *Falerii* fondata in pianura, lungo il percorso della Via Amerina, e la conseguente emarginazione della vecchia città, sono il vero e proprio simbolo della destrutturazione dell'antica civiltà falisca[5] e della romanizzazione del comprensorio.

Lo statuto di *Falerii Novi* all'atto della fondazione può soltanto essere ipotizzato. Un *foedus iniquum* legò

TABELLA 1. *Ager Capenas*: i culti attestati in età romana.

DIVINITÀ	LUOGO	PERIODO	TIPO	FONTE
APOLLO	Monte Soratte	Repubblicano–Imperiale	Dedica	*CIL* XI 3858a–b
BONA DEA	Nazzano	Imperiale	Ex-voto	*CIL* XI 3866–3870
CERES	Capena	Repubblicano	Dedica	*CIL* I,2 2435
CERES?	Civitella San Paolo	Imperiale	Funeraria	*CIL* XI 3933
DIANA AUGUSTA	Nazzano	Imperiale	Dedica	*CIL* XI 3859
DIVUS TIBERIUS	Rignano	32 d.C.	Dedica	*CIL* XI 3872
FERONIA	Nazzano	Augusteo–I d.C.	Dedica	*CIL* XI 7761
FORTUNA SANCTA	*Lucus Feroniae*	Imperiale	Dedica	*Notizie degli Scavi di Antichità* 1905: 363
IUPPITER O.M.	Rignano	II d.C.	Dedica	*CIL* XI 3860
IUPPITER SABATIUS	*Lucus Feroniae*	Imperiale	Dedica	*CIL* XI 7763 = *ILS* 9277
MITHRA	Nazzano	II–III d.C.	Statua	*CIL* XI 3865
[papae](SIL)BESTRI…	Monte Soratte	VIII–IX sec. d.C.	Chiesa?	Di Stefano Manzella 1992: 165ss; *AE* 1992: 596
SILVANUS	Fiano	Imperiale	Dedica	*CIL* XI 3863
SILVANUS	Fiano?	Imperiale	Dedica	*CIL* XI 3864
SILVANUS	Rignano	Augusteo–I d.C.	Dedica	*CIL* XI 7764
SORANUS APOLLO	Monte Soratte	I d.C.	Dedica	Di Stefano Manzella 1992: 159ss

forse la comunità a Roma, come di consueto (Frederiksen e Ward-Perkins 1957; Harris 1971: 101ss).[6] L'assetto fu comunque sconvolto dalla rivolta, dalla repressione e dalla fondazione della nuova città, alla quale venne dato lo *status* di colonia,[7] in un sito diverso. Ora, mentre la *ademptio* di metà del territorio era un fatto quasi normale, la confisca delle armi, dei cavalli e degli schiavi fa capire che il trattamento fu particolarmente duro e causò la fine della prosperità agricola e manifatturiera del territorio.[8] Parte degli abitati superstiti della conquista del 293 a.C. fu, a partire dal 241, abbandonata (Corchiano, Grotta Porciosa, Ponte del Ponte) mentre continuarono forse ad esistere i siti montani (Carbognano) o decisamente di confine (Vignanello) (Frederiksen e Ward-Perkins 1957). Gli unici siti piccoli sopravvissuti a quegli anni tremendi si trovano nei territori di *Nepet* e di *Sutrium*, ma si tratta evidentemente delle case dei coloni romani inviati nel IV secolo (Potter com. pers.), e sono quindi la risultante della fase di più antica romanizzazione (**Fig. 2**).

Un capitolo a parte dovrebbe essere scritto sui culti dell'antico territorio falisco. Il *lucus* di Iuno Curitis, a *Falerii Veteres*, continuò ad essere venerato e restaurato dopo la conquista (Torelli 1980: 43–4; Comella 1986: 177ss) (**Tabella 2**). La sopravvivenza del culto in età romana risulta anche dalla testimonianza di Ovidio (*Fasti* 1.84; *Amores* 3.14), il quale aveva sposato una falisca e aveva evidentemente una certa familiarità con la processione annuale in onore della dea. Anche gli altri culti falisci furono presto assimilati dai Romani, fra i quali il Mercurio dei Sassi Caduti (De Lucia Brolli 1991: 35). L'Apollo sul pianoro di Vignale, venerato a *Falerii Veteres* come riflesso del Soranus Apollo capenate, assunse con il tempo una sempre più forte connotazione medicosalutare (Torelli 1980: 42; Comella 1986: 197), giungendo a rassomigliare all'Apollo Medicus del teatro di Marcello (Coarelli 1980: 275, 353; 1997: 377ss; La Rocca 1984: 42–5). Va detto che esiste una significativa coincidenza cronologica fra l'anno della sconfitta di *Falerii Veteres* e l'introduzione del culto di Asclepio a Roma dalla Grecia (293–291 a.C.) e che, probabilmente, il dio venne molto presto evocato a Roma, così come il culto di Minerva allo Scasato, evocato con il nome di *Minerva Capta* in un *sacellum* sul Celio (Ovidio, *Fasti* 3.835–8). Alla conquista sopravvisse anche, per qualche tempo, il culto salutare venerato presso il Ninfeo Rosa (*CIL* XI 3126 (*ILS* 5374); Torelli 1980: 44; Comella 1986: 177ss).

IL II SECOLO A.C.: LA PREVALENZA DELL'INSEDIAMENTO SPARSO

A dispetto del declino dell'antica città, l'area intorno a Capena continuò ad essere il punto focale nei confronti delle scelte preferenziali dell'insediamento. Il paesaggio di questa zona era caratterizzato da allineamenti di piccoli siti sorti presumibilmente nei decenni successivi alla guerra annibalica nelle dorsali fra Morlupo e Capena. Questa forma di occupazione, defilata rispetto alla viabilità, fa pensare che non si trattasse di insediamenti romani sorti nelle campagne capenati in quei primi anni di pace, ma di un piccolo distretto formatosi nei dintorni dell'antico abitato. Dal tramonto del modello insediativo del *pagus* tipico di questa zona nacque un paesaggio assai più sparso. Anche quando i *pagi* sopravvissero e continuarono ad essere abitati (è il caso di Fontanile di Vacchereccia) fu il modello di insediamento che essi rappresentavano ad essere disarticolato ed obliterato dal nuovo paesaggio delle case sparse, soprattutto nel settore centrale del territorio. Alcuni *pagi* (Grotta Colonna e Nazzano) sembravano ancora controllare il territorio mentre quelli di Badia e di Rignano Flaminio avevano per il momento perso questa funzione. Nell'*ager Capenas* settentrionale l'espansione degli insediamenti era rimasta relativamente circoscritta, consentendo la sopravvivenza di ampie aree di bosco, e soltanto verso la fine dell'età repubblicana il comprensorio venne radicalmente aperto all'insediamento e i villaggi minori emarginati dalla occupazione di grandi superfici di terra coltivabile (Jones 1962). La Via Flaminia, nata come strada di interesse strategico, rappresentava un nuovo polo di attrazione per quelle campagne mentre la Via Tiberina creava nuovi presupposti per l'insediamento nelle campagne prossime a Roma (Jones 1962). L'area dell'antichissimo bosco sacro di Feronia, affacciata alla valle del Tevere e chiusa da una fila di colline rispetto al cuore dell'*ager Capenas*, divenne *ager publicus populi Romani* probabilmente già dopo la conquista, anche se la fonte più antica che parla della zona in tal senso è il racconto liviano degli avvenimenti del 211 (Livio 26.11, 27.4.14; Silius Italicus 13.83ss; Jones 1962; Harris 1971). Il santuario-mercato ebbe una cospicua fase mediorepubblicana (gli edifici saccheggiati da Annibale) ed una fase di restauri nella seconda metà del II secolo a.C. (Coarelli 1975; Gabba 1975; Torelli 1980: 30; Papi 1990; Gazzetti 1992: 22–38). All'indomani di questi eventi va collocata la crescita di un modello insediativo sempre più sparso. Allo stesso modo, a nord, lo sradicamento della

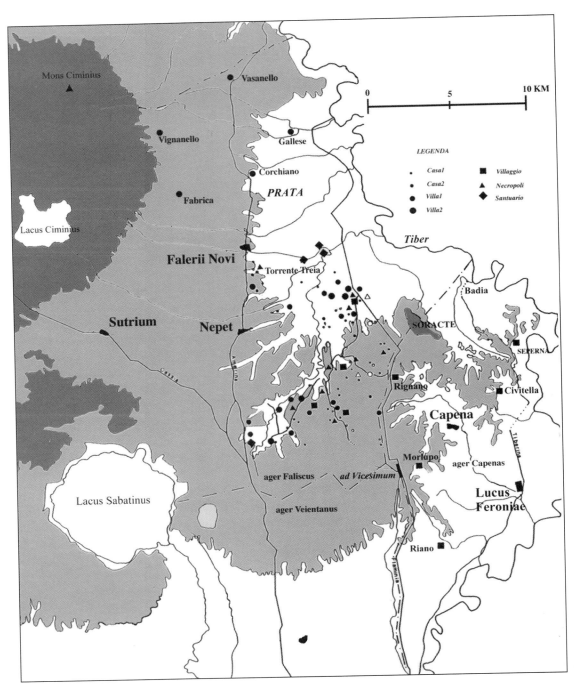

Fig. 2. *Ager Faliscus*
200–50 a.C.
(F. Cambi.)

popolazione indigena dal cuore del nuovo *ager Faliscus* e la sua emarginazione verso le aree meno appetibili circostanti i vecchi *pagi* di confine e la decadenza dei luoghi di culto (con l'eccezione del santuario di Iuno Curitis) sono il segno della totale destrutturazione dell'antico orizzonte storico e culturale così come lo sviluppo dell'insediamento sparso nelle aree di *Nepet* e *Falerii Novi* è il segno più forte del consolidamento del nuovo.

Il II secolo fa registrare cospicue trasformazioni fondiarie, la traccia più significativa delle quali è rappre-

sentata dai *prata* (pascoli per l'allevamento bovino) ricordati dalla iscrizione di C. Egnatius per la zona di Corchiano (*CIL* XI 1068, 1992, 7505; Di Stefano Manzella 1981: 126, n. 7505; Gamurrini, Cozza e Pasqui 1987: 62; Quilici Gigli 1989; Cambi 1991) e ipotizzabili anche per le campagne circostanti il *pagus* di Vignanello (Giglioli 1924). Il *pratum*, scriverà Columella (*De Re Rustica* 2.16–17) due secoli dopo, richiedeva una accurata preparazione del terreno: nel primo anno si piantavano le rape, nel secondo il grano, nel terzo veccia o fieno, nel quarto si lasciava ricrescere l'erba e finalmente il *pratum* poteva essere destinato al suo uso primario, il pascolo. Plinio (*Naturalis Historia* 2.230) suggeriva tipi di preparazione più semplici e citava ad esempio proprio il rapporto fra allevamento e prati irrigui dell'agro Falisco (*omnis aqua pota candidos boves facit*). In alternativa i *prata* potevano essere utilizzati per la produzione del fieno. Anche Ovidio sarebbe rimasto colpito dai pascoli della zona, *quos aluit campis herba falisca suis*, ricordati molte volte nelle sue opere (*Fasti* 1.84; *Amores* 3.14; *ex Ponto* 4.4.32, 4.8.41; Quilici Gigli 1989). L'iscrizione dei *prata* di Egnatius, insieme con altre a suo tempo ritrovate da Gamurrini, oggi difficilmente rintracciabili, arricchisce enormemente l'immagine delle campagne falische di età tardorepubblicana. Le campagne attorno al *pagus* di Vignanello, ormai in fase di abbandono, dovevano presentare un paesaggio non dissimile da quello di Corchiano nel II secolo a.C. (Giglioli 1924).

Il territorio riprese vitalità proprio in questa fase e la maggior parte delle nuove fondazioni, databili al II–I secolo a.C., scelsero luoghi nuovi e diversi da quelli occupati in precedenza (Potter 1975; 1985: 11). L'abbandono dei vecchi villaggi, la totale ristrutturazione delle campagne e l'emergere di nuovi soggetti sociali sono i segni più forti della rottura con il passa-

to e, coerentemente, la diffusione di anfore rodie è segno certo dell'ingresso della nuova colonia e del suo territorio nei circuiti mercantili sempre più vivaci che si aprono all'indomani della guerra annibalica (Bevilacqua 1994).

LA TARDA ETÀ REPUBBLICANA E LA PRIMA ETÀ IMPERIALE: PROSPERITÀ NELLE CAMPAGNE E VITA NEI VILLAGGI

La città di *Falerii Novi* acquisì lo *status* di *municipium* relativamente tardi (Di Stefano Manzella 1990). È in questa fase, ancor prima che in età augustea, che dal territorio provengono segnali di ulteriore vivacità, favoriti dalla sempre più forte integrazione dei Falisci nel corpo civico (**Fig. 3**). Il settore centrale del territorio era costellato da insediamenti di diversa entità. Nei più piccoli (il 35%) si possono ravvisare le case contadine unifamiliari in cui risiedevano i coloni addetti alla irrigazione, alla custodia dei *prata* (Potter 1985: 135) e al pascolo delle mandrie. Vi erano poi piccole ville (43%) con muri in blocchi di tufo, spesso intonacati e, più raramente, con mosaici in bianco e nero o con rivestimenti marmorei.

TABELLA 2. *Ager Faliscus*: i culti attestati in età romana.

DIVINITÀ	LUOGO	PERIODO	TIPO	FONTE
LARES CONPITALES	Fabbrica	Augusteo	Ara	*CIL* XI 3079
DI SYNNAVI	*Falerii Veteres*	Repubblicano		*CIL* XI 3074
IUNO CURITIS	*Falerii Veteres*	Repubblicano–Augusteo	Santuario	*CIL* XI 3106
MERCURIUS	*Falerii Veteres*	Repubblicano–Augusteo	Santuario	De Lucia Brolli 1991
MINERVA (CAPTA)	*Falerii Veteres*	Repubblicano	Santuario	Ovidio, *Fasti* 3.835
HAMMO?	*Falerii Veteres*	Imperiale?		*CIL* XI 3077
TRAIANUS DECIUS	*Falerii Veteres*	250 d.C.	Dedica	*CIL* XI 3088
PERTINAX IMP.	Gallese	210 d.C.	Dedica	*CIL* XI 3087
AUXILIUM	Incerto	Repubblicano–Augusteo	Dedica	Di Stefano Manzella 1981
GENIUS AUGUSTI	Incerto	Augusteo	Dedica	*CIL* XI 3076
GENIUS TIBERII	Incerto	Augusteo	Dedica	*CIL* XI 3076
IUNO	Incerto	Augusteo	Dedica	*CIL* XI 3076
LIVIA	Incerto	Augusteo	Dedica	*CIL* XI 3076
DIVINITÀ SALUTARE	Ninfeo Rosa	Repubblicano	Ex-voto	*CIL* XI 3126 (= *ILS* 5374)
APOLLO SORANUS	Passo Regina	Augusteo–Imperiale	Dedica	*CIL* XI 7485
ISIS	Passo Regina	Augusteo–I d.C.	Dedica	*CIL* XI 7484
APOLLO	Vignale	Repubblicano	Santuario	Comella 1986: 197
FORTUNA IMPERII	Vignanello	Augusteo–Imperiale	Ara	Di Stefano Manzella 1981
MAGNA MATER/CIBELE	Vignanello	Augusteo	Ex-voto	*CIL* XI 3080 = *ILS* 850 = *AE* 1992: 593

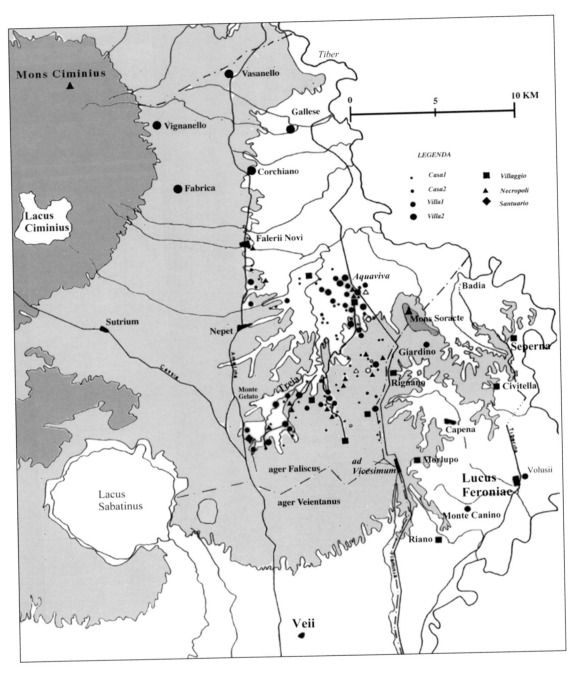

FIG. 3. *Ager Faliscus*
50 a.C.–100 d.C.
(F. Cambi.)

Non è facile identificare le figure sociali alle quali queste due categorie di insediamenti facevano riferimento. La deduzione della *colonia Iunionia quae appellatur Faliscos*, dopo il 43 a.C. (Keppie 1983; Papi 1990; 2000: 38–52), condusse una moltitudine di veterani (forse proprietari delle case) a stanziarsi a *Falerii Novi* e a coltivarne le campagne. La classe media di *Falerii Novi* comprendeva anche un nutrito numero di liberti (forse proprietari delle piccole ville).[9] Le ville vere e proprie (22%) erano concentrate in prevalenza nell'area nepesina, con superfici attorno a 3.500 mq e articolazioni planimetriche che comprendevano

impianti termali, portici e peristili e con decorazioni ben più ricercate. Il fenomeno delle ville nell'agro falisco risulta tuttavia circoscritto ai dintorni delle Vie Amerina e Flaminia. Lo stesso Potter assegna al territorio insediamenti che in età romana possono propriamente essere considerati nell'agro nepesino, nella zona compresa fra Nepi e la *mansio Aquaviva* sulla Via Flaminia (Potter 1985: 134–6). Benchè i proprietari di queste ville, del resto non eccelse, non siano facilmente identificabili, fra i personaggi più in vista del tempo erano esponenti della *gens Egnatia*, discendenti dal personaggio che aveva curato l'allestimento dei *prata* nel

II secolo. Egnatius Maticanus, uno dei *quattorviri* del municipio, che venne seppellito non lontano da *Falerii Novi*, aveva quasi certamente proprietà nelle campagne, che conduceva anche attraverso i suoi liberti (**Tabelle 3–4**). Maticanus potrebbe essere stato patrono anche del liberto Musicus, *magister Augustalis* (*CIL* XI 3083; Di Stefano Manzella 1981). Altri liberti degli Egnatii, *magistri Augustales* insieme con un liberto imperiale fra il 2 e il 14 d.C., facoltosi e influenti, realizzarono a proprie spese la Via Augusta, un diverticolo della Via Amerina (Di Stefano Manzella 1981: n. 10). Nell'area di Fabrica-Carbognano un'iscrizione ricorda il liberto di un Sextus Papinius (*PIR* 2: 10.74–6).

In età augustea i favori del principato e le fortune locali crearono una congiuntura favorevole. Il racconto di Ovidio della fastosa processione cittadina celebrata in occasione della festa di Iuno Curitis è testimonianza eloquente della vitalità di quel tempo al pari della forte densità insediativa nelle campagne. Al tempo la zona era ancora caratterizzata da una selvaggia bellezza, tanto che il luogo della cerimonia era di difficile accesso.[10] Nella circostanza Ovidio inserisce il riferimento alla *herba Falisca* della quale si nutrivano le vacche bianche condotte in processione (Ovidio, *Amores* 3.13–32). Benchè il racconto mescoli elementi dei riti celebrati in età augustea insieme con riti dal sapore molto arcaico,[11] se ne ricava l'impressione di una festa molto sentita e caratterizzata da una forte partecipazione popolare, impressione condivisa dal contemporaneo Dionigi di Alicarnasso (1.21), che si dilungò sulla figura di Iuno Curitis spiegando le analogie fra il tempio falisco e quello della Hera argiva. La politica di riconciliazione augustea rappresentò per l'antico culto falisco una fortissima occasione di rilancio[12] al di là degli aspetti formali e dei riti, dai quali non era esclusa la propaganda ideologica.

La storia insediativa mostra uno straordinario dinamismo. Se attorno alla metà del I secolo a.C. vennero abbandonati il 32% degli insediamenti repubblicani (nell'*ager Veientanus* soltanto l'11%), nei decenni successivi i siti di nuova fondazione assommano al 39% nell'agro Falisco (32% in area veiente) (Potter 1985: 145, tab. 5). Ora, considerando che l'incremento registrato a Veio è uno dei più vistosi in Etruria meridionale, per la vicinanza a Roma e quindi per il maggior valore delle terre agli occhi dell'aristocrazia senatoria, ne consegue che la crescita insediativa falisca debba essere valutata con estrema attenzione. Il territorio ricavò tali e tanti benefici dal favore del periodo fra Cesare e Augusto che, contestualmente, il prezzo dei terreni dovette salire di molto e va considerato che Cicerone

aveva consigliato di acquistare proprietà nelle fertili campagne falische (*De Lege Agraria* 2.66). Le superfici coltivabili raggiunsero la massima estensione nel corso del I secolo d.C., periodo caratterizzato anch'esso da notevole dinamismo nelle scelte preferenziali degli insediamenti (Potter 1985: 145). Un peso significativo nell'economia della zona è rappresentato dalle manifatture di vasellame da mensa in *terra sigillata* di Ancharius e dei suoi schiavi nei dintorni di Vasanello (Gazzetti 1979; Nardi 1981: 191; Sforzini 1990; *AE* 1992: 592; Di Stefano Manzella 1994: n. 34).

La recente edizione degli scavi dell'insediamento augusteo di Monte Gelato (Potter e King 1997) illustra bene il notevole livello delle architetture del tempo. Nella prima fase, malgrado il cattivo stato di conservazione delle strutture, gli autori ravvisano una villa di tipo 'campano', dotata di un *aviarum* analogo a quello descritto da Varrone per la sua villa di *Casinum*. Il probabile proprietario, C. Valerius Faustus, poi sepolto nel mausoleo situato di fronte alla sua dimora, *mercator bovarius* e *magister Augustalis* a *Veii*, doveva essere molto ricco, al pari di altri colleghi dell'epoca citati dalle fonti (Gilliver 1990; Potter e King 1997: 421). L'allevamento bovino si conferma come una delle attività eminenti del territorio falisco. Da non scartare del tutto è però l'eventualità che l'insediamento costituisse la parte pubblica e più monumentale, forse addirittura un centro di culto, di un agglomerato identificabile come *vicus* grazie alla presenza dell'iscrizione dei *magistri* (non si sa se di un *vicus* o di un *pagus*) responsabili della cura di un *fanum*, situato non lontano da Monte Gelato.

La forte integrazione fra ville e villaggi nelle campagne è comunque uno dei tratti caratterizzanti il territorio falisco fra tarda età repubblicana e prima età imperiale, stando alla documentazione archeologica mentre la documentazione epigrafica indica una stretta corrispondenza fra ceto libertino e attività edilizie di età augustea negli abitati minori, *vici* e *pagi*. Il fiorire di queste attività nei centri più piccoli dimostra che, soprattutto nel nord del territorio, stava tornando in voga la scelta di abitare nei villaggi, alcuni dei quali riemersi da un remoto passato (Vasanello, Vignanello, Corchiano e Fabrica — **Tabella 5**) (Giannini 1970: 157; Gazzetti 1979).

Nel versante capenate, la deduzione della *colonia Iulia Felix Lucuferonensis* trasformò radicalmente l'abitato più importante (Harris 1971: 236ss; Torelli 1980: 30ss; Papi 1990). Jones (1962; 1963) aveva proposto di attribuirla a Cesare sulla base di una lettera di Cicerone (*Ad Familiares* 9.17.2) del 47–46 a.C. in cui

TABELLA 3. *Ager Faliscus*: prosopografia.

NOME	CONDIZIONE/RANGO	PERIODO	FONTE
Acilia Attica	Devota	Augusteo–I d.C.	Di Stefano Manzella 1981: cat. no. 7
Acilia Tyche	Moglie di Ianuarius		*CIL* XI 7531
Amaianius Ianuarius			*CIL* XI 7531
Anna	Liberto	Augusteo–I d.C.	Di Stefano Manzella 1981: cat. no. 41
Anonimi	Liberti imperiali	Augusteo–I d.C.	Di Stefano Manzella 1981: cat. no. 37
Antonia P.l. Pieris	Liberta	Augusteo–I d.C.	Di Stefano Manzella 1981: cat. no. 53
Aquilius (C.) C.f. Verecundus	Miles	I–II d.C.	Di Stefano Manzella 1981: cat. no. 20
Arruntia m.l. Erotis	Liberta	Augusteo–I d.C.	Di Stefano Manzella 1981: cat. no. 53
Attius (C.) (Rufus?)		Repubblicano–Augusteo	Di Stefano Manzella 1981: cat. no. 32
Aurelius Arborius	Fratello di Saturninus	II–III d.C.	Di Stefano Manzella 1981: cat. no. 21
Aurelius Saturninus	Miles	II–III d.C.	Di Stefano Manzella 1981: cat. no. 21
Caphinus	Liberto	Augusteo–I d.C.	Di Stefano Manzella 1981: cat. no. 41
Chrestus	Liberto	Augusteo–I d.C.	Di Stefano Manzella 1981: cat. no. 41
Cincia M.l. Aucta	Liberta	I d.C.	Di Stefano Manzella 1981: cat. no. 33
Cincius (M.) Rufus		I d.C.	Di Stefano Manzella 1981: cat. no. 33
Claudianus	Centurio	Augusteo–Imperiale	*CIL* XI 7496
Clodius (L.) L.f. Arnensis		Repubblicano	Di Stefano Manzella 1981: cat. no. 35
Communis	Liberto	Augusteo–I d.C.	Di Stefano Manzella 1981: cat. no. 41
Cornelius [...]		Augusteo–I d.C.	Di Stefano Manzella 1981: cat. no. 36
Diaconus	Liberto	Augusteo–I d.C.	Di Stefano Manzella 1981: cat. no. 41
Dionysias	Liberta	I–II d.C.	Di Stefano Manzella 1981: cat. no. 50
Doctus et Festus	Liberti di Chares	Augusteo–Imperiale	*CIL* XI 3156
Egnatius (C.) C.l. Felix	Liberto	Augusteo	Di Stefano Manzella 1981: cat. no. 23
Egnatius (C.) C.l. Inachus	Liberto	Augusteo	Di Stefano Manzella 1981: cat. no. 23
Egnatius (C.) M.f. Maticanus	IIIIvir	Augusteo	Di Stefano Manzella 1981: cat. no. 23
Eutyches	Liberta	Augusteo–I d.C.	Di Stefano Manzella 1981: cat. no. 41
Eutychianus	Figlio di Urbica	II–III d.C.	Di Stefano Manzella 1981: cat. no. 54
Fulvius (Pu.) C.f. C.n. Sutor		106 a.C.	Di Stefano Manzella 1981: cat. no. 40
Fulvius (Q.) Chares	Argentarius-Coactor	Augusteo–Imperiale	*CIL* XI 3156
Gellius (M.)	Procurator Augusti	Augusteo	Di Stefano Manzella 1981: cat. no. 18
Gellius Altinianus	Fratello di Gellius	Augusteo	Di Stefano Manzella 1981: cat. no. 18
Glaphyra	Liberta	Augusteo–I d.C.	Di Stefano Manzella 1981: cat. no. 41
Hater[ia]	Moglie di Cornelius	Augusteo–I d.C.	Di Stefano Manzella 1981: cat. no. 36
Helenus	Devoto	Augusteo–I d.C.	Di Stefano Manzella 1981: cat. no. 7
Hermes	Liberto	Augusteo–I d.C.	Di Stefano Manzella 1981: cat. no. 41
Hyacintus (sic!)	Liberto	I–II d.C.	Di Stefano Manzella 1981: cat. no. 50
Innocentius	Cristiano	Tarda antichità	Di Stefano Manzella 1981: cat. no. 65
Iulius (L.) Eutychus			*CIL* XI 3171
Iunius Bassus	Comes ordinis primi	364 d.C.	Di Stefano Manzella 1981: cat. no. 13
Metilius (C.) Sp.f. Saturninus	Sevir aug	Augusteo–I d.C.	*CIL* XI 7484–4a
Optatus		I d.C.	Di Stefano Manzella 1981: cat. no. 46
Phoebe	Moglie di Optatus	I d.C.	Di Stefano Manzella 1981: cat. no. 46
Postumius (M.) Speratus	Alumnus di Aprilis	I d.C.	Di Stefano Manzella 1981: cat. no. 49
Postumius Aprilis		I d.C.	Di Stefano Manzella 1981: cat. no. 49
Quintillus	Liberto	Augusteo–I d.C.	Di Stefano Manzella 1981: cat. no. 41
Sophus	Figlio di Urbica	II–III d.C.	Di Stefano Manzella 1981: cat. no. 54
Successa	Figlia di Hyacintus	I–II d.C.	Di Stefano Manzella 1981: cat. no. 50
Tertulla	Liberta	Augusteo–I d.C.	Di Stefano Manzella 1981: cat. no. 41
Theotecnius Bassus		364 d.C.	Di Stefano Manzella 1981: cat. no. 13
Tolonios Loucios			*AE* 1991: 684
Tyches	Liberta	Augusteo–I d.C.	Di Stefano Manzella 1981: cat. no. 41
Urbica		II–III d.C.	Di Stefano Manzella 1981: cat. no. 54
Valerius (C.) C.l. Faustus	Liberto e mercator bovarius	Augusteo–I d.C.	*AE* 1991: 682
Valerius (C.) C.l. Hilario	Liberto	Augusteo–I d.C.	*AE* 1991: 682
Varius (C.) Hermes	Liberto	Augusteo–Imperiale	*CIL* XI 7485
Vecilius (L.) Vo.f.			*CIL* XI 3160
Vergelia	Figlia di Vergelius	Augusteo–I d.C.	Di Stefano Manzella 1981: cat. no. 51
Vergelius (Q.)		Augusteo–I d.C.	Di Stefano Manzella 1981: cat. no. 51
Villia C.l. Tertia	Liberta	Augusteo–I d.C.	Di Stefano Manzella 1981: cat. no. 53
Villius (C.) C.f. Plocamus		Augusteo–I d.C.	Di Stefano Manzella 1981: cat. no. 53

TABELLA 4. *Falerii Veteres*: prosopografia.

NOME	CONDIZIONE/RANGO	PERIODO	FONTE
Accepta Firma	Liberta?	II–III d.C.	Di Stefano Manzella 1981: cat. no. 31
Aconius (C.) C.f. Porrus		Augusteo–I d.C.	*CIL* XI 3118
Aquinius (C.) Crescens	Liberto	I d.C.	*CIL* XI 3164
Caesetianus (fundus)	Testamento	I d.C.	Di Stefano Manzella 1981: cat. no. 64
Calventia Prima	Liberta?		*CIL* XI 6
Constantinus Maximus	Dedica	315 d.C.	AE 1990: 343
Cornelia Secunda			*CIL* XI 5
Cornificius (L.)	Cos. 35 a.C.	35–15 a.C.	AE 1991: 679a–b
Crispius (C.) Capito	arbiter	35–15 a.C.	AE 1991: 679a–b
Cupressenia Amabilis	Liberta?	II–III d.C.	Di Stefano Manzella 1981: cat. no. 31
Egnatius (C.) C.l. Musicus	Magister augustalis	2–14 d.C	*CIL* XI 3083
Egnatius (C.) M.l. Glyco	Magister augustalis	2–14 d.C	*CIL* XI 3083
Egnatius (M.) M.f. Plocamus(?)			*CIL* XI 3168
Elegans	Liberto		*CIL* XI 3178
Floronius (Q.) Q.l. Princeps	Magister augustalis	2–14 d.C	*CIL* XI 3083
Fulcinius (L.) et alii		Augusteo	*CIL* XI 7529
Furia Epictesis	Moglie di Crescens	I d.C.	*CIL* XI 3164
Furiani	Nipoti di Secunda		*CIL* XI 3165
Hermesiana	Liberta?	II–III d.C.	Di Stefano Manzella 1981: cat. no. 31
Iulia Danaes			*CIL* XI 3172
Iulius (C.) Caesaris l. Isochrysus	Magister augustalis	2–14 d.C	*CIL* XI 3083
Iunius Nimio			*CIL* XI 3174
Lucilius (t.) St.f. Hor. Olianus(?)	Centurio		*CIL* XI 3109
Mammia C.f. Iusta			*CIL* XI 3125
Nomina Falisca			*CIL* XI 7516
Paullus	Liberto		*CIL* XI 3178
Philargurus	Liberto		*CIL* XI 3180
Pontia A.f. Modesta	Patrona		*CIL* XI 3180
Pontius (A.) Heraclida	Liberto di Pontia		*CIL* XI 3180
Potitus	Liberto		*CIL* XI 3178
Prima	Liberta		*CIL* XI 3178
Restitutus (Q.)			*CIL* XI 3182
Salvidienus (Q.) Q.l. Zosimus	accensus di Cornificius	35–15 a.C.	AE 1991: 679a–b
Saturia P.l. Rufa	Liberta	35–15 a.C.	AE 1991: 679a–b
Stertinia L.l. Egloge	Liberta	Augusteo–I d.C.	*CIL* XI 3184
Stertinius (C.) Maxima	Liberto?	Augusteo–I d.C.	*CIL* XI 3185
Stertinius (L.) L.l. Krisermus	Liberto	Augusteo–I d.C.	*CIL* XI 3184
Tetrarchi	Dedica	293–305 d.C.	AE 1990: 344
Titia Amabilis	Liberta		*CIL* XI 3186
Titia C.l. Eleuteris	Liberta		*CIL* XI 3186
Titius (C.) Clarus	Liberto?		*CIL* XI 3186
Titius (C.) Zetus	Liberto?		*CIL* XI 3186
Tullius (Q.) Q.f. Hor. Cincius Priscus	Pontif.sacrar.Iunonis	Augusteo–I d.C.	*CIL* XI 3125
Turpilina M.l. Irena	Liberta		*CIL* XI 3187
Tutilius (L.) Lupercus Sulpicius		I d.C.	*CIL* XI 3102
Volumnius (L.)			*CIL* XI 3191

TABELLA 5. *Ager Faliscus*: prosopografia dei villaggi (ordinata per luogo).

NOME	CONDIZIONE/RANGO	PERIODO	LUOGO	FONTE
Calpurnia Ianuaria	Moglie di Placidus		Caprarola	*CIL* XI 7498
Flavia Fl.l. Helena	Liberta	I–II d.C.	Caprarola	*CIL* XI 3169
Flavia Fl.l. Philematio	Liberta	I–II d.C.	Caprarola	*CIL* XI 3169
Flavius (C.) Fl.l. Thiasus	Liberto	I–II d.C.	Caprarola	*CIL* XI 3169
Popillius (A.) Sp.f. Col. Placidus	Signifer?		Caprarola	*CIL* XI 7498
Egnatius (C.) Sex.f.		Repubblicano	Corchiano	Quilici Gigli 1989
Furia Repentina	Moglie di Euctatus		Corchiano	*CIL* XI 3170
Furius (L.) Euctatus			Corchiano	*CIL* XI 3170
Nomina Falisca			Corchiano	*CIL* XI 7513–7515
Quinctius (M.) Q.f. Hor. Chilo	Primipilus e Tribunus mil.	Augusteo–I d.C.	Corchiano	*AE* 1990: 332
Anonimo	Edile curule …		Fabrica	*AE* 1990: 342
Iulius (L.) Antigonus	Liberto di L. Iulius Mercator	Inizi II d.C.	Fabrica	*AE* 1990: 340
Lanthanusae	Figlia di Nedymus-Libas		Fabrica	*AE* 1990: 341
Lurius (L.) Lurianus	Genero di Praecilia		Fabrica	*CIL* XI 3181
Mero (M.) A.f.			Fabrica	*CIL* XI 7519
Nomina Falisca			Fabrica	*CIL* XI 7514
Papinius (Sex.) Sex.l. Liberalis	Liberto	Augusteo	Fabrica	*CIL* XI 3177
Praecilia Sex.f. Setoriana			Fabrica	*CIL* XI 3181
St. Acolevia			Fabrica	*CIL* XI 7518
Titia	Figlia di Praecilia		Fabrica	*CIL* XI 3181
Titia Luria	Nipote di Praecilia		Fabrica	*CIL* XI 3181
Vettiena Libas	Moglie di Nedymus		Fabrica	*AE* 1990: 341
Vettienus (C.) Nedymus			Fabrica	*AE* 1990: 341
Aconius (C.)			Gallese	*CIL* XI 7527
Aconius (M.)			Gallese	*CIL* XI 7523
Iunius (C.) Hilarus		Augusteo–Imperiale	Gallese	Di Stefano Manzella 1981: cat. no. 42
Iunius (C.) Priscus	Figlio di Hilarus	Augusteo–Imperiale	Gallese	Di Stefano Manzella 1981: cat. no. 42
Metilius (P.)		I–II d.C.	Gallese	Di Stefano Manzella 1981: cat. no. 42
Buccio Anchari s.	Servus	Augusteo–I d.C.	Vasanello	*AE* 1992: 592
Dardanus Anchari s.	Servus	Augusteo–I d.C.	Vasanello	*AE* 1992: 592
Antonia P.l. Pieris	Liberta		Vignanello	*CIL* XI 3188
Arruntia [...]l. Erotis	Liberta		Vignanello	*CIL* XI 3188
Curtia P.l. Rufa	Liberta	Imperiale	Vignanello	*CIL* XI 3167
Maria Fausta	Moglie di Hospes		Vignanello	Di Stefano Manzella 1981: cat. no. 44
Marius (P.) L.l. Hospes	Liberto		Vignanello	Di Stefano Manzella 1981: cat. no. 44
Numisius (C.)			Vignanello	*CIL* XI 3176
Numisius C.f. Hor. Rufus		Augusteo	Vignanello	*CIL* XI 3176
Secunda	Moglie di C. Numisius		Vignanello	*CIL* XI 3176
Selia	Devota a Fortuna		Vignanello	*CIL* XI 3075
Villia C.l. Tertia	Liberta		Vignanello	*CIL* XI 3188
Villius (C.) C.l. Plocamus	Liberto		Vignanello	*CIL* XI 3188

si parlava di operazioni agrimensorie nel territorio di Capena e della iscrizione della nuova colonia alla tribù Voltinia (quella di Cesare) in sostituzione della Stellatina, tribù di Capena. A conferma vi è l'iscrizione dei *duoviri quinquennales* databile alla metà del I secolo a.C. (*AE* 1983: 401; Papi 1990). Alla data del 46 a.C. Cicerone registra anche altre assegnazioni, verosimilmente viritane, in aree ed in territori confinanti con quello di *Lucus Feroniae* (Harris 1971: 308–9; Keppie 1983). Il *Liber Coloniarum* (216L) descrive come 'pianeggiante' la parte dell'*ager Capenas* in cui venne dedotta la colonia (*in planitia ubi miles portionem habuit*) e contribuisce a delineare una bella immagine delle campagne capenati e lucoferonensi. Per Capena i termini vennero posti in vari luoghi, cioè in pianura e dove la natura dei luoghi lo consentiva, mentre a *Lucus Feroniae* le delimitazioni dell'agro coincisero con 'alberi che già c'erano' e con altri segni, i *termini Tiburtini*. La frase *arboribus ante missis*, spiegata da Frontino (*Controversiae Agrorum* 2), allude alla antichità di questi alberi, risparmiati laddove servivano punti di riferimento per la *limitatio* e alla estensione di grandi foreste, solo in parte diradate dagli abitanti del villaggio falisco di Fontanile di Vaccereccia. La radura più grande e più importante era ovviamente il *lucus* di Feronia. Nella piena età augustea una ulteriore distribuzione di terra ai veterani e attività di edilizia pubblica in città e in campagna (gli acquedotti) sono i segni tangibili dell'interesse imperiale per questa zona (Jones 1962: 169ss; Keppie 1983; Papi 1990).

Alla circostanza delle colonizzazioni cesariane e augustee, probabilmente fra il 40 e il 30 a.C., vanno ascritte le sei piccole case coloniche di Monte Forco, ciascuna con il suo piccolo lotto di 5–10 *iugeri* (Jones 1963: 147–50; Potter 1985: 137–8). Negli anni delle assegnazioni viritane ricordate da Cicerone le superfici arabili e i coltivi avevano raggiunto la massima espansione, estendendosi anche alle dorsali meno accessibili, attraversate dalla Via Flaminia. Le elementari case di Monte Forco erano costituite da un solo grande ambiente (11 × 5 m), con un bancone all'interno ed alcuni *dolia* interrati all'esterno, forse coperti da tettoie su pali di legno, forse destinati ad accogliere il mosto dopo la pigiatura. La mancanza di articolazione degli spazi in un tempo in cui l'architettura rurale aveva sperimentato soluzioni ben più complesse e funzionali (Giardino Vecchio, Villa Sambuco, Selvasecca)[13] spingono a dubitare che una famiglia colonica potesse abitare e vivere in un solo ambiente, magari insieme agli animali da lavoro e da cortile.

In realtà è da presumere che i coloni siano vissuti qui solo per il poco o pochissimo tempo successivo alla deduzione. Le assegnazioni, come altre fatte in Italia fra Cesare ed Augusto, ebbero un valore essenzialmente ideologico, finalizzato alla sistemazione dei veterani con provvedimenti dall'alto, cercando di ritagliare le zone da colonizzare in paesaggi ormai costellati di ville, almeno in Italia centrale. Pur rappresentando grandi successi politici per chi le promuoveva, le colonie di veterani furono nella sostanza un fallimento, per vari motivi, fra i quali non ultimo la disaffezione del soldato tardorepubblicano per le cose agricole (Keppie 1983; Gabba 1990). Le case come quella di Monte Forco non dovettero essere abitate a lungo dalle famiglie dei veterani (Jones 1963: 146–7) e successe nell'area di Capena qualcosa di simile a quello che avvenne ai lati del tratto iniziale della Via Flaminia, ove pochissimi piccoli insediamenti tardorepubblicani sopravvissero nei primi decenni del principato per essere assorbiti da proprietà più grandi (Potter com. pers.). Buona parte dei coloni se ne andò, probabilmente assorbita dalla sempre più numerosa plebe urbana, mentre i superstiti si trasformarono in serbatoio di manopera per le ville, con soddisfazione reciproca, per il *dominus* che integrava il lavoro servile con il bracciantato stagionale e per il colono, che poteva così arrotondare il magro reddito del campicello. Intorno alla stessa villa dei Volusii esisteva una piccola abitazione essa stessa munita di *torcular*, presumibilmente appartenente ad un *colonus* dipendente dalla villa (Manacorda 1982; Carandini 1989: 176–7). Le case sorte nei luoghi più periferici del territorio capenate divennero probabilmente ben presto insediamenti satelliti delle ville.

Benchè il rilancio del santuario di Feronia, contestuale alla deduzione coloniale e alla realizzazione di infrastrutture indispensabili, avesse accresciuto le attrattive della zona, da tempo molti influenti personaggi avevano manifestato interesse per queste. La villa dei Volusii Saturnini venne infatti costruita (Moretti e Sgubini Moretti 1977; Torelli 1980: 35–9; Carandini 1989: 176–7; Gazzetti 1992: 39–43; 1998; Sgubini Moretti 1998) presso la Via Tiberina, a 500 m da *Lucus Feroniae*, in un punto favorito dalla vicinanza all'abitato, alla strada, alla fertile pianura e reso suggestivo dal panorama aperto verso il Tevere. È possibile che la villa sia sorta, verso la metà del I secolo a.C., per volontà degli Egnatii del ramo capenate, forse estintisi in occasione delle proscrizioni triumvirali. Nel primo periodo l'edificio ha l'assetto di una classica villa tardorepubblicana, sia dal punto di vista iconografico (un rettangolo centrato sul peristilio ed inquadrato da un *viridarium*, da un giardino e da portici e da giardini pensili) sia dal punto di vista delle decorazioni architettoniche (l'*opus sectile* degli appartamenti padronali e il mosaico del peristilio). Ristrutturazioni e ampliamenti avvennero fra il 10 a.C. e il 20 d.C. con la costruzione del grande *ergastulum* per l'alloggio e per l'allevamento degli schiavi, centrato sull'asse *fauces-peristilio* e munito di *lararium* con le *imagines* e gli *elogia*, indice di un progetto costruttivo originale per una nuova villa, che diversamente non avrebbe avuto un ambiente nel quale ospitare i culti.[14]

La villa dei Volusii, con il suo enorme *ergastulum*, il maggiore finora conosciuto, riflette i cambiamenti e le trasformazioni in atto nel paesaggio capenate prossimo a Roma. Forse già fra Augusto e Tiberio nelle campagne a nord di Roma l'allevamento degli schiavi era divenuto tanto vantaggioso da essere affiancato alla vitivinicoltura, assai redditizia, e i Volusii intesero diversificare le merci (grano e schiavi oltre al vino) sulla base della richiesta del vicino mercato urbano.[15] La stessa casa di Monte Forco, ristrutturata nel I secolo d.C., fu utilizzata per altri 100 anni o più come magazzino o granaio, perdendo ogni funzione abitativa.

Dalla analisi dei siti minori si ricava un'immagine gerarchizzata del territorio: numero e *status* degli insediamenti diminuiscono allontanandosi progressivamente da Roma (Jones 1963). Vi è una sensibile differenza fra la relativa modestia dei siti dell'*ager Capenas* settentrionale e la ricchezza dei siti meridionali — questi sono a loro volta più poveri rispetto alla media dei siti del vicino agro Veientano. Prescindendo dai casi particolari (come la villa dei Volusii e quella di Giardino) (Potter 1985: 142–3; Gazzetti 1992: 82), in generale la *luxuria* delle decorazioni architettoniche dei siti non fu smodata. Le differenze con il privilegiato *ager Veientanus* furono quindi quantitative (data la diversa densità di ville) e 'qualitative'. Le ville della zona, inoltre, sorsero quasi tutte presso il tracciato della Via Tiberina (Gazzetti 1985; 1992: 44–50, 54–6, 59, 66–8, 70, 71–3, 79–80, 82). La villa di Monte Canino, da grande casa del II secolo a.C., venne trasformata fra tarda repubblica ed età augustea in villa quadrata, piccola ma lussuosa. Se, dal punto di vista architettonico, la villa fu uno degli edifici più conservativi costruiti nelle campagne dell'Etruria romana, pur tuttavia il *dominus* (forse un eminente personaggio indigeno che aveva voluto lasciare il *pagus* d'origine) si adoperò per decorarla ed abbellirla, stuccando le colonne di travertino e di marmo e stendendo pavimenti a mosaico (Pallottino 1937; Potter 1985: 141–2).

Nella villa erano anche statue di divinità ispirate ad originali greci di età ellenistica.

L'espansione del territorio capenate, continuata negli anni successivi alle deduzioni, coinvolse parzialmente l'area circostante le pendici occidentali del Soratte dove piccoli villaggi, disposti lungo la strada secondaria che costeggiava la montagna e si dirigeva al guado tiberino della Badia, rappresentavano in età romana una forma di insediamento minore proprio perchè emarginati rispetto alla viabilità principale. Nella maggior parte dei casi, però, i villaggi capenati tornano ad essere importantissimi in età augustea (Tabelle 6–11). Nazzano, la *Seperna* pre-romana,[16] aveva addirittura una propria cinta muraria in blocchi di tufo (Stefani 1911: 441). La citazione epigrafica di una *civitas Sepernatium* derivata probabilmente da un *pagus* o da un *vicus Sepernatium*, risolve il problema della identificazione di questo abitato, da inserire fra i *Capenates foederati* (*CIL* XI 3939) anche per l'identità dei caratteri culturali con Capena. L'importanza dell'abitato si ravvisa nella quantità di iscrizioni (Tabella 11), una delle quali ricordava le cariche municipali di *seviri* e di *decuriones* (ritrovate a nord del villaggio moderno, presso la chiesa di Sant'Antimo) e dalla ricchezza dei culti (vi si veneravano Diana, Magna Mater e Bona Dea). La chiesa medievale di Sant'Antimo sorse nel sito di un tempio circolare con splendide decorazioni marmoree che lasciavano intuire come alle spalle dell'edificio fosse un personaggio facoltoso, evidentemente un evergete locale (Gazzetti 1992: 74–7).

La ricchezza di questo e di altri agglomerati rurali dell'*ager Capenas* settentrionale fa capire come non sempre il villaggio fosse un semplice agglomerato di contadini o di coloni ma potesse avere, anche a prescindere dalla sua figura giuridica dell'abitato (*pagus*, *vicus*), edifici e costruzioni elaborate e monumentali.[17] In questi casi l'importanza del villaggio trascendeva il suo spessore demografico nel paesaggio agrario e assumeva un rango superiore, quasi urbano, dal punto di vista delle funzioni. Altri *vici* possono essere individuati epigraficamente (Tabelle 7–10). Gli antichi abitanti di Morlupo–Castelnuovo di Porto potrebbero essere i *vicani* menzionati dall'iscrizione del *faber tignarius* L. Pacatius Tyrannus, unico personaggio eminente nel *vicus* (*CIL* XI 3936; Gazzetti 1992: 56–64). Altri popolosi villaggi sono localizzabili nell'area di Fiano–Civitella San Paolo (da *fundus Flaianus*?), di Riano e di Rignano (Gazzetti 1992: 48–50, 65–8, 93–4). A giudicare dalle molte iscrizioni (fra Rignano e il Soratte se ne contano ben 51, databili fra il I e il II secolo d.C.), le popolazioni di questi vil-

TABELLA 6. *Ager Capenas*: prosopografia.

NOME	CONDIZIONE/RANGO	PERIODO	LUOGO	FONTE
Allidia Sedata	Madre di Cominianus		Agro capenate	*CIL* XI 3952
Allidius (M.) Cominianus			Agro capenate	*CIL* XI 3952
Aurelius Victor	Cristiano	Inizi IV d.C.	Agro capenate	*AE* 1987: 358
Calliope	Madre di Flavia Martia	I–II d.C.	Agro capenate	Di Stefano Manzella 1992
Caristania C.l. Philadelphis	Liberta		Agro capenate	*CIL* XI 7769
Caristania Tertulla	Figlia di Caristanius		Agro capenate	*CIL* XI 7769
Caristanius (C.) C.l. Felix	Liberto		Agro capenate	*CIL* XI 7769
Celia M.f. Volusiana		Augusteo–I d.C.	Agro capenate	*CIL* XI 3964
Flavia Martia	Figlia di Calliope	I–II d.C.	Agro capenate	Di Stefano Manzella 1992
Fulvia Q.l. Trypera	Liberta		Agro capenate	*CIL* XI 3975
Fulvius (Q.) Q.l. Apollonius	Liberto		Agro capenate	*CIL* XI 3975
Fulvius Phileros	Liberto?		Agro capenate	*CIL* XI 3975
Geminianus	Cristiano	Tardoantico	Agro capenate	*AE* 1988: 542
Ulpia Secunda	Cristiana, moglie di Victor	Inizi IV d.C.	Agro capenate	*AE* 1987: 358

laggi appartenevano ad un certo medio oppure erano di condizione libertina, spesso liberti imperiali, generalmente assai benestanti (Cultrera 1915) (**Fig. 4**).

Dalla analisi degli insediamenti emerge un quadro articolato delle attività agricole dell'*ager Capenas*. Le ville erano costantemente attrezzate con *torcularia* per il vino e con macine olearie. La riconversione alla agricoltura mista attestata per la villa dei Volusii può pro-

babilmente essere generalizzata anche alle proprietà dell'entroterra capenate, orientatesi sempre più secondo la domanda proveniente dal mercato urbano. Le perplessità di Jones (1962: 118ss; 1963: 127ss, 135ss, 143ss) sul mancato sviluppo di una economia pastorale su larga scala, dovuto ai tormentati rilievi del paesaggio tufaceo, si spiegano con la stessa geografia, articolata in una zona a prevalente agricoltura specia-

TABELLA 7. Fiano Romano: prosopografia.

NOME	CONDIZIONE/RANGO	PERIODO	LUOGO	FONTE
(…)nius C.f. Hor. Pollio et alii				*CIL* XI 7766
Abascantus	Servus Cn. Cornelii	Augusteo–imperiale	Fiano	*CIL* XI 3863
Arruntius (M.) Probus	Amico di Diadumenus	I d.C.		*CIL* XI 3956
Caia Sex.f. Venusta	Moglie di Saturninus	Imperiale		*CIL* XI 3958
Claudius (Ti.) Aug.l. Pardalas	Liberto imperiale	Augusteo	Fiano	*CIL* XI 7767
Cornelius (Cn.) Charito	Devoto	Augusteo–imperiale	Fiano	*CIL* XI 3863
Flavia Ammia	Sacerdos Cereris	Imperiale		*CIL* XI 3933
Flavius (T.) Diadumenus	Liberto imperiale	I d.C.		*CIL* XI 3956
Iulius (C.) Festus		I–II d.C.	Fiano	*CIL* XI 3976
Iulius (L.) Faventinus	Devoto	Imperiale		*CIL* XI 3858
Laecanius (L.) L.f. Stel. Saturninus		Imperiale		*CIL* XI 3958
Pontius (L.) Hermes	Alumnus di Quietus			*CIL* XI 7777
Quintilius (M.) Hermeros	Servus? Devoto	Augusteo–imperiale	Fiano	*CIL* XI 3863
Sergius Sulpicius Aug.l. Clemens	Liberto imperiale	Augusteo–I d.C.		Eck 1979
Sextus (L.) Quietus	Maestro di Pontius			*CIL* XI 7777
Statilius (…) T.f.(…)				*CIL* XI 4003
Statilius (T.) (…)	Patrono			*CIL* XI 7779
Sulpicia Charis	Moglie di Clemens	Augusteo–I d.C.		Eck 1979
Timinius (A.) Ianuarius	Servus? Devoto	Augusteo–imperiale	Fiano	*CIL* XI 3863
Varii	Liberti	Augusteo–imperiale	Fiano	*CIL* XI 7768

TABELLA 8. Morlupo: prosopografia.

NOME	CONDIZIONE/RANGO	PERIODO	FONTE
Agrippa	Marito di Numisia	Tardoantico	*CIL* XI 4025
Antonia e Castorinus	Cristiani	349 d.C.	*AE* 1912: 264
Ateneus			*CIL* XI 4024
Aurelia Ampliata	Moglie di Ateneus		*CIL* XI 4024
Aurelia Mariame	Madre di Valerius		*CIL* XI 3939
Baebia He(…)	Figlia Hymetus?		*CIL* XI 3999
Baebia Helpis	Moglie Hymetus		*CIL* XI 3999
Baebius (Cn.) H(…)			*CIL* XI 3999
Baebius (Cn.) Hymetus			*CIL* XI 3999
Balerius Leo	Devoto cristiano	Tardoantico	*CIL* XI 4026
Claudius (Ti.) Aug.l. Daius?	Liberto imperiale	Augusteo	*CIL* XI 3885
Cupitus	Liberto imperiale	I–II d.C.	*CIL* XI 3974
Evvangelia	Cristiana	344 d.C.	*AE* 1912: 117
Flavia Charis	Nipote di Cupitus	Imperiale	*CIL* XI 3974
Flavia Marcellina	Moglie di Valerius		*CIL* XI 3939
Iulia Clodiana	Sorella Esquilina		*CIL* XI 3978
Iulia Esquilina	Moglie Polemoninus		*CIL* XI 3978
Iulia Marcella	Moglie Verginius		*CIL* XI 3979
Iulius (C.) Aug.l. Philocalus Leonidianus	Liberto imperiale	Augusteo	*Notizie degli Scavi di Antichità* 1946: 30
Iulius (L.) Theseus	Heres di Caricus		*CIL* XI 3888
Iulius Polemoninus			*CIL* XI 3978
Iulius Sympheros	Figlio di Polemoninus		*CIL* XI 3978
Iunius (M.) Rufus Pythio	Patronus Coloniae		*CIL* XI 3934
Maximus et Pulchra L(…)	Amici Sicinius		*CIL* XI 7778
Numisia Paula	Devota cristiana	Tardoantico	*CIL* XI 4025
Perelia M(…)			*CIL* XI 3992
Popillia C.l. Tertia	Liberta		*CIL* XI 3996
Popillius (C.) C.l. Eros	Liberto		*CIL* XI 3996
Popillius (C.) C.l. Tertius	Liberto		*CIL* XI 3996
Popillius (C.) C.l. Cinnamus	Liberto		*CIL* XI 3996
Publilius (T.) (…)			*CIL* XI 3999
Scantus (P.) Fortunatus			*CIL* XI 3992
Servilia Aphro	Moglie di Daius	Augusteo	*CIL* XI 3885
Sicinius (Q.) Superus			*CIL* XI 7778
Soferius (C.) Fortunatus			*CIL* XI 3944
Valerius (L.) Maximus	Notabile		*CIL* XI 3939
Valutius (L.) Sp.f.			*CIL* XI 4007
Verginius (L.) Fortunatus			*CIL* XI 3979
Vetulenia (…)inia	Figlia di Caricus		*CIL* XI 3889
Vetulenius (L.) Caricus	Decurialis		*CIL* XI 3888–9
Vibia Irene	Sorella di Varus		*CIL* XI 4009
Vibius (L.) Varus	Patrono		*CIL* XI 4009
Vibius Anthion	Liberto		*CIL* XI 4009

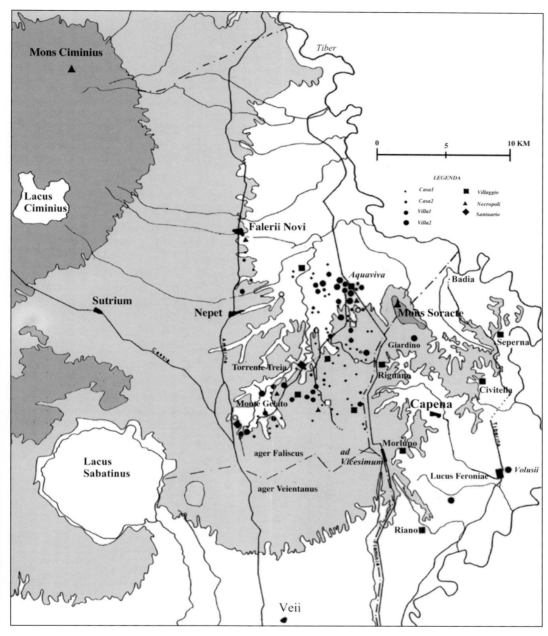

FIG. 4. *Ager Faliscus*
100–200 d.C.
(*F. Cambi.*)

TABELLA 9. Riano: prosopografia.				
NOME	CONDIZIONE/RANGO	PERIODO	LUOGO	FONTE
Acte?	Liberta?		Riano	*CIL* XI 3968
Atticus (T.) Strabo Romulus		Imperiale	Riano	*CIL* XI 3882
Aurelius Flaccinus			Riano	*CIL* XI 3961
C. Cl. C.f. Appaeus Pudens			Riano	*CIL* XI 3961
Cornelius (…) (…)	Magistrato locale?		Riano	*CIL* XI 3965
Munia Q.f. Celerina	Moglie di Vennonius	II–III d.C.	Riano	*CIL* XI 3940–1
Pamphilus	Liberto		Riano	*CIL* XI 3950
Pontius (C.) Nicias			Riano	*CIL* XI 3994
Tertius	Liberto		Riano	*CIL* XI 3950
Vennonius (T.) T.f. Stell. Aebutianus	Pontifex Lanuvinus	II–III d.C.	Riano	*CIL* XI 3940–1

TABELLA 10. Rignano: prosopografia.

NOME	CONDIZIONE/RANGO	PERIODO	LUOGO	FONTE
(…) C.Cl. Euthycus	Magister (vici?)		Rignano	CIL XI 3931
(Fla?)vius Au[g.l…]	Liberto imperiale?	I d.C.	Rignano	CIL XI 4014
Agernia C.f. Antonia Antulla	Moglie di Flavus		Rignano	CIL XI 3930
Agernius (C.) C.f. Hor. Flavus	IIIIvir		Rignano	CIL XI 3930
Antonia Musa	Madre di Larcia Pia		Rignano	CIL XI 3954
Autronius (L.) L.l. Philargyrus	Liberto		Rignano	CIL XI 3957
Baebia Fausta			Rignano	CIL XI 4010
Caecilius (Q.) Amandus	Scriba librarius	Augusteo–I d.C.	Rignano	CIL XI 7764
Caelius (M.) Flavius Proculus	Tribunus plebis	Imperiale	Soracte vetta	CIL XI 3883
Calliope	Madre di Flavia Martia	50–150 d.C.	Soracte?	AE 1992: 595
Calpurnius (C.) Asclepiades Prusa	Medicus	Imperiale	Rignano	CIL XI 3943
Canienus (C.) C.f. Ste. Primus	Patronus		Soracte	CIL XI 3959
Canienus (C.) C.l. Olumpus	Liberto		Rignano?	CIL XI 3959
Charito	Lib. di Atilianus		Rignano	CIL XI 3892
Clodius (C.) Fabatus	Cristiano	Tardoantico	Rignano	CIL XI 3963
Clodius (M.) P.f.(?)			Rignano	CIL XI 3962
Fabius (A.) Fortunatus	Viator e praetor aug	32–3 d.C.	Rignano	CIL XI 3872
Flavia Diogis	Moglie di Mythus	I–II d.C.	Rignano	CIL XI 3932
Flavia Martia	Figlia di Calliope	50–150 d.C.	Soracte?	AE 1992: 595
Flavius (T.) Victorinus	Decurio sing.Aug.	I d.C.	Rignano	CIL XI 3891
Flavius (T.) Mythus	Liberto imperiale	I d.C.	Rignano	CIL XI 3932
Flavius (T.) Protogenes	Liberto imperiale	I d.C.	Rignano	CIL XI 3886
Flavius (T.) T.f. Quir. Flavianus	Aedilis		Rignano	CIL XI 3932
Gnorius Silvanus	Heres di Atilianus		Rignano	CIL XI 3892
Gnorius(T.) Atilianus	Patronus		Rignano	CIL XI 3892
Husilla C.l. Prima	Liberta		Soracte	CIL XI 3959
Iulia C.f. Nobilis	Figlia di Clamontanus		Rignano	CIL XI 3884
Iulia C.l. Rufa	Liberta		Rignano	CIL XI 4010
Iulius (C.) C.f. Clamontanus	Xvir stlit.iudicandis		Rignano	CIL XI 3884
Iunia A.f. Sanctula			Rignano	CIL XI 3981
Iunius (M.) Maximus	Devoto a Feronia?		Rignano	CIL XI 3980
Larcia Aucta			Rignano	CIL XI 3894
Larcia Pia	Figlia di Antonia		Rignano	CIL XI 3954
Larcius (A.) Successus			Rignano	CIL XI 3894
Lictoria Chaerusa	Moglie di L. Veturius		Rignano	CIL XI 3895
Lollius (Q) Bathyllus	Liberto	Augusteo–Imperiale	Rignano	CIL XI 3887
Lollius (Q.) Q.f.Valerianus	Scriba aed.cur.	Augusteo–Imperiale	Rignano	CIL XI 3887
Lucretius Gallius	Heres di Atilianus		Rignano	CIL XI 3892
Marcius (L.) L.f. Tro(…)			Rignano	CIL XI 3983
Marcius (M.) Eros	Liberto?		Rignano	CIL XI 3984
Mollius (Ti.) Clemens	Sevir e patronus		Rignano	CIL XI 3935
Philetus	Liberto di Eros		Rignano	CIL XI 3984
Pontia A.f. Modesta			Rignano	CIL XI 3995
Pontius (L.) (…)			Rignano	CIL XI 3993
Pontius (L.) Papirianus			Rignano	CIL XI 3993
Tettaiena C.f. Sabina	Moglie di Protogenes	I d.C.	Rignano	CIL XI 3886
Titius (C.) C.l. Eros	Liberto medico		Rignano?	CIL XI 3946
Tullius (Q.) Q.f.Pal.Caecilius Amandus	Figlio di Caecilius	Augusteo–I d.C.	Rignano	CIL XI 7764
Ulpius (M.) Thaumastus	Aug.lib.	Augusteo–I d.C.	Rignano	CIL XI 3860
Valeri(…)			Rignano	CIL XI 4006
Veturius (L.) Pudens	Veteranus		Rignano	CIL XI 3894
Vitelius (M.) M.l. Qursor	Liberto		Rignano	CIL XI 4010
Vitelius (M.) M.l. Theodorus	Liberto		Rignano	CIL XI 4010

lizzata (i pianori dell'agro capenate) e in una cerealicola (le pianure di *Lucus Feroniae*) e soprattutto considerando la prossimità dei molti guadi sul Tevere, in grado di assicurare la perfetta integrazione economica fra i due versanti del Tevere, uno (etrusco) a vocazione agricola e uno (sabino) a vocazione pastorale. L'integrazione fra i due paesaggi esistente da tempi remoti si consolidò in età imperiale.[18] Oltre alla diversificazione delle colture, la vicinanza di Roma accelerò probabilmente la tendenza continua all'assorbimento delle tenute piccole in aziende sempre più grandi. Questo motivo e il fatto che le produzioni dovevano sempre essere su larga scala, anche per le colture di maggiore pregio, rendevano poco convenienti sia le

conduzioni agricole parcellari sia la dispersione della popolazione nel territorio. La riorganizzazione dei *pagi*, anche di discrete dimensioni, e l'accentramento demico erano fenomeni che concordavano perfettamente con il paesaggio che andava sorgendo anche nel territorio falisco.

LA MEDIA E LA TARDA ETÀ IMPERIALE

Rispetto ad altri territori dell'Italia centrale, dove molti abbandoni si verificarono nelle campagne nella tarda età antonina, il territorio falisco si rivelò più con-

TABELLA 11. *Seperna*: prosopografia.				
NOME	CONDIZIONE/RANGO	PERIODO	LUOGO	FONTE
(...)ionia C.l. Prima	Liberta		*Civitas Seperna*	*CIL* XI 3997
[.]lia Procula	Magistra Bonae Deae	I–II d.C.	*Civitas Seperna*	*CIL* XI 3866
Aemilius (T.) T.l. Trophimus	Liberto		*Civitas Seperna*	*CIL* XI 3951
Annia Veneria	Magistra Bonae Deae	I–II d.C.	*Civitas Seperna*	*CIL* XI 3866
Annius (C.) (liberti di)	Liberti		*Civitas Seperna*	*CIL* XI 3953
Cornelia (Didia) Philumina	Liberta?		*Civitas Seperna*	*CIL* XI 3966
Equilius (L.) Euphemius	Figlio di Equilius		*Civitas Seperna*	*CIL* XI 7772
Equilius (L.) Frugi			*Civitas Seperna*	*CIL* XI 7772
Euplutio	Figlio di Nice		*Civitas Seperna*	*CIL* XI 3971
Favonia L.l. Stabilis	Liberta		*Civitas Seperna*	*CIL* XI 3973
Flavius Fortunatus	Magister pagi?	222 d.C.	*Civitas Seperna*	*CIL* XI 3868
Ignoti	Decurio–sevir	199 d.C.	*Civitas Seperna*	*CIL* XI 3871
Iunia Ti.f. Balbilia	Figlia di Callistus		*Civitas Seperna*	*CIL* XI 7775
Iunius (T.) (...)	Ignota		*Civitas Seperna*	*CIL* XI 3947
Iunius Callistus			*Civitas Seperna*	*CIL* XI 7775
Lusena T.l. Staphyla	Liberta		*Civitas Seperna*	*CIL* XI 3982
Masurius (C.)			*Civitas Seperna*	*CIL* XI 3986
Memmius (T.)	Magister pagi?	222 d.C.	*Civitas Seperna*	*CIL* XI 3868
Mitrasia P.f. Severa			*Civitas Seperna*	*CIL* XI 3987
Occius (...) Philodamus(?)			*Civitas Seperna*	*CIL* XI 3991
Occius (L.) M.f.	Costr. via privata		*Civitas Seperna*	*CIL* XI 3949
Pedusius (...) Q.f. Clu(..)			*Civitas Seperna*	*CIL* XI 3991
Pont(...) (T.) Pal.(...)	Costruisce edifici		*Civitas Seperna*	*CIL* XI 3937
Sergia Affi(a?)	Moglie di Alexus		*Civitas Seperna*	*CIL* XI 4000
Sergius (M.) Alexus			*Civitas Seperna*	*CIL* XI 4000
Servilius (A.) Clarus	Devoto		*Civitas Seperna*	*CIL* XI 3859
Trebatius (C.) Priamus			*Civitas Seperna*	*CIL* XI 4005
Versenius (L.) Paulinus			*Civitas Seperna*	*CIL* XI 4008
Veturia C.l. Chelido	Liberta	Imperiale	*Civitas Seperna*	*CIL* XI 3991
Veturia C.l. Laudica(...)	Liberta		*Civitas Seperna*	*CIL* XI 3991
Volcius (M.) Pal. Abascantus	Liberto?		*Civitas Seperna*	*CIL* XI 3948
Volcius (M.) Pal. Herma	Eborarius Negotiator		*Civitas Seperna*	*CIL* XI 3948

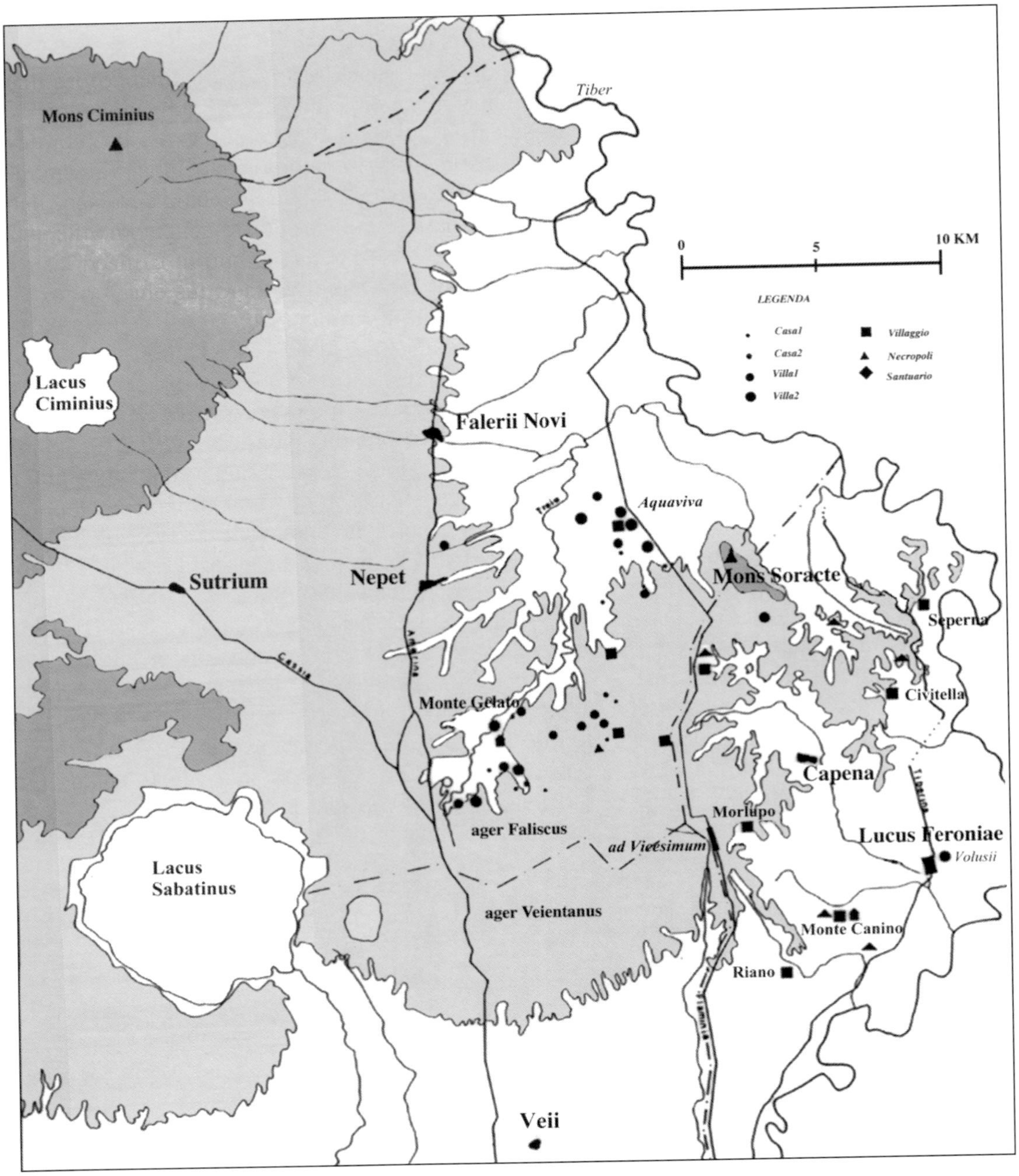

FIG. 5. *Ager Faliscus*
200–500 d.C.
(F. Cambi.)

servativo e due terzi dei siti erano ancora occupati nella prima metà del III secolo. Il decremento sarebbe tuttavia proseguito nei decenni successivi a dispetto dell'interesse del potere centrale per questa zona, attestato da una dedica fatta dai cittadini alla metà del III secolo d.C. ai figli di Traiano Decio (cfr. **Tabella 2**). Dovettero essere frequenti gli episodi di asportazione e di riciclaggio degli elementi architettonici dagli insediamenti abbandonati. L'edificio di Monte Gelato, ristrutturato fra Traiano e Adriano in forma utilitaristica, fu abbandonato in età severiana e in seguito demolito (Potter e King 1997: 17ss, 422–3). In seguito a un periodo di lungo abbandono (fra il 225 e il 325/50

d.C.), l'insediamento rinacque in forma di villaggio (Marazzi, Potter e King 1990: 106; Potter e King 1997: 67–71). Nel settore meridionale del territorio la tendenza all'abbandono dei siti sparsi è netta nel III secolo, con la scomparsa di più della metà dei siti allora esistenti (Potter 1985: 153–5), in perfetta armonia, stavolta, con quanto accadeva altrove (Cambi 1993; Vera 1995).

I vuoti sempre più ampi nelle carte degli insediamenti assumono un significato più preciso considerando lo scarso impatto della cristianizzazione nel territorio falisco (**Fig. 5**). Mentre è incerta l'esistenza di una comunità cristiana a *Falerii Veteres* durante il IV secolo, *Falerii Novi* è attestata come sede vescovile solo a partire dalla fine del VI secolo.[19] La diocesi più importante della zona fu per lungo tempo quella di *Aquaviva*, insediatasi nella omonima *mansio* romana al XXXII miglio della Via Flaminia. La zona, situata fra le pianure ad ovest della Flaminia e il Tevere assunse un'importanza crescente dopo il II e fino agli inizi del VI secolo, divenendo il cuore del territorio falisco. Il motivo principale di questo movimento di traslazione va individuato nelle migliori opportunità che questa zona, l'unica pianeggiante del territorio, offriva ad una agricoltura sempre più orientata verso la cerealicoltura latifondistica e nel fatto che, nel III secolo, l'Etruria era una regione chiave per il rifornimento dell'annona urbana. Per questi due motivi l'area di *Aquaviva*, servita dalla Via Flaminia e non lontana dalla formidabile via d'acqua del Tevere, riuscì ad assorbire meglio i traumi del crollo dell'agricoltura italica avvenuto in età antonina. La continuità di occupazione dei due insediamenti maggiori (la *mansio Aquaviva* fino alla fine del V e la vicina villa dei Iunii Bassi per tutto il IV secolo d.C.) non lascia dubbi in proposito (Potter e King 1988: 255).

Nei primi decenni del IV secolo il territorio falisco era dunque già diviso in un'area orientale consolidatasi attorno ad *Aquaviva* e in un'area centro-meridionale colpita da una forte flessione insediativa, mentre il paesaggio dei *vici* pre-romani dell'area più a nord doveva essersi relativamente conservato. Gli aspetti ambientali della questione sono stati spesso sopravvalutati dalla storiografia anglosassone e sottovalutati da quella italiana (Vita Finzi 1969; Potter 1985: 38–40; Pratesi 1985; Hemphill 1988; Cambi 1993: 237–8). Al momento si può dire, salomonicamente, che la fase in cui le campagne si spopolavano e gli impianti di drenaggio venivano abbandonati coincise con un periodo di aumento della piovosità (Potter 1985: 38–40). Il concorso fra tre fattori (abbandoni, decadenza dei sistemi di drenaggio, peggioramento climatico) ebbe effetti gravi in un'area caratterizzata, ormai da un millennio, da un forte degrado del manto boschivo. Le valli vennero sconvolte dai torrenti in piena e alcuni dei pianori della zona rimasero isolati, componendo così un'immagine assai diversa rispetto al tempo del paesaggio dei *prata* di C. Egnatius. Intorno al 400 tracce di ristrutturazione fondiaria sono visibili a Monte Gelato, ove una nuova costruzione viene organizzata attorno ad una corte centrale, verosimilmente una casa. L'aggiunta della chiesa è indice di una disponibilità finanziaria da parte del proprietario, che non sarà stato un modesto colono. La chiesa, luogo di culto privato,

riservato al *dominus*, alla sua famiglia e agli eventuali schiavi (cfr. le lettere di Santa Melania: Giardina 1988), fu da quel momento il vero e proprio centro di un insediamento in espansione (Potter e King 1988; 1997: 71–7; Marazzi, Potter e King 1990), intorno al quale dovette formarsi una numerosa comunità di villaggio. Le sepolture del cimitero cristiano, a partire dalla metà del IV secolo, indicano una crescita demografica perdurata fino al VI secolo. Un secondo edificio di culto verrà costruito attorno all'800 sopra quello antico (Potter e King 1997: 77–83).

Una brusca inversione di tendenza si verificò con la guerra gotica. Nella parte finale del VI secolo ville e case superstiti del paesaggio antico falisco sopravvivevano nelle aree più decentrate e lontane dalla viabilità, fino ad allora abbandonate per effetto del dissesto. I dintorni della Via Flaminia, strada molto battuta dagli eserciti durante la guerra gotica, erano a loro volta divenuti inospitali, anche se per motivi diversi. Con il passare del tempo, esauritosi il ruolo delle ville più grandi e dei villaggi più popolosi, fra i quali anche *Aquaviva* e la villa che era stata dei Iunii Bassi, furono le forme minori di insediamento ad essere prescelte. In questo ambito dovette trovare ampio spazio l'occupazione abusiva delle vecchie strutture e l'impianto di strutture abitative precarie e capanne. È questo il chiaro sintomo della completa rottura con il paesaggio antico e della obliterazione di quest'ultimo. Le popolazioni si spostarono allora verso i pianori tufacei, lontani dalla Flaminia e dalla Amerina e inaccessibili, ove sorsero a partire da quel momento i nuclei originari degli abitati che si sarebbero poi trasformati in villaggi nel medioevo: Faleria, Calcata, Mazzano ed altri. Ma questa è proprio un'altra storia (Cambi 1993: 237–8; Cambi *et al.* 1994: 191ss).

Gli esiti di età tardoantica nel territorio capenate furono del tutto diversi. Ampi latifondi imperiali dovevano avere inglobato, probabilmente già fra i Flavi e Adriano, le ville più importanti, almeno nel versante prossimo al Tevere. La presenza di un ritratto di Vibia Sabina nel *lararium* della villa dei Volusii offre un'ampia conferma in tal senso. La villa divenne poi centro di un latifondo imperiale nel III e nel IV secolo d.C. (Moretti e Sgubini Moretti 1977; Torelli 1980: 35–9; *I Volusii* 1982; Carandini 1989). I restauri visibili nelle strutture della villa di Monte Canino indicano una continuità di vita per buona parte del II secolo d.C. ed un abbandono alla fine dell'età antonina (Pallottino 1937). Anche questa villa potrebbe essere stata centro di un grande latifondo affacciato alla Via Tiberina. Vi sono però anche siti nei quali i lavori di restauro anche in epoca tarda furono talmente radicali da trasformarne in tutto la struttura e le funzioni originarie. È questo il caso della piccola terma costruita nel II secolo d.C. presso il villaggio di Leprignano (la Capena odierna), per sfruttare l'acqua ferruginosa che sgorgava a breve distanza dalla collina. Fra il III secolo e il IV secolo l'edificio fu completamente ristrutturato e trasformato in casa colonica, presumibilmente una struttura di appoggio in collina per qualche latifondo della pianura, eventualmente la villa un tempo appartenuta ai Volusii (Borsari 1893). La *civitas* di Capena intanto era sempre più decaduta, divenendo una sede minore e destinata a rimanere tale per tutto il medioevo (Jones 1962; Papi 1990). I villaggi, al contrario, attraversarono le congiunture più difficili, limitando i danni tanto che per alcuni di loro sono noti magistrati per la tarda età severiana (*Civitas Sepernatium*) ed altri notabili per il pieno III secolo, come T. Vennonius, già *pontifex Lanuvinus*, nel *pagus* di Riano.

Il *vicus* di Rignano al XXVI miglio della Via Tiberina doveva essere assai popoloso. La catacomba di Santa Teodora conta almeno 500 deposizioni e 50 iscrizioni funerarie che consentono un inquadramento cronologico compreso fra il primo ventennio del IV e la metà del V secolo. Una chiesa martiriale venne costruita monumentalizzando le tombe venerate all'inizio della catacomba (Fiocchi Nicolai 1988: 306–32). Due altre catacombe più piccole, al XVII e al XVIII miglio della Via Tiberina, servirono la comunità ancora residente nel vecchio *pagus* etrusco di Fontanile di Vaccereccia dai primi decenni del IV al V–VI secolo d.C. (Jones 1962: 155–65; Fiocchi Nicolai 1988: 333–6), mentre la sopravvivenza di *Civitas Sepernatium* è dimostrata da resti databili al V secolo.[20] Sempre in prossimità della Via Tiberina alcune catacombe furono ricavate ampliando i cunicoli di approvvigionamento idrico delle ville. Almeno una di queste ville, Monte della Casetta, presso Monte Palombo, doveva essere abbandonata al momento dell'impianto del cimitero (*CIL* XI 7784–91; Fiocchi Nicolai 1988: 340ss). L'area è prossima alle ville di Monte Canino e di Macchia Tonda, anch'esse rioccupate durante la tarda antichità.

La villa di Monte Canino, abbandonata in età tardoantonina, venne rioccupata da una comunità fra il III e il IV secolo d.C., della quale restano le sepolture 'a cappuccina' (Pallottino 1937). Escludendo una datazione del sepolcreto alla prima età imperiale (quando la villa era in piena efficienza) o anche al II secolo d.C. quando l'edificio venne restaurato con l'intento evidente di conservarla come abitazione, pare ragionevo-

le ipotizzare per questi resti una cronologia compresa fra il III e il IV secolo. Alla metà del IV secolo infatti la comunità, ormai cristianizzata, comincia a seppellire i propri morti in una catacomba. Le circa 80 deposizioni della catacomba fanno pensare ad un cimitero di campagna utilizzato dai fedeli che abitavano ancora negli insediamenti sparsi (l'iscrizione più antica è del 344 d.C.) (Tomassetti 1913: 286; Fiocchi Nicolai 1988: 340ss). La destinazione cimiteriale dell'area si interrompe alla fine del IV–inizi V secolo, allorchè viene costruita la chiesa nei pressi dell'antica villa di Monte Canino (forse la *ecclesia Sanctae Christinae* dei documenti altomedievali) (Wickham 1978; 1979: 66–70). Le deposizioni riprenderanno un secolo dopo con la deposizione di 50 tombe a forma di sarcofago, da una delle quali provengono monili di tradizione ostrogota (Bordenache Battaglia 1983: 147–50). La storia del sito assume grande rilievo se messa in rapporto con il dato relativo ai 100.000 Ostrogoti stanziatisi in Italia con Teodorico e con le fonti che incorniciano in un'aura celebrativa lo stanziamento e la assennata politica agraria del re barbaro (Courcelle 1964; Cracco Ruggini 1964; Goffart 1983; Bierbrauer 1984; Cesa 1984; Vera 1993). L'archeologia ha finora stentato a riconoscere le case in cui vissero gli Ostrogoti, trasformatisi, non sappiamo con quali esiti, in agricoltori. L'eventualità che abitassero in case di legno, più confacenti alle tradizioni architettoniche dei loro luoghi di origine, quindi non riconoscibili archeologicamente proprio perchè costruite con materiali assai deperibili, non pare molto convincente per la generalità dei casi (Bierbrauer 1984). Sembra più plausibile che gli Ostrogoti, nella maggior parte dei casi, riutilizzassero molti edifici ancora in buono stato, soprattutto nei territori prossimi a Roma. La comunità barbarica di Monte Canino, per quanto non numerosa, avrebbe quindi scelto una soluzione residenziale analoga a quella dei consimili insediatisi nella *mansio* di *ad Turres*, nell'agro Alsiense (Cosentino 1986).

Dagli elementi in nostro possesso (associazione fra latifondo e chiesa, e chiese e villaggi ai quali i latifondi attingevano manodopera; la consistenza demografica dei villaggi; lo stanziamento barbarico della fine del V secolo) si trae l'immagine di un paesaggio tardoantico nell'agro capenate assai complessa e articolata. La flessione demografica del III secolo non aveva sortito effetti disastrosi ma semplicemente sancito la fine dell'insediamento sparso e la concentrazione in villaggi che, sia pure più circoscritti rispetto ai loro omologhi di età etrusca e romana, ospitavano ancora molte persone. La popolazione prese a seppellire i morti in catacombe comunitarie, poi trasformate in luoghi di culto. L'arrivo dei barbari rinvigorì demograficamente la comunità ed è presumibile che da quel momento le chiese, alcune delle quali resteranno come sedi di culto fino al IX secolo, divenissero i centri amministrativi. Più incerta è la possibilità che la chiesa di Monte Canino sia da interpretare come atto evergetico di uno dei grandi latifondisti della zona (Marazzi, Potter e King 1990).[21]

L'immagine dei *pagi* cristianizzati va confrontata con la realtà geografica, economica e culturale del coevo paesaggio della vicina Sabina. Anche nel territorio di *Cures Sabini*, ove la popolazione si era concentrata nei pochi insediamenti sopravvissuti dopo i grandi abbandoni del III secolo (Muzzioli 1980), vi fu lieve contrazione piuttosto che crollo demografico. Il paesaggio della Sabina tardoantica si era relativamente ben conservato, nonostante eventi bellici di diversa portata (la discesa di Alarico attraverso le Vie Flaminia e Salaria e alcuni episodi della guerra gotica nel 535–6). L'organizzazione fondiaria di questa regione nella tarda antichità può essere compresa soltanto indagando sul rapporto fra ville e villaggi sopravvissuti da un lato e fra proprietà e chiese dall'altro (Migliario 1988). La maggior parte della ricchezza immobiliare della Chiesa era certamente dovuta a donazioni imperiali di terre fiscali o pubbliche, ma il fatto che le chiese costruite dai laici (proprietari di ville) sui loro terreni fossero poi assorbite dalle diocesi e dai monasteri fa pensare che fra i donatori vi fossero anche molti privati e che, secondo un fenomeno assai diffuso in Italia meridionale e in Sicilia, avevano seguito l'esempio di Melania (Giardina 1988). Se la Chiesa aveva già quattro *possessiones* in Etruria durante il pontificato di papa Silvestro (314–35 d.C.), due nell'agro nepesino e due nel falisco (*Liber Pontificalis* 24, *Vita Silvestri Papae*; Cracco Ruggini 1995), è da presumere che il patrimonio si sia ulteriormente arricchito nei 100 anni successivi e in particolare fra IV e V secolo, al tempo in cui la 'carità' era di moda presso l'aristocrazia senatoria di Roma (Giardina 1988). Ancora nel periodo ostrogoto la spesa privata era principalmente diretta verso le chiese e le case, mentre gli edifici pubblici erano costruiti o restaurati con denaro pubblico (Wickham 1988: 109). Molte delle proprietà ecclesiastiche citate dai documenti altomedievali mantennero spesso la stessa struttura del *latifundium* tardoantico da cui erano stati originati: nei casi macroscopici il vescovo rivestiva talvolta le funzioni di *procurator* o di *rationalis rei privatae* (Delmaire 1989), figurando come il garante di un equilibrio mantenutosi fino alla conquista longobarda e oltre (Migliario 1988). Anche se le figure giuridiche erano ispirate alla complessa struttura agraria tardoantica, ormai il punto di riferimento religioso, economico ed amministrativo delle *curtes* e dei *fundi* erano le chiese.

Il carattere conservativo che in qualche modo il territorio capenate aveva sempre avuto, e che lo aveva sempre distinto dal territorio falisco in senso stretto, si accentuò nella cristallizzazione sociale delle campagne tardoantiche. Il piccolo insediamento di Badia, presso il guado di *Civitas Sepernatium* nell'estremo nord del territorio, per quanto poco difendibile, continuò ad essere occupato, al pari di altri siti antichi delle pianure, ed anzi dette vita a due nuovi villaggi nel medioevo. La nuova chiesa della Badia, nel VII–VIII secolo, venne costruita nel sito antico e non nel nuovo villaggio di Ponzano, sorto in altura e sede di una splendida chiesa nei secoli centrali del medioevo (Voss 1985). Questo prova che a quell'epoca la Badia ed altre strutture del paesaggio antico avevano ancora una effettiva centralità, strutturale e ideologica.

Note

1. Al colloquio del 1997 sulla media valle del Tevere avevo proposto un punto della situazione sulle conoscenze relative al periodo romano nel versante falisco, studiato nel corso del mio dottorato di ricerca (Cambi 1991). Per questo lavoro sono debitore, oltre che dei tradizionali studi pubblicati nell'ambito del South Etruria Survey, anche delle ricerche recenti di Camilli (1993) e di altri (Camilli, Felici e Gazzetti 1994; Camilli, Carta e Conti 1995; Camilli e Vitali Rosati 1995). Sulla storia cittadina di età imperiale cfr. Papi 2000.

2. Il confine fra Falisci e Veientani coincideva con lo spartiacque che divide i bacini del Cremera e del Treia. Il territorio di *Nepet*, pur facendo parte geograficamente e culturalmente dell'area falisca, va considerato, nell'ottica storica della romanizzazione, insieme con quello di *Sutrium*.

3. La montagna era frequentata dal neolitico (Edlund 1987: 46ss).

4. È il caso dei toponimi 'Sorrina' e 'Soriano' alle falde del Monte Cimino.

5. Gli attributi 'Veteres' e 'Novi' sarebbero una moderna dizione erudita, allo scopo di distinguere il luogo del primitivo *oppidum* da quello della nuova città romana (Di Stefano Manzella 1976–7). La stessa sopravvivenza di alcune delle famose figline di vernice nera va vista nel quadro della romanizzazione ormai consolidata. I vasi erano destinati ai conquistatori o alle famiglie falische 'vincenti' (Di Stefano Manzella 1994).

6. Secondo Loreto (1989) ad un *foedus aequum* del 343, ne subentrò uno *iniquum* nel 293. La richiesta di rinnovo del *foedus* dopo 50 anni esatti da parte dei Falisci, offrì al Senato il destro per tacciarli di *rebellio* e sconfiggerli duramente, con uno spiegamento di forze tanto spettacolare da poter servire di esempio per le altre *civitates* italiche.

7. Sono attestati *duoviri* e *praetores* nel periodo precedente la guerra sociale. Secondo Di Stefano Manzella (1981; 1990), *Falerii* fu colonia latina come la contemporanea *Spoletium* (*CIL* XI 3081, 3156a, 7501).

8. Cfr. la situazione delle necropoli (Moscati 1987).

9. Alla tribù Orazia erano iscritti i Numisii, famiglia di C. Numisius Rufus, legato della Legione XVI ricordato da Tacito (*Historiae* 4.22.1; cfr. anche *PIR* 5.3: 397, n. 213).

10. Il poeta non parla della *sacra via*, evidentemente costruita dopo, che univa il *chalcidicum* di *Falerii Novi* al *Lucus Iunonis Curitis* (*CIL* XI 3126 (*ILS* 5374); Papi 1990).

11. Fra questi, il lancio del giavellotto contro una capra, in quanto animale inviso alla dea (Ovidio, *Amores* 3.14). È tutta da studiare una eventuale parentela fra questo rito e l'antichissimo culto di Iuno Caprotina in Campo Marzio (Coarelli 1997: 28–55, 210ss).

12. Il *pontifex sacrarius Iunonis*, Q. Tullius Cincius, era iscritto alla tribù Orazia (Di Stefano Manzella 1981: n. 33).

13. Osservazioni sulle case del III secolo a.C. si trovano in: Carandini 1989; Torelli 1990. Per Giardino Vecchio, vedi Celuzza 1985.

14. I Volusii si estinsero probabilmente nella circostanza delle persecuzioni di Domiziano (Torelli 1980; Coarelli 1982).

15. In quei decenni le merci del Mediterraneo occidentale andavano gradualmente aumentando nel mercato urbano (cfr. Hesnard 1980; Panella 1985).

16. Il pre-romano nome di 'Seperna' potrebbe essere stato dimenticato a favore di un toponimo derivato da un 'fundus Egnatianus' (Gazzetti 1992: 74ss). Le scoperte di reperti di epoca pre-romana nei dintorni di Nazzano sono per lo più del secolo scorso (cfr. Gazzetti 1992: 74–7).

17. I siti Cap 56 e 229 di Jones (1962; 1963) ed altri sembrano avere continuità di vita dalla media età repubblicana e talora dall'età arcaica.

18. Sul territorio di *Cures Sabini*: Muzzioli 1980; 1985; Reggiani 1985.

19. Anche se Lanzoni (1927: 545) considerava attendibile la notizia relativa ad un vescovo Iustus del 465.

20. La catacomba di Monte Caricarola, presso la strada Nazzano–Civitella San Paolo, non è più localizzabile (Fiocchi Nicolai 1988: 355–7). Una piccola comunità viveva a Ponzano (iscrizione di Pascentius (?) morto durante il consolato di Flavius Actius e di Q. Aurelius Symmachus: 446 d.C.).

21. Devo preziose delucidazioni a Federico Marazzi sul paesaggio suburbano della tardissima antichità e a Vincenzo Fiocchi Nicolai sulla cristianizzazione delle campagne.

Riferimenti bibliografici

AE = *L'Année Épigraphique*.

CIL = *Corpus Inscriptionum Latinarum* (1863–). Berlino, George Reimer e Walter de Gruyter.

ILS = *Inscriptiones Latinae Selectae* (1892–1916). Berlino, Weidmann.

PIR = *Prosopographia Imperii Romani* — vedi Groag, Stein e Petersen 1933–87.

Liber Coloniarum — vedi Blume, Lachmann e Rudorff 1848–52.

Liber Pontificalis — vedi Duchesne 1886–92.

Andreussi, M. (1988) *s.v.* Soratte. In *Enciclopedia Virgiliana* 14: 946–7. Roma, Istituto della Enciclopedia Italiana.

Bevilacqua, G. (1994) Bolli anforari rodii da Falerii Novi. In *Epigrafia della produzione e della distribuzione. Actes de la VII rencontre franco-italienne sur l'épigraphie du monde romain (Rome 1992)* (Collection de l'École Française de Rome 193): 463–75. Roma, École Française de Rome/Università di Roma 'La Sapienza'.

Bierbrauer, V. (1984) Aspetti archeologici di Goti, Alamanni e Longobardi. In M.G. Arcamone *et al.*, *Magistra Barbaritas. I Barbari in Italia*: 445–508. Milano, Scheiwiller.

Blume, F., Lachmann, K. e Rudorff, T. (1848–52) (a cura di) *Die Schriften der Römischen Feldmesser (Gromatici Veterus)*. Berlino, G. Resmer.

Bordenache Battaglia, G. (1983) *Corredi funerari di età imperiale e barbarica nel Museo Nazionale Romano*. Roma, Quasar.

Borsari, L. (1893) Leprignano. Resti di edificio termale scoperti nel territorio del Comune. *Notizie degli Scavi di Antichità*: 330–1.

Cambi, F. (1991) *Paesaggi romani dell'Etruria meridionale.*

Ambiente, società, insediamenti. Firenze/Pisa/Siena, Tesi di dottorato di ricerca.

Cambi, F. (1993) Paesaggi d'Etruria e di Puglia. In A. Carandini, L. Cracco Ruggini e A. Giardina (a cura di), *Storia di Roma* III. *L'età tardoantica 2. I luoghi e le culture*: 229–54. Torino, Einaudi.

Cambi, F., Citter, C., Guideri, S. e Valenti, M. (1994) Etruria, Tuscia Toscana. In R. Francovich e G. Noyé (a cura di), *La storia dell'alto medioevo italiano (VI–X secolo) alla luce dell'archeologia (Convegno internazionale, Siena 1992)*: 183–215. Firenze, All'Insegna del Giglio.

Camilli, A. (1993) Progetto Narce. Ricognizioni intensive in Etruria meridionale tiberina. *Archeologia, Uomo, Territorio* 12: 7–30.

Camilli, A. e Vitali Rosati, B. (1995) Nuove ricerche nell'agro capenate. In N. Christie (a cura di), *Settlement and Economy in Italy, 1500 BC to AD 1500. Papers of the Fifth Conference of Italian Archaeology (Oxbow Monograph 41)*: 403–12. Oxford, Oxbow.

Camilli, A., Carta, L. e Conti, T. (1995) Ricognizioni nell'ager Faliscus meridionale. In N. Christie (a cura di), *Settlement and Economy in Italy, 1500 BC to AD 1500. Papers of the Fifth Conference of Italian Archaeology (Oxbow Monograph 41)*: 395–401. Oxford, Oxbow.

Camilli, A., Felici, F. e Gazzetti, G. (1994) Attività di scavo e ricognizione sul Colle della Civitucola, Capena. *Archeologia, Uomo, Territorio* 13: 13–39.

Carandini, A. (1989) La villa romana e la piantagione schiavistica. In E. Gabba e A. Schiavone (a cura di), *Storia di Roma* V. *Caratteri e morfologie*: 101–200. Torino, Einaudi.

Carandini, A. (1997) *La nascita di Roma. Dei, Lari, eroi uomini all'alba di una civiltà*. Torino, Einaudi.

Celuzza, M.G. (1985) Un insediamento di contadini: la fattoria di Giardino. In A. Carandini (a cura di), *La romanizzazione dell'Etruria. Il territorio di Vulci*: 106–7. Milano, Electa.

Cesa, M. (1984) Hospitalitas o altre 'techniques of accommodation'. *Archivio Storico Italiano* 140: 539–52.

Coarelli, F. (1975) Note complementari. *Studi Classici e Orientali* 24: 164–6.

Coarelli, F. (1980) *Roma. Guida archeologica*. Roma/Bari, Laterza.

Coarelli, F. (1982) I praedia volusiana e l'albero genealogico dei Volusii Saturnini. In *I Volusii Saturnini. Una famiglia romana della prima età imperiale*: 37–43. Bari, De Donato.

Coarelli, F. (1983) *Foro Romano. Periodo arcaico*. Roma, Quasar.

Coarelli, F. (1997) *Il Campo Marzio*. Roma, Quasar.

Comella, A. (1986) *I materiali votivi di Falerii*. Roma, Giorgio Bretschneider.

Cosentino, R. (1986) Sepolture tardoantiche presso Ladispoli. Note su un corredo con oreficerie ostrogote. *Bollettino d'Arte* 37–8: 61–74.

Courcelle, P. (1964) *Histoire littéraire des grandes invasions germaniques*. Parigi, Études Augustiniennes.

Cracco Ruggini, L. (1964) Vicende agrarie dell'Italia antica dall'età tetrarchica ai Longobardi. *Rivista Storica Italiana* 76 (1): 261–86.

Cracco Ruggini, L. (1995) *Economia e società nell'Italia annonaria. Rapporti fra agricoltura e commercio dal IV al VI secolo d.C. (Studi storici sulla tarda antichità 2)* (ristampa). Bari, Edipuglia.

Cultrera, G. (1915) Sarcofago marmoreo di Fiano Romano con iscrizioni. *Notizie degli Scavi di Antichità*: 158–66.

Delmaire, R. (1989) *Largesses sacrées et res privata*. Roma, École Française de Rome.

De Lucia Brolli, M.A. (1991) *L'agro falisco*. Roma, Quasar.

Dennis, G. (1883) *Cities and Cemeteries of Etruria* (terza edizione). Londra, John Murray.

Di Stefano Manzella, I. (1976–7) I nomi attribuiti alle due Falerii dalla tradizione letteraria antica e dalla epigrafia. *Atti della Pontificia Accademia di Archeologia. Rendiconti* 49: 151–62.

Di Stefano Manzella, I. (1981) Falerii Novi. *Supplementa Italica* n.s. 1: 101–76.

Di Stefano Manzella, I. (1990) Lo stato giuridico di Falerii Novi dalla fondazione al III secolo d.C. In G. Maetzke (a cura di), *La civiltà dei Falisci (Atti del XV convegno di studi etruschi e italici, Civita Castellana 1987)*: 340–67. Firenze, Leo S. Olschki.

Di Stefano Manzella, I. (1992) Nuova dedica a Soranus Apollo e altre iscrizioni dal Soratte. *Mélanges de l'École Française de Rome. Antiquité* 104: 159–67.

Di Stefano Manzella, I. (1994) Il bollo dell'officina falisca di Tito Veltureno. In *Epigrafia della produzione e della distribuzione. Actes de la VII rencontre franco-italienne sur l'épigraphie du monde romain (Rome 1992) (Collection de l'École Française de Rome* 193): 241–55. Roma, École Française de Rome/Università di Roma 'La Sapienza'.

Duchesne, L. (1886–92) *Liber Pontificalis. Texte, introduction et commentaire* I–II. Parigi, Ernest Thorin.

Dumézil, G. (1977) *La religione romana arcaica*. Milano, Rizzoli.

Eck, W. (1979) *Die Staatliche Organisation Italiens in der Hohen Kaiserzeit*. Monaco, C.H. Beck'sche Verlagsbuchhandlung.

Edlund, I.E.M. (1987) *The God and the Place. Location and Function of Sanctuaries in the Countryside of Etruria and Magna Grecia (700–400 BC) (Acta Instituti Regni Sueciae* 43). Stoccolma, Svenska Institutet i Rom.

Fiocchi Nicolai, V. (1988) *I cimiteri paleocristiani del Lazio* I. *Etruria meridionale (Monumenti di antichità cristiana 10 serie 2)*. Città del Vaticano, Pontificio Istituto di Archeologia Cristiana.

Fluss, M. (1929) *s.v.* Soracte. In A. Pauly, G. Wissowa e W. Kroll (a cura di), *Real-Encyclopädie der Klassischen Altertumswissenschaft* IIIA: 1111–13. Stuttgart, J.B. Metzlerscher Verlag.

Frederiksen, M.W. e Ward-Perkins, J.B. (1957) The ancient road systems of the central and northern Ager Faliscus. *Papers of the British School at Rome* 25: 67–203.

Gabba, E. (1975) Mercati e fiere nell'Italia romana. *Studi Classici e Orientali* 24: 141–63.

Gabba, E. (1990) L'età triumvirale. In G. Clemente, F. Coarelli e E. Gabba (a cura di), *Storia di Roma* II. *L'impero romano 1. La repubblica imperiale*: 795–807. Torino, Einaudi.

Gamurrini, G.F., Cozza, A. e Pasqui, A. (1987) *Carta archeologica dell'agro falisco*. Firenze, Leo S. Olschki.

Gazzetti, G. (1979) Una fornace di sigillata italica scoperta a Vasanello. *Archeologia Romanistica* 1: 29–35.

Gazzetti, G. (1985) Testimonianze archeologiche. In *Misurare la terra: centuriazione e coloni nel mondo romano. Città, agricoltura, commercio: materiali da Roma e dal suburbio*: 58–9. Modena, Panini.

Gazzetti, G. (1992) *Il territorio capenate*. Roma, Quasar.

Gazzetti, G. (1998) *La villa dei Volusii a Fiano Romano*. Roma, Quasar.

Giannini, P. (1970) *Centri etruschi e romani del Viterbese*. Viterbo, Tip. Quatrini.

Giardina, A. (1988) La carità eversiva: le donazioni di Melania la Giovane e gli equilibri della società tardo-romana. *Studi Storici* 4: 127–42.

Giglioli, G.Q. (1924) Vignanello. Nuovi scavi nella città e nella necropoli. *Notizie degli Scavi di Antichità*: 179–263.

Gilliver, C.M. (1990) A *mercator bovarius* from Veii in a new inscription from the Mola di Monte Gelato. *Papers of the British School at Rome* 58: 193–6.

Goffart, W. (1983) *Barbarians and Romans A.D. 418–584. The Techniques of Accommodation*. Princeton, Princeton University Press.

Groag, E., Stein, A. e Petersen, L. (1933–87) (a cura di) *Prosopographia Imperii Romani*. Berlino, De Gruyter.

Harris, W.V. (1971) *Rome in Etruria and Umbria*. Oxford, Clarendon Press.

Hemphill, P. (1988) Deforestation and reforestation in the hinterland of central Italy. In R.F.J. Jones, J.H.F. Bloemers, S.L. Dyson e M. Biddle (a cura di), *First Millennium Papers. Western Europe in the First Millennium AD* (*British Archaeological Reports, International Series* 401): 147–58. Oxford, British Archaeological Reports.

Hesnard, M.A. (1980) Un dépot augustéen d'amphores à La Longarina, Ostie. In J.H. D'Arms e E. Kopff (a cura di), *The Seaborne Commerce of Ancient Rome: Studies in Archaeology and History* (*Memoirs of the American Academy in Rome* 36):141–56. Roma, American Academy in Rome.

Hülsen, T. (1909) *s.v.* Falerii. In A. Pauly, G. Wissowa e W. Kroll (a cura di), *Real-Encyclopädie der Klassischen Altertumswissenschaft* VI (2): 1969–71. Stuttgart, J.B. Metzlerscher Verlag.

I Volusii Saturnini. Una famiglia romana della prima età imperiale (1982). Bari, De Donato.

Jones, G.D.B. (1962) Capena and the Ager Capenas. Part I. *Papers of the British School at Rome* 30: 116–207.

Jones, G.D.B. (1963) Capena and the Ager Capenas. Part II. *Papers of the British School at Rome* 31: 100–58.

Keppie, L. (1983) *Colonisation and Veteran Settlement in Italy, 47–14 BC*. Londra, British School at Rome.

Lanzoni, F. (1927) *Le diocesi d'Italia dalle origini al principio del secolo VII (an. 604)* I (*Studi e testi* 35). Faenza, F. Lega.

La Rocca, E. (1984) *La riva a mezzaluna*. Roma, L''Erma' di Bretschneider.

Loreto, L. (1989) Il conflitto romano-falisco del 241–240 a.C. *Mélanges de l'École Française de Rome. Antiquité* 101 (2):

717–37.

Manacorda, D. (1982) Il frantoio della villa dei Volusii a Lucus Feroniae. In *I Volusii Saturnini. Una famiglia romana della prima età imperiale*: 55–82. Bari, De Donato.

Marazzi, F., Potter, T.W. e King, A. (1990) Mola di Monte Gelato (Mazzano Romano, VT). Notizie preliminari sulle campagne di scavo. In R. Francovich e M. Milanese (a cura di), *Lo scavo archeologico di Montarrenti e i problemi dell'incastellamento medievale (Atti del Colloquio, Siena 1988)*: 103–19. Firenze, All'Insegna del Giglio.

Migliario, E. (1988) *Strutture della proprietà agraria in Sabina dall'età imperiale all'alto medioevo* (*Pubblicazioni della Facoltà di Lettere e Filosofia dell'Università di Pavia* 48). Firenze, La Nuova Italia.

Moretti, M. e Sgubini Moretti, A.M. (1977) *La villa dei Volusii a Lucus Feroniae*. Roma, Autostrade SpA.

Moscati, P. (1985) Studi su *Falerii Veteres*, I. L'abitato. *Rendiconti della Classe di Scienze Morali, Storiche e Filologiche dell'Accademia dei Lincei* 40 (1–2): 45–74.

Moscati, P. (1987) Studi su *Falerii Veteres*, II. La necropoli delle Colonnette. *Rendiconti della Classe di Scienze Morali, Storiche e Filologiche dell'Accademia dei Lincei* 42 (3–4): 39–70.

Muzzioli, M.P. (1980) *Cures Sabini (Forma Italiae, Regio IV* 2). Firenze, Leo S. Olschki.

Muzzioli, M.P. (1985) Cures Sabini. In *Misurare la terra: centuriazioni e coloni nel mondo romano. Città, agricoltura, commercio: materiali da Roma e dal suburbio*: 48–53. Modena, Panini.

Nardi, G. (1981) *Repertorio degli scavi e delle scoperte archeologiche nell'Etruria meridionale III (1971–1975)*. Roma.

Pallottino, M. (1937) Capena. Resti di costruzioni romane e medievali in località Montecanino. *Notizie degli Scavi di Antichità*: 7–28.

Panella, C. (1985) I commerci di Roma e di Ostia nella prima età imperiale. In *Misurare la terra: centuriazione e coloni nel mondo romano. Città, agricoltura, commercio: materiali da Roma e dal suburbio*: 180–9. Modena, Panini.

Papi, E. (1990) *Le città romane dell'Etruria meridionale*. Firenze/Pisa/Siena, Tesi di dottorato di ricerca.

Papi, E. (2000) *L'Etruria dei Romani. Opere pubbliche e donazioni private nell'età imperiale*. Roma, Quasar.

Potter, T.W. (1975) Recenti ricerche in Etruria meridionale: problemi della transizione dal tardo antico all'alto medioevo. *Archeologia Medievale* 2: 215–36.

Potter, T.W. (1985) *Storia del paesaggio dell'Etruria meridionale*. Roma, La Nuova Italia Scientifica.

Potter, T.W. e King, A. (1988) Scavi a Mola di Monte Gelato presso Mazzano Romano, Etruria Meridionale. Primo rapporto preliminare. *Archeologia Medievale* 15: 253–311.

Potter, T.W. e King, A. (1997) *Excavations at the Mola di Monte Gelato. A Roman and Medieval Settlement in South Etruria* (*Archaeological Monographs of the British School at Rome* 11). Londra, British School at Rome.

Pratesi, F. (1985) Gli ambienti naturali e l'equilibrio ecologico. In C. De Seta (a cura di), *Storia d'Italia, Annali VIII*.

Insediamenti e territorio: 53–109. Torino, Einaudi.

Quilici Gigli, S. (1989) Paesaggi storici dell'agro falisco: i prata di Corchiano. *Opuscula Romana* 17: 123–35.

Reggiani, A.M. (1985) La villa rustica nell'agro sabino. In *Misurare la terra: centuriazione e coloni nel mondo romano. Città, agricoltura, commercio: materiali da Roma e dal suburbio*: 61–5. Modena, Panini.

Sforzini, C. (1990) Vasai aretini in area falisca: l'officina di Vasanello. In G. Maetzke (a cura di), *La civiltà dei Falisci (Atti del XV convegno di studi etruschi e italici, Civita Castellana 1987)*: 251–74. Firenze, Leo S. Olschki.

Sgubini Moretti, A.M. (1998) *Fastosa rusticatio. La villa dei Volusii a Lucus Feroniae*. Roma, L''Erma' di Bretschneider.

Stefani, E. (1911) Nuove scoperte nel territorio Capenate. *Notizie degli Scavi di Antichità*: 433–42.

Taylor, L.R. (1923) *Local Cults in Etruria (Papers and Monographs of the American Academy in Rome)*. Roma, American Academy in Rome.

Tomassetti, G. (1913) *La Campagna romana*. Roma, Ermano Loescher.

Torelli, M. (1980) *Etruria. Guida archeologica*. Roma/Bari, Laterza.

Torelli, M. (1990) La formazione della villa. In G. Clemente, F. Coarelli e E. Gabba (a cura di), *Storia di Roma* II. *L'impero romano* 1. *La repubblica imperiale*: 123–32. Torino, Einaudi.

Vera, D. (1993) Proprietà terriera e società rurale nell'Italia gotica. In *Teoderico il Grande e i Goti d'Italia (Atti XIII congresso internazionale di studi sull'alto medioevo)*: 133–66. Roma, École Française de Rome.

Vera, D. (1995) Dalla 'villa perfecta' alla villa di Palladio: sulle trasformazioni del sistema agrario in Italia fra principato e dominato. *Athenaeum* 83 (1–2): 189–211, 331–56.

Vita Finzi, C. (1969) *The Mediterranean Valleys*. Cambridge, Cambridge University Press.

Voss, I.M. (1985) *Die Benediktinerabtei S. Andrea in Flumine bei Ponzano Romano*. Rheinischen Universität (Bonn), Tesi di dottorato di ricerca.

Wickham, C.J. (1978) Historical and topographical notes on early medieval South Etruria, part I. *Papers of the British School at Rome* 46: 132–79.

Wickham, C.J. (1979) Historical and topographical notes on early medieval South Etruria, part II. *Papers of the British School at Rome* 47: 66–95.

Wickham, C.J. (1988) L'Italia e l'alto medioevo. *Archeologia Medievale* 15: 105–24.

La valle del Tevere nella tarda antichità: inquadramento dei problemi archeologici[*]

Federico Marazzi

Riassunto • Abstract

Questo contributo intende esaminare — sulla base dei dati disponibili al 1999 — le problematiche relative all'evoluzione del territorio attraversato dal Tevere, immediatamente a nord di Roma, nel periodo di transizione fra la fine del mondo antico e l'inzio del medioevo. Il cambiamento più significativo, nell'equilibrio complessivo di questo territorio, è quello che discende dal cambiamento del ruolo di Roma, che si determina progressivamente fra IV e VI secolo. La città perde il suo status di centro di consumo di portata mondiale per ritrovarsi, alla fine del VI secolo, centro periferico della dominazione bizantina, all'interno di un Mediterraneo attraversato da profonde crisi politico-istituzionali. Questo comporta un drastico ridimensionamento anche del tessuto produttivo territoriale a servizio della città e una riduzione dei flussi commerciali che usano il Tevere come via di transito. Le difficoltà, a livello archeologico, per comprendere modi e tempi di questa trasformazione, stanno innanzitutto nella ancor debole capacità di riconoscere la ristrutturazione dell'insediamento rurale di età tardoantica rispetto al tessuto di età classica e di valutare il legame fra esso e la presenza degli edifici cristiani sul territorio. La presumibile perduranza della maglia dell'assetto insediativo tardoantico sino ai grandi cambiamenti del X–XI secolo rende cruciale la necessità dell'approfondimento della ricerca nella direzione di una piena comprensione del ruolo della grande proprietà agraria fra IV e V secolo, ben chiaro a livello di sintesi storica, ma ancora labile nel record archeologico.

This paper examines the transition between the late Roman period and the beginning of the Middle Ages, and — on the basis of the data available in 1999— discusses the problems relating to the evolution of the area through which the Tiber flows, immediately to the north of Rome. The most significant overarching change in this area stems from the shifting role of Rome, which occurred progressively between the fourth and sixth centuries AD. The city lost its status as the consumer centre with global connections until, by the end of the sixth century, it was little more than a peripheral centre within the Byzantine world, and within a mediterranean world worn down by profound political and institutional crises. For the territory north of Rome, this involved a dramatic re-sizing of the production network that had been in the service of the city, and a reduction in the commercial activities that used the Tiber as a means of passage. From an archaeological point of view, the difficulty in assessing the manner and timing of this transformation is two-fold: the identification of the reorganized late antique rural settlements, as opposed to those of classical date, is still difficult; and the evaluation of the links between these and Christian buildings within the territory is still weak. The presumed continuity of the fabric of the late antique settlement pattern, until the great changes of the tenth–eleventh centuries, highlights the necessity for further research. Such research should aim towards a greater understanding of the role of the large landholding property between the fourth and fifth centuries, for which the archaeological record is still uncertain, despite the fact that they can be clearly identified in the historical record.

Un detto popolare di Nazzano, uno dei più bei borghi della val tiberina laziale, suggerito evidentemente dalla lunga familiarità con le acque del Tevere dice che: 'Fiume [detto così, senza articolo, come un nome proprio] è traditore'.

'Tradire', è verbo che in italiano ha significati sempre negativi: ingannare, celare le proprie vere intenzioni. Perfetto, perciò, per la figurazione dell'insospettabile violenza che può scatenarsi nel corso sornione del Tevere. La negatività insita nel verbo tradire ha origini evangeliche: Gesù fu *tra-*

ditus, cioè 'consegnato', da Giuda ai suoi carnefici. E quel gesto esecrando ha tramutato, nell'italiano, il senso di una parola che, in latino, aveva valore neutro, e cioè quello di 'mettere qualcosa nelle mani di ciascuno', contemplando quindi la possibilità che essa sarebbe stata protetta e consegnata ad altri, sana e salva. Questo senso positivo si conserva, in italiano, nella parola 'tradizione', che ha, come chiunque può intuire, la medesima radice di 'tradire'.

E per l'Italia, che, per oltre venti secoli, ha parlato o, perlomeno, scritto in latino, il Tevere dovette apparire come il più fedele dei traditori: colui al quale si affidava ogni genere di cose con la certezza che esse sarebbero giunte, velocemente e con sicurezza, da una destinazione all'altra, lungo quasi tutta la lunghezza del suo percorso, da Sansepolcro alla foce. L'idrovia tiberina dimostrò la propria importanza per tutto l'arco dell'antichità, quando Roma era la maggiore metropoli del Mediterraneo, che attivava un gigantesco flusso di commerci e consumi. Abbondano testimonianze di ciò che il fiume significava per la vita e l'economia dell'Urbe: Marziale e Plinio (tra metà del I e inizi del II secolo d.C.) ci raccontano del traffico intenso di imbarcazioni che si muovevano lungo il Tevere rispettivamente alle porte di Roma e nell'alta valle, a monte di Perugia (Marziale, *Epigrammata* 4.64.21–4; Plinio, *Naturalis Historia* 3.5.53–5). Tre scrittori della tarda antichità, Rutilio Namaziano, Procopio di Cesarea e lo Pseudo Etico ci descrivono, i primi due, il traffico che si svolgeva tra Roma e il mare fra V e VI secolo d.C. e il terzo delle imbarcazioni che, nello stesso periodo, discendevano la corrente dalla Sabina e dall'Etruria verso Roma (Rutilio Namaziano, *De Reditu Suo* 1.37–42, 151–4, 179–82; Procopio di Cesarea, *De Bello Gothico* 5.26.10–12; Valentini e Zucchetti 1940: 315–16). I cosiddetti secoli oscuri non tacciono sull'argomento e, sia pure sinteticamente, si potrà ricordare che l'abbazia di Farfa, intorno all'820, ottenne, dall'imperatore Ludovico il Pio, di poter allestire e utilizzare una nave con cui commerciare lungo il fiume, partendo dallo scalo fluviale di Passo Corese (Leggio 1989). Gli scavi della città di *Portus*, presso la foce di Fiumicino, ci dimostrano oggi che i grandi bacini dell'età imperiale restarono, sia pure in misura estremamente ridotta, attivi sino al mille (Coccia 1993). Nel X e nell'XI secolo d.C., altri documenti farfensi menzionano ripetutamente l'esistenza di scali lungo la riva sabina del fiume, tra i quali spiccano Magliano e Orte (Leggio 1989).

L'antichissima tradizione del Tevere *traditor* è però oggi sepolta sotto una coltre di totale oblìo e indiffe-

renza. In un presente che ormai si avvale di mezzi di spostamento del tutto rinnovati, il Tevere, nella sua stessa valle, è, dal punto di vista degli umani, ospite più che padrone di casa. Anche gli archeologi e gli storici, che sono persone immerse innanzitutto nel proprio tempo, oltre che viaggiatori delle epoche passate, sono inevitabilmente condizionati da ciò su cui gli archi riflessi del presente spingono a posare lo sguardo. Ed è forse per questo che il Tevere è stato spesso di problematico inserimento nei tentativi di ricostruzione di modelli funzionali ed evolutivi, fra antichità e medioevo, dell'insediamento e delle strutture economiche del territorio interessato dal corso del Tevere a monte di Roma.

Ma perché questi modelli possano avere un valore, al di là delle condizioni in cui i dati storico-archeologici si presentano, della loro disponibilità e della loro leggibilità, è essenziale considerarli in primo luogo in relazione ai i cicli di forza e debolezza del centro urbano dominante, Roma, e non valutarli in maniera slegata da questo contesto di riferimento.

Questo vale anche per l'epoca tardoantica. Prima di avventurarci per così dire sul campo, diamo uno sguardo d'insieme alle nozioni di Ammiano Marcellino che, in uno dei frammenti recuperati in Flavio Biondo, definiva Otricoli la porta della *suburbanitas* romana (Cappelletto 1983). I dati discussi da ultimo da Durliat (1990) mostrano che il mercato dei consumi alimentari a Roma non era entrato in contrazione nel corso del secolo IV e che neppure nel corso del V esso era crollato verticalmente. Contemporaneamente alcune biografie papali dei secoli IV e V parlano di una forte redditività delle proprietà suburbane (Marazzi 1998) ed è nota la crescita esponenziale, fra IV e V secolo d.C., del numero delle sedi vescovili nel territorio romano, nonché lasciano intravvedere una chiara presenza, per questo stesso periodo, di una rete di luoghi di culto. L'insieme di tali dati si collega poi alla realtà dei pellegrinaggi ai complessi cimiteriali cristiani in ambito periurbano e suburbano. Questi elementi, quantunque non di per sé risolutivi, sono comunque indicatori di vita, indici di un bacino di produzione e scambio di proporzioni non comuni. La stessa natura della riforma dioclezianea, con la esplicita connessione delle terre peninsulari — e in particolare di quelle periurbane — alle necessità del vettovagliamento dell'antico *caput imperii*, suggerisce che esse fossero considerate, in linea di principio, tutt'altro che avulse dalle dinamiche del mercato urbano: esse continuavano cioè a costituire, nel loro insieme, una *suburbanitas*.

È chiaro che tale *suburbanitas* va ripartita geograficamente tra una fascia che poteva essere in contatto giornaliero con il mercato dell'Urbe, e quindi rifornirlo di derrate deperibili e fasce che, a crescente distanza, potevano interagire con tale mercato sulla base di ritmi periodici. È in sostanza necessario riformulare per Roma, all'interno della categoria più vasta di *suburbanitas* (Marazzi 2001), i parametri, propri per la città tardoantica, di *banlieue* e di *hinterland*, quali sono stati definiti per Costantinopoli tra il IV secolo e l'età giustinianea, rispettivamente da Cyril Mango e da Jacques Lefort, in occasione della sessione dedicata alla Nuova Roma, nell'ambito dei seminari sulle 'mégapoles' (Lefort 1996; Mango 1996). Il bacino della *banlieue*, in presenza di vie di comunicazione acquatiche — Bosforo e mare di Marmara per Costantinopoli, il Tevere per Roma — può ovviamente espandersi, creando una fascia di 'prossimità' alla città molto più ampia, lungo la via d'acqua stessa.

Con quali 'indicatori' archeologici potrà interagire quanto le fonti sembrano suggerire? Oltre dieci anni fa (Marazzi 1988), nel tentare una sintesi sulle dinamiche dell'insediamento del suburbio di Roma, avevo osservato che, per valutare l'effettivo *trend* nella densità dell'insediamento, a partire dal III secolo, non si poteva scegliere come criterio determinante di giudizio la cattiva salute del sistema delle ville di ascendenza tardorepubblicana o proto-imperiale.

Il ponderoso articolo di Domenico Vera (1995) ha dimostrato senza ombra di dubbio che le strutture produttive portanti delle campagne italiane dell'età tardoantica vanno non trovate più nelle ville *perfectae*, semplicemente perché di esse non vi è più bisogno. In un'economia che non è più coinvolta nei forsennati ritmi dell'età tardorepubblicana, scanditi da quelli dalla espansione imperialistica della penisola, anche sotto il profilo economico, sullo scenario mediterraneo, si verifica certamente un impoverimento delle strutture insediative, ma non necessariamente una loro diserzione in massa. È in questo periodo, fra IV secolo e inizi del VI, che si definiscono, con riflessi nella terminologia giuridico-contrattuale, le identità portanti dell'insediamento rurale tardoantico, basato sui nuclei di contadini appoderati — di condizione servile e non — in unità familiari sparse — le *condumae* e le *coloniae* — o in agglomerati più ampi, di tipo vicano. Resta ancora difficile decrittare — nonostante gli approfonditi studi di Castagnetti (1980) e Migliario (1992) — quale tipo di realtà insediativa si celi dietro termini come *casalis*.

La ridotta forza di penetrazione nelle campagne laziali della terra sigillata chiara a partire dal III seco-

lo e, più significativamente, dalla metà del V, non significa che coloro che vendevano questo prodotto si aggirassero per campagne deserte, ma piuttosto che essi si trovavano di fronte acquirenti generalmente meno abbienti o comunque disinteressati a quell'articolo di importazione. Il recente riconoscimento della presenza nel Lazio di circuiti locali di produzione e distribuzione (Patterson 1993; Patterson e Roberts 1998; Capitolo 18, questo volume) di ceramica da cucina e d'uso comune rafforza la sensazione del riassestamento del *suburbium* tardoantico all'interno di ritmi e di orizzonti economici più rallentati e ristretti, incentrati sull'obbiettivo duplice dell'autosussistenza e del rifornimento del mercato cittadino. In questo senso, le trasformazioni strutturali della villa proto-imperiale in una agglomerazione di più rustici connotati, registrate nel sito di Mola di Monte Gelato (Potter e King 1997), appaiono, ancora oggi, paradigmatiche. Considerando l'inserimento dell'edificio di culto cristiano, con funzioni battesimali, all'interno del complesso, si deve peraltro credere che Monte Gelato costituisca un esempio di categoria non infima. In questo senso si è espresso, qualche anno fa, anche Franco Cambi (1993), quando opportunamente pone in risalto non solo il minore investimento medio di ricchezza negli insediamenti rurali tardoantichi, ma anche la rilevanza, per quest'epoca, della forma insediativa del villaggio contadino in sostituzione — ma talora in continuità sullo stesso sito — delle ville di piantagione proto-imperiali.

Dunque, deve essere probabilmente cercata, come cellula-tipo dell'insediamento rurale tardoantico, una struttura semplificata, probabilmente effimera in molte sue parti immobili, e impoverita e 'parassitaria' rispetto a insediamenti anteriori di cui può ereditare il sito. Una cellula che, se avulsa dai flussi di spostamenti che ricadono entro il bacino della *banlieue* urbana, potrà facilmente anche risultare assai scarsamente interessata da flussi di beni di consumo di lusso o di importazione. Questa constatazione di merito generale, fa inevitabilmente apparire assai meno come elefanti bianchi i casi di persistenza in età tardoantica di siti che più agevolmente possiamo definire come ville per la presenza al loro interno di strutture attribuibili a *partes urbanae*. Fermo restando che nessuno di essi è stato sin adesso investigato in maniera soddisfacente nel territorio romano, la loro presenza non può essere considerata come residuo del sistema delle ville tardorepubblicane o proto-imperiali, ma in relazione alla ristrutturazione della proprietà agraria in età tardoantica, ove la funzione della residenzialità padronale nell'ambito della proprietà agraria sembra legata soprattutto all'esigenza del coordinamento di complessi proprietari, come l'affermarsi della *massa fundorum* (Vera 1999; Volpe 2001) apparirebbe suggerire. In sostanza, è il concetto di *praetorium*, quale centro di coordinamento di grandi patrimoni tardoantichi, che va archeologicamente investigato e non più quello di villa.

La presenza di luoghi di culto cristiani è fondamentale, in questo quadro, non solo in quanto possibile elemento caratterizzante dei grandi centri padronali, ma anche come una sorta di 'liquido di contrasto' per l'individuazione delle tipologie dell'abitato rurale, sia come centro gravitazionale di formazioni vicane, sia elemento catalizzatore di un tessuto insediativo più disaggregato e disperso, ma comunque da identificare nelle vicinanze. È insomma davvero giunta l'ora che, nella regione romana, lo studio degli edifici di culto cristiano in ambito rurale, che presentano fasi tardoantiche e altomedievali, da fine in sé si volga a dispiegare tutte le sue potenzialità per una comprensione a più ampio spettro dell'uso del territorio. Tali potenzialità sono enormi. Il caso recentissimo dello studio dell'*Apulia* tardoantica ad opera di Volpe (1996; 1998) rappresenta in questo senso un modello che, fatte salve le peculiarità del territorio romano, è auspicabile venga estensivamente imitato nella nostra area, proprio perché esso ha elaborato paradigmi di lettura delle condizioni d'insediamento nel territorio e della sua situazione economica, a partire dalla riflessione sul contesto politico-sociale proprio dell'epoca. In esso si sono inoltre programmaticamente utilizzati i centri di culto cristiano come indicatori per la valutazione dell'insediamento nel suo insieme. Il che ha offerto alla ricerca archeologica un'arma in più per individuare i fenomeni rappresentativi e non quelli residuali dell'età tardoantica. Si considerino ad esempio i casi dei *vici* di San Giorgio di Brindisi e di San Giusto di Lucera e la villa di Agnuli di Mattinata sul Gargano.

Per rimanere nell'ambito della valle del Tevere, e citare un caso che ha ottenuto di recente gli onori della pubblicazione, il sito della Madonna dei Colori sulla Via Salaria potrebbe offrire un esempio per comprendere la natura di un sito vicano (Branciani e Mancinelli 1993). Nel caso specifico, si tratterebbe di un centro contemporaneamente snodo di spostamenti a lungo e medio raggio e di raccordo — per la presenza di un luogo di culto — per le esigenze delle popolazioni locali. Sempre in materia di insediamenti connessi al culto cristiano, ma in questo caso riferendoci a quelli cimiteriali, non va dimenticato quale implicito impulso alla leggibilità in filigrana della rete insediativa tar-

doantica sia stato offerto dalla pubblicazione dei siti cimiteriali dell'Etruria meridionale ad opera di Fiocchi Nicolai (1988). Impulso che, va detto, non è stato sinora raccolto se non in minima parte. Eccezioni sono infatti ancora i casi degli esperimenti condotti sul territorio capenate: quello del Centro Regionale di Documentazione, curato da Turchetti (1995) e da Fei (1995) per le fasi tardoantica e altomedievale, che si concentra sul territorio dell'attuale comune di Capena; quello di Camilli e Vitali Rosati (Camilli e Vitali Rosati 1995; Camilli, Carta e Conti 1995), più spostato verso l'interno, nel territorio di Rignano Flaminio e quindi lungo la Via Flaminia; e quello sul territorio di *Falerii Novi* svolto da Cifani e Munzi (1995) e da Caretta e colleghi (1995).[1]

Il lavoro di Turchetti e Fei, proprio per la sua primaria finalità di censimento territoriale a fini di tutela e grazie al fatto di essere stato eseguito, per il raggiungimento di queste finalità, sfruttando al massimo i mezzi attualmente a disposizione, evidenzia tra l'altro anche i limiti della conoscenza consentiti dagli strumenti che la ricerca rende attualmente utilizzabili. Ne citerò due:

- La indubbia crescita nella conoscenza delle produzioni africane tarde ha permesso un enorme progresso nella mappatura delle presenze tardoantiche rispetto a quelle della stessa South Etruria Survey, ma le difficoltà ancora presenti nella tipizzazione delle ceramiche comuni (cfr. Capitolo 18, questo volume), non consente ancora di valutare appieno la possibile gerarchia dei siti in un dato territorio e soprattutto di differenziare con ulteriore precisione le fasi di III secolo, da quella di IV–prima metà V, da quella di seconda metà V e inizi VI e, ancora, da quella di VI inoltrato e inizi VII d.C., che rappresentano momenti storici ciascuno caratterizzato da istanze profondamente diverse tra loro. Il loro ammassamento in un concetto di tardo antico *tout-court* è ormai di per sé insoddisfacente.

- Proprio in materia di gerarchia dei siti, la ricerca sull'assetto del territorio in età tardoantica attende, nella regione romana, che qualche parola in più venga spesa per comprendere la natura dell'evoluzione nella natura e nel ruolo di centri urbani, anche di antica origine (Veio, *Falerii Novi*, *Lucus Feroniae*, Capena, *Forum Novum*, *Nomentum*, *Eretum*). Essi, in epoca alto- e medioimperiale appaiono fagocitati dalla incombente presenza di Roma e svuotati di una loro propria funzione aggregatrice, anche se spesso mantengono una visibilità di carattere amministrativo. In età tardoantica, in alcuni casi sembrano soccombere definitivamente, mentre in altri, proprio grazie alla loro tramutazione in sedi vescovili (si considerino i casi di *Nomentum* e di *Forum Novum*, *Falerii*, Nepi, Sutri e quello più effimero di Veio), ripropongono un ruolo la cui portata è ancora difficile comprendere. Va detto che nella mappatura della riva destra non appaiono dati relativi a tutta l'area a ridosso del Tevere, che per la fase tardoantica è di cruciale importanza, come hanno dimostrato i risultati della ricognizione di Moreland (Leggio e Moreland 1986; Moreland 1987; Patterson e Roberts 1998) sul versante sabino. Il lavoro di Camilli e Vitali Rosati (1985) propone un interessante esperimento di riconsiderazione dei dati sui materiali ceramici in quest'area sulla base delle conoscenze più recenti, e permette di compiere qualche non secondario passo avanti per una valutazione più equilibrata del riassestamento del tessuto insediativo del III secolo e del panorama di IV e V secolo, con un sostanziale impoverimento degli orizzonti della cultura materiale e una permanenza in vita più o meno costante dei siti delle grandi ville. Le ricerche su *Falerii Novi* (Caretta 1995; Cifani e Munzi 1995) rappresentano attualmente l'esito forse più promettente di una riconsiderazione dell'evoluzione dell'insediamento in età tardoantica, poiché consentono di esaminare tanto il microcosmo della piccola città in relazione al proprio territorio, quanto il rapporto di tale microcosmo all'interno del più vasto sistema suburbano di Roma.

Dunque, la ricerca archeologica deve elaborare obbiettivi peculiari per riconoscere l'insediamento nella regione romana per il periodo tardoantico, tanto quanto la ricerca sulle fonti scritte ha fatto la sua parte riconsiderando, a partire dal ricco e appassionato dibattito sugli aspetti giuridici, istituzionali e culturali, l'organizzazione del lavoro e della proprietà rurale. E tali obbiettivi devono essere formulati ormai ben al di là della consunta problematica della contrazione demografico-insediativa. Dobbiamo fare uno sforzo per comprendere la normalità di questa fase storica. Si tratta, di muoversi, concettualmente parlando, nella stessa direzione degli studi sulla città tardoantica. Essi stanno infatti portando, soprattutto grazie alle ricerche condotte in alcuni centri del Mediterraneo orientale e dell'Africa settentrionale (rimando all'opera di sintesi di Potter (1995) in questo senso) alla consapevolezza che, con le sue geografie di abbandoni e di utilizzi precari e surrettizi di molte aree monumentali, l'urbanesimo tardoantico impone di distinguere, per un'analisi corretta, le dinamiche del puro e semplice regresso da

quelle della trasformazione imposta da mutamenti culturali, istituzionali e funzionali.

In sintesi e per concludere, per la fase tardoantica non vi è motivo reale per considerare che la fascia a immediato ridosso delle mura aureliane possa aver radicalmente cambiato vocazione produttiva rispetto allo schema degli *hortensia* delineato da Carandini (1985), almeno sino a che Roma è rimasta centro di consumo rilevante. In questa fascia, la rilevante presenza dei complessi cimiteriali e santuariali, dei centri coordinatori di alcuni grandi *praedia* — che sono in effetti le uniche presenze di cui abbiamo reale contezza — determinano già di per sé un affollamento che non consente di immaginare grandi spazi abbandonati. Lo stadio odierno di urbanizzazione di queste aree ne rende assai difficile l'investigazione, ma sarebbe auspicabile che, all'interno dei progetti attualmente in corso di attuazione da parte del Comune di Roma sia del parco del Tevere che di quello dell'Appia Antica, con l'esproprio della fascia della Caffarella — e soprattutto in quest'ultimo comprensorio — venisse approfondita l'indagine della trasformazione del territorio in età tardoantica, contestualizzando siti come il complesso massenziano, la nuova basilica circiforme dell'Ardeatina o quella di Santo Stefano sulla Via Latina (Spera 1999; Volpe 2000).

Per la fascia territoriale più esterna si inizia oggettivamente a sentire l'esigenza pressante — soprattutto una volta che siano disponibili i dati, riesaminati, della South Etruria Survey — di riavviare progetti di scavo mirati alla risoluzione di alcuni interrogativi:

- La comprensione della struttura di complessi rurali contenenti *partes urbanae*, cioè dei veri e propri *praetoria*, che possano aiutare a riaprire il dibattito sulla specifica natura del *grand domain* tardoantico a ridosso di una città, e quindi offra confronti con esperienze analoghe avviate nel territorio di centri importanti dell'occidente tardoantico, quali Milano, Treviri e Aquileia e in altre aree, come la Sicilia, la Basilicata, il Molise e la Puglia, dove il fenomeno urbano non conosce casi di proporzioni eccezionali.
- La definizione di un caso di raffronto con la tipologia insediativa evidenziata dallo scavo di Monte Gelato, possibilmente da cogliere all'interno di un'area in prossimità del Tevere, così da comprendere come l'accessibilità alla via d'acqua possa o meno aver influito sulla disponibilità di beni di consumo.
- La individuazione di siti vicani posti su assi di collegamento importanti, che possano eventualmente fornire spunti di confronto con le dinamiche evolutive dell'insediamento di centri urbani posti nelle

vicinanze. La presenza di centri di culto cristiano in siti di questo tipo non può che accrescerne l'interesse. Naturalmente, riferendomi agli assi di collegamento includo anche il Tevere: e a questo proposito ricordo che non è veramente noto, ad oggi, sotto il profilo archeologico, alcun sito portuale tiberino della tarda antichità che possa offrire *pendant* alle acquisizioni di dati provenienti dagli scavi di *Portus* o delle installazioni portuali romane venute alla luce presso ponte Sublicio.

Non può ancora dirsi concluso il dibattito sul problema della continuità tra rete insediativa romana e medievale, aperto dalle discussioni di Ward-Perkins e di Potter di qualche decennio fa (Ward-Perkins 1959; 1961; Kahane, Murray Threipland e Ward-Perkins 1968; Potter 1979). Certamente è ancora ricco di suggestioni l'approfondimento del sistema territoriale città–suburbio delineato da Quilici (1979) e da Carandini (1985) per l'età d'oro dell'espansionismo economico romano-italico. Resta però una sfida intellettuale ancora tutta da raccogliere, quella di dare visibilità alle dinamiche proprie del rapporto tra Roma e il bacino territoriale, imperniato sull'asse tiberino, che per essa produceva in età tardoantica, ai processi selettivi e metamorfici della rete insediativa determinati dai profondi mutamenti delle vocazioni economico-produttive avvenuti fra II e IV secolo d.C.

Parafrasando Schiavone (1989), lo sforzo di comprensione di questo rapporto equivale all'avventura di rivelare il contorno e la morfologia di una di quelle 'isole' imperniate su grandi organismi urbani ove si sperimenta pienamente la ristrutturazione istituzionale amministrativa e sociale innescata dalle riforme diocleziane e costantinianee.

NOTE

* Al momento in cui il presente contributo va in stampa esce il volume *Suburbium. Il suburbio di Roma dalle crisi del sistema delle ville a Gregorio Magno (Collection de l'École Française de Rome* 311) (Rome, 2003). Questo volume, a cura di P. Pergola, R. Santangeli Valenzani e R. Volpe, affronta e arricchisce di nuovi dati molte delle problematiche sulle quali mi sono soffermato nel presente contributo, originariamente redatto nel 1999.

1. Vedi anche De Maria *et al.* 1995; Edwards, Malone e Stoddart 1995. Tutti questi lavori tengono presente, come punto di partenza, Potter 1979.

RIFERIMENTI BIBLIOGRAFICI

Branciani, L. e Mancinelli, M.L. (1993) S. Maria de Viconovo: un esempio di continuità insediativa. *Archivio della Società Romana di Storia Patria* 116: 5–52.

Cambi, F. (1993) Paesaggi d'Etruria e di Puglia. In A. Carandini, L. Cracco Ruggini e A. Giardina (a cura di), *Storia di Roma* III. *L'età tardoantica* 2. *I luoghi e le culture*: 229–54. Torino, Einaudi.

Camilli, A. e Vitali Rosati, B. (1995) Nuove ricerche nell'agro capenate. In N. Christie (a cura di), *Settlement and Economy in Italy, 1500 BC to AD 1500. Papers of the Fifth Conference of Italian Archaeology (Oxbow Monograph* 41): 403–12. Oxford, Oxbow.

Camilli, A., Carta, L. e Conti, T. (1995) Ricognizioni nell'ager faliscus meridionale. In N. Christie (a cura di), *Settlement and Economy in Italy, 1500 BC to AD 1500. Papers of the Fifth Conference of Italian Archaeology (Oxbow Monograph* 41): 395–401. Oxford, Oxbow.

Cappelletto, R. (1983) *Recuperi ammianei da Biondo Flavio.* Roma, Edizioni di Storia e Letteratura.

Carandini, A. (1985) 'Hortensia'. Orti e frutteti intorno a Roma. In *Misurare la terra: centuriazione e coloni nel mondo romano. Città, agricoltura, commercio: materiali da Roma e dal suburbio*: 66–74. Modena, Panini.

Caretta, L., Innocenti, G., Prisco, A. e Rossi, P. (1995) La necropoli della Via Amerina a *Falerii Novi*. In N. Christie (a cura di), *Settlement and Economy in Italy, 1500 BC to AD 1500. Papers of the Fifth Conference of Italian Archaeology (Oxbow Monograph* 41): 421–9. Oxford, Oxbow.

Castagnetti, A. (1980) Continuità e discontinuità nella terminologia e nella realtà organizzativa agraria: 'fundus' e 'casale' nei documenti ravennati altomedievali. In V. Fumagalli e G. Rossetti (a cura di), *Medioevo rurale. Sulle tracce della civiltà contadina*: 201–19. Bologna, Il Mulino.

Cifani, G. e Munzi, M. (1995) Considerazioni sugli insediamenti in area falisca. In N. Christie (a cura di), *Settlement and Economy in Italy, 1500 BC to AD 1500. Papers of the Fifth Conference of Italian Archaeology (Oxbow Monograph* 41): 387–95. Oxford, Oxbow.

Coccia, S. (1993) Il 'Portus Romae' fra tarda antichità ed alto medioevo. In L. Paroli e P. Delogu (a cura di), *La storia economica di Roma nell'alto medioevo alla luce dei recenti scavi archeologici*: 177–202. Firenze, All'Insegna del Giglio.

De Maria, L., Fei, F., Martorelli, R. e Toro, A. (1995) I possedimenti del monastero di San Paolo f.l.m. in Etruria Meridionale: indagine preliminare. In N. Christie (a cura di), *Settlement and Economy in Italy, 1500 BC to AD 1500. Papers of the Fifth Conference of Italian Archaeology* (*Oxbow Monograph* 41): 441–51. Oxford, Oxbow.

Durliat, J. (1990) *De la ville antique à la ville byzantine. Le problème des subsistances*. Roma, École Française de Rome.

Edwards, C., Malone, C. e Stoddart, S. (1995) Reconstructing a gateway city: the place of Nepi in the study of southern Etruria. In N. Christie (a cura di), *Settlement and Economy in Italy, 1500 BC to AD 1500. Papers of the Fifth Conference of Italian Archaeology* (*Oxbow Monograph* 41): 431–40. Oxford, Oxbow.

Fei, F. (1995) L'occupazione del territorio nel medioevo. In *Capena e il suo territorio*: 111–16. Roma/Bari, Dedalo.

Fiocchi Nicolai, V. (1988) *I cimiteri paleocristiani del Lazio* I. *Etruria meridionale* (*Monumenti di antichità cristiana* 10 serie 2). Città del Vaticano, Pontificio Istituto di Archeologia Cristiana.

Kahane, A., Murray Threipland, L. e Ward-Perkins, J. (1959) The Ager Veientanus, north and east of Veii. *Papers of the British School at Rome* 36: 1–218.

Lefort, J. (1996) Constantinople et Bithynie, ou les fonctions d'un hinterland. *Mélanges de l'École Française de Rome. Moyen Âge* 108 (1): 366–9.

Leggio, T. (1989) Forme di insediamento in Sabina e nel Reatino nel medioevo. Alcune considerazioni. *Bullettino dell'Istituto Storico Italiano per il Medio Evo e Archivio Muratoriano* 95: 165–201.

Leggio, T. e Moreland, J. (1986) Ricognizione nei dintorni di Farfa, 1985: resoconto preliminare. *Archeologia Medievale* 13: 333–44.

Mango, C. (1996) La banlieue de Constantinople à l'époque byzantine. In Chronique 'De Constantinople à Istanbul'. *Mélanges de l'École Française de Rome. Moyen Âge* 108 (1): 363–5.

Marazzi, F. (1988) L'insediamento nel suburbio di Roma fra IV e VIII secolo. Considerazioni a 80 anni dalla pubblicazione dei 'Wanderings in the Roman Campagna' di R. Lanciani. *Bullettino dell'Istituto Storico Italiano per il Medio Evo e Archivio Muratoriano* 94: 251–313.

Marazzi, F. (1998) *I patrimonia sanctae romanae ecclesiae nel Lazio. Strutture amministrative e prassi gestionali* (*Nuovi studi storici* 37). Roma, Istituto Storico Italiano per il Medio Evo.

Marazzi, F. (2001) Da *suburbium* a *territorium*: le trasformazioni dell'interazione economica tra Roma e il proprio *hinterland* fra tarda antichità e alto medioevo. In *Roma nell'alto medioevo* (*48ª settimana di studio del Centro Italiano di Studi sull'Alto Medioevo*): 713–52. Spoleto, CISAM.

Migliario, E. (1992) Terminologia e organizzazione agraria tra tardo antico e alto medioevo: ancora su fundus e casalis/casale. *Athenaeum* 80 (2): 371-84.

Moreland, J. (1987) The Farfa Survey: a second interim report. *Archeologia Medievale* 14: 409–18.

Patterson, H. (1993) Un aspetto dell'economia di Roma e della Campagna romana nell'alto medioevo: l'evidenza della ceramica. In L. Paroli e P. Delogu (a cura di), *La storia economica di Roma nell'alto medioevo alla luce dei recenti scavi archeologici*: 309–32. Firenze, All'Insegna del Giglio.

Patterson, H. e Roberts, P. (1998) New light on dark age Sabina. In L. Saguì (a cura di), *Ceramica in Italia: VI–VII secolo (Atti del convegno in onore di J.W. Hayes)*: 421–35. Firenze, All'Insegna del Giglio.

Potter, T.W. (1979) *The Changing Landscape of South Etruria*. Londra, Paul Elek.

Potter, T.W. (1995) *Towns in Late Antiquity: Iol Caesarea and its Context*. Oxford, Oxbow.

Potter, T.W. e King, A.C. (1997) *Excavations at the Mola di Monte Gelato. A Roman and Medieval Settlement in South Etruria* (*Archaeological Monographs of the British School at Rome* 11). Londra, British School at Rome.

Quilici, L. (1979) La Campagna romana come suburbio di Roma antica. *La Parola del Passato* 158–9: 35–58.

Schiavone, A. (1989) La struttura nascosta. Una grammatica dell'economia romana. In E. Gabba e A. Schiavone (a cura di), *Storia di Roma* IV. *Caratteri e morfologie*: 7–70. Torino, Einaudi.

Spera, L. (1999) *Il paesaggio suburbano di Roma dall'antichità al medioevo: il comprensorio tra le vie Latina e Ardeatina dalle Mura Aureliane al III miglio*. Roma, L''Erma' di Bretschneider.

Turchetti, R. (1995) Osservazioni sulle fasi di sviluppo del territorio in epoca antica. In *Capena e il suo territorio*: 91–110. Roma/Bari, Dedalo.

Valentini, R. e Zucchetti, G. (1940) (a cura di) *Codice topografico della città di Roma* I (*Fonti per la storia d'Italia* 81). Roma, Tipografia del Senato.

Vera, D. (1995) Dalla 'villa perfecta' alla villa di Palladio: sulle trasformazioni del sistema agrario in Italia fra principato e dominato. *Athenaeum* 83 (1–2): 189–211, 331–56.

Vera, D. (1999) *Massa fundorum*. Forme e poteri della città in Italia fra Costantino e Gregorio Magno. *Mélanges de l'École Française de Rome. Antiquité* 111 (2): 991–1025.

Volpe, G. (1996) *Contadini, pastori e proprietari nell'Apulia tardoantica*. Bari, Edipuglia.

Volpe, G. (1998) *San Giusto: la villa, le ecclesiae*. Bari, Edipuglia.

Volpe, R. (2000) Il suburbio. In A. Giardina (a cura di), *Storia di Roma dall'antichità ad oggi* I. *Roma antica*: 183–210. Roma/Bari, Laterza.

Volpe, R. (2001) Le ville del suburbio di Roma. In S. Ensoli e E. La Rocca (a cura di), *Aurea Roma. Dalla città pagana alla città cristiana*: 161–7. Roma, L''Erma' di Bretschneider.

Ward-Perkins, J.B. (1959) Excavations beside the north-west gate at Veii, 1957–58. *Papers of the British School at Rome* 27: 38–79.

Ward-Perkins, J.B. (1961) Veii. The historical topography of the ancient city. *Papers of the British School at Rome* 29: 1–124 e tavole.

CIMITERI PALEOCRISTIANI E INSEDIAMENTI NEL TERRITORIO MERIDIONALE DELLA SABINA TIBERINA

Vincenzo Fiocchi Nicolai

Riassunto • Abstract

NEL SETTORE MERIDIONALE della Sabina tiberina le aree cimiteriali paleocristiane sembrano principalmente connesse con culti martiriali di origine antica. Tali cimiteri, spesso di carattere rurale, si rivelano, di norma, di notevoli dimensioni e documentano la presenza, nel territorio circostante, di nuclei abitati non di rado non attestati o scarsamente rilevati dalla ricognizione archeologica di superficie. Le chiese che sorsero nell'ambito delle aree funerarie in relazione ai culti martiriali rivelano nei secoli della tarda antichità e dell'alto medioevo anche un ruolo di 'cura d'anime', divenendo fulcro della vita religiosa ed produttiva della regione; esse costituiscono pure elemento importante della continuità insediativa di alcuni settori del territorio.

EARLY CHRISTIAN CEMETERIES in the southern part of the Sabina Tiberina seem predominantly to have been connected with martyr cults of ancient origin. These cemeteries, which are often rural in character, are usually of considerable size and reveal the presence of settlements in the surrounding territory — settlements that are either not known or of which little evidence has been revealed by archaeological surface survey. The churches that were established in late antiquity and the early Middle Ages in the cemeteries linked to martyr cults also assumed a role as 'protectors of souls', and became centres for the religious and economic life of the region. Furthermore, these churches constitute an important element in settlement continuity in various parts of the region.

LE RICERCHE FINORA COMPIUTE nel campo delle aree funerarie paleocristiane della Sabina tiberina non consentono ancora di delineare un quadro di insieme completo e affidabile, quale si è cercato di presentare, ormai più di dieci anni fa, per il corrispondente territorio situato alla destra del Tevere (Fiocchi Nicolai 1988: 283–357, tav. 1). Un raffronto tra le due aree, tuttavia, in base alla documentazione per ora disponibile, sembra già far emergere alcune diversità che può risultare di un certo interesse evidenziare. Se nel territorio alla destra del Tevere è attestato un buon numero di cimiteri rurali di piccole e medie dimensioni, o anche di singole tombe, da ricollegare ad insediamenti sparsi o a villaggi (Fiocchi Nicolai 1988: 286–357, 384–90, nn. 34–44, tav. 1; 1998a: 313–37), nell'area meridionale della Sabina tiberina tali presenze risultano oltremodo scarse. A tale mancanza, in questo territorio, fa riscontro una forte presenza di aree cimiteriali di più vasto sviluppo, per lo più di carattere rurale, connesse con culti martiriali, documentati da fonti storiche e topografiche antiche.

In effetti, il territorio meridionale della Sabina tiberina, anticamente compreso nella diocesi di *Cures Sabini* e *Nomentum* (la prima 'spenta' e aggregata alla seconda, come è noto, all'epoca di Gregorio Magno), costituisce una delle regioni del Lazio con la più alta concentrazione di santuari martiriali e di relative aree funerarie.[1] Nella diocesi nomentana complessi di questo tipo si trovavano a ridosso del centro urbano (il cimitero dei Santi Primo e Feliciano), a sette miglia a sud della città (Sant'Alessandro, al VII miglio della Nomentana) e a nord dell'abitato, nell'area dell'attuale Monterotondo (San Restituto), e in una località non ancora individuata posta dalle fonti al XVIII miglio della Nomentana (Sant'Eutiche) (**Fig. 1**).[2] La sede vescovile di *Cures Sabini* poteva vantare la presenza di un'area funeraria prossima alla città, dove aveva trovato sepoltura il martire Giacinto (**Fig. 1**), e di altre due situate nel suo territorio, a sud e a nordovest del centro urbano, ricollegabili alle tombe di Sant'Antimo e di

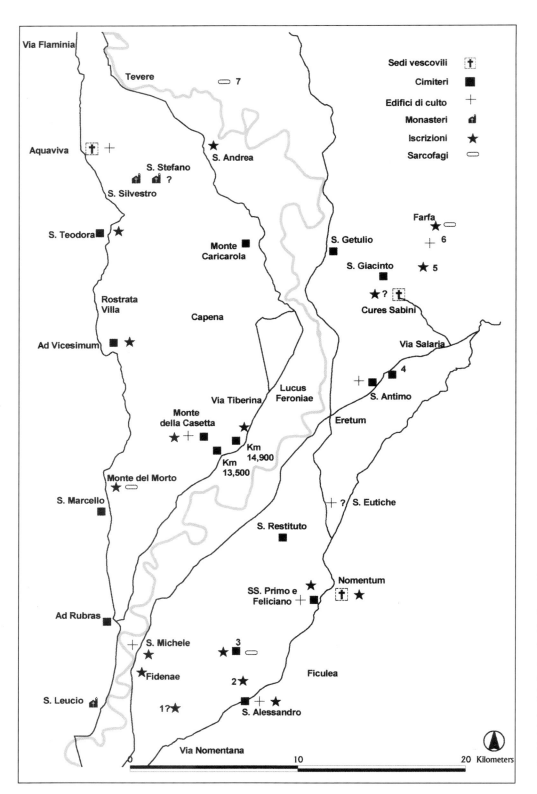

FIG. 1. I monumenti paleocristiani dell'Etruria e della Sabina meridionale tiberina (III–VI secolo). I numeri si riferiscono a ritrovamenti in località minori citati nel testo. (R. Witcher.)

San Getulio (**Fig. 1**). Al di là di questi insediamenti funerari connessi con le 'stars' della tarda antichità (per usare un'efficace espressione di Brown (1983: 56)), l'area oggetto dell'indagine, come si diceva, non ha restituito altro che testimonianze sporadiche di singole sepolture, documentate da materiali epigrafici o sarcofagi, la cui provenienza locale peraltro non è sempre accertata.[3] Fa forse eccezione un più consistente nucleo di tombe, venuto alla luce, nella prima metà dell'800, nella tenuta di Olevano, a circa quattro miglia a sudovest di *Nomentum* (**Fig. 1.3**) (De Rossi 1892: 46–50; *ICUR* VIII, 22978b, 22983–4, 22990b, 23027, 23046; Deichmann, Bovini e Brandenburg 1967: 344–5, nn. 820, 823; Quilici e Quilici Gigli 1993: 120–1, n. 52).

Dei sette cimiteri collegati con un culto martiriale attestati, dunque, dalle fonti e dalle testimonianze archeologiche (un numero decisamente notevole se rapportato all'estensione della regione) — è interessante notare — tutti, salvo quello dei Santi Primo e Feliciano, alle porte di *Nomentum*, si trovavano nel pieno del territorio rurale. Anche il santuario di San Giacinto presso *Cures Sabini* doveva essere al servizio — per quanto attiene alla sua funzione funeraria — soprattutto degli insediamenti sparsi nel territorio circostante. La città, infatti, già nella prima e media età imperiale, sembra si fosse ridotta a poco più di un villaggio, come assicurano le testimonianze archeologiche e le

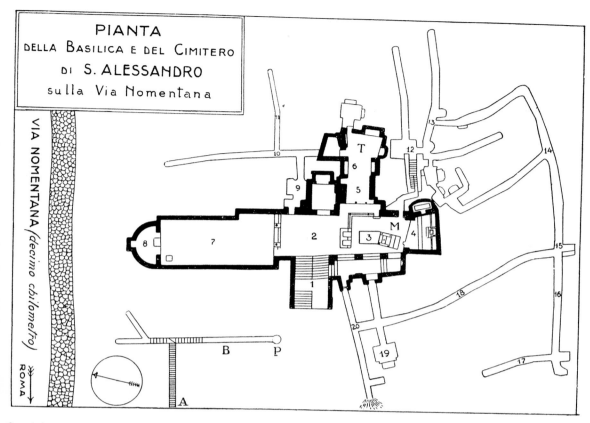

fonti letterarie (Muzzioli 1980: 44; Migliario 1988: 18; Leggio 1992: 13). Almeno dai primi anni del VI secolo, il centro manteneva solo la titolarità della sede vescovile: la sua cattedrale sorgeva infatti ormai — come assicura la firma di uno dei suoi presuli al concilio romano del 501 e come confermerà più tardi una lettera di Gregorio Magno — nel sito, appunto, della basilica martiriale di Sant'Antimo, cioè a 5 km in linea d'aria (ben 10 km per via di terra) a sud della città (**Fig.** I).[4] Segno evidente che la consistenza dell'insediamento urbano non giustificava più la presenza di una cattedrale, funzionale, in prima istanza, alla *cura animarum* della popolazione residente (Muzzioli 1980: 48; Leggio 1989: 171). Anche la localizzazione del santuario di San Giacinto, nel *Martirologio Geronimiano*, nella prima metà del V secolo, non a *Cures Sabini* (come ci sarebbe aspettato, vista la sua ubicazione) ma genericamente *in Sabinis*, al XXX miglio di un percorso stradale che insisteva evidentemente sulla Salaria e sul diverticolo che da essa conduceva a *Cures Sabini*,[5] potrebbe indicare, come credo, la perdita della dignità urbana da parte dell'antico centro sabino.[6]

Queste aree funerarie connesse con un culto martiriale situate nelle campagne dovevano essere al servizio, come di consueto, degli insediamenti agricoli sparsi, documentati nel territorio circostante. Nel caso di San Getulio, le notizie riportate dalla *passio* del martire, scritta probabilmente agli inizi dell'VIII secolo, ricordano la presenza di un *praetorium*, cioè di una villa di lusso, nelle vicinanze dell'area funeraria che aveva ospitato il sepolcro del santo nel *fundus Capreolis* (*AASS* 1698: 266).[7] La documentazione recuperata dalle ricognizioni di superficie attesta l'esistenza, sebbene rarefatta, di insediamenti agricoli limitrofi a queste aree funerarie durante la tarda antichità (Ogilvie 1965: 81–8, 110–11; Muzzioli 1980: 46–8; Quilici e Quilici Gigli 1993: 158–9, 502–5, tavv. 219–20; Turchetti 1995: 42).

D'altra parte, la devozione popolare per i protagonisti del primo cristianesimo nella regione doveva probabilmente indurre a privilegiare, come di consueto, la scelta di una sepoltura in tali cimiteri, nobilitati e, per così dire, 'protetti' dalle tombe dei santi;[8] queste facevano da richiamo per le sepolture dei devoti residenti anche in aree più lontane, come attesta, con sicurezza, nel nostro territorio, il caso emblematico di Sant'Alessandro, che ospitò, come sappiamo dalla documentazione epigrafica, i membri della più alta gerarchia ecclesiastica di *Nomentum*, cioè di un centro distante dall'insediamento funerario oltre 10 km (**Fig.** I) (Fiocchi Nicolai 1986: 194; 1988: 388).

In effetti, come in altre regioni del Lazio, anche nella Sabina tiberina, laddove le testimonianze monumentali permettono una verifica (purtroppo in un numero limitato di casi), queste aree funerarie collegate con un culto martiriale si rivelano piuttosto estese, più estese dei comuni cimiteri (Fiocchi Nicolai 1988: 388). La necropoli sotterranea sviluppatasi intorno alle tombe di Alessandro, Evenzio e Teodulo, al VII miglio della Via Nomentana, potè ospitare, nell'arco cronologico compreso tra gli inizi del IV secolo e i primi del V, oltre 1.250 tombe (ma il calcolo è per difetto) (Figg. 2–3).[9] Le sepolture, all'interno delle fabbriche del santuario costruito dal vescovo Urso di *Nomentum*, ai tempi di papa Innocenzo I (401–17), continuarono per tutto il V e il VI secolo, come assicurano le datazioni consolari registrate nelle epigrafi funerarie (la più tarda è del 569) (*ICUR* VIII, 22973–7, 22979–80).[10] Gli scavi del santuario condotti negli anni '30 del secolo scorso hanno rivelato la concentrazione dei sepolcri sotto i piani pavimentali dei numerosi ambienti che davano vita all'articolato complesso monumentale realizzato da Urso (**Fig. 2**) (Belvederi 1938: 242, figg. 61, 63–5; Testini 1969: 725). Tra i personaggi menzionati nelle oltre 100 iscrizioni che quest'area funeraria ha restituito, si deve registrare la presenza di alcuni membri delle classi aristocratiche, come la Iunia Sabina c.f., che contribuì, in qualità di evergete, alla realizzazione dell'altare contenente le tombe di Alessandro ed Evenzio (*ICUR* VIII, 22959; Fiocchi Nicolai 1994a: 239–40, 246).

A Sant'Antimo, la basilica che ospitava il sepolcro del martire sorgeva, come attestano le fonti letterarie e alcuni documenti d'archivio (ma anche talune limitate testimonianze monumentali), al XXII miglio della Salaria, cioè sul colle ancora chiamato Sant'Antimo, poco a sud di Montemaggiore (**Fig. 1**);[11] una catacomba si trovava anche a nordest dell'edificio, distante da esso circa 1 km (**Fig. 1.4**; **Fig. 4**); una limitata parte di questo cimitero sotterraneo fu vista da Enrico Stevenson cento anni fa (**Fig. 5**); poi purtroppo il monu-

FIG. 3. **Galleria della catacomba di Sant'Alessandro sulla Via Nomentana.** *(V. Fiocchi Nicolai.)*

mento scomparve (Stevenson 1896).[12] Stando alle notizie riportate dallo studioso, gli ambienti dell'ipogeo registravano un'utilizzazione funeraria discretamente intensiva. A Sant'Antimo, la presenza di due nuclei cimiteriali distinti è indice dell'importanza che l'area funeraria sviluppatasi intorno e nei pressi della sepoltura del martire aveva assunto nella tarda antichità.[13]

Anche a San Restituto, presso *Nomentum* (**Fig. 1**), cimitero localizzato dal *Martirologio Geronimiano* e da una *passio* scritta tra V e VI secolo, al XVI miglio della Via Nomentana, la recentissima riscoperta di un settore periferico della catacomba (**Fig. 6**), vista alla fine del '500 e mai più rintracciata, fa rilevare le capacità recettive di questa ulteriore area cimiteriale connessa con il culto di un santo (Fiocchi Nicolai 1998b).

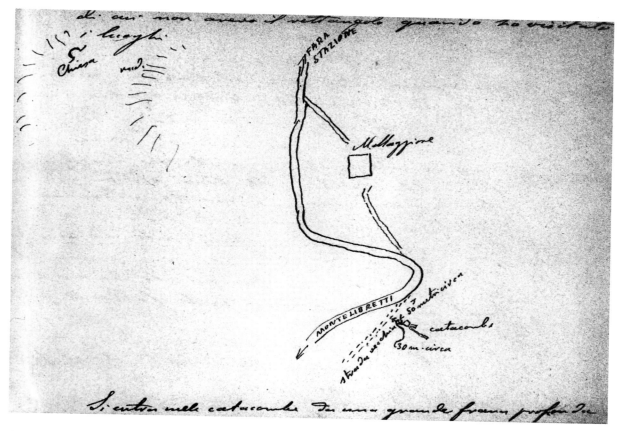

FIG. 4. **Ubicazione della basilica di Sant'Antimo e della catacomba di Montemaggiore.** *(Da Stevenson,* Codice Vaticano Latino, *10561, fol. 218v.)*

Essa, nel tratto conservato, poteva ospitare circa 300 sepolture; al di sopra della catacomba sorgeva, nel tardo medioevo, una basilica dedicata al martire, di cui non è possibile stabilire l'antichità (Fiocchi Nicolai 1998b: 69–74, 92).

Mancano quasi totalmente informazioni archeologiche sui cimiteri dei Santi Primo e Feliciano, di Sant'Eutiche, San Giacinto e San Getulio. Circa il primo complesso monumentale, la *passio* dei Santi Primo e Feliciano, scritta probabilmente nel VI secolo, riferisce della presenza di un cimitero sotterraneo e di una basilica al sopratterra (*AASS* 1698: 154).[14] La chiesa era ancora visibile agli inizi del '600, quando i suoi ruderi furono disegnati da Francesco Peperelli (Passigli 1985: 316–17, 326–32; 1989: 35–6, 40–2, 116–17; La Porta 1997: 16–17, 22–4). In prossimità dell'edificio, il cui sito è stato recentemente riconosciuto da Passigli al km 20,6 della Nomentana (Fig. 1), a più riprese sono state rinvenute sepolture di epoca romana (Pala 1976: 19, n. 1.2).

Sul cimitero di Sant'Eutiche, al XVIII miglio della Via Nomentana, ricordato dal *Martirologio Geronimiano* nella prima metà del V secolo, mancano del tutto dati monumentali, e persino la sua ubicazione resta incerta (Fig. 1) (Fiocchi Nicolai 1997: 98–9); nella *passio* del santo (VI–VIII secolo) si fa menzione di una chiesa eretta sopra il suo sepolcro (*AASS* 1866: 11).

Le basiliche martiriali di San Giacinto e di San Getulio, situate nel territorio di *Cures Sabini*, risultano invece ben localizzabili in base soprattutto all'apporto dei documenti farfensi (Andreozzi 1973: 81–4, 93–5; Cristiano 1980: 85–100; Muzzioli 1980: 48–52, fig. 14; Migliario 1988: 27–8, 42–3, 45–6, 57). L'ubicazione di San Giacinto sulle colline prospicienti *Cures Sabini*, subito a nord del fosso di Corese (Figg. 1 e 7), appare assicurata da un'importante testimonianza del Galletti, che, alla metà del '700, poteva ancora scorgere alcune strutture della antica chiesa sul colle chiamato allora 'San Giacinto' (Galletti 1757: 33–4, tav. f.t. a p. 1).[15] La *passio BHL* 4053 (VII–VIII secolo) ha forse qualche probabilità di riferirsi a questo santo: vi si narra delle vicende del martirio e della sua sepoltura, facendo riferimento alla vicinanza di un torrente (il Corese?) e di una antica città (*Cures Sabini?*) (Fig. 7) (Mara 1964: 94–109; cfr. Saxer 1990: 262).

La leggenda agiografica di San Getulio, tramandata-

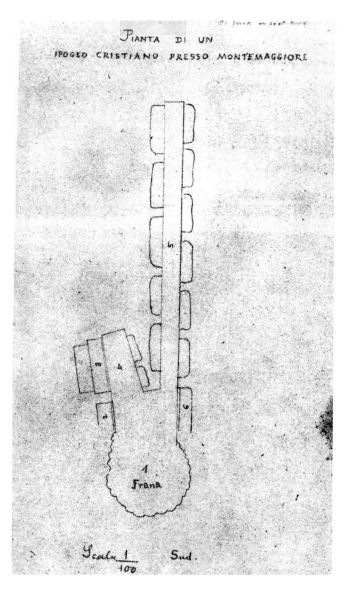

FIG. 5. Planimetria della catacomba di Montemaggiore
(Da Stevenson, Codice Vaticano Latino, *10561, fol. 217v.)*

ci da uno scritto redatto, come si è detto, probabilmente agli inizi dell'VIII secolo, colloca il luogo di deposizione del martire in una località situata *plus minus* al XXX miglio della Salaria (*AASS* 1698: 265–6):[16] ciò che pare all'incirca corrispondere, come si è anche recentemente rilevato, con il sito, poco distante da Ponte Sfondato (siamo presso il Tevere), verso cui indirizzano inequivocabilmente le notizie farfensi (**Figg. 1** e **7**) (Migliario 1988: 26–8).[17] Anche l'importante via lungotevere che dallo snodo di Passo Corese conduceva verso nord a *Forum Novum* (**Fig. 1**), all'epoca della redazione del documento, era dunque ritenuta Salaria (Migliario 1988: 23–6),[18] in linea con quella proliferazione di 'Salarie' che caratterizza, come ha

evidenziato Leggio, il territorio sabino nell'alto medioevo (Leggio 1986: 6–14 e sotto, Capitolo 20). La *passio* di San Getulio ricorda che la tomba del martire si trovava *in arenario*, termine tipico, in questi componimenti agiografici, per indicare un cimitero sotterraneo. In effetti, una catacomba parrebbe essere stata rinvenuta poco a sud di Ponte Sfondato negli anni '40 (**Figg. 1** e **7**) (Cristiano 1975: 3–4; 1980: 90–1; Muzzioli 1980: 116–17, n. 119). Tuttavia, anche di questo monumento dobbiamo lamentare oggi la scomparsa (ed anche ricerche recenti, mirate ad un suo recupero, non hanno dato esito).

I dati monumentali disponibili — specie quelli concernenti Sant'Alessandro, San Restituto e Sant'Antimo — sono dunque sufficienti a mostrare l'ampiezza e l'articolazione che le aree cimiteriali connesse con la tomba di un martire potevano assumere nella nostra regione. C'è da chiedersi se non sia stata proprio la cospicua presenza di questi cimiteri di origine martiriale a calamitare le sepolture degli abitanti della regione e a rendere di conseguenza meno diffusa la prassi, ben attestata altrove, di realizzare aree cimiteriali (private o comunitarie) di più modesta estensione.

In ogni caso, ci sembra importante sottolineare, anche nei limiti della documentazione disponibile — così come peraltro si è fatto a proposito dei dati forniti dall'Etruria Meridionale (Fiocchi Nicolai 1994b) — l'importanza che le aree cimiteriali paleocristiane possono assumere nella ricostruzione della storia degli insediamenti nel periodo compreso tra il IV e il V secolo. Tali aree funerarie talvolta costituiscono l'unica documentazione dell'esistenza di un abitato in quel periodo; la loro presenza va spesso felicemente ad integrare quei vuoti di informazione che la ricognizione di superficie è costretta in più di un caso a rilevare.[19]

Il cimitero di San Restituto, recentemente ritrovato, con le sue 300 tombe ospitate nel limitato settore oggi accessibile, si deve riferire con certezza ad un insediamento importante (o ad un gruppo di insediamenti), la cui presenza, nella tarda antichità, nel territorio circostante, risulta perfettamente sconosciuta alla ricognizione di superficie (Turchetti 1995: 42; Fiocchi Nicolai 1998b: 89, nota 51).

Le 1.250 sepolture attestate a Sant'Alessandro nel corso del IV secolo (**Fig. 3**) (e le altre che vi si aggiunsero nel V e VI secolo) documentano un livello di popolamento nel territorio circostante certamente più consistente di quanto lasciassero intravvedere le indagini di superficie condotte anche in tempi molto recenti (Quilici e Quilici Gigli 1993: 158–9, 502–3, tavv. 219–20).[20] La

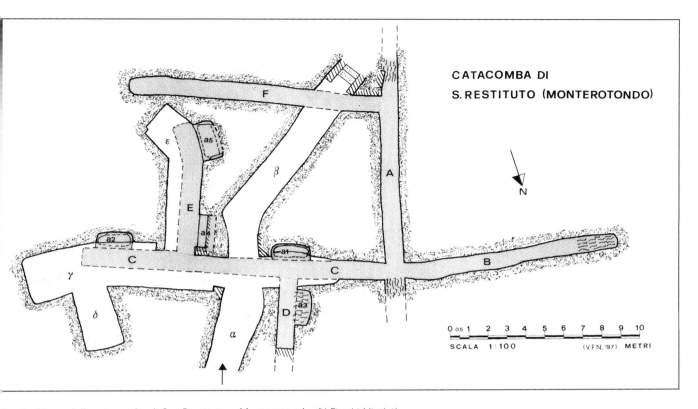

Fɪɢ. 6. **Pianta della catacomba di San Restituto a Monterotondo.** *(V. Fiocchi Nicolai.)*

presenza di aree cimiteriali tardoantiche di notevole sviluppo in settori del territorio rurale, che le ricognizione di superficie rivelano spesso interessate da una radicale contrazione degli insediamenti (talvolta in termini addirittura catastrofici),[21] sembrerebbe confermare, oltre che la evidente lacunosità dei dati a nostra disposizione (e quindi la pericolosità di costruire su questi 'modelli' apodittici) (Moreland *et al.* 1993: 212–13), quanto sta vieppiù emergendo nello studio delle dinamiche insediative del territorio nella tarda antichità: che cioè la forte contrazione numerica degli insediamenti non indica *ipso facto*, necessariamente, almeno per il IV e V secolo, un crollo del popolamento, un 'collasso demografico', ma può essere più realisticamente ricondotta ad una concentrazione delle proprietà e della popolazione rurale in un minor numero di siti, in relazione a quei mutamenti nel campo dei sistemi di produzione agraria che contrassegnarono l'età tardoromana (Vera 1995: 189–210, 331–7; Migliario 1988: 21). A questo proposito, può essere interessante rilevare, nel caso di Sant'Alessandro, la presenza, a poca distanza dall'area funeraria, di due grossi insediamenti con continuità di vita fino al V–VI secolo, di cui è stata ipotizzata la natura di *vici* (Quilici e Quilici Gigli 1993: 205–12, 238–42, 487, nn. 192 e 228, tavv. 219–20). Insomma, l'archeologia dei cimiteri può contribuire in modo molto impor-

tante ad una ricostruzione più completa della storia del territorio durante la tarda antichità.

Gli edifici di culto sorti nelle aree funerarie che avevano ospitato una tomba di martire dovettero, come di consueto, divenire oggetto di una assidua frequentazione devozionale. Il santuario di Sant'Alessandro di *Nomentum*, alla metà del VII secolo, era regolare mèta di visita dei pellegrini che si recavano a Roma e nei suoi immediati paraggi per pregare sulle tombe dei martiri. Lo attesta una delle guide redatte in quel tempo, l'*Itinerario Malmesburiense* (Valentini e Zucchetti 1942: 145). La frequentazione devozionale dei santuari, anche nella nostra regione, dovette ingenerare quel fenomeno di 'poleogenesi' caratteristico dei *martyria* della tarda antichità (Reekmans 1968; Pani Ermini 1989: 857–77). Strutture di accoglienza per pellegrini, abitazioni per il clero incaricato dell'officiatura e della custodia dovettero sorgere nei pressi delle basiliche martiriali. La presenza di strutture di supporto (e forse anche di un consistente aggregato insediativo) potrebbero giustificare l'elevazione a rango di cattedrale della diocesi di *Cures Sabini*, almeno dai primi anni del VI secolo, del santuario di Sant'Antimo (certamente il sito di Sant'Antimo era divenuto allora più significativo di quello dell'antica

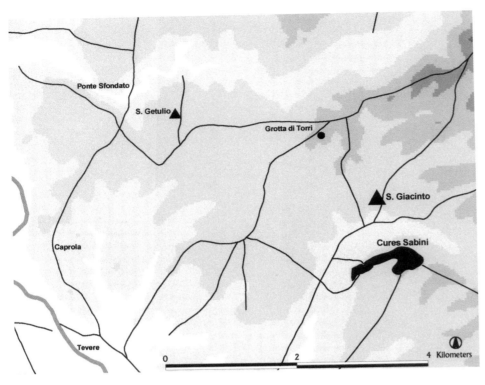

Cures Sabini) (Andreozzi 1973: 64; Leggio 1992: 52); la nuova dignità di sede episcopale comportò, per il centro religioso della Salaria, certamente ulteriori potenziamenti: la creazione di una residenza vescovile, quella di una istallazione battesimale. L'esistenza di un abitato sorto intorno alla antica basilica cimiteriale è attestata dalle fonti almeno nella tarda età medievale, quando il sito è ricordato come *villa Sancti Antimi* (il termine, come rilevato dal Coste, tradisce l'origine altomedievale del borgo) (Coste 1980: 62–3, 66, 72).[22]

Altrove, le antiche basiliche cimiteriali dovettero svolgere funzione di parrocchia rurale per la *cura animarum* delle popolazioni circostanti. In questo dovevano affiancarsi ad altri edifici cultuali creati *ex novo*, come quello recentemente identificato non lontano dalla *statio Ad Novas* della Salaria (Branciani e Mancinelli 1993).[23]

Già agli inizi del V secolo, come sappiamo da una lettera di papa Innocenzo I (401–17), la basilica di Sant'Alessandro aveva probabile funzione di *paroecia* (cioè appunto, di parrocchia rurale (*S. Innocentii Papae Epistolae et Decreta*, Epistola XL = *PL* 20: cc. 606–7)).[24] La basilica di San Giacinto presso *Cures Sabini*, alla metà dell'VIII secolo, era retta da un *presbyter*, che rivendicava i propri diritti, contro l'abbazia di Farfa, su un casale che era stato donato alla chiesa da Liutprando (*RF* II: 42; Gasparri 1983: 98). Una funzione in qualche modo 'pubblica', l'edificio doveva svolgere ancora nella seconda metà del secolo,

se esso si trovava sotto il controllo del vescovo di Rieti (*RF* II: 89; Migliario 1988: 42–3; Leggio 1989: 175, nota 45; 1992: 58). Ancora in quel tempo la chiesa conservava al suo interno la tomba del santo ('ubi et corpus eius requiescit') (*LP* II: 13). Anche la basilica dei Santi Primo e Feliciano presso l'antica *Nomentum* è probabile svolgesse nell'alto medioevo il ruolo di parrocchia rurale (Passigli 1989: 40–2).

Nei vari casi ricordati, il complesso delle prerogative assunte dalle antiche basiliche martiriali — funerarie, devozionali, pastorali — dovette fare di queste chiese centri vitali della vita delle campagne durante l'alto medioevo. Sono in effetti gli insediamenti situati nelle loro immediate vicinanze, come è stato notato per i casi di Sant'Alessandro, San Giacinto e San Getulio, quelli che mostrano una persistente continuità insediativa dall'età romana al medioevo (Muzzioli 1980: 48; Migliario 1988: 57, nota 16; Staffa 1989–90: 207–8; Quilici e Quilici Gigli 1993: 157–8, 504–5). I *gualdi* e le *curtes* dell'alto medioevo troveranno nelle chiese di San Giacinto e San Getulio, da tempo fulcro della vita religiosa di quei territori, come attestano i documenti farfensi, il loro naturale centro religioso e amministrativo (Migliario 1988: 42–3, 45–6, 55).

L'archeologia delle chiese e dei cimiteri, anche nella Sabina tiberina, si rivela importante per ricostruire in modo più completo la storia di questa regione nel periodo che segna il passaggio dall'antichità al medioevo.

NOTE

1. Sulle antiche diocesi di *Nomentum* e *Cures Sabini* si veda principalmente: Duchesne 1892: 494–6; Tomassetti e Biasotti 1909: 43–50; Lanzoni 1927: 139–43; Andreozzi 1973: 41–3, 55–72, 103–32; Di Manzano e Leggio 1980; Siniscalco 1980: 55–9; Migliario 1988: 30–1; Leggio 1992: 51–3; Fei 1995: 81–2. Il confine tra le due circoscrizioni vescovili doveva correre probabilmente lungo il fosso Fiora: Di Manzano e Leggio 1980: 5–6, 12–13 (figura); ad est la diocesi di *Cures Sabini* è possibile comprendesse l'antico *municipium* di *Trebula Mutuesca*: Duchesne 1892: 496; Di Manzano e Leggio 1980: 5 (ma vedi Staffa 1984: 236–7). Sul passo di Gregorio Magno relativo all'unificazione delle due diocesi, vedi Gregorio Magno, *Epistole* 3.20 = *CCh* 140: 165–6 (cfr. Boglioni 1983: 298–9; Migliario 1988: 30–1).

2. Per i riferimenti bibliografici relativi a queste aree funerarie vedi Marucchi 1922; Styger 1933: 222–4; 1935: 257–9; Belvederi 1937; 1938; Testini 1969; Fiocchi Nicolai 1995: 202, 206, 224, 232; c.s.

3. Si tratta dei sarcofagi e delle iscrizioni rinvenute o segnalate a Fidenae (**Fig.** I) (De Rossi 1892: 43–4, 50–3; Panaitescu 1924: 453–9), in due località situate presso la Via Nomentana, non lontane dal cimitero di Sant'Alessandro (nn. 1 e 2 a **Fig.** I) (Gatti 1891: 338; Quilici e Quilici Gigli 1986: 286, nota 590, n. 197; 1993: 199, nota 425, n. 185; *ICUR* VIII, 22970), a *Nomentum* (**Fig.** I) (*ICUR* VIII, 23047a), a *Cures Sabini* (**Fig.** I) (Muzzioli 1980: 48, 72, n. 113, fig. 30; ma il carattere cristiano dell'epigrafe non è certissimo), a Coltodino (**Fig.** I.5) (l'iscrizione, oggi perduta, fu ritenuta 'certamente cristiana' dall'Amati (Buonocore 1985–6: 247, fig. 4)), a Stimigliano (**Fig.** I.7) (Bisconti 1985). Le iscrizioni *ICUR* I, 3732, *CIL* IX 4864 e quella pubblicata da Ferrua (1979: 302), a Poggio Mirteto e a Montopoli, provengono da Roma (Ferrua 1979: 301–2); frutto di una contraffazione è la lapide conservata presso la chiesa di San Lorenzo a Toffia (*CIL* VI 36327). Di nessuno dei sarcofagi e delle iscrizioni cristiane conservate nella collezione Zeri di Mentana è possibile stabilire la provenienza locale (cfr. *Il lapidario* 1982: 283–95, nn. 211–23; 312–15, n. 237; 364–6, nn. 280–2; Ferrua 1983; Dresken-Weiland 1998: 66, 84–5, nn. 165, 245; Granino Cecere 1988: 13–15, nn. 6–7; 70, n. 49). Le origini paleocristiane dell'abbazia di Farfa (**Fig.** I) sono leggendarie (Pani Ermini 1983: 562–3; Leggio 1986: 18, nota 55; Migliario 1988: 37–8; Leggio 1992: 54–5): le più antiche strutture religiose dell'area sembrano essere quelle individuate nell'oratorio di San Martino, sul colle omonimo prossimo all'abbazia (**Fig.** I.6), risalenti forse al VI secolo (Fiore Cavaliere 1988: 446, 448–9; sulle prime fasi insediative nel sito del monastero, cfr. Gilkes e Mitchell 1995: 345–7). Nell'abbazia sono segnalati iscrizioni e un sarcofago paleocristiani di cui si ignora la provenienza (*CIL* XI 5009–12; *Codice Vaticano Latino* 10561, f. 227; Schuster 1907: 583, nn. VIII e X; Recio Veganzones 1985: 80–105; Dresken-Weiland 1998: 43, n. 127). Sulla chiesa paleocristiana di San Michele al VII miglio della Via Salaria (**Fig.** I) si veda Fiocchi Nicolai 1998a: 338–49; di Gennaro e Filippone 2000.

4. Sull'ubicazione del santuario vedi sotto; per il passo di Gregorio Magno, nota 1; le sottoscrizioni vescovili al concilio del 501 sono riportate in Mansi 1762: 234. La distanza per via di terra tra il sito di Sant'Antimo e *Cures Sabini* è calcolata sul tracciato della Salaria (dove sorgeva il santuario) e dei diverticoli che da essa portavano alla città (**Fig.** I): cfr. Muzzioli 1980: fig. 199 e sotto, nota 15. Sulla questione dello spostamento della cattedrale dal centro urbano al sito rurale di Sant'Antimo si veda principalmente Andreozzi 1973: 63–4, 67–72; Fiocchi Nicolai 1979: 265; Leggio 1989: 171; 1992: 52–3, dove si ipotizza che in realtà la cattedrale di *Cures Sabini* si fosse sempre trovata a Sant'Antimo.

5. Nel lemma del *Martirologio Geronimiano* (Saxer 1990: 259–61), la mancata menzione della Via Salaria sembra bene accordarsi, in effetti, con la posizione del santuario, che si trovava, non su questa strada ma a nord di *Cures Sabini* (**Fig.** I), in un sito che era raggiungibile, secondo il percorso più normale, attraverso la Via Salaria e il diverticolo che da essa raggiungeva *Cures Sabini*, partendo poco prima di Acquaviva di Nerola, cioè appunto a XXX miglia da Roma: Muzzioli 1980: fig. 199; Migliario 1988: 23–4; Leggio 1992: 31, il quale ipotizza che questa strada secondaria sia il tracciato disegnato nella *Tabula Peutingeriana*, che univa la Salaria al Tevere (su tale diverticolo vedi pure Muzzioli 1980: 48). Per un'altra ricostruzione del percorso, che dopo XXX miglia da Roma conduceva a San Giacinto, vedi Mancinelli 1994: 83. L'ipotesi (Di Manzano e Leggio 1980: 9–11) che, nella prima metà del V secolo (epoca cui risale la notizia del *Martirologio Geronimiano*), con l'indicazione del XXX miglio si intendesse l'abbazia di Farfa appare poco probabile. È inoltre interessante rilevare come, in analogia con quanto riportato dal *Martirologio Geronimiano* per San Giacinto, il documento, anche nella commemorazione di Santa Vittoria della vicina *Trebula Mutuesca* (Monteleone Sabino), non menzioni la Salaria ma collochi la festa della martire *in Savinis* (come nel nostro caso), *civitate Trebulana* (Saxer 1990: 268).

6. Da notare che, invece, nella citata commemorazione di Santa Vittoria di Trebula, il documento fa regolarmente riferimento alla città sabina.

7. Cfr. Stevenson 1876: 63 (e sotto, nota 16, per la datazione della *passio*). Per il significato del termine *praetorium* si veda il contributo di Silvana Episcopo (1986–8: 162–74). Sull'ubicazione del *fundus Capreolis* e del santuario di San Getulio, sotto, pp. 115–16, nota 17.

8. Sul fenomeno delle sepolture *ad sanctos* vedi principalmente Duval 1988: 51ss; 1991; Picard 1992: 21–36; per una sua attestazione nell'ambito dei cimiteri paleocristiani laziali: Fiocchi Nicolai 1986: 193–4; 1995: 226–7.

9. Sul complesso monumentale di Sant'Alessandro e la sua cronologia si veda sopratutto: Marucchi 1922; Styger 1933: 222–4; 1935: 257–9; Belvederi 1937; 1938; Testini 1969; Fiocchi Nicolai 1995: 202, 206, 224, 232; 2002.

10. Sulle caratteristiche dell'intervento monumentale curato da Urso e sulle fonti letterarie ed epigrafiche che lo ricordano: Testini 1969: 729–30, 732–5; Fiocchi Nicolai 1995: 206, 224; 2002.

11. Sul monumento si veda principalmente: Galletti 1757: 43; De

Chaupy 1769: 75–6; Guattani 1828: 345–56; Stevenson 1880: 107; 1886: 124; 1896; Armellini 1893: 542–3; Ashby 1906: 31; Persichetti 1910: 32, 72; Andreozzi 1973: 73–9; Fiocchi Nicolai 1979 (ivi ulteriore bibliografia); Di Manzano e Leggio 1980: 7–8; Migliario 1988: 25–7. Interessanti notizie sulle fasi medievali e post-medievali del complesso si trovano in Cristiano 1980: 78–84 e soprattutto Coste 1980: 62–6, 72. Per un'analisi del passo del *Martirologio Geronimiano* e della *passio* di Sant'Antimo: Mara 1964: 15–83; Saxer 1990: 254–9. La recente affermazione di Migliario (1988: 26–7) che l'originario luogo di sepoltura di Sant'Antimo si sarebbe trovato, non al XXII miglio della Salaria bensì al XXX, si deve ad un'erronea lettura del testo della *passio*: il passo citato dalla studiosa si riferisce infatti ad un altro dei protagonisti del leggendario racconto: San Massimo (cfr. Mara 1964: 78). Cade così la necessità di ipotizzare una improbabilissima traslazione delle spoglie del santo dal XXX miglio al sito del XXII miglio (Migliario 1988: 27). Anche la *passio*, del resto, in alcuni dei suoi manoscritti, colloca giustamente il luogo di sepoltura di Antimo al XXII miglio (Mara 1964: 70). Restano giustamente localizzati dalla Migliario (1988: 26–7, 92) al XXX miglio della Salaria, nella zona di Ponte Sfondato (**Fig. 7**), sulla base della documentazione farfense, i *praedia Piniani* ricordati dal testo agiografico a proposito delle vicende della vita di Antimo.

12. Vedi anche Fiocchi Nicolai 1979: 266–7 (dove si pubblicano alcuni documenti inediti di Stevenson). All'esistenza della catacomba aveva già accennato Boldetti 1720: 575–6.

13. Resti di tombe furono intravisti, a quanto pare, da Stevenson nel 1896 anche al di sopra della catacomba (*Codice Vaticano Latino*, 10561, fol. 221); altre sepolture sono venute alla luce a più riprese, anche in anni recenti, nell'area della basilica (Leggio 1992: 53). Un rapporto tra la catacomba e il luogo di sepoltura di Sant'Antimo non è evidentemente da ipotizzare (Leggio 1992: 52–3): la tomba del martire doveva trovarsi, come indica chiaramente il *Martirologio Geronimiano*, nel luogo in cui era sorta la basilica, cioè al XXII miglio.

14. Conferma la presenza di un cimitero sotterraneo la notizia del *Liber Pontificalis* relativa alla traslazione dei due martiri a Roma nella chiesa di San Stefano Rotondo, all'epoca di papa Teodoro (642–9): 'Eodem tempore levata sunt corpora sanctorum martyrum Primi et Feliciani, qui erant in arenario sepulta, via Numentana' (*LP* I: 332).

15. La notizia del Galletti è riportata pure da Mercuri 1838: 58–61 (vedi Stevenson 1880: 107; 1886: 125). La prima citazione della chiesa è in un documento del *Regesto di Farfa* (II: 42) dell'anno 747. Il luogo indicato dal Galletti potrebbe corrispondere — come ha ipotizzato Leggio (1989: 179, nota 63; 1992: 58) — al sito in cui Muzzioli (1980: 104, n. 53) ha rilevato la presenza di 'un muro curvo in laterizio con larghi strati di malta', riferendolo alle strutture di una villa romana (**Fig. 7**); nel luogo, stando alle notizie riportate dalla studiosa, si scorgevano anche blocchi di marmo e travertino, che potrebbero essere quelli visti dal Galletti presso l'edificio religioso (Muzzioli 1980: 11, 48, nota 333). Di tutti questi resti oggi non è possibile più riscontrare traccia. Nel luogo, tuttavia, alcuni

scavi eseguiti dalla Soprintendenza Archeologica per il Lazio nel 1990 hanno rimesso in luce il basolato di una strada (cfr. Muzzioli 1980: 103–4, n. 52) e una serie di tombe di difficile datazione (ringrazio la Dott.ssa Giovanna Alvino per avermi consentito di consultare la documentazione d'archivio conservata presso la Soprintendenza). Il sito indicato dal Galletti, come si è visto, può collimare con l'ubicazione del santuario riportata dal *Martirologio Geronimiano* (sopra, nota 4). Nella chiesa, sorta sul luogo di sepoltura del martire, il corpo di questi giaceva ancora regolarmente all'epoca di papa Leone III (795–816): 'fecit autem et in basilica beati Iacinti sita in Savinis, ubi et corpus eius requiescit, vestem de stauraci pulcherrimam' (*LP* II: 13). L'ipotesi che il santo sia l'omonimo romano della *Salaria Vetus* (Lanzoni 1927: 353–4; Mara 1964: 93), le cui reliquie sarebbero arrivate a *Cures Sabini* a seguito di una traslazione, appare gratuita: Andreozzi 1975: 57–64; Saxer 1990: 260–1. Certamente del Giacinto romano devono invece considerarsi le reliquie *ex contactu* inviate da Gregorio Magno ad un diacono di Rieti, unitamente a quelle degli altri due martiri romani, Ermete e Massimo (= Massimiliano), della catacomba romana di Bassilla sulla Salaria (Gregorio Magno, *Epistole* 9.49 = *CCh* 140A: 608; Valentini e Zucchetti 1942: 75; Josi 1950: 508; Amore 1975: 22–3, 31–2, 41–2). Reliquie di Proto e Giacinto (i due santi ben noti sepolti nel medesimo cimitero di Roma; Amore 1975: 23–5) furono concesse, a quanto sembra, dall'abate di Farfa, Giovanni III, a Federico di Metz (Andreozzi 1973: 90, nota 53).

16. Sulla *passio* e la figura del santo: Stevenson 1876: 46–54, 59–71; Lanzoni 1927: 127, 130–1, 354–5; Delehaye *et al.* 1940: 232; Mara 1964: 113–47; Cignitti 1965; Andreozzi 1973: 60–1, 79–80; Cristiano 1975: 3–33; 1980: 85–100; Saxer 1990: 263–5; Scorza Barcellona c.s.

17. Vedi pure Galletti 1757: 13ss; Stevenson 1876: 60–3; 1880: 108; 1886: 125; Lanzoni 1927: 354–5; Cristiano 1980: 85–92; Muzzioli 1980: 48–51, fig. 14, 116–17, n. 119 e gli altri riferimenti riportati alla nota precedente. Nella *passio*, gli avvenimenti sono giustamente ambientati in vicinanza del Tevere, sulle alture prospicienti il fiume: *AASS* 1698: 266; nel racconto si fa anche riferimento — a proposito del martirio e della sepoltura di San Getulio — ad un *fundus Capreolis* e ad un luogo chiamato *capris*, che trovano riscontro in analoghi toponimi della documentazione farfense, riferibili a località situate appunto presso 'Ponte Sfondato' (anche il moderno 'Caprola' (**Fig. 7**) potrebbe ricollegarsi alla antica denominazione: Muzzioli 1980: 48; Migliario 1988: 28). Nella *passio* si ricorda anche, come è noto, una antica, fantastica *Gabii* Sabina, frutto della fantasia dell'agiografo: l'inserimento della nota città laziale della Prenestina nel racconto (e il suo indebito trasferimento in Sabina, nei luoghi in cui è ambientato il componimento) si può forse giustificare con la presenza nello scritto anche del martire Primitivo di *Gabii*, presenza che può aver portato con sè il riferimento alla località della Prenestina (Cignitti 1965: 309–10). Nell'XI secolo, comunque, in relazione evidentemente alla diffusione della *passio*, a questa inventata *Gabii* Sabina si cercò di dare una qualche parvenza di realtà, identificandola con i poderosi ruderi della villa roma-

na di Grotte di Torri, situati a poca distanza da *Cures Sabini* (**Fig. 7**): a questi si devono infatti con ogni probabilità riferire le notizie del *Regesto di Farfa* (III: 220) che menzionano una 'civitatem Gabis quae nunc Turris vocatur': cfr. Muzzioli 1980: 11, 51, 94–102, n. 44; vedi pure Migliario 1988: 67 e Leggio 1989: 183, per l'uso medievale del termine *civitas antiqua* ad indicare le strutture di ville romane. Sul luogo delle deposizione di Getulio era sorta una chiesa, ricordata per la prima volta in un documento del *Regesto di Farfa* (II: 26) del 724; in essa allora giaceva il corpo del santo: 'aecclesiam Sancti Gethulii, ubi ipsius corpus requiescit'. L'ipotesi che il riferimento al XXX miglio riportato dalla *passio*, in relazione al luogo di sepoltura di Getulio, indichi il sito dell'abbazia di Farfa e non quello della basilica martiriale (Di Manzano e Leggio 1980: 9–11) pare poco probabile, considerando che questo sito, come si è detto, può collimare con l'indicazione del racconto agiografico (Migliario 1988: 26). Tra la fine del X secolo e gli inizi dell'XI, in ogni caso, a quanto pare, reliquie di San Getulio si trovavano nell'abbazia di Farfa: Schuster 1910: 57.

18. Su questa Via Salaria lungotevere si vedano pure: Ashby 1906: tav. I; Gamurrini *et al.* 1972: 351ss, tav. V; Muzzioli 1980: 35, 48, 84, 109–10, n. 70. Strutture ritenute di una *mansio* e parte del basolato della strada sono state rimesse in luce recentemente nei pressi di Passo Corese: Moscetti 1997: 147–53.

19. Sui limiti 'fisiologici' della ricognizione di superficie: Marazzi 1988: 264–5; Moreland *et al.* 1993: 212–13; Vera 1995: 194–203, 234. La revisione dei dati ceramologici raccolti nel South Etruria Survey, in corso nella British School at Rome, nell'ambito del 'Tiber Valley Project', coordinato da Helen Patterson, renderanno le nostre informazioni assai più complete.

20. Il numero delle sepolture, se i criteri adottati da Guyon per ricostruire il bacino d'utenza del cimitero romano dei Santi Pietro e Marcellino colgono nel segno, fa ipotizzare che dell'area funeraria di Sant'Alessandro si servisse una popolazione di circa 300 persone (Guyon 1987: 101).

21. Vedi la bibliografia riportata a p. 113, cui si aggiunga, per la zona circostante Farfa, Leggio e Moreland 1986: 337–9; Moreland e Pluciennik 1991: 478–80; Moreland *et al.* 1993: 211–16. È eloquente il quadro di insieme pubblicato da Muzzioli 1980: 47, fig. 12 (ma, come si sa, tale quadro si basava allora pressoché esclusivamente sulla valutazione dei dati cronologici relativi alla ceramica fine da importazione, mentre oggi anche le produzioni in ceramica comune stanno cambiando il quadro delle nostre conoscenze sulle fasi tardoantiche degli insediamenti — cfr., a questo proposito, Patterson e Roberts 1998).

22. Per il significato del termine *villa* nei documenti medievali, cfr. Coste 1996: 398.

23. Un'altra chiesa con funzione di *cura animarum*, ricordata in una lettera di papa Pelagio I del 559, precedentemente riferita al territorio di *Cures Sabini*, sembra invece sia da considerare pertinente alla diocesi di *Gabii* sulla Via Prenestina: Gassò e Battle 1956: 102–5, n. 36. Sulle parrocchie rurali nel Lazio in età tardoantica, cfr. Fiocchi Nicolai 1999.

24. Cfr. Pietri 1976: 918; Fiocchi Nicolai 1986: 194, 196–7, note 24 e 26; 1999: 453; 2002: 170–5.

RIFERIMENTI BIBLIOGRAFICI

AASS = *Acta Sanctorum Iunii II* (Antwerp 1698); *Maii III* (Parigi, Victor Palme, 1866).

BHL = *Bibliotheca Hagiografica Latina Antiquae et Mediae Aetatis* I (1898). Bruxelles, Socii Bollandiani.

CCh = *Corpus Christianorum, Series Latina* (1953–). Turnhout, Brepols.

CIL = *Corpus Inscriptionum Latinarum* (1863–). Berlino, George Reimer e Walter de Gruyter.

ICUR = *Inscriptiones Christiane Urbis Romae Septimo Saeculo Antiquiores. Nova Series* (vol. I 1922; vol. VIII 1983). Città del Vaticano, Pontificio Istituto di Archeologia Cristiana.

LP = *Liber Pontificalis* — vedi Duchesne 1886–92.

PL = *Patrologiae Cursus Completus, Series Latina* 1–221 (1844–64). Parigi.

RF = *Il regesto di Farfa* — vedi Giorgi e Balzani 1879–1914.

Amore, A. (1975) *I martiri di Roma*. Roma, Edizioni Antonianum.

Andreozzi, A. (1973) *Le antiche diocesi sabine* I. *Cures, Nomentum*. Roma, Officium Libri Catholici.

Andreozzi, A. (1975) S. Giacinto martire: un santo veramente sabino? In A. Andreozzi e C. Cristiano, *I santi sabini. Studi e ricerche*: 57–65. Diocesi di Sabina e Poggio Mirteto, Pro Manuscripto.

Armellini, M. (1893) *Gli antichi cimiteri cristiani di Roma e d'Italia*. Roma, Tipografia Poliglotta.

Ashby, T. (1906) The classical topography of the Roman Campagna II. *Papers of the British School at Rome* 3: 1–212.

Belvederi, G. (1937) La basilica e il cimitero di S. Alessandro al VII miglio sulla Via Nomentana. *Rivista di Archeologia Cristiana* 14: 7–40, 199–224.

Belvederi, G. (1938) La basilica e il cimitero di S. Alessandro al VII miglio sulla Via Nomentana. *Rivista di Archeologia Cristiana* 15: 19–34, 225–46.

Bisconti, F. (1985) I tre giovani di Babilonia nella fornace su un coperchio di sarcofago da Stimigliano (Rieti). *Vetera Christianorum* 22: 261–9.

Boglioni, P. (1983) Spoleto nelle opere di Gregorio Magno. In *Atti del 9° congresso internazionale di studi sull'alto medioevo. Spoleto, 27 settembre–2 ottobre 1982*: 295–318. Spoleto, CISAM.

Boldetti, M.A. (1720) *Osservazioni sopra i cimiteri de' Santi Martiri, ed antichi cristiani di Roma*. Roma, presso Gio. Maria Salvioni.

Branciani, L. e Mancinelli, M.L. (1993) S. Maria de Viconovo: un esempio di continuità insediativa. *Archivio della Società Romana di Storia Patria* 116: 5–52.

Brown, P. (1983) *Genèse de l'antiquité tardive*. Parigi, Gallimard.

Buonocore, M. (1985–6) L'attività epigrafica di Girolamo Amati negli anni romani 1818–1834. *Bulletin de l'Institut Historique Belge de Rome* 55–6: 237–52.

Cignitti, B. (1965) Getulio, Cereale, Amanzio e Primitivo. In *Bibliotheca Sanctorum* VI: cc. 309–13. Roma, Istituto Giovanni XXIII della Pontificia Università Lateranense.

Coste, J. (1980) Localizzazione di un possesso farfense: il 'Castrum Caminata'. *Archivio della Società Romana di Storia Patria* 103: 53–77.

Coste, J. (1996) *Scritti di topografia medievale. Problemi di metodo e ricerche sul Lazio (Istituto Storico Italiano per il Medio Evo, nuovi studi storici 30)*, a cura di C. Carbonetti, S. Carocci, S. Passigli e M. Vendittelli. Roma, Istituto Storico Italiano per il Medio Evo.

Cristiano, C. (1975) San Getulio di Gabis. In A. Andreozzi e C. Cristiano, *I santi sabini. Studi e ricerche*: 3–33. Diocesi di Sabina e Poggio Mirteto, Pro Manuscripto.

Cristiano, C. (1980) Note di topografia agiografica nella Sabina paleocristiana. In *Il paleocristiano in Bassa Sabina (Magliano Sabina, 27 maggio 1978)*: 65–111. Roma, Herder.

De Chaupy, C. (1769) *Découvert de la maison de campagne d'Horace* III. Roma.

Deichmann, F.W., Bovini, G. e Brandenburg, H. (1967) *Repertorium der Christlich-antiken Sarkophage* I. *Rom und Ostia*. Wiesbaden, F. Steiner.

Delehaye, H., Peeters, P., Coens, M., de Gaffier, B., Grosjean, P. e Halkin, F. (1940) (a cura di) *Martyrologium Romanum ad Formam Editionis Typicae Scholiis Historicis Instructum (Propylaeum ad Acta Sanctorum Decembris)*. Bruxelles.

De Rossi, G.B. (1892) I monumenti antichi cristiani di Fidene. *Bullettino di Archeologia Cristiana* 3 (ser. V): 43–53.

di Gennaro, F. e Filippone, C. (2000) Tenuta di Castel Giubileo — Basilica di San Michele Arcangelo. In *Suburbium. Dalla crisi del sistema delle ville a Gregorio Magno (École Française de Rome, 16–18 marzo 2000)*: scheda n. 53. Roma, École Française de Rome.

Di Manzano, P. and Leggio, T. (1980) *La diocesi di Cures Sabini*. Fara Sabina.

Dresken-Weiland, J. (1998) *Repertorium der Christlich-antiken Sarkophage* II. *Italien mit einem Nachtrag Rom und Ostia, Dalmatien, Museen der Welt*. Mainz am Rhein, Philipp von Zabern.

Duchesne, L. (1886–92) *Liber Pontificalis. Texte, introduction et commentaire* I–II. Parigi, Ernest Thorin.

Duchesne, L. (1892) Le sedi episcopali nell'antico Ducato di Roma. *Archivio della Reale Società Romana di Storia Patria* 15: 475–503.

Duval, Y. (1988) *Auprès des saints, corps et âme. L'inhumation 'ad sanctos' dans la chrétienté d'Orient et d'Occident du IIIe au VIIe siècle*. Parigi, Études Augustiniennes.

Duval, Y. (1991) Sanctorum sepulcris sociari. In *Les fonctions des saints dans le monde occidentale (IIIe–XIIIe siècle) (Actes du colloque, Rome, 27–29 octobre 1988)*: 333–51. Roma, École Française de Rome.

Episcopo, S. (1986–8) Il *praetorium* presso S. Lorenzo f.l.m.: un problema aperto. *Archeologia Classica* 38–40: 162–80.

Fei, F. (1995) Monterotondo e la diocesi di Sabina. In *Monterotondo e il suo territorio*: 81–4. Roma, Dedalo.

Ferrua, A. (1979) Sul luogo di origine di alcune iscrizioni cristiane di Roma. *Rivista di Archeologia Cristiana* 55: 279–308.

Ferrua, A. (1983) Iscrizioni paleocristiane in una raccolta privata. *Rivista di Archeologia Cristiana* 59: 321–33.

Fiocchi Nicolai, V. (1979) Montelibretti: prime ricerche. In *Archeologia Laziale* 2 (*Quaderni del Centro di Studio per l'Archeologia Etrusco-italico* 3): 265–8. Roma, Consiglio Nazionale delle Ricerche.

Fiocchi Nicolai, V. (1986) Sepolture privilegiate nelle catacombe del Lazio. In Y. Duval and J.-C. Picard (a cura di), *L'inhumation privilégiée du IVe au VIIIe siècle en Occident (Acte du colloque tenu à Créteil les 16–18 mars 1984)*: 193–7. Parigi, De Boccard.

Fiocchi Nicolai, V. (1988) *I cimiteri paleocristiani del Lazio* I. *Etruria meridionale (Monumenti di antichità cristiana 10 serie 2)*. Città del Vaticano, Pontificio Istituto di Archeologia Cristiana.

Fiocchi Nicolai, V. (1994a) Evergetismo ecclesiastico e laico nelle iscrizioni paleocristiane del Lazio. In *Historiam Pictura Refert. Miscellanea in onore di Padre Alejandro Recio Veganzones OFM*: 237–52. Città del Vaticano, Pontificio Istituto di Archeologia Cristiana.

Fiocchi Nicolai, V. (1994b) Considerazioni sull'archeologia del territorio laziale nell'alto medioevo. In R. Francovich e G. Noyé (a cura di), *La storia dell'alto medioevo italiano (VI–X secolo) alla luce dell'archeologia (Convegno internazionale, Siena, 2–6 dicembre 1992)*: 403–6. Firenze, All'Insegna del Giglio.

Fiocchi Nicolai, V. (1995) Riflessi topografici e monumentali del culto dei martiri nei santuari paleocristiani del territorio laziale. In M. Lamberigts e P. Van Deun (a cura di), *Martyrium in Multidisciplinary Perspective. Memorial Louis Reekmans*: 197–232. Leuven, University Press.

Fiocchi Nicolai, V. (1997) Santuari martiriali della diocesi nomentana: S. Restituto, S. Eutiche. *Annali dell'Associazione Nomentana di Storia e Archeologia* 3: 96–100.

Fiocchi Nicolai, V. (1998a) I monumenti paleocristiani della Via Flaminia (territorio laziale) nelle più recenti ricerche archeologiche. Con un'appendice su S. Michele al VII miglio della Via Salaria. In *Domum Tuam Dilexi. Miscellanea in onore di Aldo Nestori*: 313–49. Città del Vaticano, Pontificio Istituto di Archeologia Cristiana.

Fiocchi Nicolai, V. (1998b) La catacomba di S. Restituto a Monterotondo (Roma): un monumento recentemente ritrovato. *Rivista di Archeologia Cristiana* 74: 63–92.

Fiocchi Nicolai, V. (1999) Alle origine della parrocchia rurale nel Lazio (IV–VI sec.). In *Alle origine della parrocchia rurale (IV–VIII sec.) (Atti della giornata tematica dei seminari di archeologia cristiana, École Française de Rome, 19 marzo 1998)*: 445–85. Città del Vaticano, Pontificio Istituto di Archeologia Cristiana.

Fiocchi Nicolai, V. (2002) Santuario martiriale e territorio nella diocesi di *Nomentum*: l'esempio di S. Alessandro. *Rivista di Archeologia Cristiana* 78: 157–89.

Fiore Cavaliere, M.G. (1988) Fara Sabina — Monte Motilla — Oratorio di S. Martino. Indagini archeologiche. In *Archeologia Laziale* 9 (*Quaderni del Centro di Studio per l'Archeologia Etrusco-italica* 16): 441–9. Roma, Consiglio Nazionale delle Ricerche.

Galletti, P.L. (1757) *Gabio antica città di Sabina scoperta ove è ora Torri ovvero le Grotte di Torri*. Roma, Ottaviano Puccinelli.

Gamurrini, G.F., Cozza, A., Pasqui, A. e Mengarelli, R. (1972) *Carta archeologica d'Italia (1881–1897). Materiali per l'Etruria e la Sabina (Forma Italiae 2 (1))*. Firenze, Leo S. Olschki.

Gasparri, S. (1983) Il ducato longobardo di Spoleto. Istituzioni, poteri, gruppi dominanti. In *Atti del 9° congresso internazionale di studi sull'alto medioevo. Spoleto, 27 settembre–2 ottobre 1982*: 77–122. Spoleto, CISAM.

Gassò, P.M. e Battlle, C.M. (1956) *Pelagii I Papae Epistulae quae Supersunt (556–561)*. Barcellona, Abbadia Montiserrati.

Gatti, G. (1891) Nuove scoperte nella città e nel suburbio. *Notizie degli Scavi di Antichità*: 337–8.

Gilkes, O. e Mitchell, J. (1995) The early medieval church at Farfa: its orientation and chronology. *Archeologia Medievale* 22: 343–64.

Giorgi, I. e Balzani, U. (1879–1914) (a cura di) *Il Regesto di Farfa compilato da Gregorio di Catino*. Roma, Reale Società Romana di Storia Patria.

Granino Cecere, M.G. (1988) *Nuove acquisizioni del Lapidario Zeri di Mentana*. Roma, Istituto Italiano per la Storia Antica.

Guattani, G.A. (1828) *Monumenti sabini* II. Roma, C. Puccinelli.

Guyon, J. (1987) *Le cimetière aux deux lauriers. Recherches sur les catacombes romaines (Bibliothèque des Écoles Françaises d'Athènes et de Rome 264)*. Roma, École Française de Rome.

Il lapidario Zeri di Mentana I–II (1982). Roma, Istituto Italiano per la Storia Antica.

Josi, E. (1950) Ermete. In *Enciclopedia Cattolica* 5: cc. 507–8. Città del Vaticano, Ente per l'Enciclopedia Cattolica e per il Libro Cattolico.

Lanzoni, F. (1927) *Le diocesi d'Italia dalle origini al principio del secolo VII (an. 604)* I (*Studi e testi* 35). Faenza, F. Lega.

La Porta, A. (1997) Il territorio nomentano: primi risultati di una ricerca storico-topografica. *Annali dell'Associazione Nomentana di Storia e Archeologia* 3: 7–34.

Leggio, T. (1986) Le principali vie di comunicazione della Sabina tiberina tra X e XII secolo. *Il Territorio* 2 (1): 3–19, 101–11.

Leggio, T. (1989) Forme di insediamento in Sabina e nel Reatino nel medioevo. Alcune considerazioni. *Bullettino dell'Istituto Storico Italiano per il Medio Evo e Archivio Muratoriano* 95: 165–201.

Leggio, T. (1992) *Da Cures Sabini all'abbazia di Farfa. Trasformazioni del paesaggio tra Tevere, Corese e Farfa dall'età romana al medioevo*. Rieti.

Leggio, T. e Moreland, J. (1986) Ricognizione nei dintorni di Farfa, 1985: resoconto preliminare. *Archeologia Medievale* 13: 333–44.

Mancinelli, M.L. (1994) *Contributo del 'Registrum Omnium Ecclesiarum Dioecesis Sabinensis' (1343) alla conoscenza della topografia ecclesiastica della Sabina altomedievale*. Università di Roma 'La Sapienza', Tesi di dottorato di ricerca in Archeologia ed Antichità Post-Classiche, V Ciclo.

Mansi, G.D. (1762) *Sacrorum Conciliorum Nova et Amplissima Collectio* VIII. Firenze, Antonii Zatta.

Mara, M.G. (1964) *I martiri della Via Salaria*. Roma, Studium.

Marazzi, F. (1988) L'insediamento nel suburbio di Roma fra IV e VIII secolo. Considerazioni a 80 anni dalla pubblicazione dei 'Wanderings in the Roman Campagna' di R. Lanciani. *Bullettino dell'Istituto Storico Italiano per il Medio Evo e Archivio Muratoriano* 94: 251–313.

Marucchi, O. (1922) *Il cimitero e la basilica di S. Alessandro al settimo miglio della Via Nomentana*. Roma, Tipografia Editrice Romana.

Mercuri, F. (1838) *La vera località di Curi in Sabina antichissima città esistente nel territorio della Fara*. Roma.

Migliario, E. (1988) *Strutture della proprietà agraria in Sabina dall'età imperiale all'alto medioevo (Pubblicazioni della Facoltà di Lettere e Filosofia dell'Università di Pavia 48)*. Firenze, La Nuova Italia.

Moreland, J. e Pluciennik, M. (1991) Excavation at Casale San Donato, Castel Nuovo di Farfa (RI) 1990. *Archeologia Medievale* 18: 477–90.

Moreland, J., Pluciennik, M., Richardson, M., Fleming, A., Stroud, G., Patterson, H. e Dunkley, J. (1993) Excavations at Casale San Donato, Castelnuovo di Farfa (RI), Lazio, 1992. *Archeologia Medievale* 20: 185–228.

Moscetti, E. (1997) Notiziario archeologico. *Annali dell'Associazione Nomentana di Storia e Archeologia* 3: 141–58.

Muzzioli, M.P. (1980) *Cures Sabini (Forma Italiae, Regio IV 2)*. Firenze, Leo S. Olschki.

Ogilvie, R.M. (1965) *Eretum. Papers of the British School at Rome* 33: 70–112.

Pala, C. (1976) *Nomentum (Forma Italiae. Regio I 12)*. Roma, De Luca.

Panaitescu, E. (1924) Fidenae. Studio storico-topografico. *Ephemeris Dacoromana. Annuario della Scuola Romena di Roma* 2: 416–59.

Pani Ermini, L. (1983) Gli insediamenti monastici nel Ducato di Spoleto fino al secolo IX. In *Atti del 9° congresso internazionale di studi sull'alto medioevo. Spoleto, 27 settembre–2 ottobre 1982*: 541–77. Spoleto, CISAM.

Pani Ermini, L. (1989) Santuario e città fra tarda antichità e altomedioevo. In *Santi e demoni nell'alto medioevo occidentale (Settimane di studio del Centro Italiano di Studi sull'Alto Medioevo 36)*: 837–77. Spoleto, CISAM.

Passigli, S. (1985) Una questione di topografia cristiana: l'ubicazione della basilica dei SS. Primo e Feliciano sulla Via Nomentana. *Rivista di Archeologia Cristiana* 61: 311–32.

Passigli, S. (1989) *La pianta dell'architetto Francesco Peperelli (1618): una fonte per la topografia della regione romana*. Roma, Società alla Biblioteca Vallicelliana.

Patterson, H. e Roberts, P. (1998) New light on dark age Sabina. In L. Saguì (a cura di), *Ceramica in Italia: VI–VII secolo (Atti del convegno in onore di J.W. Hayes)*: 421–35. Firenze, All'Insegna del Giglio.

Persichetti, N. (1910) *La Via Salaria nei circondari di Roma e Rieti*. Roma, Tipografia della Reale Accademia dei Lincei.

Picard, J.-C. (1992) *Cristianizzazione e pratiche funerarie. Tarda antichità e alto medioevo (IV–VIII sec.)*. Torino, Università di Torino.

Pietri, C. (1976) *Roma Christiana. Recherches sur l'Église de Rome, son organisation, sa politique, son idéologie de Miltiade à Sixte III (311–440) (Bibliothèque des Écoles Françaises d'Athènes et de Rome* 224). Roma, École Française de Rome.

Quilici, L. e Quilici Gigli, S. (1986) *Fidenae. Latium Vetus* V. Roma, Consiglio Nazionale delle Ricerche.

Quilici, L. e Quilici Gigli, S. (1993) *Ficulea. Latium Vetus* VI. Roma, Consiglio Nazionale delle Ricerche.

Recio Veganzones, A. (1985) Sarcofago paleocristiano y parte de otro pagano en la fachada de la basilica de la Abadia de Farfa. *Rivista di Archeologia Cristiana* 61: 77–112.

Reekmans, L. (1968) L'implantation monumentale chrétienne dans la zone suburbaine de Rome du IVe au IXe siècle. *Rivista di Archeologia Cristiana* 44: 173–207.

Saxer, V. (1990) I santi e i santuari antichi della Via Salaria da Fidene ad Amiterno. *Rivista di Archeologia Cristiana* 66: 245–305.

Schuster, I. (1907) Spigolature farfensi. Silloge epigrafica. *Rivista Storica Benedettina* 2: 581–7.

Schuster, I. (1910) Spigolature farfensi II. *Rivista Storica Benedettina* 5: 42–88.

Scorza Barcellona, F. (in corso di stampa) Agiografia minore in territorio criptense fra tardo-antico e medioevo. In S. Lucà (a cura di), *L'abbazia di Grottaferrata: una millenaria presenza bizantina nel Lazio (Atti del convegno, Grottaferrata, 12–14 marzo 1998).* Roma.

Siniscalco, P. (1980) Le origine cristiane nel territorio della diocesi di Sabina e di Poggio Mirteto. In *Il paleocristiano in Bassa Sabina (Magliano Sabina, 27 maggio 1979):* 45–64. Roma, Herder.

Staffa, A.R. (1984) L'assetto territoriale nella valle del Turano nell'alto medioevo. *Archeologia Classica* 36: 231–65.

Staffa, A.R. (1989–90) Acquisizioni lungo il percorso della via antica. *Bullettino della Commissione Archeologica Comunale di Roma* 93: 189–212.

Stevenson, E. (1876) *Il cimitero di Zotico al decimo miglio della Via Labicana.* Modena, Soc. Tipografica.

Stevenson, E. (1880) in O. Marucchi, Conferenze della Società di Cultori della Cristiana Archeologia in Roma: 106–8. *Bullettino di Archeologia Cristiana* 5 (ser. III): 83–108.

Stevenson, E. (1886) Die suburbicarischen Coemeterien. In F.X. Kraus (a cura di), *Real-Encyklopädie der Christlichen Alterthümer* II: 114–30. Freiburg im Breisgau, Herder.

Stevenson, E. (1896) Scoperta di un cimitero cristiano circa il XXIII miglio della via Salaria. *Nuovo Bullettino di Archeologia Cristiana* 2: 160–1.

Styger, P. (1933) *Die Römischen Katakomben.* Berlino, Verlag für Kunstwissenschaft.

Styger, P. (1935) *Römische Märtyregrüfte.* Berlino, Verlag für Kunstwissenschaft.

Testini, P. (1969) Strutture murarie e fasi costruttive del santuario dei martiri nella catacomba di S. Alessandro a Roma. In *Akten des VII. Internationalen Kongresses für Christliche Archäologie. Trier, 5–11 September 1965:* 711–38. Città del Vaticano/Berlino, Pontificio Istituto di Archeologia Cristiana/Deutsches Archäologisches Institut.

Tomassetti, G. e Biasotti, G. (1909) *La diocesi di Sabina (con documenti inediti).* Roma, Officina Poligrafica Editrice.

Turchetti, R. (1995) Il territorio di Monterotondo nell'antichità. In *Monterotondo e il suo territorio:* 33–58. Bari, Dedalo.

Valentini, R. e Zucchetti, G. (1942) *Codice topografico della città di Roma* II (*Fonti per la storia d'Italia* 88). Roma, Tipografia del Senato.

Vera, D. (1995) Dalla 'villa perfecta' alla villa di Palladio: sulle trasformazioni del sistema agrario in Italia fra principato e dominato. *Athenaeum* 83 (1–2): 189–211, 331–56.

L'INSEDIAMENTO E L'AMBIENTE NEI POSSESSI DI SAN CIRIACO IN VIA LATA E SAN SILVESTRO IN CAPITE PRESSO LE ANSE DEL TEVERE (SECOLI XII–XIII)

Susanna Passigli

Riassunto • Abstract

IL CONFRONTO DEGLI ATTI SCRITTI appartenenti ai secoli XII–XIII conservati nei fondi di pergamene del monastero di San Silvestro in Capite e del capitolo di Santa Maria in Via Lata con le fonti testuali, cartografiche ed etnografiche di epoca successiva offre dati significativi al fine di ricostruire, in modo interdisciplinare e sul lungo periodo, l'assetto territoriale dell'area situata a cavallo del Tevere entro i limiti dell'Agro Romano.

Si tratta in particolare di riportare sulla tavoletta IGM elementi territoriali; di confrontare toponimi e categorie di uso del suolo; di condurre l'analisi dei termini rurali e descrittivi dell'ambiente vegetale, geomorfologico e idrologico e dei toponimi relativi alle strutture fondiarie, ai proprietari, alle strutture edilizie, in generale al rapporto quantitativo e topografico fra colto e incolto; di utilizzare i dati relativi alla gestione rurale moderna, agli usi collettivi delle risorse naturali e alle singole pratiche e tecniche di sfruttamento attivate nella zona.

Quest'analisi sembra mostrare che la cesura del XIV secolo, già evidenziata per quanto concerne la struttura dell'insediamento e le forme economiche, sia valida anche per il paesaggio rurale: assai più variati e utilizzati nell'ambito della proprietà fondiaria dei secoli XII–XIII, gli elementi del paesaggio vegetale colto e incolto tendono in seguito a ridursi e a svuotarsi delle funzioni prima evidenziate.

THE TWELFTH- TO THIRTEENTH-CENTURY written sources preserved among the manuscripts in the monastery of San Silvestro in Capite and in the chapter house of Santa Maria in Via Lata are compared with later textual, cartographic and ethnographic sources. This comparison provides significant data, which permit a reconstruction within an interdisciplinary and multi-period framework of landholding in the area on both sides of the river Tiber within the *Ager Romanus*.

In particular, as much detail as possible has been added to the IGM base maps upon the land and land use. Furthermore, toponyms have been compared with land-use details, and analyses carried out of rural terminology as well as of descriptions pertaining to plants, geomorphology and hydrology. Names of land holdings, owners, buildings and the quantitative and topographical relationship in general between cultivated and uncultivated areas are also examined. Data relating to modern management of the land is also used, and information upon the collective uses of the natural resources has been gathered, as well as of individual practices and techniques for land exploitation.

These analyses seem to demonstrate that the fourteenth-century crisis, which has been noted in relation to economic and settlement structures, may also be applicable to the rural environment. Indeed, the many variants and methods of utilization of the rural landscape (whether cultivated or uncultivated) in the twelfth- and thirteenth-century properties tend to reduce in number later and to lose the primary functions examined.

METODO

IL CONFRONTO DEGLI ATTI SCRITTI appartenenti ai secoli XII–XIII conservati nei fondi di pergamene del monastero di San Silvestro in Capite e del capitolo di Santa Maria in Via Lata con le fonti testuali, cartografiche ed etnografiche di epoca successiva offre dati significativi al fine di ricostruire l'assetto territoriale dell'area situata a cavallo del Tevere entro i limiti dell'Agro Romano, in modo interdisciplinare e sul lungo periodo. Si tratta in particolare di effettuare un riporto cartografico più preciso possibile sulla tavoletta dell'Istituto Geografico Militare (IGM) di elementi territoriali (come confini, superfici prative, boschive, allagate, seminate, di fossi e strutture edilizie); di confrontare toponimi e categorie di uso del suolo; di condurre l'analisi dei termini rurali e descrittivi dell'ambiente vegetale, geomorfologico e idrologico e dei toponimi relativi alle strutture fondiarie, ai proprietari, alle strutture edilizie, in generale al rapporto quantitativo e topografico fra colto e incolto; di utilizzare i dati relativi alla gestione rurale moderna (espressi nel dettaglio soprattutto nei registri di possessi e nei contratti di locazione che contengono clausole e inventari di fabbriche e di risorse ambientali da tutelare), agli usi collettivi delle risorse naturali e alle singole pratiche e tecniche di sfruttamento attivate nella zona (come pascolo, prato da sfalcio, taglio di legna e trasporto, colture cerealicole e loro conservazione e trasporto, irrigazione e abbeveraggio, scavo e derivazione di fossi, raccolta di fibre, vegetali, frutti, vegetazione spontanea per uso alimentare e non, canapine, gualchiera, cave di pozzolana). In questa fase della ricerca, oltre alla documentazione dei secoli XII–XIII, si sono considerati gli elementi scaturiti dai protocolli notarili del XIV secolo, solo in parte editi, dalle mappe del Catasto Alessandrino del 1660, dal Catasto Gregoriano del 1820, dalla gestione agricola delle tenute nei secoli XVI–XIX,[1] dalla trattatistica agronomica (come Nicolai 1803; Sombart 1888; De Sanctis Mangelli 1918; D'Alessandri 1930; De Felice 1965; Fedeli Bernardini 1994).

Questo metodo consente di localizzare sulla carta concreti confini e usi del suolo e quindi di ipotizzare visivamente le trasformazioni di:

- superfici territoriali, tenendo conto che i confini delle tenute tendono ad estendersi verso il grande dominio;
- successione dei proprietari, considerando l'importanza in questo periodo del passaggio da proprietà ecclesiastica a laica — ed è interessante rilevare nel nostro caso la conservazione della prima;
- insediamenti rurali e strutture edilizie, come resti antichi riutilizzati, osterie lungo la Flaminia e la Salaria, edifici del casale, torri, ruderi vari, chiese e cimiteri, ospedali: la cesura nell'assetto insediativo si colloca nella seconda metà del XIV con lo spopolamento e il diffondersi del grande dominio

in quest'area soprattutto a pascolo, senza popolazione residente;
- copertura vegetale, dove si nota la prevalenza del prato nelle anse del fiume che viene coltivato in età moderna fino agli argini ad eccezione degli 'spolverini', la cui presenza seppure mutevole è rilevata fin dal nostro periodo; la presenza di aree boschive costituite da alcuni tipi di quercia, castagno, delimitate con precisione, e di aree con vegetazione palustre (menzioni esplicite di canna e *carticetum*) nelle depressioni fra i meandri, non in contraddizione con le colture e anche con la vigna per la cui manutenzione si prevedono opere di scavo e derivazione comprese fra le clausole di locazione;
- forme di sfruttamento del suolo: soprattutto il pascolo, nei protocolli notarili trecenteschi relativi a quest'area, è oggetto di locazione separata, una peculiarità dovuta alla disponibilità di vaste superfici, suoli umidi e irrigati da canali derivati dal fiume; ma non secondarie sono: le acque per abbeverare, irrigare, trasportare, le colture cerealicole e tessili, il taglio e la raccolta, forse la pesca, le cave per l'estrazione di materiali edili.

Il primo intento che si pone in questa occasione è quello di verificare se il metodo regressivo — messo in pratica con successo per quanto riguarda confini, storia degli insediamenti, storia della proprietà, assetto viario, strutture murarie — risulti efficace anche nello studio della copertura vegetale, più delicato da percepire nella documentazione scritta medievale e più soggetto a trasformazioni in età moderna. Analogamente, per quanto riguarda le forme di sfruttamento del suolo e le 'pratiche di attivazione delle risorse vegetali' possiamo, senza forzare l'interpretazione delle fonti scritte del XII e XIII secolo, ricorrere al confronto con gli usi successivi assai meglio documentati e noti attraverso la gestione fondiaria moderna e la consuetudinaria cultura contadina? La verifica di tali ipotesi è fornita da esperienze di ricerca su territori molto circoscritti geograficamente come in questo caso, sottoposti a dettagliata analisi multidisciplinare sul lungo periodo cronologico, dove quindi figurino competenze storiche relative al periodo antico, medievale e moderno, affiancate da competenze naturalistiche, che forniscano dati sull'assetto attuale e su quello potenziale, e competenze etnoantropologiche (Moreno 1990: 7–65; Coste 1996: 1–90).

L'OCCUPAZIONE DEL SUOLO E LA PROPRIETÀ FONDIARIA

La media valle del Tevere attraversava tutte e tre le fasce di diversa forma di occupazione del suolo che si succedevano nel Lazio, a partire dalla città di Roma. Esse sono nei secoli centrali del medioevo rappresentate sinteticamente dalle vigne suburbane, dai casali nell'Agro Romano, dai *castra* sui rilievi (Maire Vigueur 1974: 40–72). Queste tre fasce concentriche non avevano lo stesso raggio. Lungo la valle del Tevere, tra le Vie Ostiense e Portuense, le colture intensive tipiche dell'area suburbana erano maggiormente estese secondo le descrizioni contenute nei protocolli notarili trecenteschi, mentre sulle rive del fiume verso nord le vigne erano ben più rare. Questo assetto rispecchiava il diverso grado di popolamento, di presenza di santuari e di praticabilità delle strade: tre elementi strettamente legati fra loro e alla pratica della vigna, che richiedeva manodopera stabile e percorsi funzionali. Tale diverso grado di popolamento distingueva i due corsi del Tevere, a monte e a valle di Roma, sin dalla tarda antichità. Il suburbio nord, alla confluenza tra Tevere e Aniene, presentava per esempio a conferma di ciò, dal X secolo, non tanto vigne quanto prati.[2]

Nella seconda fascia, su cui ci soffermeremo nel dettaglio, si estendeva la pianura che circondava la città, l'Agro Romano — il cui perimetro si può ricostruire attraverso la pianta delle tenute di Giovanni Battista Cingolani del 1693 — un territorio peculiarmente posto sotto il controllo della città, all'interno della quale risiedevano i principali proprietari dei casali: le chiese (Frutaz 1972: II, tavv. 160–73). I villaggi e i *castra* erano in prevalenza ubicati più lontano dalla città, confinati nella cosiddetta terza fascia. Anche in questo caso salta agli occhi la maggiore densità di insediamenti situati a sudovest di Roma, fuori dalle porte Appia, San Paolo, San Giovanni e Maggiore, rispetto alla zona ai lati del Tevere. Maire Vigueur (1974: 1–72), a proposito del rapporto, spesso conflittuale, tra grandi domini agricoli e villaggi, osserva che nel settore a nord di Roma dell'Agro Romano — quello che ci interessa — il grande dominio agricolo era rarefatto a favore dei numerosi villaggi, in una regione caratterizzata dalla presenza di una fitta maglia di colline (dalle quali ha origine il nome di Collina). L'insediamento concentrato quindi in questo caso si spingeva all'interno dell'agro, laddove la pianura cede il passo al rilievo. L'autore osserva inoltre, in base alle liste del Sale e Focatico, che i *castra*

sono stati numericamente inferiori e più spesso soggetti all'abbandono nelle aree di pianura e lungo la media valle del Tevere.[3] Si tratta di osservazioni che mettono in risalto il nesso fra forme di insediamento o proprietà fondiaria e tipo di morfologia e relativa storia delle formazioni vegetali. La pianura, infatti, qui era fertile ma soggetta all'erosione e soprattutto al ristagno di acque dovuto all'impermeabilità dei suoli argillosi: il suo uso agricolo necessitava quindi di opere di canalizzazione sotterranea, come quella già messa in opera da etruschi e romani e di inalveazione di fossi in superficie, come era consuetudine nel medioevo, e la sua vocazione era quindi tesa verso la grande azienda agricola priva di popolazione stabile.

L'immagine di Agro Romano come landa desolata va collocata cronologicamente a partire dalla seconda metà del XIV secolo, da quando cioè lo spopolamento da un lato e le scelte di produzione operate dai bovattieri romani dall'altro hanno avviato il processo di formazione di un ambiente che doveva essere assai diverso dalla realtà precedente.

Questo modello si differenzia molto dall'assetto insediativo della pianura tiberina nell'antichità, quando la maglia dei villaggi era ben più fitta e gli attraversamenti del fiume più frequenti, come sappiamo dal reperimento di 'traghetti' (*Il Tevere* 1984; *Capena* 1996). Ma questa rigida contrapposizione tra casale agricolo e villaggio chiuso — valida per il XIV–XV secolo — si adatta anche al paesaggio della valle del Tevere, compreso nell'Agro Romano, ricostruibile in base ai cartari delle chiese e monasteri dei secoli XII–XIII? Nelle zone pianeggianti non sono forse più a lungo conservate forme intermedie di occupazione del suolo, non concentrate né fortificate (appartenenti a un periodo, il X–XI secolo, nel quale l'agro al di fuori dei *castra* non era deserto, come dimostrano le menzioni di chiese rurali), come *villae, loci, tenimenta*, dove si risiedeva e dove sono attestate una *consuetudo loci* e un *vicecomes*, come nel caso di alcuni possessi di San Ciriaco in Via Lata tra Tiburtina e Nomentana (Coste 1996: 91–132)? Si tratta di forme di insediamento meno note ma più adatte al tipo di paesaggio della pianura, presso i percorsi in uso (anche solo a un livello locale e non di lunga percorrenza), presso terreni caratterizzati da pratiche agro-silvo-pastorali ancora attivate in modo promiscuo (dove si attuava cioè una commistione o anche una vera e propria integrazione fra terra coltivata, selva dove si raccoglieva e si pascolava, pantano per irrigare e abbeverare).

Un altro elemento da verificare, diffuso nella letteratura storica, è la generale convinzione che le due rive del Tevere siano distinte, quando addirittura non contrapposte, sul piano dell'intensità del popolamento e della realtà dei collegamenti trasversali. I due assi di collegamento con il nord, Flaminia/Tiberina e Salaria, e i territori da essi attraversati vengono spesso presentati come realtà indipendenti e non comunicanti dal punto di vista culturale e commerciale, a causa dell'unico ponte attestato e delle diverse caratteristiche pedologiche. Questo quadro non sembra corrispondere alla realtà se si pensi ai numerosi attraversamenti costituiti da barche, agli approdi legati al trasporto di legna e materiali di cava e al fiume concepito come via di comunicazione sin dall'antichità o anche alla struttura della proprietà fondiaria dei due monasteri sulle opposte rive del fiume, come si vedrà.

Per quanto riguarda le forme di proprietà fondiaria, nella documentazione tra XII e XIII secolo scomparivano le *curtes*, si affermavano i *castra*, ma soprattutto i *casalia*, che dalla metà del XIV praticamente sostituirono qualsiasi altra forma di occupazione del suolo. Si tratta di appezzamenti dalla superficie media tra i 50 e i 500 ha, in parte seminati, più estesi se più vicini a Roma, e in parte lasciati per il pascolo (secondo un criterio crescente in funzione della lontananza dalla città), i cui fabbricati — spesso riutilizzando strutture di precedenti castelli abbandonati o diruti — non ospitavano popolazione stabile ma strumenti agricoli e raccolto. Anteriormente all'incastellamento, *casalis*, casale, derivante da casa, designava la proprietà agricola come tale o talvolta anche l'appezzamento coltivato da una famiglia contadina con tutti i suoi elementi.

Pochissimi insediamenti fortificati creati all'epoca dell'incastellamento interessavano l'Agro Romano, rispetto alla zona di colline circostanti, la cosiddetta terza fascia.[4] Alcuni *castra* fondati nell'XI secolo risultavano già scomparsi, pochi apparivano nelle bolle di conferma del XII secolo, mentre numerose fondazioni risaltavano nella seconda metà del XIII, soprattutto in pianura e lungo gli assi viari, per motivi militari e di prestigio delle famiglie romane, ma caratterizzati dalla vita breve (Coste 1979; 1996). Tra il Tevere e la Salaria figurava Castel Giubileo, che ha assolto una funzione strategica alle porte di Roma anche dopo il passaggio da *castrum* a casale. È importante sottolineare che ancora in questo periodo si conservavano forme intermedie tra villaggio aperto e fortificato: *villae, loci, tenimenta* sulla cui struttura si è meno informati perché la documentazione di questo periodo è poco studiata.

I PROPRIETARI

Tra XII e XIII secolo i principali proprietari di casali estesi nell'Agro Romano erano chiese e monasteri romani, che proprio in questo periodo tendevano a concentrare in modo razionale i propri possedimenti fuori le porte corrispondenti all'ubicazione urbana della chiesa. Rientrava in questo processo di razionalizzazione l'esclusione del monastero sublacense che, proprietario di beni dispersi nell'Agro Romano come i Prati Fiscali e le saline di Porto nel X secolo, concentrava ormai i propri interessi nell'area circostante la propria sede. A partire dal X secolo era un monastero romano il più grosso proprietario dell'estremità nordest dell'Agro Romano, San Ciriaco in Via Lata. Il monastero benedettino di San Ciriaco in Via Lata venne dotato a partire dalla metà del X secolo di beni territoriali che, avuta origine dal nucleo costituito dalla *silva maior* tra le Vie Nomentana e Tiburtina, poi compresa nel territorio di Sant'Onesto, Pilo Rotto e Monte del Sorbo, si estese tra XI e XII secolo nell'Agro Romano soprattutto lungo i due lati del Tevere a monte di Roma, tra il fiume e le Vie Flaminia e Salaria e a valle, presso la Via Portuense. Al di fuori dell'agro la sua proprietà si diffuse nel territorio di Morlupo e nella valle aricina (Coste 1996: 91–132, 269–366). Questi possessi erano caratterizzati dal trovarsi tutti ubicati in zone umide, presso le anse del fiume o presso la conca di un lago anticamente prosciugato (Passigli 1997). Le numerose pergamene dell'archivio del capitolo di Santa Maria in Via Lata, nel quale sono stati raccolti i documenti appartenenti al monastero di San Ciriaco dal XV secolo, conservano una notevole quantità di testimonianze circa la concessione in locazione e l'attività rurale svolta per volere delle monache in questi terreni, contraddistinti dalla promiscuità di elementi naturali e artificiali, come terre coltivate, vigne, orti, selve, pantani, fossati. Il monastero promosse intorno al XII secolo la sua attività agricola, cercando di modificare le vocazioni del suolo, laddove possibile, oppure utilizzando le risorse naturali senza tentare di trasformarle. La decadenza dell'ente monastico avvenne nel XV secolo, in sintonia con la diffusa crisi della proprietà ecclesiastica, dovuta generalmente al calo delle donazioni e alla pressione dei tributi richiesti dalla Chiesa a chiese e monasteri. Nel 1435 il monastero venne soppresso e trasformato nel 1452 dai canonici di Santa Maria in Via Lata in capitolo e collegiata. La chiesa venne ricostruita e i beni confluirono in quelli della antica diaconia: la crisi dunque, rispetto ad altri enti ecclesiastici, fu piuttosto contenuta, come dimostra la conservata entità dei suoi possessi.

Il patrimonio del monastero si distingue da quello di altri enti per la sua formazione antica, il che ha contribuito a determinare un tipo di amministrazione più omogenea rispetto a nuclei più recenti. Come è accaduto per il patrimonio urbano, anche i territori situati fuori città subirono una politica di accorpamento che condusse alla formazione di fondi rustici di grandi dimensioni, concentrati su poche direttrici: una relazione topografica che permetteva al proprietario di esercitare un controllo stretto sui propri beni e quindi ne facilitava l'amministrazione (Hubert 1990: 277–8). La solidità di questa politica territoriale e il tipo di amministrazione più omogeneo rispetto a possessi di più recente acquisizione sono caratteri dovuti, come nel caso di altri enti quali il capitolo di San Pietro e l'ospedale del Santo Spirito, alla lunga conservazione dei grandi domini territoriali fino all'età moderna (registrata per esempio dal Catasto Alessandrino e dalla successiva storia patrimoniale). In particolare sono attestati: il possesso della Marcigliana dall'inizio del XII al XVI secolo,[5] di Castel Giubileo dalla seconda metà del XIII al 1454, e dei terreni presso Prima Porta dalla prima metà dell'XI al XVII secolo.[6]

Già fondato da tempo, il monastero di San Silvestro in Capite risulta menzionato per la prima volta alla fine del XII secolo. I monaci basiliani che vi erano insediati vennero sostituiti dai benedettini nel 1277 (Federici 1899: 213–35). La massa dei beni territoriali del monastero, fra i quali si ritrovano i possessi citati fra XII e XIII secolo lungo i lati del Tevere sia all'interno che all'esterno dei confini dell'Agro Romano, è menzionata in una bolla del papa Agapito II nel 955: soprattutto in coincidenza con il proseguimento della direttrice stradale urbana dove era ubicato il monastero, vi sono elencati i titoli di possesso del ponte Milvio, di orti e vigne nel suburbio a San Valentino, di località non identificate fuori ponte Milvio (*Pelaiolo*) e fuori ponte Salaro (*Gorgini*, *Sacco de Rodolfo*, *Gallorum seu Balneorum et Paccianum*, *Silva Proba*, Mandra di Galeotto), prati fuori ponte Salaro (luogo detto *Fliscari*), la massa Ortana e fondi nel territorio di Gallese e in Collina, fili di salina presso Porto, vigne nel territorio di Ariccia e di Albano (Federici 1899: 265–92, doc. 3). Questo elenco di beni induce a concludere che 'la struttura stessa del suo patrimonio giustifica l'interesse che il monastero aveva nei confronti dell'alveo del Tevere, lungo il quale si svolgeva il traffico fluviale di Roma con il Lazio settentrionale' (Toubert 1973: I, 632, n. 3). Anche in questo caso si tratta di un nucleo antico e di una certa compattezza,

una dotazione di origine pontificia che vide accrescere la propria dinamica alla fine del XIII secolo quando il monastero entrò praticamente a far parte del patrimonio materiale e spirituale della famiglia Colonna. A nord del Tevere infatti la famiglia non era riuscita ancora a penetrare, e ciò consentiva agli Orsini di sviluppare la propria potenza territoriale: ecco dunque spiegato l'interesse dei Colonna nei confronti delle clarisse di San Silvestro (Barone 1983; Hubert 1988). Così come è riconoscibile l'incentivo dato al patrimonio urbano dai Colonna nell'urbanizzazione dell'omonima regione cittadina, si può pensare a una razionalizzazione nella politica fondiaria territoriale, attestata per esempio dalla redazione di censuali dei beni non solo romani, come quello conservato per Gallese risalente al 1333–4.

Per quanto riguarda la cronologia dei possessi presso il Tevere, si annoverano: Prati Fiscali dal X e poi dal XIV al XVII secolo, Malpasso dalla metà dell'XI al XIX secolo,[7] Ponte Milvio dal X secolo e Olivole presso Prima Porta tra XII e XIII secolo.

Antica formazione e lunga permanenza dei possessi fondiari sono le caratteristiche che uniscono questi due principali enti proprietari di terre lungo le rive del Tevere nell'Agro Romano. Nei secoli XIV–XV le chiese possedevano ancora circa la metà dei casali rispetto ai laici, ma si trovavano in grande crisi a causa dell'insufficienza dei legati, di una gestione senza previsione, della fiscalità pontificia. Della crisi di baroni e chiese approfittava la nuova classe di mercanti e bovattieri, commercianti agricoli, che tendeva a utilizzare la superficie del casale per la coltura estensiva cerealicola e soprattutto per il pascolo. I protocolli notarili trecenteschi fanno più volte menzione dei nostri casali tiberini a proposito del pascolo: se la proprietà rimaneva nelle mani degli enti indicati — San Ciriaco in Via Lata, San Silvestro, Santo Spirito, capitolo di San Pietro — lo sfruttamento diretto era di pertinenza di elementi della nuova classe di imprenditori agricoli, i cui nomi ci sono ormai noti attraverso gli studi di Gennaro (1967), Maire Vigueur (1974) e Coste (1996).

L'AREA STUDIATA

La documentazione relativa alla riva sinistra del Tevere, concentrata sui territori delle moderne tenute Marcigliana, Settebagni, Malpasso, Radicicoli, Castel Giubileo, Serpentara, riporta termini che si rifanno a una forma di paesaggio intensamente lavorato e con forme di abitato rurale sparso: *fundus, locus qui dici-*

tur, terra, pedica terrae, balzoli, ubi dicitur. Fino al XIV secolo non figurano elenchi di pertinenze generali ma la descrizione degli specifici elementi compresi all'interno del *fundus*. Il casale, nella sua accezione di grande dominio agricolo, non compare prima del XIV. Così Marcigliano, nei documenti di San Ciriaco in Via Lata del 1114, 1115 e 1192, era definito *fundus* (Hartmann e Merores 1895–1913: II, 54, doc. 143 del 1 settembre 1114 e III, 79–80, doc. 241 del 2 febbraio 1192), mentre in un atto del notaio Serromani si parla di casale di Santa Maria in Via Lata fuori ponte Salario (ASC, Archivio Urbano, notaio Serromani, sez. I, 649/8, c. 118r). La conservazione del termine *fundus* fino al XII–XIII secolo rimanda all'assetto della proprietà fondiaria tardoantica, quando con questo termine si intendeva l'unità agricola di base legata all'attività e alla residenza di una famiglia contadina. Questa forma di proprietà fondiaria caratterizzata dall'abitato sparso, dominava nell'Agro Romano, solo in piccola parte interessato dal fenomeno dell'incastellamento.

Non è da trascurare il fatto che la Via Salaria proprio all'altezza della Marcigliana costituiva il confine nord-ovest di un insieme di beni di più di 1.000 ha che, riuniti sotto la proprietà del *vestarium* della Chiesa romana tra i secoli VIII e IX, non costituiva un insieme omogeneo e continuo ma doveva dipendere da un'unica amministrazione — la *massa de Vestarario domnico*.[8] Con il termine *massa* si indicava in quel periodo un insieme di *fundi*, l'unità fondiaria di base, non necessariamente contigui, che costituivano più che un territorio omogeneo, una zona nella quale le proprietà di un ente erano particolarmente dense. All'inizio dell'XI secolo questa *massa* era già suddivisa tra proprietari ecclesiastici, fra cui il monastero farfense, Sant'Agnese sulla Via Nomentana (la parte in seguito chiamata Casale delle Donne), San Marcello, San Lorenzo in Lucina, San Silvestro in Capite. Una certa unità di questo territorio è documentata dal punto di vista religioso nel XIV secolo, quando la *Visita della Sabina* del 1343 descriveva il territorio della pieve di Santa Colomba, di cui facevano ancora parte cinque chiese rurali menzionate nei testi relativi alla *massa*. Anche questa unità fondiaria conservava il carattere di insieme di territori rurali non delimitati da un rigido confine e con insediamenti contadini aperti, i cui diritti giurisdizionali appartenevano all'ente ecclesiastico proprietario della terra (come è evidente dal privilegio dell'antipapa Anacleto II a San Lorenzo in Lucina datato 1130, in cui si confermavano 'omnes redditus possessionum quas usque in hodie habetis in Massa de Vestrano seu Silva Proba sita in eodem massa ...

Rustici quoque qui in eidem possessionibus habitant in dominio ac in ditione vestra permaneant') (Migne 1844–57: vol. 179, c. 173).

Coste localizzava questa porzione della *massa* spettante a San Lorenzo in Lucina, verso il confine est della stessa poiché vi era inclusa la chiesa rurale di Santa Lucia: in questo documento è però presente un toponimo, *Silva Proba*, che troviamo ancora, nei primi decenni del secolo XIII, per individuare una località di proprietà del monastero di San Silvestro in Capite, situata tra la Via Salaria e il Tevere e di non facile localizzazione perché mai più ripreso nella documentazione scritta e cartografica di età successiva. Coste aveva escluso che la *massa* si estendesse fino al Tevere perché il fiume non figura mai tra i confini, ma è significativo il ripetersi di questo toponimo in due aree relativamente vicine e caratterizzate dalla presenza della stessa *massa*, del monastero di San Silvestro in Capite come proprietario di sue porzioni nel corso del Duecento (terre in posizione centrale, tra San Filippo, Santa Colomba, Santa Lucia e il fosso dell'Ornale), infine di un consistente manto boschivo, ancora conservato sulla mappa del casale Marcigliana e riportato sulla tavoletta IGM (identificabile proprio con la *Silva Proba*).

Nel fondo Marcigliano i documenti citati di San Ciriaco in Via Lata menzionano una *pedica* di terra seminata divisa in due pezze, con alberi e recinti per il bestiame, confinante con la selva comune, con la Salaria e con il pantano comune. In questo caso il termine *pedica* non indicava una parte del fondo separata dal corpo principale (come nell'accezione documentata dai protocolli notarili e conservata nel Catasto Alessandrino), ma una unità di misura fondiaria, inferiore ai 50 ha, delimitata da suoi propri confini costituiti da elementi del paesaggio essi stessi compresi nel fondo: una parcella uniforme dal punto di vista colturale e mai lasciata a pascolo perché troppo chiusa (Coste 1996: 28).[9] *Petie e terre* seminate, semplicemente ubicate 'in loco qui dicitur', e delimitate da confini quali la Via Salaria e il Tevere, senza riferimento a una proprietà chiusa, contribuiscono a rendere l'idea di un assetto fondiario nel quale era importante distinguere il tipo di risorse comprese ma non categorie più serrate di proprietà fondiaria: lo testimoniano documenti del 1228 e 1236 relativi a *Silva Proba*, località identificabile nell'area pantanosa compresa nell'ansa di Santa Colomba, poi inclusa nella tenuta della Marcigliana, come sopra accennato. Il 26 giugno 1228 il monastero concedeva in pegno un terreno composto da terre seminate, prato e *pantano ligneo* nel luogo detto *Silva Proba*, situato fra la Salaria e il Tevere.[10] Il 6 novembre 1236 lo stesso monastero vendeva una 'terra sementaricia cum pantano ligneo et carticeto et cum pertinentiis intus a pantano iuxta flumen' posto nella stessa località, confinante con il pantano, la Via Salaria, il fiume (Federici 1900: 73, doc. 93). Le proprietà del monastero avevano quindi un'estensione più ampia e ramificata, dall'interno verso il fiume, rispetto all'assetto successivamente attestato dai notai e dal Catasto Alessandrino, dove sarà unificata nei due casali e poi ancora, in età moderna, ridotta alla sola tenuta di Malpasso.

Rispetto al panorama sin qui delineato, fa eccezione il caso di Castel Giubileo, definito nel 1279 'castrum Sant'Angeli cum suis terris', nel 1281 'castellum Riccardi Petri Iaquinti alias castrum Iubilei' (Fraschetti 1935: 53; BAV, cap. di San Pietro, caps. 74, fasc. 326), nel 1286 e nel 1297 'castrum seu castellarium Montis Sant'Angeli cum turris et tenimentum' (BAV, Vat. Lat. 8050, cc. 73–7). Il sito è poi ampiamente documentato nei protocolli notarili trecenteschi, in particolare dal 1388, 'castrum seu casale Montis Sant'Angeli vulgariter nuncupatum Castrum Iubilei', infine venduto dal capitolo di Santa Maria in Via Lata alla basilica Vaticana nel 1454 dove è definito 'predium sive casale' e poi 'castrum dirutum sive casale quod vulgariter dicitur Castiel Iubilleo cum castellario et domibus et accasamentis et claustro' (*Bullarium Vaticanum* II: 146–7; cfr. Tomassetti 1975–7: VI, 251–6).

Il passaggio da *castrum* a casale emerge dalla terminologia tipica che indica la trasformazione del territorio castrale a territorio agricolo pertinente al grande dominio, così come le espressioni relative agli edifici indicano la riutilizzazione delle strutture fortificate per scopi agricoli come il ricovero di attrezzi, animali e raccolto. L'assetto delle strutture sembrava però conservare un carattere difensivo ancora nel XV secolo quando ne sono attestati assalti in più occasioni.

Nel 1297 il territorio del *castrum* comprendeva un'altra forma di suddivisione interna, il *valzolum*: 'una parcella a cui la configurazione dei luoghi dà una certa individualità, generalmente definita da un nome e da una localizzazione precisa', in questo distinta dalle *petie* e dalle *terre* che invece rimangono anonime (Coste 1996: 28). I due *valzola* di Monte Sant'Angelo sono ubicati verso il fiume: uno è chiamato 'sacchus Santa Marie Rubee', dove il termine sacco indica area concava, eventualmente allagabile, talvolta in contrapposizione a un monte; un altro è posto in 'capite panani'. Dell'uso di questo termine esistono esempi vari lungo il Tevere, tra cui il *risacco* di rubbia 45 'quale

era un prato', che dovette essere ripristinato dopo l'inondazione del fiume dall'affittuario seicentesco (termine relativo all'ansa di Settebagni) (Coste 1969: 92, n. 440). La specificità di questi piccoli appezzamenti dal punto di vista idrogeologico, così come è resa in questo documento, trova confronti con le testimonianze relative a tutte le anse del fiume comprese entro l'Agro Romano e ci aiuta a ricostruire l'assetto ambientale per un'epoca nella quale esso risultava modificato anche rispetto alle mappe alessandrine, come si vedrà nel paragrafo successivo.

Sull'opposta riva del fiume, il toponimo Lubre era attribuito tra XI e XII secolo a un *fundus*, dove nel 1035 era compreso un casale, inteso nel senso più antico del termine come suddivisione agricola interna; a un 'locus ubi dicitur' con una terra seminata; a una pedica di terra seminata per la cui coltivazione erano sufficienti un paio di buoi nel 1036 — inoltre, figurava come toponimo isolato nel 1192 e assumeva una configurazione territoriale più precisa nel 1200 quando il toponimo era legato al termine *tenimentum*, del quale si fornivano pertinenze e confini (Hartmann e Merores 1895–1913: I, 83, doc. 63b (del 1 maggio 1035), 85, doc. 65 (del 27 marzo 1036); III, 80–1, doc. 242; 99–100, doc. 260 (del 21 febbraio 1192), 108–9, doc. 269 (del 22 febbraio 1200).[11] Con questa espressione si indicava propriamente il territorio della proprietà agricola tanto è vero che nella documentazione notarile dei secoli XIV–XVI spesso si incontra l'associazione dei due termini *tenimentum casalis* seguito dal genitivo del toponimo.

Nel corso del Duecento la documentazione dell'archivio di Santa Maria in Via Lata continua a presentare termini relativi a singoli elementi agricoli inseriti in una struttura aperta e caratterizzati topograficamente dalla loro vicinanza reciproca, così come abbiamo già rilevato a proposito dell'altra riva: nel 1205 una 'terra seminata qui vocatur pedica que est super arnarium cum baltiolis iuxta se', nel 1207 una terra e uno sterpeto confinanti con il pantano *de Fasanoro*, nel 1220 una terra con selva, sterpeto e pantano posta *ad Olivetum*, il cui concessionario era il monastero di San Silvestro in Capite, nel 1281 la localizzazione di alcune terre seminate era realizzata con la sola menzione dei toponimi *Frassinetum seu Lobre prope Primam Portam*; negli ultimi anni del secolo e nel successivo si affacciava il termine *casalis* attribuito a una serie di toponimi — *Frassinetum vel Arnarium quoque Vattiquattro vel Lubre* — al quale era riferito un elenco di pertinenze con un numero ampio di elementi del paesaggio rurale (BAV, Vat. Lat. 8049: II, cc. 9–12 del

12 settembre 1205; BAV, Santa Maria in Via Lata, cass. 306, perg. 24 del 4 gennaio 1207; Federici 1899: 514, 535–6, docc. 49, 79 del 19 aprile 1220; BAV, Santa Maria in Via Lata, *Liber Transumptorum*: cc. 57, 60, docc. 304, 306 del 16 marzo 1281). L'osservazione più evidente circa l'assetto fondiario, che scaturisce dall'analisi di questi documenti, è la quasi totale assenza di termini relativi a suddivisioni rigide e chiuse della proprietà: gli atti di locazione presentano gli elementi agricoli coltivati e non, localizzati solo con il riferimento al toponimo non accompagnato da altre espressioni.

Rispetto all'opposta riva, però, su questo lato del Tevere è purtroppo meno chiara la precisa individuazione topografica dei toponimi. Sono tutti relativi all'area compresa tra i due casali seicenteschi di Prima Porta e Frassineto, ancora di proprietà di Santa Maria in Via Lata nel XIX secolo e di Valca e Valchetta del capitolo di San Pietro tra il Seicento e l'Ottocento.[12] Tutto ciò trasmette proprio l'assenza di delimitazioni territoriali nette, il che, oltre che essere evidente nella percezione delle strutture agricole, si ripercuote anche al livello delle strutture insediative (delle strutture edilizie alla cui presenza in questa occasione è stato dato meno risalto).

I toponimi dunque in questo periodo risultano attribuiti non tanto a forme di occupazione del suolo o di proprietà fondiaria quanto piuttosto a elementi del paesaggio — selve, sterpeti, pantani — che assumevano una precisa individualità topografica in funzione dell'effettivo ruolo di risorsa.

L'AMBIENTE GEOMORFOLOGICO E VEGETALE E LA MESSA A FRUTTO

A partire dal X–XI secolo, nei territori agricoli dell'Agro Romano, si conservava l'uso del contratto a livello di tipo lungo (di 29 anni, a vita, a tre generazioni), il cui scopo era favorire la messa a frutto, uso testimoniato spesso anche dalla presenza di clausole 'ad meliorandum, pastinatio in partem'. Risultano frequenti le oblazioni a favore dei monasteri che erano i principali proprietari, per la probabile mancanza di sicurezza economica e materiale. Sporadicamente si registra anche la presenza di strutture feudali su terre non castrali, per esempio proprio nel caso di un grande monastero come San Ciriaco nel territorio di Pilo Rotto e Monte del Sorbo, studiato da Coste (1996: 345–8), a proposito della *domusculta Santa Caeciliae* (Coste 1996: 91–132). La gestione agricola di vigne, tenimen-

ti e casali rimaneva sempre in forte prevalenza appar naggio degli enti ecclesiastici, i baroni beneficiando contratti di locazione quasi esclusivamente dei castel oltre l'Agro Romano.

Solo dal XIV secolo si affacciava la rotazione dell terra divisa in tre parti, che nel moderno casale diver teranno quattro, e la menzione delle vendite d'erbe d'e state o d'inverno, specialmente nei grandi casali dell riva destra del Tevere, a favore di proprietari di gregg bovine e ovine. Dall'inizio del XIV secolo i contratti locazione cominciavano ad accorciare il tempo dell concessione, passando ai tre–sei anni, e a far registrar un ruolo preponderante di possessori laici.

Tra XVI e XVII secolo il valore dei casali risultav accresciuto da importanti lavori di bonifica delle palu di e di diboscamento: alcune selve scomparvero tra l'e poca della mappa di Eufrosino della Volpaia e quell del Catasto Alessandrino. Già dalla seconda metà de XV si registra un netto regresso della cerealicoltura vantaggio dell'allevamento, che rendeva di più speci dopo l'introduzione delle vacche rosse, per le qual veniva riservata una parte della tenuta, il *precoio*. L campagna era sempre più spopolata ed era coltivata d lavoratori reclutati stagionalmente, che risiedevan nell'edificio del casale, in modo non stabile.

Il pascolo merita alcune osservazioni a parte, soprat tutto alla luce di quanto emerge dai documenti notaril trecenteschi, studiati da Maire Vigueur (1974) nell prospettiva di evidenziare le vocazioni del suolo d questa porzione dell'Agro Romano. Solo un ristrett numero di casali trecenteschi infatti beneficiava d pascoli suscettibili di essere oggetto di concession separate rispetto all'insieme del territorio agricolo: tr questi si contano in particolare i domini ubicati sull riva sinistra del Tevere, ai lati della Salaria. Si tratta d vaste superfici di suolo umido e irrigato da canali ali mentati dal Tevere, che fornivano un prodotto infinita mente superiore se sfruttati per l'erba piuttosto che pe i cereali. Per quanto riguarda la risorsa bestiame, l zone umide come il litorale romano e le valli fluvial avevano una precisa peculiarità: erano zone dove, pe il fatto di essere pianeggianti, non si distingueva i prato da sfalcio, seminato o concimato e poi tagliato i primavera, dal pascolo naturale dove le bestie eran lasciate libere; la vendita di erbe da settembre a mag gio rappresentava la concessione dell'area prativa comunque oggetto di manutenzione da parte dei conta dini per il libero pascolo del bestiame. Il bestiame a pascolo in queste zone di conseguenza non aveva biso gno di spostamenti verso la montagna nella stagione estiva perché trovava nelle stesse località umide i nutrimento sufficiente; proprio per questo impiego per il bestiame, il terreno stesso ospitava recinti per il ricovero delle mandrie, recinti che potevano essere strutture fisse o anche mobili, per consentire, con turni di un anno, la ricrescita dell'erba nelle diverse porzioni di prato.

Si tratta quindi di un'attività regolata nel dettaglio e che si presentava legata al livello topografico, se non proprio integrata sotto il punto di vista economico, con gli altri elementi del paesaggio rurale, colto e incolto: l'immagine di desolazione dell'Agro Romano, dovuto all'abbandono al pascolo brado, è ancora assai distante dai secoli qui presi in esame. Essa risale alla fine del medioevo e ai primi decenni dell'età moderna quando si affacciavano i risultati dello spopolamento e dell'abbandono delle opere di regimazione idrica. Le grandi fasi di trasformazione del paesaggio rurale dell'Agro Romano possono quindi essere scandite in due momenti principali: il primo mutamento si ebbe in seguito alle conseguenze del menzionato cambiamento demografico e gestionale avviato alla fine del medioevo; il secondo fu assai più rapidamente innescato in seguito alle bonifiche dei primi decenni del nostro secolo e in esso viviamo tuttora.

Che alcuni determinanti mutamenti negli elementi geomorfologici e vegetali fossero già avvenuti tra il XIV e il XVII secolo nella microregione che stiamo analizzando è evidente dal confronto dei testi scritti studiati con le mappe del Catasto Alessandrino del 1660 (**Fig. I**). Da tale confronto fra atti medievali e cartografia storica del XVII, XVIII e XIX secolo, scaturiscono importanti dati di continuità — per esempio topografica e toponomastica —, ma anche non meno interessanti caratteri di distinzione, soprattutto per quanto riguarda gli elementi ambientali. Fra questi è, per esempio, la comparsa o scomparsa di un fosso in seguito ad attività di regimazione idrica — testimoniata dalla presenza di definizioni come *forme* e *scoli* — (fossi la cui mobilità era un fatto non raro data la necessità di continua manutenzione idrica del territorio tramite canalizzazioni dal fiume), o la progressiva diminuzione del bosco a vantaggio del pascolo, la scomparsa dei pantani estesi all'interno delle anse sostituiti dal prato e l'aumento di alternanza pascolo-seminativo nelle aree più prossime alla città.

Ciò che appare con grande efficacia attraverso la documentazione monastica relativa alle anse del Tevere — una peculiarità comune, del resto, ad altre zone pianeggianti e caratterizzate dalla presenza di ambienti umidi come la Maremma laziale — è una forte promiscuità dei diversi elementi del paesaggio,

FIG. I. **Localizzazione delle tenute raffigurate nel Catasto Alessandrino.** *(R. Witcher.)*

sia al livello topografico, sia al livello di sfruttamento di questi elementi attivati in quanto risorse ambientali. I documenti di Santa Maria in Via Lata relativi al fondo Marcigliano tra 1114 e 1192 sono redatti per concedere in locazione 'unam pedicam terre sementaricie cum suis arboribus cum pantano et pratis et pascuis et arnariis cum plagis et costis', confinanti con la *silva communis*, il *pantanum commune* e la Via Salaria. Il taglio della legna era limitato allo stretto indispensabile ed escludeva le specie fruttifere, in particolare le querce, i peri, i meli (Hartmann e Merores 1895–1913: II, 54, doc. 143 del 1 settembre 1114; e III, 79–80, doc. 241 del 2 febbraio 1192). Una simile ubicazione, tra la Via Salaria e il fiume Tevere, caratterizzava le terre seminate, il prato, il *pantano ligneo* e il *carticetum*, che il monastero di San Silvestro in Capite concedeva nel 1228 e nel 1236 nel luogo detto *Silva Proba*, individuabile in via ipotetica nell'ansa più settentrionale del casale seicentesco della Marcigliana, una parte che in seguito verrà esclusa dalla tenuta di proprietà di Santa Maria in Via Lata (ASR, San Silvestro in Capite, n. 5024, c. 14r; BAV, Vat. Lat. 8263: II, cc. 473v–474r).

Dalla particolareggiata mappa del Catasto Alessandrino 431/17 possiamo ricavare alcuni dati circa l'estensione e il rapporto fisico intercorso tra i

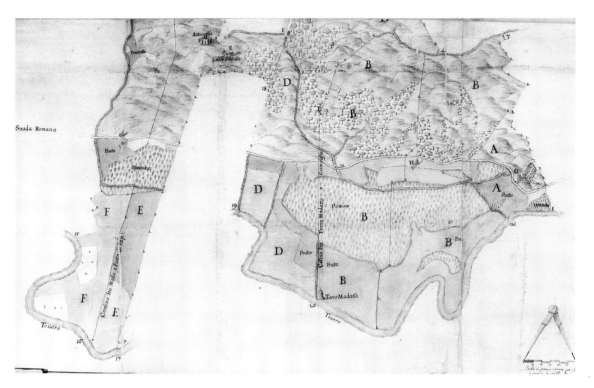

FIG. 2. **Mappa del Catasto Alessandrino, del 15 marzo 1660.** A. Marcigliano; B. Torre Madonna; C. Valle Ornara; D. Ciampiglia; E. Massa; F. Fonte di Papa. (La pianta è conservata in ASR, Presidenza delle Strade, mappa 431/17.)

diversi elementi: i due pantani nei meandri del fiume, i prati-pascoli, gli appezzamenti di seminativo, i canneti, l'area boschiva definita macchia, estesa prevalentemente sull'opposto lato della Salaria rispetto alle zone allagate (**Fig. 2**). La pianta settecentesca di Chiesa e Gambarini utilizza la Via Salaria come delimitazione del territorio pianeggiante, al di là della quale hanno inizio le 'Colline lavorative a grano e pascolive con macchia'; l'ansa più settentrionale è chiamata *Prati del Tivoletto* e risulta suddivisa in appezzamenti coltivati dal perimetro squadrato e orientati seguendo gli assi determinati dal vecchio confine di Santa Colomba e da un asse stradale ad esso parallelo e costituente un raccordo perpendicolare tra il fiume e la Salaria; tra i pochi prati anch'essi delimitati in modo regolare possiamo riconoscere il relitto dell'antico pantano di recente drenato con l'ausilio dei canali *Forma Grossa*, *Scolo Maestro*; l'ansa della Marcigliana si vede ormai interamente occupata da prati, tra i quali si riconosce il *Fosso Maestro*, tuttora individuabile sulla tavoletta IGM, e i 'Fossi scolo dei prati': anch'essi un'evidente traccia di attività di regimazione delle acque stagnanti, la cui messa in opera va collocata in questo caso tra il 1660 e il 1744; nella parte settentrionale della grande ansa figura sulla pianta un 'Capanno alla Posta di fascine', una struttura probabilmente mobile perché assente nella precedente cartografia, ma della quale possiamo immaginare una funzione ben più antica se si tiene

conto dei molteplici riferimenti all'attività di taglio e trasporto del legname utilizzando la fluitazione.[13]

La lista di casali del Seicento, conservata nell'archivio di Santa Maria Maggiore e pubblicata da Coste (1969: 74, n. 233), fornisce per il casale della Marcigliana importanti indicazioni circa l'uso del suo territorio, suddiviso tra il pascolo ('luoco da precoio ma piccolo'), il prato (tre rubbia su un totale di 60), un canneto (capace di fornire 250.000 canne) e tre rubbia di pantano 'che è selva per far legna', una vigna presso l'edificio del casale. Il prato-pascolo che, come si vede dalla coeva mappa alessandrina, era esteso lungo una striscia compresa tra il pantano e il fiume, era ormai considerato troppo limitato per le esigenze dell'attività di allevamento. La stessa funzione doveva essere ancora assolta con sufficiente redditività nel XII secolo quando il *pantanum commune* svolgeva un ruolo che ne giustificava l'uso collettivo da parte degli affittuari e dei proprietari: il taglio dei rami più grossi, la raccolta di piante acquatiche dalla fibra consistente, l'irrigazione attraverso alvei e *carbonaria*, l'abbeveraggio del bestiame che pascolava ai suoi margini. L'uso della fibra vegetale, in particolare dei rami del salice in artigianato è illustrata dalla **Figura 3**, tratta da studi di tipo etnografico (Patri s.d.: 99; Lattanzi 1992: 14). Questo uso multiplo della 'risorsa pantano' si ricava dalle poche, ma significative, espressioni tramandate dagli atti di locazione.

Per quanto riguarda l'attività di allevamento: essa

utilizzava un ricovero per il gregge, equivalente al *precoio* di età moderna, quest'ultimo termine poi esteso all'azienda delle vacche rosse dove si producevano latte e formaggi (D'Alessandri 1930: 357; Sella 1944: 35).[14]

Per quel che attiene al taglio della legna non può sfuggire il riferimento alla *silva communis* nella Marcigliana che, unito alla ripetuta e già menzionata clausola sulla protezione delle specie fruttifere, contribuisce a rendere l'immagine di una risorsa attivata e regolata attraverso consuetudini di uso collettivo. A proposito della *Silva Proba* i testi specificano la natura del pantano che, analogamente a quanto sembra fare il compilatore della lista di casali seicenteschi, veniva definito *ligneo* e quindi caratterizzato da una vegetazione non solo arbustiva, ma arborea e dunque lasciata crescere per essere ceduata in tempi stabiliti che consentissero lo sviluppo sufficiente delle piante. Questi atti associano al pantano un altro elemento vegetale caratteristico anch'esso dell'ambiente umido, ma distinto e ad esso giustapposto dal punto di vista della sua percezione come risorsa, il *carticetum*: termine relativo a pianta acquatica diversa dalla canna, caratterizzata da fibra consistente e utilizzata in artigianato. Essa era lavorata con specifiche mole già attestate nelle zone umide della Maremma laziale nell'XI secolo ed era ancora dotata nelle mappe del Catasto Alessandrino di una individualità come essenza vegetale con un proprio risvolto economico.[15]

Nel XVII secolo, ridotte al minimo le terre seminate e contenuta la funzione di abbeveraggio per il bestiame, l'uso del pantano era limitato alla ceduazione, un'attività che, estesa anche al lato orientale della strada nella vera e propria *macchia*, utilizzava strutture costruite lungo le rive del fiume come deposito e come passaggio intermedio per il trasporto via Tevere verso Roma. Il riporto cartografico delle particelle catastali ottocentesche contribuisce alla nostra capillare conoscenza dell'area, fornendoci ulteriori dati sulla scomparsa del pantano, nell'ansa della Marcigliana, ormai interamente occupata da prato e definita con i toponimi 'Olmo Bello e Bufale': la struttura segnalata nel 1744 come 'Capanno alla Posta di fascine' a circa 100 anni di distanza veniva individuata da una particella recante la definizione 'Casa per uso dei bufalari', da mettere in relazione con prato e pascolo e con il tracciato stradale adiacente alla riva del fiume, presente lungo tutto questo tratto orientale e indicato come 'Strada pel servizio pubblico del tiro delle bufale' (cfr. Le Gall 1953; Passigli 1993: 391). Le mappe del Catasto Gregoriano risalgono al 1820 circa: per

Fig. 3. Il nodo di salice, esempio di uso della fibra vegetale. *(Da Patri s.d.: 99.)*

una restituzione cartografica dei dati circa l'uso del suolo si veda la **Figura 4**, confrontabile con gli analoghi elementi desunti dal precedente Catasto Alessandrino (**Fig. 5**).

I terreni seminativi, comunque avvicendati al pascolo, erano esclusivamente concentrati a est della Via Salaria, situati oltre le particelle boschive coincidenti con le curve di livello più alte e quelle più basse occupate da pascoli. Elementi più dettagliati, confrontabili con quanto su esposto a proposito della risorsa boschiva — la *silva communis* — scaturiscono dalle categorie di descrizione dei terreni impiegate per individuare la parte della tenuta della Marcigliana nella quale questa forma di copertura vegetale risulta sostanzialmente invariata rispetto a quanto registrato per il Seicento — e anche per l'epoca attuale secondo i dati della tavoletta IGM. Per individuare le specie vegetali che dovevano comporre la selva medievale infatti non abbiamo altri dati che: il riferimento ai tre frutti — ghiande, pere, mele — i cui alberi era vietato recidere; l'espressione *macchia* con la quale veniva definita l'area boschiva sulla mappa del Catasto Alessandrino; la definizione 'Bosco ceduo misto', contenuta nel Brogliardo del Catasto Gregoriano; e infine i dati sulla vegetazione naturale potenziale e sulle attuali categorie del fitoclima dell'area. La definizione di *macchia* riportata dalla mappa alessandrina rimanda alla generica percezione della densità del bosco, in quanto quest'area non è caratterizzata prevalentemente dall'ambiente vegetale della macchia

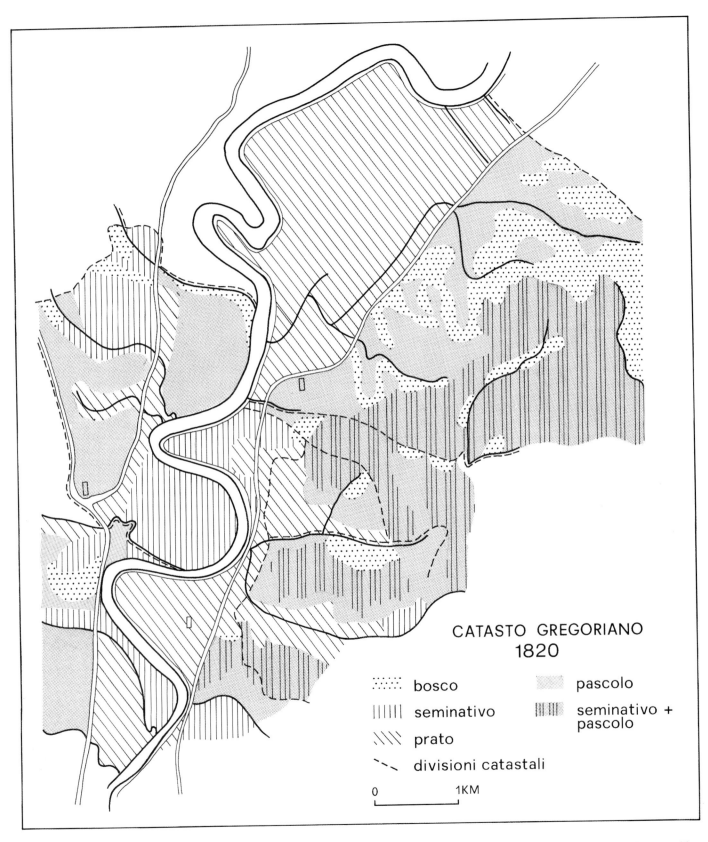

CATASTO GREGORIANO
1820

- ::::: bosco
- ||||| seminativo
- \\\\\ prato
- ⌐⌐⌐ divisioni catastali
-       pascolo
- ||||| seminativo + pascolo

0   1KM

Fig. 4. Restituzione cartografica dell'uso del suolo delle mappe del Catasto Gregoriano. Agro Romano 35 Marcigliana, Agro Romano 11 Serpentara, Agro Romano 12 Castel Giubileo, Inviolatella, Settebagni e Malpasso, Agro Romano 50 Prima Porta, Agro Romano 80 Valchetta. *(S. Passigli, S. Cann.)*

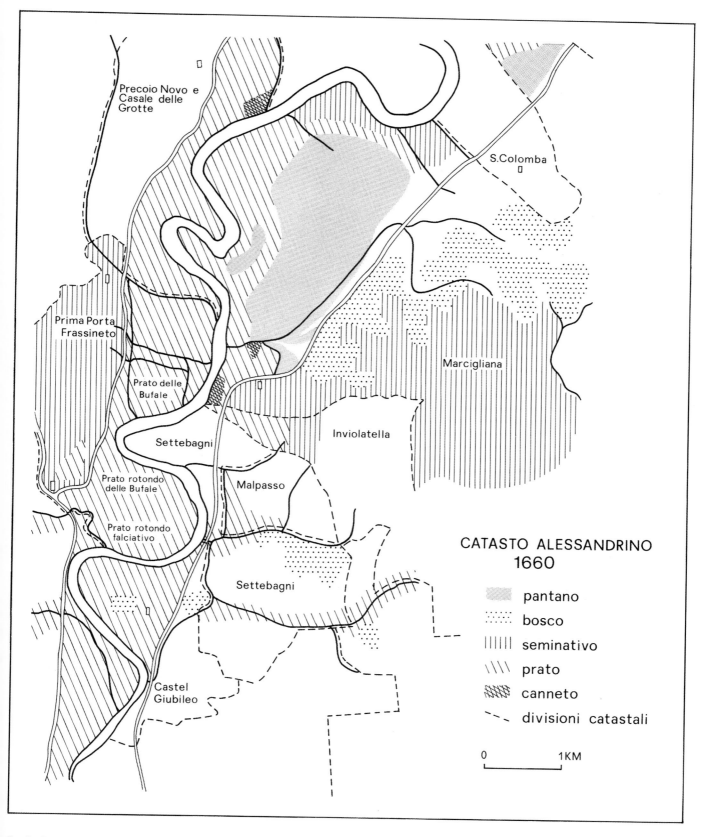

FIG. 5.   Restituzione cartografica dell'uso del suolo delle mappe del Catasto Alessandrino. 431/17 Marcigliano, 431/7 Inviolatella, 431/3 Settebagni, 431/9 Malpasso, 431/4 Castel Giubileo, 433/24 Prima Porta e Frassineto. *(S. Passigli, S. Cann.)*

mediterranea (la forma di vegetazione che appartiene alle zone planiziarie litoranee ed esposte ai venti). Il termine *macchia* quindi va riferito 'a vegetazione legnosa arbustiva polifitica di moderata altezza, che ricopriva in gran parte il territorio regionale e che è stata man mano nel corso dei secoli sostituita da coltivazioni' e ricorrente, con questa accezione, come termine geografico spesso impiegato nella cartografia storica (Conti 1984: 191). Le categorie espresse nella descrizione dei terreni del Catasto Gregoriano sono invece più precise: vi si definiscono 'Bosco' o 'Ripa boscata' o ancora 'Striscia boscata', i terreni di una certa estensione o quelli posti ai margini di un fosso o di un confine o di una strada, quindi di larghezza non minore di tre canne, investiti interamente da piante arboree; la definizione *ceduo* rimanda al taglio delle piante per uso di combustibile; la definizione *dolce*, *forte*, *mista* si riferisce alle specie, nel primo caso si tratta di piante come pioppi, salici, ontani, nel secondo di querce, olmi, frassini o faggi, nel terzo caso di un insieme delle due categorie (*Regolamento* 1816: 92–3). Nel caso della Marcigliana il riferimento è regolarmente al *ceduo misto* nel quale emerge però una tendenza al prevalere delle specie appartenenti al *forte*, in quanto si trova nel Brogliardo di regola sostituito da quest'ultima nomenclatura.

Siamo però ancora lontani dal poter precisare le specie che componevano le nostre selve duecentesche, anche se si può senz'altro escludere la presenza del faggio, albero appartenente ad altre quote ed eliminare alcuni tipi di quercia, che difficilmente avrebbero potuto crescere in queste zone umide. Le specie che rimangono sono: la *Quercus cerris* (cerro), la *Quercus pubescens* (roverella), la tipica 'cerqua' e la *Quercus robur* (farnia), tipica delle piane alluvionali e delle vallecole umide, specie che formava insieme al carpino le foreste naturali dell'Italia settentrionale e centrale. Dal punto di vista fitoclimatico, proprio tra le due grandi anse della Marcigliana viene individuato il confine tra le due regioni definite 'mediterranea' e 'temperata di transizione': la prima, comprendente la Maremma laziale interna e la Campagna Romana, presenta come vegetazione forestale prevalente cerreti, querceti misti di roverella e cerro con elementi del bosco di leccio e di sughera, nelle forre presenta potenzialità per il bosco mesofilo e nei dossi per la macchia mediterranea. Gli alberi guida del bosco sono il cerro, la sughera, il leccio, la farnia, la roverella, l'acero campestre, il frassino (corrispondente alla specie *Fraxinus ornus*, che ha probabilmente lasciato traccia nell'idronimo attribuito al fosso dell'Ornale a est della

Salaria), il carpino (Blasi 1993: carta 1:25.000 e commento).[16]

La presenza di queste specie risulta dunque utile per individuare la composizione della *macchia* riportata nelle mappe alessandrine. La valle del Tevere da Monterotondo a Orte presenta aspetti più vicini al clima temperato, con pioggia abbondante, freddo intenso da ottobre a maggio e aridità a luglio e agosto: la vegetazione forestale prevalente, oltre alle specie comuni all'area più meridionale come la roverella e il cerro, presenta in più salici, pioppi e ontani. Questo querceto misto caducifoglio di tipo mediterraneo verosimilmente ha una composizione analoga a quella che botanici e paleobotanici immaginano corrispondere alla vegetazione potenziale dell'area, dati i noti elementi climatici e antropici, con dominanza del cerro e del farnetto e con partecipazione di farnia e sughera (Blasi *et al.* 1995).[17] Proprio tali querceti di roverella misti con cerro compongono attualmente l'area boschiva conservata nella Marcigliana, delimitata dai botanici e identificata sulla carta dal toponimo Torretta. Si tratta di querce da frutto e da taglio — delle quali sarebbe interessante precisare la specie e i relativi usi — che possono facilmente aver composto la antica selva della Marcigliana: un'ipotesi da verificarsi attraverso la continuità di uso del bosco, con ulteriori ricerche nella bibliografia agronomica e fra i contratti di locazione di età moderna.

Altri elementi tipici del paesaggio fluviale si percepiscono attraverso le espressioni 'plagis et costis', le rive sabbiose che sono registrate come 'relitti di fiume' nel Catasto Gregoriano e corrispondono ai cosiddetti spolverini presenti nelle anse più profonde, a terreni cioè che secondo il regime delle acque fluviali potevano far parte dello stesso letto del fiume oppure essere spiagge dalle quali l'acqua si era ritirata o aveva cambiato corso. Sono i terreni più esposti alle inondazioni e più soggetti alle trasformazioni dovute all'erosione da parte del fiume o alle rettifiche delle sue anse più profonde, come si vede confrontando l'andamento delle curve del fiume e l'estensione in larghezza del letto nelle carte seicentesche, settecentesche, ottocentesche e attuali.

Il tipo di paesaggio fin qui descritto caratterizzava anche i meandri più a sud, compresi fra il Tevere e la Salaria. Confinava con il *rivus Radiciola* una selva di proprietà di San Ciriaco in Via Lata, concessa nel 1040 insieme a una terra seminata e a un prato del quale si precisa lo stato 'coltivato e assolato', a conferma che questi prati non fossero naturali come quelli di montagna. Tre anni dopo, due pezze di terra seminata erano localizzate tra l'alveo del fiume e la Salaria 'ubi dicitur duo sorore et porto ungariscu'. Il monastero vedeva le sue proprietà tra XI (queste anse di Settebagni), XII (quelle della Marcigliana) e XIII secolo (quella di Castel Giubileo) estese lungo quasi tutte le anse del Tevere verso la Salaria, comprese nell'Agro Romano a partire da Castel Giubileo (Hartmann e Merores 1895–1913: I, 93, docc. 70, 99–100; II, 33, doc. 116). Anche in questo caso, nonostante la grande sinteticità del documento, l'informazione importante riguarda l'insieme delle risorse fornite dai terreni menzionati, seppur modesti dal punto di vista dell'estensione: terra coltivata, prato, selva e non ultimo, un porto per il trasporto fluviale di derrate — prevalentemente legname — verso il mercato romano.

Siamo in grado di proporre l'identificazione di questi elementi del territorio attraverso la documentazione e la cartografia successiva: il toponimo *Radiciole*, ben noto per la tenuta estesa a est di quelle che stiamo analizzando, figurava attribuito a un ponte nel 1368 ('ponte detto Radiciola oggi Malpasso') e associato al toponimo Malpasso, nome dell'attuale fosso che fa da confine tra le tenute di Malpasso e di Settebagni; esso indicava un porto nel XIV secolo in un documento dell'archivio di San Silvestro in Capite proprietario di Malpasso (ASR, San Silvestro in Capite, b. 5040); infine la carta di Eufrosino della Volpaia segna un attraversamento della Salaria sul fosso con la definizione *Malpassaggio* (Frutaz 1972: II, tavv. 25–6). Il fosso in questione è dunque con tutta probabilità quello di Malpasso, che confluisce nell'attuale fosso di Settebagni subito prima dell'attraversamento da parte della Salaria, per poi immettersi nel Tevere: in queste vicinanze dobbiamo immaginare l'esistenza dell'approdo, la cui origine toponomastica è ignota come anche ulteriori notizie (poiché fin dall'antichità era stretto il nesso tra l'insediarsi di un porto e lo sfociare di un affluente nel fiume principale). A sud dello stesso fosso di Malpasso, ormai identificato con il *rivus Radiciole*, si estendeva, compresa entro il successivo casale di Settebagni, un'area boschiva, ancora individuabile nella particella 52 ('bosco ceduo forte') del Catasto Gregoriano inserita nell'omonima tenuta. Per quanto riguarda la consistenza vegetale, a differenza della precedente selva della Marcigliana, quest'area boschiva non si è conservata e quindi si possono solo ipotizzare analoghe riflessioni tratte dalla carta della vegetazione e del fitoclima, in quanto topograficamente appartenente alla stessa unità fitoclimatica. Questa selva era dotata di una forte individualità economica e topografica nel XVII secolo, in quanto il compilatore

della lista di casali la descriveva come se fosse stata distinta in due parti: una *selva* di rubbia 18 'che non si può tagliare' e una *selvotta*, sottoposta a ceduazione nel 1603. Di selve e selvotte è assai ricco il Catasto Alessandrino: uno studio statistico su questa categoria di uso del suolo consentirebbe di verificare se tale distinzione fosse da riferire all'estensione della loro superficie (Coste 1969: 92–3, n. 440, del Capitolo di San Giovanni in Laterano: '… vi è rub. 45 di un resacco, quale era prato, et il s.or Papiro l'arroppe per l'inondazione del fiume; è buon paese e si troverebbe a dar risposta. … Vi è una selvotta quale fu tagliata l'anno 1603; è luoco da precoio e l'ultimo anno ne deve lasciar sodo la metà; vi sono comprese, nelle rub. 226, rub. 18 di selva, quale non si può tagliare'). L'area coltivata a prato può essere individuabile in un prato anch'esso caratterizzato con una sua individualità e dotato di una vocazione conservativa poiché segnato nella mappa alessandrina della tenuta di Malpasso e mantenuto nella particella 95 della stessa tenuta nel Catasto Gregoriano, estesa sul lato settentrionale del fosso di Malpasso (ASR, Presidenza delle Strade, mappa 431/9 Malpasso; ASR, Presidenza generale del Censo, mappa Agro Romano 12).[18] L'indagine sulla documentazione notarile moderna andrebbe condotta in base ai notai segnalati da Tomassetti (1975–7: VI, 256–9) per il XV e XVI secolo, in un periodo in cui la proprietà era frammentata fra privati e dal 1579 nell'archivio di San Giovanni in Laterano, proprietario nel XVII e XVIII secolo.[19]

L'ansa di Castel Giubileo nel 1297 ospitava, a ovest della Salaria, i due *valzola* coltivati, prati con recinti per il bestiame, un pantano e forse un boschetto di castagni in leggero rilievo rispetto alla morfologia pianeggiante o appena concava del restante terreno ('montis de castanea'). L'uso prativo era nettamente prevalente sia nel Seicento sia nell'Ottocento in quest'area: nel corso del XIV secolo l'erba del casale fu fatta oggetto di ripetute locazioni, come nel 1371 quando si parlava esplicitamente di pecore, la cui alimentazione era tutelata dal divieto di mandare altre bestie all'interno del casale ad eccezione dei buoi necessari per arare (ASC, Archivio Urbano, notaio Serromani, sez. I, 649/11, cc. 12v–13r.). Anche se arrotondata, si consideri l'indicazione che fa riferimento al numero preciso di 100 vacche e 100 capre, che insieme a maiali, asini, oche, galline, formaggi e vino, costituirono l'oggetto di uno dei saccheggi compiuti ai danni del punto strategico nel 1484. Il terreno arato si conservava presso la riva del fiume nonostante il rischio di allagamenti durante le piene, almeno fino al XVI secolo

(Coste 1969: 59, n. 40). Nel XVII secolo il terreno del casale risultava circa per la metà coltivato e per la metà occupato dal prato, con l'eccezione di due aree boscate, come indicato nella mappa alessandrina: la 'selva nel prato' compresa tra la Salaria e il fiume presenta una forma regolarmente geometrica che ben potrebbe identificar con l'area occupata da castagni, menzionati nel XIII secolo, una specie come è noto, piantata dall'uomo.

Gli elementi del paesaggio e le strutture per lo sfruttamento delle sue risorse non mutavano sull'opposto lato del fiume, nei territori dei successivi casali di Valca, Prima Porta e Frassineto. Le testimonianze appartenenti al monastero di San Ciriaco in Via Lata, fra XI e XIII secolo utilizzando analoga nomenclatura, documentano presso il fiume la presenza di una rete di fossati (*Olivetus*, *Octavus*, *Patellinus*, *Santa Marie*), un pantano, una recinzione per il bestiame in stretto rapporto topografico con la riva del fiume, una selva, terre incolte (*scurrupetis*) e alberi da frutta (pero, melo, olivo), alcune pediche di terra coltivata, una canapina, cave per l'estrazione.[20] Come già accennato sopra, l'area a cui si fa riferimento doveva trovarsi a cavallo fra le odierne tenute, dall'altezza del meandro di Castel Giubileo fino al 'Prato rotondo falciativo' e 'Prato rotondo delle bufale' come era definito, nel 1660, il terreno compreso nell'ansa della attuale Piana di Prima Porta, interamente seminato nell'Ottocento e corrispondente alla particella 39 del Catasto Gregoriano.

Al complesso e mutevole sistema di fossi inerenti allo scolo naturale e artificiale nel Tevere, si aggiunge su questa riva del fiume un altro elemento ambientale: la presenza di sorgenti sotterranee che, oltre al rendere i suoli generalmente argillosi, contribuiva al formarsi di fossati, come le Marrane delle Pantanelle e di Prima Porta e di zone di acqua stagnante o 'Prati acquastrini' (particella 37 del Catasto Gregoriano). Quest'ultima espressione era utilizzata dai periti nel caso in cui 'nel prato ristagni acqua in una parte dell'anno' dovuta alla presenza di cause naturali (*Regolamento* 1816: 486). Questo terreno 'umido anche l'estate per effetto di sorgenti sotterranee chiamasi la Valle dell'Albucceto poiché vi si piantarono albucci' (Canevari 1874: 307) e a sud della Marrana di Prima Porta esso ha lasciato traccia di sé nel toponimo La Pantanella presente sulla carta IGM. Immediatamente più a sud e verso la curva del fiume, sulla stessa tavoletta figura il toponimo Macchia Grande, attribuito a un'area che nella mappa del Catasto Gregoriano conservava una consistente formazione di bosco ceduo forte (ASR, Presidenza generale del Censo, Agro Romano 80).[21]

Alle caratteristiche dell'idrografia e della copertura vegetale si aggiunge per la zona la presenza di tufo, chiamato Fidene e utilizzato fin dall'età repubblicana. Questa presenza è documentata da una serie di testimonianze legate al suo sfruttamento.[22] Quest'area, compresa fra il Monte Oliveto e il fosso di Monte Oliviero si presta, per le sue caratteristiche naturali e la toponomastica che vi si conserva, ad essere identificata con il terreno concesso dal monastero romano nel XII secolo: vi si riunivano infatti, in stretto rapporto topografico, una serie di fossi, un'area allagata, un'area boschiva, la riva del fiume occupata da prato per il pascolo fino all'età moderna.

Ma vi è un elemento in più, che consiste nell'incentivo offerto dalle monache nel concedere in lunga locazione il terreno a partire dal 1163, questa volta con lo scopo più preciso di promuovere una serie di trasformazioni nel terreno umido al fine di seminarvi colture intensive: la concessione riguardava 'tantum de nostro pantano ad excotendum et de terra culta a capite [lacuna] ad unum ortum capientem quattuor ruglos grani sementaricie cum casiis et spatiis suis' insieme alla 'ripa nostre ecclesie cum arnario quem nostre ecclesie riservavimus'; i patti prevedevano che il pantano fosse 'ad tenendum, excotendum et bene laborandum usque in predicto rivum [il Patellino] ac prefatos affines et arbores et olera ibidem plantandum et seminandum vel pastinandum … et rivum relevandum et derivandum et fovendum' (Hartmann e Merores 1895–1913: III, 50–1, doc. 209). La concessione prevedeva dunque non solo la semina su terreni prima incolti, ma anche la derivazione delle acque del fosso mediante lo scavo di una canalizzazione: un dato sulla trasformazione del paesaggio che, come si è visto, risulta presente nella valle del Tevere attraverso il disegno della cartografia storica e la toponomastica dei corsi d'acqua, ma che in questo caso risulta ben datato e documentato all'interno della gestione monastica della proprietà.

A partire dall'XI secolo infatti il monastero di San Ciriaco era protagonista di una serie di opere analoghe in altre zone, ugualmente umide: nella conca aricina il monastero concedeva pezze di vigna da pastinare, insieme a orti, canapine, alberi di mele e noci; tra il Tevere e la Via Portuense stabiliva attraverso lunghe concessioni a livello la lavorazione di parte dei pantani 'ad dimidio ortuo holerario in integrum excotendum de omni expendio ac lavore' da parte del concessionario (Passigli 1997: 138–9). Gli atti conservati per i primi anni del Duecento fanno di nuovo riferimento agli elementi del paesaggio già discussi:

nel 1191 si tratta di una terra seminata 'cum parte sua pantani atque pratarinis suis' — dove emerge il legame pantano-prato che sarà fissato dai periti agrimensori ottocenteschi e individuato nella trattazione sulle condizioni idrauliche delle tenute dell'Agro Romano di Canevari (1874: 307–8) — 'et cum pascuis' posto in Lubre nella 'Cesa vetere', un toponimo che rimanda a un'attività di trasformazione in senso agricolo; nel 1205 si concedeva una pedica di terra seminata 'que est super arnarium cum baltioli iuxta se et modica cesa … cum pascuis et pantanis' confinante con il fosso, 'l'arnarius et pantanum nostrum commune e il carticetum'. La testimonianza del dissodamento avvenuto si conserva in questo atto, insieme alla più forte percezione della presenza del pantano, la cui funzione in ambedue i documenti risulta pertinente alle varie terre che vi si affacciavano per l'irrigazione, l'abbeveraggio del bestiame racchiuso nel proprio recinto, la raccolta di canne. Nel 1207 il pantano arrivava persino ad acquisire una propria dignità topografica attraverso l'attributo di un toponimo (Fasanoro), utilizzato per individuare con precisione il pantano, sia fra le pertinenze sia come punto di riferimento spaziale.

La funzione degli elementi 'naturali' del terreno e la loro percezione cambiava con il mutare dell'assetto fondiario dell'Agro Romano nel corso del XIV secolo, quel mutamento nel quale si è riconosciuto l'avvio di una più grande trasformazione che ha coinvolto nel suo complesso l'attività rurale, il paesaggio vegetale, e che ha dato il via al concepimento di progetti di bonifica su ampia scala.

Si è visto come prima del XIV secolo i diversi elementi che componevano il paesaggio rurale — colto e incolto, umido e asciutto — fossero legati sia topograficamente sia in quanto risorsa. Diversamente, il mercante di campagna che nel 1379 riceveva in enfiteusi le terre del casale Patellino, detto anche Fasanale, dall'ospedale del Santo Spirito non articolava più la propria attività tra la semina del grano, la raccolta dei prodotti dell'orto e della vigna, tra l'allevamento, il taglio della legna nei boschi ad esso preposti, la raccolta di rami e arbusti utili per la costruzione di utensili e la copertura delle capanne, la regimazione delle acque interne e il trasporto fluviale dei prodotti; egli non risiedeva più con la propria famiglia nella terra, ma riceveva terre che 'fuerint et sint effecte steriles et inculte et infructuose propter aquarum inundationem' (Atto del 1379 marzo 6 — ASR, Santo Spirito, cass. 62, perg. 168).

Ringraziamenti

Ringrazio la Prof.ssa Orsola Amore e il Prof. Paolo Delogu per l'occasione offertami per questo approfondimento, relativo a un'area che avevo cominciato a studiare in una tesi di dottorato sulle zone umide del territorio romano nel medioevo. Devo la consulenza di tipo botanico alla Dott.ssa Paola Fortini, del Dipartimento di Biologia Vegetale dell'Università di Roma 'La Sapienza', con la quale è stato avviato un rapporto di collaborazione scientifica di tipo interdisciplinare ai fini di una puntuale ricostruzione storico-ecologica di alcune aree del territorio laziale.

NOTE

1. Archivio di Stato di Roma [ASR], Clarisse di San Silvestro in Capite, b. 4996/1, registro di atti notarili del secolo XIV; b. 5037, Beni rustici degli anni 1496–1849; b. 5040, Atti diversi su Malpasso degli anni 1310–1861; b. 5042, Atti diversi su Ponte Nomentano dal secolo XVI al 1850; reg. 5610, Catasto dei beni stabili degli anni 1598–1696; reg. 5614, Catasto del 1712. ASR, Archivio dell'ospedale del Santo Spirito in Sassia, b. 54, amministrazione delle tenute nei secoli XVI-XVIII; b. 191, *Libri Instrumentorum* degli anni 1456–7; b. 210, *Libri Instrumentorum* degli anni 1431–73; b. 1054, Monterotondo; b. 1060, Nazzano; b. 1061, Orte; b. 1088 Gallese e Magliano; b. 1468, Catasto e piante dei beni di Fiano. Biblioteca Apostolica Vaticana [BAV], Archivio di Santa Maria in Via Lata, *Liber Transumptorum*; n. 100 (38), *Instrumenti ab anno 1495 per totum 1514*; n. 90, *Inventarium mobilium ecclesiae annorum 1454–1536 ... ac inventarium immobilium*; n. 109, *Liber Instrumentorum ab a. 1590 ad a. 1596*; *Catasto delli beni* in sette volumi del 1708. BAV, Archivio del capitolo di San Pietro, rubricellone topografico: tenute Valca e Valchetta. Le mappe del Catasto Alessandrino consultate sono in ASR, Presidenza delle Strade, mappa 431/3 Settebagni, 431/4 Castel Giubileo, 431/7 Inviolatella, 431/9 Malpasso, 431/17 Marcigliano, 433/24 Prima Porta. Le mappe del Catasto Gregoriano consultate sono in ASR, Presidenza generale del Censo, mappa Agro Romano 11 Serpentara, Agro Romano 12 Castel Giubileo ..., Agro Romano 35 Marcigliana, Agro Romano 50 Prima Porta, Agro Romano 80 Valchetta.

2. La documentazione raccolta per la zona dei Prati Fiscali comprende i seguenti atti: 913 *fondo Filiscari: fossatellum seu cesinas* (Allodi e Levi 1885: 162–3, doc. 115); 973–1051 privilegi al monastero di Subiaco: *cesine* presso il ponte Salario, casale Quarto, 'pratum Consiliario iuxta Via Salaria' (Allodi e Levi 1885: 55–61, doc. 21); 16 maggio 1310, donazione al monastero di San Silvestro del casale Fiscari nel luogo detto *Fiscari*, con elenco di pertinenze (ASR, San Silvestro in Capite, b. 5037: beni rustici); 1354, 1359 atti del notaio *Iohannes Nicolai Pauli* che registrano la proprietà laica da parte di alcuni bovattieri romani in 'locus qui dicitur Frascari', 'montes de Communalgia cum prata', della superficie di 3–4 balzoli, confinanti con il fiume, 'Loresacchu della Communalgia cum prato a pede' confinanti con il fiume, il prato e il *carbonarium*. Il secondo documento riguarda la vendita delle erbe del casale *Frascari* 'ad currendum cum pecudibus' da marzo a maggio, in cambio di venti fiorini, tre castrati e tre pezzi di formaggio (Mosti 1982: 69–70, doc. 145); 1372 settembre 20, pegno dotale di 'Lellus filius quondam Fulcus Petri dictus Fulci', a Lello Maddaleno con beni tra cui: $^1/2$ di $^1/4$ del casale *Fiestari* e $^1/2$ di 40 falciate di prato nel territorio del casale (Archivio Storico Capitolare [ASC], Archivio Urbano, notaio Paolo Serromani, sez. I, 649/12, cc. 70r–76r); secoli XVI–XVII due piante dei Prati Fiscali con il Teverone e registrazione dei possessi San Silvestro in Capite e San Salvatore *ad Sancta Sanctorum* (ASR, San Silvestro in Capite, b. 5037: beni rustici). Nel secolo XVII varie mappe del

Catasto Alessandrino riproducono i Prati Fiscali che conservano la fisionomia agricola e idrologica dei secoli precedenti: non è un casale di ampie dimensioni ma consiste in alcuni piccoli appezzamenti prativi con corsi d'acqua e aree allagate, senza una struttura insediativa e agricola centrale. Si tratta probabilmente di una conseguenza della vicinanza con Roma e dell'aspetto morfologico e idrologico che provocano l'attitudine al prato e pascolo più che alle colture intensive tipiche delle aree suburbane. Non si hanno indizi per quest'area di grandi trasformazioni, tra X e XVII secolo, dal punto di vista ambientale, agricolo e insediativo.

3. Nel 1416 si conservavano solo Galeria, Isola e Cesano.

4. Tra le eccezioni si registrano Santa Severa sul mare, Lunghezza sull'Aniene, risalenti all'XI secolo e noti perché appartenenti alla basilica di San Paolo, *Capracorum* e Boccea appartenenti a San Pietro, e Scorano sul Tevere (Delogu 1983; Vendittelli 1989).

5. Definito così in senso lato — infatti esso comprendeva terreni nelle anse del fiume che faranno parte delle successive tenute di Marcigliana, Inviolata, Settebagni; solo la tenuta Inviolatella sarà ancora del capitolo nel Catasto Gregoriano.

6. Solo la tenuta di Prima Porta e Frassineto figura ancora sotto la stessa proprietà nel Catasto Gregoriano.

7. A cui si aggiunge la Selva Proba, presso le anse della Marcigliana e il casale Radiciole, più interno e menzionato nel XIV secolo; Malpasso è menzionato fra le proprietà del monastero nel Catasto Gregoriano e nella documentazione di carattere amministrativo.

8. La ricostruzione dei confini e l'analisi del territorio di questa *massa* ha costituito l'oggetto di una lezione di Jean Coste, tenuta nell'ambito del corso di 'Topografia medievale della regione romana', presso la cattedra di storia medievale della Facoltà di Magistero, negli anni 1984–5.

9. Un esempio di *pedica in casali Curtevetere* con lo stesso significato, nel 1155, si trova in Coste 1996: 107.

10. Secondo una pergamena persa ma conservata in copia in ASR, San Silvestro in Capite, n. 5024, c. 14r e in BAV, Vat. Lat. 8263: II, cc. 473v–474r.

11. Per un giudizio sugli elenchi di pertinenze nei protocolli notarili trecenteschi romani, si vede Coste (1996: 37–8), che ne sottolinea il carattere ripetitivo e teso a comprendere il maggior numero possibile di elementi naturali, ma che nello stesso tempo ne mette in risalto la menzione di elementi isolati e rari, come selve e pantani o mulini, la cui presenza ha invece un carattere di testimonianza reale.

12. I toponimi riportati dai documenti sono concentrati proprio nel confine fra le due tenute: Monte Oliveto, Pantanella, Macchia Grande identificabile con la 'silva prope Patellinum'; il toponimo Patellino è attribuito sia a una località che a un fosso, forse coincidente con il fosso delle Pantanelle nel Catasto Gregoriano e con l'attuale Marrana di Prima Porta, anche citato come confine meridionale del fondo Lubre. I possessi di Santa Maria in Via Lata erano più estesi verso sud — infatti anche il Castellaccio di Valca era di sua proprietà —, poi l'area di Patellino passò al Santo Spirito nel XIV secolo e nel 1300 il castello di Valca confinante con Fasanoro venne donato alla

basilica Vaticana e si precisò così il confine fra i due casali, che si conserverà sino all'età moderna. Rimane il dubbio se identificare il toponimo Fasanoro con Frassineto, quest'ultimo legato alla presenza di zona boscosa con prevalenza di *Fraxinus ornus* spesso misto con acero campestre, carpinella, pruno e nocciolo (cfr. Conti 1984: 169), ma sembra improbabile, sia per la differenza dei toponimi, sia perché Fasanoro è legato a Patellino nei documenti del 1281 e 1379, quest'ultimo conservato in ASR, Santo Spirito in Sassia, cass. 62, perg. 168: quindi deve trattarsi di un'area situata più a sud del confine delle tenute moderne.

13. Una versione della pianta è edita in Frutaz 1972: II, tav. 193.

14. Per avere un'immagine concreta di questo tipo di strutture si può utilmente ricorrere alle mappe del Catasto Alessandrino, dove si trovano alcune raffigurazioni di recinti o veri e propri edifici in muratura, cfr. Passigli 1993: 382–3.

15. Per un confronto con altre menzioni dello stesso termine cfr. Passigli 1996: 346.

16. Gli studi 'di carattere fitoclimatico sono finalizzati alla definizione di aree omogenee e di relazioni tra elementi di natura ecofisiologica ed elementi climatici quali valori medi ed estremi delle precipitazioni e delle temperature' (Blasi 1993: 6). Dalla carta del fitoclima così elaborata, risulta che nella regione mediterranea le precipitazioni annuali sono comprese tra 810 e 940 mm con piogge estive comprese tra 75 e 123 mm, vi è aridità estiva presente a giugno, luglio, agosto e sporadicamente anche a maggio, freddo prolungato ma non intenso da novembre ad aprile, temperatura media delle minime nel mese più freddo da 2,3 a 4° C.

17. Con questa espressione si intende riferirsi alla vegetazione che si potrebbe costituire in condizioni ambientali — fisiche, climatiche e biotiche — stabili e in assenza di una interferenza eccessiva da parte dell'uomo, in grado di modificare completamente questa tendenza naturale: tale impostazione di studi si connette con la ricostruzione storica dell'ambiente incolto e del suo uso da parte dell'uomo, e lo scambio fra le due discipline sembra poter fornire importanti dati per un arricchimento reciproco.

18. Cfr. il confronto fra uso del suolo nel XVII e XIX secolo nelle **Figg. 4** e **5**.

19. Interessante è comunque il fatto che a differenza di altre, l'unità della tenuta di Settebagni si sia costituita solo di recente mentre ancora nel XV secolo essa conservasse traccia dell'antico possesso di una porzione da parte di Santa Maria in Via Lata; questo dato si aggiunge a confermare l'aspetto fondiario frammentato — ma nello stesso tempo appartenente in modo omogeneo a un unico proprietario — di questa parte dell'Agro Romano, caratteristico non solo per i secoli studiati, ma anche nella lunga durata: San Ciriaco in Via Lata possedeva terreni compresi in quelli che dal XIV secolo in poi acquisiranno una fisionomia definita e durevole come casali di Settebagni e Malpasso.

20. Hartmann e Merores 1895–1913: I, 83, doc. 63b; 85, doc. 65; III, 80–1, doc. 242; 99–100, doc. 260; 108–9, doc. 269; BAV, Vat. Lat. 8049: II, cc. 9–12; BAV, Santa Maria in Via Lata, cass. 306, perg. 24; Federici 1899: 514, 535–6, doc. 49; BAV,

Santa Maria in Via Lata, *Liber Transumptorum*: cc. 57, 60, docc. 304, 306. Per il termine *scurrupetis*, si veda D'Alessandri (1930: 361): 'terreno su cui vegetano sterpi, rovi, ginestre; sterpatura è il lavoro fatto con lo zappone per togliere dai pascoli gli sterpi e la vegetazione infestante'. Quindi la menzione degli sterpeti negli elenchi di pertinenze può non essere solo relativa a un aspetto del paesaggio, ma estesa a un'attività rurale.

21. La stessa superficie non è purtroppo chiaramente leggibile nella pianta del Catasto Alessandrino: ASR, Presidenza delle Strade, mappa 433/24 Prima Porta e Frassineto e 433/39 Valca e Valchetta.

22. Lo stesso toponimo Lubre, secondo Tomassetti (1975–7: ill. 334–5) deriverebbe da *rubrae*, la coloritura della roccia che ha determinato anche la denominazione Grottarossa; la 'cava usque in silva' elencata nel 1036 tra i confini di una pedica di terra coltivata; la 'grotta seu antrum puzolane' presso Prima Porta oggetto di una vendita nel 1518 (ASC, Archivio Urbano, sez. 66, instr. t. 32, c. 124); ancora una locazione nel 1558 di 'griptis seu caveis puteolane' situate nella località Frassineto (BAV, Santa Maria in Via Lata, *Liber Memoriarum*, cc. 7r–9r); la testimonianza del compilatore della lista di casali che presenta nella località Le Grotte a Prima Porta un prato dove era in passato un precoio di vacche rosse (Coste 1969: 73, n. 216); infine la mappa del Catasto Alessandrino che raffigura chiaramente cinque accessi di grotte e definisce il quarto 'Cavoni'.

Riferimenti bibliografici

Bullarium Vaticanum = *Bullarium Privilegiorum al Diplomatum Romanorum Pontificum Amplissimo Collectio* — vedi Cocquelines 1739.

Allodi, L. e Levi, G. (1885) *Il Regesto sublacense dell'undicesimo secolo*. Roma, Reale Società di Storia Patria.

Barone, G. (1983) Margherita Colonna e le clarisse di S. Silvestro in Capite. In A.M. Romanini (a cura di), *Roma anno 1300 (Atti della IV settimana di studi di storia dell'arte medievale dell'Università di Roma 'La Sapienza', 19–24 maggio 1980)*: 799–805. Roma, L''Erma' di Bretschneider.

Blasi, C. (1993) *Fitoclimatologia del Lazio*. Roma, Università di Roma 'La Sapienza'.

Blasi, C., Dowgiallo, G., Follieri, M., Lucchese, F., Magri, D., Pignatti, S. e Sadori, L. (1995) La vegetazione naturale potenziale dell'area romana. In *La vegetazione italiana. XI giornata dell'ambiente (Atti dei convegni dell'Accademia Nazionale dei Lincei* 115): 423–57. Roma, Accademia Nazionale dei Lincei.

Canevari, R. (1874) Cenni sulle condizioni altimetriche ed idrauliche dell'Agro Romano. *Annali del Ministero di Agricoltura, Industria e Commercio* 71: 172–510.

Capena e il suo territorio (1995). Roma/Bari, Dedalo.

Cocquelines, C. (1739) (a cura di) *Bullarium Privilegiorum al Diplomatum Romanorum Pontificum Amplissimo Collectio*. Roma, San Michele a Ripa/Hieronymi Mainardi.

Conti, S. (1984) *Territorio e termini geografici dialettali nel Lazio* (*Glossario di termini geografici dialettali della regione italiana* 5). Roma, Istituto di Geografia dell'Università di Roma 'La Sapienza'.

Coste, J. (1969) I casali della Campagna romana all'inizio del Seicento. *Archivio della Società Romana di Storia Patria* 92: 41–115.

Coste, J. (1979) *La Campagna romana nel medio evo*. Testo della conferenza, Roma 12 marzo 1979. In Archivio Coste, in corso di inventariazione, da depositarsi presso l'Archivio Storico Capitolino di Roma.

Coste, J. (1996) *Scritti di topografia medievale. Problemi di metodo e ricerche sul Lazio* (*Istituto Storico Italiano per il Medio Evo, nuovi studi storici* 30), a cura di C. Carbonetti, S. Carocci, S. Passigli e M. Vendittelli. Roma, Istituto Storico Italiano per il Medio Evo.

D'Alessandri, A. (1930) Vocaboli, usi agricoli e consuetudini della Campagna romana. *Roma* 8: 193–208, 263–72, 353–62.

De Felice, R. (1965) Aspetti e momenti della vita economica di Roma e del Lazio nei secoli XVIII e XIX. In G. De Rosa (a cura di), *Storia ed economia* (*Studi, testi, documenti, quaderni* 13). Roma, Edizioni di Storia e Letteratura.

Delogu, P. (1983) Castelli e palazzi. La nobiltà duecentesca nel territorio laziale. In A.M. Romanini (a cura di), *Roma anno 1300 (Atti della IV settimana di studi di storia dell'arte medievale dell'Università di Roma 'La Sapienza', 19–24 maggio 1980)*: 705–13. Roma, L''Erma' di Bretschneider.

De Sanctis Mangelli, A. (1918) *La pastorizia e l'alimentazione di Roma nel medio evo e nell'età moderna*. Roma, P. Maglione/C. Strini.

Fedeli Bernardini, F. (1994) *Verso un ecomuseo. Nazzano, casale Bussolini, centro di documentazione ambientale*. Roma, Palombi.

Federici, V. (1899) Regesto del monastero di S. Silvestro in Capite. *Archivio della Società Romana di Storia Patria* 22: 213–300, 489–538.

Federici, V. (1900) Regesto del monastero di S. Silvestro in Capite. *Archivio della Società Romana di Storia Patria* 23: 67–128, 411–47.

Fraschetti, C. (1935) *I Cenci — storia e documenti dalle origini al sec. XVIII*. Roma, s.n.

Frutaz, A.P. (1972) *Le carte del Lazio*. Roma, Istituto di Studi Romani.

Gennaro, C. (1967) Mercanti e bovattieri nella Roma della seconda metà del Trecento (da una ricerca su registri notarili). *Bollettino dell'Istituto Storico Italiano per il Medio Evo e Archivio Muratoriano* 78: 155–203.

Hartmann, L. e Merores, M. (1895–1913) *Ecclesiae S. Mariae in Via Lata Tabularium* (3 voll.). Vienna, C. Gerold filii.

Hubert, E. (1988) Un censier des biens romains du monastère S. Silvestro in Capite (1333–1334). In E. Hubert e M. Vendittelli, *Materiali per la storia dei patrimoni immobiliari urbani a Roma nel medioevo. Due censuali di beni del secolo XIV*: 93–140. *Archivio della Società Romana di Storia Patria* 111: 75–160.

Hubert, E. (1990) *Espace urbain et habitat à Rome du Xe siècle à la fin du XIIIe siècle* (*Istituto Storico Italiano per il Medio Evo, nuovi studi storici* 7; *Collection de l'École Française de Rome* 135). Roma, École Française de Rome/Istituto Storico Italiano per il Medio Evo.

Il Tevere. Natura, storia e territorio da Nazzano a Castel Giubileo (1984). Roma, Savelli Gaumont.

Lattanzi, V. (1992) *In ore Tiberis. Esperienze, memorie, storia*. Roma, Cooperativa Ricerca sul Territorio.

Le Gall, J. (1953) *Le Tibre: fleuve de Rome dans l'antiquité*. Parigi, Presses Universitaires de France.

Maire Vigueur, J.-C. (1974) *Les grands domaines de la Campagna romaine dans la seconde moitié du XIVe siècle*. Université de Paris I, Thèse de troisième cycle.

Migne, J.P. (1844–57) *Patrologia Cursus Completus* (series secunda, latina). Parigi, s.n.

Moreno, D. (1990) *Dal documento al terreno. Storia e archeologia dei sistemi agro-silvo-pastorali*. Bologna, Il Mulino.

Mosti, R. (1982) *I protocolli di Johannes Nicolai Pauli. Un notaio romano del '300* (*Collection de l'École Française de Rome* 63). Roma, École Française de Rome.

Nicolai, N.M. (1803) *Memorie, leggi ed osservazioni sulle campagne e sull'annona di Roma*. Roma, Stamperia Pagliarini.

Passigli, S. (1993) Ricostruzione cartografica e paesaggio del Catasto Alessandrino. II. Indici delle mappe. *Archivio della Società Romana di Storia Patria* 116: 243–393.

Passigli, S. (1996) L'ambiente naturale delle zone umide nella toponomastica del Lazio medievale. *Rivista Italiana di Onomastica* 2: 320–53.

Passigli, S. (1997) *Per una storia dell'ambiente nel medioevo: le zone umide del territorio romano (secoli X–XV)*. Università di Perugia, Tesi di dottorato.

Patri, G. (s.d.) Strumenti dei contadini italiani. *Quaderni del Centro Etnografico Ferrarese* 29: 93–116.

Regolamento sulla misura dei terreni e formazione delle mappe del Catasto Generale dello Stato Ecclesiastico ordinato all'art. 191 del moto proprio della S. M. Papa Pio VII (1816). Roma, s.n.

Sella, P. (1944) *Glossario latino italiano: stato della Chiesa, Veneto, Abruzzi* (*Studi e testi* 109). Città del Vaticano, Bibliotheca Apostolica Vaticana.

Sombart, W. (1888) *Die Römische Kampagna*. Leipzig, Verlag von Duncker und Humbolt.

Tomassetti, G. (1975–7) *La Campagna romana antica, medievale e moderna* (nuova edizione aggiornata a cura di L. Chiumenti e F. Bilancia). Roma, Leo S. Olschki.

Toubert, P. (1973) *Les structures du Latium médiéval. Le Latium méridional et la Sabine du IXe siècle à la fin du XIIe siècle* (*Bibliothèque des Écoles Françaises d'Athènes et de Rome* 221). Roma, École Française de Rome.

Vendittelli, M. (1989) Dal 'castrum Castiglionis' al casale di Torrimpietra. I domini dei Normanni–Alberteschi lungo la Via Aurelia tra XII e XV secolo. *Archivio della Società Romana di Storia Patria* 112: 115–82.

URBANISM

Un confronto tra gli organismi protostatali delle due sponde del Tevere: le prime fasi di Veio e di Crustumerio

Francesco di Gennaro, Andrea Schiappelli e Angelo Amoroso

Riassunto • Abstract

I TERRITORI DI VEIO e di Crustumerio si fronteggiano sulle due sponde della valle del Tevere, tra il medio e il basso corso; i caratteri culturali dei due centri nella prima età del ferro e il loro sviluppo storico dipendono da una parte da tale posizione geografica nel contesto culturale medio-tirrenico (da cui derivano i principali elementi di affinità) e dall'altra dalla rispettiva collocazione nell'Etruria e nel *Latium* (cui si devono le numerose differenze, a partire da quelle dimensionali: *Crustumerium* pur essendo uno dei centri latini di prima grandezza dell'epoca è tre volte più piccolo di *Veii*). Sulla base della documentazione delle fasi formative dell'insediamento (X–VIII secolo a.C.) si considera la somiglianza del fenomeno di strutturazione protourbana; si tratta di un evento in tutti e due i casi indotto e ispirato dall'esterno, considerato anche che sia Veio sia Crustumerio non presentano significativi precedenti nell'età del bronzo finale.

THE TERRITORIES OF VEII and Crustumerio are situated on opposite sides of the Tiber, in the middle to lower sections of the river valley. The cultural characteristics of these two centres in the Early Iron Age, as well as their historical development, were conditioned, on the one hand, by their geographical position within the middle Tyrrhenian cultural context (from which their main similarities derive) and, on the other, by their location in Etruria and *Latium* respectively. The latter is also the cause of numerous differences, not least their relative sizes: despite *Crustumerium* being one of the largest Latin centres in this period, *Veio* was still three times larger. On the basis of the evidence for the earliest phases of settlement (tenth–eighth centuries BC) the paper examines the similarities in the proto-urban structure of the sites. Since neither *Veio* nor *Crustumerium* has provided significant archaeological evidence of the Final Bronze Age, this proto-urban development was, at both sites, encouraged and inspired from outside.

RILEVANZA DEI DUE CASI DI STUDIO. CARATTERI GEOGRAFICI E ASPETTI ARCHEOLOGICI DELLE PRIME FASI DI INSEDIAMENTO
F. di Gennaro

I DUE CENTRI DI VEIO (*Veii*) e Crustumerio (*Crustumerium*), vicini tra di loro ma separati geograficamente e storicamente dal Tevere, circa 40 km a monte dell'attuale foce fluviale, ci permettono di indagare dal punto di vista archeologico sulle vicende protostoriche dell'ambito geografico della valle del fiume più importante dell'Italia peninsulare. La via idrica del Tevere — nonostante la stretta sagoma della penisola, che di norma determina torrenti trasversali di breve corso — si impone all'attenzione per lunghezza, e di conseguenza per portata d'acqua, grazie alla conformazione orografica dell'Italia centrale. Infatti, la dorsale appenninica, a differenza di quanto avviene sul versante adriatico, non incombe sul fronte tirrenico dell'Etruria, ove si sfrangia in catene montane parallele le quali, come più a sud i massicci orografici vulcanici Volsinio, Cimino e Sabatino, arginano il compluvio, consentendo alla valle tiberina di decorrere per la sua maggior parte nella stessa direzione delle linee di costa della penisola.

Sono le accennate caratteristiche del corso fluviale del Tevere che autorizzano a considerare la

Campagna romana il punto centrale d'Italia: se infatti il tratto con andamento nord–sud favorisce la penetrazione da settentrione, prima che il fiume entri nella piana costiera vi confluiscono da sinistra il Nera, che porta acqua sia dalla Sabina interna, regione che si spinge fino a soli 50 km dal Mare Adriatico, sia dall'Abruzzo e dal Reatino (tramite il Velino), e poi l'Aniene, che penetra nel Lazio meridionale interno. Pur restando indubbiamente più evidente il collegamento che tramite l'idrovia principale si stabilisce con il settentrione, questi due rami tributari costituiscono altrettanti inviti alla penetrazione da e per il versante adriatico e, insieme alla più notevole direttrice rappresentata dal vallone del Sacco, aperto verso la Campania, che risulta accessibile dal varco tra Monti Prenestini e Vulcano Laziale (Colli Albani), da e per il meridione; più evidenti e aperti, infine, sono gli itinerari marittimi dei quale gode altresì l'area romana, tanto prossima al litorale.

Oggi, dopo circa tre decenni di elaborazioni e discussioni,[1] si dispone di un quadro complessivo, sia pure valido limitatamente alle grandi linee, delle vicende svoltesi in età protostorica nell'area medio-tirrenica, cioè di quel complesso di fenomeni che apre la storia urbana e statale di Roma e degli altri grandi centri antichi contermini. Di questi fatti compiutisi nell'età del bronzo e nella prima età del ferro, la ricostruzione, ripresa in questa sede da Andrea Schiappelli limitatamente all'Etruria (che coincide in gran parte con il bacino tiberino) e considerata da Angelo Amoroso per la fase conclusiva del processo nel *Latium Vetus*, manca finora della base documentaria che supporti puntualmente le osservazioni basate sulla diretta conoscenza dei luoghi e dei materiali archeologici. Tuttavia, lo stato raggiunto dall'analisi lascia ritenere che i nuovi ritrovamenti, attesi a seguito dell'incremento delle ricerche sul campo, non potranno ormai invalidare la dinamica del processo quale ricostruita finora, anche se forniranno particolari utili a una sua migliore definizione, in particolare se si riserverà nel futuro la dovuta attenzione alle componenti finora trascurate.

Nel panorama delle compagini protostatali dell'Italia centrale tirrenica, con i loro territori che si fronteggiano sulle due sponde del Tevere nel tratto medio–basso, *Veii* sul fronte etrusco e *Crustumerium* sul fronte laziale rappresentano due esempi di organismi protourbani e di fase statale iniziale, le cui diverse dimensioni[2] sono probabilmente indice dell'attestarsi di una diversa fase di sviluppo della società nello stesso momento, o comunque di un diverso sistema di organizzazione delle comunità rispettivamente insedia-

te; in ogni caso ciò che ci induce a tracciarne parallelamente i rispettivi profili è il fatto che per ambedue centri oggi disponiamo di novità importanti.

Da un punto di vista non strettamente storico, bensì riguardante i fenomeni di trasformazione dell'ambiente, le aree urbane di *Veii* e *Crustumerium* sono accomunate dall'avanzata erosione del suolo, dovuta al protrarsi univoco delle pratiche agricole di scasso periodico e aratura annuale, che ha in parte vanificato il positivo effetto della relativa tranquillità di cui godono su fronte dell'edilizia moderna. La situazione di alterità rispetto al diffuso proliferare dell'urbanizzazione incontrollata della periferia cittadina è stata infatti mantenuta fino a pochi anni fa dal perpetuarsi di una destinazione agraria tradizionale, comune alle due aree, ed è oggi supportata da normative, a garanzia della cui efficacia, tuttavia, occorre la continua attenzione di chi è preposto, o comunque interessato, alla tutela del paesaggio storico.

Per quanto riguarda le testimonianze archeologiche della fase protostorica di Veio, un primo importante risultato può riconoscersi nel fatto che finalmente si conseguita la documentazione dei materiali raccolti nel corso della monumentale impresa di esplorazione diretta da J.B. Ward-Perkins negli anni '50 e '60 (cf sopra, Capitolo 2).[3] La seconda, non meno notevole circostanza, i cui risultati positivi riguardo alla conoscenza delle prime fasi di occupazione del pianoro veiente non si sono certo fatti attendere, è la ripresa degli scavi, che la Soprintendenza Archeologica per l'Etruria Meridionale ha favorito, con un corale coinvolgimento degli istituti accademici di scienze dell'antichità.

A *Crustumerium*, a poco più di venti anni dalla definitiva individuazione del centro antico, che si deve Lorenzo Quilici e Stefania Quilici Gigli (Quilici Quilici Gigli 1980), si dispone di dati organizzati topograficamente, il cui complesso consente di orientare le prospettive di ricerca scientifica, di valorizzazione turistica e di tutela. La possibilità di esercitare la tutela sulla base di una ben definita normativa[4] si traduce sua volta in nuove occasioni di conoscenza scientifica per la conseguita possibilità di progettare organicamente campagne di scavo in collaborazione con istituti nazionali ed esteri.

Le novità principali riguardanti le ricerche sulle fasi protostoriche e arcaiche di *Crustumerium* sono: il completamento di due tesi di laurea, una relativa all'analisi di superficie dell'area urbana (Amoroso 1997), l'altra incentrata sulla topografia della necropoli e sul problema degli scavi clandestini (Togninelli 2000); inoltre, sulla scorta dei dati di superficie raccolti da Amoroso, la Soprintendenza ha potuto condurre, insieme alla II Cattedra di Archeologia dell'Università degli Studi di Roma 'La Sapienza', nuove e più intense ricognizioni di superficie di settori particolari dell'abitato e, con la Cattedra di Topografia Antica dell'Università degli Studi di Lecce, un saggio di scavo nell'abitato; infine si è già fatto cenno all'acquisto da parte della Pubblica Amministrazione di un vasto settore dell'area funeraria orientale di Monte Del Bufalo e del Casale di Cisterna Grande, destinato a posto di guardia e sede espositiva (di Gennaro 1999a).

Due argomenti costituiscono importanti premesse all'analisi delle vicende protostoriche di *Veii* e *Crustumerium* nel quadro dell'origine degli stati in Italia centrale. Si tratta in ambedue i casi di risultati conseguiti, in direzioni diverse, dalla ricerca scientifica, e in ambedue i casi di realtà di cui molti archeologi non tengono conto, quando addirittura non ne rifiutano il contenuto informativo, con colpevole e grave ritardo dello sviluppo del progresso scientifico complessivo della disciplina: ci si riferisce alla radicale innovazione connessa all'insorgere della fase protourbana e alla ricalibrazione della cronologia sulla base del conteggio degli anelli di accrescimento annuale del durame degli alberi (*tree-rings*) ossia della cosiddetta dendrocronologia.

Esistono infatti frange di studiosi che, con atteggiamento alquanto retrogrado, resistono su di una posizione contraria ad accettare tanto l'evidenza di un evento storico che si dimostra avvenuto in modo assai diverso da quello che era stato proposto negli anni '50–'60 sulla base di una delle possibili letture delle prime e scarse registrazioni sul campo, quanto la precocità di fenomeni che sono abituati a datare ad epoca più recente di quella reale.

Mentre la frattura della scelta protourbana con il vecchio mondo medio-tirrenico dei villaggi sparsi e il lungo raggio del suo impatto sulle regioni circostanti sono stati ampiamente illustrati,[5] per quanto riguarda la questione della cronologia va notato che — certo anche a causa della carente edizione dei nuovi riferimenti dendrocronologici — da più parti vi sono resistenze a ricondurre agli esordi del primo millennio a.C. l'inizio delle manifestazioni dell'età del ferro, che in verità ad alcuni studiosi, qualche decennio addietro, già era costato molto far risalire al IX secolo. Del resto una simile inerzia non costituisce un fenomeno nuovo anche nei nostri campi di indagine e vien fatto di parallelizzare la vicenda a quella della lingua etrusca, sostanzialmente compresa da decenni ma, come faceva

con desolazione notare Pallottino, ostinatamente considerata indecifrabile oppure decrittabile con la chiave dei più disparati idiomi della terra, non solo da linguisti dilettanti, ma anche da studiosi qualificati.

L'aggancio indiretto alla nuova sequenza dendrocronologica centroeuropea, sebbene in attesa di precisazioni e della ricostruzione della serie di accrescimento del durame propria della nostra area di indagine, sembra che possa portare anche un modesto innalzamento dell'inizio dell'età orientalizzante (periodo IVA della sequenza laziale); il III periodo laziale, finora considerato come la fase della 'capanna di Romolo' potrebbe in tal caso ritenersi in parte 'pre-romano' pur se non si può stabilire una piena, e in un certo senso 'rassicurante', coincidenza dell'inizio tradizionale della storia di Roma e della sua monarchia con il rivoluzionario cambio del gusto e degli orientamenti culturali ed architettonici che corrisponde al principio dell'Orientalizzante. In ogni caso, la risalita nel tempo di quest'ultimo momento tende sempre di più ad avvicinarlo alla data tramandata della prima colonizzazione greca dell'Italia meridionale.

Tornando alle ricerche sui due poli rispettivamente etrusco e latino di cui qui ci occupiamo, la nuova stagione di conoscenze, che sembra destinata a durare per qualche tempo, consente, con riguardo ai primi momenti dello sviluppo urbano, di instaurare una prima comparazione tra i caratteri generali dei due centri antichi e le loro vicende.

Veio è il più compatto dei grandi insediamenti villanoviani dell'Etruria meridionale e successivamente una delle più vaste tra le grandi città d'Etruria; se i dati topografici che attestano l'occupazione estesa e intensa di tutto il pianoro in età protostorica e l'assenza di insediamenti nel territorio ad esso esterno, destinato al culto funerario e all'agricoltura, acquisiti già intorno al 1960, fossero stati a suo tempo pubblicati, probabilmente il dibattito sulla poleogenesi etrusca avrebbe assunto un orientamento diverso, con un più rapido allineamento sulle posizioni che oggi con lenta fatica vanno dimostrandosi rispondenti alla realtà degli eventi storici.

La conseguita possibilità di pubblicare i reperti protostorici di Veio, impone di ricordare come ben pochi siano i materiali da insediamenti della prima età del ferro dell'Etruria meridionale resi finora disponibili grazie all'edizione. Per quanto riguarda i complessi più vasti e ricchi di attestazioni, sono stati pubblicati documenti da Orvieto (Bizzarri 1962; Scarpignato e di Gennaro 1988: Kohler 1993); dalla costiera tarquiniese (Mandolesi 1999) e civitavecchiese (Barbaranelli

1956), recentemente tornata al centro dell'attenzione (Belardelli e Pascucci 1996; 1998; Pascucci 1998; 1999; Belardelli 1999); dal villaggio sommerso del Gran Carro di Bolsena (Fioravanti e Camerini 1977; Tamburini 1995); da Bisenzo (Raddatz 1975); da Vulci (Raddatz 1983); e da Tarquinia (Bonghi Jovino e Chiaramonte Trerè 1997; Mandolesi 1999).[6] Mentre di altre località sono noti essenzialmente materiali provenienti dalle necropoli (Cerveteri e, sostanzialmente, la stessa Veio), numerosi altri contributi hanno documentato piccoli gruppi di materiali, sia dagli stessi centri, sia dai non molti complessi minori[7] di cui alcuni pertinenti alla sola fase recente, come San Giovenale, Trevignano Romano, Narce e Nepi.[8] Da Veio, oltre alle attestazioni funerarie, sono stati pubblicati alcuni ritrovamenti di superficie dall'area di Campetti (Conti 1980); restano invece inediti i materiali delle ricognizioni dell'Istituto di Topografia Antica dell'Università di Roma 'La Sapienza', dei quali è nota solo la dispersione planimetrica (Guaitoli 1981a).

A fronte della presenza ormai accertata di un insediamento del Bronzo finale arroccato sull'area difesa di Isola Farnese (scavi inediti D'Erme e Bartoloni), il sistema orografico dell'area urbana veiente non ha restituito nessun pezzo tipico del Bronzo finale tra i circa 300 reperti protostorici da noi esaminati presso la British School at Rome (mentre circa 500 frammenti — anch'essi solo del primo Ferro — provengono dalla necropoli). In conclusione, resta tipologicamente riferibile al Bronzo finale solo un frammento di parete di grande vaso di forma non definibile, raccolto nell'area urbana e precisamente a settentrione del 'northwest gate', da Marco Pacciarelli e pubblicato quasi dieci anni più tardi (di Gennaro 1986: 103–4, fig. 24B). Occorre poi precisare che, sebbene la classe delle anse con sopraelevazione a corna cave attribuibili a tazze compaia già nell'età del Bronzo finale, gli esemplari attestati nell'area dell'abitato di Veio, cui se ne aggiungono altri, ancora inediti, raccolti nell'ambito di indagini in corso, sono in tutti i casi tipologicamente inquadrabili nella prima età del ferro. Pertanto non sussistono elementi che inducano a sostenere l'esistenza di un primo livello eneo dell'occupazione protourbana di Veio, cui poter attribuire tanto la sepoltura a pozzetto dell'età del bronzo finale rinvenuta in un complesso funerario della prima età del ferro avanzata in località Casale del Fosso (tomba n. 838), quanto il rasoio a lama bitagliente del tipo 'Croson di Bovolone' e la fibula serpeggiante con staffa a disco di filo avvolto a spirale (del Bronzo finale o della fase antica del primo Ferro) proveniente da una tomba della prima età del

ferro avanzata, rinvenuti nel sepolcreto di Quattro Fontanili (Schiappelli, sotto).

Mentre non vi sono, dunque, dati archeologici sufficienti a giustificare un sia pur vago riferimento alla presenza di gruppi di capanne del Bronzo finale sul pianoro (Bartoloni *et al.* 1994: 3), si può ormai considerare un punto fermo la diversa storia della formazione di Veio rispetto agli altri centri dell'Etruria costiera, di cui sono stati analizzati sotto questo aspetto Vulci e, specialmente, Tarquinia. A Tarquinia, esplorazioni e scavi sulle formazioni tabulari tra di loro collegate di Pian di Civita e Pian della Regina dimostrano che lo stanziamento si espande fin dal Bronzo finale sul supporto orografico sul quale per diversi secoli si manterrà l'abitato antico (Pacciarelli 1991a; 1991b). L'ipotesi di strutturazione graduale dell'assetto insediativo del territorio dipendente da Tarquinia, fondata sulle ricerche territoriali condotte a partire dai gruppi archeologici spontanei fino all'opera di sintesi di Alessandro Mandolesi, configura il progressivo abbandono dei villaggi 'periferici' dell'età del bronzo e la contemporanea nascita/crescita del centro protourbano (Mandolesi 1999). Veio, al momento attuale, in virtù della disponibilità della documentazione dei dati citati, qui in parte presentata, e per l'immediato futuro — considerato che vi si stanno svolgendo numerosi scavi su più fronti — si pone come caso di studio assolutamente privilegiato rispetto agli altri grandi centri della prima età del ferro della regione; e l'accertamento della differente storia dell'origine di Veio, centro protourbano formatosi nella prima età del ferro, è una indubbia conferma dell'ipotesi di uno sviluppo che assume diverse modalità nei singoli distretti.

Tuttavia, riguardo a questo aspetto generale dello sviluppo veiente, ossia la consapevole unificazione, con valore politico-territoriale, delle comunità di villaggio del territorio circostante, comunque avvenuta al principio dell'età del ferro, permangono sostanziali dissensi. Basti osservare che anche recentemente (Bartoloni *et al.* 1994: 2–4) l'ammissione di una 'concentrazione dell'abitato in uno spazio ben definito' nella prima età del ferro e le evidenze rappresentate da 'una scelta condivisa da più comunità e una forma di collegamento tra i vari nuclei abitativi',[9] non hanno impedito di cogliere, anche a Veio, 'vari gradi' di articolazione del processo di trasformazione dall'occupazione del territorio 'da villaggi sparsi a città organizzata' né di fugare le perplessità sull'ipotesi di una 'conclusione del processo di occupazione dei pianori già dall'inizio del IX secolo a.C.'. Questo è una premessa anche nella prospettiva secondo cui il più significativo evento di unificazione delle comunità preesistenti, in direzione della formazione della città, sia quello svoltosi nei momenti iniziali dell'età del ferro; comunque, non rappresenta né un inizio né una conclusione, ma solo un fenomeno inserito in un ben più lungo processo storico. Secondo la mia interpretazione, le medesime constatazioni riguardanti la volontà di più comunità di concentrarsi in uno spazio fisicamente ben definito, in una lettura che deve comprendere anche il correlato spaziale del territorio di pertinenza delle singole comunità,[10] portavano alla conclusione che tra i diversi livelli teorici della compagine sociale (nucleo familiare, famiglia allargata, comparto insediativo, per esempio) è ora quello della comunità protourbana nel suo insieme che viene percepito precipuamente come struttura di appartenenza da parte dei suoi componenti. In conclusione, si ritiene che a Veio, come negli altri grandi centri della prima età del ferro, l'unità politica rilevante nella gestione del territorio, e nel rapporto dialettico con le omologhe comunità esterne, sia il gruppo protourbano e non una parte di esso.

Crustumerium è per contro una delle città più grandi del Lazio antico. Già nella prima età del ferro l'area urbana è tutta occupata mentre all'esterno del suo perimetro naturalmente definito non si registra la presenza di nuclei abitati, come nell'agro strettamente circostante il centro protourbano di *Veii*. Le fasi precedenti il periodo laziale IIB sono poco documentate,[11] ma si impone all'attenzione un frammento vascolare raccolto nel 1954 dai ricercatori della British School at Rome (Kahane, Murray Threipland e Ward-Perkins 1968: 17). La fugace segnalazione di qualche frammento isolato della 'tarda età del bronzo' alle pendici del pianoro su cui in seguito sarebbe stata identificata la città di *Crustumerium* sembrava potersi risolvere nell'ipotesi di una lettura imprecisa di materiali di età successiva, finché l'esame dei reperti, conservati per oltre 40 anni in modo esemplare nei depositi della British School at Rome, non ha dimostrato la sostanziale correttezza della prima attribuzione; solo sulla base delle più recenti conoscenze la cronologia del frammento può essere ora fissata al Bronzo antico o medio iniziale (**Fig. 1**).

A partire da questa più antica testimonianza che non consente certo di stabilire un così antico inizio della polarizzazione dell'interesse dei gruppi umani per il pianoro di *Crustumerium* nel suo complesso, si presentano qui alcuni importanti ritrovamenti, solo in parte provenienti da contesti di scavo. I materiali della tomba a fossa n. 18 di Monte Del Bufalo, la più antica tra quelle finora esplorate, attribuibile alla sottofase IIB2 della sequenza laziale e ad un individuo di sesso

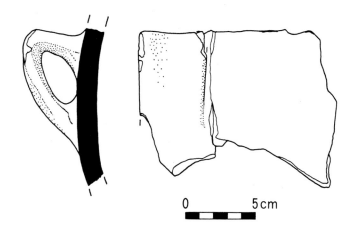

FIG. 1. *Crustumerium*. Frammenti ricongiunti di vaso di impasto del Bronzo antico o medio dalle pendici occidentali dell'area urbana (ritrovamento *BSR* 1954). *(F. di Gennaro.)*

femminile (**Figg. 2–3**), consentono di sottolineare le affinità della locale cultura materiale con quella di Veio (di Gennaro e Iaia 1999).

Ad un'epoca con ogni probabilità non successiva alla prima età del ferro sembra attribuibile il cippo scolpito in tufo 'di Fidene', rinvenuto in occasione di lavori di 'bonifica' agricola che hanno comportato la demolizione di strutture monumentali nel settore orientale dell'insediamento (di Gennaro 1992). Riproduce, con una soluzione tecnica per ora priva di confronti, un edificio a pianta circolare del tipo rigorosamente rappresentato da numerose urne cinerarie delle necropoli laziali del Bronzo finale e del II periodo laziale (**Fig. 4**).

Passando dall'età del ferro all'età orientalizzante, accanto alle importanti testimonianze che gli scavi in corso stanno rivelando, non meno sorprendenti sono i materiali a suo tempo enucleati dai loro contesti, che si stanno recuperando. Per i due oggetti che si illustrano in questa sede la provenienza da *Crustumerium* può essere ragionevolmente sostenuta sulla base di diverse considerazioni. L'eccezionale frammento di terracotta architettonica sormontato da testa di leone che mostra due file di denti triangolari (**Fig. 5**) era conservato presso il Casale della Marcigliana dove il compianto Duca Massimiliano Grazioli aveva concentrato alcuni pezzi raccolti nella tenuta. La grande olla di impasto rosso, con quattro coppette accostate all'orlo e con fregio a doppio registro dipinto in bianco riproducente teorie di felini dalle sottili zampe tra palmette (**Fig. 6**), è stata recuperata in una 'galleria' di commercio antiquario di New York unitamente a vasellame tipologicamente riconducibile alle necropoli crustumine (di Gennaro 1999a; 1999b): del resto, allo stato attuale delle conoscenze, *Crustumerium* appare di gran lunga il centro di

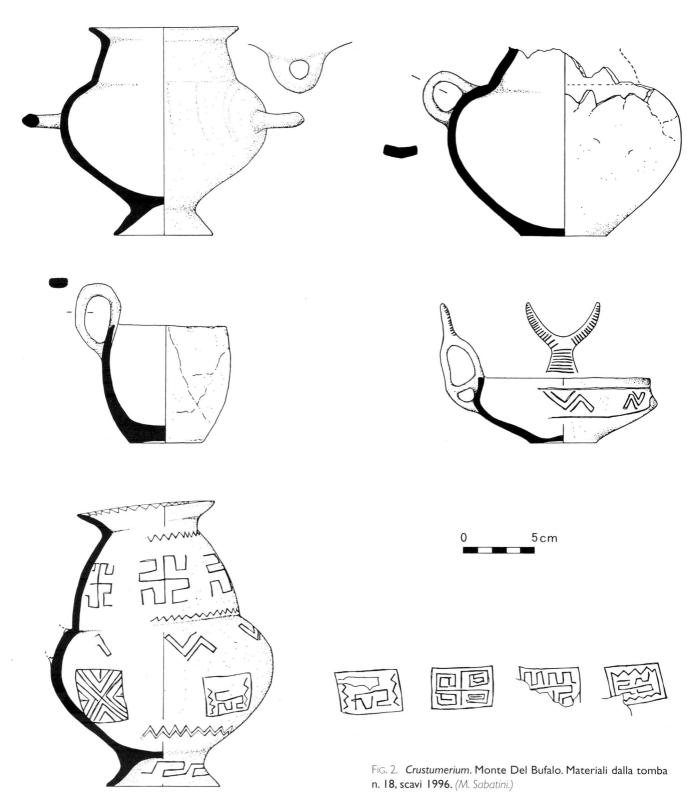

FIG. 2. *Crustumerium*. Monte Del Bufalo. Materiali dalla tomba n. 18, scavi 1996. *(M. Sabatini.)*

maggiore diffusione di questa classe di vasi da simposio.

Le ricerche in corso a cura della Soprintendenza Archeologica di Roma a Crustumerio e della British School at Rome a Veio evidenziano vari punti chiave.

• La differenza di base e gli elementi di affinità della cultura materiale della prima età del ferro. In particolare sulla scorta complessiva di alcune decine (non oltre il centinaio) di frammenti ceramici con

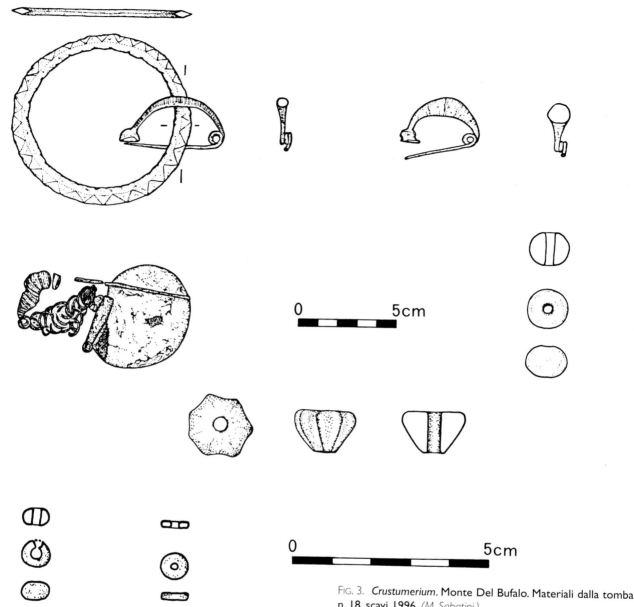

FIG. 3. *Crustumerium*. Monte Del Bufalo. Materiali dalla tomba n. 18, scavi 1996. *(M. Sabatini.)*

decorazione incisa, a *Crustumerium* non abbiamo tracce di materiale ceramico con ornamentazione di 'stile villanoviano', mentre come noto a *Veii*, accanto a quello 'villanoviano', è ampiamente attestato lo stile decorativo a linea incisa singola (in contrapposizione al fascio di linee tracciate con 'pettine'), caratteristico dell'area laziale.

- La somiglianza del fenomeno dell'impianto protourbano nei suoi aspetti di novità, radicalità e concentrazione topografica. In ambedue i centri, benché nel territorio circostante *Crustumerium* non conosciamo ancora gli abitati del tardo Bronzo, si osserva una contrazione topografica dell'occupazione nella prima età del ferro che segna l'inizio del lungo ciclo

di sviluppo delle città. Molto evidente appare nelle fasi non avanzate della prima età del ferro la disabitazione dell'agro in favore di un intenso popolamento del centro protourbano. Successivamente riprende l'occupazione delle campagne, con evidenza sempre maggiore attraverso le età orientalizzante e, in particolare, arcaica.

- Le dimensioni diverse del fenomeno di concentrazione delle comunità nel sito destinato a fortuna urbana, ovvero la maggiore ampiezza che sulla sponda etrusca di Veio assumono sia il luogo fisico destinato all'insediamento, sia il corrispondente territorio. Quello attribuibile a Veio all'origine del suo sviluppo raggiunge direttamente la costa a nord del

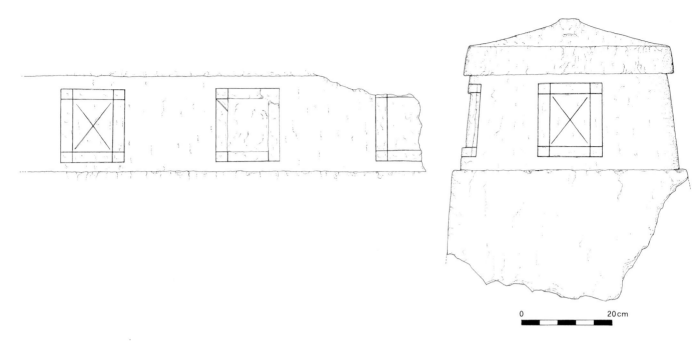

0   20 cm

FIG. 4. *Crustumerium*. Cippo di tufo riproducente un'abitazione a pianta circolare dall'area sudorientale. *(M. Sabatini.)*

Tevere, mentre tra Crustumerio e il litorale laziale si interpongono i territori di altri (in ogni caso non meno di due) centri protostorici.

• Una conferma, tuttavia non necessariamente definitiva considerato lo stato iniziale delle conoscenze, del ritardo della riva laziale nell'approdo alla forma di occupazione protourbana, con sospetti sull'intervento di influssi provenienti dalla sponda etrusca. La precocità della formazione di *Veii* rispetto a *Crustumerium* non implica tuttavia una originalità della svolta protourbana manifestata con dovizia di documenti nella stessa *Veii* al principio dell'età del ferro, considerata la maggiore antichità del corrispondente fenomeno storico a Tarquinia e Vulci.

Considerando ora complessivamente i fenomeni della tarda protostoria che appaiono delinearsi, e che domandano approfondimento, sulle sponde di questo segmento della valle tiberina, e principalmente la storia e la dinamica dei contatti tra le due aree divise dal fiume, troviamo in Veio la principale porta degli elementi culturali latini (evidenti, come si è notato, per la ceramica) che penetrano verso nordovest senza peraltro conseguire aree di diffusione ampie e tantomeno giungere lontano. Il motivo di tale primazia è noto: tutto il fronte dell'Etruria definito da questo tratto del Tevere risulta monopolizzato dall'organismo veiente in virtù del notevolissimo sviluppo lineare del confine del suo territorio. Sul fronte laziale, poiché gli stati che si formano nel primo Ferro sono in media ben più piccoli, gli

organismi che fanno da tramite rispetto ai flussi di scambio provenienti dal *Latium*, ma anche dalla Campania, sono invece più di uno: oltre a Roma, che si trova più a valle della nostra area di indagine — ma che deve entrare nel discorso sia perché fronteggiava anch'essa il territorio di *Veii*, sia perché nel meccanismo della sua crescita rientrarono la sottomissione, la colonizzazione e l'assorbimento degli altri centri del fronte tiberino —, *Crustumerium* e *Fidenae*. In particolare a Fidene, a dispetto della disattenta e profonda trasformazione urbanistica, numerosi e importanti ritrovamenti in corso di studio cominciano a documentare, anche sul piano archeologico, ruolo e configurazione culturale dell'entità protourbana; i materiali della prima età del ferro e delle prime fasi orientalizzanti permettono di rilevare una stretta affinità della produzione artigianale con la vicina *Crustumerium*.

Mentre l'osmosi tra le due aree affacciate sulle opposte sponde del Tevere, già in atto al momento della costituzione degli staterelli territoriali — come dimostrano le strettissime connessioni tra le rispettive manifestazioni del Bronzo finale — prosegue oltre il termine finale dell'età del ferro, dal lato laziale (o meglio laziale-sabino) si è potuta notare (di Gennaro e Iaia 1999) una minore integrazione culturale del territorio nomentano-crustumino-ficulense-fidenate, ovvero della vasta area geografica posta a nord dell'immissione dell'Aniene nel Tevere, con quello sabino, pur immediatamente adiacente al confine settentrionale dei

FIG. 5. *Crustumerium.* Protome fittile di felino *(F. di Gennaro.)*

Latini. Tutto ciò è conforme alla lettura, nell'ambito del sistema della viabilità pre-romana (di Gennaro 2000: 110–11), di un preminente valore delle direttrici di flusso che attraversano il Tevere in direzione della ben organizzata Etruria rispetto a quelle che risalivano la sua vallata.

VEIO
A. Schiappelli

Nel corso dell'età del bronzo, in Etruria meridionale la logica relativa alle scelte insediative sembra essere improntata a una sempre maggiore forma di selezione e concentrazione degli insediamenti su unità morfologiche dotate di caratteristiche che evidentemente diventano sempre più vantaggiose dal punto di vista strategico. La difendibilità del luogo stesso e controllo del territorio circostante sono infatti favorevoli condizioni naturali riscontrabili prevalentemente in alture isolate rispetto al terreno limitrofo da versanti scoscesi e connotate da un'area sommitale pianeggiante. Si tratta dunque di un tipo di morfologia largamente diffuso

nel Lazio settentrionale, dove le estese piattaforme tufacee riferibili ai fenomeni vulcanici degli apparati sabatino, cimino-vicano e vulsino, da sempre soggetti all'azione erosiva dei numerosi corsi d'acqua, si riducono in qualche caso a speroni, ovvero pianori di forma stretta e allungata uniti alla formazione retrostante solo da una ridotta lingua di terra, o a rilievi del tutto isolati con alte pareti verticali su ogni versante, detti 'castelline'.

Le comunità dimostrano, già a partire dalla fase evoluta del Bronzo antico, caratterizzata nella produzione ceramica dallo stile di Norchia, una propensione, che diventa nel corso dell'età del bronzo una netta preferenza, all'occupazione di tali alture in posizione dominante e facilmente difendibili; si protrae in effetti nel tempo l'insediamento nei siti con le prerogative migliori, mentre vengono abbandonati quelli scarsamente connotati in termini di difendibilità. Intorno alla fine dell'età del bronzo lo stesso fenomeno assume dimensioni decisamente marcate: in questo periodo il 60% circa degli abitati risulta attestato su rilievi strategicamente vantaggiosi, essendosi ormai ridotto il numero dei siti 'aperti' e minori.

Al principio della prima età del ferro sembra mutare drasticamente il rapporto tra insediamento e territorio per quanto riguarda le dimensioni dell'area occupata: la concentrazione non avviene più, come nella fase precedente, su alture con superficie limitata a pochi ettari (classe morfologica ampiamente diffusa in Etruria meridionale) che anzi, ora vengono perlopiù abbandonate, bensì su alcuni vasti pianori che, pur mantenendo le medesime prerogative strategiche (isolamento più o meno completo, perimetro ben difeso naturalmente), dispongono di aree sommitali di gran lunga più estese. L'estensione media dei pianori occupati nel Bronzo finale — intendendo con essa l'intera area del pianoro naturalmente delimitata — si attesta intorno ai 4,5 ha (Peroni e di Gennaro 1986: 194–5; di Gennaro 1988a: 76; Peroni 1996: 382). Assumono il ruolo di veri e propri capoluoghi territoriali: Veio 185 ha, Cerveteri 160 ha, Tarquinia 150 ha, Vulci 126 ha, Orvieto 85 ha (Guidi 1985); ovvero quei grandi centri che in età storica saranno sede delle maggiori comunità urbane etrusche, spesso definiti, anche — ma non solo — per via di quest'ultima prospettiva, come 'protourbani' (Pacciarelli 1991b; 1994; Carandini 1997: 457–87).[12]

La presenza umana durante l'età del bronzo a Veio e nel suo territorio appare, allo stato attuale delle ricerche, piuttosto ridotta rispetto agli altri distretti riferibili ai grandi centri dell'Etruria meridionale, dove per-

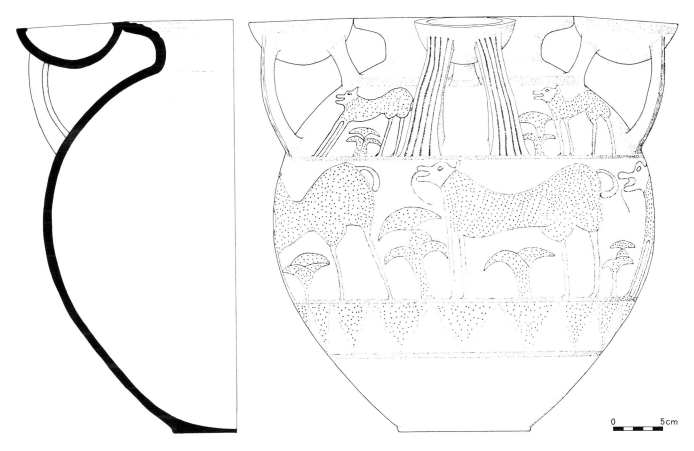

FIG. 6. *Crustumerium*. Olla di impasto rosso con quattro piattelli e decorazione dipinta in bianco. *(M. Sabatini.)*

tanto risulta molto più agevole seguire nell'arco dell'età del bronzo lo sviluppo di quel processo di selezione e concentrazione dell'insediamento che caratterizza l'intera regione. Viceversa, per quanto riguarda la prima età del ferro nel Lazio settentrionale, Veio costituisce la più preziosa fonte di conoscenza delle dinamiche sociali e insediative in virtù della grande mole di dati disponibili, dovuti essenzialmente agli scavi delle numerose necropoli e di diverse aree del pianoro (vedi sotto).

Alla luce di alcuni rinvenimenti ancora in studio alla Soprintendenza Archeologica per l'Etruria Meridionale, la prima fase documentata di insediamento dell'agro veientano nell'ambito dell'età del bronzo può farsi risalire già alla sua fase antica (XXIII–XVIII secolo a.C.) (Flavia Trucco com. pers.). Tale dato, se confermato dall'esame più attento dei materiali, costituirebbe un'importante novità, in quanto fino ad oggi la più antica testimonianza dell'occupazione del territorio in questione veniva riferita alla media età del bronzo, documentata dai siti di Prato la Corte (Formello, RM), Terre di Bettona (Formello, RM) e

Valle Cancella (Roma), dove sono stati rinvenuti alcuni frammenti ceramici in parte forse attribuibili ancora alle fasi non avanzate (Bronzo medio 1–2, XVII–XVI secolo a.C.) e altri con la tipica decorazione incisa a motivi geometrici campiti a puntini, caratteristica della *facies* nota come 'appenninica' (Bronzo medio 3, XV–metà XIV secolo a.C.) (di Gennaro e Stoddart 1982). La scoperta di questi ultimi tre siti si deve alle ricerche di superficie effettuate nell'ambito del progetto di ricognizioni (South Etruria Survey) condotte dalla British School at Rome e dirette da Ward-Perkins. L'insediamento di Prato la Corte, benché scarsamente dotato dal punto di vista strategico, mostra una certa continuità di vita fino all'età del bronzo recente (metà XIV–XIII secolo a.C.), quando per la prima volta viene occupato anche il sito di Le Rughe (Peroni 1959: 248; Pacciarelli 1979: 166 fig. 6:29, 169 nota 42, sito n. 29; di Gennaro e Stoddart 1982: 10 e tabelle). Si tratta di località ubicate a nord di Veio; in entrambi i casi le aree di affioramento in superficie dei frammenti fittili si riferiscono a pendii di bassi rilievi collinari in leggero declivio, situazioni senza alcuna prerogativa 'difensiva' o di controllo del territorio circostante e dunque definibili come 'aperti' (di Gennaro e Stoddart 1982: 8–10, 20–1 e tabelle).

Una presenza nel Bronzo medio è attestata anche sul pianoro di Veio, seppure forse riferibile solo all'occupazione di un'appendice dallo spazio ben definito sul versante orientale: nel corso di ricerche di superficie (effettuate nell'ambito dei seminari dell'Istituto di Topografia Antica dell'Università di Roma 'La Sapienza', sotto la direzione di Marcello Guaitoli nel 1977–80) è stato difatti raccolto alle pendici di una delle propaggini orientali un frammento della media età del bronzo, verosimilmente proveniente dall'area sommitale.

Non si tratta tuttavia di un caso del tutto isolato: in realtà altri due vasti pianori destinati ad assumere caratteri protourbani nella prima età del ferro presentano tracce di una occupazione precoce (già dal XV secolo a.C., Bronzo medio 3), anche se solo in forma parziale, ovvero ridotta ad una estremità delimitata e difesa naturalmente, come la Castellina della Civita di Tarquinia (circa 2 ha dei 120 di superficie complessiva del grande centro villanoviano (di Gennaro 1988a: 79)), la cui prima fase insediativa potrebbe addirittura farsi risalire ad un momento avanzato dell'antica età del bronzo,[13] oppure limitata forse ad una porzione ridotta dell'area sommitale, come nel caso di Orvieto, dove è stato rinvenuto un frammento con la tipica decorazione appenninica alle pendici meridionali dell'alta rupe tufacea (necropoli della Cannicella) (Kohler 1993: 22, fig. 26:1).[14]

Nel corso del Bronzo finale (seconda metà del XIII–XI secolo a.C.) il popolamento dell'intero territorio veiente sembra concentrarsi esclusivamente nell'area della futura città etrusca.[15] La presenza 'protovillanoviana' nell'area urbana si limita finora ad un rinvenimento di superficie effettuato sulla propaggine a nordest della cosiddetta 'porta nordovest', area dalle favorevoli prerogative difensive e probabile indizio di una prima forma 'embrionale' di occupazione del vasto pianoro (di Gennaro 1986: 103–4, fig. 24B; Pacciarelli 1991b: 173–5). Per quanto riguarda le alture limitrofe, una sepoltura caratterizzata da un corredo riferibile ad un momento avanzato del Bronzo finale (fase di 'Allumiere', XI secolo a.C.) è stata rinvenuta in un complesso funerario della prima età del ferro avanzata in località Casale del Fosso (tomba 838) (Vianello Cordova 1967: tavv. 54–6; Bartoloni et al. 1994; 1996).[16] Tuttavia, quest'ultima non è l'unica necropoli veiente con indizi di una frequentazione nel Bronzo finale: rimanendo nella zona a nord del pianoro della futura città etrusca, nel sepolcreto di Quattro Fontanili è attestato perlomeno un reperto (un rasoio a lama bitagliente del tipo 'Croson di Bovolone', di provenienza sporadica) verosimilmente risalente a questo periodo (Berardinetti Insam 1990: 7, fig. 1: a; Pacciarelli 1991b: 175). Un secondo oggetto indiziato di una simile datazione, una fibula serpeggiante con staffa a disco di filo ripiegato a spirale rinvenuta in una tomba della prima età del ferro (fase II di Veio) (Berardinetti Insam 1990: 7), rimane di incerta attribuzione cronologica ma appare ad ogni modo attribuibile ad un momento precedente la deposizione (Bronzo finale o primo Ferro 1) ('Veio' 1972: 344, tomba SI α, fig. 101; di Gennaro 1986: 104; Pacciarelli 1991b: 175). Nella stessa necropoli di Quattro Fontanili è stato anche rinvenuto, nella terra smossa di un quadrato di scavo (EE17), un frammento di ansa sopraelevata con protome animale, elemento caratteristico dell'età del bronzo recente ('Veio' 1963: 173, fig. 64. EE17; Pacciarelli 1979: 169, nota 42 sito n. 28).

Un insediamento riferibile all'età del bronzo finale è stato recentemente oggetto di scavo da parte della Soprintendenza Archeologica per l'Etruria Meridionale e dell'Università degli Studi di Roma 'La Sapienza' a Isola Farnese (Laura D'Erme com. pers.; Carandini 1997: 471, nota 32), pianoro isolato di circa 4 ha di estensione che costituisce peraltro la migliore opportunità morfologica dell'intera zona in senso strategico, dunque perfettamente 'in linea' con la dinamica delle scelte insediative caratteristiche del periodo in questione. Prima di tale indagine gli indizi materiali di un'occupazione dell'altura erano stati raccolti esclusivamente alle pendici, dove si rinvennero un frammento di ciotola carenata con presa a due fori e un frammento di dolio con orlo dritto leggermente svasato e cordone ad impressioni digitali (Delpino e Fugazzola Delpino 1980; Pacciarelli 1991a: 28 nota 34; 1991b: 173–5).

Come anticipato poco sopra, il popolamento di Veio a partire dalla fase antica della prima età del ferro (X secolo a.C., IFe1) subisce un vistoso incremento. Le evidenze archeologiche a disposizione non si limitano più a singoli reperti più o meno sporadici ma sono costituite da intere necropoli, localizzate in prevalenza sulle alture prospicienti il *plateau* tufaceo in corrispondenza delle principali vie di comunicazione con gli abitati viciniori,[17] da numerose aree di affioramento di frammenti fittili sulla sua sommità, nonché da frequenti rinvenimenti sulle pendici dello stesso.

Al primo Ferro, considerato nella sua intera durata (X–metà VIII a.C.), sono attribuibili i complessi fune-

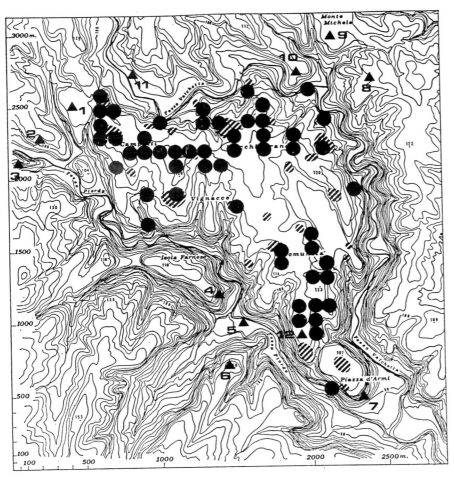

Fɪɢ. 7. Veio. Distribuzione dei materiali della prima età del ferro sul pianoro: ricerche dell'Istituto di Topografia Antica dell'Università di Roma 'La Sapienza' (aree a tratteggio obliquo) e South Etruria Survey (●). Localizzazione delle necropoli (▲) — 1. Grotta Gramiccia; 2. Casale del Fosso; 3. Riserva del Bagno; 4. Isola Farnese; 5. Valle la Fata; 6. Monte Campanile; 7. Piazza d'Armi; 8. Vaccareccia; 9. Monte Michele; 10. Quattro Fontanili; 11. Quarto di Campetti; 12. Macchia della Comunità. *(Da Guaitoli 1981a: fig. 1, con integrazioni.)*

de d'altro canto una marcata crescita delle tracce di abitato all'interno del perimetro del pianoro, dove scavi orientati alla conoscenza di epoche posteriori a quella protostorica hanno consentito l'individuazione di resti di capanne databili genericamente al primo Ferro nell'area di Campetti–porta nordovest (già sede — come abbiamo appena ricordato — di un'occupazione nell'età del bronzo finale forse in virtù di una favorevole morfologia tendente all'isolamento) (Ward-Perkins 1959: 38ss; Murray Threipland 1963; Conti 1980), in località Portonaccio (tracce di abitazioni a pianta ellittica su una delle propaggini del versante occidentale dell'altopiano) (Stefani 1945: 164–9) e a Piazza d'Armi, altura con sommità pianeggiante, unita al pianoro retrostante da una stretta sella (Stefani 1944: 177ss; Pacciarelli 1991b: 192).

Nella **Figura 7** sono state riportate le aree di rinvenimento in superficie di materiali riferibili alla prima età del ferro, distinguendo le ricerche effettuate dalla British School at Rome nell'ambito del South Etruria Survey (nella seconda metà degli anni '50 e nei primi anni '60; le zone di raccolta dei reperti vengono per la prima volta localizzate in questa sede) dalle indagini dell'Istituto di Topografia Antica dell'Università di Roma 'La Sapienza' (Guaitoli 1981a), trattandosi delle due uniche esplorazioni sull'area del pianoro connotate da criteri di sistematicità. I materiali protostorici frutto del South Etruria Survey, solo parzialmente pubblicati (di Gennaro e Stoddart 1982), comprensivo degli agri veientano, falisco e capenate, sono attualmente in corso di studio da parte di Francesco di Gennaro e dello scrivente. Il quadro che ne risulta appare piuttosto eloquente sulla forma di occupazione dell'area sommitale: l'insediamento 'villanoviano' sembra svilupparsi in modo diffuso sull'intera superficie della formazione tufacea, evidenza resa ancora più significativa dovendo considerare — nell'interpretazione delle zone libere — le limitazioni dovute alla visibilità del terreno, per diversi ettari condizionata da svantaggiose condizioni di uso del suolo (ad esempio, prati incolti,

rari di Grotta Gramiccia (Fig. 7.1), Casale del Fosso (Fig. 7.2), Valle la Fata (unico caso di sepolcreto ubicato a fondovalle, verosimilmente settore periferico della soprastante necropoli di Monte Campanile; Fig. 7.5), Monte Campanile (Fig. 7.6), pendici meridionali di Piazza d'Armi (Fig. 7.7), Vaccareccia (Fig. 7.8) e Quattro Fontanili (Fig. 7.10). Al solo periodo recente dell'età (IFe2), momento in cui diventa prevalente il rito inumatorio entro fosse, preferito all'incinerazione con resti conservati in urne deposte in pozzetti, caratteristica del IFe1, risalgono i complessi sepolcrali di Quarto di Campetti (Fig. 7.11), Riserva del Bagno (Fig. 7.3), Isola Farnese (Fig. 7.4), Macchia della Comunità (Fig. 7.12) e Monte Michele (Fig. 7.9) (Bartoloni *et al.* 1994; Bartoloni 1997).

A tale consistente 'popolazione funeraria' corrispon-

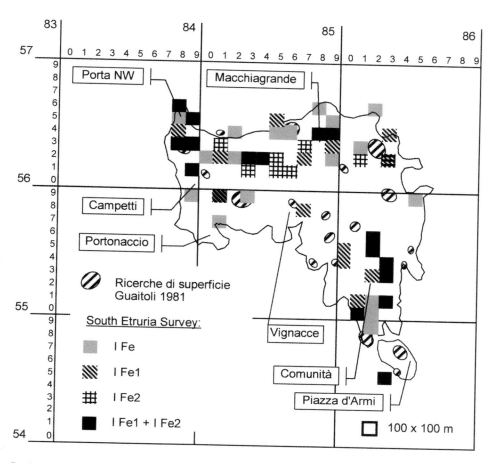

FIG. 8. **Veio, pianoro.** Localizzazione schematica delle aree di rinvenimento dei materiali riferibili al primo Ferro. *(A. Schiappelli.)*

con aree libere (per le quali è ipotizzabile una destinazione a fini produttivi, ad esempio ricovero degli armenti o colture) e occupate, equamente ripartite su tutto l'altopiano (Pacciarelli 1991b: 183, 196ss; 1994), trovò una significativa conferma nel 1981, quando le già ricordate sistematiche ricerche dell'Istituto di Topografia consentirono la stesura di una carta di distribuzione (**Fig. 7**, aree campite a tratteggio; Guaitoli 1981a: 80, fig. 1) nella quale i materiali 'villanoviani' appaiono abbondantemente e diffusamente distribuiti sul pianoro veiente. Al modello dei villaggi indipendenti aderì, ad esempio, anche Pallottino (1972); così anche Conti (1980: 28), pur in una trattazione non incentrata sulla problematica in esame, che parla di 'abitati' da attribuire alle varie necropoli. Alla ipotesi di abitato 'diffuso' contribuisce inoltre l'analisi spaziale del tipo *nearest neighbour*, applicata da Guidi (1989) ai dati di superficie appena citati, secondo la quale la distribuzione insediativa attesa sarebbe di tipo 'regolare spaziato'.

L'ipotesi dei villaggi indipendenti, fondata essenzialmente sull'esistenza di una pluralità di complessi sepolcrali analogamente distinti, non tiene peraltro conto del fatto che nell'età del bronzo in più di un caso ad un singolo, unitario abitato corrispondono diversi nuclei, e dunque non necessariamente a un certo numero di necropoli gravitanti intorno a un'area abitata corrisponde una equivalente quantità di insediamenti distribuiti sulla stessa (Carandini 1997: 459; di Gennaro 1998: 30). La molteplicità delle aree sepolcrali disposte intorno al pianoro veiente potrebbe ad esempio essere risolta nel senso di un'articolazione delle sepolture per gruppi familiari o gentilizi, sempre che, tra l'altro, l'isolamento o meglio la discontinuità topografica tra le stesse necropoli non sia più apparente che reale, come ventilato da Guaitoli (1981a: 80; di Gennaro 1998).

La **Figura 8** mostra 54 quadrati di 100 × 100 m dai quali proviene materiale riferibile alla prima età del

destinati a pascolo) e agli sconvolgimenti riferibili alle fasi edilizie delle epoche successive.

Nella monografia dedicata a Veio nel 1961, mentre le ricerche erano ancora in corso, Ward-Perkins interpretò quei pochi dati allora disponibili per l'area sommitale, come la testimonianza della contemporanea esistenza di villaggi indipendenti ai margini del pianoro, ognuno con la propria necropoli ubicata sui rilievi prospicienti (Ward-Perkins 1961: 20–5). Egli mostrò maggiore considerazione per gli indizi di capanne presso la porta nordovest, Portonaccio, Quarto della Comunità–Casale Domenici e Piazza d'Armi rispetto a quelle che considerò isolate concentrazioni di materiali o ai singoli rinvenimenti a Macchiagrande e lungo l'asse viario principale che attraversa l'altopiano dall'acropoli alla porta nordovest. Tuttavia, già nel 1962 Müller Karpe (1962: 48ss) proponeva, in seguito a sopralluoghi sul campo effettuati con Peroni (1988: 26–7), l'idea di una forma più estesa di insediamento, valorizzando dunque evidenze di superficie analoghe a quelle sottostimate dallo studioso inglese. In seguito, tale modello di occupazione per *clusters*,

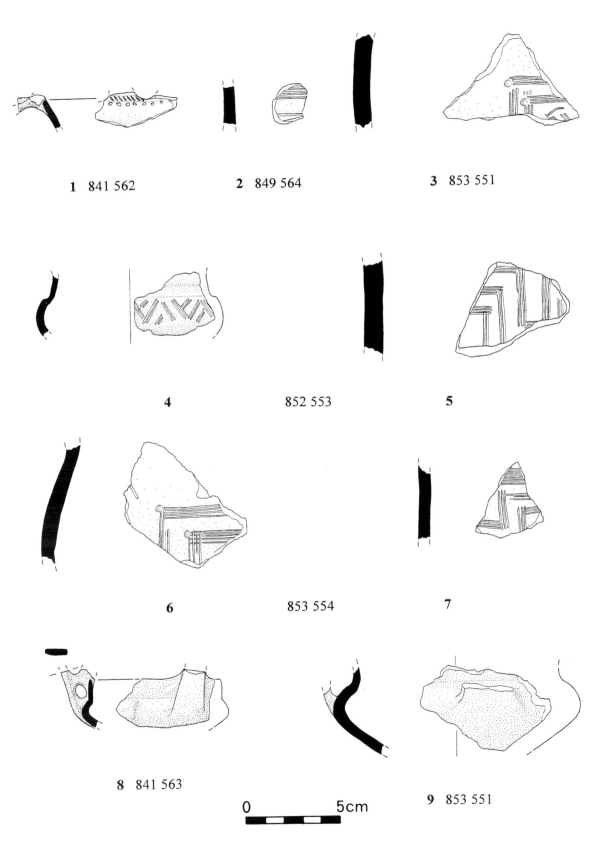

1 841 562   2 849 564   3 853 551

4   852 553   5

6   853 554   7

8 841 563

0   5cm

9 853 551

FIG. 9. Veio, pianoro. South Etruria Survey: materiali riferibili alla prima età del ferro. Nn. 1–7, periodo antico (IFe1); nn. 8–9, periodo recente (IFe2). I numeri si riferiscono alle coordinate IGM. (S. Cann.)

ferro. In queste 54 aree sono localizzabili 69 punti di raccolta. Per due terzi di tali rinvenimenti è stato possibile distinguere materiali risalenti al periodo più antico ed a quello più recente del primo Ferro. Per la parte rimanente dei dati, l'indeterminabilità tipologica dei reperti costringe a limitarsi alla generica definizione di prima età del ferro (24 casi su 69). Ad ogni modo tale quadro, benché sia suscettibile di un ulteriore raffinamento della definizione cronologica, consente alcune osservazioni. In primo luogo appare piuttosto evidente come per le principali aree oggetto di ricerca siano documentati entrambi i periodi (il IFe1 è attestato in 29 delle 54 aree totali; il IFe2 in 23), senza peraltro significative differenze quantitative: nell'area di Campetti–porta nordovest, nel settore nordoccidentale dell'altopiano, periodo iniziale e recente del primo Ferro sono largamente rappresentate: si vedano, ad esempio, i frammenti con la tipica decorazione incisa a pettine e il frammento di tazza con ansa bifora sopraelevata, decorata internamente con motivo a falsa cordicella e punti impressi per il IFe1 (**Fig. 9.1**); e, per il IFe2, il frammento di olla con fascio di tre scanalature sotto l'orlo e protome ornitomorfa impressa e le tazze del tipo con ansa bifora a largo nastro e decorazione a falsa cordicella sull'attacco del collo e con ansa bifora e costolature distanziate (**Fig. 9.8**). Per quanto riguarda la zona di Campetti–Porta nordovest, sono disponibili anche i dati relativi agli scavi della fine degli anni '50 (Ward-Perkins 1959; Murray Threipland 1963) e alla raccolta di superficie condotta dal Gruppo Archeologico Romano nel 1977 (Conti 1980); più di recente, nell'area di Campetti, in occasione degli scavi della villa romana diretti da Andrea Carandini (nell'ambito del 'Progetto Veio'),[18] sono stati effettuati, sul margine occidentale del pianoro, saggi che hanno confermato l'esistenza di un deposito di materiali del primo Ferro in progressiva erosione (Paolo Carafa com. pers.). Nella contigua zona di Macchiagrande, versante settentrionale del pianoro, futuro centro monumentale della Veio romana, la situazione è la medesima, con IFe1 (frammenti con motivi angolari a pettine e piccole cuppelle, **Fig. 9.2**) e IFe2 (tazza ad ansa bifora con espansione e decorazione a solcature, scodella a orlo rientrante e ansa decorata a solcature) egualmente attestati, con una particolare incidenza delle aree datate al solo IFe2, unitamente a un buon numero di frammenti protostorici di datazione imprecisabile. Allo stesso modo risulta genericamente attribuito alla prima età del ferro più di un gruppo di reperti nel settore meridionale della futura città etrusca, in località Comunità, dove comunque la presenza nei suoi

due periodi è abbondantemente provata — si vedano, ad esempio, un frammento di tazza con decorazione a pettine con motivo a 'N' ramificate (**Fig. 9.4**), vari frammenti di vasi biconici o tazze decorati con motivi angolari incisi a pettine (**Fig. 9.3** e **5–7**) per quanto riguarda il periodo più antico, e da tazze (a corpo arrotondato con ansa a nastro sopraelevata (**Fig. 9.9**), con parete scanalata o con ansa a nastro con sopraelevazione cornuta) e scodelle su piede, con decorazione plastica caratteristiche del momento recente. In questa zona la maggiore concentrazione sembra verificarsi in corrispondenza dell'appendice prospiciente la castellina di Piazza d'Armi.

Presenze isolate, che non raggiungono in nessun caso il periodo avanzato del primo Ferro, sono documentate sul versante orientale (frammento con motivi incisi a pettine, IFe1) e in località Portonaccio (IFe) e Vignacce (frammento con decorazione a pettine e cuppelle, IFe1), entrambe nella porzione centro-occidentale del pianoro. Per Piazza d'Armi, al centro della quale sono state individuate tracce di capanne al di sotto delle strutture di età arcaica e dove le ricerche dell'Istituto di Topografia (vedi sopra) hanno dato esito positivo, il South Etruria Survey non offre alcuna novità, fatta eccezione per un rinvenimento alle pendici meridionali dell'altura (frammento di vaso biconico decorato a pettine) (Stefani 1945: 177ss; Pacciarelli 1991b: 191–2).

Fin dal principio dell'età del ferro inizia dunque a prefigurarsi l'assetto urbano della Veio etrusca, che si può oggi considerare l'esito di un processo formativo all'origine del quale sembra di poter leggere un programma di sviluppo impostato dalla comunità — si pensi ad esempio all'assenza di raggruppamenti sepolcrali all'interno dell'area abitata —, motivato, perlomeno in parte, dalla presa di coscienza della crescita demografica (attestata dalle vicine necropoli) e teso a una forma di controllo territoriale di scala dimensionale decisamente maggiore rispetto alle fasi precedenti.[19] Relativamente all'articolazione dell'abitato veiente nell'ambito della prima età del ferro, va tenuto presente come la, purtroppo frequente, genericità dei materiali ceramici raccolti in superficie costituisca un serio ostacolo al riconoscimento puntuale delle due fasi, antica e recente. Certo a causa di tale difficoltà, la carta di distribuzione prodotta dall'Istituto di Topografia, riproposta in **Figura 7**, presenta una dispersione riferita genericamente alla prima età del ferro e solo nel testo del relativo contributo si fa cenno ad una 'intensificazione degli insediamenti' nella sua fase evoluta e nel successivo periodo orientalizzante, fenomeno che peraltro non trova riscontro in questa lettura preliminare dei dati relativi al progetto britannico. A tal riguardo va considerato come la minore ricchezza decorativa della ceramica della fase recente del primo Ferro rispetto alla fase antica, e di conseguenza un minore grado di riconoscimento dei frammenti ceramici a disposizione, possa comportare una stima delle presenze ascrivibili al IFe2 inferiore alla situazione reale. Di quelle preziose indagini sul pianoro, considerato anche il continuo perfezionamento e raffinamento dell'analisi tipologica della ceramica protostorica, è pertanto auspicabile la pubblicazione integrale dei reperti, la cui integrazione con i materiali del South Etruria Survey verrebbe a costituire una favorevole occasione di progresso per gli studi sul momento 'protourbano' veiente.

CRUSTUMERIUM
A. Amoroso

Nella prima età del ferro il *Latium Vetus* presenta un quadro territoriale del tutto nuovo, dominato dalla nascita di abitati protourbani,[20] di gran lunga più vasti dei precedenti centri dell'età del bronzo (Peroni 1989: 441–8; 1996: 496; di Gennaro e Guidi 2000: 108–9).

Il nuovo sistema insediativo e territoriale va affermandosi con modi e tempi differenziati rispetto all'Etruria meridionale, area d'origine del modello in generale (Peroni 1979; 1988; 1996; Guaitoli 1981a; di Gennaro 1982; 1986; Guidi 1985; 1989; Colonna 1988; Guidi e Piperno 1992: 431–5; Pacciarelli 1994).

I dati archeologici denotano, nell'acquisizione del nuovo sistema, un ritardo di alcune generazioni del *Latium Vetus* (fatta eccezione per la sola Roma) rispetto al territorio transtiberino. La nascita dei centri protourbani latini sembra non anteriore al periodo IIB della cultura laziale: solo nel caso di Roma è forse riconducibile alla fase IIA2.[21] Le dimensioni dei maggiori stanziamenti latini (ad esempio *Ardea*, *Fidenae*, *Lavinium*, *Satricum*), anche se non sembrano mancare esempi di successivi ampliamenti (Guaitoli 1981a; Pacciarelli 1994: 239–40, 246; Carandini 1997: 373–7, fig. 9),[22] si aggirano fra i 40 ed i 50 ha, meno di un terzo rispetto alla media dei centri di rango primario della sponda destra del Tevere (Guidi 1985: 228–42; Pacciarelli 1994: 239–40). Inoltre gli abitati latini, eccetto Roma, sembrano controllare distretti notevolmente inferiori rispetto a quelli villanoviani e privi di centri di rango secondario. Considerando quanto esposto, è verosimile che, nell'acquisizione del nuovo

assetto insediativo, l'Etruria meridionale, generando una sorta di 'onda', esercitò una notevole influenza sul *Latium Vetus*, in particolare su quella fascia di territorio gravitante attorno al bacino del Tevere.

Anche *Crustumerium*, il più settentrionale degli insediamenti latini sorti a ridosso del Tevere, si inserisce all'interno di questo nuovo panorama territoriale: quindici (oltre il 57%) delle 26 concentrazioni rinvenute nel corso di una ricognizione unitaria (Figg. 10–11) presentano materiali ascrivibili alle fasi IIB/III della cultura laziale (Figg. 12–15).[23] Altri quattro punti di affioramento (Fig. 11.2–3 e 17–18), non rintracciati nella suddetta indagine, erano già noti grazie a ricerche di superficie degli anni '70 (Quilici e Quilici Gigli 1980: tavv. 12 e 107, siti B, C, J, O).[24] La campagna di scavo effettuata nel 1982 dalla Soprintendenza Archeologica di Roma ha restituito frammenti fittili della prima età del ferro (Fig. 14.14), nelle adiacenze di una depressione ellissoidale, larga ca. 0,45 m, profonda poco meno di 0,30 m, scavata direttamente nel banco tufaceo, di non chiara interpretazione (Fig. 11.10,1). Altri manufatti sono stati recuperati in posizione residua, all'interno di strati contenenti materiali d'età arcaica, che obliteravano rispettivamente i resti di un percorso stradale (Figg. 11.10,1 e 13.10,1) e quelli di un edificio (Figg. 11.10,1 e 14.14) (di Gennaro 1987–8b). Un'ulteriore presenza si pone a nordest del presunto limite dell'insediamento (Fig. 11.23), forse un'area sepolcrale nelle adiacenze di un percorso d'accesso all'abitato (Fig. 11.30), o un settore residenziale di limitate dimensioni, esterno all'agglomerato, connesso ad attività agrarie, ma che poteva fungere anche da posizione di guardia, a controllo del percorso della futura Salaria (Fig. 11.31).[25] Altri sei manufatti decorati con motivi incisi, di cui non è noto l'esatto punto di rinvenimento, provengono sempre dal contesto insediativo (Fig. 15: sporadico). Databili alle fasi IIB/III sono undici manufatti rinvenuti di recente nel settore centrale dell'abitato (Figg. 11.6 e 12.6).[26] L'indagine ha consentito di individuare e posizionare con esattezza i manufatti entro unità di raccolta di 5 m di lato, inserite all'interno di una maglia quadrettata, rappresentata su base fotogrammetrica SARA-Nistri. Posizione e distribuzione dei reperti non riflettono la giacitura originaria del deposito: la pendenza dell'altura in direzione sud–sudovest ha determinato il dilavamento dei materiali verso valle. L'assenza di manufatti in corrispondenza della sommità del dosso è imputabile all'azione combinata dell'erosione naturale con le arature, giunte ad intaccare il banco tufaceo. L'esito di tale esperimento, limitato ad una minima

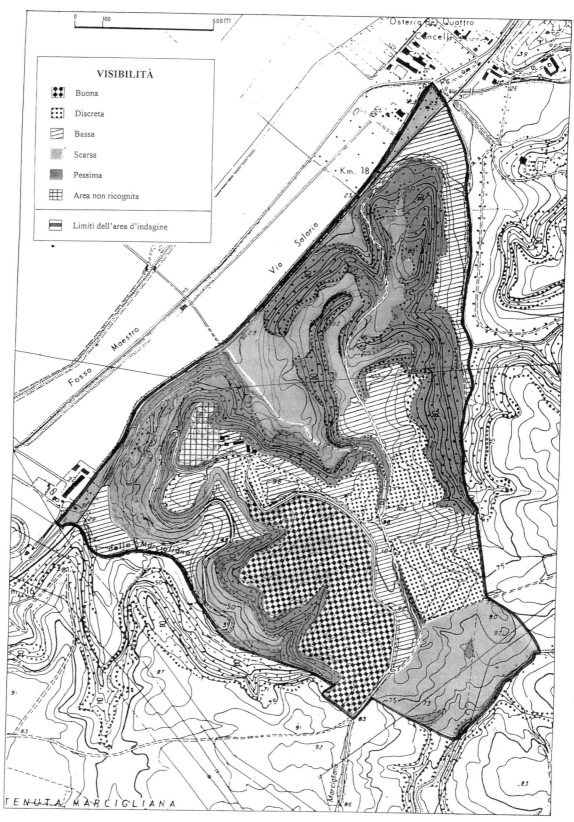

Fig. 10. *Crustumerium*. Carta dei gradi di visibilità riscontrati nel corso delle ricognizioni effettuate tra il 1995 ed il 1996. *(A. Amoroso.)*

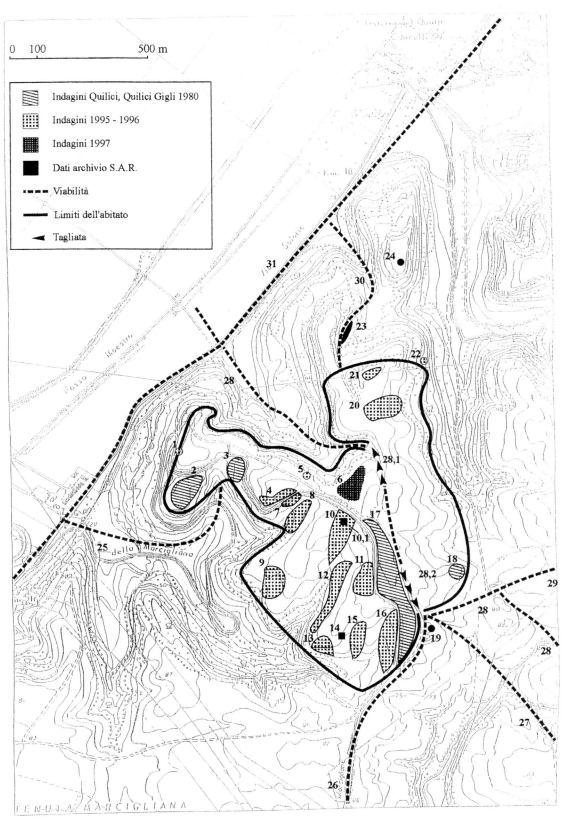

FIG. 11. *Crustumerium*. Presenze della prima età del ferro (fasi IIB/III). I perimetri delle superfici campite indicano i limiti delle aree entro cui i reperti sono stati rinvenuti. Vedi il testo per i numeri di sito. SAR = Soprintendenza Archeologica di Roma. (*A. Amoroso.*)

porzione del sistema collinare (circa un quarantesimo dell'intera superficie) denota come l'individuazione dei reperti più antichi sia strettamente connesso alle migliori condizioni di visibilità del terreno e a metodi di ricognizione sempre più intensi ed analitici.

Pertanto, nel corso di indagini, per lo più di superficie, eseguite a distanza di anni con metodi ed in condizioni di visibilità diversi, sono state individuate 21 aree di affioramento con materiali risalenti alle fasi IIB/III, costantemente frammisti a quelli di età orientalizzante, arcaica ed anche altorepubblicana. Il numero limitato dei frammenti della prima età del ferro (le concentrazioni indicate a Figure 12.2–3, 14.15 e 14.22 hanno restituito un solo reperto) è forse imputabile alla persistenza insediativa riscontrata anche per i secoli successivi, che potrebbe aver intaccato e obliterato le testimonianze più antiche, determinando la dispersione dei manufatti. Inoltre le aree che hanno restituito meno frammenti corrispondono a quelle ove la visibilità del terreno è risultata pessima o scarsa (cfr. Fig. 10).[27]

L'unico insediamento latino, oggetto di una ricognizione non parziale e sporadica, e ad oggi pubblicata, è *Gabii*, ove i materiali protostorici sembrano attestati in numero consistente in aree di pertinenza cronologica esclusiva, anche se non mancano esempi in cui i reperti sono stati rinvenuti frammisti a materiali recenziori (Guaitoli 1981a).

I dati provenienti dalle aree sepolcrali di *Crustumerium*, sebbene allo stato attuale delle ricerche, risultino limitati, offrono elementi di estremo interesse. Una sepoltura, riconducibile alla fase IIB2[28] è stata individuata fra varie decine di tombe scavate, risalenti per lo più al periodo IVA, in località Monte Del Bufalo (Fig. 11.19), necropoli che segnava il confine sudorientale dell'insediamento (di Gennaro 1988b; 1990b; Paolini 1990). Per lo meno a partire dalla fase IIIA sembra in uso anche la necropoli di Sasso Bianco, collocata su un'altura posta oltre il limite nordorientale dell'abitato, in base al rinvenimento sporadico di una olletta a rete con orlo svasato (Fig. 11.24).[29]

I limiti che una indagine di superficie comporta,[30] impongono cautela nella lettura dei dati sinora esposti; ma in caso di ricerche estensive, la ricognizione rimane uno strumento imprescindibile, in alcuni casi in grado di integrare anche dati di scavo (Mandolesi 1999: 17).

In definitiva ci si chiede se le presenze del primo ferro avanzato rinvenute a *Crustumerium* costituiscano le tracce di villaggi fisicamente e politicamente distinti, oppure di un insediamento unitario. Le seguenti

considerazioni inducono a ritenere quest'ultima come la più verosimile delle ipotesi ricostruttive: i frammenti fittili del primo ferro avanzato, seppure in numero limitato, sono omogeneamente presenti, anche a poche decine di metri di distanza, su un sistema morfologico ben definito, che supera i 60 ha di estensione. La loro distribuzione consente di delimitare uno spazio 'interno' con materiale protostorico, a cui si contrappone uno spazio 'esterno' che, in superficie, ne è privo. Il notevole balzo quantitativo tra i reperti del primo Ferro avanzato e le quasi nulle attestazioni antecedenti denotano,[31] quanto a tipologia d'insediamento, una evidente cesura fra l'inizio dell'età del ferro (fase IIA) ed il suo orizzonte avanzato (fasi IIB/III).

I dati provenienti dalle necropoli sono ancora esigui, ma anche in tale caso, le attestazioni più antiche non risalgono oltre fasi IIB2/IIIA. Sembra che la posizione delle sepolture databili a tale periodo, coincidendo con quella delle necropoli di età orientalizzante, delimiti un perimetro insediativo che non subì sostanziali modifiche fra IX/VIII e VII secolo a.C. Inoltre, il sito di *Crustumerium* presenta caratteristiche morfologiche ed ambientali che sono alla base di un processo di selezione di una porzione di territorio per lo stanziamento di una comunità ormai di molte centinaia (nel caso specifico probabilmente di qualche migliaio) di individui, che accomunano tutti i centri protourbani del *Latium Vetus* (Guaitoli 1984: 373–4):

- Unità orografica prescelta, in posizione dominante (generalmente a ridosso di un'ampia vallata), caratterizzata da ripidi scoscendimenti su tutti i versanti naturalmente muniti, tranne che su uno, ben collegato al retroterra. Il perimetro di *Crustumerium* è fisicamente delimitato da cigli in forte pendenza su tutti i lati — particolarmente accentuato è il dislivello sul versante occidentale, a ridosso della piana tiberina —, tranne un breve tratto (a sudest), che non presenta particolari dislivelli rispetto alle alture attigue.
- Vicinanza ad un corso d'acqua, che possa costituire via di comunicazione preferenziale, baluardo naturale ai propri confini, fonte delle risorse idrica ed ittica. Le colline di *Crustumerium* sono collocate in linea d'aria a poco meno di 1,5 km dal Tevere, in posizione di dominio sulla pianura alluvionale. Il fiume poteva costituire un confine territoriale 'forte' in senso est–ovest (in direzione del territorio veiente), ma anche uno straordinario mezzo di comunicazione verso sud (in direzione di *Fidenae* e di Roma): è probabile che esso in epoca protostorica fosse la principale via di transito per lo scambio di prodotti, utilizzata dai centri che gravitavano attorno al suo

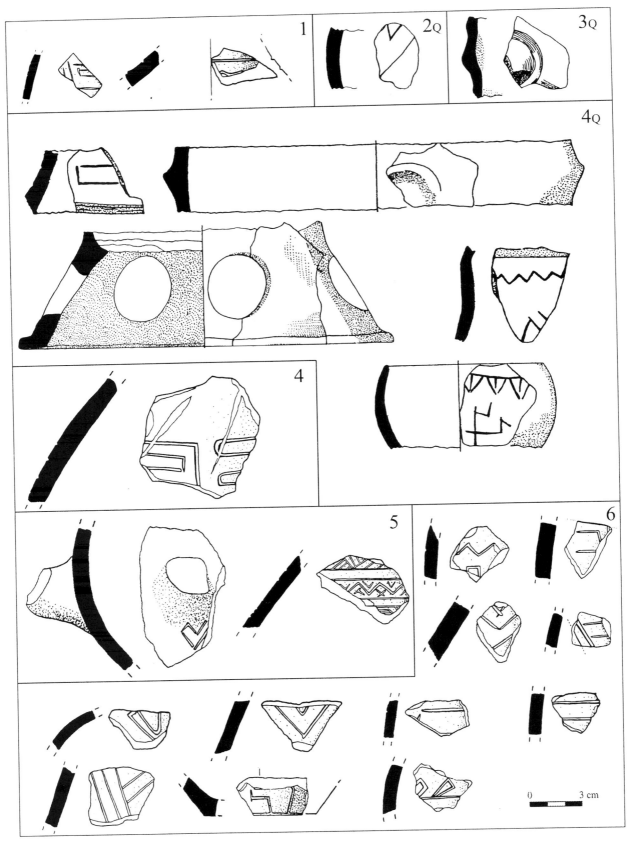

Fig. 12. *Crustumerium*. Frammenti fittili provenienti dalle aree 1–6. La lettera 'Q' si riferisce ai materiali pubblicati in Quilici e Quilici Gigli 1980. *(A. Amoroso, L. Alessandri.)*

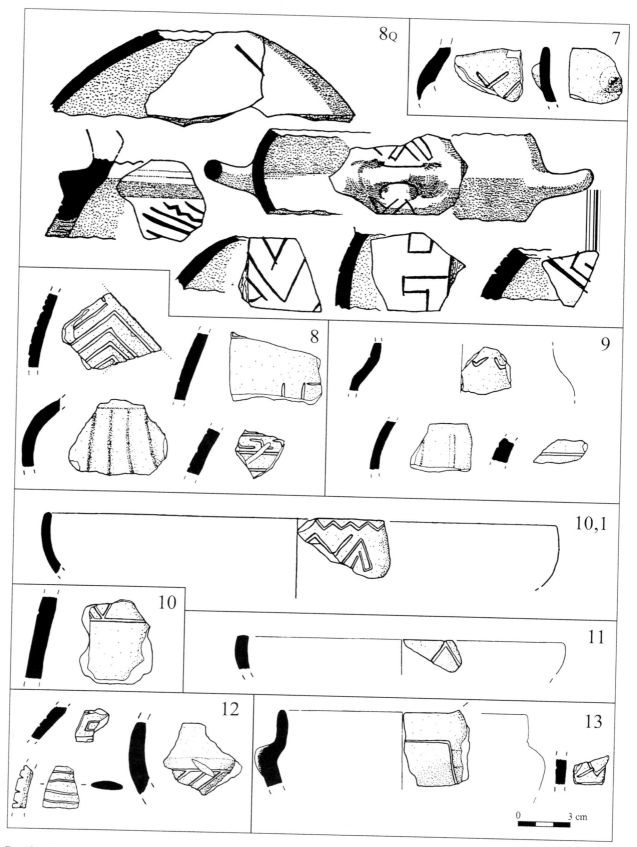

FiG. 13. *Crustumerium*. Frammenti fittili provenienti dalle aree 7–13. La lettera 'Q' si riferisce ai materiali pubblicati in Quilici e Quilici Gigli 1980. *(A. Amoroso, L. Alessandri.)*

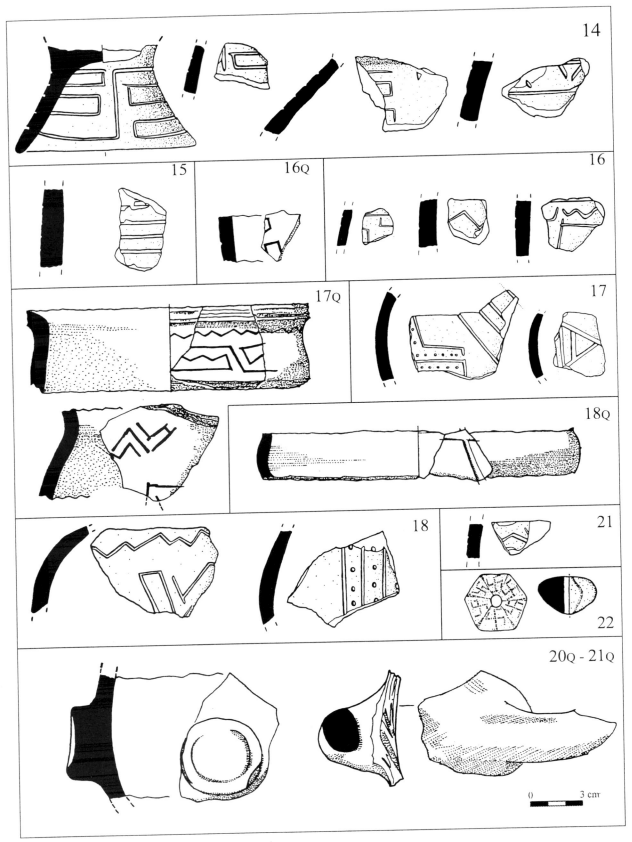

FIG. 14. *Crustumerium.* Frammenti fittili provenienti dalle aree 14–22. La lettera 'Q' si riferisce ai materiali pubblicati in Quilici e Quilici Gigli 1980. *(A. Amoroso, L. Alessandri.)*

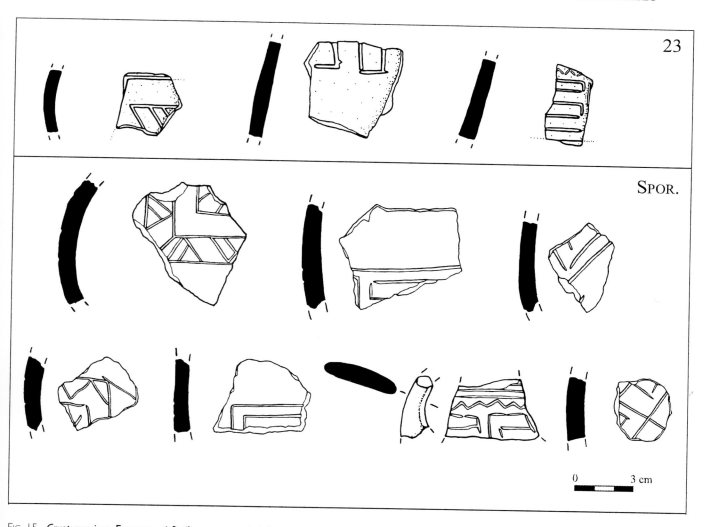

FIG. 15. *Crustumerium*. Frammenti fittili provenienti dalle aree 23 e frammenti sporadici. *(A. Amoroso, L. Alessandri.)*

bacino (Bartoloni 1986; Colonna 1986; Quilici Gigli 1986; Coarelli 1988: 129–30).

- Vicinanza o controllo diretto di assi viari a carattere 'internazionale', perpendicolari o paralleli alla costa. L'insediamento di *Crustumerium* sembra posto non soltanto a controllo del sottostante percorso, ricalcato in età storica dalla Via Salaria, ma anche dell'itinerario trasversale *Veii/Gabii/Praeneste*.
- Centralità rispetto ad un proprio territorio definibile sulla base della distanza dai centri confinanti, ricorrendo al metodo dei poligoni di Thiessen (**Fig. 16**).[32] *Crustumerium* sembra controllare un distretto di poco inferiore a 50 kmq (di Gennaro 1988a: 77–8, fig. 18; Bietti Sestieri 1996: 30),[33] delimitato ad ovest dal corso del Tevere; a nord giungeva oltre l'attuale fosso di Valle Ricca.[34] Ad est confinava con il territorio controllato da sito di Marco Simone Vecchio, ove è stato proposto di individuare *Ficulea*;[35] a sud con quello di *Fidenae*, in corrispon-

denza del fosso di Malpasso o di quello di Settebagni (**Fig. 16**).[36]

Tali caratteristiche geografiche, in stretta relazione con i dati emersi dalle indagini sul campo, inducono a supporre una occupazione programmatica dell'intera unità morfologica, già a partire dalla fasi IIB2/IIIA, a seguito di esigenze strategico-defensionali.

In definitiva la documentazione archeologica, anche se limitata, offre elementi che permettono di supporre l'esistenza di un abitato che, probabilmente occupato in modo diffuso (Mandolesi 1999: 136),[37] raggiunse a partire dal primo Ferro avanzato la considerevole ampiezza di 63 ha. Tale estensione non sarà superata neanche nei secoli VII e VI a.C., periodi in cui i resti archeologici raggiungono il màssimo indice di densità e di distribuzione (Peroni 1988: 26; Mandolesi 1999: 134).[38]

È inoltre verosimile che un insediamento di tale ampiezza, contraddistinto dalla programmata proget-

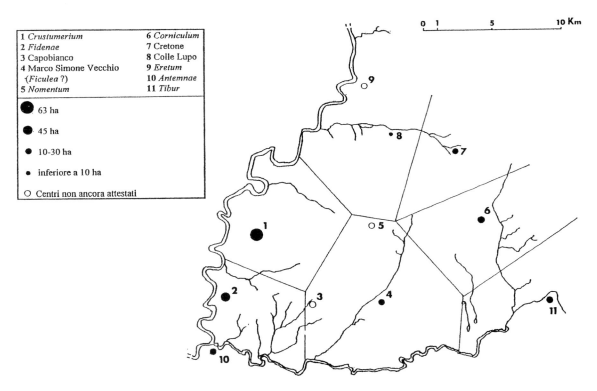

FIG. 16.   I territori dei centri latini compresi tra i fiumi Tevere e Aniene ed il torrente Fiora, delimitati attraverso poligoni di Thiessen. Fasi IIB/III della cultura laziale. *(A. Amoroso.)*

tualità di occupazione dell'intera unità orografica, forse già difeso da fortificazioni, fosse inserito all'interno di una fitta rete di percorsi che lo poneva in comunicazione con i centri limitrofi. Un tracciato (**Fig. 11.25**), comunicante con la Via Salaria, incassato in una vallecola naturale, permetteva un facile accesso al settore sudoccidentale dell'abitato, a chi giungeva da *Fidenae*, dalla Sabina e dal territorio veiente. Altri quattro percorsi si dipartivano a raggiera dall'ingresso sudorientale, con altrettante destinazioni: una prima strada (**Fig. 11.26**), perpetuata da un tratto dell'attuale Via della Marcigliana, aveva come immediata meta *Fidenae*. Una seconda (**Fig. 11.27**), ricalcata dalla moderna Via della Bufalotta, metteva in comunicazione *Crustumerium* con Roma, attraverso Monte Sacro — un itinerario che costituiva un'importante alternativa alla Salaria, utilizzato nell'eventualità di evitare il transito per *Fidenae*. Una terza (**Fig. 11.28**), continuazione della direttrice proveniente dalla sponda destra del Tevere, attraversato in senso nord–sud l'abitato, conduceva a *Gabii*. La quarta portava nel distretto nomentano (**Fig. 11.29**).

A *Crustumerium* nel corso della III fase non è stato registrato un aumento delle aree di affioramento rispetto al periodo IIB. È presumibile che nell'VIII secolo a.C. si sia verificato un consolidamento del modello

insediativo sorto in precedenza, anche a seguito della definitiva formalizzazione dei limiti dell'abitato. Tale ipotesi sarebbe ulteriormente suffragata dal rinvenimento di una sepoltura di infante (databile alla III fase avanzata) presso la necropoli di Monte Del Bufalo (**Fig. 11.19**), già in uso da alcune generazioni (Paolini 1990: 469; di Gennaro 1993: 96). Al pieno della III fase potrebbero risalire le due poderose tagliate che attraversano in senso nord–sud in settore mediano dell'insediamento (**Fig. 11.28,1–2**).[39] In esse si sono riconosciute non le tracce di un unico e contiguo fossato difensivo (Quilici e Quilici Gigli 1980: 67–70), bensì resti monumentali, fra loro fisicamente distinti, di un invaso stradale, a carattere 'internazionale' (**Fig. 11.28**) che aveva come mete, verso nord, il territorio di Veio e, verso sud, la Campania. Le due rampe contrapposte incassate nel banco tufaceo, furono eseguite nei tratti di maggiore pendenza per facilitare l'accesso all'abitato, da nord e da sud. Gli invasi, in corrispondenza del colmo di sommità della collina interessata dal monumentale intervento, si interrompono per un tratto di 190 m, un intervallo che ben poco assolverebbe al compito di 'porta dell'aggere' (Quilici e Quilici Gigli 1980: 81): una 'porta' per essere tale necessita di limitate dimensioni, caratteristica indispensabile per fungere da varco alle mura.[40]

Infine, il cippo in tufo a forma di capanna con tetto 'testudinato' (**Fig. 4**), rinvenuto fuori contesto, ma proveniente dal settore sudest dell'abitato (**Fig. 11.18**)[41] è forse interpretabile come segnacolo di una sepoltura posta immediatamente al di fuori dell'insediamento. Ma non è da escludere che il manufatto, per cui non è stata tralasciata l'ipotesi di una funzione votiva (di Gennaro 1992: 513), possa testimoniare l'esistenza di un luogo di culto a carattere limitaneo,[42] come attestato sia a Roma che a *Lavinium*, in corrispondenza degli ingressi alle porte, a cui sono connessi riti iniziatici puberali (Torelli 1984: 105–6).

La tradizione letteraria antica (Dionigi di Alicarnasso 2.32.2; 36.1–2; Livio 1.9.8–9; 10.1–3; 11.3–4; Plutarco, *Romulus* 17.1; Cicerone, *De Republica* 2.7.12–13; Eutropio 1.2) tramanda che l'abitato di *Crustumerium* venne conquistato da Romolo, a seguito del 'ratto delle Sabine'. Tra le donne rapite nella *vallis Murcia* in occasione della festa dei *Consualia*, vi erano anche fanciulle provenienti da *Caenina*, da *Antemnae* e da *Crustumerium*. Gli abitanti di questi centri vengono rigorosamente distinti dal popolo sabino in Dionigi di Alicarnasso (2.32.2; 36.1–2) ed in Livio (1.9.8–9; 10.1–3; 11.3–4),[43] che sembrano aver attinto a fonti più fedeli al racconto originario.

Al di là dell'attendibilità delle vicende legate alla figura del fondatore dell'Urbe, tali notizie potrebbero comunque tramandare elementi storici di fondo:

• La distinzione tra i tre centri latini ed il resto della Sabina sottolinea come, già a partire dalla prima età del ferro, fosse pienamente in atto tra tali popolazioni la presa di coscienza dell'appartenenza ad etnie ben distinte e come *Crustumerium*, sebbene geograficamente inserito in area Sabina, fosse a tutti gli effetti un insediamento latino.

• Tale conquista potrebbe testimoniare il precoce interessamento da parte di Roma per l'area posta a nordest del suo territorio (Carafa 2000). Potremmo trovarci di fronte ad un 'sistema di alleanze a scacchiera' (Quilici e Quilici Gigli 1980: 277), che presuppone una vicinanza politica di *Crustumerium* a Roma, non necessariamente mediata dai Fidenati che, nel depredare le imbarcazioni inviate lungo il corso del Tevere dai Crustumini ai Romani, attanagliati da una carestia, non si mostrarono certo favorevoli a questi ultimi (Dionigi di Alicarnasso 2.53.2). Tale episodio potrebbe ulteriormente avvalorare l'ipotesi che il Tevere, già a partire da epoca protostorica, fosse utilizzato come via di comunicazione di fondamentale importanza (Quilici e Quilici Gigli

1986). L'esistenza di una strada interna, probabilmente ricalcata dall'attuale percorso di Via della Bufalotta (Cifarelli e di Gennaro 1997), ad est del territorio di *Fidenae*, in grado di collegare, tramite l'odierna zona di Monte Sacro, *Crustumerium* a Roma, suggerisce la possibilità di rapporti diretti tra questi due ultimi centri ed esclude un controllo fidenate, esercitato prevalentemente sulla direttrice della Via Salaria, connesso, come si evince dalle successive vicende storiche, agli interessi di Veio.

È stato ipotizzato che il periodo di passaggio fra la fasi IIB e III costituisca per il *Latium Vetus* un momento di profonde trasformazioni nell'assetto complessivo del suo territorio, connesse al cambiamento delle direttrici di collegamento tra Etruria, Lazio meridionale e Campania (Bietti Sestieri 1985: 156–9; 1992: 72–5; 1996: 313, 318).

Da un asse proveniente da *Caere*, che aveva il punto di guado del Tevere in *Ficana* e che procedeva verso sud, in direzione dei centri latini ben collegati con i Colli Albani, si passò ad una direttrice interna che aveva Veio come sede di partenza e Roma come punto privilegiato di attraversamento del grande fiume. Il precorso procedeva verso sud, passando per la Laurentina e per Decima; verso est in direzione di *Gabii*, quindi per la Campania. Il punto nodale dei traffici divenne Roma. In territorio etrusco si assiste all'avvicendamento di *Veii* a *Caere* ed al concomitante sviluppo di collegamenti interregionali interni, con direttrice nord–sud.

È ipotizzabile che Veio, già a partire dalla fase IIB inoltrata della cultura laziale, non si avvalesse soltanto del transito attraverso Roma per raggiungere la Campania. In caso di contrasti con il centro che controllava il punto più agevole di guado al Tevere, disponeva almeno di due ulteriori percorsi alternativi che passavano rispettivamente per *Fidenae* e per *Crustumerium*, il cui controllo contribuirà in modo determinante alla fioritura dei due centri latini in età orientalizzante.

Note

1. Per una sintesi vedi Guidi 1998 e Peroni 2000, ambedue con bibliografia precedente.
2. L'unità orografica dell'abitato di *Veii* è tre volte più vasta di quella di *Crustumerium*.
3. La presenza di Francesco di Gennaro e di Andrea Schiappelli nell'équipe di studio composta e coordinata da Helen Patterson, cui va riconosciuto il merito di aver intuito il potenziale ancora inespresso dei 'vecchi' dati, va intesa nell'ottica di una pubblicazione esaustiva degli importanti dati relativi alla protostoria raccolti nel corso del South Etruria Survey. I disegni, che rappresentano il tardivo e prezioso frutto dell'investimento dei valorosi esploratori britannici ormai in gran parte scomparsi, si devono alla esperta mano di Sally Cann.
4. Si tratta del vincolo diretto dell'area urbana e del territorio circostante, predisposto dalla Soprintendenza Archeologica di Roma e decretato nel 1989 dal Ministero per i Beni Culturali, che ha consentito nel 1998 una prima acquisizione di terreni dell'area cimiteriale.
5. Si vedano nella bibliografia in particolare i numerosi saggi di Peroni, Guidi e Pacciarelli.
6. I dati di straordinaria portata editi da Mandolesi non sono stati presi in considerazione in recenti contributi, sia pure solo marginalmente inerenti la protostoria tirrenica: si veda ad esempio la cartografia di Donati 2000.
7. Tra i quali Pescia Romana, Civita di Arlena, Poggio di Sermugnano, Castellonchio, Monte Piombone, Orte, Poggio Garofalo, Castellina del Marangone, San Giuliano, Monte Tosto e Sasso, Ferriera di Sutri e Monte Sant'Angelo.
8. Vedi rassegne complete delle località, con indicazioni bibliografiche, in Ceci e Cifarelli 1993 (per la fase iniziale) e Iaia e Mandolesi 1993 (per la fase recente).
9. Che sono in sostanza alcune delle argomentazioni presentate nel 1994 a Regensburg in una mia relazione ('Il processo di formazione urbana nell'area mediotirrenica e i suoi antefatti') rimasta inedita (ma citata da Carandini (1997: 463, 465, 666) e da Bartoloni (Bartoloni *et al.* 1994: 4, 43) e ora in parte ripresa in di Gennaro e Guidi 2000: 110–11 e nota 6).
10. Si ricorda come sia improponibile l'idea di un sistema di controllo e uso dell'ampio territorio vitale delle comunità della prima età del ferro dell'Etruria da parte di più gruppi autonomi raggruppati in posizione centrale rispetto al territorio stesso, che verrebbe a suddividersi in settori angolari gestiti a partire dai vertici.
11. Si registra la diffusa presenza di industria paleolitica e il ritrovamento di una punta di freccia litica attribuibile al neolitico o all'eneolitico.
12. Si tenga presente che per 'superficie degli insediamenti' si intende, per forza di cose, l'intera area del pianoro, naturalmente delimitata. Per una definizione dimensionale e grafica dei 'distretti' territoriali tra Bronzo finale e primo Ferro in Etruria meridionale, vedi di Gennaro 1982.
13. Le ricerche di superficie condotte da Mandolesi hanno consentito la raccolta, tra diversi materiali protostorici, di un frammento con decorazione dello stile di Norchia (Mandolesi 1995; 1999: 138ss).
14. Il ritrovamento è stato effettuato in occasione degli scavi effettuati dall'Università di Tubinga nella necropoli etrusca della Cannicella (1984–90).
15. Il centro più vicino è Monte Sant'Angelo, ad est dei laghi di Bracciano e di Martignano, distante poco meno di 12 km in linea d'aria.
16. Cioè la necropoli di Casale del Fosso, dove 299 tombe sono state scavate.
17. Nel IFe1 l'insediamento meno distante, oltre il prospiciente sito di Isola Farnese, continua ad essere, come nel bronzo finale, Monte Sant'Angelo.
18. 'Progetto Veio': campagna di scavi e ricerche che vede coinvolto dal 1996 il Dipartimento di Scienze Storiche, Archeologiche e Antropologia dell'Antichità dell'Università di Roma 'La Sapienza' in collaborazione con la Soprintendenza Archeologica dell'Etruria Meridionale e la Sovraintendenza del Comune di Roma; scavi sono attualmente in corso in località Portonaccio, Piano di Comunità, Piazza d'Armi, Macchia Grande e Vignacce (Colonna 1998: 136 e i Capitoli 13–14 in questo volume).
19. A tal proposito si confronti ad esempio l'elaborazione grafica dei territori di pertinenza di ogni singolo centro nel bronzo finale con la situazione nel primo Ferro in di Gennaro 1982. Per la probabile coincidenza della fondazione dei grandi centri protourbani con l'inizio di un 'processo di dissoluzione del regime di proprietà comunitaria della terra' (la cui gestione appare verosimilmente improponibile in una società composta ormai da migliaia di individui e priva dell'ausilio della scrittura) a favore di forme che prefigurano e raggiungono in qualche caso la proprietà privata, si vedano Pacciarelli 1991b: 196ss; Peroni 1996: 478ss.
20. Per una sintesi dell'ampio dibattito relativo all'interpretazione del fenomeno 'protourbano' rimandiamo a Carandini 1997: 267–76, 457–63; Guidi 1998; Peroni 2000.
21. Bettelli (1997: 262) ha ipotizzato che a Roma, sul finire della fase IIA2, la necropoli del Foro venga sostituita da quella esquilina, il che indicherebbe un notevole ampliamento dell'abitato verso est. Contro tale ricostruzione, cfr. Bietti Sestieri e De Santis 1997.
22. Il pianoro di *Gabii* sembra occupato sin dall'inizio dell'età del ferro per una estensione di 55 ha (Guaitoli 1981a), ma il rinvenimento di materiale ascrivibile a tale epoca presso le pendici del settore settentrionale, compromesso da attività di cava, risalenti ad epoca antica, indurrebbe ad includere anche quest'area nell'agglomerato protourbano, aumentandone l'ampiezza ad 80/90 ha (Pacciarelli 1994: 239). *Ardea*, includendo nell'area residenziale anche il pianoro di Casalazzara, probabilmente soltanto a partire dalla fase III, raggiungerà un'estensione di 80 ha (Pacciarelli 1994: 240). Nei periodi IIB2/IIIA il sito di Roma sembra costituito da un unico organismo politico, che inglobava, oltre a Palatino, Velia e Campidoglio, anche le alture del Quirinale, del Viminale, dell'Oppio e del Celio, per una estensione di 250 ha, ben al di sopra dei 180/200 ha di Veio, il più ampio dei centri villanoviani (Carandini 1997: 373–7, fig. 9), anche se è probabile che la definitiva formaliz-

zazione dei limiti dell'agglomerato, forse non troppo dissimili da quelli percorsi dalle future mura 'serviane', si sia verificata soltanto nel corso della III fase avanzata (Pacciarelli 1994: 246).

23. Indagini effettuate tra ottobre '95 e marzo '96, sull'intera area, con terreno incolto, e reiterate nei mesi di agosto e settembre del '96 su terreno arato, limitatamente al settore centromeridionale (**Fig. 10**). Tale ricerca è stata argomento di una tesi di laurea discussa da chi scrive nell'anno accademico 1995–6 presso l'Università degli Studi di Roma 'La Sapienza'. Rientra in un più vasto progetto di collaborazione tra la Soprintendenza Archeologica di Roma (Dott. Francesco di Gennaro) e la II Cattedra di Archeologia e Storia dell'Arte Greca e Romana (Prof. Andrea Carandini), che ha preso in analisi il territorio suburbano a nordest della Capitale, corrispondente a quello della IV Circoscrizione del Comune di Roma.

24. Inoltre nei depositi della Soprintendenza Archeologica di Roma sono presenti frammenti fittili raccolti durante una ricognizione effettuata il 30 settembre del 1982, su terreno arato, in corrispondenza dell'area **Fig. 11.17** (sito J dei Quilici). Fra i 96 reperti appartenenti a classi eterogenee, sono presenti anche due manufatti con decorazione incisa (in un esemplare sia lineare che riempita a punti), inquadrabili nelle fasi IIB/III della cultura laziale (**Fig. 14.17**). L'unico settore risultato privo di reperti risalenti al primo ferro in occasione delle ricognizioni compiute da chi scrive, è stato quello sudest, particolarmente penalizzato dalle scarse condizioni di visibilità del terreno, non arato (**Fig. 10**). I Quilici, diversamente, vi hanno rinvenuto reperti datati alla fase IIB (**Fig. 11.18**). In particolare un frammento di parete decorata con un motivo geometrico profondamente inciso, appartenente ad una tazza (**Fig. 14.18Q**). Meno certa appare l'attribuzione di altri due reperti rispettivamente alle fasi IIB e III (Quilici e Quilici Gigli 1980: 116–17, tav. 42, nn. 13 e 15). Gli scavi effettuati nel 1998 in corrispondenza di parte di tale settore dalla Soprintendenza Archeologica di Roma, in collaborazione con la Cattedra di Topografia Antica dell'Università di Lecce (Prof. Guaitoli) hanno documentato la presenza di frammenti fittili databili alle fasi IIB/III, in posizione residua, all'interno di strati contenenti materiali più recenti, relativi all'obliterazione di strutture murarie. In questa sede, vengono presentati, a titolo esemplificativo, alcuni reperti del primo Ferro avanzato (**Fig. 14.18**).

25. La piccola concentrazione è stata rinvenuta nel 1984 durante ricerche di superficie effettuate dalla Soprintendenza Archeologica di Roma.

26. Compiuta nell'autunno del '97 in modo analitico su una superficie smossa dall'erpice, la ricognizione è stata eseguita dalla cooperativa archeologica ASTRA.

27. Una sottostima delle presenze della prima età del ferro deriva anche dal fatto che in tale sede sono state considerate diagnostiche soltanto le parti significative o quelle decorate, mentre pareti in impasto con superfici nere, steccate e lucidate, sono state escluse.

28. Si veda di Gennaro sopra, e **Fig. 2**. di Gennaro e Iaia (1999: 3) hanno sottolineato che 'la tazza bassa e larga con ansa bifora

cornuta e motivi incisi' è un 'tipo ben noto nella fase IIA della sequenza veiente'.

29. Il manufatto è confrontabile con un esemplare proveniente dalla tomba n. 43 dell'Esquilino, datata alla fase IIIA (Bettelli 1997: 43, tipo 2, tav. 5,4).

30. I reperti subiscono un processo di dispersione post-deposizionale derivato dall'azione, spesso congiunta, delle operazioni agricole con il dilavamento naturale. Inoltre densità dei materiali e ampiezza dell'area di affioramento sono direttamente proporzionali alle condizione di visibilità del terreno, al momento delle indagini (cfr. **Fig. 10**).

31. Mancano infatti del tutto materiali riferibili al Bronzo medio, al Bronzo recente e al Bronzo finale, fase quest'ultima altrove strettamente connessa allo sviluppo protourbano; contrariamente a quanto ipotizzato in contributi già editi non sembrano finora documentati neppure materiali riferibili alla fase IIA (ma si veda ora la fuseruola decorata con svastiche a rotella dentata illustrata a **Fig. 14.22**).

32. Per alcuni esempi sulla sua applicazione: di Gennaro 1982; Pini e Seripa 1986; Filippi 1988.

33. Un territorio dall'estensione ben al di sotto dei 1.000–2.000 kmq controllati dai centri protourbani dell'Etruria meridionale (di Gennaro 1988a: 77–8, fig. 18; Bietti Sestieri 1996: 30).

34. Ai confini settentrionali del territorio crustumino in tale periodo è attestato l'insediamento di Colle Lupo, esteso su una superficie di 4 ha, a controllo dei fossi della Fiora e della Buffala (Turchetti 1995: 38, 52–5, fig. 13), collocati 2 km a sud di *Eretum*, il più meridionale degli insediamenti sabini, le cui attestazioni più antiche, assai esigue, non sembrano risalire oltre l'orizzonte avanzato del primo Ferro e che in età storica non superò i 21 ha di ampiezza (Quilici Gigli e Santoro 1995). I confini del settore nordest appaiono estremamente incerti: il territorio di *Nomentum* attende ancora una lettura esaustiva ed aggiornata. I dati di età protostorica si riducono al solo sito di Quarto della Conca, mentre i reperti più antichi rinvenuti a *Nomentum* (attuale altura di Monte d'Oro) non risalgono oltre l'Orientalizzante (Pala 1976: 93–4).

35. Quilici e Quilici Gigli 1993. di Gennaro (1993) ha segnalato dati archeologici che consentono di prendere in considerazione anche un'altra possibile ubicazione dell'abitato di *Ficulea*, all'altezza dell'attuale 15 km della Nomentana, nella Tenuta Capobianco.

36. Sull'ipotesi che *Fidenae* costituisca un insediamento protourbano, ampio 45 ha, a partire delle fasi IIB2/IIIA, cfr. di Gennaro 1987–8a: 459–60 e nota 1; di Gennaro e Iaia 1999.

37. Nuclei di abitazioni, intervallati da spazi destinati alla coltivazione di cereali e di ortaggi, all'allevamento domestico, o alla produzione e trasformazione di prodotti alimentari e di materie prime (Mandolesi 1999: 136).

38. In alcuni casi sembra provato che gli insediamenti protourbani presentino una estensione superiore in confronto a quella delle corrispondenti città storiche (Peroni 1989: 430; Carandini 1997: 463).

39. La realizzazione di invasi artificiali, anche se con funzioni difensive, è documentata, a partire dall'inizio dell'VIII secolo a.C. a Castel di Decima (Guaitoli 1981b) e alla Laurentina

(Bedini 1979; 1981; 1990: 171–2); non prima della fine dell'VIII secolo a.C., a *Ficana* (Pavolini 1990: 178). Nel nostro caso soltanto mirati saggi di scavo potranno fornire dati più puntuali circa la specifica funzione e la cronologia dei due invasi.

40. L'ingresso ricostruito, su basi stratigrafiche, presso le pendici settentrionali del Palatino, datato all'ultimo quarto dell'VIII secolo a.C., presenta una luce ampia appena 2,0 m. Considerando anche l'intelaiatura lignea che la sostruiva, arriveremmo non oltre i 5,0 m di larghezza (Carandini 1997: tav. 29).

41. In corrispondenza del poggio inizialmente interpretato come accumulo artificiale per la costruzione di un tumulo funerario, realizzato immediatamente all'esterno dell'abitato, non prima dell'età orientalizzante (Quilici e Quilici Gigli 1980: 250 nota 373, 278–9, tav. 22). Dopo la sua parziale demolizione (di Gennaro 1992), con la campagna di scavo condotta dalla Soprintendenza Archeologica di Roma nel 1998, in collaborazione con la Cattedra di Topografia Antica dell'Università di Lecce (Prof. Guaitoli), vi sono stati individuati muri paralleli, costituiti da blocchi isodomi di diversa grandezza, con orientamento nordest–sudovest (di Gennaro 1999b: 25); allo stato attuale delle ricerche non è chiaro se si tratti di infrastrutture di terrazzamento o di opere di fortificazione, con adiacente luogo di culto, erette nel settore più carente di difese naturali, non prima del periodo arcaico.

42. Un ulteriore indizio deriva dal rinvenimento di una tazzina miniaturistica, in corrispondenza dell'area di frammento fittili (Fig. 11.18). Un manufatto del tutto simile, associato ad una antefissa fittile con testa di Iuno Lanuvina, segnalata da Stefani nel 1942, proviene dal poggio di Villa Spada, sede del santuario poliadico di *Fidenae* (Quilici e Quilici Gigli 1980: 105, sito 9; di Gennaro 1990a: 157). La tazzina in questione, così come il materiale proveniente da *Fidenae* (Guidi 1980: 153) non sembra però risalire oltre il VII secolo a.C.

43. Indugiando Tito Tazio, re dei Sabini, a portare guerra alla nuova città, i tre centri latini attaccarono separatamente Roma. In seguito alla sconfitta, i rispettivi abitati furono conquistati in rapida successione da Romolo.

Riferimenti bibliografici

Amoroso, A. (1997) *L'antica città di* Crustumerium *nella tenuta di Torre Madonna. Verifiche sul terreno e nuove ipotesi.* Università di Roma 'La Sapienza', Tesi di laurea inedita, II Cattedra di Archeologia e Storia dell'Arte Greca e Romana, anno accademico 1995–6.

Barbaranelli, F. (1956) Villaggi villanoviani dell'Etruria Meridionale marittima. *Bullettino di Paletnologia Italiana* 65 (2) (n. s. 10): 455–89.

Bartoloni, G. (1986) I Latini e il Tevere. In S. Quilici Gigli (a cura di), *Il Tevere e le altre vie d'acqua del Lazio antico* (*Archeologia Laziale* 7 (2); *Quaderni del Centro di Studio per l'Archeologia Etrusco-italica* 12): 98–110. Roma, Consiglio Nazionale delle Ricerche.

Bartoloni, G. (1997) (a cura di) *Le necropoli arcaiche di Veio.*

Giornata di studio in memoria di Massimo Pallottino. Roma, Università degli Studi di Roma 'La Sapienza'.

Bartoloni, G., Berardinetti, A., Drago, L. e De Santis, A. (1994) Veio tra IX e VI secolo a.C. Primi risultati sull'analisi comparata delle necropoli veienti. *Archeologia Classica* 46: 1–46.

Bartoloni, G., Berardinetti, A., Cygielman, M., Drago, L., De Santis, A. e Pagnini, L. (1996) Veio e Vetulonia nella prima età del ferro: affinità e differenze sullo sviluppo di due comunità dell'Etruria villanoviana. In A.M. Bietti Sestieri e V. Kruta (a cura di), *Atti del XIII congresso internazionale di scienze preistoriche e protostoriche. Colloquia* XII '*The Iron Age in Europe*': 67–90. Forlì, International Union of Prehistoric and Protohistoric Sciences.

Bedini, A. (1979) Abitato protostorico in località Acqua Acetosa Laurentina. In *Archeologia Laziale* 2 (*Quaderni del Centro di Studio per l'Archeologia Etrusco-italica* 3): 21–8. Roma, Consiglio Nazionale delle Ricerche.

Bedini, A. (1981) Edifici ed abitazioni di epoca arcaica in località Acqua Acetosa Laurentina. In *Archeologia Laziale* 4 (*Quaderni del Centro di Studio per l'Archeologia Etrusco-italica* 5): 253–7. Roma, Consiglio Nazionale delle Ricerche.

Bedini, A. (1990) Laurentina — Acqua Acetosa. In M. Cristofani (a cura di), *La grande Roma dei Tarquini*: 171–7. Roma, L''Erma' di Bretschneider.

Belardelli, C. (1999) Torre Valdaliga. In R. Peroni e L. Rittatore Vonwiller (a cura di), *Ferrante Rittatore Vonwiller e la Maremma 1936–1976: paesaggi naturali, umani, archeologici (Atti del convegno 4–5 Aprile 1998, Ischia di Castro)*: 79–90. Ischia di Castro, Comune di Ischia di Castro.

Belardelli, C. e Pascucci, P. (1996) I siti costieri del territorio di Civitavecchia e S. Marinella nella prima età del ferro. *Bollettino della Società Tarquiniense di Arte e Storia* 25: 343–98.

Belardelli, C. e Pascucci, P. (1998) Il villanoviano a nord di Roma: siti costieri del territorio di Civitavecchia. In *Atti del XIII congresso del Unione Internazionale delle Scienze Preistoriche e Protostoriche*: 408–17. Forlì, International Union of Prehistoric and Protohistoric Sciences.

Berardinetti Insam, A. (1990) La fase iniziale della necropoli villanoviana di Quattro Fontanili. Rapporti con le comunità limitrofe. *Dialoghi di Archeologia* 1: 5–28.

Bettelli, M. (1997) *La città prima della città: i tempi di una nascita. La cronologia delle sepolture a inumazione di Roma e del Lazio nella prima età del ferro.* Roma, L''Erma' di Bretschneider.

Bietti Sestieri, A.M. (1985) *Roma e il Lazio dall'età della pietra alla formazione della città.* Roma, Quasar.

Bietti Sestieri, A.M. (1992) (a cura di) *La necropoli laziale di Osteria dell'Osa.* Roma, Quasar.

Bietti Sestieri, A.M. (1996) *Protostoria. Teoria e pratica.* Roma, La Nuova Italia Scientifica.

Bietti Sestieri, A.M. e De Santis, A. (1997) Recensione a M. Bettelli, *La città prima della città: i tempi di una nascita. La cronologia delle sepolture a inumazione di Roma e del Lazio nella prima età del ferro* (Roma, 1997). *Archeologia Classica* 49: 519–29.

Bizzarri, M. (1962) La necropoli di Crocefisso del Tufo in Orvieto. *Studi Etruschi* 30: 1–151.

Bonghi Jovino, M. e Chiaramonte Trerè, C. (1997) (a cura di) *Tarquinia. Testimonianze archeologiche e ricostruzione storica: scavi sistematici nell'abitato, campagne 1982–1988.* Roma, L''Erma' di Bretschneider.

Carafa, P. (2000) Le guerre oltre l'agro. In A. Carandini e R. Cappelli (a cura di), *Roma. Romolo, Remo e la fondazione della città*: 340–2. Milano/Roma, Electa/Ministero per i Beni e le Attività Culturali.

Carandini, A. (1997) *La nascita di Roma. Dei, Lari, eroi uomini all'alba di una civiltà.* Torino, Einaudi.

Ceci, F. e Cifarelli, F.M. (1993) Aspects de l'occupation du sol dans le sud de l'Etrurie au IX siècle avant Jésus-Christ. In *L'habitat et l'occupation du sol à l'âge du bronze in Europe*: 445–58. Parigi, Editions du Comité des Travaux Historiques et Scientifiques.

Cifarelli, F.M. e di Gennaro, F. (1997) La Via Salaria dall'Aniene all'Allia. In E. Catani e G. Paci (a cura di), *La Salaria in età classica (Atti del convegno di studi. Ascoli Piceno–Offida–Rieti 2–4 ottobre 1997)*: 121–45. Roma, L''Erma' di Bretschneider.

Coarelli, F. (1988) I santuari, il fiume, gli empori. In *Storia di Roma* I. *Roma in Italia*: 127–52. Torino, Einaudi.

Colonna, G. (1986) Il Tevere e gli Etruschi. In S. Quilici Gigli (a cura di), *Il Tevere e le altre vie d'acqua del Lazio antico (Archeologia Laziale* 7 (2); *Quaderni del Centro di Studio per l'Archeologia Etrusco-italica* 12): 90–7. Roma, Consiglio Nazionale delle Ricerche.

Colonna, G. (1988) I Latini e gli altri popoli del Lazio. In A.M. Chieco Bianchi (a cura di), *Italia Omnium Terrarum Alumna*: 411–528. Milano, Scheiwiller.

Colonna, G. (1998) Il 'Progetto Veio'. In L. Drago Troccoli (a cura di), *Scavi e ricerche archeologiche dell'Università di Roma 'La Sapienza'*: 136. Roma, L''Erma' di Bretschneider.

Conti, A.M. (1980) L'insediamento protostorico di Campetti. *Quaderni Gruppo Archeologico Romano* 18: 25–31.

Delpino, F. e Fugazzola Delpino, M.A. (1980) Qualche nuovo dato sulla topografia storica di Veio. *Archeologia Classica* 32: 174–81.

di Gennaro, F. (1982) Organizzazione del territorio nell'Etruria Meridionale protostorica: applicazione di un modello grafico. *Dialoghi di Archeologia* 2: 102–12.

di Gennaro, F. (1986) *Forme di insediamento tra Tevere e Fiora dal bronzo finale al principio dell'età del ferro (Biblioteca di studi etruschi* 14). Firenze, Leo S. Olschki.

di Gennaro, F. (1987–8a) Fidene. Nuove ricerche nel centro urbano. *Bullettino della Commissione Archeologica Comunale di Roma* 92 (2): 459–61.

di Gennaro, F. (1987–8b) *Crustumerium* — ricerche del 1982. *Bullettino della Commissione Archeologica Comunale di Roma* 92 (2): 467–8.

di Gennaro, F. (1988a) Il popolamento dell'Etruria Meridionale e le caratteristiche degli insediamenti tra l'età del bronzo e l'età del ferro. In *Etruria meridionale. Conoscenza, conservazione, fruizione (Atti convegno Viterbo)*: 59–82. Roma, Quasar.

di Gennaro, F. (1988b) Primi risultati degli scavi nella necropoli di *Crustumerium*. Tre complessi funerari della fase IVA. In *Archeologia Laziale* 9 (*Quaderni del Centro di Studio per l'Archeologia Etrusco-italica* 16): 113–23. Roma, Consiglio Nazionale delle Ricerche.

di Gennaro, F. (1990a) Santuario di Villa Spada. In M. Cristofani (a cura di), *La grande Roma dei Tarquini*: 157. Roma, L''Erma' di Bretschneider.

di Gennaro, F. (1990b) *Crustumerium*, il centro protostorico ed arcaico e la sua necropoli. In M.R. Di Mino e M. Bertinetti (a cura di), *Archeologia a Roma, la materia e la tecnica nell'arte antica*: 68–72. Roma, De Luca Edizione d'Arte.

di Gennaro, F. (1992) *Crustumerium. Studi Etruschi* 58: 512–14.

di Gennaro, F. (1993) Una tomba orientalizzante nel territorio di *Ficulea*. In *Archeologia Laziale* 11 (*Quaderni del Centro di Studio per l'Archeologia Etrusco-italica* 21): 91–7. Roma, Consiglio Nazionale delle Ricerche.

di Gennaro, F. (1998) L'Agro Veientano in età protostorica. In F. della Ratta-Rinaldi e F. Boanelli (a cura di), *Per un museo dell'Agro Veientano (Arva Metunt* 1): 29–30. Roma, Quasar.

di Gennaro, F. (1999a) Roma, località Marcigliana o Monte Del Bufalo. In R. Ciarla e L. Nista (a cura di), *Acquisizioni e donazioni — archeologia e arte orientale (1996–1998)*: 50–7. Roma, Gangemi.

di Gennaro, F. (1999b) (a cura di) *Itinerario di visita a Crustumerium*. Roma, Soprintendenza Archeologica di Roma.

di Gennaro, F. (2000) 'Paesaggi di potere': l'Etruria Meridionale in età protostorica. In G. Camassa, A. De Guio e F. Veronese (a cura di), *Paesaggi di potere. Problemi e prospettive (Quaderni di Eutopia* 2): 95–119. Roma, Quasar.

di Gennaro, F. e Guidi, A. (2000) Il bronzo finale dell'Italia centrale. Considerazioni e prospettive di indagine. In M. Harari e M. Pearce (a cura di), *Il Protovillanoviano al di qua e al di là dell'Appennino (Atti della giornata di studio, Pavia 1995) (Biblioteca di Athenaeum* 38): 99–131. Como, New Press.

di Gennaro, F. e Iaia, C. (1999) Elementi culturali della prima età del ferro nell'area di cerniera fra Sabina, Etruria e *Latium Vetus*. In N. Negroni Catacchio (a cura di), *L'Etruria tra Italia, Europa e mondo mediterraneo. Ricerche e scavi (Preistoria e protostoria in Etruria) (Atti del IV incontro di studi, Montalto di Castro — Manciano — Valentano 1997)*: 245–53. Milano, Centro di Studi di Preistoria e Archeologia.

di Gennaro, F. e Stoddart, S. (1982) A review of the evidence for prehistoric activity in part of South Etruria. *Papers of the British School at Rome* 50: 1–21.

Donati, L. (2000) Architettura civile, sacra e domestica. In M. Torelli (a cura di), *Gli Etruschi*: 313–33. Venezia/Milano, Bompiani.

Filippi, G. (1988) La definizione dei confini municipali con il sistema dei poligoni di Thiessen. In P. Janni e E. Lanzilotta (a cura di), ΓΕΩΓΡΑΦΙΑ *(Atti del 2° convegno maceratese su geografia e cartografia antica, Macerata 1985)*: 57–75. Roma, Giorgio Bretschneider.

Fioravanti, A. e Camerini, E. (1977) *L'abitato villanoviano del Gran Carro sommerso nel lago di Bolsena (1959–1977).* Roma, Tipografia Fratelli De Gennaro.

Guaitoli, M. (1981a) Notizie preliminari su recenti ricognizioni svolte in seminari dell'Istituto. In *Ricognizione archeologica. Nuove ricerche nel Lazio* (*Quaderni dell'Istituto di Topografia Antica dell'Università di Roma 'La Sapienza'* 9): 79–87. Firenze, Leo S. Olschki

Guaitoli, M. (1981b) Castel di Decima, nuove osservazioni sulla topografia dell'abitato alla luce dei primi saggi di scavo. In *Ricognizione archeologica. Nuove ricerche nel Lazio* (*Quaderni dell'Istituto di Topografia Antica dell'Università di Roma 'La Sapienza'* 9): 127–50. Firenze, Leo S. Olschki.

Guaitoli, M. (1984) L'urbanistica. In *Archeologia Laziale* 6 (*Quaderni del Centro di Studio per l'Archeologia Etrusco-italica* 6): 364–81. Roma, Consiglio Nazionale delle Ricerche.

Guidi, A. (1980) Luoghi di culto dell'età del bronzo finale e della prima età del ferro nel Lazio meridionale. In *Archeologia Laziale* 3 (*Quaderni del Centro di Studio per l'Archeologia Etrusco-italica* 3): 148–55. Roma, Consiglio Nazionale delle Ricerche.

Guidi, A. (1985) An application of rank-size rule to protohistoric settlements in the middle Tyrrhenian area. In C. Malone e S. Stoddart (a cura di), *Papers in Italian Archaeology* III. *Patterns in Protohistory* (*British Archaeological Reports, International Series* 245): 217–42. Oxford, British Archaeological Reports.

Guidi, A. (1989) Alcune osservazioni sull'origine delle città etrusche. In *Atti del II congresso internazionale etrusco (Firenze 1985)* I: 285–92. Roma, Giorgio Bretschneider.

Guidi, A. (1998) The emergence of the state in central and northern Italy. *Acta Archaeologica* 69: 139–61.

Guidi, A. e Piperno, M. (1992) *Italia preistorica*. Roma/Bari, Laterza.

Iaia, C. e Mandolesi, A. (1993) Topografia dell'insediamento dell'VIII secolo a.C. in Etruria meridionale. *Journal of Ancient Topography — Rivista di Topografia Antica* 3: 17–48.

Kahane, A., Murray Threipland, L. e Ward-Perkins, J.B. (1968) The Ager Veientanus, north and east of Veii. *Papers of the British School at Rome* 36: 1–218.

Kohler, C. (1993) Prähistoriche Funde. In F. Prayon, S. Aro, M. Baier, G. Bieg, V. Dresely, M. Eichberg, K. Geppert, D. Kek, C. Kohler, M. Miller, B. Rückert, P. Stasch, A. Thomsen and J. Gran-Aymerich, Orvieto. Tübinger Ausgrabungen in der Cannicella-Nekropole 1984–1990. Vorläufiger Bericht: 19–24. *Archäologischer Anzeiger*: 5–99.

Mandolesi, A. (1995) Presenze dell'età del bronzo in località 'la Civita', Tarquinia antica. In N. Negroni Catacchio (a cura di), *Tipologia delle necropoli e rituali di deposizione. Ricerche e scavi* (*Preistoria e protostoria in Etruria*) (*Atti del II incontro di studi, Farnese 1993*) II: 273–5. Milano/Firenze, Centro di Studi di Preistoria e Archeologia/Octavo.

Mandolesi, A. (1999) *La 'prima' Tarquinia. L'insediamento protostorico sulla Civita e nel territorio circostante* (*Grandi contesti e problemi della protostoria italiana* 2). Firenze, All'Insegna del Giglio.

Müller Karpe, H. (1962) *Zur Stadtwerdung Roms* (*Mitteilungen des Deutsches Archäologisches Instituts, Römische Abteilung. Ergänzungsheft*). Heidelberg, F.H. Kerle.

Murray Threipland, L. (1963) Excavations beside the north-west gate at Veii, 1957–58. Part II. The pottery. *Papers of the British School at Rome* 31: 33–73.

Pacciarelli, M. (1979) Topografia e insediamento dell'età del bronzo recente nel Lazio. In *Archeologia Laziale* 2: 161–70. Roma, Consiglio Nazionale delle Ricerche.

Pacciarelli, M. (1991a) Ricerche topografiche a Vulci: dati e problemi relativi all'origine delle città medio-tirreniche. *Studi Etruschi* 56: 11–48.

Pacciarelli, M. (1991b) Territorio, insediamento, comunità in Etruria meridionale agli esordi del processo di urbanizzazione. *Scienze dell'Antichità* 5: 163–208.

Pacciarelli, M. (1994) Sviluppi verso l'urbanizzazione nell'Italia tirrenica protostorica. In *La presenza etrusca nella Campania meridionale (Atti delle giornate di studio Salerno–Pontecagnano, 16–18 novembre 1990)*: 227–53. Firenze, Leo S. Olschki.

Pala, C. (1976) *Nomentum* (*Forma Italiae, Regio I* 12). Roma, De Luca.

Pallottino, M. (1972) L'origine des villes protohistoriques de l'Italie centrale. *Archeologia Polski* 16: 211–18.

Paolini, L. (1990) *Crustumerium* — scavi nella necropoli. *Bullettino della Commissione Archeologica Comunale di Roma* 93 (2): 468–71.

Pascucci, P. (1998) L'insediamento costiero della prima età del ferro de 'La Mattonara' (Civitavecchia). *Archeologia Classica* 50: 69–115.

Pascucci, P. (1999) La Mattonara. In R. Peroni e L. Rittatore Vonwiller (a cura di), *Ferrante Rittatore Vonwiller e la Maremma 1936–1976: paesaggi naturali, umani, archeologici (Atti del convegno 4–5 Aprile 1998, Ischia di Castro)*: 91–102. Ischia di Castro, Comune di Ischia di Castro.

Pavolini, C. (1990) Ficana. In M. Cristofani (a cura di), *La grande Roma dei Tarquini*: 178–81. Roma, L'Erma di Bretschneider.

Peroni, R. (1959) Per una definizione dell'aspetto culturale 'subappenninico' come fase cronologica a se stante. *Atti dell'Accademia Nazionale dei Lincei, Memorie, serie* 8: 3–253.

Peroni, R. (1979) Le ultime pagine di Ferrante Rittatore Vonwiller sul 'Protovillanoviano'. In *Atti della XXI riunione scientifica dell'Istituto Italiano di Preistoria e Protostoria*: 32–44. Firenze, Istituto Italiano di Preistoria e Protostoria.

Peroni, R. (1988) Comunità e insediamento in Italia fra età del bronzo e prima età del ferro. In *Storia di Roma* I. *Roma in Italia*: 7–37. Torino, Einaudi.

Peroni, R. (1989) *Protostoria dell'Italia continentale — la penisola italiana nelle età del bronzo e del ferro* (*Popoli e civiltà dell'Italia antica* 9). Roma, Biblioteca di Storia Patria.

Peroni, R. (1996) *L'Italia alle soglie della storia*. Bari, Laterza.

Peroni, R. (2000) Formazione e sviluppi dei centri protourbani medio-tirrenici. In A. Carandini e R. Cappelli (a cura di), *Roma. Romolo, Remo e la fondazione della città*: 26–30. Milano/Roma, Electa/Ministero per i Beni e le Attività Culturali.

Peroni, R. e di Gennaro, F. (1986) Aspetti regionali dello sviluppo dell'insediamento protostorico nell'Italia centro-meridionale alla luce dei dati archeologici e ambientali. *Dialoghi di Archeologia* 2: 193–200.

Pini, E. e Seripa, A. (1986) Per un tentativo di ricostruzione dei territori dei centri protostorici laziali. *Rivista di Archeologia* 10: 15–24.

Quilici, L. e Quilici Gigli, S. (1980) *Crustumerium. Latium Vetus* III. Roma, Consiglio Nazionale delle Ricerche.

Quilici, L. e Quilici Gigli, S. (1986) *Fidenae. Latium Vetus* V. Roma, Consiglio Nazionale delle Ricerche.

Quilici, L. e Quilici Gigli, S. (1993) *Ficulea. Latium Vetus* VI. Roma, Consiglio Nazionale delle Ricerche.

Quilici Gigli, S. (1986) Scali e traghetti sul Tevere in epoca arcaica. In S. Quilici Gigli (a cura di), *Il Tevere e le altre vie d'acqua del Lazio antico* (*Archeologia Laziale* 7 (2); *Quaderni del Centro di Studio per l'Archeologia Etrusco-italica* 12): 71–89. Roma, Consiglio Nazionale delle Ricerche.

Quilici Gigli, S. e Santoro, P. (1995) *Eretum*: ricerca topografica sull'abitato in epoca arcaica. In *Archeologia Laziale* 12 (2) (*Quaderni del Centro di Studio per l'Archeologia Etrusco-italica* 24): 641–63. Roma, Consiglio Nazionale delle Ricerche.

Raddatz, K. (1975) Bisenzio I. Beobachtungen auf einem eisenzeitlich-frühetruskischen Siedlungskomplex. *Hamburger Beiträge zur Archäologie* 5 (1).

Raddatz, K. (1983) Eisenzeitliche Fundstellen von Vulci — Versuch einer archäologischen Landesaufnahme im südlichen Etrurien. *Prähistorische Zeitschrift* 58: 211–49 e tavv. 1–9.

Scarpignato, M. e di Gennaro, F. (1988) L'età del bronzo e la prima età del ferro a Orvieto. I materiali della Cannicella. In *Gens Antiquissima Italiae. Antichità dall'Umbria in Vaticano*: 32–42. Perugia, Electa.

Stefani, E. (1945) Scavi archeologici a Veio in contrada Piazza d'Armi. *Monumenti Antichi dell'Accademia dei Lincei* 40: 177–290.

Stefani, E. (1953) Veio. Tempio detto dell'Apollo. Esplorazione e sistemazione del santuario. *Notizie degli Scavi di Antichità*: 29–112.

Tamburini, P. (1995) *Un abitato villanoviano perilacustre. Il 'Gran Carro' sul lago di Bolsena (1959–1985)*. Roma, Giorgio Bretschneider.

Togninelli, P. (2000) *Le aree funerarie dell'antica città di Crustumerium: topografia e materiali di recente acquisizione*. Università di Roma 'La Sapienza', Tesi di laurea inedita, Cattedra di Etruscologia e Archeologia Italica, anno accademico 1998–9.

Torelli, M. (1984) *Lavinio e Roma*. Roma, Quasar.

Turchetti, R. (1995) Il territorio di Monterotondo nell'antichità. In *Monterotondo e il suo territorio*: 33–58. Roma/Bari, Dedalo.

'Veio' (1963) = Veio (Isola Farnese). Scavi in una necropoli villanoviana in località 'Quattro Fontanili'. *Notizie degli Scavi di Antichità*: 77–279.

'Veio' (1972) = Veio (Isola Farnese). Continuazione degli scavi nella necropoli villanoviana in località 'Quattro Fontanili'. *Notizie degli Scavi di Antichità*: 195–384.

Vianello Cordova, A.P. (1967) Una tomba 'protovillanoviana' a Veio. *Studi Etruschi* 35: 296–306.

Ward-Perkins, J.B. (1959) Excavations beside the north-west gate at Veii, 1957–58. *Papers of the British School at Rome* 27: 38–79.

Ward-Perkins, J.B. (1961) Veii. The historical topography of the ancient city. *Papers of the British School at Rome* 29: 1–124 e tavole.

Centri della Sabina tiberina in epoca pre-romana

Alessandro Guidi e Paola Santoro

Riassunto • Abstract

LA PRESENTE RELAZIONE esamina i modelli insediativi nella Sabina tiberina tra il X e il VII secolo a.C. (in termini di cronologia assoluta tradizionale). Nella parte meridionale della regione, dopo un periodo di 'insediamenti montani di sommità' nel bronzo finale, nell'VIII secolo la sistemazione del paesaggio cambia nel senso di un'occupazione capillare della riva sinistra del Tevere (direttamente sulla riva stessa o, più spesso, sui tributari del fiume). Nel VII secolo un nuovo improvviso cambiamento evidenzia la nascita di centri proturbani, di cui si può facilmente ricostruire il territorio. Nella parte settentrionale, una maggiore continuità di occupazione caratterizza la storia degli insediamenti tra il X e l'VIII secolo; anche qui il modello proturbano sembra essere molto esteso soltanto nel VII secolo. Una occupazione diffusa del territorio nel periodo arcaico sembra essere dimostrata dai risultati delle recenti ricognizioni.

THE PAPER EXAMINES the settlement patterns in the Sabina Tiberina between the tenth and seventh centuries BC. In the southern part of the region, after a period of 'hilltop' settlements in the Final Bronze Age, the settlement landscape in the eighth century changed, and occupation was concentrated along the left bank of the Tiber. These settlements are predominantly situated on the tributary rivers, though occupation around the Tiber itself also can be identified. Further changes, taking place suddenly in the seventh century, indicate the birth of proto-urban centres, the territories of which can be reconstructed relatively easily. The settlement pattern of the northern part of the region is characterized primarily by continuity in the period between the tenth and eighth centuries. Here too, it seems that the proto-urban model only became widespread in the seventh century. In the archaic period, the region presents a diffused occupation pattern, as demonstrated by recent survey results.

PREMESSA *A. Guidi, P. Santoro*

L'ATTIVITÀ DI RICERCA svolta negli ultimi venti anni nella Sabina tiberina, organizzata da istituzioni italiane (come l'Istituto per l'Archeologia Etrusco-italica del Consiglio Nazionale delle Ricerche (CNR), la Soprintendenza Archeologica per il Lazio e la Regione Lazio) e straniere (la British School at Rome), ha enormemente ampliato il quadro delle nostre conoscenze sulla tarda protostoria e sul periodo arcaico in questo territorio.

Il XVIII Convegno di Studi Etruschi e Italici, svoltosi a Rieti nel 1993, e quello dell'Unione Internazionale di Scienze Preistoriche e Protostoriche (Forlì 1996) hanno costituito l'occasione per un primo tentativo di sintesi delle dinamiche del popolamento tra VIII e VII secolo a.C. (Bistolfi *et al.* 1996; Santoro 1996). In questa sede tentiamo di analizzare in modo più analitico, anche per cercare di individuare analogie e divergenze tra i due settori, la parte meridionale dell'area, tra *Nomentum* e l'abitato posto alla confluenza del Tevere e del Farfa di Campo del Pozzo, e quello settentrionale, tra Campo del Pozzo e San Vittore, località in cui si trovava l'antico centro di *Ocriculum*.

I periodi scelti sono l'età del bronzo finale (soprattutto il momento terminale, in termini di cronologia tradizionale il X secolo a.C.), la prima età del ferro e quello 'orientalizzante', compreso tra la fine dell'VIII e gli inizi del VI secolo a.C.

DA *NOMENTUM* A CAMPO DEL POZZO

A. Guidi

L'idrografia di questo settore (vedi in particolare la **Fig. 2**) è dominata da una serie di affluenti della riva sinistra del Tevere, in particolare, da sud, il Fosso Orneto, il Fosso della Fiora, il Fosso di Casacotta, il Corese, il Farfa e il Fosso Volpignano, che assieme ai tributari, alcuni dei quali di considerevole lunghezza (è il caso del Fosso Carolano), 'disegnano' in modo efficace le porzioni di territorio che, come vedremo, sono attribuibili a ciascun centro.

Appare assai interessante, in quest'ottica, il dato (come vedremo contrastante con quanto sappiamo del settore più settentrionale della Sabina tiberina) dell'assoluta mancanza di presenze archeologiche nella valle del Tevere tra *Nomentum* e Campo del Pozzo che si verifica nell'età del bronzo finale (**Fig. 1**), a conferma della tendenza all'intensificazione dell'occupazione delle grandi valli fluviali nella prima età del ferro, notata anche nel territorio di Roma (Bietti Sestieri 1986; 1989).

I due abitati su altura di Monte San Martino (**Fig. 1.1**) e di Monte Calvo (**Fig. 1.2**), pur rientrando nella tipologia di abitato difeso naturalmente o artificialmente che predomina nell'area medio-tirrenica nell'età del bronzo finale (Cardarelli e di Gennaro 1996), allo stesso tempo fanno parte di un 'sistema' di villaggi che gravita sui grandi pascoli estivi del Monte Gennaro (Angle, Gianni e Guidi 1982; Angle e Guidi 1995). Per quanto invece riguarda le sepolture protovillanoviane di Palombara Sabina (**Fig. 1.3**), esse costituiscono una delle testimonianze del popolamento del settore nomentano-tiburtino in quest'epoca (Guidi e Zarattini 1993; Quilici e Quilici Gigli 1993, con bibliografia precedente).

Se si eccettuano alcuni tipi ceramici di lunga durata presenti a Campo del Pozzo e a Poggio Sommavilla (Filippi e Pacciarelli 1991: 132–4), la fase iniziale della prima età del ferro, la cui datazione tradizionale si colloca nell'ambito del IX secolo a.C.[1] appare completamente assente tra i materiali degli abitati della riva sinistra del Tevere. Il fitto popolamento del settore nella fase recente della prima età del ferro (VIII secolo a.C.; **Fig. 2**) è probabilmente da mettere in relazione con la fine del sistema insediamentale della conca velina e, allo stesso tempo, con le notizie delle fonti sulla graduale espansione dei Sabini nella valle del Tevere, quasi a prefigurare una vera e propria 'colonizzazione' del territorio (Filippi e Pacciarelli 1991: 135–6; Bistolfi *et al.* 1996: 97).

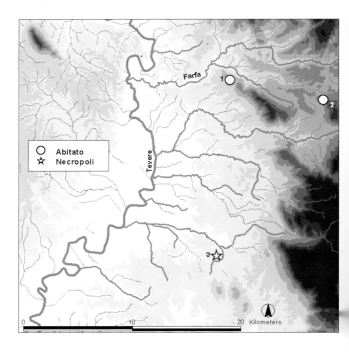

FIG. 1. Presenze dell'età del bronzo finale nell'area compresa tra *Nomentum* e Campo del Pozzo. 1. Monte San Martino (Fara Sabina, RI) (Filippi e Pacciarelli 1991: 40–2; Belardelli 1996a). 2. Monte Calvo (Scandriglia, RI) (Filippi e Pacciarelli 1991: 42–4). 3. I Colli (Palombara Sabina, RM) (Filippi 1990). *(R. Witcher.)*

Ai siti già noti di Campo del Pozzo (**Fig. 2.1**), *Cures Sabini* (**Fig. 2.5**), Montelibretti (**Fig. 2.7**), *Eretum* (**Fig. 2.8**), Colle Lupo (**Fig. 2.9**) e Cretone (**Fig. 2.10**) vanno aggiunti quelli, inediti, di Mompeo (**Fig. 2.2**) e Farfa, località Casale Cocciafava (**Fig. 2.3**); nel caso della sepoltura di Piano San Giovanni (**Fig. 2.4**), si potrebbe invece pensare a una sua pertinenza all'abitato individuato recentemente sul vicino colle di Puzzaroli (**Fig. 2.6**). Per quanto infine riguarda la localizzazione della necropoli del nucleo più antico di *Cures Sabini*, un'indicazione interessante potrebbe essere la presenza, tra i materiali conservati nel Casino d'Arci e provenienti dal pendio occidentale di quest'altura, di un'olla integra (Muzzioli 1980: fig. 32, n. 129), ben confrontabile con un tipo documentato a Poggio Sommavilla nella fase recente della prima età del ferro (Filippi e Pacciarelli 1991: fig. 41, olle, tipo 1B).

La grandezza dei centri di questa fase oscilla tra 1 e 5 ha, mentre la distanza media tra di essi è di 6–8 km. Per quanto riguarda l'individuazione dei territori attribuibili a ciascun centro, è possibile proporre, in diversi casi, una ricostruzione proprio in base all'idrografia.
- Campo del Pozzo (**Fig. 2.1**): tra il Farfa e Fosso Volpignano.
- Mompeo (**Fig. 2.2**): tra il Farfa e il Fosso Carlo Corso.
- Montelibretti (**Fig. 2.7**): tra il Fosso Carolano–bass

corso del Corese e il Rio Moscio.

- *Eretum* (**Fig. 2.8**): tra il Rio Moscio e il Fosso di Casacotta.
- Colle Lupo (**Fig. 2.9**): tra il Rio Pozzo e il Fosso della Bufala.
- Cretone (**Fig. 2.10**): tra il Fosso della Bufala e Fosso della Fiora–Fosso Grottoline.

La grandezza di questi territori, in accordo con la limitata estensione degli abitati, oscilla tra i 20 e i 40 kmq, a testimonianza di un grado di sviluppo ancora ben lontano da quello delle coeve comunità etrusche e laziali.

Un'ultima osservazione riguarda l'assenza di testimonianze archeologiche, in questa e nella fase successiva, nella zona della confluenza del Corese nel Tevere, dove in epoca romana sorgeva il *Portus Curensis* (Reggiani 1986). Appare probabile che, in analogia con quanto si riscontra a Campo del Pozzo, esistesse in questa zona uno scalo di età arcaica, collegato allo sviluppo di *Cures Sabini*; appare interessante, a questo riguardo, la notizia del rinvenimento di materiali di impasto (da verificare) su un'altura posta poco più a nord della confluenza, in località Ponticchio (Muzzioli 1980: n. 77).

A partire dalla fine dell'VIII secolo a.C., la situazione muta radicalmente, con il graduale sviluppo a *Cures Sabini* e ad *Eretum*, in tempi e modi differenti, di due grandi centri che, per differenza di estensione con quelli della fase precedente e per la definitiva trasformazione in città, in età arcaica, possiamo a buon diritto definire come 'protourbani'.

I materiali pubblicati nella *Forma Italiae* (Muzzioli 1980: figg. 20, 24–5) e gli scavi condotti vicino a Santa Maria degli Arci (Guidi e Bistolfi 1995) permettono di ipotizzare come già nell'orientalizzante antico l'abitato di *Cures Sabini* abbia raggiunto la fisionomia, tipica dell'età arcaica, di un grande centro inglobante tre alture ed estendentesi per 25–30 ha. Un frammento di piede di calice o pisside di impasto bruno sottile (**Fig. 3**) (Bietti Sestieri 1992: tavv. 31–2, nn. 105e–6), confrontabile con tipi della fase laziale IVA, raccolto sul taglio di una strada al di sotto del versante nord-occidentale della collina di Puzzaroli nel corso di un sopralluogo condotto nel 1990 da chi scrive e dal geologo Ermanno Finzi, può essere indizio sia della presenza di tombe, sia di un'ulteriore allargamento dell'abitato verso le alture più vicine.

Per quanto riguarda *Eretum*, nonostante che l'occupazione delle alture del centro arcaico, di dimensioni superiori a 20 ha, venga collocata in età arcaica (Quilici Gigli e Santoro 1995), è da presumere che un'estensio-

ne di poco inferiore fosse stata raggiunta già nel corso della seconda metà del VII secolo a.C., epoca cui del resto si data la ricchissima tomba a camera XI di Colle del Forno, con carro (Paola Santoro com. pers.).

Alla stessa categoria di *Cures Sabini* ed *Eretum* vanno certamente riferiti due centri ben conosciuti dalle fonti, come *Nomentum*, di estensione compresa tra 15 e 20 ha, e *Ficulea* (22.5 ha), recentemente iden-

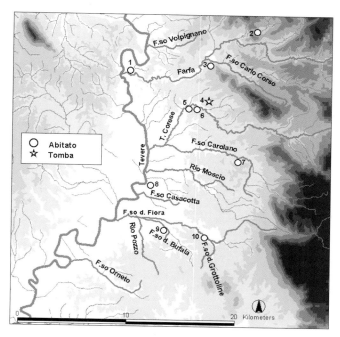

FIG. 2. Presenze della fase recente della prima età del ferro nell'area compresa tra *Nomentum* e Campo del Pozzo. I. Campo del Pozzo (Nazzano Romano, RM) (Muzzioli 1980: n. 131; Filippi e Pacciarelli 1991: 58–68). 2. Mompeo (RI) (materiali inediti raccolti da Giorgio Filippi e dalla British School at Rome; Belardelli e Pascucci 1996: 34). 3. Farfa, località Casale Cocciafava (Fara Sabina, RI) (materiali inediti raccolti dalla British School at Rome). 4. Piano San Giovanni (Fara Sabina, RI) (Belardelli 1996b). 5. *Cures Sabini* (località Arci; Fara Sabina, RI) (Guidi *et al.* 1996). 6. Puzzaroli (Fara Sabina, RI) (Belardelli 1995). 7. Montelibretti (RM) (Mari 1992; 1996). 8. *Eretum* (località Casacotta; Montelibretti, RM) (Quilici Gigli e Santoro 1995). 9. Colle Lupo (Montelibretti, RM) (Turchetti 1995). 10. Cretone (Palombara Sabina, RM) (Mari e Sperandio 1990; Mari 1992; 1996). *(R. Witcher.)*

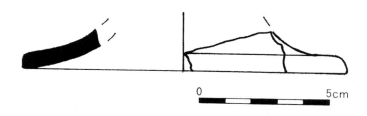

FIG. 3. Frammento ceramico raccolto alla base del versante nordoccidentale della collina di Puzzaroli. *(A. Guidi.)*

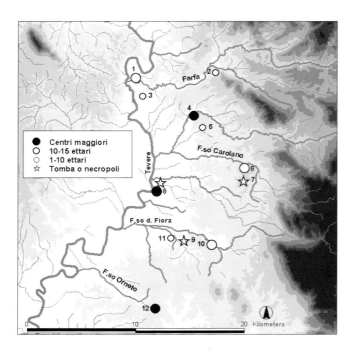

Fig. 4. Presenze del periodo orientalizzante nell'area compresa tra *Nomentum* e Campo del Pozzo. 1. Campo del Pozzo. 2. Farfa, località Casale Cocciafava. 3. San Vittore (Montopoli Sabina, RI) (Muzzioli 1980: n. 96). 4. *Cures Sabini*. 5. Zara Madonna (Fara Sabina, RI) (Muzzioli 1980: n. 15). 6. Montelibretti. 7. Colle Lepre (Montelibretti, RM) (Mari 1992; 1996). 8. *Eretum*. 9. Valle Roncetta (Palombara Sabina, RM) (Mari 1992; 1996). 10. Cretone. 11. Colle Lupo. 12. *Nomentum* (località Casali di Mentana; Mentana, RM) (Pala 1976). *(R. Witcher.)*

tificata da Quilici e Quilici Gigli (1993) con l'altura di Casale di Marco Simone. A metà strada tra questi e i centri più piccoli, di dimensioni comprese tra 1 e 10 ha, stanno alcuni abitati di cui è comunque documentato l'aumento di dimensioni rispetto alla fase precedente, come Campo del Pozzo,[2] Montelibretti e Cretone.

La situazione del periodo orientalizzante (**Fig. 4**) è dunque quella di un'articolata gerarchia insediamentale; possiamo ipotizzare i limiti e l'estensione di tre grandi territori, controllati dai centri maggiori, che assorbono l'area precedentemente occupata da almeno nove o dieci distretti (si confronti con la **Fig. 2**):

- *Nomentum* (**Fig. 4.12**), tra il Fosso Orneto e quello della Fiora, da cui dipenderebbero Cretone (**Fig. 4.10**), il centro 'minore' di Colle Lupo (**Fig. 4.11**) e, forse, quello relativo alla tomba di Valle Roncetta (**Fig. 4.9**).
- *Eretum* (**Fig. 4.8**), tra il Fosso della Fiora e il Fosso Carolano–basso corso del Corese, da cui dipenderebbero Montelibretti (**Fig. 4.6**) e, forse, il centro minore relativo alla tomba di Colle Lepre (**Fig. 4.7**).
- *Cures Sabini* (**Fig. 4.4**), tra il Fosso Carolano–basso corso del Corese e il Farfa, da cui dipenderebbero i

centri minori di Casale Cocciafava (**Fig. 4.2**), San Vittore (**Fig. 4.3**) e Zara Madonna (**Fig. 4.5**).

Appare incerta l'attribuzione di Campo del Pozzo (**Fig. 4.1**); se pare difficile, infatti, che esso controlli un territorio tanto vasto quanto quello compreso tra i Farfa e Poggio Sommavilla, in cui la mancanza di dati appare piuttosto dovuta a carenze delle ricerche, la sua posizione, subito al di là del Farfa e a controllo strategico del traghetto la cui controparte è costituita, nello stesso periodo, dall'abitato della riva destra di Sant'Antimo (Quilici Gigli 1986), potrebbero far ipotizzare una sua appartenenza al territorio di *Cures Sabini*, nel cui ambito verrebbe dunque ad assumere la funzione di centro 'intermedio'.

Se la ricostruzione qui proposta è corretta, l'assetto del popolamento del periodo orientalizzante, dominato da centri protourbani distanti tra loro non meno di 10 km e a controllo di territori di più di 100 kmq, occupati anche da abitati di livello intermedio e da centri minori, ripropone in scala minore la situazione evidenziata già nella prima età del ferro nel resto dell'area medio-tirrenica; a ciò si aggiunge l'evidenza di traffici a lunga distanza e quella dell'emergere di una vera e propria élite (si pensi alla già citata tomba XI di Colle del Forno), a indicare l'inizio di un nuovo periodo caratterizzato dalla comparsa di forme incipienti di organizzazione statale.

DA CAMPO DEL POZZO AD OTRICOLI
P. Santoro

Prima di procedere all'esame di quest'area, delimitata a nord dal Nera ed a sud dal Farfa, si rende necessaria una premessa di carattere metodologico.

I dati archeologici di cui si dispone sono dovuti in massima parte a ritrovamenti di superficie, avvenuti in seguito a lavori agricoli o interventi eseguiti per la realizzazione di infrastrutture urbane, raccolti nell'ambito delle attività del costituendo Museo di Magliano Sabina. Il lavoro di allestimento del Museo Archeologico ha comportato un lavoro di sistemazione dei materiali, depositati nei magazzini, ed uno studio puntuale dei dati raccolti, integrati da ricognizioni topografiche nei siti di ritrovamento, che hanno portato ad interessanti risultati per la storia del popolamento del territorio nelle diverse fasi cronologiche (età del bronzo: Filippi e Pacciarelli 1991; età orientalizzante ed arcaica: Santoro 1996). Questo ovviamente non ha eliminato il difetto di base, insito in una documentazione

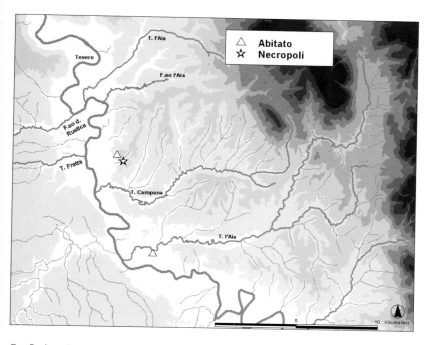

FIG. 5. Insediamenti del bronzo finale nell'area compresa tra Campo del Pozzo e Otricoli. *(R. Witcher.)*

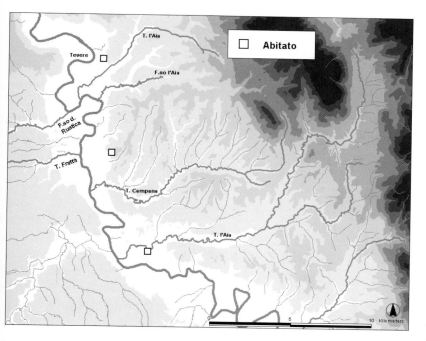

FIG. 6. Insediamenti dell'età del ferro nell'area compresa tra Campo del Pozzo e Otricoli. *(R. Witcher.)*

di questo tipo, ossia la mancanza di una ricognizione programmatica ed intensiva sul territorio interessato. Attualmente, nell'ambito dell'attività di ricerca dell'Istituto per l'Archeologia Etrusco-italico del CNR si è iniziata una ricognizione topografica sia nel territorio di Magliano, sia in quello di Poggio Sommavilla,

allo scopo di avere una documentazione più completa.

Importanza fondamentale per comprendere il sorgere e lo sviluppo degli insediamenti ha l'aspetto geomorfologico del territorio, che risulta delimitato dal Tevere e quasi scandito da alcuni affluenti a carattere torrentizio: da sud il Galantina, l'Aia di Poggio Sommavilla, il Campana, il torrente l'Aia e l'Aia di Otricoli. Questi corsi d'acqua con le loro valli ed il sistema dei loro tributari svolgono l'importante funzione di vie di comunicazione verso l'area più interna della penisola ed in primo luogo con la conca reatina. La posizione degli insediamenti, sia nell'età del bronzo finale come in quella del ferro e nel periodo orientalizzante, sempre in stretta relazione o del Tevere o comunque dei corsi d'acqua, dimostra l'importanza del rapporto tra le forme d'insediamento e le valli fluviali, sia come vie di transumanza sia come vie di collegamento a lunga distanza. Indubbiamente poi, come si evidenzia dallo studio di Alessandro Guidi nel settore meridionale dell'area, acquisteranno importanza come limite dei territori degli insediamenti maggiori in una fase avanzata di organizzazione territoriale.

Cominciando l'esame del territorio dal limite meridionale si nota una grande lacuna nella documentazione nell'area che si estende ai due lati del Galantina, mancanza di dati che è indubbiamente da imputare a mancanza sia di ricerche sistematiche sia anche di una qualsiasi forma di attenzione a ritrovamenti casuali.

Nella fase tarda dell'età del bronzo finale è documentata l'occupazione di alcuni rilievi prossimi al fiume in vocabolo Maglianello, Fontanelle e Collicello nell'attuale centro di Magliano ed in vocabolo Casale Tosti area, quasi alla confluenza dell'Aia di Poggio Sommavilla nel Tevere (**Fig. 5**). I siti individuati sono stati esaminati da Pacciarelli, e risultano accettabili le sue considerazioni sul sistema insediativo, data l'estrema carenza di dati al riguardo (Filippi e Pacciarelli 1991: 130–2), ed in particolare il significato strategico di controllo del territorio valido soprattutto per il sito di Magliano per cui è ipotizzabile anche la presenza di un sepolcreto.

Nella fase recente dell'età del ferro nell'area sono presenti tre insediamenti: Poggio Sommavilla, Magliano Sabina e Otricoli (**Fig. 6**). Costanti comuni che caratterizzano i tre insediamenti individuati sono la vicinanza al Tevere in posizioni di controllo strategico del territorio o in punti nodali per il controllo delle vie di comunicazione a lunga distanza (Poggio Sommavilla in relazione con la confluenza dell'Aia nel Tevere) e probabilmente in relazione con punti di guado verso il territorio posto al di là del fiume (Santoro 1996). Le testimonianze relative all'insediamento di Poggio Sommavilla interessano la fascia più bassa delle pendici settentrionali del colle di Poggio Sommavilla e l'area immediatamente circostante la stretta lingua tufacea che si allunga sino ai Grotti. Le capanne appaiono disposte con intervalli abbastanza ampi (Santoro 1991). I ritrovamenti di Magliano (Santoro 1997) testimoniano un'occupazione dei terrazzi dell'altura di Magliano in vocabolo Fontanelle, Santa Croce, San Lorenzo e Maglianello. L'abitato identificato in vocabolo San Vittore di Otricoli è situato su un pianoro dai ripidi pendii, che verso ovest si affaccia direttamente sul Tevere, mentre verso sud è delimitato dal rio San Vittore, che costituisce la naturale via di accesso al Tevere. Verso est si raccorda alle pendici delle colline, dove è forse individuabile una struttura di difesa. L'estensione degli insediamenti va dai 2 ha di San Vittore ai 5 ha di Poggio Sommavilla e Magliano; la distanza che li separa sembra modulare, intorno agli 8 km. È ipotizzabile che intorno a questi insediamenti gravitasse un territorio, la cui ampiezza in questa fase di studio ed in questo livello cronologico riesce arduo definire.

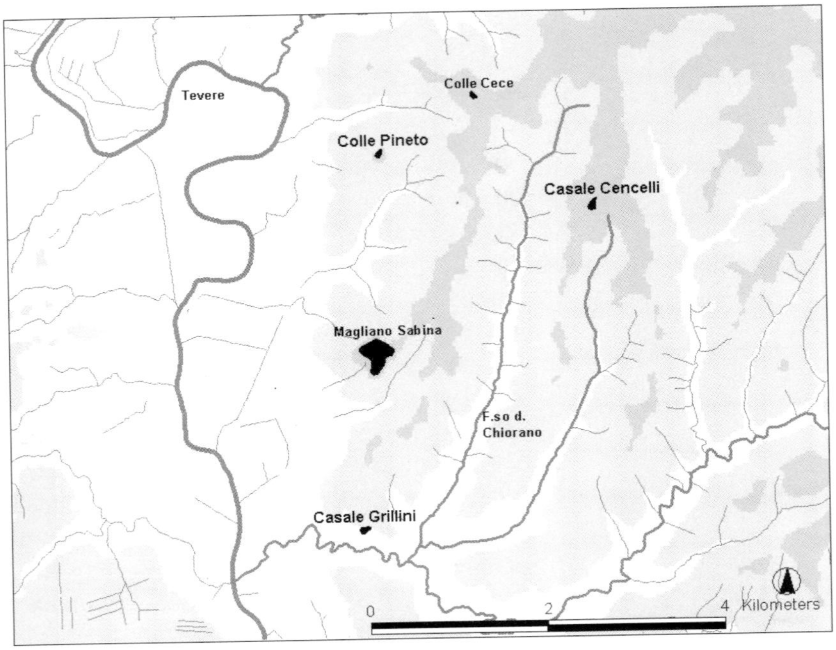

Nel corso del periodo orientalizzante si assiste ad un ampliarsi degli abitati nelle zone adiacenti allo stanziamento dell'età del ferro con altri aggregati di capanne, testimonianza evidente di uno sviluppo che troverà la sua conclusione agli inizi dell'epoca arcaica. La trasformazione di questi insediamenti verso una dimensione urbana non va intesa, privilegiando il momento della loro realizzazione urbanistica in quanto questo articolarsi è la conseguenza di un processo di organizzazione socio-economica delle comunità sabine, spinte dal contatto con il mondo etrusco. Gli insediamenti si estendono occupando superfici tra i 20–25 ha. Tale espansione avviene mediante l'adattamento a condizioni naturali non del tutto favorevoli per lo sviluppo di grandi centri (si veda il caso di Otricoli

FIG. 7. **Magliano ed il suo territorio nel periodo orientalizzante.** *(R. Witcher.)*

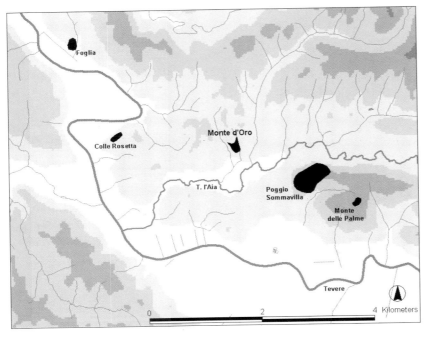

FIG. 8. **Poggio Sommavilla ed il suo territorio nel periodo orientalizzante recente.** *(R. Witcher.)*

e Poggio Sommavilla). Le abitazioni dovevano occupare sia i pianori di sommità sia le pendici delle colline. Questo adeguamento a modelli di tipo urbano comportava, dove la morfologia dei luoghi non risultasse adatta, notevoli lavori di terrazzamento sui fianchi delle colline (Santoro e Zarattini 1995) ed una decisa pianificazione di uso del territorio, o per scopo abitativo o per destinazione funeraria, come è testimoniato a Poggio Sommavilla, dove nella seconda metà del VII secolo a.C. viene destinata ad uso funerario un'area, utilizzata dalla generazione precedente per l'insediamento (Santoro 1993). In significativa concordanza con quanto tramandato dalle fonti, questi insediamenti non hanno mura di difesa; solamente si rileva la presenza di fossati, come le indagini hanno evidenziato a Magliano e a Poggio Sommavilla. Intorno a questi centri si organizzano nel corso del VII secolo a.C. le necropoli secondo un piano preordinato, che si adegua alle caratteristiche geografiche del paesaggio con tombe a fossa o a camera semicostruita, che con l'inizio dell'età arcaica divengono a camera di tipo familiare. L'organizzazione di questi centri sembra favorire l'emergere nel VII secolo di una società di tipo aristocratico, polarizzata attorno a figure di capi guerrieri come attestano le evidenze tombali. Attività produttive locali, in particolare nel campo della ceramica ma anche nella realizzazione di armi in ferro, configurano la presenza di un artigianato organizzato, che proietterà le proprie esperienze in ambito medio-adriatico.

Con l'avvento dell'orientalizzante, l'insediamento di Poggio Sommavilla si sviluppa occupando le pendici e la sommità dell'altura, dove attualmente sorge Poggio Sommavilla, prospiciente un'ansa del Tevere, dove sfocia il torrente l'Aia, con un'estensione di circa 25 ha. Viene destinata a necropoli la zona di bassi rilievi che raccordano l'insediamento con l'ampio pianoro di Colli Oti. Nel corso dell'orientalizzante recente sul pianoro di sommità di Monte le Palme (Santoro 1991), in posizione strategica e di controllo del territorio, sorge un insediamento con una propria necropoli, che sembra avere una superficie non superiore ai 2 ha, almeno nell'area messa in evidenza dalle arature.

Magliano si estende sui pianori di sommità delle alture, occupate poi dall'insediamento medievale con una continuità di vita fino ai giorni nostri, con una superficie pari quasi a quella attuale e simile a Poggio Sommavilla. Sono destinate a necropoli le colline che cingono Magliano ad oriente della valle sulla quale si alza il paese, percorsa dal Fosso delle Gioie che sfociava nel Tevere (Santoro 1997). L'insediamento di Otricoli si estende sull'ampio versante della collina di San Vittore e sul pianoro di sommità con un'estensione tra 15 e 18 ha. A zona di necropoli vengono destinate le pendici del complesso di piccole alture delimitate dal torrente l'Aia nei fondi Lupacchini e Cerqua Cupa (Santoro 1996).

Le ricognizioni topografiche condotte nel territorio di Magliano (**Fig. 7**) ed in quello di Poggio Sommavilla (**Fig. 8**) hanno permesso di individuare una serie di piccoli insediamenti che si dispongono lungo i principali corsi d'acqua, quali il Campana ed il Fosso Chiorano suo tributario, comunque in vicinanza di sorgive e di ampi spazi coltivabili o sfruttabili per pascoli, o sulla quinta di colline parallele al Tevere in punti strategicamente rilevanti. La stessa situazione si ripete nel territorio di Poggio Sommavilla con gli insediamenti lungo l'Aia e quelli in vista del Tevere quali quelli in vocaboli Capo l'Aia e Foglia, che avrà poi un grande sviluppo in epoca tardoclassica.

È quindi in questo periodo che si può ipotizzare che gli insediamenti organizzano i propri territori in funzione dello sfruttamento intensivo delle

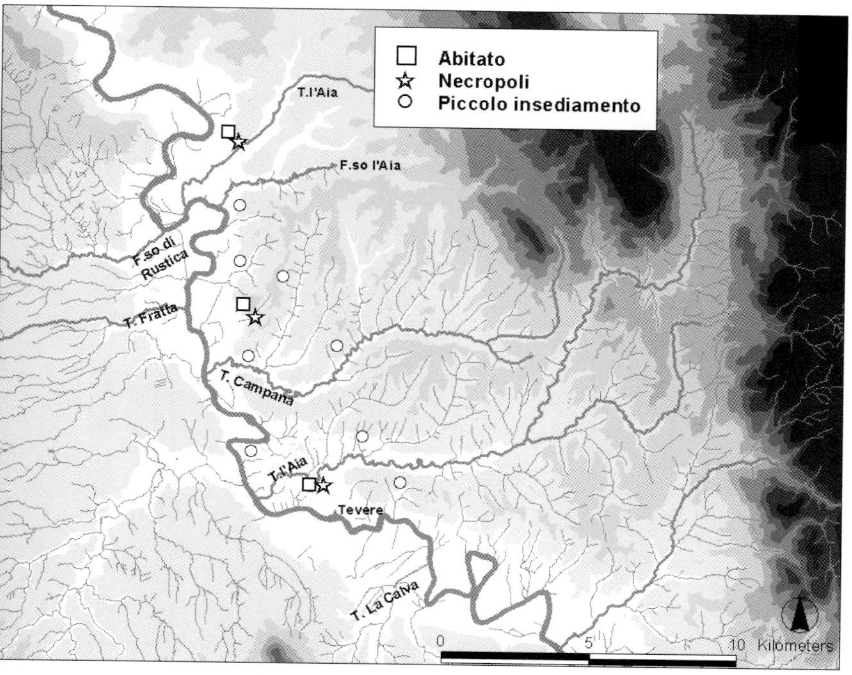

FIG. 9. **Insediamenti del periodo orientalizzante nell'area compresa tra Campo del Pozzo e Otricoli.** *(R. Witcher.)*

risorse agricole e pastorali e del controllo strategico delle principali vie di comunicazione. In questo processo di strutturazione dei territori è evidente in tutte le sue componenti la partecipazione di famiglie emergenti, collegate alla classe aristocratica che in questo stesso periodo si affermava negli insediamenti principali.

Esaminando la cartina della zona, oggetto d'esame, per il periodo orientalizzante (**Fig. 9**) si può delimitare il territorio di Magliano, che risulta compreso tra il Campana ed il Fosso l'Aia, e valutarne l'estensione in circa 50 kmq con presenza di insediamenti di piccole dimensioni (circa 2 ha). Al di là del Campana iniziava il territorio di Poggio Sommavilla che veniva delimitato dall'Aia e dal corso del Tevere. Anche nel territorio di Poggio Sommavilla gli insediamenti individuati non superano per superficie i 2 ha e si dispongono sulle alture che fiancheggiano il Campana o sui pianori che si affacciano sul Tevere (Foglia) anche in corrispondenza di guadi verso l'altra sponda come il caso di Capo l'Aia (Quilici Gigli 1986).

Confrontando i dati emersi dalla ricerca, con quanto evidenziato nel settore meridionale, sembrerebbe che in questa parte della Sabina tiberina si verifichi in definitiva un più lento adeguamento ad una strutturazione territoriale ben attestata nell'area tirrenica nell'età del ferro, e che sarebbe stata precocemente recepita nell'area meridionale.

Con la fase recente dell'età del ferro assistiamo, dunque, nella Sabina tiberina, al sorgere quasi contemporaneo di una serie di insediamenti che si dispongono lungo il Tevere, o in una posizione leggermente arretrata ad un distanza costante gli uni dagli altri di circa 8 km (fatto salvo il caso del vuoto di documentazione relativo al territorio del Galantina). Questa gravitazione sul Tevere, come è già stato osservato (Colonna 1986), perpetua una certa predisposizione allo scambio ed all'attraversamento, tipico di culture pastorali, quale le fonti attribuivano ai Sabini, giunti nell'area tiberina.

NOTE

1. Per la nuova cronologia assoluta, vedi ora Pacciarelli 1996.
2. L'estensione proposta di 25–30 ha da Filippi e Pacciarelli (1991: 136) appare francamente eccessiva.

RIFERIMENTI BIBLIOGRAFICI

Angle, M. e Guidi, A. (1995) I Monti Lucretili dal neolitico alla prima età del ferro: un riesame critico. In G. De Angelis (a cura di), *Monti Lucretili. Parco regionale naturale*: 513–21. Roma, Amministrazione Provinciale.

Angle, M., Gianni, A. e Guidi, A. (1982) Gli insediamenti di sommità nell'Italia centrale: il caso dei Monti Lucretili. *Dialoghi di Archeologia* 4: 83–124.

Belardelli, C. (1995) Ricerche pre- e protostoriche nelle valli del Tevere e del Farfa. In N. Christie (a cura di), *Settlement and Economy in Italy, 1500 BC to AD 1500. Papers of the Fifth Conference of Italian Archaeology (Oxbow Monograph 41)*: 57–61. Oxford, Oxbow.

Belardelli, C. (1996a) Monte San Martino. In C. Belardelli e P. Pascucci (a cura di), *Repertorio dei siti protostorici del Lazio (Province di Rieti e Latina)*: 36–8. Roma, Regione Lazio.

Belardelli, C. (1996b) Piano San Giovanni. In C. Belardelli e P. Pascucci (a cura di), *Repertorio dei siti protostorici del Lazio (Province di Rieti e Latina)*: 39. Roma, Regione Lazio.

Belardelli, C. e Pascucci, P. (1996) (a cura di) *Repertorio dei siti protostorici del Lazio (Province di Rieti e Latina)*. Roma, Regione Lazio.

Bietti Sestieri, A.M. (1986) Preistoria e protostoria nel territorio di Roma. Modelli di insediamento e vie di comunicazione. In S. Quilici Gigli (a cura di), *Il Tevere e le altre vie d'acqua del Lazio antico (Archeologia Laziale 7 (2); Quaderni del Centro di Studio per l'Archeologia Etrusco-italico 12)*: 30–70. Roma, Consiglio Nazionale delle Ricerche.

Bietti Sestieri, A.M. (1989) Siti e territori nell'età dei metalli. Elementi per l'inferenza archeologica sulle componenti politiche dell'organizzazione territoriale. In *Dottrina e metodologia della ricerca preistorica (Atti della XXVI riunione scientifica dell'Istituto Italiano di Preistoria e Protostoria, Ferrara 1987)*: 227–50. Ferrara, Istituto Italiano di Preistoria e Protostoria.

Bietti Sestieri, A.M. (1992) (a cura di) *La necropoli laziale di Osteria dell'Osa*. Roma, Quasar.

Bistolfi, F., Colazingari, O., Fulgenzi, M.T., Guidi, A. e Zifferero, A. (1996) Cultura materiale e sistemi insediamentali nella Sabina tiberina. In A.M. Bietti Sestieri, The Iron Age in the mediterranean area: archaeological materials as indicator of social structure and organization (with particular reference to the Early Iron Age), colloquium 23. In A.M. Bietti Sestieri (a cura di), *The Iron Age in Europe (Forlì, XIII congresso dell'Unione Internazionale per le Scienze Pre- e Protostoriche)*: 91–106. Forlì, ABACO Edizioni.

Cardarelli, A. e di Gennaro, F. (1996) L'Italia. In R. Peroni e C. Pane, The evolution of settlement systems and society in

Europe and the Mediteranean during the Bronze Age and its pre- and protourban developments: colloquium 22. In R. Peroni (a cura di), *The Bronze Age in Europe and the Mediterranean (XIII congresso dell'Unione Internazionale per le Scienze Pre- e Protostoriche)*: 259–66. Forlì, ABACO Edizioni.

Colonna, G. (1986) Il Tevere e gli Etruschi. In S. Quilici Gigli (a cura di), *Il Tevere e le altre vie d'acqua del Lazio antico* (*Archeologia Laziale* 7 (2); *Quaderni del Centro di Studio per l'Archeologia Etrusco-italica* 12): 90–7. Roma, Consiglio Nazionale delle Ricerche.

Filippi, G. (1990) Museo di Palombara Sabina. In G. Filippi (a cura di), *Guida ai musei preistorici e protostorici del Lazio*: 39–41. Roma, D. Audino.

Filippi, G. e Pacciarelli, M. (1991) *Materiali protostorici della Sabina tiberina: l'età del bronzo e la prima età del ferro tra il Farfa ed il Nera* (*Quaderni del Museo Archeologico di Magliano Sabina* 1). Roma, Assessorato alla Cultura di Magliano Sabina.

Guidi, A. e Bistolfi, F. (1995) Cures Sabini: risultati della campagna di scavo sul colle di S. Maria degli Arci. In *Archeologia Laziale* 12 (2) (*Quaderni del Centro di Studio per l'Archeologia Etrusco-italica* 24): 635–9. Roma, Consiglio Nazionale delle Ricerche.

Guidi, A. e Zarattini, A. (1993) Guidonia: rinvenimenti d'età pre- e protostorica. In *Archeologia Laziale* 11 (*Quaderni del Centro di Studio per l'Archeologia Etrusco-italica* 20): 183–94. Roma, Consiglio Nazionale delle Ricerche.

Guidi, A., Bistolfi, F., Zifferero, A., Colazingari, O., Fulgenzi, M.T., Arnoldus-Huyzenveldt, A. e Ruffo, M. (1996) *Cures Sabini*: lo scavo, le strutture, la cultura materiale, le attività economiche. In *Identità e civiltà dei Sabini (Atti del XVIII convegno di studi etruschi e italici, Rieti–Magliano Sabina 1993)*: 143–204. Firenze, Leo S. Olschki.

Mari, Z. (1992) Note topografiche su alcuni centri protostorico-arcaici fra Lazio e Sabina. *Studi Etruschi* 58: 17–52.

Mari, Z. (1996) Insediamenti arcaici nella Sabina meridionale. In *Identità e civiltà dei Sabini (Atti del XVIII convegno di Studi Etruschi e italici, Rieti–Magliano Sabina 1993)*: 298–324. Firenze, Leo S. Olschki.

Mari, Z. e Sperandio, M. (1990) Un centro arcaico presso Cretone (Palombara Sabina). In *Archeologia Laziale* 10 (2) (*Quaderni del Centro di Studio per l'Archeologia Etrusco-italica* 19): 302–6. Roma, Consiglio Nazionale delle Ricerche.

Muzzioli, M.P. (1980) *Cures Sabini (Forma Italiae, Regio IV 2)*. Firenze, Leo S. Olschki.

Pacciarelli, M. (1996) Note sulla cronologia assoluta della prima età del ferro in Italia. *Ocnus* 4: 185–9.

Pala, C. (1976) *Nomentum (Forma Italiae, Regio I 12)*. Roma, De Luca.

Quilici, L. e Quilici Gigli, S. (1993) *Ficulea. Latium Vetus* VI. Roma, Consiglio Nazionale delle Ricerche.

Quilici Gigli, S. (1986) Scali e traghetti sul Tevere in epoca arcaica. In S. Quilici Gigli (a cura di), *Il Tevere e le altre vie d'acqua del Lazio antico* (*Archeologia Laziale* 7 (2); *Quaderni del Centro di Studio per l'Archeologia Etrusco-italica* 12): 71–89.

Roma, Consiglio Nazionale delle Ricerche.

Quilici Gigli, S. e Santoro, P. (1995) *Eretum*: ricerca topografica sull'abitato in epoca arcaica. In *Archeologia Laziale* 12 (2) (*Quaderni del Centro di Studio per l'Archeologia Etrusco-italica* 24): 641–63. Roma, Consiglio Nazionale delle Ricerche.

Reggiani, A.M. (1986) Il *Portus Curensis* e gli scali della Sabina tiberina. In *Tevere. Un'antica via per il Mediterraneo*: 210–12. Roma, Istituto Poligrafico e Zecca dello Stato.

Santoro, P. (1991) Poggio Sommavilla: note sull'insediamento arcaico. *Archeologia Classica* 43: 349–51.

Santoro, P. (1993) Gli scavi a Poggio Sommavilla nell'ottocento. In *Miscellanea Etrusco-Italica* I (*Quaderni di archeologia etrusco-italica* 22): 47–64. Roma, Consiglio Nazionale delle Ricerche.

Santoro, P. (1996) Il museo di Magliano Sabina nella prospettiva delle ricerche sulle culture della Sabina. In *Identità e civiltà dei Sabini (Atti XVIII convegno di Studi Etruschi e italici, Rieti–Magliano Sabina 1993)*: 275–85. Firenze, Leo S. Olschki.

Santoro, P. (1997) *Magliano: origine e sviluppo dell'insediamento (Civiltà arcaica dei Sabini nella valle del Tevere)*. Roma, Giardini.

Santoro, P. e Zarattini, A. (1995) Poggio Sommavilla: rendiconto preliminare di un intervento di emergenza. In *Archeologia Laziale* 12 (2) (*Quaderni del Centro di Studio per l'Archeologia Etrusco-italica* 24): 625–33. Roma, Consiglio Nazionale delle Ricerche.

Turchetti, R. (1995) Il territorio di Monterotondo nell'antichità. In *Monterotondo e il suo territorio*: 33–58. Roma/Bari, Dedalo.

Veio — Piazza d'Armi: campagne di scavo 1996–7

Gilda Bartoloni

Riassunto • Abstract

Nel 1996 è ripreso lo scavo sul pianoro di Piazza d'Armi. Le operazioni di scavo sono state precedute dalle prospezioni geofisiche, effettuate da Salvatore Piro (ITABC–CNR). Fino all'ottobre 1997 sono stati messi in luce due edifici, prospicienti il principale asse viario di Piazza d'Armi. L'impianto del primo edificio (A) sembrerebbe databile tra la fine del VII e gli inizi del VI secolo a.C. Lungo il muro nord–sud un'apertura era probabilmente relativa ad una soglia affacciata sulla via principale. Il secondo edificio (B), diviso in tre vani, presenta canalette funzionali allo scorrimento delle acque, focolai e piani di cottura, che rendono gli ambienti adatti allo svolgimento di attività lavorative. La struttura, di cui si sono riconosciute tre fasi di vita, sembra essere stata in uso per un periodo ristretto (510–480 a.C.). L'asse stradale principale (largo ca. 4,80 m) con direzione nordovest–sudest ha mostrato cinque rifacimenti successivi, tutti inquadrabili nel corso del VI secolo a.C.: il più antico dei battuti appare in fase con il muro in blocchi squadrati della struttura A.

In 1996 archaeological excavation began again on the plain of Piazza d'Armi. The excavations were preceded by a geophysical survey of the area, undertaken by Salvatore Piro (ITABC–CNR). By the end of October 1997 two structures had come to light, both aligned along the main road axis of Piazza d'Armi. The structural remains of the first building (A) may be dated between the end of the seventh and the beginning of the sixth centuries. An opening in the north–south wall can probably be related to a threshold for a door facing onto the main road. The second structure (B) seems to have been divided into three rooms; the presence of water channels, hearths and cooking surfaces indicates that these areas would have been used for utilitarian, work activities. Three phases can be identified within this building, though the structure seems to have been in use for quite a limited period (510–480 BC). The principal road (c. 4.80 m wide), orientated north-west–southeast, has revealed five successive layers, all datable to the sixth century BC; the oldest of these beaten layers may be of the same phase as the wall of square blocks in structure A.

Nell'ambito delle attività di ricerca in collaborazione tra l'insegnamento di Etruscologia e Archeologia Italica II dell'Università di Roma 'La Sapienza' e la Soprintendenza Archeologica per l'Etruria Meridionale gran spazio si è dato alle problematiche relative alla città di Veio, sia per quanto riguarda l'abitato che la necropoli. Se lo studio di queste ultime, collegate ad un progetto trentennale hanno già offerto numerosi frutti scientifici (Bartoloni 1997), agli inizi è invece il programma di pubblicazione degli scavi effettuati nei primi decenni di questo secolo sul pianoro di Piazza d'Armi (Bartoloni e Boitani 1996).

La grande terrazza a sud dell'area occupata dall'antica città, interpretata sin dal secolo scorso come acropoli (Gell 1832), sembra interessata da scavi archeologici, al contrario delle altre antichità relative a Veio (Bartoloni e Delpino 1979: 17–31; Delpino 1985; 1999), solo dal secondo decennio del nostro secolo.

Al tempio di Giunone Regina (Lanciani 1892: 64) dell'acropoli di Veio, riconosciuta nell'altura di Piazza d'Armi, Rodolfo Lanciani attribuì il ricchissimo deposito votivo rinvenuto nella grande campagna di scavo effettuata nel 1889 per conto dell'imperatrice del Brasile, Maria Teresa Cristina di Borbone, da Francesco Vespignani, sull'istmo che univa il pianoro di Veio a Piazza d'Armi (Lanciani 1889: 30–1, 63–5; Vagnetti 1971: 18–20). Questo immenso deposito votivo appare ancora interessato da scavi clandestini: il recupero illecito delle teste del deposito votivo veiente è addirittura preso ad esempio per documentare questo malcostume nella letteratura straniera di carattere

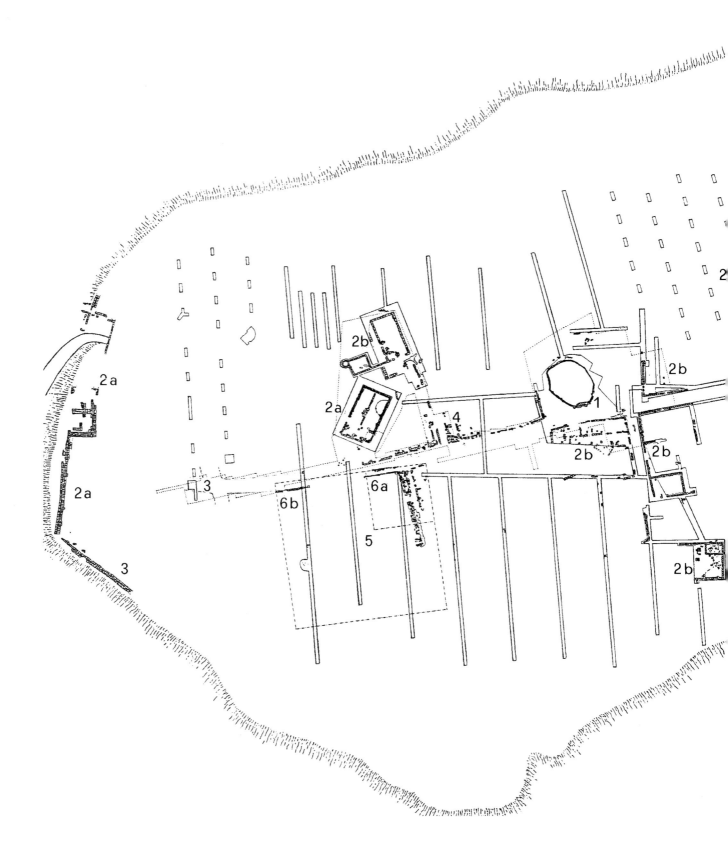

FIG. 1. **Veio, Piazza d'Armi: pianta generale degli scavi.** (*S. Barberini e G. Benedettini.*)

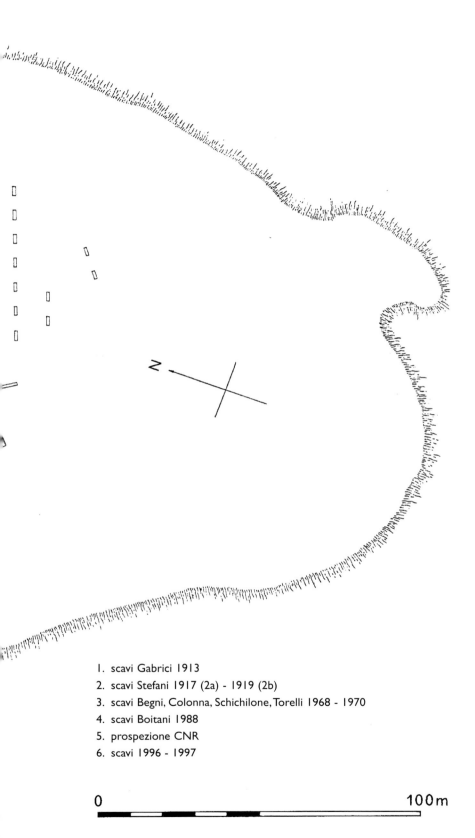

1. scavi Gabrici 1913
2. scavi Stefani 1917 (2a) - 1919 (2b)
3. scavi Begni, Colonna, Schichilone, Torelli 1968 - 1970
4. scavi Boitani 1988
5. prospezione CNR
6. scavi 1996 - 1997

0   100 m

divulgativo: 'Tombs and robbers: the vase that produced an Art-World Scandal'.[1] Una campagna di scavo del 1967, a cura della Soprintendenza Archeologica per l'Etruria Meridionale, ha portato alla luce almeno un migliaio di frammenti (Nardi 1972: 64), probabilmente quelli stessi interrati da Lanciani perché considerato di scarso interesse (Lanciani 1889: 63). Durante gli scavi eseguiti per conto dell'imperatrice del Brasile furono effettuati saggi anche a Piazza d'Armi (probabilmente alla ricerca del tempio di Giunone), inediti, ma indicati semplicemente in una carta topografica delle tenute di Isola Farnese e Vaccareccia, conservata tra i manoscritti Lanciani alla Biblioteca di Archeologia e Storia dell'Arte (MS Lanciani 79, invv. 40034 e 40039) e recentemente presentata da Filippo Delpino (Delpino 1999: figg. 9–10), da cui risulta che solo una piccolissima parte della documentazione di scavo fu utilizzata nelle brevi relazioni di *Notizie degli Scavi di Antichità* del 1889. Nelle relazioni di scavo manoscritte di Enrico Stefani (Biblioteca Apostolica Vaticana, Carte Stefani n. 14, 3.65) si accenna agli interventi ottocenteschi 'nel settore meridionale della cella' a proposito dello scavo dell'edificio imperiale (Stefani 1922b: 398–400).

Ettore Gabrici prima e Enrico Stefani poi (Bartoloni e Boitani 1996: 324–5) misero in luce una serie di strutture disposte ortogonalmente intorno ad una piazza includente una cisterna di dimensioni notevoli (**Fig. 1.2**); fra queste strutture fu riconosciuto un tempio ad *oikos* con almeno due fasi decorative con scene di processione. Inoltre furono messe in

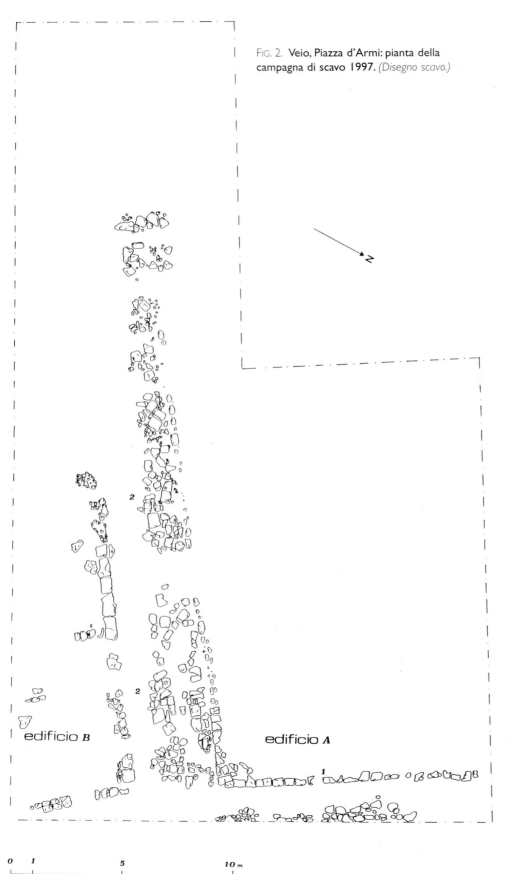

FIG. 2. **Veio, Piazza d'Armi: pianta della campagna di scavo 1997.** *(Disegno scavo.)*

edificio *B*

edificio *A*

0   *1*   *5*   *10* m

evidenza notevoli tracce del muro di cinta e la grandiosa porta a *dipylon* (Stefani 1922b; 1945).

Gli scavi vennero ripresi nel 1969 dalla Soprintendenza Archeologica per l'Etruria Meridionale sotto la direzione di Giovanni Colonna, Gabriella Perina Begni, Giovanni Scichilone e Mario Torelli (scavi inediti; accenni in Nardi 1972: 65–6; Torelli 1982: 118–20; Colonna 1986: 426, 432). Come si evince dai giornali di scavo redatti da Gilda Bartoloni, Maria Cataldi, Piero Guzzo e Elena Pierro, gli scavi sono ripresi nella zona a nordovest della cisterna. Tra i resti degli edifici del fronte settentrionale della piazza si sono rinvenuti rocchi di colonne. Seguendo l'ampia strada longitudinale (**Fig. 1.3**), che è stata scoperta per più di 100 m dalla piazza, si sono riconosciuti almeno due isolati sul lato destro: in quello settentrionale la diversità del tufo (un muro grigio e l'altro giallastro) ha fatto ipotizzare la presenza di due unità abitative diverse. All'altezza dell'edificio di età romana imperiale, scavato nel 1917 da Stefani, si è evidenziata una sorta di piazza, mentre a circa 100 m dalla cisterna si è riconosciuto una specie di quadrivio, di cui l'asse principale prosegue diritto verso le mura ad ovest della porta e le due strade trasversali (larghe anch'esse 4–5 m) appaiono divergenti rispettivamente verso est e verso ovest. Lo stesso battuto di terra giallastra della piazza e della strada è stato individuato anche davanti alla porta nordovest per una larghezza di 4,80 m.

Si è chiaramente individuata inoltre la via trasversale (2,80–3 m) che collegava la strada principale al lato esterno del tempio, perfettamente inserito nell'impianto urbanistico tardo-orientalizzante: si sono riconosciuti almeno due battuti sovrapposti, il superiore dei quali delimitato dai muri dei caseggiati. Nella zona antistante al tempio sono stati messi in luce tre focolari (*escarai*) di ca. 1 m di diametro, due dei quali in asse con il tempio: all'interno molti frammenti d'ossa e resti di legni bruciati, pochi frammenti di ceramica (già Torelli 1997: 115, 120 n. 95). Il materiale rinvenuto è prevalentemente di epoca arcaica (Bartoloni e Boitani 1996: 326). In quella stessa occasione si è riscavata completamente la porta nord e sono stati messi in luce nuovi resti delle mura (**Fig. 1.3**): il muro in opera quadrata, messo in luce per ca. 110 m, è rinforzato da brevi contrafforti, e la porta con struttura a camera interna presenta due aperture (*dipylon*). La zona è risultata ampiamente riusata in epoca romana imperiale come luogo di sepoltura.

Nel 1988 gli scavi sono stati ripresi da Francesca Boitani (Bartoloni e Boitani 1996: 327): si è continuata l'indagine dell'isolato a nordovest della piazza (**Fig. 1.4**), nel cui angolo settentrionale si sono messi in luce una serie di lastroni squadrati di tufo posti di piatto costituenti la pavimentazione dell'angolo interno della struttura per 4 x 2,50 m.

Solo i resti della cinta muraria apparivano in parte riconoscibili nell'autunno del 1997, quando si sono effettuate le operazioni preliminari di scavo, intrapreso nell'ambito del 'Progetto Veio' dell'Università di Roma 'La Sapienza' (Drago Troccoli 1998: 136–50). Lo scavo, sotto la guida scientifica congiunta di Francesca Boitani e mia, è stato effettuato da una cinquantina fra laureati, laureandi e studenti. Le operazioni in campo sono state coordinate da Valeria Acconcia e Alessandra Berardinetti. I vari settori di scavo sono stati affidati a Gilda Benedettini, Francesca Marzili, Elena Massi e Alessandra Piergrossi. La documentazione grafica è stata coordinata da Manuela Merlo.

Per chiarire alcune problematiche emerse nello studio preliminare delle strutture e dei materiali di scavo vecchi e recenti ai fini della pubblicazione sistematica di Piazza d'Armi, già nel 1995 si sono avviate prospezioni geofisiche nell'area accogliendo la disponibilità dell'Istituto per le Tecnologie Applicate ai Beni Culturali del Consiglio Nazionale delle Ricerche. Le prime prospezioni (Piro 1997: 328–36) sono state effettuate da Salvatore Piro e la sua équipe in un qua-

drato di 50 x 50 m ad ovest dell'asse stradale principale, all'altezza dell'edificio romano-imperiale (**Fig. 1.5**). Tale area è sembrata la più idonea per conoscere il percorso della strada longitudinale in direzione della porta e il suo fronte occidentale, la presenza di strade laterali, e quindi l'ampiezza degli isolati occidentali. La prospezione, allargata in un secondo momento di altri 20 m sì da formare un rettangolo di 50 x 70 m (in corso di elaborazione), è stata effettuata integrando più metodi geofisici ai fini di sfruttare tutte le informazioni derivanti dai diversi punti di osservazione: il metodo magnetometrico differenziale o gradiometrico per la ricerca di anomalie superficiali; il metodo GPR o Georadar, basato sulla propagazione delle onde elettromagnetiche nel sottosuolo.

L'analisi delle mappe (Piro 1997: 336) mostra una buona corrispondenza tra i dati magnetici elaborati e l'interpretazione di quelli del georadar, combinando le risposte di un metodo che studia variazioni di campo potenziale stazionario (magnetico) con le riflessioni degli influssi elettromagnetici che derivano dalla geometria del corpo (GPR). Nel procedere alla verifica di tali prospezioni, che indicavano una serie di tracce riferibili a probabili strutture murarie prospicienti il fronte occidentale degli edifici già conosciuti, le indagini si sono concentrate in un saggio di 20 x 30 m nel quale era stata individuata la presenza di una struttura estesa per un isolato, secondo il modulo proposto da Guaitoli (1981). Fino all'ottobre 1997 sono stati messi in luce due edifici, prospicienti il principale asse viario di Piazza d'Armi (il cosiddetto decumano), divisi da una strada minore ortogonale (**Figg. 1.6a e 2**).

L'impianto del primo edificio (edificio A), di cui si sono messi in luce fino ad ora due muri perimetrali in opera quadrata di tufo formanti un angolo (sud–est), sembrerebbe databile tra la fine del VII e gli inizi del VI secolo a.C. Il muro settentrionale (**Fig. 3**) era composto da blocchi squadrati di tufo grigio (lunghi mediamente 0,50 m), messi in opera per almeno due filari sovrapposti, dei quali quello inferiore presentava la base non lavorata e lasciata in rilievo, a segnalare probabilmente l'assisa di fondazione. All'interno dell'edificio si è evidenziato un battuto costituito per lo più da materiale ceramico e metallico (una fibula in ferro ad arco serpeggiante e staffa allungata, di un tipo comparabile a Baglione e De Lucia Brolli 1990: 76, fig. 5,1, Bartoloni e Delpino 1979: 85 fibule tipo 4, è stata rinvenuta integra), nel mezzo del quale era stata tagliata una fossa di grandi dimensioni, riempita con lo scarto di materiali organici e con frammenti di materiali da mensa e da cucina. Lungo il muro nord–sud un'apertu-

FIG. 3. Veio, Piazza d'Armi: veduta dell'edificio A da nordest. *(Foto scavo.)*

ra era probabilmente relativa ad una soglia affacciata sulla via principale.

Il secondo edificio (edificio B) anch'esso solo parzialmente indagato (Fig. 2), risulta diviso in tre vani entro i quali canalette funzionali allo scorrimento delle acque, focolari e piani di cottura caratterizzano come area adatta allo svolgersi di attività lavorative: l'edificio sembra trovare stringenti analogie con la casa II di San Giovenale, definita da Nylander 'casa-officina' (Nylander 1986: 47–50). L'edificio, di cui si sono riconosciute tre fasi di vita, sembra essere stato in uso per un periodo ristretto (510–480 a.C.). Il materiale rinvenuto (Fig. 4) è costituito da ceramica d'impasto bruno attribuibile a fase villanoviana, ceramica d'impasto bruno e rosso di periodo orientalizzante, ceramica etrusco-corinzia e bucchero tardo-orientalizzanti e da ceramica d'impasto rosso–bruno d'epoca arcaica e tardoarcaica. Nella fase più antica i materiali villanoviani e orientalizzanti appaiono cospicui; nelle due fasi più recenti si rileva invece una diminuzione di questi mate-

riali residui — è attestato il bucchero tardo, l'impasto chiaro-sabbioso e il cosiddetto *internal slip ware* (Murray Threipland 1963: 55–9) con tipi (soprattutto olle, Fig. 5.1–3, 6 e ciotole, Fig. 5.4–5) già conosciuti nel territorio veiente, a Casale Pian Roseto (Murray Threipland e Torelli 1970).

Rinvenimenti più antichi (olle, fornelli (Fig. 6.1) e fosse di cottura inquadrabili nell'Orientalizzante antico e medio) sembrano documentare già precedentemente la destinazione artigianale di questa area. Sotto il vano centrale è stata rinvenuta una fossa di forma circolare, tagliata nel banco naturale, riempita di frammenti pertinenti a fornelli e di materiali ceramici decomposti, e coperta da due lastre di concotto di notevole spessore: la funzione più probabile è quella di un alloggiamento per fornelli o focolari ('cooking pit'). Un'olla biansata d'impasto rosso (Fig. 6.2), rinvenuta integra interrata nel banco argilloso, conteneva un calice scanalato su basso piede (Fig. 6.3) e diversi frammenti di piccole ossa bruciate (costola) di animale, verosimilmente di ovino. Inoltre diverse piccole fosse documentano l'intensità di vita in quest'area prima della costruzione della struttura B.

L'asse stradale principale (largo ca. 4,80 m) con direzione nordovest–sudest (Fig. 1) ha mostrato cinque rifacimenti successivi, tutti inquadrabili nel corso del VI–inizio V secolo a.C.: il più antico dei battuti appare in fase con il muro in blocchi squadrati della struttura A; un successivo battuto biancastro di consistenza molto compatta appare a suo volta obliterato da un battuto compatto in tufo grigio, databile sulla base di due coppette in argilla depurata, probabilmente d'importazione, non prima della fine del VI secolo a.C (Fig. 7.3–4). Non mancano, insieme a molto materiale residuo, frammenti di 'ordinary' bucchero (Fig. 7.1–2), ceramica d'impasto chiaro sabbioso acromo e sovraddipinto (Fig. 7.5–6). Successivo, ma non di molto, come sembrano indicare lo stesso tipo di materiali (Fig. 8), e più monumentale un quinto rifacimento lastricato in sottili blocchi di tufo (Fig. 9). La fase più antica dell'edificio B risulta contemporanea alla strada lastricata. L'ultima fase della strada è costituita da un battuto di terra e frammenti di tufo di colore giallastro, già evidenziato nei vecchi scavi, come si è accennato, anche nei pressi della porta a *dipylon* e nei pressi del tempio ad *oikos*, dove sono visibili strutture sottostanti. In un altro settore di scavo (campagna 1996: Fig. 1.6) appare delimitata da blocchi di tufo squadrati, non collegabili a strutture. Potrebbe attribuirsi ad una fase immediatamente precedente l'abbandono del sito.

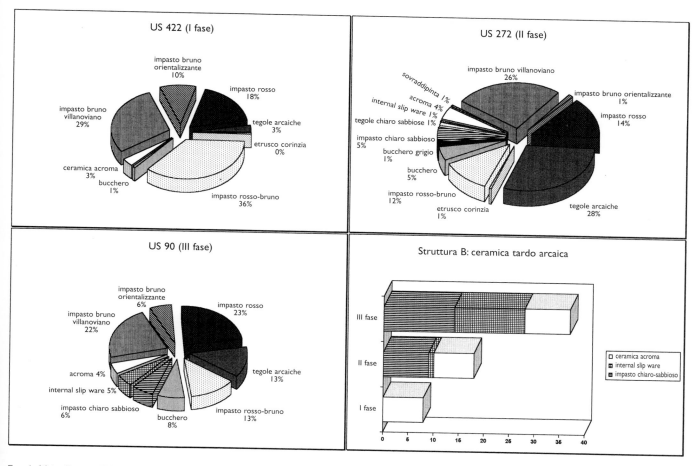

FIG. 4. Veio, Piazza d'Armi: grafici dei materiali rinvenuti nelle diverse fasi dell'edificio B.

La via secondaria (**Fig. 2**) (larga ca. 3 m), perpendicolare alla precedente, presentava lungo il lato nord alcuni accumuli di grandi blocchi di tufo, verosimilmente avancorpi o aree di rispetto, funzionali ad una monumentalizzazione della strada. A tale sistemazione fanno riferimento, verso ovest, due basamenti quadrangolari (basi di 'pilastri'?), forse relativi ad un alzato monumentale collegato alla struttura A. In quest'area si è riscontrata una presenza di frammenti di ceramica in impasto chiaro sabbioso, maggiore che in altre zone dello scavo. Inoltre sul lato opposto della strada, alcune fosse poste a intervalli regolari, rivestite di materiali edilizi e frammenti tufacei, potrebbero indicare un'altra struttura porticata caratterizzata da colonne in materiale deperibile. Ne consegue una stratigrafia articolata come dimostrato nella **Tabella 1**.

Tra i materiali degni di nota, rinvenuti per lo più nell'interro formato dalle arature, sono frammenti di ceramica italo-geometrica con decorazione figurata (si riconoscono riempitivi a graticcio, cfr. Martelli 1987: 19), etrusco-corinzia e numerosi frammenti di bucchero fine. Probabilmente a produzione protocorinzia si

può attribuire un frammento di vaso di forma chiusa (olpe?), verniciato in nero con rosetta puntinata bianca (cfr. Rizzo 1990: 44, n. 1.4, tav. 2 — Veio, tomba in località Quaranta Rubbie). Si tratta di vasellame che trova confronti in corredi attribuibili a personaggi emergenti, come quelli che dovevano abitare il complesso di Piazza d'Armi almeno dalla fase tardo-orientalizzante.

Per quanto riguarda l'apparato decorativo dei tetti, conosciuto a Piazza d'Armi solo per il cosiddetto tempio ad *oikos*, degno di nota è un frammento con cavaliere, rinvenuto sulla strada principale nello strato di preparazione del battuto giallo (ultima fase), che non sembra appartenere a nessuno dei fregi finora conosciuti, anche se di fattura simile alle lastre con processione di carri, attribuite alla seconda fase decorativa (Melis 1985). Inoltre, sempre tra i materiali del battuto giallo della strada principale, si è riconosciuto un frammento di terracotta architettonica decorata a rilievo con stella a otto punte inscritta in un quadrato, pertinente al tipo di fascia con meandri doppi incrociati racchiudenti negli spazi quadrati cigni alternate a stelle (Knoop

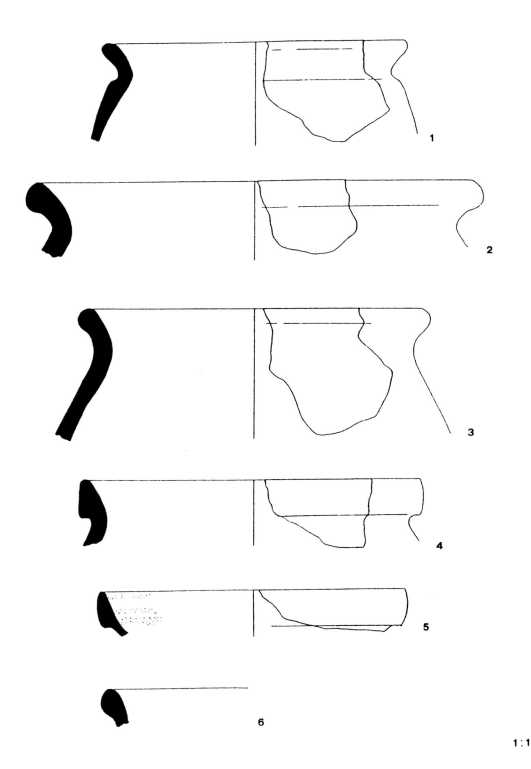

1 : 1

FIG. 5. Veio, Piazza d'Armi: frammenti ceramici dall'edificio B. 1. Olla d'impasto rosso–bruno, US 277 (II fase) — per il tipo a Veio cfr.
Murray Threipland 1969: 13, fig. 7,21. 2. Olla d'impasto rosso–bruno, US 277 (II fase) — per il tipo a Veio cfr. Murray Threipland 1969:
10, fig. 6,8; Murray Threipland e Torelli 1970: 82, fig. 28 H 10. 3. Olla d'impasto rosso–bruno, US 277 (II fase) — per il tipo a Veio e nel
territorio cfr. Murray Threipland e Torelli 1970: fig. 27,23; Rossi Diana 1984–5: 189, tipo D fig. 22,3. 4. Brocca d'impasto chiaro sabbioso, US
90 (III fase) — per il tipo cfr. Pandolfini Angeletti 1988–9: 110 tipo C. 5. Bacino di ceramica acroma sovraddipinta, US 272 (II fase) — per il
tipo di ciotola di piccole dimensioni con orlo a listello aggettante a Veio cfr. Murray Threipland e Torelli 1970: 75, fig. 10 C. 6. *Internal slip
ware* (olla?), US 90 (III fase) — per il tipo a Veio cfr. Murray Threipland 1963: fig. 14,4. *(Disegni scavo.)*

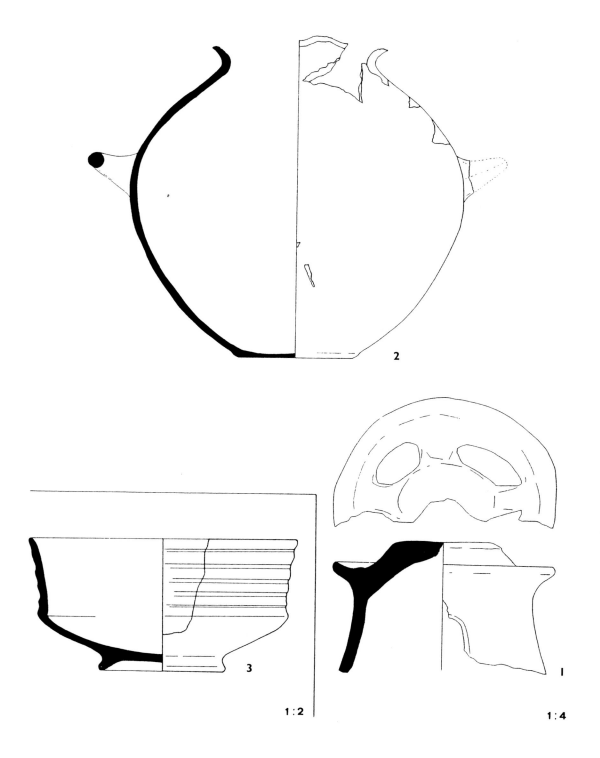

FIG. 6. Veio, Piazza d'Armi: ceramica d'impasto attribuibile alla fase medio orientalizzante. 1. Fornelli del tipo a corpo troncoconico con diaframma rialzato su bracci (Delpino 1969: tipo 6B; Scheffer 1981: tipo I D) — per il tipo e il suo evoluzione a Veio cfr. Murray Threipland 1963: 68, fig. 24,5; Zifferero 1996: 198. 2. Olla biansata — per il tipo a Veio e oltre cfr. Stefani 1922a: 215, fig. 1a (Monte Valscurella); Palm 1952: 56, tav. 3.9 (Picazzano, tomba 16), 61 tav. 12.1 (Vaccareccia tomba 4); Delpino 1985: 197,3 tav. 1.3; Micozzi 1994: 43-4, olle tipo B; Carafa 1995: 94, tipo 193. 3. Calice su basi piedi — cfr. De Santis 1997: 124 n. 23 con riferimenti.
(Disegni scavo.)

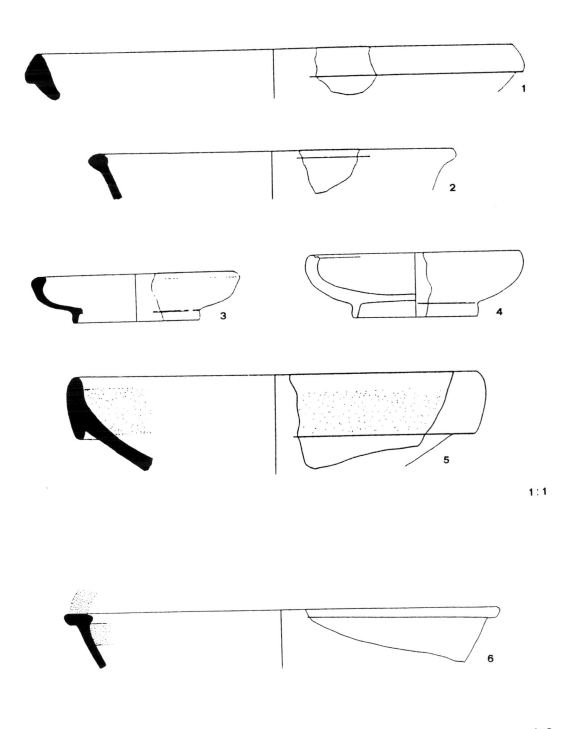

1 : 1

1 : 2

FIG. 7. Veio, Piazza d'Armi: frammenti ceramici dalle diverse fasi della strada principale nordovest–sudest. 1. Ciotola a labbro con listello aggettante, US 242 (preparazione del battuto grigio) — per il tipo a Veio cfr. Murray Threipland e Torelli 1970: 73, fig. 4 C3. 2. Piattello di bucchero, US 242 (preparazione del battuto grigio) — per il tipo a Veio cfr. Murray Threipland e Torelli 1970: 73, fig. 5 G3. 3–4. Coppette (US 252) — cfr. Bejier e Olde Dubbelink 1992: 255, n. 2870 (particolare il solco sul labbro in ambiente greco e indigeno cfr. Sparkes e Talcott 1970: 133–4; Tripponi 1970: fig. 1; Edwards 1975: 29–31, tavv. 2, 20, 23). 5. Bacino d'impasto chiaro sabbioso con labbro a listello ricurvo, US 77 (preparazione del basolato) — per il tipo comunemente attestato a Veio cfr. Rossi Diana 1984–5: fig. 24,2, bacini variante O3; Rossi Diana e Clementini 1988: 58–61, tipo F1. 6. Bacino con labbro orizzontale d'impasto chiaro sabbioso, US 204 (strada est–ovest, blocchi squadrati di tufo) — per il tipo a Veio e nel territorio veiente cfr. Murray Threipland 1963: 55, fig. 17,4; Rossi Diana e Clementini 1988: 51, tipo D (Acquafredda). *(Disegni scavo.)*

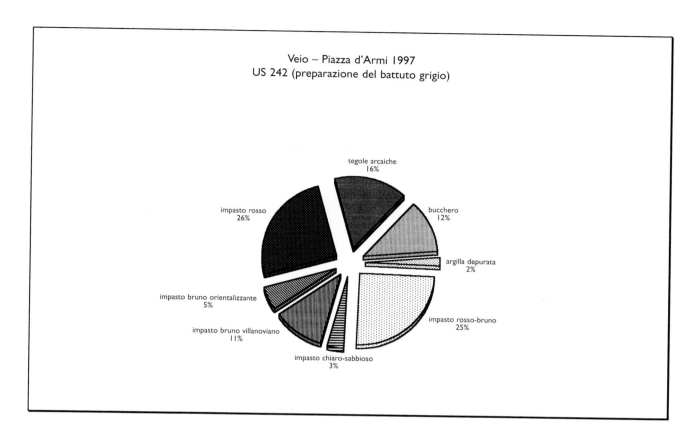

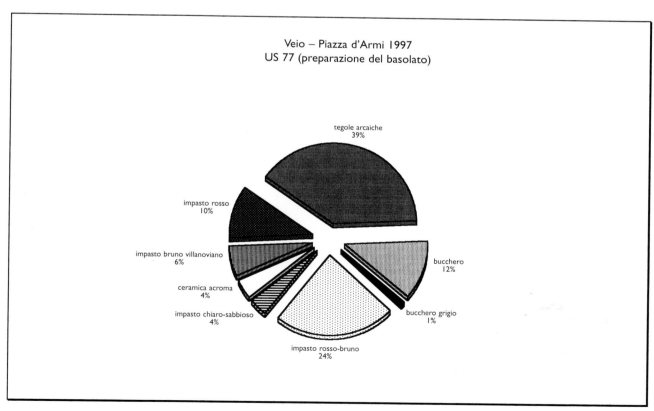

FIG. 8. **Veio, Piazza d'Armi**: grafici dei materiali rinvenuti nelle diverse fasi della strada principale nordovest–sudest.

FIG. 9. Veio, Piazza d'Armi: la strada minore tra la struttura A e la struttura B da nordest. *(Foto scavo.)*

1987: 64–6), attestato ad esempio a Roma, nell'area di Sant'Omobono (Virgili 1990: 127), o a Velletri (Fortunati 1989: 69), generalmente in lastre con corsa di cocchi (trighe e bighe) o con corsa di cavalieri, pertinenti al cosiddetto tipo Veio–Roma–Velletri (Cristofani 1987: 98, figg. 12–17), per cui del resto è stata proposta una progettazione di artisti veienti (Colonna 1988: 496): un frammento di lastra con corsa di cocchi era già conosciuto dagli scavi Stefani a Piazza d'Armi (Stefani 1945: 243, fig. 44), rinvenuto dentro la cisterna posta al fianco dell'ingresso dell'*oikos*, in associazione con ceramica attica a figure nere. Si può quindi presumere una terza fase decorativa per il tempio ad *oikos*, con un fregio di diversa iconografia ma sempre indirizzato alla celebrazione di ideali aristocratici (Torelli 1997: 87–121) o un tetto di fase ionica di un altro edificio adiacente, con lastre di tipo analogo a quelle di Portonaccio (Gantz 1975: 5–6) e di Campetti (Andrén 1940: 10, fig. 14.1–2).

L'attribuzione di tali frammenti al sacello piuttosto che ad altri edifici può essere avvalorata dal confronto (cfr. Torelli 1997: 112) con l'acropoli di *Satricum* dove solo il sacello risulterebbe decorato mentre le case con cortile ne sembrano sprovviste (Maaskant Kleibrink 1992: 128–39). Mancano del tutto, come nelle precedenti campagne di scavo (Torelli 1982: 119) materiali del periodo classico e ellenistico.

Si sono inoltre effettuati saggi per chiarire alcune evidenze emerse negli scavi dell'inizio del secolo. Per verificare l'interpretazione dell'edificio (grande casolare-fattoria?) in opera quadrata, a pianta rettangolare divisa in due navate (Stefani 1922b: 397–401), con orientamento est–ovest, datato dubitativamente in età tardoromana (II–III secolo d.C.),[2] si è effettuato un saggio nell'angolo sudovest della struttura, in una zona che è sembrata la meno indagata nelle diverse campagne di scavo sul pianoro: questo edificio, infatti, interpretato spesso come il tempio dell'acropoli veiente, fu interessato da scavi, come si è accennato, già alla fine dell'ottocento. È stata messa in evidenza una piccola fossa ricca di materiali frammentari (ceramica per lo più d'impasto, ceramica depurata e bucchero di particolare pregio), tutti inquadrabili in età arcaica, obliterata mediante uno strato di laterizi e quindi probabilmente pertinenti alle spoliazioni di un edificio tardo-orientalizzante: particolarmente prestigiosa è una testa di ariete di bucchero molto ben modellata, la cui pertinenza ad un arredo di altro materiale viene resa probabile dalla presenza di tre fori (cfr. Pallottino 1939–40: tav. 1).[3] Lo scavo ha per ora confermato per l'edificio a due navate la datazione in età imperiale romana proposta dallo Stefani (Torelli 1982: 119): lo strato arcaico sembra tutto suggellato dal battuto di terra giallastra, il più recente riconosciuto negli assi stradali sopra descritti, la cui datazione agli inizi del V secolo è confermata dalla ceramica d'impasto chiaro sabbioso e dall'*internal slip ware*. Tale battuto, già identificato negli scavi 1969–71, come pertinente ad una piazza, si rinviene anche sotto i muri nuovamente evidenziati.

Concludendo dai dati emersi in queste prime campagne di scavo e l'esame preliminare dei materiali dei vecchi scavi, si possono riconoscere tre principali fasi edilizie nel pianoro di Piazza d'Armi, variamente interpretato come acropoli, sede del potere politico o villaggio a sé stante.

Una prima fase di capanne, dal IX al VII secolo, con gruppi di abitazioni sparsi è stata identificata: l'unica struttura riconoscibile con sicurezza, situata sotto l'edificio a due navate, è una capanna circolare con tetto conico sorretto da un palo centrale (Stefani 1922b: fig. 14), di tipo identico alla capanna messa in luce a Campetti presso la porta nordovest (Ward-Perkins 1959). Le capanne più antiche sembrano disposte in due gruppi al centro e a nord del pianoro, mentre più diffuso è il materiale orientalizzante. Una particolare concentrazione di ceramiche medio-orientalizzanti (argilla figulina e impasti rossi) si rileva nell'area circostante la cisterna dove almeno due capanne sono attribuibili a questo periodo. I materiali di una di queste capanne, scavata negli scavi 1917–23, sono in corso di studio per la pubblicazione a cura di Rodolfo Carmagnola. Il rinvenimento sotto la struttura B dell'olla e dei fornelli nelle recenti campagne di scavo sembra confermare l'ipotesi di una intensa attività nell'area centrale del pianoro nel pieno VII secolo a.C.

Una seconda fase tardo-orientalizzante, a cui si deve ascrivere presumibilmente l'impianto organizzato con la via principale nordovest–sudest, larga ca. 5 m, le vie minori larghe 2,80 m a questa perpendicolari, la piazza con cisterna e sacello a *oikos* perfettamente inserito nell'impianto ortogonale è stato riconosciuta: le case del tipo ad asse longitudinale sembrano in più casi affacciate su grandi spazi (cortili) chiusi, come è già stato ipotizzato ad esempio a *Satricum* (Maaskant-Kleibrink 1992: tav. 47). La strada appare perfettamente in asse con la via che taglia in due il pianoro di Veio. A questa fase va riferito probabilmente il primo impianto delle mura, quelle messe in luce a ovest della porta.

Una forte attività edilizia sembra interessare il pianoro anche alla fine del VI secolo o all'inizio del V secolo a.C., come sembrano dimostrare la monumentalizzazione della strada (V livello), da collegare riterrei

alla costruzione della porta a *dipylon* (Fontaine 1993), e la realizzazione di porticati e strutture artigianali, come evidenziato nell'ultima campagna di scavo. Ne emergerebbe quindi un prolungamento, di almeno una generazione, della occupazione del complesso di Piazza d'Armi, generalmente considerato già abbandonato nel tardo VI secolo a.C. (Torelli 1997: 112–13). Sembrerebbe logico attribuire questo rinnovato fervore edilizio, già oltremodo attestato a Portonaccio per cui Veio appare all'apice della sua fioritura artistica, a quel ventennio di relativa tranquillità nei rapporti con Roma, governata da magistrati di origine etrusca, che è stato riconosciuto nello scorcio del VI secolo, dopo Porsenna fino al secolare conflitto aperto dalla guerra gentilizia dei Fabi (Pallottino 1993: 320–3). E forse proprio a questo ultimo evento si può attribuire un cambiamento sostanziale nella storia dell'urbanistica veiente con l'abbandono della cittadella di Piazza d'Armi. È presumibile attribuire queste nuove fasi costruttive alla volontà di una figura tirannica, che a Veio, come in altri casi coevi dell'Italia antica, abbia in tal modo celebrato il suo ruolo in quell'area che sin dall'inizio del processo di urbanizzazione di Veio appare indicata come residenza del potere (ad esempio Fontaine 1993).

Dopo un lungo periodo di abbandono, l'edificio a due navate, di cui non appare ancora chiara la funzione, e alcuni sarcofagi fuori le mura indicano il riutilizzo del sito in epoca romano-imperiale.

In età altomedievale strutture di tipo piuttosto precario (recinti, magazzini, testimoniati da fosse di scarico e da buchi di pali) hanno occupato il pianoro, da allora fino ai giorni nostri impiegato esclusivamente per scopi agricoli. Alcune deposizioni funerarie in fossa

TABELLA I. Articolazione schematica della stratigrafia nell'area degli edifici A e B.

EDIFICIO A	STRADA PRINCIPALE	STRADA SECONDARIA	EDIFICIO B
	battuto giallo		
			III fase
			II fase
		impianto monumentale, strada secondaria (avancorpi inblocchi di tufo)	
	basolato		I fase
ampliamento	IV battuto		
	III battuto		
	II battuto		
I fase	I battuto		
insediamento di capanne			

terragna sono attribuibili ad epoca medievale o tardo-romana (Stefani 1922b), analogamente ad un piccolo scheletro attribuibile ad un bambino di 10–12 anni, venuto in luce nell'ultima campagna di scavo negli strati sovrastanti le fasi di vita della struttura B.[4]

NOTE

1. In *Etruscans: Italy's Lovers of Life*, Time-Life Books (Alexandria Virginia, 1995), fig. a pag. 136.
2. Per una probabile datazione più antica, vedi Torelli 1980: 21.
3. Per la produzione di buccheri votivi monumentali a Veio, cfr. Baglione 1989–90: 652–3.
4. Il presente articolo è stato ultimato il 13 luglio 1998, Roma.

RIFERIMENTI BIBLIOGRAFICI

Andrén, A. (1940) *Architectural Terracottas from Etrusco-Italic Temples*. Lund/Leipzig, C.W.K. Gleerup.

Baglione, M.P. (1989–90) Considerazioni sui santuari di Pyrgi e di Veio-Portonaccio. *Scienze dell'Antichità* 3–4: 651–67.

Baglione, M.P. e De Lucia Brolli, M.A. (1990) Nuovi dati sulle necropoli de i Tufi di Narce. In *La civiltà dei Falisci (Atti del XV convegno di studi etruschi e italici, Civita Castellana, Forte, Sangallo 28–31 maggio 1987)*: 61–102. Firenze, Leo S. Olschki.

Bartoloni, G. (1997) (a cura di) *Le necropoli arcaiche di Veio. Giornata di studio in memoria di Massimo Pallottino*. Roma, Università degli Studi di Roma 'La Sapienza'.

Bartoloni, G. e Boitani, F. (1996) Il pianoro di Piazza d'Armi a Veio. Progetto di studio. In G. Bartoloni, F. Boitani e S. Piro, Prospezioni geofisiche integrate nell'area di Veio, Piazza d'Armi: 321–7. *Studi Etruschi* 62: 321–36.

Bartoloni, G. e Delpino, F. (1979) *Veio I. Introduzione allo studio delle necropoli arcaiche di Veio. Il sepolcreto di Valle La Fata (Monumenti antichi, serie monografica 1)*. Roma, Accademia Nazionale dei Lincei.

Beijer, A.J. e Olde Dubbelink, R.A. (1992) Catalogue of the finds: text. In M. Maaskant-Kleibrink, *Settlement Excavations at Borgo Le Ferriere (Satricum)* II: 157–262. Groningen, Egbert Forsten.

Carafa, P. (1995) *Officine ceramiche di età regia. Produzione di ceramica in impasto a Roma dalla fine dell'VIII alla fine del VI secolo a.C.* Roma, L''Erma' di Bretschneider.

Colonna, G. (1986) Urbanistica e architettura. In M. Pallottino (a cura di), *Rasenna. Storia e civiltà degli Etruschi*: 371–530. Milano, Scheiwiller.

Colonna, G. (1988) I Latini e gli altri popoli del Lazio. In A.M. Chieco Bianchi (a cura di), *Italia Omnium Terrarum Alumna*: 411–528. Milano, Scheiwiller.

Cristofani, M. (1987) I santuari: tradizioni decorative. In M. Cristofani (a cura di), Etruria e Lazio arcaico. *Atti dell'incontro di studio (10–11 novembre 1986) (Quaderni del Centro di Studio per l'Archeologia Etrusco-italica* 15): 95–120. Roma, Consiglio Nazionale delle Ricerche.

Delpino, F. (1969) Fornelli fittili dell'età del bronzo e del ferro in Italia. *Rivista di Scienze Preistoriche* 24: 311–40.

Delpino, F. (1985) *Cronache veientane. Storia delle ricerche archeologiche a Veio I. Dal XIV alla metà del XIX secolo*. Roma, Consiglio Nazionale delle Ricerche.

Delpino, F. (1999) La 'scoperta' di Veio etrusca. In A. Mandolesi e

A. Naso (a cura di), *Le ricerche archeologiche in Etruria meridionale nel XIX secolo (Atti dell'incontro di studio, Tarquinia, 6–7 luglio 1996)*: 73–85. Firenze, All'Insegna del Giglio.

De Santis, A. (1997) Alcune considerazioni sul territorio veiente in età orientalizzante e arcaica. In G. Bartoloni (a cura di), *Le necropoli arcaiche di Veio. Giornata di studio in memoria di Massimo Pallottino*: 101–43. Roma, Università di Roma 'La Sapienza'.

Drago Troccoli, L. (1998) (a cura di) *Scavi e ricerche archeologiche dell'Università di Roma 'La Sapienza'*. Roma, L''Erma' di Bretschneider.

Edwards, G.R. (1975) *Corinth* VII (3). *Corinthian Hellenistic Pottery*. Princeton, American School at Athens.

Fontaine, P. (1993) Vèies. Les remparts et la porte de la Piazza d'Armi. *Mélanges de l'École Française de Rome* 105: 221–39.

Fortunati, F. (1989) *Il tempio delle Stimmate. Museo Civico di Velletri (Cataloghi dei Musei e delle Collezioni del Lazio 6)*. Roma, Comitato per l'Archeologia Laziale.

Gantz, T.N. (1975) Terracotta figured friezes from the workshop of Vulca. *Opuscula Romana* 10: 1–22.

Gell, W. (1832) Gli avanzi di Veii. *Memorie dell'Instituto di Corrispondenza Archeologica* 1: 3–23.

Guaitoli, M. (1981) Notizie preliminari su recenti ricognizioni svolte in seminari dell'Istituto. In *Ricognizione archeologica. Nuove ricerche nel Lazio (Quaderni dell'Istituto di Topografia Antica dell'Università di Roma 'La Sapienza' 9)*: 79–87. Firenze, Leo S. Olschki.

Knoop, R.R. (1987) *Antefixa Satricana. Sixth Century Architectural Terracottas from the Sanctuary of Mater Matuta at Satricum (Le Ferriere)*. Assen, Van Gorcum.

Lanciani, R. (1889) Veio. Scoperte nell'area della città e nella necropoli veientana. *Notizie degli Scavi di Antichità*: 10–12, 29–31, 60–5, 154–8, 238–9.

Lanciani, R. (1892) *Pagan and Christian Rome*. London, Macmillan and Co.

Maaskant-Kleibrink, M. (1992) *Settlement Excavations at Borgo Le Ferriere (Satricum) 2*. Groningen, Egbert Forsten.

Martelli, M. (1987) *La ceramica degli etruschi. La pittura vascolare*. Novara, De Agostini.

Melis, F. (1985) Veio: l'*oikos* di Piazza d'Armi. In G. Colonna (a cura di), *Santuari d'Etruria*: 58–9. Milano, Electa.

Micozzi, M. (1994) *White on red. Una produzione vascolare dell'orientalizzante etrusco*. Roma, GEI.

Murray Threipland, L. (1963) Excavations beside the north-west gate at Veii (1957–1958). Part II. The pottery. *Papers of the British School at Rome* 31: 33–73.

Murray Threipland, L. (1969) Veii. A deposit of votive pottery. *Papers of the British School at Rome* 37: 1–13.

Murray Threipland, L. e Torelli, M. (1970) A semi-subterranean Etruscan building in the Casale Pian Roseto (Veii) area. *Papers of the British School at Rome* 38: 62–121.

Nardi, G. (1972) *Repertorio degli scavi e delle scoperte archeologiche nell'Etruria meridionale (1966–1970)*. Roma, Consiglio Nazionale delle Ricerche.

Nylander, C. (1986) (a cura di) *Architettura etrusca nel viterbese: ricerche svedesi a San Giovenale ed Acquarossa 1956–1986*. Roma, De Luca.

Pallottino, M. (1939–40) Le recenti scoperte nel santuario dell'Apollo a Veio. *Le Arti* 2: 17–24.

Pallottino, M. (1993) *Origini e storia primitiva di Roma*. Milano, Rusconi.

Palm, J. (1952) Veiian tomb groups in the Museo Preistorico, Rome. *Opuscula Archaeologica* 7: 50–86.

Pandolfini Angeletti, M. (1988–9) I due pozzi antistanti il tempio A. Le ceramiche. In Pyrgi. Scavi del santuario etrusco (1969–1971): 68–111. *Notizie degli Scavi di Antichità* 42–3, suppl. 2.

Piro, S. (1997) Prospezioni geofisiche premesse. In G. Bartoloni, F. Boitani e S. Piro, Prospezioni geofisiche integrate nell'area di Veio, Piazza d'Armi: 328–36. *Studi Etruschi* 62: 321–36.

Rizzo, M.A. (1990) *Le anfore da trasporto e il commercio etrusco arcaico I. Complessi tombali dall'Etruria Meridionale*. Roma, De Luca.

Rossi Diana, D. (1984–5). Roma. Via Aurelia km. 9.400. L'insediamento arcaico in Via di Acquafredda. Campagna di scavo 1984. *Notizie degli Scavi di Antichità*: 169–205.

Rossi Diana, D. e Clementini, M. (1988) Nuove considerazioni sul tipo del bacino in impasto augitico. *Rendiconti dell'Accademia dei Lincei* 8 (43): 39–72.

Scheffer, C. (1981) *Acquarossa 2.1: Cooking and Cooking Stands in Italy 1400–400 B.C. (Acta Instituti Romani Regni Sueciae 4)*. Stoccolma, Svenska Institutet i Rom.

Sparkes, B.A. e Talcott, L. (1970) *The Athenian Agora* XII, *Black and Plain Pottery of the 6th, 5th and 4th Centuries B.C.* Princeton, American School at Athens.

Stefani, E. (1922a) Scoperta di antichi sepolcri nel territorio del comune di Formello. *Notizie degli Scavi di Antichità*: 210–16.

Stefani, E. (1922b) Veio. Esplorazioni dentro l'area dell'antica città. *Notizie degli Scavi di Antichità*: 379–404.

Stefani, E. (1945) Scavi archeologici a Veio in contrada Piazza d'Armi. *Monumenti Antichi dell'Accademia dei Lincei* 40: 177–290.

Torelli, M. (1980) *Etruria. Guida archeologica*. Roma/Bari, Laterza.

Torelli, M. (1982) Veio, la città, l'arx e il culto di Giunone Regina. In H. Blanck e S. Steingräber (a cura di), *Miscellanea archeologica Tobias Dohrn dedicata*: 117–28. Roma, Giorgio Bretschneider.

Torelli, M. (1997) *Il rango, il rito e l'immagine. Alle origini della rappresentazione romana*. Milano, Electa.

Tripponi, A. (1970) *Marzabotto, saggio di classificazione della ceramica locale*. Roma, L''Erma' di Bretschneider.

Vagnetti, L. (1971) *Il deposito votivo di Campetti a Veio. Materiale degli scavi 1937–1938*. Firenze, Sansoni.

Virgili, P. (1990) Terrecotte architettoniche (cat. 5.1). In M. Cristofani (a cura di), *La grande Roma dei Tarquini*: 119–29. Roma, L''Erma' di Bretschneider.

Ward-Perkins, J.B. (1959) Excavations beside the north-west gate at Veii, 1957–1958. *Papers of the British School at Rome* 27: 38–79.

Zifferero, A. (1996) Su alcuni fornelli etrusco-meridionali: note di inquadramento tipologico e proposte di restituzione grafica. *Opuscula Romana* 20: 183–201.

I SANTUARI DI VEIO: RICERCHE E SCAVI SU PIANO DI COMUNITÀ

Giovanni Colonna

Riassunto • Abstract

L'INTERESSE DEL SITO DI PIANO DI COMUNITÀ nel quadro della topografia della Veio etrusca e romana, evidenziato attraverso i recuperi di superficie effettuati a partire dall'inizio dell'Ottocento e dalla campagna di scavi condotta dal Lanciani nel 1889, è stato messo a fuoco attraverso le ricerche condotte dalla British School at Rome negli anni Sessanta. In base agli indizi disponibili, l'altura di Piano di Comunità è stata riconosciuta come l'acropoli naturale della Veio etrusca e, pertanto, luogo dove ipotizzare la presenza del tempio poliadico di Giunone Regina (Torelli). A questo tempio si propone di riferire l'antefissa a testa di dea elmata recuperata negli anni Cinquanta sulle pendici dell'altura (vedi Appendice II). Le indagini archeologiche sono riprese a partire dal 1997 nell'ambito del Progetto Veio, con l'obiettivo di definire l'assetto dell'altura nelle diverse fasi di occupazione; nel primo anno di scavo sono state raccolte indicazioni sulla *domus* di epoca romana che occupa la sommità dell'altura, sulla sistemazione della terrazza inferiore, riferibile ad età preromana, e sulla viabilità (vedi Appendice I).

THE ROLE OF PIANO DI COMUNITÀ within the topography of Veii in the Etruscan and Roman periods has been demonstrated by surface surveys carried out from the early nineteenth century and by the excavations directed by Lanciani in 1889. Interest in the site has been heightened by the research carried out by the British School at Rome in the 1960s. On the basis of these data, it has been possible to identify the hilltop of Piano di Comunità as the natural acropolis of the Etruscan town of Veii, and consequently as the presumed site of the polyadic temple of Juno Regina (Torelli). It is proposed that the antefix of a helmeted female deity discovered on the slopes of the hill in the 1950s, which is discussed in Appendix II, is from this very temple. Archaeological excavations of the site started again in 1997 as part of the Progetto Veio, with the aim of defining the structures on the hill during the various occupation phases. The first season of excavation provided evidence for the presence of a Roman villa on the top of the hill, for the organization of the lower terrace, datable to a pre-Roman period, and for the road network (see Appendix I).

DALL'INIZIO DEL 1996 ha preso avvio il 'Progetto Veio' del Dipartimento di Scienze Storiche, Archeologiche e Antropologiche dell'Antichità dell'Università di Roma 'La Sapienza', associato in base a un'apposita convenzione quinquennale alla Soprintendenza Archeologica per l'Etruria Meridionale (Colonna 1998a). Nell'ambito di tale progetto la I Cattedra di Etruscologia e Archeologia Italica, di cui sono titolare, si è assunta il compito di occuparsi dei santuari, sia provvedendo a completare, con le opportune verifiche di scavo e i necessari restauri dei materiali, l'edizione delle scoperte avvenute nel passato, sia avviando nuove ricerche sul campo. Per quanto riguarda il primo punto, si è naturalmente data la precedenza al santuario in località Portonaccio, che già da tempo è oggetto, da parte mia e dei miei collaboratori, di un programma di ricerca, sulle orme di Massimo Pallottino (Baglione 1987; 1989–90; Colonna 1987a; 1987b; Cioncoloni Ferruzzi e Marchiori 1989–90). La pubblicazione degli scavi di quel santuario costituisce infatti un annoso *desideratum* della comunità scientifica internazionale, che occorre soddisfare al più presto. Sul lavoro compiuto al riguardo nel 1996 e nel 1997 si riferirà in altra sede (vedi intanto Colonna 1998b). Quanto al secondo punto, ossia le ricerche sul campo, la scelta è caduta sul santuario ipoteticamente localizzato da alcuni studiosi sul punto più alto del Piano di Comunità, in corrispondenza della

FIG. 1. **Terrecotte dai dintorni di Piazza d'Armi.** *(Da von Urlichs 1846: s.n.)*

quota 126 della nuova cartografia di Veio in scala 1:1.000 elaborata da Guaitoli e Piccarreta (Fenelli 1998).[1] La presente relazione illustra i risultati dei primi scavi compiuti in quel sito, nel corso del 1997, facendoli precedere dalla esposizione dello *status quaestionis.*

Il vocabolo Piano, o Quarto, di Comunità, o semplicemente Comunità, designa la lunga dorsale con la quale il pianoro di Veio si protende, sensibilmente restringendosi, verso sud-sudest, fino a fronteggiare con la sua estremità frastagliata il colle isolato di Piazza d'Armi, che in un remoto passato ne aveva costituito il naturale prolungamento. La dorsale è percorsa in tutto il suo sviluppo da una carreggiabile, che ricalca il tracciato di una via etrusca, basolata in età imperiale, uscente dalle mura urbane attraverso la porta sudest (la porta I del Canina) (Ward-Perkins 1961: 14–15, tav. 10). Via che già dal secolo scorso è stata riconosciuta come il primo tratto di quella che in epoca romana era la Via Veientana, principale asse di collegamento tra

Roma e Veio prima della costruzione delle Vie Clodia e Cassia, che lo hanno fatto scadere a funzioni di traffico locale. Appena oltrepassato il casale Dominici, costruito intorno al 1950, la carreggiabile lambisce da ovest il rilievo di quota 126 che, nonostante la mediocre altezza e le pendici acclivi, domina l'intero paesaggio circostante, dalla dorsale della Vaccareccia alle colline di Piazza d'Armi (quota 107), Monte Campanile (quota 118) e Isola Farnese (quota 110) (cfr. Guaitoli 1981: fig. 1). Su questo rilievo e sulla lunga pendice degradante verso Piazza d'Armi la prima carta archeologica di Veio, dovuta a Gell e Nibby (Delpino 1985: 65ss, fig. 27), ripresa più tardi dal Dennis (1907: 81), registra quattro distinti affioramenti di muri antichi, grosso modo allineati a breve distanza dalla strada. È verosimile che si tratti almeno in parte di muri messi in luce nel corso degli scavi Giorgi, tra il 1811 e il 1813, poiché quegli scavi finirono a quanto pare con l'investire quasi tutta l'area della città, seguendo il percorso delle vie antiche, di cui quella del Quarto di Comunità era all'epoca, e fino al 1830, particolarmente ben conservata (Delpino 1985: 56). Nulla comunque sappiamo di eventuali rinvenimenti, che è da presumere siano andati confusi con quelli effettuati nella zona delle Vignacce, tra i quali si annoverano anche terrecotte architettoniche (Liverani 1987: 66ss).

Incerta è la localizzazione della vigna, di cui sappiamo solo che era 'neben dem Piazza d'Armi genannte Platze', dove nell'inverno 1836 l'allora ventitreenne von Urlichs, che compiva il suo apprendistato presso l'Istituto Romano di Corrispondenza Archeologica, ospite dell'ambasciatore prussiano Bunsen, si imbatté nel corso di una escursione in alcuni frammenti di marmi (evidentemente scolpiti) e soprattutto in un certo numero di pregevoli terrecotte, che a detta del 'proprietario' del terreno erano venute in luce poco tempo prima, verosimilmente nello scassato eseguito per piantare le viti (von Urlichs 1846; cfr. Andrén 1940: 9–10; Torelli 1992: 273). Le terrecotte, acquistate dall'Urlichs che le portò con sé tornando in Germania,[2] comprendono (**Fig. 1**): un frammento di lastra di rivestimento di I fase con fregio a rilievo della serie Veio–Roma–Velletri, quasi l'intera parte inferiore di una sima frontonale di II fase riprodotta capovolta, la matrice di una testa di Acheloo spettante a un'antefissa pure di II fase, la metà inferiore di una testa maschile di stile classico, forse votiva, un'antefissa a Gorgoneion della prima età imperiale, identica a numerose altre rinvenute negli scavi Giorgi (Liverani 1987: 66–7, fig. 36), e un frammento di cornice ionica a ovoli della stessa epoca. Il complesso documenta l'esistenza sia di un tempio con rivestimenti fittili di seconda metà del VI e di V secolo a.C., sia di un edificio dell'età del municipio augusteo (marmi, antefissa e cornice), la cui ubicazione è ovviamente da ricercare nella parte dell'abitato contigua a Piazza d'Armi, ossia proprio sul Piano di Comunità. È inevitabile pensare alla quota 126, dove si sono avuti in seguito altri rinvenimenti che, pur non così espliciti, sono passibili della stessa interpretazione. I terreni della Comunità di Isola Farnese, disciolta con la riforma amministrativa del 1819, erano stati acquisiti dalla Camera Apostolica, che li aveva successivamente alienati a enti e a privati. Ne siamo informati a proposito delle Oblate benedettine di Tor de' Specchi, che nel 1838 chiesero e ottennero di poter scavare nei loro beni situati nelle località Quarto e Quarticciolo, 'più per ovviare le clandestine escavazioni che per speculazione' (Delpino 1985: 110–11). Espressione nella quale probabilmente si cela un'allusione alle tanto fortunate quanto abusive scoperte del von Urlichs, dovute in realtà, come egli stesso fa capire, al 'proprietario' del terreno, che ne sarà stato piuttosto l'affittuario. Che sulla quota 126 sia stata allora piantata una vigna, di cui si è perso dopo il flagello della fillossera ogni ricordo, non meraviglia affatto, considerata la posizione favorevole e il numero delle vigne piantate e poi scomparse in quel di Isola nel corso dell'Ottocento, dalle molte che hanno lasciato il nome alla località Vignacce a quella di cui non resta che il diruto portone d'ingresso, eponimo della località Portonaccio (Stefani 1953: 90–1).

Dopo queste premesse non sorprende che la quota 126 sia stata oggetto di un ampio intervento di scavo nel 1889 nel corso della campagna, fondamentale nella storia dell'esplorazione di Veio, finanziata dall'imperatrice del Brasile e diretta da Rodolfo Lanciani, che pur si riconosceva 'non molto versato in antichità etrusche' (Lanciani 1889: 60–1), aiutato da un 'assistente disegnatore, che S.M. l'imperatrice del Brasile mantiene costantemente sul luogo' (Lanciani 1889: 31).[3] La campagna, durata da gennaio a tutto aprile, interessò sia l'area della città che quella della necropoli. Nella città la scoperta maggiore fu quella, avvenuta nel febbraio, dell'immenso deposito votivo mediorepubblicano ammassato in una vallecola posta alla base della pendice di quota 126, sul fianco est dell'istmo che collega la pendice a Piazza d'Armi (Lanciani 1889: 30–1, 63–5). Alla sommità dell'altura furono messe in luce nel marzo 'le vestigia di fabbricati di carattere pubblico' (Lanciani 1889: 63), consistenti in un 'muro di sostruzione, col fondamento di massi squadrati di tufa locale, e parte superiore reticolata' (A), disposto a squadro e fronteggiato sul lato più lungo da un 'portico di colonne laterizie, larghe nel diam. m 0,68 e distanti da centro a centro m 4' (C), i cui 'fusti, intonacati di stucco, riposano su dadi di pietra locale'. Si precisava che 'l'area recinta da questo muro [il muro A] è in parte di terra di riporto, vergine [ossia non intaccata da altri scavi], con frantumi di vasellame di bucchero, e di anfore ad ornati rossi in campo giallognolo; in parte fabbricata a massi squadrati di tufa'. L'area conservava verso il centro un 'pavimento di musaico a chiaro scuro [ossia a bianco e nero], con fascia a greca' (B). Dinanzi al portico si mise in luce un 'grande ricettacolo rotondo, col piano e le pareti rivestite di signino', con banchina perimetrale a 0,45 m e pavimento a 2,50 m dal piano del portico (D). Come ritrovamenti si segnalava, oltre ai frammenti già ricordati di buccheri e di ceramica dipinta con ornati in rosso,[4] una statuetta di bucchero a forma di quadrupede 'con lontana rassomiglianza a un cavallo', senza zampe ma con fori alla base forse per l'innesto di tre coppie di ruote alludenti a un carro(?).[5]

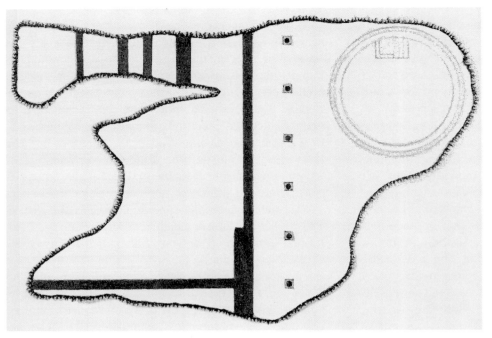

FIG. 2. **Edificio Lanciani; rilievo di Lavernio Lufrani (MSS Lanciani 79, tav. XIX; BINASA).**
(Da Delpino 1999: fig. 11.)

Un supplemento di documentazione sullo scavo Lanciani viene dalle carte dello studioso conservate presso la Biblioteca dell'Istituto Nazionale di Archeologia e Storia dell'Arte (BINASA).[6] Oltre alla pagina di taccuino, datata 14 marzo, con lo schizzo planimetrico poi riprodotto in *Notizie degli Scavi di Antichità* 1889, ma senza la sezione che ne facilita la lettura e con un numero di colonne assai maggiore delle cinque del disegno (MSS Lanciani 79, foglietto 6, retro), si riferiscono alla quota 126 due delle 22 tavole che compongono il dossier approntato, per una pubblicazione mai realizzata, dallo studio dell'architetto Francesco Vespignani (Muzzioli e Pellegrino 1994: 255), dal quale probabilmente dipendeva il già ricordato 'assistente disegnatore' attivo sul campo. Nella tavola XIX è data la planimetria a scala 1:200 dello scavo (**Fig. 2**): in essa il 'ricettacolo' del Lanciani viene definito in didascalia come 'bagno', misura 10,20 m di diametro e appare scavato per intero, con avancorpo per la discesa sul lato est, mentre del portico risultano scavate solo sei colonne a fusto sottile, con interassi di 3,80 m e ambulacro largo 2,20 m. La tavola 20 riproduce alcuni dei materiali venuti alla luce, e precisamente due lastre fittili di *antepagmentum* di tipo campana e un bustino marmoreo di satiro. La planimetria dello scavo non è orientata, ma prezioso al riguardo è l'inserimento del complesso nella carta catastale a 1:8.000 rielaborata dal Lanciani, o da chi per lui, con l'ubica-

zione degli scavi effettuati (MSS Lanciani 79, n. 21) (Tav. 1). Nel medesimo settore della città sono visibili, oltre agli scavi di Piano della Comunità, anche un esteso saggio nell'area poi occupata dal casale Dominici ed un saggio alle mura di Piazza d'Armi.

Si tornò a parlare della quota 126 dopo che le scoperte dei templi del Portonaccio e di Piazza d'Armi dettero grande impulso alla ricerca dei santuari veienti. Nel 1923 Giglioli tracciò una meticolosa rassegna dei ritrovamenti casuali attinenti l'argomento. Parlò allora della 'collinetta che è la più elevata della contrada [di Quarto della Comunità]', sul cui declivio a nord-nordest pochi anni prima erano stati raccolti parte di una testa votiva fittile e un sestante in ottimo stato della serie latina di Apollo (Giglioli 1923: 168–9) — indizio, aggiungiamo noi, dell'esistenza di un deposito votivo coevo e topograficamente simmetrico a quello scoperto dal Lanciani sul versante sud-sudest.[7]

Si arriva così al generale riesame della topografia di Veio pubblicato nel 1961 da Ward-Perkins, frutto di una prolungata frequentazione del sito, condotta con l'aiuto delle fotografie aeree contemporaneamente ai radicali sconvolgimenti provocati dalle arature profonde consentite dall'uso dei mezzi meccanici. Lo studioso inglese portò la sua attenzione sul *prominent knoll* di quota 126, dove nel frattempo era stato costruito, intorno al 1950, un ricovero in muratura (*hut*) ed erano stati ammassati nei suoi pressi i molti blocchi di tufo e di calcare sollevati dalle arature, formando l'ingombrante catasta ancor oggi esistente e visibile già nella foto area del 1959 (Ward-Perkins 1961: tav. 9). A suo giudizio l'edificio scavato dal Lanciani è una villa romana, sovrapposta con la sua 'piattaforma' a una maggiore struttura preesistente, una *enclosure* nella quale proponeva cautamente di riconoscere il recinto di un tempio, anche perché 'the site is a commanding one, ideally suited for the location of one of the city's principal sanctuaries' (Ward-Perkins 1961: 27, cfr. 31 e 69 n. 852(5)552(5)). Dava inoltre notizia del ritrovamento, avvenuto nei pressi dell'edificio nel corso di un'aratura, di un resto di statua(?) fittile di divinità salutare ('an arm, entwined by a snake and holding a dish') (Ward-Perkins 1961: 31) e annotava, nella scheda manoscritta delle ricognizioni effettuate nel gennaio del 1959 e del 1965, di avere raccolto, tra molte altre cose, 'fragment of a terracotta antefix, terracotta pig, frag. of moulded terracotta plaque, moulded terracotta'.[8] Negli stessi anni veniva recuperata nel contiguo terreno Dominici, a valle del punto in cui il tracciato della via antica si distacca dalla carrareccia moderna,[9] una bella antefissa priva di nimbo, raffigurante una testa di dea elmata, databile al 510–500 a.C. (Appendice II e Fig. 11, sotto) (Torelli 1973: 61, nota 1; cfr. Torelli 1992: 273, nota 105).[10]

Sulla scorta delle affermazioni del Ward-Perkins un altro profondo conoscitore di Veio, Torelli, ha proposto nel 1982 di riferire all'ipotetico tempio di quota 126 il già ricordato deposito votivo scoperto dal Lanciani presso l'istmo di Piazza d'Armi, e di identificare il tempio in questione, se mai è esistito, con quello di Giunone Regina ricordato dalle fonti letterarie a proposito dell'assedio di Veio (Torelli 1982: 124–8). Poiché il tempio sorgeva sull'*arx* della città, questa alla fine del V–inizio del IV secolo a.C. doveva coincidere con la collina di quota 126, il cui ruolo strategico all'interno del contesto urbano è più che evidente. Diversamente dal Ward-Perkins, Torelli ritiene inoltre probabile che la supposta villa non sia altro che un parziale ripristino del santuario realizzato in epoca augustea. L'autorevole presa di posizione del Torelli ebbe come diretta conseguenza la decisione, presa nel 1984 dalla Soprintendenza Archeologica per l'Etruria Meridionale su iniziativa dell'Ispettrice Francesca Boitani, di sottoporre la quota 126 a una sistematica indagine geofisica, affidata allo Studio Di Grazia. L'indagine, basata sull'esame della resistività elettrica, fu condotta su un'area di 100 × 250 m, comprendente la parte centrale e settentrionale del pianoro. Furono individuate sei 'anomalie' lineari, corrispondenti a strutture sepolte (Fig. 3), la cui esistenza fu verificata con 21 carotaggi, condotti ove possibile fino al vergine, ma senza esiti risolutivi (diversamente Torelli 1987: 24).

Non restava che affrontare la verifica dello scavo, ed è questo che il Progetto Veio ha voluto iniziare a fare, d'intesa con la Soprintendenza, nel 1997. Le due brevi campagne, condotte a luglio e a ottobre, sono state dirette sul campo da Barbara Belelli Marchesini e da Claudia Carlucci,[11] che riferiscono più in dettaglio sui risultati nella seconda parte del contributo (Fig. 4). L'anomalia più vistosa, la n. 4, relativa a una struttura rettangolare, intrigante anche perché situata nella parte più alta del pianoro e orientata a sudovest come l'inte-

ro complesso, si è rivelata corrispondere a una grande cisterna dell'età del municipio romano, costruita in opera cementizia e apparentemente collegata a sudovest con un portico a pilastri (Figg. 5–6). L'anomalia n. 3, corrispondente al limite nord dell'*enclosure* del Ward-Perkins, è apparsa essere un fossato di circa 4 m di larghezza, di incerta natura, forse destinato a isolare da quel lato l'altura a scopo difensivo. La lunga anomalia n. 1, contigua alla carrareccia, nella sua fascia più a valle non è altro che il tracciato della strada romana, la cosiddetta Via Veientana nel suo percorso intramurano, che correva in questo tratto a est della carrareccia, e non a ovest come la disegnava Ward-Perkins (1961: figg. 6 e 16, tav. 9). Nel settore indagato il basolato in pietra lavica è apparso sconnesso e interamente divelto, in vista di una asportazione non portata a termine (Tav. 2). Nessuna traccia esiste, su questo lato, del portico scavato dal Lanciani, e tanto meno del grande 'ricettacolo': il che conferma quel che la già ricordata carta Lanciani inedita a 1:8.000 lasciava intravvedere, ossia che il portico, contrariamente a quanto ritenevano Ward-Perkins (1961: 69) e Torelli (1982: 124–5), guardava non verso la strada ma verso Piazza d'Armi, a sud-sudest. Il saggio 14, eseguito su quel lato, ha in realtà fatto incontrare quello che sembra un resto informe del muro di fondo in reticolato, mentre sulla pendice adiacente sono stati raccolti in superficie alcuni laterizi tagliati ad arco di cerchio certamente spettanti alle colonne. La scoperta più rilevante è stata comunque ai margini dell'area interessata dalla prospezione geofisica, in corrispondenza dell'appena intravista anomalia n. 5. Qui, negli ultimi giorni di scavo dell'ottobre 1997, è stato individuato e messo interamente alla luce, essendo a esigua profondità, un robusto muro in opera quadrata di tufo, che corre in direzione trasversale alla pendice a ca. 35 m a sudest del supposto muro di fondo del portico (saggio 13) (Fig. 7). Il muro inizia all'altezza del lato est della casetta e corre dapprima in linea retta, per poi piegare con due successivi angoli ottusi verso nord, sviluppando una lunghezza complessiva di 48 m. È evidente la funzione di terrazzamento della collina: quel che resta non esclude affatto una estensione in origine assai maggiore, trattandosi delle assise più profonde di fondazione, poste in opera solo dove la quota del terreno era più bassa, cioè in corrispondenza dell'angolo interamente artificiale della terrazza. La ceramica raccolta non scende più in basso dell'inizio del V secolo a.C., con pressoché totale assenza di materiali di età romana. Tra i materiali si segnala un frammento di probabile *louterion* dipinto con grandi boccioli e fiori di loto in rosso e nero (Fig. 8).

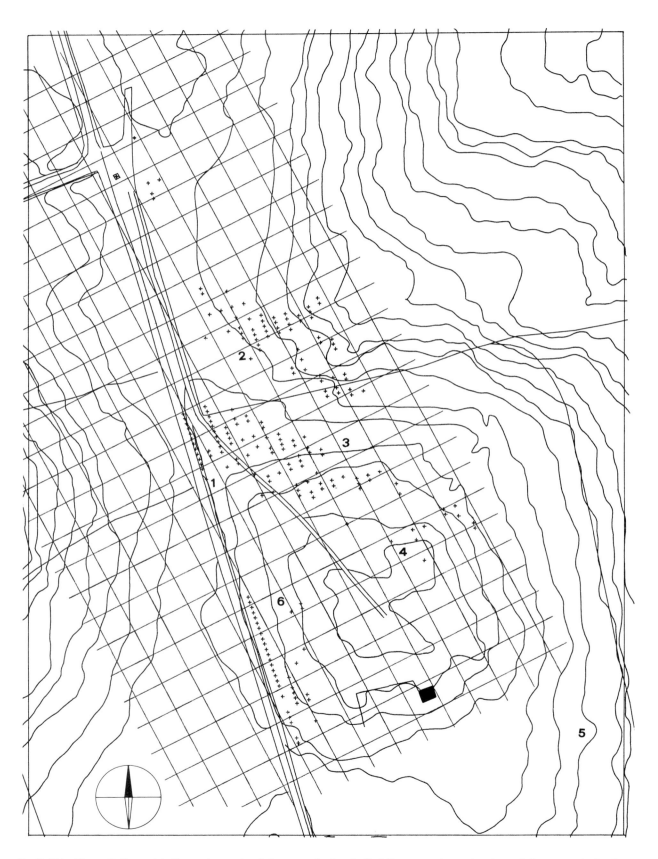

FIG. 3. Veio, Piano di Comunità. Carta riassuntiva delle anomalie (nn. 1–6) della prospezione elettrica e delle tracce da fotointerpretazione (maglia di 10 x 10 m quadrati). *(Università degli Studi di Roma 'La Sapienza'.)*

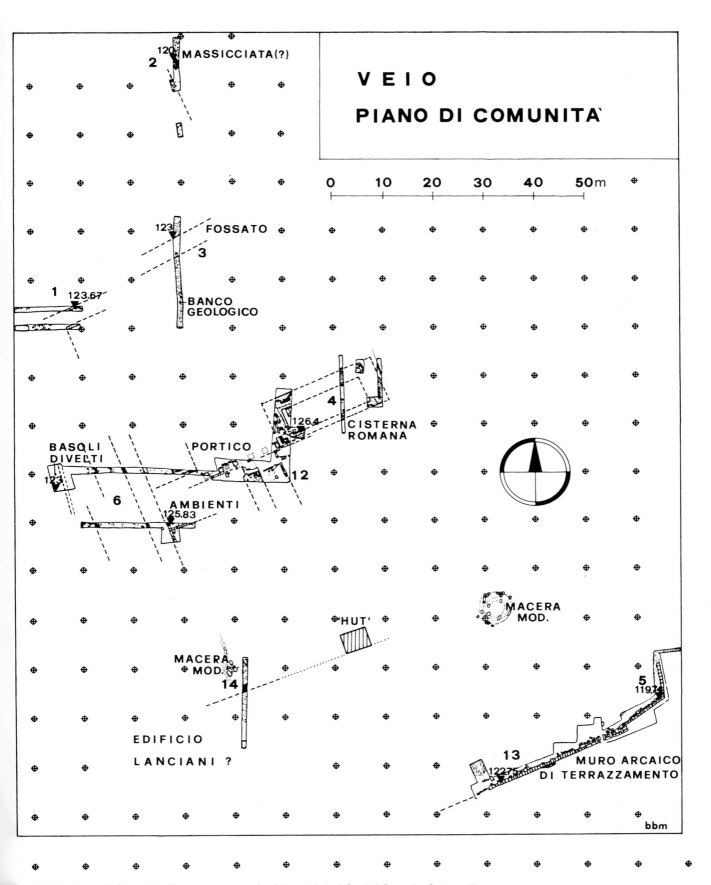

FIG. 4. Veio, Piano di Comunità. Planimetria generale. *(Università degli Studi di Roma 'La Sapienza'.)*

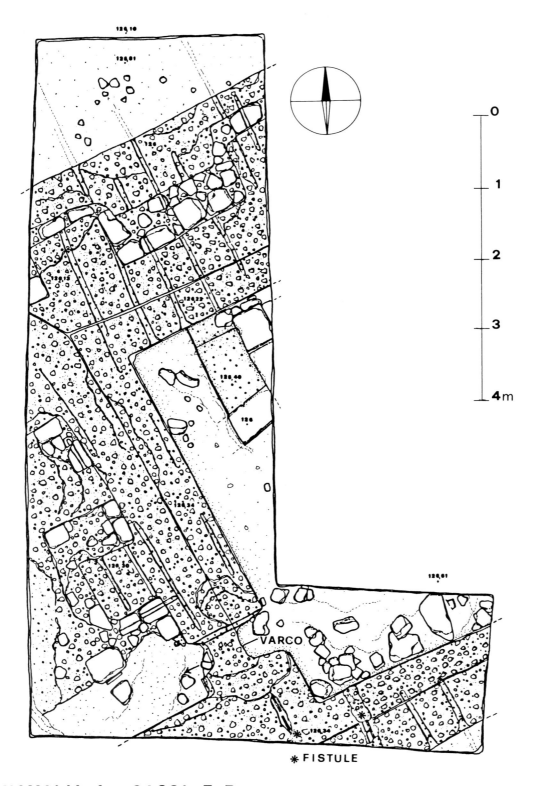

ANOMALIA 4 - SAGGI E, F

FIG. 5. **Veio, Piano di Comunità. Cisterna romana, lato occidentale (Anomalia 4, saggi E e F).** *(Università degli Studi di Roma 'La Sapienza'.)*

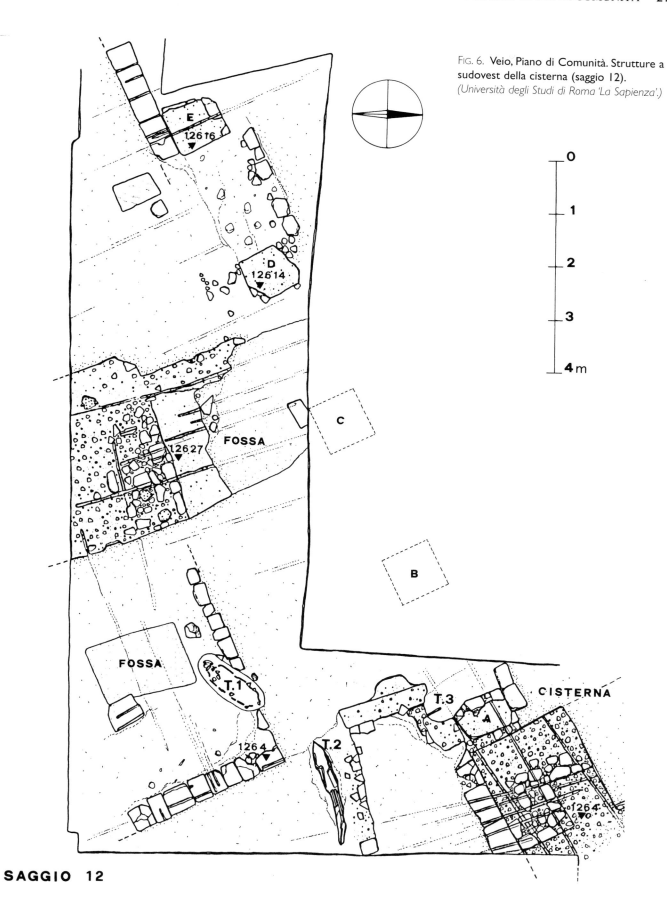

FIG. 6. Veio, Piano di Comunità. Strutture a sudovest della cisterna (saggio 12).
(Università degli Studi di Roma 'La Sapienza'.)

SAGGIO 12

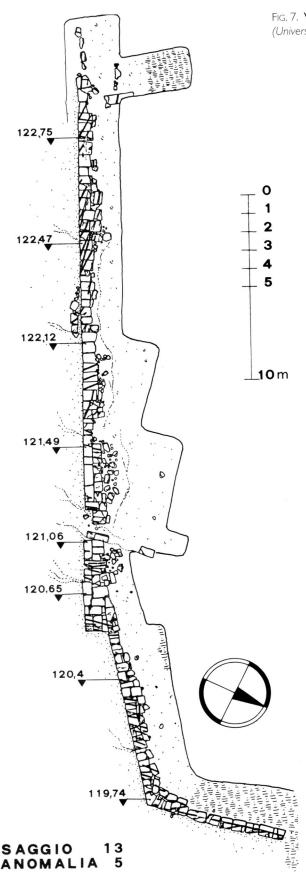

SAGGIO   13
ANOMALIA   5

Fig. 7. **Veio, Piano di Comunità. Muro di terrazzamento (saggio 13, anomalia 5).**
(Università degli Studi di Roma 'La Sapienza'.)

In conclusione, possiamo affermare che la sommità della collina di quota 126 è stata terrazzata, verosimilmente alla metà o poco dopo del VI secolo a.C., assumendo la forma di un rettangolo di 130 m per circa 95 m, orientato a sud-sudest (circa 157°). Orientamento che è lo stesso del tempio di Giove Capitolino a Roma, alla cui realizzazione concorsero notoriamente artisti veienti, e che poco si discosta da quello del tempio arcaico di Giunone Moneta sull'*arx* dello stesso Campidoglio (Prayon 1991). La distanza della terrazza sommitale dalla testata della valletta, in cui giace il deposito votivo Lanciani, è di soli 150 m (e non 400, come riteneva Torelli 1982: 125): il che contribuisce a rendere verosimile il proposto collegamento tra le due strutture, anche se lo scavo della terrazza, peraltro appena iniziato, non ha finora restituito elementi di inequivocabile natura santuariale. L'inventario dei materiali del deposito attesta il culto di una grande divinità femminile, conferendo una forte enfasi all'aspetto della *sanatio*, comune agli altri culti della Veio mediorepubblicana, a cominciare dal santuario di Macchia Grande, che è verosimilmente l'unico fondato *ex novo* dai coloni romani, come fa ritenere il confronto con il santuario del *conciliabulum* di Pesaro (Torelli 1982: 126–7).[12] Non manca tuttavia la documentazione, nelle tavole del dossier Vespignani, di un bronzetto alto-ellenistico raffigurante un dio giovanile appoggiato alla lancia (**Fig. 9** — del tipo su cui Bentz 1994: 166–73), nel quale è invitante riconoscere il partner di Giunone Regina, Vediovis o piuttosto quel Iuppiter Libertas o Liber, che era contemporaneamente venerato dai coloni nel santuario di Macchia Grande e che a Roma in pieno III secolo a.C. aveva ricevuto anch'esso un tempio sull'Aventino, contiguo a quello della dea evocata da Veio.[13]

APPENDICE I

VEIO, PIANO DI COMUNITÀ: L'INDAGINE DEL 1997

Barbara Belelli Marchesini e Claudia Carlucci

Le due brevi campagne di scavo eseguite nel corso del 1997 sono state prioritariamente indirizzate alla verifica dell'assetto topografico dell'altura, secondo le indicazioni fornite in primo luogo dalla prospezione geofisica. A tal fine sono stati selezionati i tratti dell'altura maggiormente significativi ai fini di una lettu-

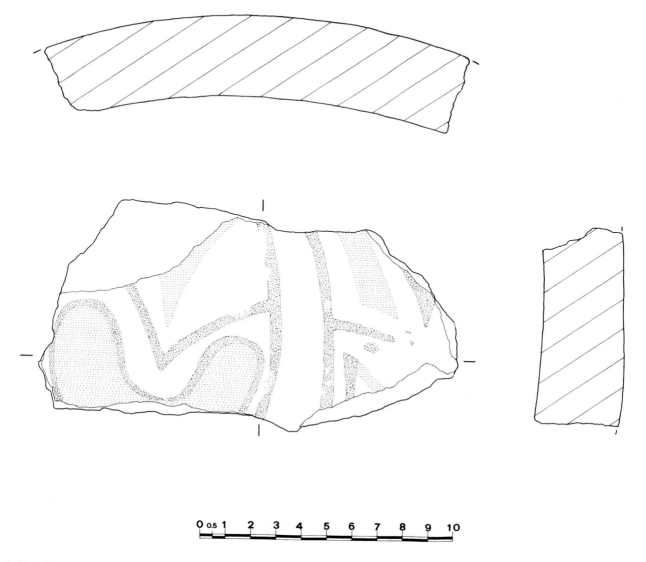

FIG. 8. **Veio, Piano di Comunità. Frammento di** *louterion* **dal saggio 13.** *(Università degli Studi di Roma 'La Sapienza'.)*

ra complessiva delle distinte fasi edilizie e dell'indi-
duazione di opere di terrazzamento del ciglio collinare,
aprendo con il mezzo meccanico una serie di trincee
orientate secondo i punti cardinali e agganciate al reti-
colo della carta aerofotogrammetrica di Veio elaborata
dalla Sezione di Topografia dell'Università di Roma
'La Sapienza'; le operazioni di scavo sono state limitate all'asportazione dell'humus superficiale (**Fig. 4**).[14] La
descrizione dei risultati dell'indagine segue un ordine
topografico da nord verso sud.

Il saggio 1, articolato in due trincee parallele, ha
ritagliato il fianco nordoccidentale dell'altura, al fine
di verificare la natura di una vistosa anomalia lineare
in direzione nordovest–sudest, lunga 120 m, dislocata
a 8 m di distanza dalla moderna strada sterrata. In
entrambe le trincee, ad una profondità media di

0,45–0,50 m dal piano di campagna, è stata riscontrata
la presenza di strutture orientate a nordest–sudovest,
fortemente intaccate dalle arature e dilavate verso
valle: a nord una struttura in blocchi di tufo giallastro
e grigio disposti per taglio, rincalzati da una congerie
di spezzoni e schegge di tufo, forse attribuibile ad
epoca pre-romana per l'assenza di materiale recente
(raccolti frammenti di bucchero e di impasto, un peso
da telaio); a sud una struttura di fondazione a sacco in
cementizio, che descrive angolo piegando verso sudest. È probabile che queste strutture siano riferibili al
terrazzamento perimetrale del pianoro, e in particolare
coincidano con la sua porzione angolare; l'anomalia
lineare si riferisce piuttosto all'andamento del tracciato viario, che è stato intercettato nel saggio 6.

Il saggio 2 ha interessato l'invaso vallivo che si svi-

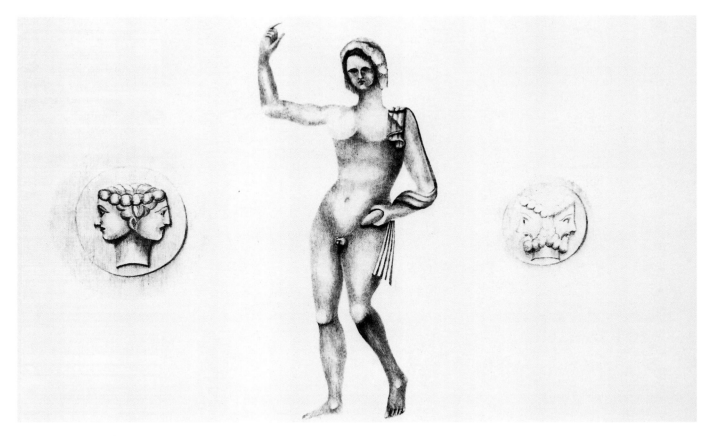

FIG. 9. Materiali votivi dalle pendici di Comunità (MSS Lanciani 79, tav. XI; BINASA). *(Da Delpino 1999: fig. 13.)*

luppa lungo le falde settentrionali dell'altura, mirando a verificare la natura di una vistosa anomalia lineare orientata a nordest–sudovest. Nell'ambito della trincea di scavo, ad una profondità media di 370 mm, è stato evidenziato un agglomerato composto di schegge di tufo grigio e giallo, frammenti di nenfro, di tegolame di prima fase e di frammenti di dolia di impasto rossastro; tale agglomerato, che presenta limiti irregolari e una larghezza massima di 2,4 m, appare il risultato di una sistemazione intenzionale ed è forse interpretabile come massicciata stradale, in rapporto ad un percorso trasversale rispetto alla viabilità principale diretto verso una delle *posterule*. A sud dell'agglomerato è stato evidenziato un breve segmento di una struttura in blocchi di tufo, orientata nordovest–sudest.

Il saggio 3 è stato mirato ad intercettare il lato nord del terrazzamento inferiore dell'altura, ben individuato nella lettura interpretativa del Ward-Perkins (1961: 31, 69, fig. 19c, pl. 9). La lunga trincea di scavo ha intercettato il banco geologico, in forte pendenza verso nord, a ca. 250–300 mm di profondità dal piano di campagna, e ha evidenziato la presenza di un fossato largo circa 4 m e orientato nordest–sudovest; non è possibile al momento stabilirne l'esatta funzione,

anche se è probabile la sua natura difensiva.

Il saggio 4 ha interessato la parte sommitale dell'altura, dove la prospezione e i carotaggi indicavano la presenza di due strutture murarie parallele, orientate nordest–sudovest raccordate all'estremità orientale mediante un muro ortogonale e delimitanti un'area di circa 8 × 16 m. Una serie di trincee, tracciate al solo fine di stabilire l'ingombro totale della struttura, hanno portato in luce una cisterna rettangolare, foderata in cocciopesto e delimitata da muri in conglomerato cementizio ricco di scapoli prismatici, alla quota di 126,40 m sul livello del mare. Le strutture perimetrali della cisterna sono costruite in cassaforma con gettate affiancate e sono rafforzate da una serie di contrafforti quadrangolari che si dispongono lungo i lati esposti al pendio, rincalzati all'intorno da un cordolo di spezzoni e blocchi di tufo legati con malta e annegati nella platea di fondazione (**Fig. 5**). Il bacino misura 5,50 × 17 m circa, mentre l'intera cisterna occupa una superficie di 9,50 × 21 m; un saggio limitato all'angolo interno nordoccidentale ha permesso di evidenziarne il fondo, provvisto di bauletto perimetrale, alla quota di 125,40 m sul livello del mare, e quindi di stabilire la capacità attuale, pari ad almeno 85 mc di acqua. Per quanto concerne il funzionamento idraulico, una serie di fistule plumbee garantiva l'adduzione dell'acqua; alla redistribuzione si riferisce presumibilmente un varco ritagliato alla quota del fondo presso l'angolo sudoccidentale, che doveva ospitare un apposito condotto. Sul lato esterno della cisterna, in prossimità del lato orientale, è stato inoltre evidenziato un breve tratto di una conduttura in tubi di terracotta, protetta da un cordolo di schegge di tufo e malta, in pendenza verso nord. La cisterna risulta colmata di materiali edilizi di spoglio (tessere di *opus sectile*, tesserine di mosaico bianco–nero, mattoncini di *opus spicatum*, frammenti di marmo, un frammento di vera in tufo, abbondanti laterizi) e probabilmente rifunzionalizzata, come suggerirebbero alcuni allineamenti di blocchi di reimpiego, utili a suddividerne lo spazio interno.

Il saggio 12 si articola in due ampie trincee ortogonali e ha permesso di raccordare la cisterna sulla sommità del pianoro alle evidenze archeologiche portate in luce sulle pendici occidentali della collina (**Fig. 6**). Sono emerse una serie di strutture edilizie, tipologicamente differenziate e orientate analogamente alla cisterna, alcune delle quali riferibili ad un complesso edilizio in fase con il serbatoio. Risultano degni di nota un robusto muro cementizio, largo 2,5 m, orientato nordovest–sudest, e analogo per caratteristiche costruttive alle murature della cisterna; un allineamento di almeno sei pilastri quadrangolari (1 m di lato; interasse 1,2 m) impostati contro un muro in blocchi di tufo, che suggeriscono la presenza di un grande ambiente porticato aperto sul lato nordoccidentale della cisterna. L'assetto dell'area risulta sconvolto, a partire dal IV secolo d.C., dall'impianto di una necropoli con tombe alla cappuccina e ad 'enchytrismos' entro anfore. I materiali dall'humus si datano prevalentemente a partire dall'epoca augustea (frammenti di sigillata italica, sud-gallica e africana; ceramica a pareti sottili; anfore tipo Dressel 2; lastre di tipo campana) con una piccola percentuale di materiali arcaici e scarsi frammenti di ceramica a vernice nera.

Il saggio 6 ha interessato il fianco occidentale dell'altura con due trincee parallele, al fine di verificare una anomalia sensibile e massiva, articolata in 'tre lineazioni nordest–sudovest, mediamente interdistanziate di ca. 5 m' (relazione tecnica Di Grazia). A partire dalla sommità sono stati evidenziati due allineamenti murari, riferibili a distinte fasi edilizie e interpretabili come delimitazione perimetrale del complesso di ambienti occupanti la sommità dell'altura: ad est una struttura in più filari in blocchi di tufo, in parte ripresa con laterizio di tegole, grosso modo allineata con una fondazione in opera cementizia; ad ovest, una struttura

in spezzoni e scaglie tufacee legate con malta granulosa, in rapporto con un crollo di intonaci dipinti. Nel tratto occidentale delle trincee, in sensibile pendenza verso la strada sterrata, sono stati portati in luce lacerti di strutture in blocchi tufacei a secco, riferibili in parte alla fase pre-romana: percentualmente significativa la presenza di bucchero, ceramica arcaica con decorazione a fasce, di bacini di impasto chiaro-sabbioso e di olle di *internal slip ware*, tegolame di I fase. Alla distanza di ca. 3 m dalla carrareccia moderna, ad una quota media di 123 m sul livello del mare, la trincea settentrionale ha intercettato un livello di basoli spaccati e divelti, riferibile allo smantellamento intenzionale della strada romana, provvista di cunetta laterale e di una rozza crepidine in scaglie di tufo (**Tav. 2**). La morfologia del terreno suggerisce che, a partire da questo punto, la strada descriva un'ampia curva dirigendo verso la porta di Piazza d'Armi.

Il saggio 14 ha interessato la pendice sudoccidentale dell'altura ed è stato indirizzato al posizionamento sul terreno del grande 'edificio Lanciani'. La trincea relativa ha preso avvio da un punto di accumulo superficiale di materiale archeologico (blocchi di tufo, spezzoni di basoli, ceramica). La presenza archeologica più cospicua venuta in luce è una struttura in scheggioni di tufo legati con malta, larga 1,5 m e orientata a sudovest–nordest che si configura come opera di terrazzamento significativamente allineata con la fronte della casetta in muratura.

Il saggio 13 ha interessato la pendice sudorientale dell'altura, toccata solo marginalmente dalla prospezione (anomalia 5), dove affioravano sul piano di campagna due grandi blocchi di tufo e abbondante tegolame di I fase (**Fig. 7**). È stato portato in luce un tratto di ca. 40 m di un muro arcaico di terrazzamento, in opera quadrata di tufo, conservato a varie quote e con un dislivello, da un'estremità all'altra, di ca. 3 m (quota massima 122,75 m sul livello del mare). Il muro, leggermente rastremato verso l'alto, presenta una tessitura e una distribuzione del materiale edilizio piuttosto differenziata, in relazione alla divisione del lavoro in lotti di cantiere e all'andamento del terreno di base. Dal punto di vista costruttivo il muro si compone di un paramento esterno in conci ben ritagliati e accostati e di una fodera interna di blocchetti sagomati e schegge di rincalzo. Si distingue un tratto rettilineo di ca. 30 m, orientato sudovest–nordest, caratterizzato nelle assise profonde da grandi blocchi di tufo giallastro a grana fine e compatta, lunghi fino a 1,1 m, alternati per testa e per taglio in ciascun ricorso; quest'ultimo dettaglio consente di stabilire uno stretto confronto tra il muro di

FIG. 10. Antefissa a testa di dea elmata. (Archivio della Soprintendenza Archeologica per l'Etruria Meridionale, neg. 17214, 17215).

terrazzamento di Comunità e la fortificazione di Piazza d'Armi. All'estremità orientale di questo primo tratto il muro descrive un saliente, ancorandosi ad una struttura muraria divergente, più esile e meno accurata, che prosegue per ca. 10 m, caratterizzata da blocchi di minori dimensioni, commessi mediante zeppe e tasselli; essa si raccorda ad angolo ottuso ad una terza struttura lunga ca. 8 m, in blocchi di tufo disposti per taglio, utile ad ammorsare il grande muro al fianco della collina. Il materiale raccolto dall'humus è estremamente abbondante ed è prevalentemente riferibile ad un periodo compreso tra la fine del VII e l'inizio del V secolo a.C.; si registra una piccola percentuale di frammenti d'impasto di età del ferro.

In conclusione, la serie di strutture evidenziate a Piano di Comunità, articolate su diversi livelli altimetrici e caratterizzate da un orientamento omogeneo, permette di riconoscere il rispetto della pianificazione urbanistica pre-romana nelle successive fasi di occupazione, fino alla ridefinizione della parte sommitale dell'altura avvenuta probabilmente all'epoca del municipio augusteo.

APPENDICE II

L'ANTEFISSA A TESTA DI DEA ELMATA
Claudia Carlucci

Antefissa a testa femminile elmata (Fig. 10)
Museo Nazionale di Villa Giulia, inv. 61406 (Torelli 1973: 61, n. 1; 1992: 273, n. 115).

Altezza conservata 183 mm; lunghezza 115 mm. Protome: altezza testa–mento 172 mm; altezza fronte–mento 89 mm; larghezza tempie 77 mm.

Argilla abbastanza raffinata con inclusi di augite, chamotte e raro pietrisco, colore rosa.

Resta tutto il viso con un breve tratto del collo e dei capelli a sinistra. Posteriormente piana in corrispondenza della testa; a circa metà dell'altezza della protome è innestato il piccolo coppo. Il trattamento delle superfici è poco accurato — sono evidenti piccoli grumi di argilla non eliminati ed una lisciatura non omogenea nell'incarnato ora a stento coperta dal colore bianco.

La testa e tutta la fronte sono coperte da un elmo di tipo attico, privo di paraguance,[15] caratterizzato dalle nervature frontali in risalto. Dietro le orecchie lasciate scoperte scendono i lunghi capelli divisi in trecce indicate con leggero rilievo. Il volto dall'ovale pieno ha nelle guance e nel mento quasi gonfio un'impronta caratteristica, evidenziata anche dalle labbra brevi e serrate leggermente atteggiate a sorriso. I contorni degli occhi, le iridi e le sopracciglia sono solo dipinte con tratto spesso e pastoso. Il naso è poco caratterizzato come anche le orecchie, appena modellate, sulle quali sono dipinti gli orecchini a disco. Sulla guancia sinistra è ben conservato un rossetto assente nella destra. Nel breve tratto del collo rimasto è dipinta una collana a tenia. L'antefissa conserva una eccellente policromia con il rosso ed il nero densi e pastosi, soprattutto nella caratterizzazione dei tratti del viso, mentre per l'elmo il nero è decisamente meno corposo e risulta nella zona occipitale quasi evanide.

Un aspetto molto particolare di questa antefissa è costituto dalla correzione ottica, evidente nel sopracciglio e nell'occhio destri più grandi e allungati, unita ad una minore rifinitura del lato destro del viso con orecchio appena abbozzato, oltre alla mancata rifinitura della guancia sulla quale rimangono grumi di argilla non eliminati. Questi accorgimenti, nel caso della mancata rifinitura laterale poco comprensibile per un'antefissa di norma obbligata ad una visione frontale, indicano quindi una destinazione poco conciliabile con la falda di un tempio, ma piuttosto una posizione angolare in un edificio diverso, forse un portico, connesso al santuario.

Ma altri ancora sono i motivi che rendono un vero *unicum* questo esemplare che, seppure facilmente inquadrabile nel gruppo delle antefisse a testa femminile prive di nimbo, per il particolare così pregnante dell'elmo deve rappresentare senza dubbio una divinità, forse proprio Iuno Regina, data la provenienza e la totale mancanza della pelle di capro attributo peculiare, invece, della Iuno Sospita.[16] Di Iuno Regina si conosce figurativamente poco (cfr. *LIMC* V.1: 815); Torelli (1973: 61), riportando la notizia del ritrovamento della testa, la indica come Atena, non tenendo conto della provenienza dall'area dove successivamente lo studioso stesso ha proposto la collocazione del santuario poliadico veiente (Torelli 1982: 124–6).

Nel complesso della produzione veiente tardoarcaica l'antefissa appare piuttosto isolata senza il richiamo alle manifestazioni stilistiche rappresentate soprattutto dalla statua dell'Atena del donario da Portonaccio,[17] significativo anche per un aggancio cronologico. Simile, benché si tratti di prodotti di ben diversa qualità, è l'impianto forte e al contempo morbido del viso e del mento, come l'impostazione degli occhi e delle labbra che, anche nell'antefissa, mostrano tutta la distanza dalle opere dell'officina del tempio dell'Apollo ed un'ispirazione diretta alle esperienze ceretane (Colonna 1987a: 28). Un particolare forse da non sottovalutare è la probabile influenza di questa antefissa nella creazione del tipo della Iuno Sospita caratterizzato, almeno nelle serie romana e satricana, con elmo coperto da pelle bovina, dallo stesso tipo di elmo oltre che da una vicinanza nei tratti e nella struttura del viso.[18]

Note

1. L'altura reca la quota 123 nella precedente cartografia, cfr. Guaitoli 1981: 80, fig. 1.

2. Non prima della fine del 1839. A Roma le terrecotte avevano molto interessato l'amico Abeken (1843: 357, 368ss, 425). Nulla si sa della loro sorte, cosi come di quelle (una tegola di gronda e una cortina pendula, entrambe di II fase) disegnate verso il 1826 da H. Labrouste (Delpino 1985: 86, fig. 44), che probabilmente le aveva raccolte lui stesso sul terreno, non sappiamo dove.

3. Identificabile con un certo Lavernio Lufrani, secondo Delpino (1999: 78 n. 24).

4. Per Torelli (1982: 125), la 'fine creamware' di Casale Pian Roseto.

5. Nel taccuino conservato presso l'Istituto Nazionale di Archeologia e Storia dell'Arte (MSS Lanciani 79, foglietto 11, verso) la statuetta, detta di pecora, è compresa in un elenco di terrecotte del deposito votivo, evidentemente per errore.

6. Vedi ora Delpino 1999: 76–81, figg. 8–14.

7. Le altre scoperte avvenute allora nel Quarto della Comunità (nonostante Torelli 1992: 273) non hanno a che vedere con la quota 126, compreso il frammento di lastra figurata di I fase (Giglioli 1923: 169, tav. III,3), che è forse da accostare ai frammenti pure di I fase raccolti presso il Casale Caprioli (Guaitoli 1981: 81, nota 11).

8. La scheda di ricognizione, consultata grazie alla cortesia della Dr Helen Patterson e conservata presso la British School at Rome, porta il riferimento 853553 e l'intestazione 'summit hill, recently ploughed out'; non vi compare alcun riferimento alla terracotta menzionata nella pubblicazione, di cui probabilmente il Ward-Perkins aveva avuto una notizia orale. I materiali dal sito sono in corso di studio da parte della Dott.ssa Roberta Cascino, nell'ambito di un progetto scientifico coordinata dalla Dr Patterson in collaborazione con la Prof. Gilda Bartoloni e dal Dott. Marco Rendeli.

9. Vedi la foto aerea: Ward-Perkins 1961: tav. 9.

10. La localizzazione del rinvenimento, che il Torelli aveva collegato ipoteticamente a un frammento di lastra di *antepagmentum* rinvenuto nella sottostante località di Valle la Fata, si fonda sulle informazioni da noi raccolte sul posto interrogando i fratelli del defunto scopritore, Alfredo e Romano Dominici. Successivamente l'antefissa è stata ritrovata nei depositi del Museo di Villa Giulia da Francesca Boitani e Claudia Carlucci, cui si deve la scheda edita nell'Appendice II. Ringrazio la Dott.ssa Boitani per il consenso alla pubblicazione.

11. Hanno collaborato allo scavo del 1997 Laura Ambrosini, Laura Michetti, Massimo Morandi e Daniele Maras, oltre a molti studenti di etruscologia e allievi della I Scuola di Specializzazione in Archeologia dell'Università di Roma 'La Sapienza'. La documentazione grafica è stata curata da Barbara Belelli Marchesini, quella fotografica sopratutto da Laura Ambrosini.

12. A questo santuario dovrebbe riferirsi l'enorme deposito votivo messo in luce nel 1669 negli scavi Chigi (Delpino 1985: 19–21), come fa ritenere la distanza di quasi mezzo miglio dalla zona del Foro indicata da Pietro Santi Bartoli (1979).

13. Se entrambi sorgevano a quanto pare nella zona di Santa Sabina (Ziolkowski 1992: 85–7; Andreussi 1996). Torelli (1982: 126, nota 47) ricorda che entrambi hanno avuto dall'età augustea come *dies natalis* l'1 settembre.

14. L'impostazione del cantiere è stata agevolata dal rapporto di collaborazione scientifica con la sezione di topografia nell'ambito del Progetto Veio. Alla cortese disponibilità della Prof.ssa Fenelli e del Prof. Guaitoli si deve, in particolare, l'elaborazione della carta riprodotta a **Fig. 3**, con la sovrapposizione delle tracce da aerofotogrammetria e delle anomalie da prospezione elettrica. Si ringraziano inoltre i colleghi Dott. A. Jaia e G. Ceraudo per l'aiuto fornito sul campo. Per ulteriori informazione, vedi Belelli Marchesini 2001.

15. Lo stesso tipo di elmo, ma più elaborato, è indossato dalla Minerva del gruppo votivo da Portonaccio; Colonna 1987a: 13.

16. Per entrambe le epiclesi di Iuno con le relative iconografie, cfr. *LIMC* 5.1: 814–56.

17. Richiamo già proposto da Torelli 1992: 271, n. 115. Per l'inquadramento del gruppo, vedi Colonna 1987a: 8–15, figg. 3 e 5.

18. Alla serie con copricapo bovino è molto vicina anche nelle dimensioni (altezza testa–mento 170 mm). Per le antefisse con Iuno Sospita da Roma e da Satricum, vedi Cristofani 1990: 45, 4.1.5, 243, 9.6.71.

Riferimenti bibliografici

LIMC = *Lexicon Iconographicum Mythologiae Classicae* (1981–). Zurigo/Monaco, Artemis Verlag.

Abeken, W. (1843) *Mittelitalien vor der Zeiten Römischer Herrschaft*. Stuttgart/Tübingen, J.G. Cotta.

Andrén, A. (1940) *Architectural Terracottas from Etrusco-Italic Temples*. Lund/Leipzig, C.W.K. Gleerup.

Andreussi, M. (1996) Iuno Regina. In E.M. Steinby (a cura di), *Lexicon Topographicum Urbis Romae* III *(H–O)*: 125–6. Roma, Quasar.

Baglione, M.P. (1987) Il santuario di Portonaccio a Veio: precisazioni sugli scavi Stefani. *Scienze dell'Antichità* 1: 381–417.

Baglione, M.P. (1989–90) Considerazioni sui santuari di Pyrgi e di Veio-Portonaccio. *Scienze dell'Antichità* 3–4: 651–67.

Bartoli, P.S. (1979) *Gli antichi sepolcri, o vero mausolei romani et etruschi, trovati in Roma et in altri luoghi celebri, nelle quali si contengono molto erudite memorie*. Bologna, Forni (ristampa dell'originale di 1697 (Roma, A. de Rossi)).

Belelli Marchesini, B. (2001) I.D. Comunità. In A.M. Moretti Sgubini (a cura di), *Veio, Cerveteri, Vulci. Città d'Etruria a confronto*: 23–8. Roma, L'Erma' di Bretschneider.

Bentz, M. (1994) Jupiter, Tinia oder Veiovis? *Archäologischer Anzeiger*: 159–83.

Cioncoloni Ferruzzi, R. e Marchiori, S. (1989–90) I culti del santuario di Veio-Portonaccio alla luce delle offerte votive. *Scienze dell'Antichità* 3–4: 705–18.

Colonna, G. (1987a) Il maestro dell'Ercole e della Minerva. Nuova luce sull'attività dell'officina veiente. *Opuscula Romana* 16 (1) (*Lectiones Boëthianae* 6): 7–41.

Colonna, G. (1987b) Note preliminari sui culti del santuario di Portonaccio a Veio. *Scienze dell'Antichità* 1: 419–46.

Colonna, G. (1998a) Il 'Progetto Veio'. In L. Drago Troccoli (a cura di), *Scavi e ricerche archeologiche dell'Università di Roma 'La Sapienza'*: 136. Roma, L''Erma' di Bretschneider.

Colonna, G. (1998b) Veio: i santuari di Portonaccio e Piano di Comunità. In L. Drago Troccoli (a cura di), *Scavi e ricerche archeologiche dell'Università di Roma 'La Sapienza'*: 139–43. Roma, L''Erma' di Bretschneider.

Cristofani, M. (1990) (a cura di) *La grande Roma dei Tarquini*. Roma, L''Erma' di Bretschneider.

Delpino, F. (1985) *Cronache veientane. Storia delle ricerche archeologiche a Veio* I. *Dal XIV alla metà del XIX secolo*. Roma, Consiglio Nazionale delle Ricerche.

Delpino, F. (1999) La 'scoperta' di Veio etrusca. In A. Mandolesi e A. Naso (a cura di), *Le ricerche archeologiche in Etruria meridionale nel XIX secolo (Atti dell'incontro di studio, Tarquinia, 6–7 luglio 1996)*: 73–85. Firenze, All'Insegna del Giglio.

Dennis, G. (1907) *The Cities and Cemeteries of Etruria* (terza edizione). Londra/New York, J.M. Dent and Co.

Fenelli, M. (1998) Veio: topografia generale e cartografia. In L. Drago Troccoli (a cura di), *Scavi e ricerche archeologiche dell'Università di Roma 'La Sapienza'*: 137–8. Roma, L''Erma' di Bretschneider.

Giglioli, G.Q. (1923) Veio. Trovamenti nell'area della città. *Notizie degli Scavi di Antichità*: 163–73.

Guaitoli, M. (1981) Notizie preliminari su recenti ricognizioni svolte in seminari dell'Istituto. In *Ricognizione archeologica. Nuove ricerche nel Lazio (Quaderni dell'Istituto di Topografia Antica dell'Università di Roma 'La Sapienza' 9)*: 79–87. Firenze, Leo S. Olschki.

Lanciani, R. (1889) Veio. Scoperte nell'area della città e nella necropoli veientana. *Notizie degli Scavi di Antichità*: 10–12, 29–31, 60–5, 154–8, 238–9.

Liverani, P. (1987) *Municipium Augustum Veiens: Veio in età imperiale attraverso gli scavi Giorgi (1811–1813)*. Roma, L''Erma' di Bretschneider.

Muzzioli, M.P e Pellegrino, M.P. (1994) Schede dei manoscritti Lanciani. *Rivista dell'Istituto Nazionale di Archeologia e Storia dell'Arte* s. 3 (17): 254–5.

Prayon, F. (1991) *Deorum sedes*. Sull'orientamento dei templi etrusco-italici. *Archeologia Classica* 43: 1285–95.

Stefani, E. (1953) Veio. Tempio detto dell'Apollo. Esplorazione e sistemazione del santuario. *Notizie degli Scavi di Antichità*: 29–112.

Torelli, M. (1973) Veio. Scoperta di un piccolo santuario etrusco in località Campetti. *Notizie degli Scavi di Antichità*: 41–63.

Torelli, M. (1982) Veio, la città, l'arx e il culto di Giunone Regina. In H. Blanck e S. Steingräber (a cura di), *Miscellanea archaeologica Tobias Dohrn dedicata*: 117–28. Roma, Giorgio Bretschneider.

Torelli, M. (1987) *La società etrusca. L'età arcaica, l'età classica*. Roma, La Nuova Italia Scientifica.

Torelli, M. (1992) I fregi figurati delle regiae latine ed etrusche.

Immaginario del potere arcaico. *Ostraka* 1: 249–74.

von Urlichs, L. (1846) Vejentische Terracotten in Besitze des Unterzeichneten. *Jahrbücher des Vereins von Alterthumfreunden im Rheinlande* 8: 123–8.

Ward-Perkins, J.B. (1961) Veii. The historical topography of the ancient city. *Papers of the British School at Rome* 29: 1–124 e tavole.

Ziolkowski, A. (1992) *The Temples of Mid-Republican Rome and their Historical and Topographical Context*. Roma, L''Erma' di Bretschneider.

NEW APPROACHES TO ROMAN URBANISM IN THE TIBER VALLEY

Simon Keay, Martin Millett, Sarah Poppy, Julia Robinson, Jeremy Taylor and Nicola Terrenato

Abstract • Riassunto

THIS PAPER PROVIDES an introduction to the 'Roman Towns in the Middle and Lower Tiber Valley' project. It begins by justifying the need for extensive survey at a range of Roman urban settlements in the Tiber valley. While there is a long and rich history of research into urbanism in this part of Italy, it is suggested that the approaches traditionally employed have tended to dictate a piecemeal approach to individual sites. This paper advocates the importance of studying towns as overall urban landscapes, and to this end suggests that extensive systematic survey is one way forward. In particular, it advocates the importance of integrating geophysical survey and systematic surface collection over large areas. The paper then goes on to review the particular methods used in this project, and summarizes the results from the settlements of *Falerii Novi*, *Falerii Veteres*, Seripola and *Portus*.

QUESTA RELAZIONE COSTITUISCE una prefazione al progetto 'Città Romane nella Media e Bassa Valle del Tevere'. Inizialmente l'attenzione si concentra sulla necessità di un'indagine estensiva in una serie di centri romani urbani nella valle del Tevere. Infatti, sebbene ci sia una lunga e ricca tradizione di studi urbanistici in questa parte d'Italia, il presente lavoro sostiene che gli approcci impiegati tradizionalmente hanno portato a imporre una visione frammentaria del territorio, basata sull'analisi di singoli siti. Gli autori sottolineano l'importanza di studiare le città come un paesaggio urbano unitario e a questo scopo propongono l'indagine sistematica come principale metodo di analisi. In particolare, si sottolinea l'importanza di integrare l'indagine geofisica e la raccolta sistematica di superficie sopra aree estese. La relazione inoltre prosegue con l'esaminare le particolari metodologie utilizzate in questo progetto e riassume i risultati provenienti dai centri di *Falerii Novi*, *Falerii Veteres*, Seripola e *Portus*.

GENERAL BACKGROUND
M. Millett and S. Keay

INTRODUCTION

THE STUDY OF TOWNS is central to any understanding of the Roman Empire, since they were the nodes through which the administration, economy and culture of the Empire were negotiated. This has long been recognized, and many studies have drawn together available textual and epigraphic evidence for such key issues as the constitutional history and administrative roles of towns. Such works have synthesized successfully the historical evidence, identifying systematic patterns of change across the Empire and variations between its regions. This is not to suggest, however, that there is any general consensus about the character of Roman towns. Indeed, the long-standing debate over the merits of the 'producer' or 'consumer' models of the city highlights the profound differences of interpretation that continue to divide the academic world (cf. Parkins 1997).

It can be argued that archaeological analyses of Roman towns have been rather less successful in contributing to these broader debates than one might have expected. Whilst protagonists in the historical debate have drawn upon the archaeological evidence from particular towns, such as Pompeii (Jongman 1991) and Corinth (Engels 1990), too often they have used it selectively and it has rarely been collected with defined historical questions in mind. Equally, while archaeologists themselves have been very successful in providing excellent syntheses of architecture (for example, Gros 1996) and urban topography (for example, Gros and Torelli 1988; Sommella 1988), their results often suffer from two unavoidable difficulties. Firstly, the evidence is the product of uneven survival, and the most quoted examples are generally drawn from a relatively small group of well-preserved and extensively investigated sites, since it is these towns that have long attracted most archaeological investigation. However, it is difficult to know how far they can be considered typical of Roman towns as a whole. In particular, their relevance to smaller urban centres and regions away from Italy must be open to question. At the heart of many general works lie the towns of Pompeii and Ostia, whose exceptional state of preservation ensures that they still cast a strong spell over archaeologists, even though neither can be considered typical of Roman towns in Italy, let alone the provinces. Secondly, most previous archaeological work is the result of piecemeal research. In the case of sites that are no longer occupied, this has been the product of opportunism on the part of individual excavators or the interest of architectural historians in specific building types, such as temples, theatres or fora. In those towns that remain occupied today, archaeological knowledge is heavily constrained by medieval and modern developments (for example: Bedon, Chevallier and Pinon 1988). Consequently, research has tended to focus upon individual buildings decontextualized from the rest of their urban environment. Our samples of evidence do not thus lend themselves to satisfactory generalizations, even in apparently well-known cities like Rome itself (Ricci and Terrenato 1999).

All of this means that, while we are enhancing our understanding of individual buildings and sectors of urban landscapes, we are generally failing to investigate broader patterns of urbanism in the Empire. Consequently, when we come to consider such basic issues as the size of urban centres in the Roman world or the extent to which they may have been dominated by either public buildings, private houses or industries, we have little option but to use the evidence from the 'classic' towns of Pompeii (Laurence 1994) and Ostia, even though they are almost certainly atypical.

We would like to propose a partial solution to these problems. Archaeologists could make an important contribution to the study of Roman urbanism by focusing upon two complementary strategies. First of all, there is a desperate need to characterize the broader

patterns of urbanism in the Empire by synthesizing available archaeological data. Research of this kind has been undertaken already at both the regional (Millett 1990; Alcock 1993; Keay 1998) and broader level (Woolf 1997; Millett forthcoming). However, the quality of the data and fullness of coverage in these studies are variable, and there is a need to collect new data on a regional basis. This kind of information is already being collected on a systematic basis in Baetica (Keay, Wheatley and Poppy 2001). Systematic fieldwork in southern Spain is allowing a hierarchy of settlement to be constructed on the basis of the size, surface chronology and epigraphic record of urban sites, set against their location, natural resources and intervisibility in the landscape. This information clearly is needed from other regions, not least Italy itself.

In addition, there is a need for the collection of more data about the internal organization and chronology of the full range of urban sites in different Roman provinces. We have seen that much of our knowledge about Roman urbanism in Italy and other parts of the Empire is based on an uncertain sample, so there is a need for more systematically collected data. In an important paper, 'Mediterranean survey and the city', Bintliff and Snodgrass (1988) pointed to the potential of the use of field-walking techniques in investigating ancient city sites. Their work was based primarily on the application of techniques hitherto largely used on rural sites for the investigation of 'greenfield' urban sites. Subsequently, the rapid development of a wide range of surface-survey methodologies has enhanced their potential for investigating urban sites (Francovich and Patterson 2000; Pasquinucci and Trément 2000). In particular, work at Peñaflor (Keay, Creighton and Remesal Rodríguez 2000) and Italica (Rodríguez Hidalgo 1997; Rodríguez Hidalgo *et al.* 1999) has demonstrated the potential for integrating systematic surface collection with geophysical prospection in order to investigate individual towns. Thus, carefully defined strategies of systematic surface survey and large-scale geophysics can contribute much to our understanding of urban topography, complementing conventional excavated data.

THE TIBER VALLEY STUDY

This paper thus aims to contribute to broader historical debates surrounding Roman urbanism by providing the first results of a new project, which examines urban settlement patterns in the Tiber valley. The project focuses upon the full range of settlements in the region, ranging from the larger privileged centres

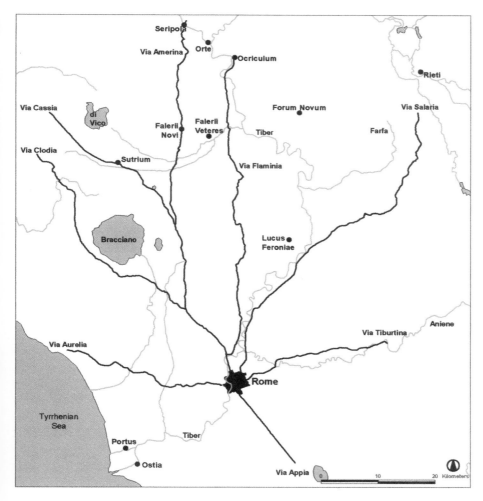

FIG. 1. **Location of sites discussed in the text.** *(S. Cann and H. Goodchild.)*

in the Tiber valley, and especially the British School at Rome's work in South Etruria (Potter 1979), made this area especially attractive for our study. Of particular importance, however, was the fact that our planned fieldwork would be accompanied by a re-analysis of some sectors of the South Etruria Survey area and a detailed study of the original finds (Patterson and Millett 1998).

The aim of the project is to gather information on the nature and extent of the full range of nucleated sites in the middle Tiber region and not just the major Roman towns. This will involve an examination of individual towns themselves in the broader context of their landscape. The study area itself (**Fig. 1**) was defined to ensure that we would have a sufficiently broad selection of town sites to enable a regional study to be worthwhile. It takes in the whole of the Tiber valley downstream from the modern town of Orte to its mouth at Ostia. It includes the major Roman towns of *Ocriculum*, *Falerii Novi* and *Lucus Feroniae* as well as the major

down to the smaller agglomerations and roadside sites. Its rationale stems from our growing recognition of the need for systematically collected data. We were also encouraged by discussions in 1996 with Andrew Wallace-Hadrill about the revival of work by the British School at Rome in the part of South Etruria that is traversed by the Tiber.

We have long believed that a fuller understanding of urban sites depends on both good quality settlement data and systematically collected artefactual evidence from the surrounding countryside. It is this that allows towns to be understood in their landscape contexts. In a previous study of the development of the hinterland of Roman *Tarraco* (Tarragona) in eastern Spain, this information was provided by our own survey work (Carreté, Keay and Millett 1995). However, it was always clear that, for practical reasons, any new regionally-based study of Roman towns would have to rely on existing evidence from other surveys. The concentration of previous archaeological survey work

site at *Portus*, and some twenty roadside settlements and other centres. It also complements current British School at Rome work at *Forum Novum* (Vescovio) in the Sabina (this volume, Chapter 16). A key consideration in the choice of this region was the fact that there is a long tradition of archaeological work, which provides crucial contextual information for both the pre-Roman and Roman periods. Thus there are published accounts of some of the major towns (in, for example, the *Forma Italiae* volumes) and, much more rarely, smaller roadside settlements, such as Aquaviva (Potter, Reynolds and Walker 1999) and Seripola (Begni Perina 1986). In addition, there are a number of established Italian field projects at major sites, like Veii, *Cures Sabini* and *Crustumerium* (see above, Chapters 11–14).

One key theme of the British School at Rome's project in the Tiber valley is the changing impact of Rome on its hinterland through time, and our work clearly contributes to this. There is little doubt that the huge social and economic impact of the city of Rome (Morley 1996) would have affected the towns in our study area, to the point that one could argue that they were atypical of those in other parts of the Empire. At the same time, however, it could be argued that there was no 'normal' pattern of urbanism anywhere in the Roman world, since the characteristics of each region were a unique blend of Roman influence and indigenous traditions. Consequently, a study of the Tiber valley has as much value as that of any other part of the Empire provided that the results are understood in conjunction with those from regions elsewhere (cf. Woolf 1997). Clearly, therefore, we will only be able to understand the full significance of data from the Tiber valley once they are set against those from other regions in the Empire.

Our objectives thus complement earlier town-based research work in the region. A long and distinguished tradition of research in northern Lazio and southern Umbria has provided important insights into the development of a number of sites (Quilici Gigli 1986; *Tevere* 1986). It has provided important and detailed information about the development of parts of individual towns. This work has involved both the painstaking excavation, analysis and publication of particular structures, and the collation, analysis and presentation of material evidence, such as that of inscriptions and sculpture. Our approach, by contrast, aims to provide low resolution information for a range of settlements. We are interested in the overall patterns of urban distribution, size and form and believe that much new information can be collected from surface survey and fieldwork rather than excavation or detailed artefact studies. We thus intend to elucidate the topography and internal organization of a range of selected towns by means of systematic surface-survey techniques (discussed below). Our project will thus complement previous work by providing a broader context for the interpretation and comparison of individual sites.

PRELIMINARY RESULTS
S. Keay, M. Millett, S. Poppy, J. Robinson, J. Taylor and N. Terrenato

INTRODUCTION AND METHODOLOGY

A preliminary visit to the study area in 1996 identified two sites for the first stage of research: *Falerii Novi* (Santa Maria di Fálleri) in Lazio and *Ocriculum* (Otricoli) in Umbria (**Fig. 1**). They epitomize different aspects of Roman urbanism in the middle Tiber valley. *Ocriculum* was an important river port, which became

an allied community around the end of the fourth century BC (Pietrangeli 1978), while *Falerii Novi* was a new town constructed after Rome's victory over the Faliscans in 241 BC (Di Stefano Manzella 1979). Both are 'greenfield' sites that have a high potential for surface survey. With permission from the Soprintendenza Archeologica per l'Etruria Meridionale and the Soprintendenza Archeologica dell'Umbria we were able to undertake work at both sites in July 1997, and work at *Falerii Novi* was completed in 1998–9. Subsequently, work has also been undertaken at six other 'greenfield' sites, Capena, *Forum Cassii*, *Baccanas*, *Portus*, Seripola and *Falerii Veteres* (Vignale).

Earlier, it was suggested that systematic surface survey and large-scale geophysics had much to contribute to our understanding of Roman urban topography. Both kinds of technique are relatively easy to use and allow archaeologists to cover substantial areas in a relatively short space of time. Clearly, therefore, they are ideally suited to characterizing the extent, organization and chronology of the large urban sites typical of central Italy and other parts of the western Mediterranean. By contrast, the traditional strategy of attempting to excavate urban landscapes piecemeal is expensive, and in many cases of questionable value. Our project builds upon these experiences and attempts to further refine the non-destructive exploration of Roman urban landscapes. It is essentially site-specific, although it will be integrated into a broader landscape-based Geographical Information System (GIS), which is being developed as part of the British School at Rome's broader Tiber Valley Project.

TOPOGRAPHICAL SURVEY

The recent development of computing techniques, for both image processing and the analysis of spatial data through a GIS, has enhanced the prospects of integrating the results from different survey methods, providing accessible results and facilitating comparisons between different datasets. Similarly, the rapid development of electronic distance measuring and automatic recording systems for theodolites has led to the widespread use of the total station in topographic survey. This has opened up new possibilities in field archaeology, not least the ability to survey the topography of sites in far more detail than ever before and cope with areas where land use prohibits the use of other remote sensing techniques. The speed with which the methods can be used in the field now makes it possible to envisage characterizing urban settlement patterns through the collection of a range of comparative data from a number of sites within a region. Finally, the use of GIS also makes it easier to place individual towns into their broader landscape contexts. As a note of caution, however, it should be stated that the application of these techniques should be driven by a research agenda rather than by a desire to use them for their own sake. Moreover, the apparent sophistication of the computer graphics should not blind us to the limitations of both the data and the techniques themselves.

Our objective at each site is to deploy a variety of surface-survey methods to generate a topographical plan of as much of the urban area as possible. This is followed by research into the physical development of the site and its context within the local landscape. The first stage of this work involves collating all existing maps and topographical information about each site and then relating these to a surveying framework on the ground using a total station theodolite. The total station is then used to map visible features and create a more detailed topographic survey than that provided by the existing maps. Its use allows a rapid and accurate survey to be made of upstanding archaeological structures, as well as enabling the generation of close interval contour models of large areas. At a low level of precision (1 m contours) this strategy allows a secure microtopographic model to be produced. This allows one to understand the overall topography of the site in a manner not achievable through published maps, and enables interrelationships between the levels of such features as standing buildings and roads to be established within a GIS. Moreover, at a higher level of precision (down to 50 or 100 mm contours), a total station theodolite survey can characterize the complexity of features not readily comprehensible to the naked eye. In some circumstances, this may provide a useful method of prospection in itself. Thus, while such contouring only records the slight surface irregularities that are recorded by the surveyors on site, it often makes them more understandable and enables them to be related to subsurface features. Thus, for instance, at *Falerii Novi* the use of close interval contour survey has led to the identification of important topographical features within the ancient town (**Plate 1**). It has also enabled us to identify the location of more recent features of significance, like the spoil heaps from the early nineteenth-century excavations, which were not immediately obvious as such on the surface. This higher precision survey is not particularly time-consuming (*c.* 2 ha per day at *Falerii Novi*) and can provide a valuable complement to the geophysical

results (see below). However, it must be undertaken systematically and with prudence if resources are not to be wasted on areas where worthwhile results cannot be obtained.

GEOPHYSICS

The next stage of fieldwork involves two complementary elements: subsurface mapping and the systematic collection of surface finds. When considered together these enable us to understand the spatial organization of buried buildings and, to some degree, their chronology and function. The principal means of subsurface mapping is provided by geophysical survey methods. In the United Kingdom the use of magnetometry and resistivity survey has become a commonplace in recent years, following the development of robust machines and computer-based data-loggers (Gaffney, Gater and Ovendon 1991; Gaffney and Gater 1993). The principles on which the machines are based are well-known and need not be detailed here (Clark 1990; Schollar *et al.* 1990). In brief, the resistivity survey measures small-scale variations in the electrical conductivity of the soil. Thus features such as walls show up as bands of higher electrical resistance. The magnetometer measures minor variations in the magnetism of the soil, again enabling features, such as walls, roads, hearths and kilns, to be identified under appropriate conditions. In each case the key to success lies in being able to survey substantial areas using consistent methods of data collection, and mapping the results precisely in relation to the topographic information.

The instruments used for our own surveys are the commercially available Geoscan RM15 (for resistivity survey) and FM36 (for magnetometry). Data are logged automatically and can be downloaded directly to portable computers and thus processed and viewed using commercially available Geoplot and InSite software packages. These programmes provide a variety of means of processing and plotting the results to maximize their visual quality. The basic system of survey used follows the recommendations for commercial surveys carried out in England and issued by English Heritage (1995). A 30 x 30 m survey grid is laid out and located using the total station. Within each square data are collected every 0.5 m along a sequence of traverses 1 m apart. This produces 1,800 measurements per 30 m square over the survey area. Resistivity and magnetometry surveys often provide complementary results, but, as magnetometry can generally be undertaken more rapidly, our primary work uses this technique, with resistivity deployed to explore areas of particular interest or uncertainty. Resistivity tomography, in its turn, is also beginning to offer the possibility of mapping features at a series of different depths within urban sites.

It is important to appreciate that geophysical survey methods only work where there are significant differences between the electrical resistance or magnetic properties of the underlying archaeological features and the surrounding soil matrix. Thus, while the results at *Falerii Novi* were extremely clear (**Plate I** and, below, **Figs 2–3**), it is by no means certain that the same will be true of all the sites in which we have an interest. Moreover, the techniques are obviously better suited to sites in agricultural use or under pasture, rather than built up modern urban centres, such as *Sutrium* (Sutri) or parts of *Falerii Veteres* (Vignale). Equally, for large-scale prospection they are generally limited to a depth of 1 m and provide only an aggregate image of the buried features they detect. As a result, complex and long-lived sites may not produce very clear geophysical results that are easy to interpret. The establishment of any chronology and the detailed interpretation of structures generally will require additional information from surface survey or ultimately excavation (although this will not be undertaken in our project, which is confined to surface fieldwork alone). However, both geophysical methods offer the opportunity of providing large-scale information about the plans of certain buried sites in a relatively efficient and rapid manner.

SYSTEMATIC SURFACE SURVEY

The geophysical results provide us with an image of buried structures. However, this is essentially unidimensional and tells us little about the chronology, architectural detail or function of the buildings revealed. These can be addressed by the systematic collection of surface finds, most commonly ceramics and building materials. The technique generally involves collection from the surface of ploughed and weathered fields using the conventional field-survey techniques within a collection grid, usually that used for the geophysics (Bintliff and Snodgrass 1988; Keay, Creighton and Remesal Rodríguez 2000). The field strategy can involve either total surface collection or the examination of smaller samples. Once collected, the ceramics can be sorted by class (fine-wares, coarse-wares and amphorae) and production (*sigillata italica*, for example), and the building materials by function (flooring, walling, roofing, for example). Their relative densities across the site can then be mapped by the computer.

There are two problems associated with these collection strategies. Firstly, the sheer quantity of surface material is often so great that the prospect of dealing sensibly with even a sample of material from all the grids across a town is daunting. This was certainly found to be the case when experimental work of this type was carried out at *Falerii Novi* during 1997. Secondly, since the survey grid is of necessity established before there is any information about the buried structures, it is often difficult later to relate surface material to individual buildings. Consequently, in our surveys we propose to undertake selective surface collection only after the results of the geophysical survey have been processed. This will enable us to pinpoint the location of individual structures in the field with the total station and to collect targeted samples of surface material from directly above them. We believe that this innovation will be important both for associating architectural fragments with specific buildings, and as an aid in mapping the datable ceramics from across the site and isolating the chronology of individual structures. Investigation by surface collection will thus be focused closely on specific archaeological features rather than being based on an arbitrary collection grid. We believe that this will enhance our ability to address our research questions, such as identifying different functional regions of towns, and will be less wasteful of resources.

The final element in the survey strategy is to integrate the different results from each site within a new GIS. This GIS is deployed to integrate and overlay the different survey results and to aid understanding within the immediate landscape context. This provides far more than a simple way of overlaying the results of one survey on another, as it enables us to three-dimensionally model varied sources of information in order to reveal, for example, hitherto unrecognized correlations between surface topographical features and buried archaeological structures. Secondly, it provides the opportunity to view the form and layout of each town as a whole and study how it related to the surrounding landscape. This should provide important insights into the ways in which urban sites were laid out, viewed and used in antiquity.

PRELIMINARY RESULTS

Since 1997, survey has been undertaken on eight sites along the Tiber between Orte and its mouth, five of which are discussed here. This work has been funded by the Arts and Humanities Research Board, the Society for the Promotion of Roman Studies, the Society of Antiquaries of London, and the Universities of Cambridge, Durham and Southampton.

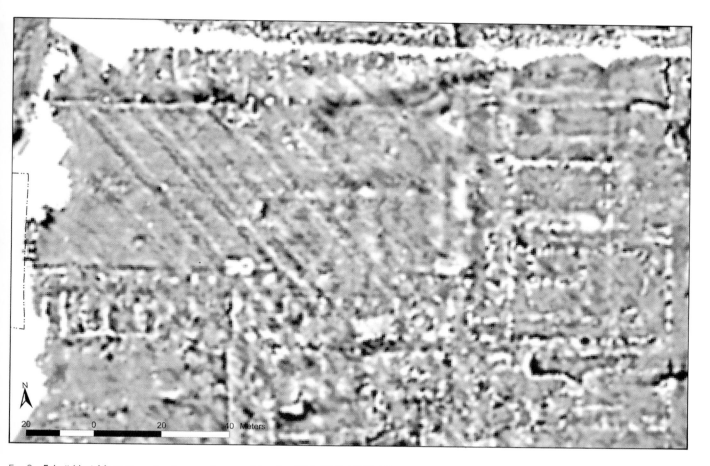

FIG. 2. *Falerii Novi.* Magnetometer image of parts of Insulae XXI, XXII, XXIII, XXXII, XXXIII, XXXIV, XLIII, XLIV, XLV (for location see Plate 1). *(After Keay* et al. *2000: fig. 25.)*

TOWNS

Falerii Novi (**Figs 2–3**). The town of *Falerii Novi* was chosen as the first town in our survey on the grounds that its open access would provide us with an index of the effectiveness of integrated geophysical survey and systematic surface collection in this part of Italy. The results of this survey have been published fully (Keay *et al.* 2000) and what follows here is a summary of the principal results. The site is situated on the lower eastern slopes of Monte Cimino, in the volcanic territory to the west of the Tiber valley, *c.* 50 km north of Rome. The land in the district comprises a plateau of volcanic tufa that is cut by a series of deeply incised valleys. *Falerii Novi* stands on a plateau that lies at *c.* 200 m above sea level, and whose southern edge is defined by the precipitous valley of the Rio del Purgatorio. This stream is an easterly flowing tributary of the Rio Treia, which itself joins the Tiber north of Civita Castellana.

Falerii Novi is also important from the historical perspective (see Appendix), and is frequently taken as a key example of Republican town planning. Historical sources record that it was established by Rome after defeating a revolt led by *Falerii Veteres* in 241 BC (Polybius 1.65; Livy, *Epitomes* 20) and its inhabitants were then forcibly resettled by Rome in a less defensible location at *Falerii Novi* (Zonaras 8.18). The initial status of the city is unclear, although it is likely that it became a *municipium* after the Social War and is known to have been granted colonial status by Emperor Gallienus (Di Stefano Manzella 1981: 106–7, 134–6). Little is known of its later history, except that the church of Santa Maria di Fálleri was founded as a Benedictine abbey in 1036. Despite its evident historical importance, there has been comparatively little archaeological excavation at the site. Large-scale work was undertaken near the centre of the site in 1821–30 (synthesized by Di Stefano Manzella (1979)) and there have been more recent excavations at the centre of the site, beneath the church and in the vicinity of the north gate, by the Soprintendenza Archeologica per l'Etruria Meridionale.

The methods that we applied in our survey of *Falerii Novi* are discussed above. However, they can be sum-

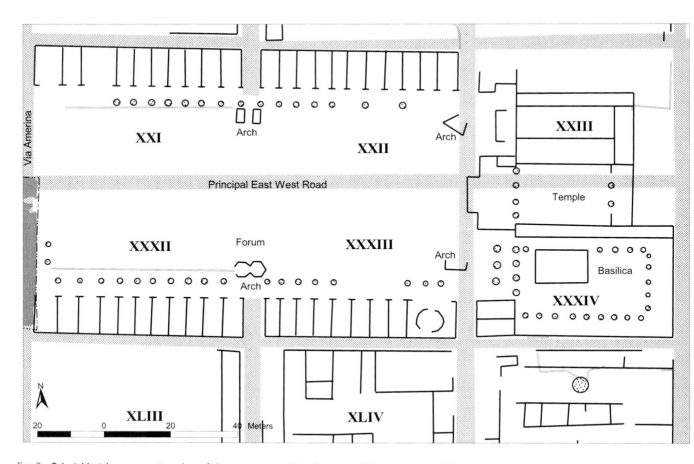

FIG. 3. *Falerii Novi.* Interpretative plan of the area covered by Figure 2. *(After Keay et al. 2000: fig. 26.)*

marized as follows. The whole site was surveyed using a Leica total station theodolite. This provided a framework related to the overall site topography and within which we located the geophysics grid. All visible topographic features, as well as the outline of the interior of the Roman walls, gates and other exposed archaeological features were mapped in relation to this grid. The instrument was also used to generate a close interval contour model of the area within the walls. Work at *Falerii Novi* then involved magnetometry and surface collection, the results of which were integrated into a GIS software package. A total of 371 grid squares, each 30 × 30 m, was surveyed with the magnetometer, amounting to a total area of 29.6 ha (*c.* 90 per cent of the 30.6 ha walled area). Our field-walking strategy comprised two main elements. One involved a one-person survey of the whole site, mapping all visible concentrations of surface debris and the find-spots of closely-dated types of pottery, with the aid of a small hand-held computer and a small mobile Satellite Global Positioning System (GPS). The second element comprised the survey of an area towards the centre of the site whose ancient layout was already known from

the geophysics. Here all visible pottery from within circular sample units 3 m in diameter was collected permitting us to ask very specific questions about the chronology and construction techniques of individual buildings.

The combination of these techniques proved very successful and has allowed us to elucidate much of the layout and chronology of *Falerii Novi* (Plate 1). In the first instance, the layout of the street-grid is very clear and, upon careful analysis, suggests the existence of a sequential development with four principal phases. Firstly, a street-grid comprising a block of insulae was laid out in respect to the north–south Via Amerina and the east–west axis of the site. In a second phase, a route on a different alignment was established around the northern, western and eastern sides of the early grid; part of this later became the intramural street of the walled town. In the third phase, the town walls, traditionally Roman Republican in date, were constructed: this involved the realignment of part of the Via Amerina and led to the formalization of the intramural road along the north and east sides of the town. Finally, at a later date, the street-grid was expanded up to the walls in the southern part of the walled area. The geo-physical survey revealed that within the enclosed street-grid there was a range of major public buildings. The clearest of these is the forum, which lies at the centre of the town (**Plate 1**). Its plan is clearly multiphase and suggests that the whole complex has undergone a major replanning at some stage. It is probable that its layout was increasingly monumentalized through time, similar to the sequence documented at Cosa. However, unlike Cosa, *Falerii Novi* shows the full development of an elaborate planned forum during the Principate (**Figs 2–3**). Another key building was the theatre and its adjacent portico in the southern part of the town (**Plate 1**). Its general form is reasonably clear and can be reconstructed by comparison with other Roman theatres. The *orchestra* and lower part of the *cavea* were constructed to take advantage of the hillslope and valley, but the upper tiers of seats were clearly sup-ported on vaults. Some of the piers that supported these are identifiable on the geophysical survey, but the sur-viving layout is not entirely regular. Other identifiable public buildings are a temple immediately to the north of the east–west road that enters the town through the Porta di Giove (shown as the West Gate on **Plate 1**), possibly the *capitolium*, together with a series of small south-facing temples at road junctions along the intra-mural road that runs along the northern side of the town. There is also a probable bath block at the south side of the town, adjacent to the theatre. In addition to the public buildings, the survey revealed a large number of private *domus* whose plans are relatively clear, with identifiable atria and peristyles, as well as buildings that are less clearly understood. The one-person surface collection helped to enhance some of these results, confirming, for example, the location of some of the principal roads in the town by enabling *selce* blocks to be plotted. The targeted surface survey, by contrast, was focused upon the forum area and pro-vided some idea about the character of the flooring and decoration of private houses and public monuments. It also suggested that the centre of the town was the scene of continued occupation and activity well into the late antique period.

Falerii Veteres (Vignale). The site at Vignale is part of the complex that formed the Faliscan town of *Falerii* (*Veteres*). It had a complex topography that comprised a series of separate settlements, sanctuaries and cemetery areas in the vicinity of the present town of Civita Castellana. The landscape comprises a plateau of volcanic tufa deeply dissected by river val-leys, creating a series of separate places defined by steep cliffs. Vignale was one of two such locations forming the core of the Faliscan settlement, the other now being occupied by the medieval core of Civita Castellana. It takes the form of a plateau, which is almost triangular in plan and defined on almost every side by cliffs. Vignale has been explored by occasional excavations since the late nineteenth century: these suggest that it was first occupied in the Bronze Age and that in the fifth century BC there were temples on the site, possibly dedicated to Apollo. Fieldwork was undertaken at this site in 2000–1 in order to provide further information about the topography and chron-ology of Vignale, and in particular to establish whether there was any evidence to support the suggestion that the settlement was orthogonally planned. The whole of the site was available for survey and a fourfold strategy was deployed, with topographic survey, geophysical survey, surface collection and geochemical sampling being undertaken over a total of some 9 ha.

The overall impression gained from this work is that the hilltop was deliberately shaped, possibly during the classical period, and that a number of substantial, if ill-defined, buildings occupied part of its area. The topo-graphic survey revealed the existence of a series of agricultural features, as well as clear evidence for ancient terracing of the hillside plateau, especially on the southern and eastern sides. Interpretation of the results of the magnetometer survey was challenging, given the thinness of the soil cover. Nevertheless it revealed the existence of a sunken, rock-cut roadway that approached the site up the terraced slope from the east. There was also a line of rock-cut pits: their func-tion is obscure, but they may represent multiple access points to a cuniculus. Much of the eastern part of the site revealed evidence for substantial rectangular rock-cut features best interpreted as cisterns. In the area beside the more southerly of the cisterns, excavated in the 1890s, the survey also revealed evidence of struc-tures on an area of terraced land. In an attempt to clarify these results a small (1.4 ha) area was also surveyed with the resistivity meter, pointing to the existence of a series of large structures adjacent to the surviving cis-tern. Systematic surface survey was undertaken over the western part of the site, where visibility was best, with a strategy to collect all visible material. A prelim-inary analysis of the pottery collected confirms that much of the western part of the site was covered with ceramics of the later Bronze and Iron Ages, as well as Roman Republican black glaze and, very occasionally, Roman Imperial *terra sigillata italica*. Over the eastern parts of the site, occasional sherds were recovered from where the surface had been disturbed, and a more substantial group of material was collected from along the stone wall that defined a field boundary; this included a number of architectural terracottas. The geochemical survey involved using an augur to collect samples at 10 m intervals across the central area of the plateau. It is hoped that analysis of these will complement the results of the topographic and geophysical surveys and enhance our understanding of the differing use of different parts of the site.

Ocriculum (Otricoli). Our work at Otricoli in 1997 was confined to small-scale geophysical survey work on two peripheral areas of the site. Neither was sufficiently large to produce very clear results. The survey to the south of the town beside the Via Flaminia was disappointing, because of adverse soil conditions and the proximity of power cables. On the western side of the site, beside the Porto dell'Olio the results were more promising and illustrate the future potential of the site. The magnetometer survey revealed some structures, although their interpretation is difficult without the exploration of a much wider area. Work resumed in 2002 on the central sector of this town and preliminary results suggest that it will be possible to produce a good subsurface map of much of the town.

RIVER PORTS

Seripola (Orte). The riverside port at Seripola is probably to be identified with *Castellum Amerinum* of the *Tabula Peutingeriana*. Its value to us lies in the fact that it is one of the few river ports along the Tiber still accessible to archaeological investigation, and thus has the potential to shed light on one of the smaller nucleated settlements in the Tiber valley. It lies on the east bank of the Tiber at the point where the Via Amerina crosses the river, and was discovered during the construction work for the bridge, which now carries the A1 Autostrada across the river, in 1962–3. Excavation was limited in scale but did demonstrate that the site was a river port and that it had been occupied from the second half of the second century BC into the late antique period. The initial results from our survey here suggest that it is considerably larger than previously thought.

Initial reconnaissance at the site revealed that the site continued to the north of the excavated area currently visible. Traces of substantial stone structures were exposed in the upper part of the Tiber bank, run-

ning 80 m northwards from the excavated area and the adjacent seasonal stream. Topographical survey, magnetometry and limited resistivity survey were undertaken in 2000–1, with the intention of clarifying two areas. One comprised the settlement straddling the Via Amerina, as it climbed eastwards from the excavation on the south side of the seasonal stream. The other was a smaller block along the Tiber bank to the north side of the seasonal stream.

The magnetometer survey revealed details of buried structures flanking both the Via Amerina and the river bank, suggesting that the settlement was more extensive than demonstrated previously. The structures were similar in scale and character to those already known from the excavations. Beyond this built-up part of the site, the line of the Via Amerina was traced for up to 140 m and appears to have climbed up to the first Tiber terrace via the gorge used by the current trackway. It was flanked by several tombs, some of which have been excavated recently, and by one or two free-standing mausolea. Another discovery was a small aqueduct which may have supplied the baths found in the 1971 excavation. On the north side of the seasonal stream the structures revealed in the river-bank suggest the presence of more substantial buildings than those found in the excavations. One of these was partially investigated by geophysical survey. It was built on a podium, partially constructed from *opus reticulatum* and covered an area of at least 25 × 15 m.

Portus. There is little doubt that the *Portus Romae* or *Portus*, was a key site at the mouth of the Tiber Constructed by Emperor Claudius, inaugurated by Nero and expanded by Trajan, it became Rome's maritime interface with her mediterranean Empire (Meiggs 1973; Gallina Zevi and Claridge 1996). As such, it complements in some ways the port of *Ocriculum* at the northern edge of our survey area. *Portus* has been known since the sixteenth century, and it has been the subject of imaginative reconstructions, partial excavations, syntheses and restoration down to the present day (notably, Testaguzza 1970). Our involvement in this site came at the invitation of the Soprintendenza Archeologica di Ostia, with a brief to survey all accessible parts of the site in an attempt to enhance the knowledge base of the site and, thus, to help facilitate future research and management of the complex. In terms of our own research objectives, it had the potential of shedding light upon the question as to whether there was ever a significant residential population at the site, particularly during the late Empire, when *Portus* was granted the title *civitas flavia constantiniana*.

To date the team has examined more than 120 ha of the site, using a combination of topographic survey, geophysics and systematic surface survey. We have been unable to shed much new light on the main areas of the Claudian harbour, since much of what survives lies amongst the buildings of Fiumicino airport. However, limited work along its landward side has revealed details of some wharves. Most of our work has concentrated upon the Trajanic complex. Survey here has revealed very clearly massive warehouses running along the north, south and east sides of the hexagon, some of which were recorded by others and published by Testaguzza (1970). In addition to these, there are more complex structures to the east and northwest, whose interpretation we are currently studying. One of these is the so-called imperial palace, which our survey confirms as a complex building that contains both public and residential zones. On the east side of the hexagon, opposite the entrance from the sea, there is a large open square with a central structure. This impressive complex probably acted as some kind of forum, although it is hard to be sure since it stands in the gardens of the Villa Torlonia, which made it difficult to get full geophysical coverage. Despite the very large area covered by our survey in this part of the port, nearly all the space seems to have been given over to commercial or public buildings. The only area that would seem to have been residential in character lies to the southwest of the hexagon, which our survey suggests was densely inhabited and where recent excavations by the Soprintendenza have uncovered a major early Christian basilica.

The most spectacular results of our survey have come from the zone between the hexagon and the Tiber, to the east. This area had not previously been the subject of any significant studies and yielded quite a few surprises. Firstly, the geophysics revealed a series of extremely clear large-scale features running across the landscape on an approximately north–south axis and underlying later structures associated with the imperial ports. Careful examination of these on the ground showed them to be a sequence of early coastlines that had built up as the Tiber delta was created, moving the coastline progressively to the west. This discovery enables us to understand far more clearly the geographical context within which the harbours were constructed. Towards the inland limits of the survey, we have also identified several possible rural sites dating to the Roman Republican period.

The most impressive discovery in this area was an immense canal, more than 1 km long and 40 m wide, which runs from the southeastern side of the hexagon of the Trajanic harbour to the Tiber in the east. This canal is certainly one of those mentioned by the classical writers and surely must have formed part of the Trajanic scheme. At the point where the canal joined the Tiber, the geophysics revealed the presence of a very large and elaborately decorated building of first-century AD date. In its developed form, the canal ran in a straight line from the Tiber in the direction of the hexagon, before deviating southwards to run parallel to its southeast side. Parallel to this, and at a short distance to the north, was a Roman road, which ran from the southeastern corner of the hexagon to the Tiber. Between this and the canal were discovered a series of warehouses, mausolea and other buildings that fronted on to the road. To the north of this, the geophysics located the line of an aqueduct that had been recorded previously by antiquarians.

At the point where the Roman road meets the hexagon, the later Roman defensive wall forms a triangular salient, at the apex of which stands the Temple of Portunus. Within this salient the survey has revealed a complex suite of features that demonstrates continued occupation down to the sixth or seventh century AD. At the point where the road meets the Tiber to the east, the survey revealed the remains of what may be a monumental arch marking the formal entrance to the harbour complex for people coming down-river to *Portus* from Rome. Nearby, there were traces of a series of concrete vaulted structures: these are best interpreted as warehouses facing the river, and would have contributed towards a built-up river-port façade.

The results from these different areas of survey provide us with a new perspective on the development of the *Portus Romae* and how it worked. It is clear that in the areas around the Trajanic hexagon the landscape was heavily dominated by warehouses and buildings associated with the functioning of the port. There is little evidence, as yet, for the residential area of the port. One suspects that this may have lain in the vicinity of the medieval *Episcopio* on the south side of the Trajanic hexagon, the Ponte Matidia and, perhaps, land lying between the south bank of the Tiber and the Isola Sacra. However, it would be wrong to think of the majority of *Portus* as simply a large Roman 'container-port' for the city of Rome. It is clear that it also served as an ideological statement about Rome's greatness for visitors to the capital from overseas. Thus, our survey work allows us to see how the Claudian and Trajanic harbours were connected to the Tiber for the transshipment of goods, and the way in which the whole complex seems to have been planned as a monumental gateway to Rome.

CONCLUSION

The Roman towns of the Tiber valley are a unique archaeological resource. There is little doubt that an understanding of their genesis and later development has much to teach us about the origins and development of Roman towns in Italy and the provinces. However, while generations of scholarship have produced a very rich archaeological and epigraphic heritage in this region, there is still much to be learned. This paper has argued that there is a case for looking at the towns of the Tiber valley again, and in employing systematic and non-destructive field techniques to learn about those parts of towns that have not been the subject of excavations or standing building studies. Our project has adopted the principle of integrating a range of established field techniques at a number of different towns and port sites in the region. The key to its success has been to adopt a flexible approach that recognizes the distinctiveness of each archaeological site, and implements those strategies that are appropriate to their individual geological and archaeological character. As a consequence, our existing knowledge about key sites like *Falerii Novi*, *Falerii Veteres*, *Portus* and Seripola has been placed into its broader archaeological context and, we believe, substantially enhanced our understanding of them as dynamic urban landscapes.

Acknowledgements

This work was made possible thanks to the collaboration of the Soprintendenza Archeologica per l'Etruria Meridionale, the Soprintendenza Archeologica dell'Umbria and the Soprintendenza Archeologica di Ostia, and with help from the Comune di Fabrica di Roma. Access to the sites was kindly allowed by Conte Floridi (Otricoli) and Signor Mancini (Fálleri). Funding and support was provided by the Arts and Humanities Research Board, the Society of Antiquaries of London, the Society for the Promotion of Roman Studies, the British School at Rome, and the Universities of Cambridge, Durham and Southampton. Considerable help and support was provided by Helen Patterson, Andrew Wallace-Hadrill and Kris Strutt of the British School at Rome.

THE HISTORICAL SIGNIFICANCE OF *FALERII NOVI*
Nicola Terrenato

In the context of the present work on the site it is worth briefly outlining some of the historical issues raised by the relocation of the Faliscans and thus the founding of *Falerii Novi*. The well-known military events of 241 BC have had a major impact on current perceptions of the making of Roman Italy, being cited as proof of Roman aggression (for example, Morel 1989: 488–9). Indeed, *Falerii Novi* together with *Fregellae* are often cited as evidence that, despite the two centuries of relative peace in central Italy between the battle of *Sentinum* and the Social Wars, the threats of military violence and military supremacy were factors that held Italy together.

While there is no doubt that a war was fought between Rome and the Faliscans, it is far less certain that the destruction of *Falerii Veteres* and the foundation of the new town at *Falerii Novi* was part of the punishment imposed on Rome's defeated enemy. This part of the story is only attested by Zonaras (8.18), a Byzantine compiler, who generally is not considered particularly reliable and who is prone to military exaggeration. What has been taken to support his account, in this instance, is the existence of *Falerii Novi* and the abandonment of *Falerii Veteres*. Additional confirmation is derived from changes in the settlement pattern in the *Ager Faliscus* around this time. However, this urban and rural dislocation (which also affects the subsidiary centres of Narce, Corchiano and Grotta Porciosa: Potter 1979) can be explained better in terms of general changes in settlement patterns in the Hellenistic period, rather than as a result of these particular historical events. All over Italy, this period saw a growth in the number of farmstead sites, and we see site locations moved from defensive positions towards communication routes. The settlement patterns in the *Ager Faliscus* seem part of this trend. The setting of *Falerii Novi* is clearly connected with the creation of the Via Amerina, though, if the Faliscans were being punished, the logic of leaving them in control of this new route is unclear. There are other incongruities in current accounts of the Romanization of *Falerii Novi* that seem to have been strongly influenced by general assumptions about the nature of Roman imperialism (Terrenato 1998a). New archaeological work at *Falerii Novi* thus may potentially contribute to a general reassessment of the Romanization of Italy, allowing the development of alternative interpretations in which the local élites have a crucial role in negotiating a new equilibrium with Roman power (cf. Terrenato 1998b; Keay and Terrenato 2001).

REFERENCES

Alcock, S. (1993) *Graecia Capta. The Landscapes of Roman Greece*. Cambridge, Cambridge University Press.

Bedon, R., Chevallier, R. and Pinon, P. (1988) *Architecture et urbanisme en Gaule romaine*. Paris, Errance.

Begni Perina, G. (1986) Il porto sul Tevere in località Seripola. In *Tevere. Un'antica via per il Mediterraneo*: 184–5. Rome, Istituto Poligrafico e Zecca dello Stato.

Bintliff, J. and Snodgrass, A. (1988) Mediterranean survey and the city. *Antiquity* 62: 57–71.

Carreté, J.-M., Keay, S.J. and Millett, M. (1995) *A Roman Provincial Capital and its Hinterland: the Survey of the Territory of Tarragona, Spain 1985–90* (*Journal of Roman Archaeology*, Supplement 15). Ann Arbor (MI), Journal of Roman Archaeology.

Clark, A.J. (1990) *Seeing Beneath the Soil*. London, B.T. Batsford.

Di Stefano Manzella, I. (1979) *Falerii Novi negli scavi degli anni 1821–1830* (*Atti della Pontificia Accademia Romana di Archeologia. Memorie* 12 (2)). Rome, L''Erma' di Bretschneider.

Di Stefano Manzella, I. (1981) Falerii Novi. *Supplementa Italica* n.s. 1: 101–76.

Engels, D.W. (1990) *Roman Corinth*. Chicago, University of Chicago Press.

English Heritage (1995) *Geophysical Survey in Archaeological Field Evaluation* (*English Heritage Research and Professional Services Guidelines* 1). London, English Heritage.

Francovich, R. and Patterson, H. (2000) (eds) *Extracting Meaning from Ploughsoil Assemblages* (*POPULUS Project. The Archaeology of Mediterranean Landscapes* 5). Oxford, Oxbow.

Gaffney, C. and Gater, J. (1993) Practice and method in the application of geophysical techniques in archaeology. In J. Hunter and I. Ralston (eds), *Archaeological Resource Management in the UK: an Introduction*: 205–14. Stroud, Alan Sutton.

Gaffney, C., Gater, J. and Ovendon, S. (1991) *The Use of Geophysical Techniques in Archaeological Evaluations* (*Technical Papers of the Institute of Field Archaeologists* 9). Birmingham, Institute of Field Archaeologists.

Gallina Zevi, A. and Claridge, A. (1996) (eds) *'Roman Ostia' Revisited. Archaeological and Historical Papers in Memory of Russell Meiggs*. London, British School at Rome.

Gros, P. (1996) *L'architecture romaine* I. *Les monuments publics*. Paris, Picard.

Gros, P. and Torelli, M. (1988) *Storia dell'urbanistica. Il mondo romano*. Rome/Bari, Laterza.

Jongman, W. (1991) *The Economy and Society of Pompeii*. Amsterdam, Gieben.

Keay, S.J. (1998) The development of towns in early Roman Baetica. In S. Keay (ed.), *The Archaeology of Early Roman Baetica* (*Journal of Roman Archaeology*, Supplement 29): 55–86. Portsmouth (RI), Journal of Roman Archaeology.

Keay, S.J. and Terrenato, N. (2001) (eds) *Italy and the West. Comparative Issues in Romanization*. Oxford, Oxbow.

Keay, S.J., Creighton, J. and Remesal Rodríguez, J.M. (2000) *Celti (Peñaflor). The Archaeology of a Hispano-Roman Town in Baetica* (*University of Southampton Department of Archaeology Monographs* 2). Oxford, Oxbow.

Keay, S.J., Wheatley, D.W. and Poppy, S. (2001) The territory of Carmona during the Turdetanian and Roman periods: some preliminary notes on visibility and urban location. In A. Caballos (ed.), *II Congreso de Historia de Carmona. Carmona Romana*: 397–406. Seville, Consejeria de Cultura de la Junta de Andalucia.

Keay, S., Millett, M., Poppy, S., Robinson, J., Taylor, J. and Terrenato, N. (2000) Falerii Novi: a new survey of the walled area. *Papers of the British School at Rome* 68: 1–93.

Laurence, R. (1994) *Roman Pompeii: Space and Society.* London/New York, Routledge.

Meiggs, R. (1973) *Roman Ostia.* Oxford, Clarendon Press.

Millett, M. (1990) *The Romanization of Britain: an Essay in Archaeological Interpretation.* Cambridge, Cambridge University Press.

Millett, M. (forthcoming) *The Western Roman Empire.* Cambridge, Cambridge University Press.

Morley, N. (1996) *Metropolis and Hinterland. The City of Rome and the Italian Economy 200 BC–AD 200.* Cambridge, Cambridge University Press.

Morel, J.P. (1989) The transformation of Italy, 300–133 BC. The evidence of archaeology. In *Cambridge Ancient History* VIII (second edition): 477–516. Cambridge, Cambridge University Press.

Parkins, H.M. (1997) (ed.) *Roman Urbanism: Beyond the Consumer City.* London/New York, Routledge.

Pasquinucci, M. and Trément, F. (2000) (eds) *Non-destructive Techniques Applied to Landscape* (*POPULUS Project. The Archaeology of Mediterranean Landscapes* 4). Oxford, Oxbow.

Patterson, H. and Millett, M. (1998) The Tiber Valley Project. *Papers of the British School at Rome* 66: 1–20.

Pietrangeli, C. (1978) *Otricoli: in lembo dell'Umbria alle porte di Roma.* Rome, Edizioni dell'Ateneo.

Potter, T.W. (1979) *The Changing Landscape of South Etruria.* London, Paul Elek.

Potter, T.W. with Reynolds, J.M. and Walker, S. (1999) The Roman road station of Aquaviva, southern Etruria. *Papers of the British School at Rome* 67: 199–232.

Quilici Gigli, S. (1986) (ed.) *Il Tevere e le altre vie d'acqua del Lazio antico* (*Archeologia Laziale* 7.2; *Quaderni del Centro di Studio per l'Archeologia Etrusco-italica* 12). Rome, Consiglio Nazionale delle Ricerche.

Ricci, G. and Terrenato, N. (1999) Ideological biases in the urban archaeology of Rome: a quantitative approach. In P. Baker, C. Forcey, S. Jundi and R. Witcher (eds), *TRAC 98. Proceedings of the Eighth Annual Theoretical Roman Archaeology Conference. Leicester 1998*: 163–71. Oxford, Oxbow.

Rodríguez Hidalgo, J.M. (1997) La nueva imagen de Italica. In A. Caballos and P. León (eds), *Italica MMCC (Actas de las jornadas del 2200 aniversario de la fundación de Italica)*: 87–113. Sevilla, Consejería de Cultura.

Rodríguez Hidalgo, J.M., Keay, S.J., Jordan, D. and Creighton, J. (1999) Una nueva visión de la Italica de Adriano: prospecciones de superficie 1991–92. *Archivo Español de Arqueologia* 72: 73–87.

Schollar, I., Tabbagh, A., Hesse, A. and Herzog, I. (1990) (eds) *Archaeological Prospecting and Remote Sensing.* Cambridge, Cambridge University Press.

Sommella, P. (1988) *Italia antica: l'urbanistica romana.* Rome, Jouence.

Terrenato, N. (1998a) The Romanization of Italy: global acculturation or cultural bricolage? In C. Forcey, J. Hawthorne and R. Witcher (eds), *TRAC 97. Proceedings of the Seventh Annual Theoretical Roman Archaeology Conference. Nottingham 1997*: 163–71. Oxford, Oxbow.

Terrenato, N. (1998b) *Tam firmum municipium*: the Romanization of *Volaterrae* and its cultural implications. *Journal of Roman Studies* 88: 94–114.

Testaguzza, O. (1970) *Portus.* Rome, Julia Editrice.

Tevere. Un'antica via per il Mediterraneo. Rome, Istituto Poligrafico e Zecca dello Stato.

Woolf, G. (1997) The Roman urbanization of the East. In S. Alcock (ed.), *The Early Roman Empire in the East* (*Oxbow Monograph* 95): 1–14. Oxford, Oxbow.

FORUM NOVUM (VESCOVIO): A NEW STUDY OF THE TOWN AND BISHOPRIC

Vince Gaffney, Helen Patterson and Paul Roberts,
with contributions by
Dean Goodman, Yasushi Nishimura, Salvatore Piro and Meg Watters

Abstract • Riassunto

THE STUDY OF THE ROMAN TOWN and bishopric of *Forum Novum* (Vescovio) in the Sabina is one of the new field initiatives being undertaken as part of the British School at Rome's Tiber Valley Project. It uses a range of geophysical techniques (magnetometry, resistivity and georadar) and field survey, combined with the excavation of selected areas, to examine the layout of the centre and its development through time. The geophysical survey revealed that *Forum Novum* remained a small centre throughout its history, limited mainly to public buildings, with very little evidence for domestic structures. On the basis of the existing archaeological evidence, *Forum Novum* was founded during the second to first centuries BC, and at a later date there appears to have been some investment in the centre. Probably in the Augustan period, the forum was enlarged and aligned on a different orientation, and the basilica was built; whilst at the beginning of the first century AD an amphitheatre was constructed and, just outside the centre, a large suburban villa was built. This investment appears to have been short-lived, for by the end of the second or the beginning of the third century, many of the structures had been abandoned. Nevertheless, the continuing importance of the centre is confirmed by the establishment of a bishop's seat by the fifth century. Excavations directly behind the apse of the church are shedding some light on developments during the late antique and early medieval periods.

LO STUDIO DELLA CITTÀ ROMANA e della sede vescovile di *Forum Novum* (Vescovio) in Sabina rappresenta uno dei nuovi progetti sul campo condotto come parte del più ampio Progetto Valle del Tevere della British School at Rome. Il progetto si avvale di una serie di tecniche geofisiche (magnetometria, resistività e georadar) e indagini topografiche, combinate con lo scavo di aree selezionate, con lo scopo di ricostruire la planimetria del centro e il suo sviluppo nel tempo. La ricognizione geofisica ha rivelato che *Forum Novum* è rimasto un piccolo centro per l'intera sua esistenza, limitato soppratutto a edifici pubblici, con pochissima evidenza di strutture domestiche. In base all'evidenza archeologica esistente, fu fondata tra il II e I secolo a.C, e in seguito è probabile sia stata oggetto di qualche investimento. Probabilmente nel periodo augusteo il foro venne ampliato e allineato su un diverso orientamento, e nello stesso periodo venne costruita la basilica; all'inizio del I secolo d.C un anfiteatro e immediatamente all'esterno del centro una grande villa suburbana. Tale iniziativa sembra aver avuto breve durata, in quanto entro la fine del II secolo o inizio del III secolo, molte strutture sono già state abbandonate. Tuttavia, la continuità dell'importanza del centro è confermata dalla fondazione della sede vescovile entro il V secolo d.C. Scavi sul retro dell'abside della chiesa di Santa Maria in Vescovio gettano ora luce sugli sviluppi nel centro durante il periodo tardoantico e altomedievale.

THE ROMAN TOWN AND BISHOPRIC of *Forum Novum* (Vescovio) in the Sabina is the focus of a new research project being developed as part of the British School at Rome's Tiber Valley Project (**Fig. 1**) (Patterson and Millett 1998; Patterson *et al.* 2000; Gaffney, Patterson and Roberts 2001). The project combines a range of surface-survey techniques (resistivity, magnetometry, georadar, micro-topography and field survey) with excavation to examine the extent and organization of the Roman town and later bishopric, its development and its relationship with the surrounding territory.[1]

New field projects aimed at filling the gaps in our knowledge of settlement are a major element

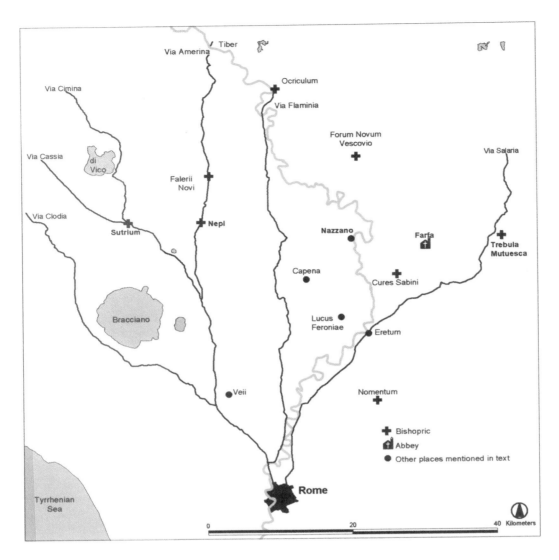

Fɪɢ. 1. The location of *Forum Novum* (Vescovio). *(R. Witcher.)*

of the larger Tiber Valley Project. Three main research areas have been identified as subjects of new field-work: the study of urban centres, data collection from the eastern bank of the Tiber, and research relating to the early medieval landscape, particularly on the eastern bank for which knowledge is particularly lacking (see Chapter 1, this volume). *Forum Novum* was chosen with these issues in mind. The research aims to provide a detailed study of a particular form of urbanism, and is an important complement to other urban studies being carried out within the Tiber Valley Project — in particular the large-scale study of urban forms being undertaken by Simon Keay and Martin Millett, which examines a range of settlements through the application of surface-survey techniques (see Chapter 15, this volume; Keay *et al.* 2000). Furthermore, the continuity of occupation at *Forum Novum* throughout the Roman and medieval periods, as a town and later bishopric, provides a valuable

opportunity to examine this critical transition period. Excavations on the east bank of the Tiber, most notably at the abbey of Farfa (Clark and Whitehouse, forthcoming), have failed so far to identify a well-stratified sequence for this period, which consequently is understood little archaeologically.

Forum Novum lies in the Sabine hills to the northeast of Rome (**Fig. 2**). As the name suggests, it was a new Roman foundation established at the head of a river valley leading into the Tiber. It probably developed as a forum or market centre during the late Republican period, linked by road to the Via Salaria and the Via Flaminia (Reggiani 1980: 7; Migliario 1988: 13) and by the river Aia to the Tiber itself. The mausolea, still visible today, indicate the alignment of at least two roads converging on the ancient town.[2] Certainly by the early first century AD it had been elevated to the status of *municipium*, appearing as such in Pliny's list of towns (*Natural History* 3.12.107).

FIG. 2. General view of *Forum Novum* (Vescovio). The church of Santa Maria in Vescovio is in the centre of the photograph. The Soprintendenza excavations of the forum complex are visible on the right. *(Our thanks to Marco Marcigiani for permission to use this photograph.)*

Little systematic archaeological work has been done, either on the town itself or on its valley — although the recent survey carried out by Flaminia Verga in collaboration with the Museo Civico Archeologico di Magliano Sabina is providing important new information on pre-Roman and Roman settlement in the lower part of the valley (Verga 2002). Excavations in the late 1970s and early '80s by the Soprintendenza Archeologica del Lazio revealed the basilica, a temple complex, part of the forum and various associated rooms of uncertain function. Unfortunately, the results have never been published fully.[3] Our main source of information for the town is the epigraphic evidence, from which we know that the centre had temples dedicated to Venus and other deities, a *campus*, baths and fountains, as well as an aqueduct for the baths, which was built by a certain P. Faianus Plebius at his own cost. Gladiatorial contests and wild beast hunts were also held here (Filippi 1989).

The fortunes of the town cannot be traced in any detail. It is possible that a forum or some sort of administrative centre was established at *Forum Novum* soon after the Roman conquest of the Sabina by Manius Curius Dentato in 290 BC. However, the earliest firm evidence for frequentation of the centre is of the late second or early first century BC. This is the date proposed by Filippo Coarelli (pers. comm.) for a mosaic inscription recovered during restoration work carried out in the basilica during the 1980s (Alvino 1995: 506–7, figs 8 E, 17 and 18).[4] The inscription pre-dates the basilica and probably relates to a temple (Coarelli pers. comm.). Further excavations are needed to clarify this and to elucidate the layout of the centre in this early phase. At present, the earliest *capitolium* identified at *Forum Novum* is of the mid to late first century BC, facing roughly to the southeast: it is probably contemporary with the first major layout of the forum. At a later date, very probably the Augustan period, the complex underwent a major rebuild, which may be linked to the

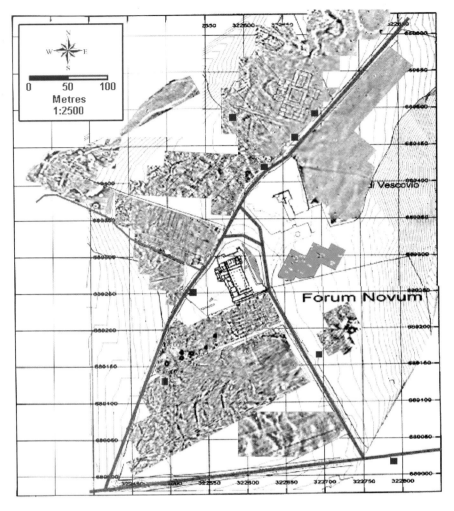

FIG. 3. Magnetometry results — grey scale image — in relation to the church, the old excavations and the modern roads. The black squares represent the mausolea aligning the roads into the ancient centre. *(M. Watters.)*

elevation of *Forum Novum* to the status of *municipium*. The mid to late first-century BC *capitolium* was buried under the podium of a new *capitolium* facing to the northeast, a basilica was constructed, and the forum was built on a new alignment.

The centre seems to have functioned throughout the Imperial period. From the archaeology and the inscriptions, the latest evidence for the frequentation of the town is of the fourth to fifth centuries AD. A market was still being held here in the fourth century when the *Passio Sancti Anthimi* records the martyrdom of Bassus under Emperor Diocletian for refusing to sacrifice to Bacchus, Ceres and Liber (*ad mercatum populi in locum qui appellatur Forum Novum*) (Mara 1964: 80; Fiocchi Nicolai 1990: 125). *Forum Novum*, along with *Cures Sabini*, was, furthermore, one of the few towns to erect public statues between the early fourth

and fifth centuries AD (Ward-Perkins 1984: 230–5).

Although urban life probably underwent a progressive decline, the centre continued to act as a local and regional focus, as is indicated by its nomination, certainly by the mid-fifth century AD, as one of the three dioceses of the Sabina Tiberina, along with *Cures Sabini* and *Nomentum*. Already by the end of the fourth century there is evidence to suggest the presence of a Christian community at *Forum Novum* (Filippi 1989; Fiocchi Nicolai 1990). The first firm literary reference to the presence of a Christian community is, however, of the mid-fifth century, when a bishop of the town, Paulus Foronovanus, was present at the Roman synod called by Pope Hilarius in 465 (Fiocchi Nicolai 1990: 124). In the tenth century, the diocese of *Forum Novum* became the sole bishopric of the Sabina Tiberina (Fiocchi Nicolai 1990: 127), remaining as such until the sixteenth century, when the definitive removal of the seat of the bishopric to Magliano Sabina occurred. No traces have been recovered of the original early Christian church. The structure of the present church of Santa Maria in Vescovio is largely of the twelfth century; however, the crypt and various architectural fragments incorporated in the later structure are of early medieval date, while the whole complex overlies Roman structures.[5]

In common with most urban centres in the Tiber valley, the history of *Forum Novum* is known mainly from inscriptions, literary sources and limited excavation. The aim of this project is to apply a series of approaches, comprising both surface survey and excavation, in order to provide a detailed and systematic study of the centre and its historical development.

THE SURVEY

In 1997, a programme of remote sensing survey, together with survey of the topography and standing structures, was initiated at *Forum Novum*. The aim was to locate both standing monuments and buried struc-

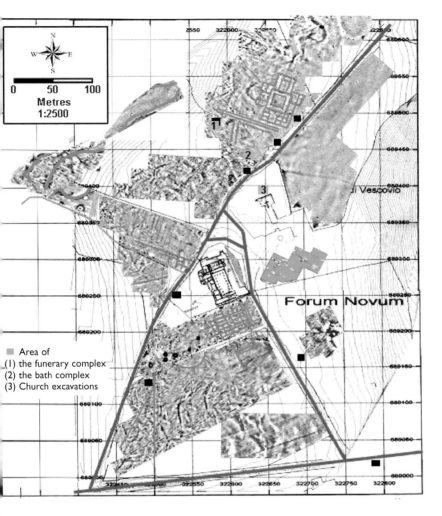

FIG. 4. Interpretation of the magnetometry results — in relation to the church, old excavations and the modern roads. The black squares represent the mausolea aligning the roads into the ancient centre. *(M. Watters.)*

tures within a common grid in order to provide a map of the site. In the field, survey was conducted using a Leica 805 total station theodolite. In order to obtain as much useful information as possible on the location of the buried structures, integrated geophysical survey was employed. Resistivity and magnetometry surveys began in 1997 and the following year Ground Penetrating Radar (GPR) was also applied. A Geoscan FM 36 Fluxgate gradiometer was used for the magnetometry survey, providing magnetic gradient maps of the site. The RM 15 resistivity meter from Geoscan was used to produce resistance mapping. Details of the georadar technique and the results achieved at *Forum Novum* are given in the Appendix.[6] The main advantages of GPR are that it allows high resolution location of archaeological structures at different depths, and across areas where survey with magnetometry or resis-

tivity would have been impossible — for instance, over the tarmac of a modern car park. A team from the University of Birmingham led by Glynn Barrett carried out a microtopographic survey of the area. This will eventually be integrated with a digital elevation model based on the 1:10,000 contour map, and permit the standing remains and structures located beneath the surface to be displayed three-dimensionally within their landscape setting.

MAGNETOMETRY AND RESISTIVITY

Apart from the church itself, visible archaeological remains are limited to the mausolea and the excavations of the forum complex. In common with other Roman towns in the Sabina, *Forum Novum* was not walled and, although the mausolea lining the roads leading to the centre indicated that it was not a large town, its exact dimensions were unknown. The aim of the first season was, therefore, to define the extent of the town.

In 1997, magnetometry and resistivity surveys were carried out over 8 ha and intensive field survey over *c.* 1 ha (**Figs 3–4**). Few structures were identified relating to the town itself. The magnetometry survey identified a large gridded structure adjacent to the forum complex and a semicircular feature of uncertain nature about 50 m to the southwest of the latter. The gridded structure, already noted from air photos, was originally interpreted as a possible *horreum*, but the results were not clear. The other structural features identified by the survey were located outside the town, comprising a sinuous magnetic anomaly possibly associated with a small port facility, a generalized magnetic activity along areas of the river-bank, possibly indicative of settlement activity and, the most spectacular discovery, the clear plan of a large Roman villa and various associated features.

The plan of the villa was revealed by both resistivity and magnetometry techniques (**Figs 5–6**). Situated *c.* 300 m from the forum, the villa is separated from the urban centre by a Roman road lined by mausolea. It measured approximately 60 × 70 m and appeared to comprise four main groups of rooms around a great

FIG. 5. Resistivity results from the villa area. *(M. Watters.)*

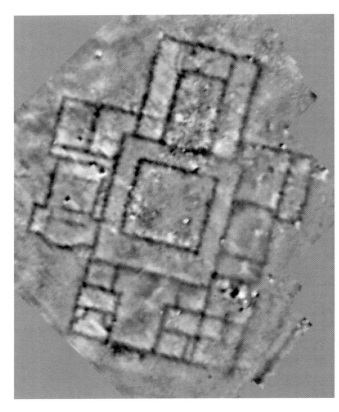

FIG. 6. Magnetometry results from the villa area. *(M. Watters.)*

central courtyard measuring 20 × 20 m. Because resistance and magnetometry work on different principals, the results are not identical. Within the main body of the building the resistance survey shows a central feature (presumably a wall) in the central room of the northern range. This is absent from the magnetometry data. The preliminary processing of the resistivity data (**Fig. 7a**) revealed a large high-resistance feature covering the southeastern corner of the building, suggesting the presence of an area of collapsed masonry, or even a floor. A high-pass filter was then used to remove large low-frequency anomalies and expose smaller high-frequency features. This revealed a clearer overall plan of the villa, which had been obscured by the larger high-resistance readings in the original data (**Fig. 7b–c**).

Both resistivity and magnetometry revealed traces of a linear feature, possibly composed of two parallel walls, leading from the south of the villa west towards the river, and a circular anomaly provisionally identified as a mausoleum. There was also a second possible corridor leading towards a high resistance feature south of the villa (**Fig. 4**). This feature, which appears on the resistivity plan as a large black concentration, is again possibly indicative of a floor area or masonry collapse. Unlike the area of the villa, which revealed very few surface finds, this feature is associated with a dense concentration of surface material, including

marble, fragments of mosaic floor and flue tiles, all indicative of a bath complex. The presence of a bath complex was later confirmed by excavation.

The results of the resistivity and magnetometry surveys confirmed that *Forum Novum* was a small centre. Furthermore, a substantial part of the ancient centre lay underneath the church itself and under modern structures, such as restaurant, bar, car park and roads. These conditions make the use of resistivity and magnetometry impossible and consequently, in 1998, a georadar survey was carried out to test the potential of this technique for resolving the problem.

GROUND PENETRATING RADAR

Initially, GPR was applied to the villa area and to the area adjacent to the forum complex, where magnetometry survey had identified the large gridded structure. Interestingly, the results of the georadar survey over the area of the villa did not greatly increase our existing knowledge, with few structures showing in any greater clarity than had been achieved with magnetometry and resistivity. Nevertheless, large areas of the plan were confirmed and some indications of the depth of burial and extent of preservation were obtained (**Plate 1**).

Magnetometry survey carried out over the area adjacent to the forum complex had indicated the presence

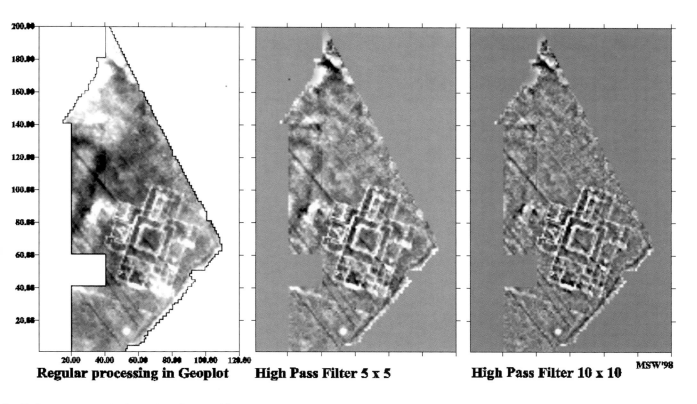

| 200.00 |
| 180.00 |
| 160.00 |
| 140.00 |
| 120.00 |
| 100.00 |
| 80.00 |
| 60.00 |
| 40.00 |
| 20.00 |

20.00 40.00 60.00 80.00 100.00 120.00

Regular processing in Geoplot   **High Pass Filter 5 x 5**   **High Pass Filter 10 x 10**   MSW'98

FIG. 7. Resistivity results from the villa area: (a) the results after preliminary processing of the data; (b) the results of data processing using a high-pass filter of x radius and y radius five; (c) the results of data processing using a high-pass filter of x radius and y radius ten. *(M. Watters.)*

of structures (Fig. 8), but the results were not satisfactory, given that the area is now a gravel car park, a surface for which this technique is not suited. However, the results of the georadar survey over the same area were striking, revealing a clear image of a complex of axial and linear structures, possibly fronted by a colonnade respecting a road, and with room divisions and doorways clearly visible (Plate 2). It is interesting to note that the structures appear to be on alignment with the latest phase of the forum and basilica complex, suggesting that they were constructed at the same time (Plate 3). The structures had been interpreted as residential structures that also may have had some commercial purpose (Gaffney, Patterson and Roberts 2001). Recent rereading of the evidence suggests that this interpretation is incorrect and that, as was proposed originally, we are seeing evidence for a *horreum* or warehouse.

In 2000, georadar survey of the area continued to focus on the area around the excavations and the church. The survey located several other structural features (Plate 4), including the probable podium of a temple immediately to the northeast of the forum complex. The most dramatic discovery was in the area to the southwest of the forum, where magnetometry had located a semicircular feature of uncertain function.

Here the georadar survey revealed the clear plan of an amphitheatre. The existence of an amphitheatre at *Forum Novum* was previously unknown. Although an inscription records the financing of gladiatorial combats at *Forum Novum*, the apparent lack of any structures relating to an amphitheatre had led scholars to assume that the games took place in the *campus* (Filippi 1989). The GPR results show an oval arena measuring *c*. 40 x 30 m with two main entrances and six side entrances.

Immediately outside the centre, to the southwest of the villa, the magnetometry survey had identified a linear anomaly, a wall or corridor, running on the same orientation as the villa. GPR produced further evidence for this feature, revealing it to be part of a large diamond-shaped precinct, which had as its focus a probable mausoleum and other funerary structures. The northern wall of the precinct follows the same orientation as the villa, while the major resistance anomaly, later investigated and shown to be part of a bath complex, aligns with the southern edge of the precinct (Fig. 9).

The results demonstrate the value of an integrated use of geophysical techniques, particularly so in the case of a site such as *Forum Novum*, where part of the ancient town lies beneath surfaces like cement and tarmac.

The geophysical survey confirmed that *Forum Novum* was a small centre, limited largely to public buildings. There is no clear evidence for residential structures and certainly nothing to indicate the presence of any real urban population. Regarding the history of the town, its origins and development, in particular the later phases that saw the decline of the town and its emergence as a bishop's seat, these aspects can only be investigated satisfactorily through excavation.

THE EXCAVATIONS

Since 1998, based largely on the indications of the geophysical surveys, excavations of selected areas have been undertaken. Just outside the centre, these comprise excavations of the villa, of part of the related precinct and associated funerary complex and of the presumed bath complex (**Fig. 9**). Within the centre, excavations were carried out of part of the amphitheatre and of an area directly behind the apse of the church, the latter with the aim of investigating the late Roman and early medieval occupation of the centre. A preliminary report of these excavations has been published (Gaffney, Patterson and Roberts 2001); however, a very brief synthesis of the findings is presented here.

The geophysical survey had revealed a spectacularly clear plan of a villa. Excavations of this structure suggested a more complex picture than first thought. They showed that in the mid-first century AD a large platform was raised and the foundations for a large villa were laid out. It is mainly these foundations that are visible in the geophysical plan of the building. Although it is possible that the occupation levels of the villa have been ploughed out, the evidence may suggest that the villa itself was never completed, and — although areas of the structure were inhabited or used at various points until the fifth century, with a final phase of sporadic burials in the sixth century — it never served its original purpose. No evidence was found of floor surfaces or finished walls relating to the first phase of occupation, but they do survive from a second phase datable to the third quarter of the first century AD, when several small rooms were created in the southeast, northeast and northwest corners of the villa. Their occupation appears to have been brief and probably ended in the late first or early second century AD. In the northern part of the villa, however, a staircase, fountain and *piscina* or fishpond remained in use

until the early to mid-third century AD, when there is definite evidence for demolition and the dumping of rubble and refuse. If the villa was completed, it is in this period that we can place the last organized use of the building. Between the fourth and sixth centuries, part of the northern courtyard was occupied by crudely partitioned rooms: these structures and the associated material suggest that this area of the villa continued to be used, probably for agricultural purposes. However, by the later sixth century these structures had been abandoned and the area used for burials.

Excavations of part of the diamond-shaped precinct and associated structures to the southwest of the villa identified a series of walls. These corresponded well with the GPR results, revealing part of the precinct wall focusing on the remains of a presumed mausoleum. A gravel courtyard in front of the mausoleum produced pottery of the first to third centuries AD, but no firm dating could be found for the main mausoleum structure itself. Just outside the precinct wall and on the same alignment was a rectangular structure covered with a dense layer of bone waste composed almost entirely of the ends of the long bones of cows that had been sawn off, indicating the remains of bone working. No remains of finished products were associated with this context. From the pottery evidence this activity can be dated to the Augustan/early Tiberian period.

Excavations of the rectangular structure itself, revealed it to be part of an *ustrinum* (cremation area) of the later second to early first centuries BC. The rich funerary deposit recovered from the *ustrinum* included a large number of ceramic unguentaria, black glaze ware and iron strigils, as well as hundreds of fragments of worked bone. The latter are the remains of bone decoration from a funeral couch. As regards the precinct itself, its chronology and function is still unclear. Andrew Wallace-Hadrill (pers. comm.) has proposed that we may be seeing a funerary garden or *kepotaphion* (cf. Purcell 1987). Another possibility is that the area may be identified with a part of the *campus* mentioned in *CIL* IX 4786. A series of walls running parallel to the northern wall of the precinct, almost certainly the same walls located during excavations in front of the villa in 1998, has yet to be explained satisfactorily. It may be possible, however, that they supported some form of banked seating, suggesting that the area could have served for the staging of events or entertainments of some type — perhaps funerary events. To understand this precinct and its relationship with the villa is the aim of future excavations of the area.

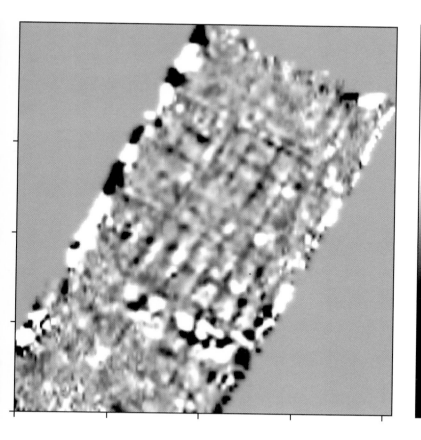

FIG. 8. **Magnetometry results from the area adjacent to the forum complex.** *(M. Watters)*

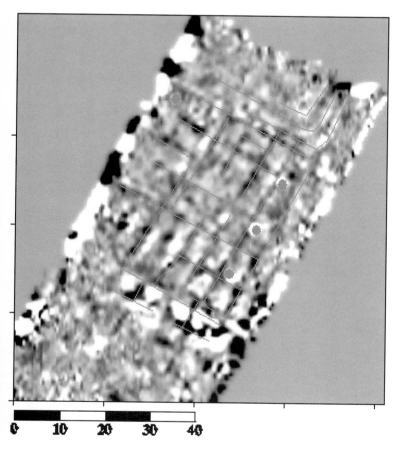

Geophysical survey had identified the presence of a collapsed structure aligning or abutting the southern wall of the precinct, and collection of surface material from the area had suggested that this might be a bath complex (**Fig. 9**). Excavation confirmed this, with the discovery of part of the *caldarium* and *praefurnium*. The construction date of the baths is uncertain; however, they ceased to function sometime during the third century and were thereafter used as a quarry for building materials.

At the amphitheatre, excavations focused on the northern half of the main western entrance, revealing the presence of a single arena wall recessed into the natural gravels. The arena wall would have stood originally *c.* 2.2 m high. To the rear of the arena wall, a series of cobble rafts forming cell-like structures was identified. It is thought that these must have functioned as a base for wooden sleeper beams, which in turn formed the base for scaffolding that would have supported the wooden seating for the spectators. If this is so, *Forum Novum* rep-

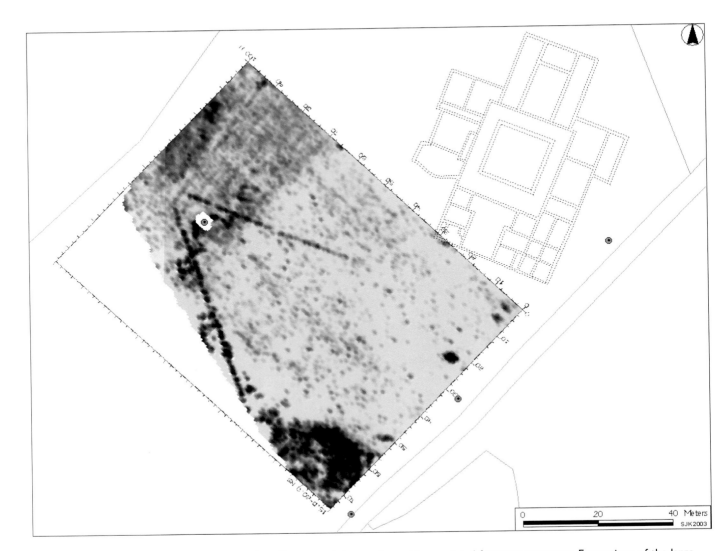

Fig. 9. GPR and magnetometry results from the villa area and the precinct with associated funerary structures. Excavations of the large anomaly aligning the southern edge of the precinct have confirmed the presence of a bath complex. *(D. Goodman, Y. Nishimura, S. Piro and M. Watters.)*

resents a rare, excavated example of a timber structure on stone floorings that may once have been common in Roman Italy (Gaffney, Patterson and Roberts 2001). Such a model has been suggested, for example, for the amphitheatre built by Statilius Taurus in Rome in 29 BC and destroyed by the Neronian fire of AD 64, and that of Ampurias in Spain of the first century AD (Golvin 1988: 52–3, 121). Another interpretation has recently been proposed by Filippo Coarelli, who has suggested that the amphitheatre at *Forum Novum* may be of the type defined by Golvin as 'les amphithéâtres à structure pleine' and more specifically 'les amphithéâtres à cavea supportée par des remblais compartimentés' (Golvin 1988: 109–40). This presupposes that the cell-like structures were originally much higher, and would have been filled with earth from the excavations of

the arena to form an embankment that would have supported the wooden seating. This type of amphitheatre is common in central Italy and the provinces. Golvin cited over 50 examples including, from central Italy, the amphitheatres at *Casinum*, *Venafrum*, *Spoletium*, *Fabretaria Nova* and *Frusino*. One of the closest parallels as regards the plan of that of *Forum Novum* is the amphitheatre at *Carsulae* in Umbria (Golvin 1988: 112, pl. XXVI, 2).

The inscription informing us that gladiatorial combats took place at *Forum Novum*, financed by a freedwoman, is of the first century AD (Filippi 1989). This corresponds with the evidence from the excavations, the pottery indicating that the amphitheatre was built in the first half of the first century AD. However, by the late second century AD, or the early third at the latest, it was no longer in use.

CONCLUSIONS

The research so far suggests that, after the foundation of *Forum Novum* in the late Republican period, there was a significant investment in the centre, perhaps by one or a number of wealthy patrons (and in this context the discovery of the large villa just outside the centre is significant). Probably during the Augustan period the forum was rebuilt on a larger scale and on a different orientation, and the basilica was built. This is roughly contemporary with the first citing of *Forum Novum* as a *municipium*. During the first half of the first century AD, the foundations of a villa of monumental proportions were laid out and the amphitheatre was constructed. However, this investment seems to have been short-lived. If the villa was completed, the last organized use is of the early third century AD, although parts of the structure continued in use until the fifth century, and for burial purposes until the sixth century. As regards the precinct related to the villa, the probable mausoleum appears to go out of use by the third century AD. The excavations of the bath complex showed that this also ceased to function in the third century. Similarly, the amphitheatre was abandoned by the late second or early third century.

Nevertheless, the town continued to exist; a market was still being held in the fourth century and the continued importance of the centre as a focus for the surrounding territory appears to be confirmed by the establishment of the bishop's seat in the fifth century, a role that it maintained throughout the early and high Middle Ages. Of the late antique and early medieval occupation of the site, however, we know virtually nothing; for example, it is not clear at what point aspects of urban life ceased, and when the focus of the centre moved from the forum to the area of the present-day church, with its Carolingian crypt. Excavations behind the apse of the church are shedding some light on these aspects. Two seasons of excavation have uncovered an imposing medieval structure, thought to be part of the bishop's palace. The building encloses early medieval structures associated with a large midden deposit of the late sixth to seventh centuries, containing the latest African red slip imports, eastern mediterranean amphorae, Sicilian-type lamps and, interestingly, a large quantity of local transport amphorae. Such a pottery assemblage is characteristic only of major centres and is a reflection of the importance of *Forum Novum* in this period. The structures are built directly over collapsed Roman structures. The earliest phase so far identified from this area is an *opus reticulatum* wall of the first century AD. The excavations behind the church appear, therefore, to offer at least the possibility of a sequence extending from the Roman to medieval levels of occupation.

Forum Novum (Vescovio) remained a small centre throughout its long history. In the Roman period, the town was limited largely to public buildings and there is very little evidence for people living at the centre. Therefore, despite its status as a *municipium*, *Forum Novum* is best interpreted as an administrative, religious and political centre rather than as an urban centre in the sense of needing or acquiring a significant urban population. In the early Middle Ages, the bishopric of *Forum Novum*, later Vescovio, appears to have fulfilled a similar function, continuing to have a political and religious role and acting as a focus for the surrounding territory. There is no evidence that it attracted settlement.

Although it is impossible to gauge to what extent *Forum Novum* may be typical of other Roman towns in the Sabina, the evidence from a number of towns suggests that they were small centres. Certainly, *Forum Novum* demonstrates a very different form of urbanism to that seen at *Falerii Novi*, on the other side of the Tiber (see Chapter 15, this volume). *Forum Novum* barely covers 4 ha, *Falerii Novi* over 30 ha, and the town plan of the latter, as revealed by geophysics, shows, alongside the traditional monumental structures, a dense plan of streets and houses. To understand the nature of these towns, and how they functioned within the wider landscape, it is necessary also to understand what was happening in the countryside. In this context, it will be interesting to compare rural settlement patterns in the territory of *Falerii Novi* with those around a small centre such as *Forum Novum*. The restudy of the South Etruria Survey material is permitting a re-evaluation of the nature of rural settlement in the territory of *Falerii Novi*. The next important phase of the work at *Forum Novum* will, indeed, be the field survey of its territory.

Acknowledgements

We are most grateful to the Townley Group of The British Museum, the Society of Antiquaries of London and the Provincia of Rieti, all of which provided funding for the project. We would also like to thank Dott.ssa Giovanna Alvino of the Soprintendenza Archeologica del Lazio. Warm thanks go to Dott. Tersilio Leggio, Cultural Assessor for the Provincia of Rieti, for his advice and support. We are indebted to all those who have worked on the project, for their hard work and enthusiasm. We are also very grateful to

Filippo Coarelli, Ray Laurence and Andrew Wallace-Hadrill for their valuable and stimulating comments. Finally, a warm thanks to the Mayor and the Comune of Torri in Sabina, the President of the Consorzio of the Museo dell'Agro Foronovanus and the Headmaster of the local school who very kindly provided accommodation for the team; and to Dario, Marco, Franca and their families.

APPENDIX

HIGH RESOLUTION GROUND PENETRATING RADAR SURVEY AT *FORUM NOVUM* (VESCOVIO, RIETI)

Dean Goodman, Yasushi Nishimura and Salvatore Piro

INTRODUCTION

Recent developments in three-dimensional, high-resolution, multi-image processing and contouring as opposed to destructive testing have contributed greatly to improving the quality of geophysical information in archaeological reconnaissance surveying. Nowadays, non-destructive geophysical prospecting methods, which involve detailed physical and geometrical reconstruction of hidden structures, are increasingly used for the investigation of archaeological sites. Ground Penetrating Radar (GPR) offers very high resolution sounding capability with detection of features of the order of a few tens of millimetres thickness at ranges of several metres.

Here we present the results of a high-resolution GPR survey carried out at the archaeological site of *Forum Novum* (Vescovio). The present work has been carried out as part of a scientific collaboration between the British School at Rome, the Geophysical Archaeometry Laboratory of the University of Miami (Japan division), the Nara National Cultural Properties Research Institute (Japan) and the Istituto per le Tecnologie Applicate ai Beni Culturali (Consiglio Nazionale delle Ricerche, Rome).

METHODOLOGY

GPR is an electromagnetic impulsive method well suited to shallow depth investigations, as it can supply subsurface profiles grouped in vertical radar sections. This method involves the transmission of high-frequency electromagnetic radio-pulses into the earth and the measuring of the time elapsed between transmission, reflection off a buried discontinuity, and reception back at a surface radar antenna. The transmitter–receiver antenna is pulled along the surface of a site, signals are sent with a highly directive radiation pattern into the ground and echoes are returned from targets in the ground within a few metres. The resulting wave of electromagnetic energy propagates downward into the ground, where portions of it are reflected back to the surface when it encounters buried discontinuities.

The discontinuities where reflections occur are usually created by changes in electrical properties of the sediment or soil, variations in water content, lithological changes, or changes in bulk density at stratigraphic interfaces. Reflection can also occur at interfaces between archaeological features and their surrounding soil or sediment. Void spaces in the ground, such as may be encountered in burials, tombs, tunnels or caches, will also generate significant radar reflections due to changes in radar-wave velocity. The depth to which radar energy can penetrate and the amount of definition that can be expected in the subsurface is partially controlled by the frequency of the radar energy transmitted. The radar-energy frequency controls both the wavelength of the propagating wave and the amount of weakening, or attenuation, of the waves in the ground. The emitted radar signal is a pulse of electromagnetic radiation with nominal frequency value in the range 15–2500 MHz (1 MHz=10^6 Hz) (Cammarano *et al.* 1997; Conyers and Goodman 1997).

Antennas are usually hand-towed along survey lines within a grid at an average speed of about 2 km per hour, or they can be pulled behind a vehicle at speeds of 10 km per hour or greater. There are a number of ways to move antennas across the ground while collecting data, depending on the type of GPR equipment being used and its accompanying software. In one method, the antennas move continuously along the ground while radar energy is constantly being transmitted into the ground at a set rate. Depending on the speed at which the antennas are moved, a greater or lesser amount of data may be collected per metre along a profile. Antennas may also be moved along a transect in steps, collecting data only at given surface locations equally spaced along a line. A greater coverage could be obtained by collecting data every 50 mm rather than every 100 mm, but it would take twice as long to survey a line. Another data-acquisition method allows the operator to collect data at pre-programmed distances along a transect while moving the antennas con tinuously. In this method, data is collected at equally-spaced distances that are controlled by a distance-calibration wheel located on the antennas.

The most efficient method in subsurface radar mapping is to establish a grid across a survey area prior to acquiring the data. Usually rectangular grids are established with a line spacing of 1 m or less. Rectangular grids produce data that are easier to process and interpret, but other types of grid acquisition patterns may be necessary because of surface topography or other obstructions. When the antennas are pulled along the transect lines within a survey grid, continuous pulses of radar energy are sent into the ground and reflected off subsurface anomalies; the reflected pulses are then received and recorded back at the surface. The reflection data — the two-way travel (twt) time and the amplitude and wave-length of the reflected radar waves derived from the pulses — are amplified, processed and recorded for immediate viewing or later post-acquisition processing and display. During field-data acquisition, the radar transmission process is repeated many times per second as the antennas are pulled along the ground surface or moved in steps. When the composite of all reflected wave traces along the transect is displayed, a cross-sectional view of significant subsurface reflection surfaces is generated. In this fashion, two-dimensional profiles, which approximate vertical slices through the earth, are created along each grid line. **Plate 5** shows the example of two GPR profiles collected at the site of the Roman villa at *Forum Novum*.

As reflections from the subsurface are recorded in distinct traces and plotted together in a profile, a two-dimensional representation of the subsurface can be made. A series of reflections that together create a horizontal or subhorizontal line on a profile is usually referred to as a reflection. A distinct reflection visible in profiles is usually generated from a subsurface interface such as a stratigraphic layer or from some other physical discontinuity such as a water table. Reflections recorded later in time are usually those received from deeper in the ground. There can also be point source reflections that are generated from one feature in the ground. These are visible on two-dimensional profiles as hyperbolas. Due to the wide angle of the transmitted radar beam, the antenna will detect the point source prior to arriving directly over it, and continue to detect it after it has passed. The resulting recorded reflection will therefore create a reflection hyperbola. Radar reflections are always recorded in two-way time, which is the time it takes a radar wave to travel from the surface antenna into the ground, be reflected off a discontinuity, travel back to the surface, and be recorded. In archaeology, one of the advantages of GPR surveys over other methods is that the subsurface stratigraphy and archaeological features at a site can be mapped in real depth. This is possible because the two-way travel time of radar pulses can be converted to depth if the velocity of the radar waves travelling through the ground is known. The propagation velocity of radar waves projected through the earth depends on a number of factors, the most important being the electrical properties of the materials through which they pass. In air, radar waves travel at the speed of light, which is approximately 300 mm/ns. When radar energy travels through dry sand, its velocity slows to about 150 mm/ns. If the radar energy were then to pass through a water-saturated sand unit, its velocity would slow further, to about 50 mm/ns. At each of these surface interfaces where velocity changes, reflections are generated.

One of the most useful representations of the GPR datasets collected along closely spaced parallel profiles is to display the data in horizontal maps that allow easy visualization of the location, depth, size and shape of radar anomalies buried in the ground. The maps can be created at various time levels (time-slices) within a dataset to show radar structures at a specified time (depth) across a surveyed site. Mapping the energy in the reflected radar returns across a survey grid can help to create useful information that can sometimes mirror the general archaeological site plan obtained from invasive excavation (Goodman, Nishimura and Rogers 1995; Malagodi *et al.* 1996; Cammarano, Mauriello and Piro 1997).

GPR SURVEY AT *FORUM NOVUM*

On the basis of the results of the gradiometric and geoelectric measurements, GPR surveys were carried out over four different areas. The first corresponds to the site characterized by the presence of the Roman villa, the second is adjacent to the forum complex, the third lies to the southwest of the forum complex and the fourth to the southwest of the villa. Both the second and third areas correspond to areas where the results of previous geophysical investigations were unclear. For the survey a GSSI SIR 10A+, equipped with a 500 MHz bistatic antenna with constant offset, was employed. Radar profiles were collected in a zigzag direction across the survey grids at each of the sites. The interval chosen between profiles is normally based on the lateral extent of suspected structures. Data were recorded continuously along each radar profile and a marker placed in the data every metre.

- Roman villa site (Plate 1). At this site an area of 60 × 80 m was selected. All reflections within a 100 ns (twt) time window were recorded. The horizontal spacing between parallel GPR profiles at the site was 1 m. The radar system was used in a continuous profiling mode: data were collected continuously along the profile traverse at 80 scan s⁻¹. A total of 112 parallel profiles was made across the site.
- The area adjacent to the forum complex (Plate 2). At this site an area of 40 × 80 m was selected. All reflections within a 70 ns (twt) time window were recorded. The horizontal spacing between parallel GPR profiles at the site was 0.5 m. The radar system was used in a continuous profiling mode with the same configuration as the previous site. A total of 161 parallel profiles was made across the site.
- The area to the southwest of the forum complex (Plate 4). At this site an area of c. 125 × 120 m was selected for investigation. All reflections within an 85 ns (twt) time window were recorded. The horizontal spacing between parallel GPR profiles at the site was 0.5 m.
- The area to the southwest of the villa (Fig. 9). At this site an area of c. 100 × 80 m was selected. All reflections within an 85 ns (twt) time window were recorded. The horizontal spacing between parallel GPR profiles at the site was 0.5 m.

The time-slice representation technique was applied using all field profiles with the aim of obtaining a planimetric image of all possible anomalous bodies (Goodman, Nishimura and Rogers 1995; Malagodi et al. 1996; Cammarano, Mauriello and Piro 1997). Timeslices are calculated by creating two-dimensional, horizontal contour maps of the averaged absolute value of the wave amplitude from a specified time value across parallel profiles. Time-slice windows from a pulse width to greater window lengths can be used effectively to show different features, which may have large or narrow vertical extents. Time-slices are a useful form of data presentation if the study area can be investigated with many parallel profiles. The lateral effect of relatively low-intensity anomalies can be seen using timeslice maps, whereas this information cannot be detected from single vertical radar sections. For archaeological applications, averaging the energy of reflected radar waves over a relatively large window of space and time was necessary to create meaningful maps.

Plate 1 shows the results of the time-slice application corresponding to different twt time windows for the Roman villa site. These slices show clear anomalies that can be ascribed to the presence of the remains of walls of archaeological structures and a good correspondence with the results of previous geophysical investigations.

Plate 2 shows the results of the time-slice application corresponding to different twt time windows for the second site in Forum Novum. Also in this case the time-slices show clear anomalies ascribable to the presence of wall remains. Other geophysical methods had suggested the presence of archaeological structures, but the results were unclear. The GPR results confirmed the presence of archaeological structures and yielded a clear plan of them.

CONCLUSION

The results of this study show that GPR is very effective in mapping the remains of walls and floors of archaeological structures. The location, depth, size and general structure of the buried buildings were effectively estimated from non-destructive remote sensing using a ground-penetrating radar system. The construction of time-slices to help visualize the plan view of radar reflections is an essential data process for a complete understanding of the normally difficult-to-interpret single line profiles.

Acknowledgements

The authors are very grateful to Dr Helen Patterson, Dr Vince Gaffney and Dr Paul Roberts for the fruitful collaboration. The authors recognize the technical support of D. Verrecchia (ITABC–CNR).

Notes

1. The research at *Forum Novum* (Vescovio) is directed by Vince Gaffney (University of Birmingham), Helen Patterson (British School at Rome) and Paul Roberts (The British Museum) in collaboration with Salvatore Piro of the Istituto per le Tecnologie Applicate ai Beni Culturali (ITABC), of the Consiglio Nazionale delle Ricerche, Rome, and Dott.ssa Giovanna Alvino of the Soprintendenza Archeologica del Lazio.

2. For a detailed study of the funerary monuments at *Forum Novum*, see Reggiani 1980.

3. Though for preliminary reports on the excavations, see Santangelo 1975–6; Reggiani 1971–4; Alvino 1995.

4. Interestingly, the *ustrinum* excavated immediately outside the centre is of the same period (see below).

5. The existence of Roman structures beneath the present church was confirmed by discoveries during the installation of a new heating system in the 1980s, and it has been suggested that the crypt of the church preserves parts of a Roman *domus* (Reggiani 1980: 7). Hypotheses as to the site being the burial place of three Roman martyrs (Schuster 1917) are, like the other legends associated with early Christianity at *Forum Novum*, without foundation (Fiocchi Nicolai 1990).

6. The georadar survey at *Forum Novum* is directed by Salvatore Piro of ITABC, in collaboration with Dean Goodman of the University of Miami and Yasushi Nishimura of the Nara Cultural Institute of Japan.

References

CIL = *Corpus Inscriptionum Latinarum* (1863–). Berlin, George Reimer and Walter de Gruyter.

Alvino, G. (1995) Pavimenti musivi del territorio sabino. In I. Braganti and F. Guidobaldi (eds), *Atti del II colloquio dell'Associazione Italiana per lo Studio e la Conservazione del Mosaico*: 501–16. Bordighera, Istituto Internazionale di Studi Liguri.

Cammarano, F., Mauriello, P. and Piro, S. (1997) High-resolution geophysical prospecting with integrated methods. The ancient acropolis of Veii (Rome, Italy). *Archaeological Prospection* 4: 157–64.

Cammarano, F., Mauriello, P., Patella, D. and Piro, S. (1997) Geophysical methods for archaeological prospecting: a review. *Science and Technology for Cultural Heritage* 6 (2): 151–73.

Clark, G. and Whitehouse, D. (forthcoming) (eds) *Excavations at the Abbey of Farfa (British School at Rome Archaeological Monograph)*. London, British School at Rome.

Conyers, L.B. and Goodman, D. (1997) *Ground Penetrating Radar. An Introduction for Archaeologists*. California, AltaMira Press/Sage Publications Inc.

Filippi, G. (1989) Region IV. Sabina et Samnium. Forum Novum (Vescovio – IGM 144, IV, NE). *Supplementa Italica* 5: 145–238.

Fiocchi Nicolai, V. (1990) Sarcofago cristiano da Vescovio. *Rivista di Archeologia Cristiana* 1–2: 121–40.

Gaffney, V., Patterson, H. and Roberts, P. (2001) Forum Novum–Vescovio: studying urbanism in the Tiber valley. *Journal of Roman Archaeology* 14 (1): 59–79.

Golvin, J.-C. (1988) *L'amphithéâtre romain: essai sur la théorisation de sa forme et des ses fonction*. Paris, De Boccard.

Goodman, D., Nishimura, Y. and Rogers, J.D. (1995) GPR time slices in archaeological prospection. *Archaeological Prospection* 2: 85–9.

Keay, S., Millett, M., Poppy, S., Robinson, J., Taylor, J. and Terrenato, N. (2000) Falerii Novi: a new survey of the walled area. *Papers of the British School at Rome* 68: 1–93.

Malagodi, S., Orlando, L., Piro, S. and Rosso, F. (1996) Location of archaeological structures using the GPR method: three-dimensional data acquisition and radar signal processing. *Archaeological Prospection* 3: 13–23.

Mara, M.G. (1964) *I martiri della Via Salaria*. Rome, Studium.

Migliario, E. (1988) *Strutture della proprietà agraria in Sabina dall'età imperiale all'alto medioevo (Pubblicazioni della Facoltà di Lettere e Filosofia dell'Università di Pavia* 48). Florence, La Nuova Italia.

Patterson, H. and Millett, M. (1998) The Tiber Valley Project. *Papers of the British School at Rome* 66: 1–20.

Patterson, H., di Gennaro, F., Di Giuseppe, H., Fontana, S., Gaffney, V., Harrison, A., Keay, S.J., Millett, M., Rendeli, M., Roberts, P., Stoddart, S. and Witcher, R. (2000) The Tiber Valley Project: the Tiber and Rome through two millennia. *Antiquity* 74: 395–403.

Purcell, N. (1987) Tomb and suburb. In H. von Hesberg and P. Zanker (eds), *Römische Graberstrafen*: 25–41. Munich, Verlag der Bayerische Akademie der Wissenschaften.

Reggiani, A.M. (1971–4) Forum Novum. In *Enciclopedia dell'arte antica classica e orientale* (secondo supplemento): 695–6. Rome, Istituto dell'Enciclopedia Italiana.

Reggiani, A.M. (1980) Monumenti funerari a torre della Sabina. *Bollettino d'Arte* 65: 7–32.

Santangelo, M. (1975–6) Forum Novum. *Fasti Archeologici* 30–1: 805–6.

Schuster, I. (1917) Note di antica agiografia sabina. I martiri di Forum Novum, Massimo, Basso e Fabio. *Bollettino Diocesano Ufficiale per le Diocesi di Sabina, Tivoli, Narni e Terni*: 225–7.

Verga, F. (2002) L'assetto rurale in età arcaica ed in età romana del territorio di Poggio Sommavilla (Sabina tiberina). *Papers of the British School at Rome* 70: 79–98.

Ward-Perkins, B. (1984) *From Classical Antiquity to the Midde Ages: Urban Public Buildings in Northern Italy*. Oxford, Oxford University Press.

PRODUCTION, EXCHANGE AND EXCHANGE NETWORKS

CERAMICA PRE-ROMANA E SISTEMI ALIMENTARI: ELEMENTI PER UNA RICERCA

Andrea Zifferero

Riassunto • Abstract

QUESTO LAVORO AFFRONTA vari problemi di metodo, relativi all'interpretazione della ceramica pre-romana di uso domestico: in particolare, si prospetta la possibilità di ricostruire con essa alcuni aspetti del sistema alimentare delle comunità dell'area medio-tirrenica. La proposta di un modello interpretativo fa emergere, oltre agli elementi strettamente connessi all'espressione del sistema alimentare, il valore che tale materiale può assumere nel riconoscimento di forme di acculturazione alimentare tra le comunità, nella connotazione del rango degli utenti e nella codifica di varie pratiche rituali. Alcuni *case-studies* offerti nel contributo servono a segnalare le trasformazioni presunte nei sistemi alimentari dell'area medio-tirrenica, attraverso l'abbandono di forme vascolari, coincidente con l'adozione di nuove forme. Nel caso della ceramica domestica di Roma, tra l'età regia e l'età altorepubblicana, questo cambiamento può forse spiegarsi con l'abbandono nell'uso alimentare di farine prodotte da cereali minori, quali il farro, in favore di farine ottenute dal frumento per ottenere pane lievitato.

THE PAPER DISCUSSES a series of methodological problems concerning the interpretation of pre-Roman coarse-wares. In particular, it is proposed that coarse-wares may be used to reconstruct aspects of the subsistence systems and diet of the communities of the middle Tyrrhenian area. In addition to aspects directly related to subsistençe, the proposed interpretative model illustrates the value of such material in recognizing forms of acculturation between communities (as expressed in dietary customs), as well as the status of the consumers and the codification of ritual practices. Using a number of case-studies, the paper highlights the changes in the diet of the peoples of the middle Tyrrhenian area, as revealed by the abandonment of particular vessel forms and the simultaneous adoption of new ones. At Rome, in the period between the Kings and the early Republic, this change in ceramic forms can possibly be explained by the abandonment of the use of flour from cereals such as spelt in favour of flour obtained from wheat, in order to produce leaven bread.

CERAMICA DOMESTICA E SISTEMI ALIMENTARI

LE PRODUZIONI CERAMICHE pre-romane (con particolare riferimento ai periodi protostorico ed etrusco) rappresentano uno dei filoni di ricerca più promettenti, specialmente in ambito medio-tirrenico e tiberino. A fronte dell'articolazione della materia, si deve, tuttavia, rilevare come il quadro metodologico, *in primis* nel settore della ceramica domestica (o votiva), sia ancora, per larga parte, da sviluppare. In molti lavori l'approccio tassonomico degli studiosi è stato spesso influenzato dai criteri di analisi della ceramica di uso funerario. La necessità di costruire sequenze crono-tipologiche (peraltro essenziali per i corredi funerari), utili ad ordinare i materiali, ha fatto sì che lo stesso metodo di classificazione sia stato trasferito alla ceramica domestica.[1]

È anche vero che, se da un lato si è avvertito come l'approccio crono-tipologico abbia in qualche modo schermato la possibilità di far emergere gli aspetti dell'ideologia funeraria (Bietti Sestieri 1986; 1992), dall'altro alcune recenti sintesi sulla ceramica domestica hanno comunque sottolineato le differenze imposte dal rito, mettendo in luce caratteri e impiego delle forme.[2] In questo contesto si sono dimostrate essenziali indagini che hanno associato la forma alla funzione, con particolare attenzione alla manipolazione o al consumo di uno specifico alimento: si veda, per esempio, il caso dell'offerta del vino nel rito funebre, collegato alla pre-senza dell'olla-cratere nel repertorio vascolare dell'età del ferro medio-tirrenica (Delpino 1989). Nella com-plessità del quadro inerente la ceramica domestica, sta comunque venendo in luce, con molta fatica, la sua funzione primaria di *marker* del sistema alimentare di una comunità antica. Sotto il profilo culturale, il sistema alimentare può essere ricostruito attraverso un modello che restituisca una precisa immagine della comunità, in termini di etnicità, senza tralasciare il contesto territoriale di sviluppo.[3]

UN MODELLO INTERPRETATIVO

La proposta di un modello per l'analisi della cera-mica domestica, avanzata in questa sede, è comunque subordinata a un approccio tassonomico (essenziale per il suo corretto inquadramento), del quale esso non vuole costituire un superamento, quanto invece un'in-tegrazione sotto il profilo interpretativo (Fig. 1). La chiave di lettura dei quattro fattori che si ritengono fon-damentali per lo studio della ceramica di una comunità antica è certamente suscettibile di progressi; in altra sede si è tentato di sviluppare alcuni punti isolati del modello, con la prospettiva di dilatare il panorama d'indagine sul tema (Zifferero 2000).

IL SISTEMA ALIMENTARE

La ceramica è una delle componenti utili per rico-struire un sistema alimentare, se investigata con le altre: partendo da questo presupposto e combinando i tratti culturali con le articolazioni territoriali di una società complessa, si può tentare di definire i mecca-nismi di produzione e consumo alimentare delle comunità antiche. Limitatamente alla ceramica proto-storica ed etrusca, sono stati elaborati vari tentativi di analisi (per esempio, *L'alimentazione* II. *Gli Etruschi* e Negroni Catacchio 1995); come è lecito aspettarsi, tuttavia, i risultati più attendibili provengono dalla ceramica romana, per la ricchezza e la varietà delle fonti documentarie (soprattutto la letteratura sulla manipolazione degli alimenti).[4] In questo senso, le potenzialità sono numerose, per l'ampio arco cronolo-gico tracciato dalle fonti: si deve però lamentare un approccio quasi antiquario alla materia, che ha deter-minato ambiti di ricerca separati per la ceramica e per i sistemi alimentari (un caso esemplare è il taglio di *L'alimentazione* III. *I Romani*).

È opportuno, inoltre, interrogarsi sulle eventuali dif-ferenze d'impiego, alla luce del rapporto centro–perife-ria: se, da un lato, è bene individuata la funzione gene-rale della ceramica come *marker* dei processi di scam-bio (all'interno o all'esterno di un territorio politico), dall'altro una più precisa definizione delle classi e delle forme ceramiche nel rapporto tra città e territorio è ancora da impostare. Un caso esemplare di ricerca potrebbe essere fornito dalla città di Veio e dal suo tes-suto rurale, costituito dagli *open sites*.[5] Sempre in Etruria meridionale, un lavoro di grande interesse per le sue implicazioni con le culture materiale è le qualifica-zione del sito della Doganella nella valle dell'Albegna, ai margini del territorio vulcente, nel ruolo di centro di redistribuzione della produzione agricola e artigianale della metropoli (Perkins e Walker 1990).

ETNICITÀ E FORME DI ACCULTURAZIONE ALIMENTARE

Come affinare gli strumenti per determinare feno-meni di etnicità e di acculturazione alimentare, appli-candoli all'indagine di un territorio storico (nel senso inteso da Cambi e Terrenato (1994: 87–92))? È comun-que necessario, in primo luogo, distinguere tra *markers* di etnicità e forme di acculturazione in campo alimen-tare: per esempio, un fenomeno di acculturazione che si presume dimostrato in un precedente studio è l'ado-zione nella seconda metà dell'VIII secolo a.C., da parte delle città tirreniche dell'Etruria meridionale, di un for-nello a calotta aperta con tre supporti complanari al bordo (Zifferero 1996) (Fig. 2). Probabilmente di deri-vazione magno-greca, il nuovo tipo comporta un modo di cuocere gli alimenti a più diretto contatto con la fiamma, rispetto al tipo sostituito, a calotta chiusa con diaframma rialzato su bracci, usato in precedenza in area etrusca e italica (nel caso specifico nel *Latium Vetus*, dove rimarrà a lungo predominante); è interes-sante osservare come, tra VII e VI secolo a.C., un evi-dente fenomeno di acculturazione finirà poi per deter-minare uno specifico carattere di etnicità, in quanto la linea di demarcazione tra i due tipi sarà segnata dal corso del Tevere, frontiera storica tra il mondo etrusco e quello latino-sabino.

Cosa accade, in particolare, lungo le aree di frontiera o di conquista, dove cioè si presuppone la compresenza o l'impianto di comunità diverse sotto il profilo etnico? Il caso a cui si farà cenno è esemplificativo per la defi-nizione culturale di una fascia del territorio veiente, annesso all'*Ager Romanus Antiquus* in età romulea, lungo la riva destra del Tevere. Di pari interesse sono i fenomeni di acquisizione di modelli alimentari etruschi da parte di elementi allotrî. Due situazioni archeologi-che possono far emergere con chiarezza le sequenze

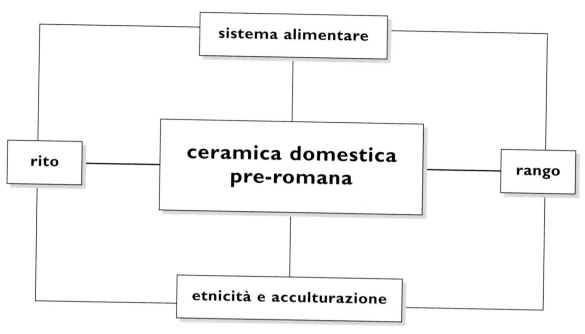

FIG. I. Un modello interpretativo per la ceramica domestica pre-romana. *(A. Zifferero.)*

del processo: la ceramica domestica di fabbricazione medio-tirrenica (bacini in impasto augitico, olle ovoidi e scodelle in impasto grezzo), nell'area dell'emporio etrusco di Genova, alla metà del V secolo a.C., rappresenta la 'merce parassitaria' (come la definisce Milanese (1987: 294–310)) di un flusso commerciale basato sul vino, sull'olio e su altri beni suntuari, diretto verso l'area celto-ligure o piuttosto l'indicatore dell'acquisizione di un sistema alimentare etrusco-meridionale, deducibile da utensili atti alla manipolazione (o al trasporto) di alimenti? Ad accreditare l'ipotesi concorre, infatti, il ritrovamento nello stesso sito di macine da cereali in lava leucitica di origine laziale, che hanno accompagnato i carichi mercantili: è il caso di chiedersi se la ceramica domestica viaggiasse casualmente lungo le rotte tirreniche o se invece la sua presenza riflettesse il trasferimento di un *know-how* tecnologico per la manipolazione e/o la bollitura delle farine di cereali. In questo senso verrebbero ad articolarsi meglio i meccanismi del processo di etruschizzazione della regione celto-ligure: tra i non molti casi noti, l'attestazione di ceramica domestica (olla ovoide, ciotola-coperchio in impasto grezzo e ciotole in bucchero, di tipo etrusco-meridionale) nel sito di Lattes in Linguadoca, segnata in caratteri etruschi con la formula onomastica della proprietaria, una donna celtica. La proprietaria del vasellame, secondo Colonna (1980), potrebbe essere una celtica etruschizzata, forse la compagna di un mercante che trafficava tra il Mar Ligure e il medio Tirreno: l'adozione di nuovi modelli

nella manipolazione degli alimenti fornirebbe ulteriori tasselli ad un fenomeno complesso, che ha nel trattamento onomastico (dipendente dal più generale processo di assimilazione della lingua) il segnale più evidente.

IL RITO E IL RANGO

Nella ceramica domestica il rapporto tra forma vascolare e manipolazione degli alimenti può essere carico di aspetti rituali, meritevoli di essere indagati in dettaglio. Una delle migliori analisi in questo senso è la ricostruzione del pasto funebre nei corredi etrusco-padani: esisteva uno stretto legame tra forma vascolare e presentazione dell'alimento (per esempio, le uova e le porzioni dei volatili sono in larga misura proposti su piattelli e ciotole di fabbricazione locale: Bertani 1995: 53–60). Accanto ai *markers* archeologici, l'offerta rituale degli alimenti trova nelle testimonianze letterarie una fonte insostituibile di informazioni. In molti casi, infatti, la descrizione puntuale di un rito nasconde la stratificazione di sistemi alimentari desueti.

Le fonti connotano con precisione i 'prisci latini' come divoratori di polente o meglio di 'pappe' semiliquide di cereali: 'non enim haec pultiphagus opifex opera fecit barbarus' (Plauto, *Mostellaria* 828); 'latine platus patruos pultiphagonides' (Plauto, *Poenulus* 54); 'puls … erat primus antiqui Latii cibus … pulte autem, non pane, vixisse longo tempore Romanos manifestum' (Plinio, *Naturalis Historia* 18.83). Il quadro

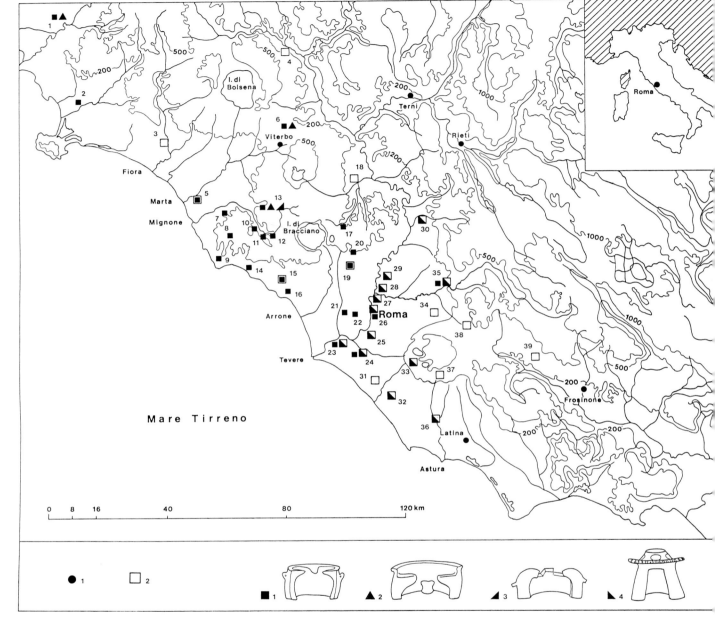

FIG. 2. Quadro di distribuzione (non esaustivo) dei fornelli della tipologia Scheffer, dalla tarda età del ferro al periodo ellenistico (seconda metà VIII–IV secolo a.C.), nell'area medio-tirrenica.
Simbologia: 1. centro abitato odierno; 2. centro abitato antico.
Fornelli: 1. tipo IIA; 2. tipo IIB; 3. tipo IIC; 4. tipo ID.
Topografia: 1. Roselle; 2. Doganella; 3. *Vulci*; 4. *Volsinii*; 5. Tarquinia; 6. Acquarossa; 7. Allumiere, La Farnesiana; 8. abitati dell'area pedemontana Allumierasca e Tolfetana; 9. Santa Marinella, Castellina del Marangone; 10. Tolfa, Pian Conserva; 11. Canale Monterano, Piana di Stigliano; 12. Canale Monterano, Frassineta-Franco; 13. San Giovenale; 12. *Pyrgi* ed area Pyrgense; 15. Cerveteri; 16. abitati dell'area Cerite; 17. Nepi, Fosso del Pavone; 18. *Falerii Veteres*; 19. Veio; 20. Veio, Casale Pian Roseto; 21. Roma, Malagrotta; 22. Roma, Acquafredda; 23. Ficana; 24. Castel di Decima; 25. Roma, Acqua Acetosa–Laurentina; 26. Roma; 27. *Antemnae*; 28. *Fidenae*; 29. *Crustumerium*; 30. *Cures Sabini*; 31. *Lavinium*; 32. *Ardea*; 33. Ariccia e abitati dell'area Albana; 34. *Gabii*; 35. abitati dell'area Tiburtina; 36. *Satricum*; 37. Velletri; 38. Palestrina; 39. Anagni.
(*Il quadro distributivo è ricavato da Zifferero 2000.*)

riflette un sistema alimentare certamente protostorico, nel quale un ruolo fondamentale era attribuito ai cereali inferiori, tra i quali il farro (*Triticum dicoccum*) e l'orzo (*Hordeum vulgare*), più volte documentati nelle analisi paleobotaniche (Costantini e Costantini Biasini 1989). Il farro in particolare, un cereale dalla cariosside vestita, che richiedeva l'asportazione della gluma esterna con la brillatura, aveva segnato a ta punto il sistema alimentare latino e sabino, da lasciarne traccia nella celebrazione del matrimonio romano, attraverso il rituale codificato della *confarreatio*, cioè del consumo da parte degli sposi dĭ una focaccia impastata col farro, o nel rito dell'aspersione con la *mola salsa* (da cui immolare = cospargere di *mola*), una farina di farro mescolata a sale, preparata dalle vestali (Andrè 1961: 52–74; Ampolo 1980; Fayer 1982: 197–203). Le stesse operazioni di trattamento del cereale erano agganciate al calendario e culminavano con la sua torrefazione, in coincidenza con la festa dei *Fornacalia*: 'Fornacalia feriae institutae sunt farris torrendi gratia, quod ad fornacem, quae in pistrinis erat, sacrificium fieri solebat' (Festo 82L.); il farro è perciò così importante per i romani che 'l'inizio dell'anno arcaico romano in marzo trova la sua spiegazione nella stagione della torrefazione del farro' (Brelich 1955: 120).

Da questa breve e parziale rassegna si intuisce la potenzialità di un'analisi comparata tra l'evoluzione della strumentazione ceramica e le fonti: è anche vero che la tradizione letteraria tende a sottolineare gli aspetti codificati del rito, coincidenti con verosimiglianza (almeno per Roma), con le prime fasi della cultura laziale.[6] Un simile approccio apre, comunque, nuove prospettive sulla funzione delle forme vascolari: il punto di partenza è l'impiego domestico del vaso, spesso descritto in dettaglio: l'*aula* (od *olla*), per esempio, è il recipiente associato alla cottura della puls: '... sed magnis fratribus horum / a scrobe vel sulco redeuntibus altera cena / amplior et grandes fumabant pultibus ollae' (Giovenale, *Saturae* 14.171).

Sono soprattutto i rituali agrari il riflesso di sistemi alimentari molto arcaici: è utile richiamare due casi, inerenti le celebrazioni del rituale arvalico al santuario extraurbano della dea Dia sulla Via Campana e le offerte di primizie in onore di Cerere. Tra i riti del secondo giorno, i *fratres arvales* entravano nell'*aedes* della dea, intonavano una *praecatio* alle olle piene di *puls* e toccandole rinnovavano le preghiere; aprivano quindi le porte e gettavano le olle per *clivum* come cena per la Mater Larum. La persistenza dell'impiego della *puls* nei riti delle origini (risalenti almeno all'VIII secolo a.C.) e la sua frequente associazione con l'*aula* consentono di leggere le forma (sostanzialmente invariata tra protostoria e periodo arcaico, nel suo profilo ergonomico) sotto altre angolature: essa è correlata in modo inscindibile con l'attuazione del rituale arvalico (ma probabilmente anche con quello di Terminus, divinità tutelare dei confini, a cui veniva similmente offerta la *puls*) (Piccaluga 1974: 309–10; Paladino

1988). È evidente che i romani identificavano nella primitiva 'pappa' di farro l'alimento delle origini, non più presente in un sistema alimentare evoluto, includente il pane lievitato confezionato da cereali superiori. La natura polifunzionale dell'*aula* nel *Latium Vetus* è egualmente deducibile dalla menzione di cibi cotti o lessati in questi recipienti (*auliquoquia*), con particolare riferimento alle interiora del maiale, tra i sacrifici praticati in favore di Cerere: la cottura specifica delle *exta* nell'*aula* è anzi prescritta in connessione con la forma vascolare in oggetto: 'haec sunt quorum in sacruficiis exta in olla, non in veru coquuntur, quas et Accius scribit et in pontificiis libris videmus' (Varrone, *De Lingua Latina* 5.98). Il carattere fortemente conservativo di tale pratica è ulteriormente sottolineato dalle fonti e dovrebbe essere garanzia di arcaicità del rapporto tra olle e lavorazione della carne suina nella Roma protostorica: 'aulas antiqui dicebant quas nos dicimus ollas, quia nullam litteram geminabant. Itaque aulicocia exta, quae in ollis coquebantur, dicebant, id est elixa' (Festo 21L.) (Guarducci 1951; Weinstock 1952).

Un altro settore da compulsare nella sua complessa articolazione è quello del rapporto tra rito e rango sociale nella ceramica domestica: un *case-study* esemplare potrebbe essere la festa dei *Matralia*, in onore della Mater Matuta, celebrata a Roma nel mese di giugno (Dumézil 1977: 57–67). Come protettrice delle nascite e della vita che si rinnova, la sfera cultuale di Matuta è tipicamente femminile: le fonti sottolineano come durante i *Matralia*, le 'bonae matres univirae' (cioè spose per una sola volta), usassero confezionare focacce di farro per dedicarle alla dea: 'Libum ... testuacium, quod in testu calido coquebatur, ut etiam nunc Matralibus id faciunt matronae' (Varrone, *De Lingua Latina* 5.106); 'flavaque Thebanae reddita liba deae ...; hospita Carmentis fidos entrasse Penates / diceris et longas deposuisse famem / Liba sua properata manu Tegeae sacerdos / traditur in subito cocta dedisse foco / Nunc quoque liba iuvant festis Matralibus illam / Rustica sedulitas gratior arte fuit' (Ovidio, *Fasti* 6.476, 529ss) (Piccaluga 1974: 313–23; Pisani Sartorio 1989; Virgili 1989). Gli indicatori archeologici di tale pratica rituale non sono soltanto le cosiddette 'focacce miniaturistiche', presenti nel deposito votivo del principale luogo del culto di Matuta e Fortuna individuato a Roma, presso l'area di Sant'Omobono (ed attestate nei depositi votivi dell'area culturale latina), ma soprattutto, secondo un'ipotesi dello scrivente, un tipo di bacino in impasto grezzo con quattro prese a linguetta complanari alla base (denomi-

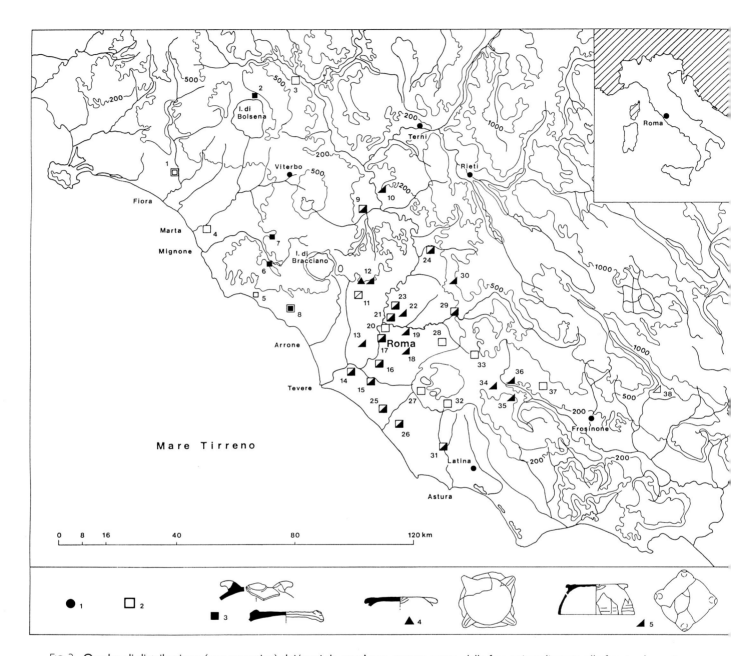

FIG. 3. Quadro di distribuzione (non esaustivo) dei 'testi da pane' con quattro prese, dalla fase orientalizzante alla fase tardoarcaica (seconda metà VII–prima metà V secolo a.C.). *(Da Zifferero 2000.)*
Simbologia: 1. centro abitato odierno; 2. centro abitato antico; 3. testo con prese a linguetta curvilinea; 4. testo con prese a linguetta, complanari al fondo; 5. testo con prese triangolari, complanari al fondo. I simboli vuoti indicano le attestazioni incerte.
Topografia: 1. Vulci; 2. Bolsena, Barano; 3. *Volsinii*; 4. Tarquinia; 5. *Pyrgi*; 6. Canale Monterano, Piana di Stigliano; 7. San Giovenale; 8. Cerveteri; 9. *Falerii Veteres*; 10. Magliano Sabina; 11. Veio; 12. Veio, Casale Pian Roseto; 13. Roma, Acquafredda; 14. *Ficana*; 15. Castel di Decima; 16. Roma, Acqua Acetosa–Laurentina; 17. Roma; 18. Roma, Tor Vergata; 19. Roma, La Rustica; 20. *Antemnae*; 21. *Fidenae*; 22. *Ficulea*; 23. *Crustumerium*; 24. *Cures Sabini*; 25. *Lavinium*; 26. *Ardea*; 27. Ariccia e abitati dell'area Albana; 28. *Gabii*; 29. abitati dell'area Tiburtina; 30. Palombara Sabina, Cretone; 31. *Satricum*; 32. Velletri; 33. Palestrina; 34. Artena, Muracci di Crepaddosso; 35. Segni; 36. Colleferro, Colli San Pietro; 37. Anagni; 38. Sora.

nato in modo convenzionale, 'tipo Sant'Omobono' dal suo primo editore: Colonna 1963–4), funzionale alla cottura *sub testu* del *libum testuacium* delle fonti (Zifferero 2000) **(Fig. 3)**.

Come si è già sostenuto in altra sede, questo è uno

dei casi in cui la manipolazione e la cottura dei cereali sono strettamente collegati all'espressione del rango individuale: la confezione e la cottura del pane non lievitato e/o delle focacce sono un indicatore di ruolo e di *status* sociale nella tomba aristocratica HH 11–12 della necropoli di Quattro Fontanili a Veio; la presenza di un bacino con prese a linguetta complanari alla base, forse spezzato intenzionalmente prima della deposizione, costituisce un ulteriore attributo per connotare il rango della defunta in una tomba femminile con uno dei maggiori indici di complessità e valore degli oggetti del corredo, ascrivibile alla metà circa dell'VIII secolo a.C. (Cavallotti Batcharova 1965: 139; Guidi 1993: 117–20).

UN SISTEMA ALIMENTARE PER ROMA PROTOSTORICA E ARCAICA

Con il supporto di alcuni grafici si tenterà di interpretare un fenomeno complesso come quello dei sistemi alimentari, combinando gli indicatori disponibili (Figg. 4–5). Il sistema alimentare della Roma protostorica e arcaica è stato oggetto di studi di settore, che hanno comunque sottolineato l'integrazione tra l'apporto dei cereali e quello della carne (e dei prodotti derivati, come il latte) alla dieta (Ampolo 1980; De Grossi Mazzorin 1989). La combinazione degli elementi, tuttavia, riesce a far emergere alcuni dati suscettibili di sviluppi e una visione per certi aspetti inedita della ceramica domestica. A tale proposito non è casuale che la netta prevalenza di forme chiuse (olle ovoidi e cilindro-ovoidi, rispetto a forme, peraltro di più tarda apparizione, come la ciotola-coperchio ed il bacino) in impasto bruno e *coarse-ware*, nelle stratificazioni della Roma di età regia possa essere spiegata con un sistema alimentare che si fonda (almeno tra VIII e VII secolo a.C.) sull'integrazione tra farro (e altri cereali inferiori, meno rappresentati) e carne suina.[7]

Nonostante le indagini zooarcheologiche invitino a valutare con cautela le paleofaune legate ad attività di allevamento intensivo (bovini, ovicaprini e suini), è comunque da rilevare una convergenza tra fonti documentarie (in particolare letterarie ed epigrafiche) e indicatori di consumo della *caro porcina* nel *Latium Vetus* (De Grossi Mazzorin 1989: 134–6). Se, da un lato, l'allevamento del maiale, per le sue caratteristiche, bene si adatta ad aree ad elevata densità demografica, con conseguente forte domanda di derrate alimentari, tipica della forma urbana, dall'altro è essenziale sottolineare l'accesso per Roma e la bassa valle tiberina all'approvvigionamento del sale, elemento indispensabile per la conservazione della carne (Camporeale 1997). Dalle fonti traspare, inoltre, seppure collegato ad aspetti rituali, un consumo di parti

fresche del maiale sotto forma di cottura per ebollizione che evidentemente esprime una pratica consolidata alla manipolazione dell'alimento. Il recipiente indicato allo scopo è sempre l'*aula*, da identificarsi con sicurezza con l'olla ovoide e in particolare con quella cilindro-ovoide, che è ben caratterizzata nei tipi romani. Questo è un dato da non trascurare, perchè esiste una netta differenza di funzioni nello stesso ambito morfologico: per esempio, l'olla globulare, comune nei contesti funerari latini, attestata anche in ambito domestico per la pratica del simposio e del banchetto, è l'indicatore di un fenomeno di acculturazione di origine chiaramente etrusca, tra l'altro definito in senso cronologico, che emerge dalla stessa denominazione del vaso. L'imprestito dall'etrusco al latino arcaico *thina>tina*, avvenuto in età regia, è confermato dalle fonti anche nell'impiego del vaso, come ha riconosciuto Colonna (1973–4: 147–9): 'antiquissimi in conviviis utres vini primo, postea tinas ponebant, id est oris longi cum operculo, aut cupas, tertio amphoras' (Varrone, *De Vita Populi Romani* I, fr. Reposati 57).

Altro aspetto da sviluppare è quello della correlazione tra consumo dei cereali e forme vascolari connesse al loro trattamento. Se, da un lato, infatti, è bene percepibile l'uso dell'*aula* romana e latina nella manipolazione dei cereali inferiori per la preparazione e la cottura delle *pultes*, dall'altro è meno valutabile l'apporto di altre forme vascolari alla definizione dello stesso sistema alimentare. Tralasciando le ciotole-coperchio, certamente da correlare alle olle e al consumo degli alimenti in esse cotti e/o conservati, la forma più importante è senza dubbio il bacino. Un dato plausibile per il quadro in esame è che il già nominato bacino in impasto grezzo con quattro prese a linguetta, complanari alla base, possa essere identificato con il *testum* delle fonti romane, necessario alla cottura di focacce non lievitate (Cubberley, Lloyd e Roberts 1988);[8] l'attestazione e l'evoluzione della forma fanno ricondurre alla protostoria tale pratica alimentare (**Fig. 6**).[9]

Resta quindi da connotare il *mortarium*: le fonti letterarie (e soprattutto l'eccezionale raffigurazione dell'inserviente che sta triturando qualcosa in un grande mortaio su sostegno, nella tomba Golini di Orvieto, risalente al IV secolo a.C.: Feruglio 1982: 16) chiariscono come il termine debba essere riferito a un bacino di grandi dimensioni, prevalentemente riservato alla triturazione di alimenti e alla confezione di impasti di farina, spesso arricchita con ingredienti vari: 'Panem depsticium sic facito: manus mortariumque bene lavato; farinam in mortarium indito, aquae paulatim addito subigitoque pulchre; ubi bene subegeris, defin-

FIG. 4. Quadro ipotetico per un consumo della carne suina a Roma, tra VIII e VII secolo a.C. *(A. Zifferero.)*

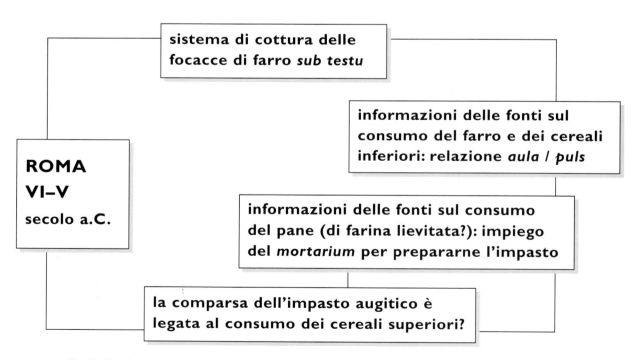

FIG. 5. Quadro ipotetico per un consumo dei cereali a Roma, tra VI e V secolo a.C. *(A. Zifferero.)*

gito coquitoque sub testu' (Catone, *De Agri Cultura* 83.74) **(Fig. 7)**.[10] È di grande interesse osservare come, nella confezione delle focacce prima e del pane poi, l'impiego del *mortarium* per la preparazione dell'impasto di farina sia collegato a quello del *testum* per la sua cottura. Catone menziona anche un procedimento per incorporare uova e formaggio alla farina, facen-

done una focaccia da cuocere *sub testu*:[11]

libum hoc modo facito: casei pondus 2 bene disterat in mortario; ubi bene distriuerit, farinae siliginae libram aut, si voles tenerius esse, selibram similaginis solum eodem indito permiscetoque cum caseo bene; ovum unum addito et una permisceto bene; inde panem facito, folia subdito, in

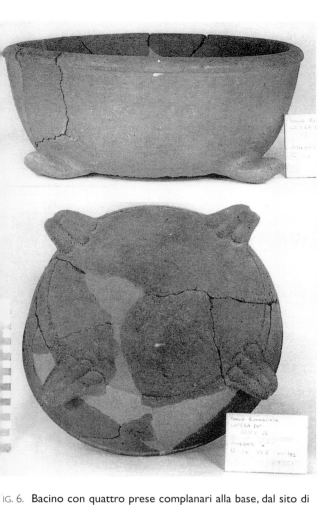

IG. 6. Bacino con quattro prese complanari alla base, dal sito di ·oggio Evangelista (Latera, VT), seconda metà VI–V secolo a.C. Da Berlingò 1995: 167, fig. 9.)

FIG. 7. La figura dell'inserviente che lavora al *mortarium*, dalla parete laterale sinistra della tomba Golini I di Orvieto (metà IV secolo a.C.). *(Da Feruglio 1982: 16, fig. 6.)*

foco caldo sub testu coquito leniter (Catone, *De Agri Cultura* 83.75).

Tornando al livello degli indicatori archeologici, è vidente come proporre un parallelo tra ceramica di tà regia o altorepubblicana e fonti più tarde crei qual he difficoltà. Il problema è capire quando si può ocumentare un cambiamento tecnologico: in un avoro precedente si è tracciato un profilo tipologico e ronologico dei 'testi da pane' con quattro prese a lin uetta, dal quale emerge un sostanziale abbandono ella forma intorno alla seconda metà del V secolo .C., almeno nei centri urbani dell'area medio-tirre ica (Zifferero 2000) (**Fig. 8**). I dati della fortezza ediorepubblicana della Giostra, presso Roma, hanno ·ene inquadrato la comparsa (tra l'ultimo quarto del V e la prima metà del III secolo a.C.) del *baking over* con flangia e fori passanti nelle pareti, che in ·reve tempo sostituirà il 'testo da pane' con quattro

prese a linguetta, nella funzione di forno da pane por- tatile (Moltesen e Brandt 1994: 130–2). Questa tra- sformazione nello strumentario domestico probabil- mente non è dovuta soltanto all'avvio della panifica- zione da parte di *pistores* specializzati nei centri urbani: potrebbe anzi essere la spia di un cambiamento nel sistema alimentare fino ad allora prevalente, incentrato sulla *puls*.

Pur non essendo ripartito per forme, il quadro quantitativo della ceramica recuperata nella Roma palatina, distribuita per classi rispetto alle fasi e alle attività del sito, lascia intuire una contemporaneità d'uso tra *coarse-ware* e impasto augitico (nel quale la forma più rappresentata è il *mortarium*), nell'ultimo quarto del VI secolo a.C., corrispondente alla fase terminale dell'età regia; il crollo della produzione di *coarse-ware* nel primo quarto del V secolo a.C., invece, è correlato ad una maggiore attestazione in proporzione dei *mortaria* in impasto augitico (Carafa

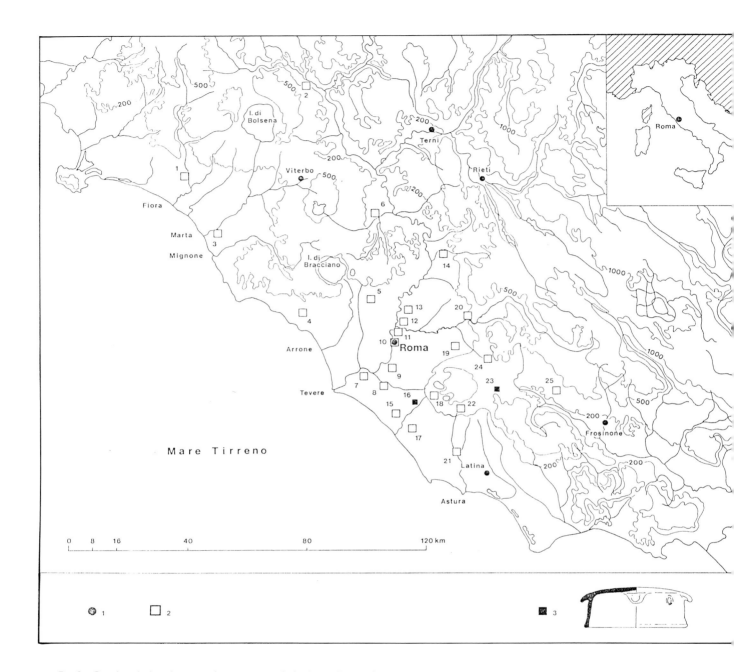

FIG. 8. Quadro di distribuzione (non esaustivo) dei 'testi da pane' con quattro prese, dalla fase classica alla fase ellenistica (seconda metà V–III secolo a.C.). *(Da Zifferero 2000.)*
Simbologia: 1. centro abitato odierno; 2. centro abitato antico; 3. testo con prese a linguetta curvilinea.
Topografia: 1. *Vulci*; 2. *Volsinii*; 3. Tarquinia; 4. Cerveteri; 5. Veio; 6. *Falerii Veteres*; 7. *Ficana*; 8. Castel di Decima; 9. Roma, Acqua Acetosa–Laurentina; 10. Roma; 11. *Antemnae*; 12. *Fidenae*; 13. *Crustumerium*; 14. *Cures Sabini*; 15. *Lavinium*; 16. Albano, Santa Palomba; 17. *Ardea*; 18. Ariccia; 19. *Gabii*; 20. Tivoli; 21. *Satricum*; 22. Velletri; 23. Artena; 24. Palestrina; 25. Anagni.

1995: 254–9). L'ipotesi potrebbe essere quella di spiegare l'introduzione del *mortarium* in impasto augitico (che a Roma appare nella prima metà del VI secolo a.C.: Rossi Diana e Clementini 1988; Carafa 1995: 232–3) con l'impiego di farine ottenute da cereali superiori, che determinarono il progressivo abbandono domestico (ma non rituale) delle arcaiche

liba di farro, con conseguente scomparsa del *testun* dallo strumentario ceramico dei centri urbani. Quest fenomeno è in qualche modo legato storicamente all distribuzioni del grano ai cittadini, attraverso le fru mentazioni: una pratica risalente alla fine dell'et regia e che avrebbe consentito ai romani di venire i contatto con cereali di qualità molto superiore a farro. Colonna (1985: 106–9) ha messo in evidenza la notizia fornita da Verrio Flacco, secondo cui i romani per 300 anni dalla fondazione non avrebbero consumato altro cereale che il farro (Plinio, *Naturalis Historia* 18.62): l'informazione riporta alla metà del V secolo a.C., in significativa coincidenza con quanto registrato nelle XII Tavole (Ampolo 1980: 39); la frumentazione del 440 a.C., proveniente dall'Etruria interna, avrebbe invece portato nell'uso comune il consumo di grano di qualità superiore (cioè il frumento). In realtà, i cereali superiori erano già stati introdotti nel *Latium Vetus* attraverso le frumentazioni precedenti; tale spartiacque cronologico è però rilevante per due ragioni: da una parte sottolinea il livello più evoluto delle colture agricole etrusco-meridionali, già del resto configurato dalle analisi paleobotaniche (con documentazione di cereali a cariosside nuda, come il *Triticum compactum* o il *Triticum aestivum*: Rendeli 1993: 136–41), dall'altra offre una sincronia con il declino su larga scala del 'testo da pane' con quattro prese a linguetta complanari alla base, nel repertorio vascolare dell'area medio-tirrenica. La ragione del secondo fenomeno va spiegata con il fatto che le farine panificabili non sarebbero state più adatte alla cottura *sub testu*.

Accertata dalle fonti la relazione tra *mortarium* e manipolazione della farina,[12] il processo di evoluzione dal sistema della *puls* e del *libum* a quello del pane potrebbe avere un indicatore archeologico proprio nei bacini in impasto augitico. Queste forme, tra l'altro, sarebbero adatte a confezionare un impasto di farina lievitata, destinato ad aumentare di volume: l'introduzione della pasta lievitata di frumento al posto di quella di farro sarebbe avvenuta in modo graduale, probabilmente sotto la monarchia etrusca, con la comparsa dei primi *mortaria* in impasto augitico. La riduzione del consumo domestico delle arcaiche *liba* non lievitate è un fenomeno visibile soprattutto nella cultura materiale urbana: la pasta lievitata (e quindi il pane vero e proprio) sarà, infatti, considerata sempre estranea alla tradizione latina e romana: non è casuale che al *flamen Dialis* fosse proibito toccare farina mescolata al lievito (Brelich 1955: 117). Il miglioramento del gusto e il notevole incremento nutritivo apportato dal frumento in forma di pagnotta potrebbero aver avuto conseguenze simili a quelle che indusse l'attività di panificazione in Grecia: il controllo della pezzatura del pane lievitato, venduto a prezzo fisso ad Atene nel V secolo a.C., era garantito dagli *agoranomoi* (Ampolo 1994). Si deve, quindi, immaginare come il pane fosse un prodotto confezionato con grande attenzione alle proporzioni tra gli ingredienti.

In questo senso si potrebbe, forse, cogliere una connessione tra alcune fasce decorative dei *mortaria* in impasto augitico e specifiche quantità di farina o di acqua, calcolate in rapporto alla capacità della singola forma: è evidente come tali fenomeni siano particolarmente adatti a spiegare i bisogni alimentari e le conseguenti necessità della popolazione urbana, che aveva necessità di approvvigionarsi in continuazione di materia prima, rispetto alla popolazione rurale.

LA CERAMICA DOMESTICA COME *MARKER* DI ETNICITÀ: UNA PROPOSTA INTERPRETATIVA

L'impiego del 'testo da pane' con quattro prese a linguetta può costituire uno specifico *marker* archeologico della geografia della conquista romulea, ben tracciata dalle fonti, di porzioni del territorio veiente sulla riva destra del Tevere (Zifferero 1999). Il problema si pone, naturalmente, su scala più ampia: alla recente proposta di Colonna (1991), di considerare alcuni *pagi* sulla riva destra del Tevere come collocati in funzione liminare rispetto all'estensione del primitivo *Ager Romanus Antiquus*, ha fatto eco il lavoro della De Santis (1997) sull'organizzazione della frontiera veiente: il tema è di grande interesse, perchè comporta una messa a punto del rapporto tra cultura materiale e definizione delle frontiere culturali.

Nel caso specifico, potrebbe essere costruttivo ricorrere all'applicazione e alla verifica del modello di frontiera interetnica proposto da Ruiz Rodriguez e Molinos Molinos (1989) per l'area di contatto tra insediamenti punici e siti iberici in Andalusia: in particolare, la variante 'a barriera interrotta', con *pagi* e luoghi di culto (i santuari tra il V ed il VI miglio dell'*Ager Romanus Antiquus*) a presidio dei punti di crisi, sembrerebbe la forma più idonea. In ogni caso, ciò che importa sottolineare in questa sede è la caratterizzazione della cultura materiale nelle terre di frontiera e/o di conquista: il sito di Acquafredda, all'incrocio del Fosso della Maglianella con la Via Aurelia, si presta ad alcune osservazioni. Il centro è posto ai margini dell'agro strappato dai romani ai veienti, in quello che dovrebbe essere il territorio dei *septem pagi*, come è definito dalle fonti: non ha una chiara connotazione topografica ma gli scavi vi hanno documentato una frequentazione multifase tra la fine dell'età del bronzo e l'età mediorepubblicana, con una fase più intensa di vita tra il VI e parte del V secolo a.C. (Rossi Diana

1984–5). Nella ceramica recuperata si può osservare l'attestazione di 'testi da pane' con quattro prese complanari alla base, di tipo simile a quello romano;[13] la presenza di fornelli di tipo incerto (secondo l'editore), ma probabilmente vicini ai tipi veienti, induce un elemento di complessità nella topografia del sito, come è lecito aspettarsi, che potrebbe risolversi in una stratificazione di fasi (prima veienti e poi romani, con episodi alterni di riconquista), o altrimenti nella convivenza tra due *ethne* diversi.[14]

In linea generale, questo è comunque uno dei casi in cui si deve sottolineare l'apporto della ceramica domestica alla connotazione della cultura di frontiera, per sua stessa natura permeabile ed ambivalente.

NOTE

1. Si vedano, tra i contributi più recenti e articolati per le fasi protostoriche, Guidi 1994: 51–88; Peroni 1994: 25–30.
2. Cfr. per esempio, Calandra *et al.* 1997 per il periodo romano.
3. Per un inquadramento generale si rimanda a Longo e Scarpi 1994; tra i lavori più recenti si veda, per il periodo medievale, Montanari 1997; alcune applicazioni sul rapporto alimentazione–territorio sono in Deferrari 1999; per il tema della costruzione di un'identità etnica attraverso il cibo, è utile consultare La Cecla 1998.
4. Tra gli studi più recenti e documentati, cfr. Mazzeo Saracino *et al.* 1997.
5. Per l'approccio metodologico, si rimanda a Rendeli 1993.
6. Cfr., per un quadro generale, Quilici 1979: 193–235.
7. Per le stratigrafie romane e l'inquadramento tipologico della *coarse-ware* cfr. Carafa 1995: 126–9.
8. Si rimanda per tutte alla nota citazione catoniana (*De Agri Cultura* 83.75): 'Libum … in foco caldo sub testu coquito leniter'.
9. Per le diffusione nella penisola, cfr. Rossi Diana e Clementini 1988; una distribuzione aggiornata in Etruria, *Latium Vetus* e Sabina tiberina è in Zifferero 2000, a cui sono da aggiungere i frammenti da Cisterna di Latina e l'eccezionale esemplare integro da Latera: Melis e Quilici Gigli 1972; Berlingò 1995: 167.
10. Sull'impiego del *mortarium*, cfr. Hilgers 1969: 225–7; Blanck 1987; per una rassegna documentaria, si rimanda a Matteucci 1986.
11. Sulla preparazione e la varietà del pane a Roma: Andrè 1961: 65–73; Salza Prina Ricotti 1987: 71–5.
12. Anche se un recente studio ha considerato la funzione di tali utensili soprattutto in rapporto alla lavorazione del latte: Rossi Diana e Clementini 1988.
13. Per le differenze tra tipi romano-latini ed etruschi, si rimanda a Zifferero 2000.
14. Sui fornelli, cfr. Rossi Diana 1990; Zifferero 1996.

RIFERIMENTI BIBLIOGRAFICI

Ampolo, C. (1980) Le condizioni materiali della produzione. Agricoltura e paesaggio agrario. *Dialoghi di Archeologia* 1: 15–46.

Ampolo, C. (1994) Il pane quotidiano delle città antiche fra economia e antropologia. In O. Longo e P. Scarpi (a cura di), *Homo edens: regimi, miti e pratiche dell'alimentazione nella civiltà del Mediterraneo (Atti del III colloquio interuniversitario, Recoaro Terme 21–22 settembre 1991)*: 205–11. Padova, CLEUP.

Andrè, J. (1961) *L'alimentation et la cuisine à Rome*. Parigi, C. Krincksieck.

Berlingò, I. (1995) I centri dell'area laziale. In M. Quagliuolo (a cura di), *Pitigliano. Museo Civico Archeologico* 1: 161–9. Pitigliano, Comune di Pitigliano.

Bertani, M.G. (1995) Il 'banchetto dei morti' in Etruria padana

(IX–IV sec. a.C.): risorse del territorio e alimentazione nelle testimonianze funerarie. In L. Quilici e S. Quilici Gigli (a cura di), *Agricoltura e commerci nell'Italia antica*: 41–64. Roma, L'Erma' di Bretschneider.

Bietti Sestieri, A.M. (1986) I dati archeologici di fronte alla teoria. *Dialoghi di Archeologia* 2: 249–69.

Bietti Sestieri, A.M. (1992) (a cura di) *La necropoli laziale di Osteria dell'Osa*. Roma, Quasar.

Blanck, H. (1987) Utensili della cucina etrusca. In *L'alimentazione nel mondo antico* II. *Gli Etruschi*: 107–17. Roma, Istituto Poligrafico e Zecca dello Stato.

Brelich, A. (1955) *Tre variazioni romane sul tema delle origini*. Roma, Edizioni dell'Ateneo.

Calandra, E., Galli, G., Melley, C., Scalari, C. e Vecchi, L. (1997) La ceramica grezza fra contesti abitativi e contesti funerari: problemi funzionali. In S. Santoro Bianchi e B. Fabbri (a cura di), *Il contributo delle analisi archeometriche allo studio delle ceramiche grezze e comuni: il rapporto forma/funzione/impasto*: 149–55. Bologna, University Press.

Cambi, F. e Terrenato, N. (1994) *Introduzione all'archeologia dei paesaggi*. Roma, La Nuova Italia Scientifica.

Camporeale, G. (1997) Il sale e i primordi di Veio. In G. Bartoloni (a cura di), *Le necropoli arcaiche di Veio. Giornata di studio in memoria di Massimo Pallottino*: 197–9. Roma, Università degli Studi di Roma 'La Sapienza'.

Carafa, P. (1995) *Officine ceramiche di età regia. Produzione di ceramica in impasto a Roma dalla fine dell'VIII alla fine del VI secolo a.C.* Roma, L'Erma' di Bretschneider.

Cavallotti Batcharova, A. (1965) Veio (Isola Farnese). Continuazione degli scavi nella necropoli villanoviana in località 'Quattro Fontanili'. *Notizie degli Scavi di Antichità*: 49–225.

Colonna, G. (1963–4) Area sacra di S. Omobono. La ceramica di impasto posteriore agli inizi dell'età del ferro. *Bullettino della Commissione Archeologica Comunale di Roma* 79: 3–32.

Colonna, G. (1973–4) Nomi etruschi di vasi. *Archeologia Classica* 25–6: 132–50.

Colonna, G. (1980) Graffiti etruschi in Linguadoca. *Studi Etruschi* 48: 181–5.

Colonna, G. (1985) Società e cultura a *Volsinii*. *Annali della Fondazione per il Museo Claudio Faina* 2: 101–31.

Colonna, G. (1991) Acqua Acetosa Laurentina, l'*ager romanus antiquus* e i santuari del I miglio. *Scienze dell'Antichità. Storia, Archeologia, Antropologia* 5: 209–32.

Costantini, L. e Costantini Biasini, L. (1989) I vegetali dell'area sacra di S. Omobono. In *Il viver quotidiano in Roma arcaica. Materiali dagli scavi del tempio arcaico nell'area sacra di S. Omobono*: 61–4. Roma, Edizioni Procom.

Cubberley, A.L., Lloyd, J.A. e Roberts, P.C. (1988) *Testa* and *clibani*: the baking covers of classical Italy. *Papers of the British School at Rome* 56: 98–119.

Deferrari, G. (1999) Cibo e territorio: itinerari tematici e proposte didattiche. In F. Lenzi (a cura di), *Archeologia e ambiente*: 141–9. Forlì, Abaco Edizioni.

De Grossi Mazzorin, J. (1989) Testimonianze di allevamento e caccia nel Lazio antico tra l'VIII e il VII secolo a.C. *Dialoghi*

di *Archeologia* 1: 125–42.

Delpino, F. (1989) L'ellenizzazione dell'Etruria villanoviana: sui rapporti tra Grecia ed Etruria fra il IX e l'VIII secolo a.C. In *Atti del secondo congresso internazionale etrusco* 1: 105–16. Roma, Giorgio Bretschneider.

De Santis, A. (1997) Alcune considerazioni sul territorio veiente in età orientalizzante e arcaica. In G. Bartoloni (a cura di), *Le necropoli arcaiche di Veio. Giornata di studio in memoria di Massimo Pallottino*: 101–43. Roma, Università degli Studi di Roma 'La Sapienza'.

Dumézil, G. (1977) *La religione romana arcaica*. Milano, Rizzoli.

Fayer, C. (1982) *Aspetti di vita quotidiana nella Roma arcaica. Dalle origini all'età monarchica*. Roma, L'Erma' di Bretschneider.

Feruglio, A.E. (1982) Nota topografica. In *Pittura etrusca a Orvieto. Le tombe di Settecamini e degli Hescanas a un secolo dalla scoperta*: 9–20. Roma, Edizioni Kappa.

Guarducci, M. (1951) Legge sacra da un antico santuario di Lavinio. *Archeologia Classica* 3: 99–103.

Guidi, A. (1993) *La necropoli veiente dei Quattro Fontanili nel quadro della fase recente della prima età del ferro italiana*. Firenze, Leo S. Olschki.

Guidi, A. (1994) *I metodi della ricerca archeologica*. Roma/Bari, Laterza.

Hilgers, W. (1969) *Lateinische Gefässnamen. Bezeichnungen, Funktion und Form Römischer Gefässe nach den Antiken Schriftquellen*. Düsseldorf, Rheinland-Verlag.

La Cecla, F. (1998) *La pasta e la pizza*. Bologna, Il Mulino.

L'alimentazione nel mondo antico (1987) II. *Gli Etruschi*. Roma, Istituto Poligrafico e Zecca dello Stato.

L'alimentazione nel mondo antico (1987) III. *I Romani*. Roma, Istituto Poligrafico e Zecca dello Stato.

Longo, O. e Scarpi, P. (1994) (a cura di), *Homo edens: regimi, miti e pratiche dell'alimentazione nella civiltà del Mediterraneo (Atti del III colloquio interuniversitario, Recoaro Terme 21–22 settembre 1991)*. Padova, CLEUP.

Matteucci, P. (1986) L'uso dei mortai di terracotta nell'alimentazione antica. *Studi Classici e Orientali* 36: 239–77.

Mazzeo Saracino, L., Morandi, N., Nannetti, M.C. e Vergara, M. (1997) Una produzione di ceramica da cucina da Suasa (AN): esame tipologico e studio archeometrico, per la definizione della funzione. In S. Santoro Bianchi e B. Fabbri (a cura di), *Il contributo delle analisi archeometriche allo studio delle ceramiche grezze e comuni: il rapporto forma/funzione/impasto*: 200–13. Bologna, University Press.

Melis, F. e Quilici Gigli, S. (1972) Proposta per l'ubicazione di Pometia. *Archeologia Classica* 24: 219–47.

Milanese, M. (1987) *Scavi nell'oppidum preromano di Genova (Genova — S. Silvestro 1)*. Roma, L'Erma' di Bretschneider.

Moltesen, M. e Brandt, J.R. (1994) *Excavations at La Giostra. A Mid-republican Fortress outside Rome (Analecta Romana Instituti Danici, suppl. 21)*. Roma, L'Erma' di Bretschneider.

Montanari, M. (1997) *La fame e l'abbondanza. Storia dell'alimentazione in Europa*. Roma/Bari, Laterza.

Negroni Catacchio, N. (1995) I materiali. Ipotesi sulla destinazione d'uso. In N. Negroni Catacchio (a cura di), *Sorgenti della*

Nova. L'abitato del bronzo finale: 397–403. Firenze, Istituto Italiano di Preistoria e Protostoria.

Paladino, I. (1988) *Fratres Arvales. Storia di un collegio sacerdotale romano*. Roma, L'Erma' di Bretschneider.

Perkins, P. e Walker, L. (1990) Survey of an Etruscan city at Doganella, in the Albegna Valley. *Papers of the British School at Rome* 58: 1–143.

Peroni, R. (1994) *Introduzione alla protostoria italiana*. Roma/Bari, Laterza.

Piccaluga, G. (1974) *Terminus. I segni di confine nella religione romana*. Roma, Edizioni dell'Ateneo.

Pisani Sartorio, G. (1989) Mater Matuta e Fortuna. In *Il viver quotidiano in Roma arcaica. Materiali dagli scavi del tempio arcaico nell'area sacra di S. Omobono*: 18–20. Roma, Edizioni Procom.

Quilici, L. (1979) *Roma primitiva e le origini della civiltà laziale*. Roma, Newton Compton.

Rendeli, M. (1993) *Città aperte. Ambiente e paesaggio rurale organizzato nell'Etruria meridionale costiera durante l'età orientalizzante e arcaica*. Roma, Gruppo Editoriale Internazionale.

Rossi Diana, D. (1984–5) Roma. Via Aurelia km 9.400. L'insediamento arcaico in via di Acquafredda. Campagna di scavo 1984. *Notizie degli Scavi di Antichità*: 169–205.

Rossi Diana, D. (1990) Scavi in località Acquafredda. In *Archeologia Laziale* 10.2 (*Quaderni del Centro di Studio per l'Archeologia Etrusco-italica* 19): 134–7. Roma, Consiglio Nazionale delle Ricerche.

Rossi Diana, D. e Clementini, M. (1988) Nuove considerazioni sul tipo del bacino d'impasto augitico. *Rendiconti dell'Accademia dei Lincei* 8 (43): 39–72.

Ruiz Rodriguez, A. e Molinos Molinos, M. (1989) Fronteras: un caso del siglo VI a.n.e. In *Fronteras* (*Arqueologia Espacial* 13): 121–35. Teruel, Seminario de Arqueología y Etnología Turolense.

Salza Prina Ricotti, E. (1987) Alimentazione, cibi, tavola e cucine nell'età imperiale. In *L'alimentazione nel mondo antico* III. *I Romani*: 71–130. Roma, Istituto Poligrafico e Zecca dello Stato.

Virgili, P. (1989) I depositi votivi del tempio arcaico. In *Il viver quotidiano in Roma arcaica. Materiali dagli scavi del tempio arcaico nell'area sacra di S. Omobono*: 45–58. Roma, Edizioni Procom.

Weinstock, S. (1952) A *lex sacra* from Lavinium. *Journal of Roman Studies* 42: 34–6.

Zifferero, A. (1996) Su alcuni fornelli etrusco-meridionali: note di inquadramento tipologico e proposte di restituzione grafica. *Opuscula Romana* 20: 183–201.

Zifferero, A. (1999) Criteri di nomenclatura delle forme vascolari e modelli alimentari protostorici: il contributo delle fonti letterarie. In D. Cocchi Genick (a cura di), *Criteri di nomenclatura e di terminologia inerente alla definizione delle forme vascolari del neolitico/eneolitico e del bronzo/ferro*: 425–7. Firenze, Octavo.

Zifferero, A. (2000) La ceramica preromana come indicatore di processi socio-economici: il caso dell'Italia medio-tirrenica. In R. Francovich e H. Patterson (a cura di), *Extracting Meaning from Ploughsoil Assemblages* (*POPULUS Project. The Archaeology of Mediterranean Landscapes* 5): 147–59. Oxford, Oxbow.

CERAMICS AND COINS IN THE MIDDLE TIBER VALLEY FROM THE FIFTH TO THE TENTH CENTURIES AD

Helen Patterson and Alessia Rovelli

Abstract • Riassunto

THIS PAPER USES THE EVIDENCE of ceramics (H. Patterson) and coins (A. Rovelli) to examine social and economic developments in Rome and the middle Tiber valley during the late Roman and early medieval periods. It explores their potential for evaluating the effects of the decline of Rome's power on its hinterland and the impact of the emergence of new forms of power on local economic dynamics. Both the pottery and the coins suggest that the Roman economic system finally collapsed in this area in the later sixth century, roughly contemporary with the arrival of the Lombards. While in Rome itself the level of material culture continued to be rich, with coins still circulating and a wide range of ceramic types (including imported wares), throughout the seventh and into the early eighth centuries, this was not the case in its hinterland. In the middle Tiber valley a monetary economy ceased to exist and different ceramic production and supply systems emerged within the area of the valley itself. Deposits of the early eighth century have not been identified outside Rome: however, in the late eighth to ninth centuries, the ceramic evidence from the west bank of the Tiber indicates renewed links with the urban centre. This is contemporary with the foundation of the *domuscultae* in this area, farming estates established by the papacy with the aim of supplying foodstuffs to the city of Rome. This raises some interesting questions regarding the organization of production and the circulation of goods in this period, which only future work will resolve.

IL PRESENTE LAVORO PARTE dall'evidenza delle ceramiche (H. Patterson) e delle monete (A. Rovelli) per esaminare gli sviluppi sociali ed economici a Roma e nella media valle del Tevere durante i periodi tardo-romano e altomedievale. L'approccio è finalizzato ad investigare le potenzialità di tali categorie di oggetti nella valutazione degli effetti del declino di Roma sul suo *hinterland* e dell'impatto che l'affermazione di nuove forme di potere ebbe sulle dinamiche economiche locali. Sia la ceramica che le monete suggeriscono che il sistema economico romano crollò definitivamente in quest'area nel tardo VI secolo, grosso modo contemporaneamente all'arrivo dei Longobardi. Mentre nella stessa Roma il livello della cultura materiale continua ad essere ricco, con la continuità di circolazione delle monete ed un ampio repertorio di tipi ceramici (incluse le ceramiche importate), nel corso del VII fino agli inizi dell'VIII secolo, la stessa cosa non si verifica nel suo *hinterland*. Nella media valle del Tevere l'economia monetaria cessò di funzionare e, nell'ambito della stessa valle, emersero differenti produzioni ceramiche e nuovi sistemi di approvvigionamento. Fuori Roma non sono stati individuati depositi di inizio VIII secolo e solo a partire dal tardo VIII fino al IX secolo l'evidenza ceramica della riva occidentale del Tevere rivela rinnovati legami con il centro urbano. Il fenomeno è contemporaneo alla fondazione delle *domuscultae* in quest'area, strutture rurali impiantate dal papa al fine di rifornire la città di Roma di derrate alimentari. Tale situazione solleva alcune interessanti questioni riguardo l'organizzazione della produzione e la circolazione dei beni in questo periodo risolvibili solo attraverso futuri lavori.

THE REGION UNDER STUDY, which we have defined generically as the middle Tiber valley, has never comprised a political or administrative entity. Although from the third century BC to the early sixth century AD it formed part of the Roman Empire, with the final collapse of the Roman state it was subject at various times to diverse forms of political control: by Roman-Byzantines, Lombards, Carolingians and the papacy. In contrast to the earlier historical periods discussed in this volume, therefore, the Tiber valley, in the period we are examining, represents an area that was once again

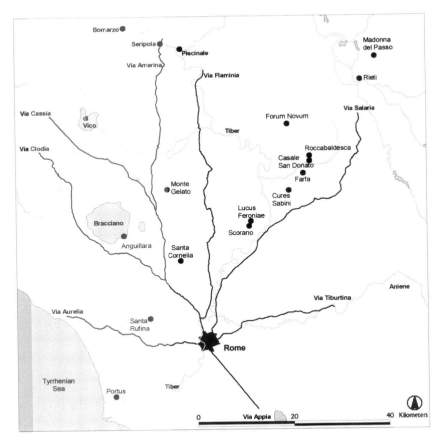

FIG. 1. Location of sites discussed in the text. (H. Goodchild.)

fragmented after the long *pax romana*.

The background to this paper is a series of discussions between the authors, both of whom use specific elements of material culture — coins and pottery — to examine social and economic developments during the late Roman and medieval periods.

The 1980s and 1990s have seen the publication of a number of major projects that have focused on late Roman and early medieval contexts in the area of Rome itself and of its ports. We are less well informed for the area of the middle Tiber valley. Despite the publication of material from a number of sites, which has added significantly to our knowledge, there are still some major gaps in our understanding. The problems can be defined on a number of levels.

THE PROBLEMS

POTTERY

H. Patterson

The most frustrating problem is the small number of published groups of material from excavations in the middle Tiber valley. As noted above, there are

some important exceptions, but they are relatively few in comparison with the amount of work carried out in this area. In particular, we can note the surprising scarcity of well-stratified groups of Roman material that have been published, the Mola di Monte Gelato (Arthur 1997; Roberts 1997) being a notable exception.

As regards an understanding of early medieval ceramics, the Tiber valley is in a fairly privileged position compared to many mediterranean areas. The increased knowledge of local coarse-ware sequences has been fundamental for an understanding of this period. Previously, the concentration on the finer and more distinctive classes of pottery — African red slip (ARS) and early medieval glazed ware (*ceramica a vetrina pesante* or forum ware) — resulted in a gap in the ceramic sequence and, if we think in terms of pots equal people, an apparent gap in settlement of about 400 years. ARS is increasingly less available from the mid-fifth century, while *ceramica a vetrina pesante* is only widely diffused in this area from the tenth century. The resulting bias is clearly illustrated in Tim Potter's synthesis of the South Etruria Survey results (Potter 1979: fig. 41). However, there are still some lacunae. For the late sixth to seventh centuries, despite the identification of coarse-wares of this date from both sides of the Tiber (see, for example, Camilli and Vitali Rosati 1995: fig. 13),[1] published groups are limited largely to those from a series of excavations and surveys on the east bank (Patterson 1993b; Patterson and Roberts 1998).

The eighth and ninth centuries pose a different type of problem: several contexts of the period have now been published from sites in South Etruria, such as Monte Gelato (Patterson 1997), Santa Cornelia (Patterson 1991) and Santa Rufina (Cotton, Wheeler and Whitehouse 1991), as well as a number of studies focusing on the *ceramica a vetrina pesante*, such as those on *Lucus Feroniae* (Romei 1992a) and Scorano (Romei 1992b) (Fig. 1). In fact, in this area we are better informed for the eighth and ninth centuries than for the Roman period. In the Sabina, however, excavations so far have failed to identify well-stratified deposits of this date. Another limiting factor for our understanding of the production and circulation of ceramics is the virtual lack of identified kiln sites of this period.

Finally, we can lament the lack of attempts to examine broader social and economic developments through survey evidence. Survey data offer an opportunity to study the distribution of goods on a vast geographical and chronological scale, and consequently have great potential for examining broader issues. Some recent studies clearly demonstrate the potential of such an approach (Attolini *et al.* 1991; Patterson and Roberts 1998; Zifferero 2000; see also Chapter 17 in this volume), but in general this aspect of ceramic survey data has been neglected. The effect of the decline of Imperial Rome and of the emergence of new forms of power in local economic dynamics are issues that the ceramic survey data is admirably suited to examine. With the increasing recognition of fossil guides for this period, we need more problem-oriented research aimed at addressing these themes (Patterson 2000). Yet, despite the numerous surveys carried out in this area, the ceramic evidence has tended to be used solely to identify and date sites, often without any description of the ceramics themselves. This takes us back to the lack of published material: much potential information is simply not available and, as a result, we are prevented from using it to examine some key historical issues.

COINS
A. Rovelli

There are similar problems with numismatic finds, although it is clear that, in the case of field survey, the possibility of finding coins is very low, given the size of the objects and the fact that metal detectors are not used normally.

As regards excavated material, numismatic studies still have a tendency to use coins mainly as a dating element, like pottery studies decades ago. Consequently, we must lament the fact that many preliminary reports, which represent the main published evidence, at best only specify the presence of coins, and in many cases do not even mention whether coins are present or absent. To have a coherent picture of the level of monetarization of a region, it is necessary to evaluate the significance of all the evidence, including the negative evidence, in other words the absence of coins. The presence or absence of coins from a context is hardly a casual fact: it is therefore important that in preliminary reports the authors provide this information (Saguì and Rovelli 1998: 186–95).

We have already published syntheses elsewhere

(Patterson 1993a; Arthur and Patterson 1994; Patterson and Roberts 1998; Rovelli 2000a; 2000b), so here we shall give just a brief overview of the picture emerging from the study of the ceramics and coins.

THE POTTERY
H. Patterson

From the second century until the late fourth to early fifth centuries, very similar patterns of ceramic distribution and consumption are documented both in Rome and in the middle Tiber valley: a wide range of pottery, both of Italian production and imported wares — fine table-wares and amphorae —, is found on both urban and rural sites. The same picture is common throughout central–southern Italy, and demonstrates an integrated network of supply and consumption. The one notable difference in our study area is the relatively small amount of imported transport amphorae recovered compared to Rome and the ports (Arthur 1997: 319, table 59). However, the growing body of evidence for amphorae of local production suggests that this area was agriculturally self-sufficient and had no need of imported agricultural produce. Moreover, the locally-produced amphorae types are documented both on sites in the middle Tiber valley and in Rome itself, suggesting that the hinterland was not only self-sufficient, but produced a surplus of agricultural products, which it exported to the Imperial city (Arthur 1997). Panella (1989: 144) has proposed the possibility of production centres along the Tiber valley — in fact, one such kiln site has been identified at Spello in Umbria —, and the variety of fabrics identified suggests that they may have been quite numerous (Arthur 1997: 314). These amphorae types do not seem to have been exported outside Italy, and the characteristic ring-foot base suggests that they were primarily for river transport. On the evidence so far, this situation appears to have continued until sometime in the third century AD, after which evidence for the circulation of amphorae in this area is slight (Arthur 1997: 315).[2]

The first indication of increasing regionalization comes in the mid-fifth century, with the decline in the supply of fine-wares from north Africa. The effects of this decline are most evident in the more internal area of the Sabina Reatina, where there was a complete breakdown in the supply of imported table-wares. Even Rieti itself, on the basis of the material from the excavations at Piazza San Rufo, and despite its status as a *municipium* and its prime location on the Via Salaria, has yielded no imported fine-wares later than the fifth century, suggesting that economic links with Rome were much weaker (Patterson and Roberts 1998). On the west bank of the Tiber and in the Sabina Tiberina, however, imports continued to arrive, although in greatly reduced quantities, until the mid-sixth century and occasionally later. This supply may have been facilitated largely by river transport: the archaeological evidence clearly emphasizes greater activity in the area near the Tiber and the ports, such as at Seripola (*Tevere* 1986). The continued arrival of imported fine-wares reflects the closer links of this area — the Campagna romana and the Sabina Tiberina — with Rome. Delogu (1993: 13) has emphasized the central role of Lazio in the food supply of Rome — in particular in the provision of grain — during the sixth and seventh centuries, despite the evidence for the continued arrival of foodstuffs by sea (Panella 1989; Saguì 1998), maintaining that the latter appeared to have a supplementary role. The famines documented at Rome following the Lombard invasions of the Sabina would seem to confirm this (Delogu 1993: 13). Until the mid-sixth century, therefore, the Sabina Tiberina, along with the Campagna romana, can be considered as part of the suburb of Rome.

This pattern, with a drop in the supply of ARS from the early fifth century, affecting first of all more internal, rural areas, and then a further marked drop around the mid-sixth century, is common throughout central–southern Italy. However, a breakdown in the supply of imported wares does not necessarily mean the breakdown of an entire economic system. It is to the local ceramic productions that we must look in order to evaluate social and economic stability or the lack of it. The study of the late Roman and early medieval ceramics from a series of excavations and surveys in the Sabina allows us to analyse developments during this period. The material comes from the excavations of Casale San Donato and Farfa in the Sabina Tiberina, at Madonna del Passo and Rieti in the Sabina Reatina, and at a number of sites identified by the Farfa and Rieti surveys (Patterson and Roberts 1998). Significantly, it is clear that, despite the variations in the supply of imported wares, good quality, professionally produced kitchen- and domestic-wares continued to circulate throughout this area. The late Roman forms of the Sabina Reatina correspond closely to contemporary products found on sites in the Sabina Tiberina from the Farfa Survey, and from excavations at Farfa. Furthermore, identical products are found on the west bank of the Tiber, at Monte Gelato, and at Rome itself (Figs 1 and 2). Differences in some of the ceramic types present on these sites indicate the beginnings of some regionalization of production,[3] but on the whole the evidence demonstrates a certain continuity and stability both in the major Roman (rural?) production centres and the regional distribution networks supplying these wares (Patterson and Roberts 1998).

From the mid-sixth to seventh centuries, the situation changes. At Rome, imported table-wares and amphorae continued to arrive until the end of the seventh century, as the rich late seventh-century deposits from the Crypta Balbi strikingly demonstrate (Saguì 1998). In the Campagna romana and the Sabina Tiberina, however, finds of ARS are extremely rare after the mid-sixth century. Throughout Italy the distribution of the latest ARS imports — late sixth to seventh centuries — is restricted largely to major urban and religious centres and to coastal areas, suggesting that they were destined for the use of the civil, military and ecclesiastical élites (Hayes 1998: 13; Tortorella 1998: 57). Furthermore, finds of these wares are much more common in regions under Byzantine control than in Lombard areas (Tortorella 1998: 57). It is therefore no surprise that published finds of the latest ARS imports in our study area come from Santa Rufina, a bishop's seat that was also on a pilgrimage route (Cotton, Wheeler and Whitehouse 1991), and from the abbey of Farfa (Hodges and Whitehouse 1983). The discovery at *Forum Novum* of several examples of the latest ARS productions in a large rubbish dump of the late sixth to seventh centuries is of particular interest (see above, Chapter 16).[4] *Forum Novum* was a bishop's seat, but in an area under Lombard control. However, to talk about trade, directional or otherwise, is probably exaggerated, given that excavations at Santa Rufina only produced two examples of this period (Hayes 91, 105; Cotton, Wheeler and Whitehouse 1991: 274) and at Farfa a single vessel was found (Hayes 104a; Hodges and Whitehouse 1983: 33).

The most dramatic change, however, is in the local ceramic productions, which suggest a total breakdown of the previous economic system. During the later sixth century the evidence from the Sabina indicates a collapse of the local Roman pottery production centres and supply networks; a new range of coarse-wares appears on both urban and rural sites throughout this area, and we see the emergence of a very different ceramic tradition, whose products are found throughout the Sabina (**Figs 3** and **4**). These types, which are often characterized by a distinctive type of decoration, a band of cream slip with incised combed lines (**Fig. 4**), are in circulation during the late sixth and seventh cen-

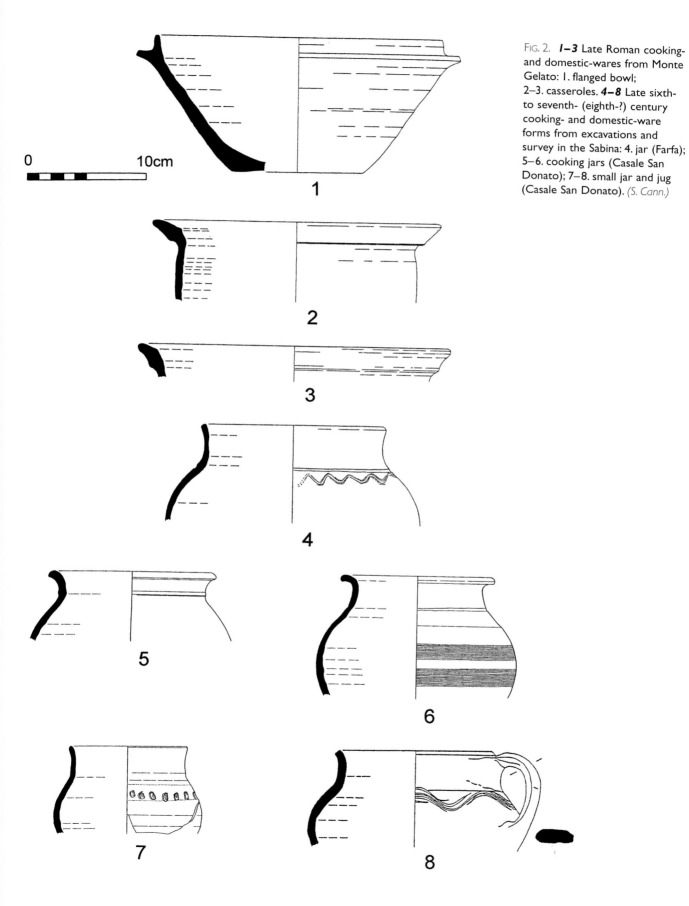

FIG. 2. *1–3* Late Roman cooking- and domestic-wares from Monte Gelato: 1. flanged bowl; 2–3. casseroles. *4–8* Late sixth- to seventh- (eighth-?) century cooking- and domestic-ware forms from excavations and survey in the Sabina: 4. jar (Farfa); 5–6. cooking jars (Casale San Donato); 7–8. small jar and jug (Casale San Donato). *(S. Cann.)*

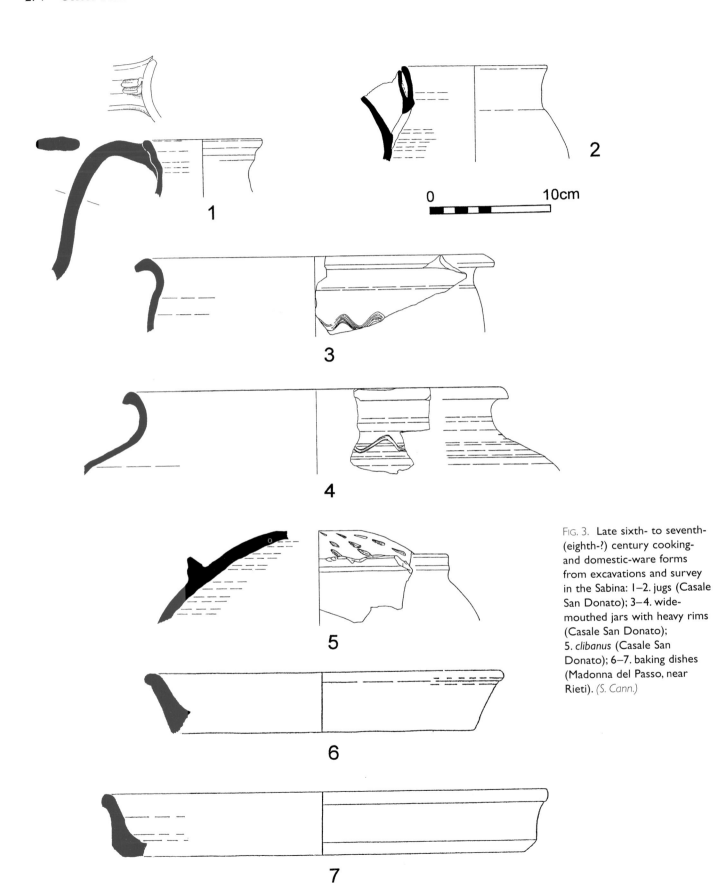

FIG. 3. Late sixth- to seventh-(eighth-?) century cooking- and domestic-ware forms from excavations and survey in the Sabina: 1–2. jugs (Casale San Donato); 3–4. wide-mouthed jars with heavy rims (Casale San Donato); 5. *clibanus* (Casale San Donato); 6–7. baking dishes (Madonna del Passo, near Rieti). *(S. Cann.)*

turies, though they may continue into the eighth century. Although the vessels have some similarities to late seventh-century vessels from contexts at the Crypta Balbi in Rome, they form their own distinctive tradition. It is significant that these wares do not seem to be available on the west bank. Published groups of this date are lacking from this area; however, not a single example has been recognized from the on-going revision of the South Etruria Survey material, suggesting that their circulation was restricted to the Sabina. The implications of the archaeological evidence have been discussed in detail elsewhere (Patterson and Roberts 1998), and here I shall present just a brief synthesis.

FIG. 4. Late sixth- to seventh- (eighth-?) century pottery from excavations and survey in the Sabina: examples of vessels with combed slipped decoration. *(H. Patterson.)*

This change is roughly contemporary with the Lombard occupation of the area. In the third-quarter of the sixth century, Lombard incursions and eventual occupation totally engulfed the Sabina Reatina and much of the Sabina Tiberina, marking the end of the Roman unity of the Tiber valley. The hinterland of Rome, which had represented the heart of the civil, social and economic life of the Empire, was now a frontier area (Sennis 1996: 32), divided roughly along the line of the Tiber between the Roman-Byzantine state on the west bank and the Lombards on the east bank. Rieti was included in the Lombard duchy of Spoleto, and became the seat of a strongly independent *gastaldato*, whose territory extended to include the Sabina Tiberina at least as far as *Cures Sabini*. The historical sources indicate that maintenance of the main communication routes, for example the Via Salaria and the Tiber, ceased in this period, and that the entire Roman institutional and economic system collapsed, with the Sabina Tiberina and the Sabina Reatina being largely isolated from the Roman market (Leggio 1989). Delogu (1994: 14–18) has emphasized the impact of the Lombards on the economic structure of Italy and on the production and circulation of goods. The distribution of these new ceramic types appears to conform with the changes in the political boundaries, and offers support to this hypothesis.

At Rome, patterns of ceramic consumption underwent a marked change after the end of the seventh century. The evidence of the transport amphorae is a clear demonstration of the decline of Rome's hegemony over the Mediterranean and the subsequent reliance, of the Byzantine state and later the Church, on more local food-producing sources to supply the populace of Rome. By the beginning of the eighth century, imports from north Africa — following the Islamic conquest — and the eastern Mediterranean finally ceased to arrive. Although transport amphorae continued to circulate, they probably came from production sites located within Sicily and southern Italy, areas where the Church had extensive property. In the first half of the eighth century (around the AD 830s), the Roman church was deprived of its lands in Sicily by the Byzantine emperor, Leo III Isaurico (Marazzi 1991). Significantly, it is from this period that the ceramics at Rome (not only the amphorae, but also the domestic-wares) show a marked similarity to those circulating at Naples, suggesting close links between these centres (Arthur and Patterson 1994: figs 3 and 4). Amphorae types very similar to those at Rome are documented at *Portus* and Naples in the eighth and early ninth centuries, and were certainly produced at both Ischia and *Misenum* (Arthur 1993; Arthur and Patterson 1994). These amphorae disappeared from circulation during the early ninth century (Paroli 1992a; Arthur 1993; Arthur and Patterson 1994): this is contemporary with the Arab attacks in southern Italy (Arthur 1993).

The documentary sources suggest that, alongside grain and other foodstuffs from Sicily and southern Italy, local agricultural production continued to play a

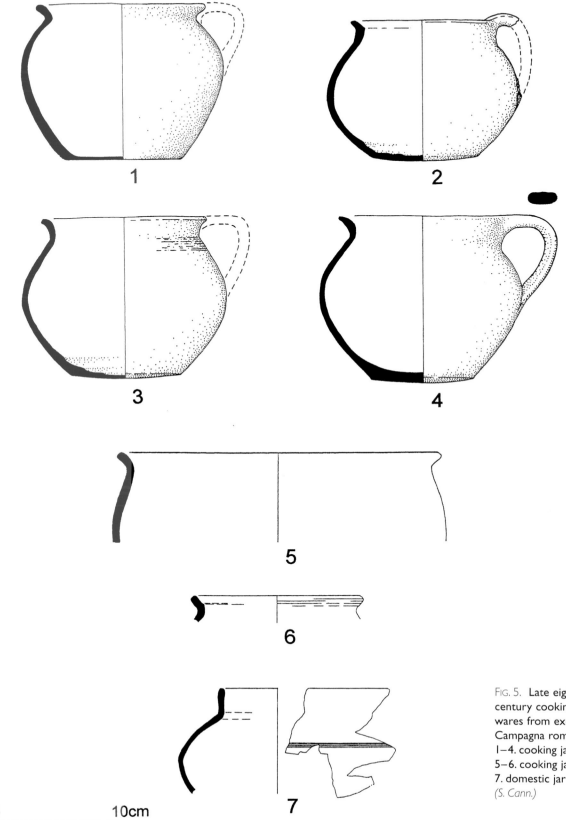

FIG. 5. Late eighth- to ninth-century cooking- and domestic-wares from excavations in the Campagna romana:
1–4. cooking jars (Santa Rufina);
5–6. cooking jars (Santa Cornelia);
7. domestic jar (Santa Cornelia).
(S. Cann.)

0　　　　　　　10cm

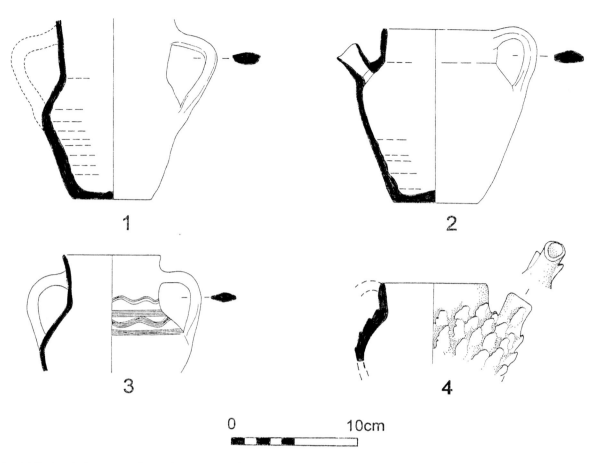

FiG. 6. Late eighth- to ninth-century domestic pottery and *ceramica a vetrine pesante* from excavations in the Campagna romana: 1–3. domestic jars and jugs (Santa Cornelia); 4. forum ware jug (Santa Rufina). *(S. Cann.)*

major role in supplying the people of Rome during this period (Delogu 1993: 17). However, it is not until the late eighth century that the ceramic evidence once again indicates close links between the urban centre and the Campagna romana. This coincides with the reorganization of the territory by the papacy, after the loss of the income from its lands in Sicily. At Rome, from the eighth century, a new range of locally-produced products appear: kitchen-wares, domestic-wares — some with painted decoration — and, from the second half of the eighth century, glazed wares (*ceramica a vetrina pesante* of the forum ware type).[5] From the late eighth century, identical products are found on a number of sites on the west bank of the Tiber: Santa Cornelia, Santa Rufina and Monte Gelato (Cotton, Wheeler and Whitehouse 1991; Patterson 1991; 1997) (Figs 5–7). Significantly, all three sites were probably part of the *domusculta* of *Capracorum*, founded in the late eighth century by Pope Hadrian I. Right from their foundation, the same products are found on these sites as are present at Rome itself — kitchen-wares, do-

mestic-wares and the early medieval glazed ware, *ceramica a vetrina pesante*. Furthermore, there is evidence for ceramic production in the Campagna, not only of domestic pottery, as at Monte Gelato, but, on the evidence from Santa Rufina, probably of a luxury product such as forum ware (Patterson 1992a).

The revival in the economy of this area and the renewed close links with Rome are clearly related to the reorganization of the area by the papacy. With the loss of its Sicilian lands, the Church was going through a difficult period in which the territory surrounding Rome assumed an even greater importance. The foundation of the *domuscultae* in the countryside was part of a programme of rational exploitation of the territory by the Church, aimed at supplying the population of Rome with agricultural foodstuffs, and therefore expressly geared to the needs of the papal state.[6] On a broader level, their creation was one of a series of strategies adopted by the Church in this period to control and manage the territory around Rome, not only economically, but also in a political sense (Sennis

Fɪɢ. 7. Late eighth- to ninth-century pottery assemblage from the Campagna romana.
(H. Patterson.)

1996: 41–2).

Only future work will determine whether, in this initial phase, the Church played a role in the production and distribution of pottery. In central southern Italy, the documentary sources and the archaeological evidence demonstrate that the Church patronized specialist artisan production, and it is interesting that the only kiln identified — that of Monte Gelato — is associated with an ecclesiastical complex (Patterson 1992a: 429–30; 1993a: 322–3).[7]

Further evidence for renewed links between Rome and the Campagna romana in this period comes from studies focusing on one specific class of early medieval pottery, that is, *ceramica a vetrina pesante*, first documented in Rome from the second half of the eighth century. The first phase of production — late eighth to early ninth centuries — has a limited circulation, even within Rome itself, suggesting that it was, in a sense, a luxury product. Finds of late eighth- and ninth-century *ceramica a vetrina pesante* of Rome production are documented from settlements along the west bank of the Tiber, for example at *Lucus Feroniae* (Romei 1992a), Scorano (a river port), and on the main roads (Romei 1992b). Again, this would seem to indicate a revival of activity between Rome and southern Etruria along the major communication routes in this period.

Developments on the other side of the Tiber are more difficult to trace. It has been argued that the gravity of the confiscation of the Sicilian lands lay not so much in the loss of grain, as in the sudden loss of consistent supplies of gold coinage to the Church. The

Church needed income, and the concerted attempts by the popes in this period to recover lands, including the Sabina seized from the Byzantine empire by the Lombards should be seen in this context (Delogu 1993: 22–4). In the late eighth century the Sabina which for two centuries had largely been under Lombard control, returned to form part of the territory controlled by the Church (Leggio 1989). In this area, with the exception of a few small deposits from the abbey of Farfa itself, excavation and survey have failed to identify pottery of this period. However, this in itself may be of significance. The evidence, or apparent lack of it, does suggest that the Sabina did not undergo the same revival of the economy and revitalization of the links with Rome that we seem to see on the opposite bank of the Tiber in this period. The late eighth- to ninth-century deposits identified at Farfa included a small amount of *ceramica a vetrina pesante* of probable Rome production, indicating links between the abbey and the urban centre (Patterson forthcoming a). However, Farfa is a special case, an important abbey directly under the patronage of Charlemagne: its political and religious role determined that it would have strong links with Rome, and in this context the presence of a luxury good such as *ceramica a vetrina pesante* is not surprising. More interesting is the fact that the associated ceramics in these deposits lack entirely the distinctive domestic-wares characteristic of ceramic assemblages in Rome and sites on the west bank in this period (Patterson forthcoming a). Again, this would seem to suggest that the Sabina Tiberina, unlike the west bank of the Tiber in this period, was not integrated fully into the economic and cultural ambit of Rome.

Various studies have focused specifically on finds of *ceramica a vetrina pesante* and the later *ceramica a vetrina sparsa* (sparse glazed ware). Although kiln sites have not been identified, the study of the production and distribution of this class through petrological analysis raises some interesting points regarding the relationship between Rome and the valley (Patterson 1992a; 1992b; Romei 1992a; 1992b). It is a very complex picture, and since I have discussed these problems elsewhere, they will not be repeated in detail here. I simply wish to draw attention to some of the main aspects.

From at least the mid-ninth century, *ceramica a vetrina pesante* is a characteristic element of most contexts within Rome, suggesting that it was available to the majority of the population. In the Campagna romana, however, it is widely diffused only from the late tenth and eleventh centuries. This coincides with changes in the fabrics of these wares, which are now, almost without exception, different to those of the urban centre and would seem to indicate a revival in the local economy in this area (Patterson 1992a; 1993a: 326). In the Sabina Tiberina, as we have seen, finds of the earliest, late eighth- to ninth-century, productions are limited to those from the abbey of Farfa, and are probably of Rome production. Finds of *ceramica a vetrina pesante* of the late tenth and eleventh centuries from a number of sites found during the Farfa Survey and on *castelli*, such as Roccabaldesca (Romei 1992c), suggest that it was more widely available; however, this was in much smaller quantities than on the west bank. At Farfa, in this period, the *ceramica a vetrina pesante* is no longer of Rome production. In the more internal area of the Sabina Reatina a very different picture emerges. Excavations — including those in the centre of Rieti — and survey so far have failed to identify ceramics of the eighth and ninth centuries. This negative evidence does suggest that there was little contact between the Sabina Reatina and Rome in this period. On the present evidence, *ceramica a vetrina pesante* did not arrive in this area until the late tenth to eleventh centuries, limited to a small amount of forum ware from Rieti itself, probably of Rome production.

COINS
A. Rovelli

The fifth to tenth centuries is a very complex period in numismatic history, characterized by the development of four different monetary systems: those of the Ostrogoths, the Byzantines, the Lombards and, finally, the Carolingians, adopted by Hadrian I (772–95) when the minting of the silver *denarius* began. The Ostrogoth, Byzantine and Lombard monetary systems were, in fact, fairly natural progressions of the Roman system. The link with the Roman monetary system is particularly clear in the Ostrogothic and Byzantine

coinage, which were both firmly embedded in an articulate trimetallism, a system in which coin production was dictated by the needs of public finance and the fiscal organization of the empire. The Carolingian monetary system is totally different. This may be defined as entirely monolithic, given that after the reform of Charlemagne a sole metal and a single coin-type was minted: the silver *denarius* (Hendy 1988; 1991).

The large amount of material and contextual information gained in recent years from archaeological research has opened up a correspondingly large number of avenues of discussion. Above all, recent studies — in contrast to those based on the evidence available fifteen years ago — show a substantial persistence of the circulation of small bronze issues throughout the sixth century at Rome and elsewhere. For non-urban contexts, the excavations of the Mola di Monte Gelato are particularly significant. The excavations recovered *c.* 60 coins, many of which are of the later fourth and fifth centuries, and seven can be dated to somewhere between the fourth and the sixth centuries (Hobbs 1997). Furthermore, in the name of Justinian I, and therefore of the second half of the sixth century, the excavations yielded one example of a 40 *nummi*, one of a 20 *nummi* and, a rather interesting discovery, a piece of a 10 *nummi* of the Gothic king, Baduila (**Fig. 8**). Emanuele Papi has drawn my attention to the finds of various Ostrogothic coins during excavations near Bomarzo, carried out by the American Academy in Rome and the Università degli Studi di Siena.

Underlining the vitality of bronze coinage, and everything that this entails, is the fact that almost all the bronze values are represented; in other words, pieces of 40, 20, 10 and 1 *nummi* have been found. The 5 *nummi*, which would complete the series of bronze denominations issued by both the Goths and the Byzantines, has been found at, for example, Farfa[8] and Anguillara. Moreover, Monte Gelato and Bomarzo are not isolated cases. Material from other sites, which have not been listed as they lie outside our study area, show that during the sixth century, both in the Gothic phase and after the Byzantine reconquest, the circulation of bronze remained at a notably high level (Arslan 1994; Rovelli 2000b). This fact, which until recently was completely underestimated, is nevertheless hardly surprising if seen within the context of the general economic system, and supports the evidence of the ceramics in indicating a certain stability and continuity in the economic system until sometime in the later sixth century.

FIG. 8.   Coins of Justinian, Totila and Pope Hadrian III from excavations at the Mola di Monte Gelato. *(After Potter and King 1997: fig. 168. Reproduced by kind permission of R.P.J. Jackson and The British Museum.)*

In the seventh century, the coin evidence, like that of the ceramics, reflects a very different picture. At Rome, the seventh-century contexts of the Crypta Balbi provide the best evidence for a level of material culture that is still very rich, from both a ceramic and numismatic point of view, throughout this century and, although with different characteristics, during the first decades of the eighth century (Rovelli 2001). Indeed, in urban contexts the coins and pottery show a marked continuity of the late antique system. This is not the case, however, in the hinterland north of Rome, where the system declines earlier, though, admittedly, there are other indicators in urban contexts (for example the buildings) that show signs of the profound transformations taking place during the fifth to sixth centuries.

The sites in the Sabina identified by field survey or subject to more or less systematic excavation, such as Casale San Donato, Madonna del Passo, Rieti, Seripola and Piscinale (near Orte), have yielded pottery of the seventh century, but not coins. The pottery, hardly by chance, is all of strictly local production. The one exception is the bishopric of Santa Rufina (Ward-Perkins 1991), which significantly is the only site, together with Farfa, in our area so far to have yielded ARS of the late sixth–early seventh centuries. The numismatic finds consist of a half *follis* of Heraclius (*c.* 620) and a half *follis* of Constantine IV (668–85) from Santa Rufina, and another half *follis* datable to the end of the seventh and the beginning of the eighth century

from Farfa. The importance of the two sites, one a bishop's seat, the other an abbey, provides the most probable explanation for the quality of the pottery and numismatic finds. Further, the two sites idealistically are far from the small sites just listed and much closer to Rome.

Equally, the situation in the latest period under consideration here, the Carolingian age, seems now to be clearer. Since I have discussed these problems elsewhere (see, for example, Rovelli 2000a), they will not be repeated in detail here. I simply wish to draw attention to two aspects. The only *denarius* of Carolingian tradition found is that from the Mola di Monte Gelato in the name of Hadrian III (884–5) (**Fig. 8**). This was deposited in a child's tomb, in a manner reminiscent of a funerary good, and as such has a particular significance and is not comparable with finds due to casual loss. A similar case is that of the find of a *denarius* in the catacomb of Santa Cristina at Bolsena (Fiocchi Nicolai 1988: 177). Other ninth-century contexts from sites that are well documented from the point of view of ceramics, such as Santa Cornelia (Travaini 1991: 81), Scorano (Enei and Romei 1990) and *Lucus Feroniae* (Romei 1992a), have no corresponding numismatic finds, confirming the general rarity of coins in this period. This is a situation that we now know applies to both urban and rural contexts.

Let us now try to take stock of the situation. We have seen a substantial survival of coinage, at Rome and in rural contexts, until the later sixth century. However, at the end of the period considered here, the ninth to tenth centuries, the situation is very different: although town and country continue to show a similar picture, with no distinction between Rome and its hinterland, coins are now very rare. At this point the problem is to understand the nature of this process of change, which, from a monetary point of view, can only be defined as one of decline. Though any chronological breakdown of this process is still to be clarified (the material indicators — buildings, pottery, glass, coins, for example — are numerous and sometimes contradictory), it seems clear, nevertheless, that the seventh century was a crucial moment and that the decline, or transformation, first becomes evident in those areas that are peripheral with respect to Rome. In these areas, both coins and imported fine-wares disappear from circulation earlier.

CONCLUSIONS

In our initial discussions about this paper we posed ourselves two related questions:

1. Is it — and if so, to what extent — possible to gauge the impact of the various political and military events that affected this area during the fifth to tenth centuries through the study of archaeological material?
2. In particular, to what extent can we evaluate the effect of the decline of Rome's power on its hinterland and the impact of the emergence of new forms of power on local economic dynamics?

The data, in particular the numismatic data, are still too scarce to examine these problems in detail; nevertheless, the comparison of the two sets of evidence is revealing some interesting patterns that confirm the potential of this approach and point the direction for future lines of research.

Both the coins and the pottery indicate that, despite periods of crisis related to the weakening of the Roman state, there was a certain economic stability until sometime in the later sixth century. It is in this period, roughly contemporary with the Lombard invasions of this area, that the Roman economic system seems to have finally broken down. For the first time in centuries of Roman rule we see a marked divergence between developments at Rome itself and in its hinterland. The ceramic evidence indicates the collapse of the Roman (rural?) pottery industries that supplied the countryside to the north of Rome, and a breakdown of the supply systems. Moreover, the notable rarity of

coins in seventh-century contexts clearly demonstrates that a monetary economy no longer existed in the middle Tiber valley. Both coins and the imported tablewares now have a very limited and differential distribution, restricted to particular, mainly religious, sites. This is not the case at Rome, where the level of material culture continues to be rich, both as regards coins and pottery, including large quantities of imported wares, throughout the seventh century and into the first decades of the eighth. Furthermore, the evidence suggests the emergence of different economic systems within the middle Tiber valley, with the river acting as a boundary. In particular, the appearance of a new ceramic tradition, whose products are diffused throughout the Sabina, suggests that the Lombard occupation of this area may have had an impact on the production and circulation of goods. Not only are these products different to those that continued to circulate at Rome itself, but they do not appear to have been available on the west bank, suggesting different production centres and supply systems.

Datable deposits of the first half of the eighth century have not been identified. The next major change documented archaeologically came in the late eighth to ninth centuries, with the appearance of a new range of pottery types on the west bank of the Tiber. These are identical to contemporary products in Rome, indicating renewed links between the city and a part of what had, in the past, been its territory. The date and distribution of these distinctive pottery types suggests that this development can be directly linked to the foundation of the papal *domuscultae*. On the east bank of the Tiber the very lack of evidence, if we exclude the abbey of Farfa, suggests that the situation was different. The extreme rarity of coins recovered in contexts of this period, both at Rome and throughout the middle Tiber valley, suggests a scarce use of coins in this period.

We can only hypothesize as to the nature of these new, more fragmented, economic systems. One aspect that must be considered is the extent to which the new forms of power that emerged following the collapse of the Roman state played a role in the organization of the production and circulation of goods. For the eighth and ninth centuries, in particular, there is an increasing body of archaeological evidence that suggests that in central and southern Italy an integrated system of production and distribution did not exist (Patterson forthcoming b). Specialist production of pottery, for example, appears to have been restricted to major urban and religious centres. Furthermore, only these centres took part in the limited maritime trade or exchange networks in operation. It is possible, therefore, that the aristocratic and religious élites played a significant role in the organization of the production and distribution of goods (Patterson forthcoming b). Outside these centres, in their immediate territories, we have little or no evidence for either specialist pottery production or any involvement in more long-distance trade or exchange. The fact that the territory around Rome on the west bank of the Tiber is an exception simply adds support to this hypothesis. It is with the appearance of the *domuscultae* in this area, founded by the papacy with the aim of supplying foodstuffs to the Church in Rome, that we find the same pottery types as are present at Rome itself and evidence for pottery production. Outside the immediate area of the *domuscultae*, on the east bank, this does not seem to be the case. It is possible that the presence of the *domuscultae*, in renewing links between Rome and its territory, also stimulated the local economy. However, it would be interesting to examine if, and to what extent, the Church played a direct role in the organization of the production and circulation of goods in this area. The very lack of evidence from the east bank of the Tiber outside the area of the *domuscultae* suggests, in fact, a certain weakness of the *curtis* economy per se in stimulating the production and supply of pottery and coins.[9] These are avenues that remain to be explored.

NOTES

1. Camilli and Vitali Rosati were able to identify a number of sixth- and seventh-century sites on the basis of the ceramics collected during field survey.

2. In this context, the recent discovery at *Forum Novum* in the Sabina of a large well-stratified deposit of the late sixth–early seventh centuries containing some amphorae types that may have been used for the transport of oil and wine is significant. About ten examples were recovered and, on typological grounds, the amphorae from *Forum Novum* can be considered to derive from the Spello type amphorae. The restudy of material from the South Etruria Survey, in the light of this, has permitted the identification of some parallels with the forms at *Forum Novum*. Although there is no certain evidence from contexts of the third to fifth centuries to suggest continuity of production, this discovery adds a further important element to our understanding of local commerce in the area of the middle Tiber valley. The study of the amphorae at both *Forum Novum* and from the South Etruria Survey is being carried out by Sergio Fontana.

3. This is the picture emerging from the restudy of the Roman common wares from the South Etruria Survey being carried out by Alessandra Bousquet and Sabrina Zampini, which has shown increasing differences between the forms circulating in Rome and those in its surrounding territory from the end of the fourth century AD and especially from the fifth to sixth centuries AD.

4. The late sixth- to seventh-century rubbish dump was discovered directly behind the church of Santa Maria in Vescovio. The excavation of this area is directed by Helen Patterson and Will Clark; the preliminary study of the ARS was carried out by Sergio Fontana.

5. These mark a break with late antique productions — for example, there is a more restricted range of vessel forms, limited primarily to closed vessels. However, the productions of the late eighth and early ninth centuries in particular are distinguished by the richness of the decoration and the finishing techniques. This coincides with a period of renewed wealth in the urban capital, with the consolidation of papal power in the framework of the new alliance with the Carolingians. The effects of this can be seen clearly in the restoration and construction of churches documented in this period (Delogu 1988). However, it is interesting that this revival is also reflected in products of daily use, such as pottery (Paroli 1992b; Patterson 1993a).

6. Delogu has re-evaluated the importance of the *domuscultae* for the food supply of Rome, noting that it is very unlikely that the products of the five *domuscultae* created immediately after the loss of the income from Sicily could have satisfied the needs of the entire populace of Rome; the supplies must have been explicitly for the needs of the Church, as the *Liber Pontificalis* states (Delogu 1993: 22).

7. For evidence of this phenomenon in northern Italy, see also Martorelli 1999.

8. The coins from Farfa were studied by Angelo Finetti; the

results of his study were kindly given to me by Richard Hodges.

9. For a different interpretation based on the historical evidence, see, for example, Toubert 1983.

References

Arslan, E.A. (1994) La circolazione monetaria secoli V–VIII. In R. Francovich and G. Noyé (eds), *La storia dell'alto medioevo italiano (VI–X secolo) alla luce dell'archeologia*: 497–519. Florence, All'Insegna del Giglio.

Arthur, P. (1993) Early medieval amphorae, the duchy of Naples and the food supply of Rome. *Papers of the British School at Rome* 61: 231–44.

Arthur, P. (1997) The Roman commercial amphorae. In T.W. Potter and A.C. King, *Excavations at the Mola di Monte Gelato (Archaeological Monographs of the British School at Rome* 11): 299–316. London, British School at Rome.

Arthur, P. and Patterson, H. (1994) Ceramics and early medieval central and southern Italy: 'a potted history'. In R. Francovich and G. Noyé (eds), *La storia dell'alto medioevo italiano (VI–X secolo) alla luce dell'archeologia*: 409–41. Florence, All'Insegna del Giglio.

Attolini, I., Cambi, F., Castagna, M., Celuzza, M., Fentress, E., Perkins, P. and Regoli, E. (1991) Political geography and productive geography between the valleys of the Albegna and the Fiora in northern Etruria. In G. Barker and J. Lloyd (eds), *Roman Landscapes: Archaeological Survey in the Mediterranean Region (Archaeological Monographs of the British School at Rome* 2): 142–52. London, British School at Rome.

Camilli, A. and Vitali Rosati, B. (1995) Nuove richerche nell'agro capenate. In N. Christie (ed.), *Settlement and Economy in Italy, 1500 BC to AD 1500. Papers of the Fifth Conference of Italian Archaeology (Oxbow Monograph* 41): 403–12. Oxford, Oxbow.

Cotton, M.A., Wheeler, M. and Whitehouse, D.B. (1991) Santa Rufina: a Roman and medieval site in South Etruria. In N. Christie (ed.), *Three South Etrurian Churches (Archaeological Monographs of the British School at Rome* 4): 211–309. London, British School at Rome.

Delogu, P. (1988) The rebirth of Rome in the 8th and 9th centuries. In R. Hodges and B. Hobley (eds), *The Rebirth of Towns in the West AD 700–1050 (Council for British Archaeology Research Report* 68): 32–42. London, Council for British Archaeology.

Delogu, P. (1993) La storia economica di Roma nell'alto medioevo. Introduzione al seminario. In L. Paroli and P. Delogu (eds), *La storia economica di Roma nell'alto medioevo alla luce dei recenti scavi archeologici*: 7–29. Florence, All'Insegna del Giglio.

Delogu, P. (1994) La fine del mondo antico e l'inizio del medioevo: nuovi dati per un vecchio problema. In R. Francovich and G. Noyé (eds), *La storia dell'alto medioevo italiano (VI–X secolo) alla luce dell'archeologia*: 11–29. Florence, All'Insegna del Giglio.

Enei, F. and Romei, D. (1990) (Roma, Capena,) Scorano. *Archeologia Medievale* 17: 533.

Fiocchi Nicolai, V. (1988) *I cimiteri paleocristiani del Lazio* I. *Etruria meridionale (Monumenti di antichità cristiana* 10 serie 2).Vatican City, Pontificio Istituto di Archeologia Cristiana.

Hayes, J.W. (1998) Introduction. The study of Roman pottery in the Mediterranean: 23 years after *Late Roman Pottery*. In L. Saguì (ed.), *Ceramica in Italia: VI–VII secolo (Atti del convegno in onore di J.W. Hayes)*: 9–21. Florence, All'Insegna del Giglio.

Hendy, M.F. (1988) From public to private: the western barbarian coinages as a mirror of the disintegration of late Roman state structures. *Viator* 19: 29–78.

Hendy, M.F. (1991) East and West: divergent models of coinage and it use. In *Il secolo di ferro: mito e realtà del secolo X (Settimana di studio del Centro Italiano di Studi sull'Alto Medioevo* 38): 637–74. Spoleto, CISAM.

Hobbs, R. (1997) The coins. In T.W. Potter and A.C. King (eds), *Excavations at the Mola di Monte Gelato (Archaeological Monographs of the British School at Rome* 11): 236–42. London, British School at Rome.

Hodges, R. and Whitehouse, D.B. (1983) *Mohammed and Charlemagne and the Origins of Europe*. London, Duckworth.

Leggio, T. (1989) Forme di insediamento in Sabina e nel Reatino nel medioevo. Alcune considerazioni. *Bullettino dell'Istituto Storico Italiano per il Medio Evo e Archivio Muratoriano* 95: 165–201.

Marazzi, F. (1991) Il conflitto fra Leone III Isaurico e il papato fra il 725 e il 733, e il 'definitivo' inizio del medioevo a Roma: un'ipotesi in discussione. *Papers of the British School at Rome* 59: 231–58.

Martorelli, R. (1999) Riflessioni sulle attività produttive nell'età tardoantica ed altomedievale: esiste un artigianato 'ecclesiastico'? *Rivista di Archeologia Cristiana* 75: 571–96.

Panella, C. (1989) Le anfore italiche del II secolo d.C. In *Amphores romaines et histoire économique: dix ans de recherche (Collection de l'École Française de Rome* 114): 139–78. Rome, École Française de Rome.

Paroli, L. (1992a) Ceramiche invetriate da un contesto dell'VIII secolo della Crypta Balbi — Roma. In L. Paroli (ed.), *La ceramica invetriata tardoantica e altomedievale in Italia*: 351–77. Florence, All'Insegna del Giglio.

Paroli, L. (1992b) La ceramica invetriata tardo-antica e medievale nell'Italia centro-meridionale. In L. Paroli (ed.), *La ceramica invetriata tardoantica e altomedievale in Italia*: 33–61. Florence, All'Insegna del Giglio.

Patterson, H. (1991) Early medieval and medieval pottery. In N. Christie (ed.), *Three South Etrurian Churches (Archaeological Monographs of the British School at Rome* 4): 120–36. London, British School at Rome.

Patterson, H. (1992a) La ceramica a vetrina pesante (forum ware) e la ceramica a vetrina sparsa da alcuni siti nella Campagna romana. In L. Paroli (ed.), *La ceramica invetriata tardoantica e altomedievale in Italia*: 418–34. Florence, All'Insegna del Giglio.

Patterson, H. (1992b) Ceramica invetriata altomedievale e

medievale da alcuni siti della Sabina. In L. Paroli (ed.), *La ceramica invetriata tardoantica e altomedievale in Italia*: 463–70. Florence, All'Insegna del Giglio.

Patterson, H. (1993a) Un aspetto dell'economia di Roma e della Campagna romana nell'alto medioevo: l'evidenza della ceramica. In L. Paroli and P. Delogu (eds), *La storia economica di Roma nell'alto medioevo alla luce dei recenti scavi archeologici*: 309–32. Florence, All'Insegna del Giglio.

Patterson, H. (1993b) A note on the pottery. In J. Moreland, M. Pluciennik, M. Richardson, A. Fleming, G. Stroud, H. Patterson and J. Dunkley, Excavations at Casale San Donato, Castelnuovo di Farfa (RI), Lazio, 1992: 206–9. *Archeologia Medievale* 20: 185–228.

Patterson, H. (1997) Medieval pottery. In T.W. Potter and A.C. King, *Excavations at the Mola di Monte Gelato (Archaeological Monographs of the British School at Rome* 11): 366–83. London, British School at Rome.

Patterson, H. (2000) The current state of early medieval and medieval ceramics in mediterranean survey. In R. Francovich and H. Patterson (eds), *Extracting Meaning from Ploughsoil Assemblages (POPULUS Project. The Archaeology of Mediterranean Landscapes* 5): 109–20. Oxford, Oxbow.

Patterson, H. (forthcoming a) The early medieval and medieval pottery. In G. Clark and D. Whitehouse (eds), *Excavations at the Abbey of Farfa (Archaeological Monographs of the British School at Rome)*. London, British School at Rome.

Patterson, H. (forthcoming b) San Vincenzo al Volturno: new insights into the early medieval economy of central southern Italy. In G. De Benedittis (ed.), *I beni culturali nel Molise — Il medioevo*. Proceedings of the conference held in November 1999 at Campobasso (Molise), organized by the Regione del Molise and the Istituto Regionale per gli Studi Storici del Molise 'V. Cuoco'.

Patterson, H. and Roberts, P. (1998) New light on dark age Sabina. In L. Saguì (ed.), *Ceramica in Italia: VI–VII secolo (Atti del convegno in onore di J.W. Hayes)*: 421–35. Florence, All'Insegna del Giglio.

Potter, T.W. (1979) *The Changing Landscape of South Etruria*. London, Paul Elek.

Roberts, P. (1997) The Roman pottery. In T.W. Potter and A.C. King, *Excavations at the Mola di Monte Gelato (Archaeological Monographs of the British School at Rome* 11): 316–56. London, British School at Rome.

Romei, D. (1992a) La ceramica a vetrina pesante altomedievale da Lucus Feroniae (Capena, Roma). In L. Paroli (ed.), *La ceramica invetriata tardoantica e altomedievale in Italia*: 435–8. Florence, All'Insegna del Giglio.

Romei, D. (1992b) La ceramica a vetrina pesante altomedievale e medievale dal castello di Scorano (Capena, Roma). In L. Paroli (ed.), *La ceramica invetriata tardoantica e altomedievale in Italia*: 439–54. Florence, All'Insegna del Giglio.

Romei, D. (1992c) La ceramica. In E.F. Bosman, M.G. Fiore, T. Leggio, D. Romei, A. Sennis and E. Spagnoli, Indagini archeologiche sul sito di Roccabaldesca in Sabina: notizia preliminare: 471–9. *Archeologia Medievale* 19: 453–86.

Rovelli, A. (2000a) Some considerations on the coinage of Lombard and Carolingian Italy. In I.L. Hansen and C. Wickham (eds), *The Long Eighth Century*: 195–223. Leiden, Brill.

Rovelli, A. (2000b) La circolazione monetaria in Sabina e nel Lazio settentrionale nel medio evo. Materiali dagli scavi da alcuni siti incastellati. In *Une région frontalière au moyen âge (Collection de l'École Française de Rome* 263): 407–22. Rome, École Française de Rome.

Rovelli, A. (2001) Emissione e uso della moneta: le testimonianze scritte e archeologiche. In *Roma nell'alto medioevo (Settimane di studio del Centro Italiano di Studi sull'Alto Medioevo* 48): 821–56. Spoleto, CISAM.

Saguì, L. (1998) Il deposito della Crypta Balbi: una testimonianza imprevedibile sulla Roma del VII secolo? In L. Saguì (ed.), *Ceramica in Italia: VI–VII secolo (Atti del convegno in onore di J.W. Hayes)*: 305–30. Florence, All'Insegna del Giglio.

Saguì, L. and Rovelli, A. (1998) Residualità, non residualità, continuità di circolazione. Alcuni esempi dalla Crypta Balbi. In *I materiali residui nello scavo archeologico (Collection de l'École Française de Rome* 249): 173–95. Rome, École Française de Rome.

Sennis, A. (1996) Un territorio da ricomporre: il Lazio tra i secoli IV e XIV. In *Atlante storico-politico del Lazio*: 27–62. Rome/Bari, Laterza.

Tevere. Un'antica via per il mediterraneo (1986). Rome, Istituto Poligrafico e Zecca dello Stato.

Tortorella, S. (1998) La sigillata africana in Italia nel VI e nel VII secolo d.C.: problemi di cronologia e distribuzione. In L. Saguì (ed.), *Ceramica in Italia: VI–VII secolo (Atti del convegno in onore di J.W. Hayes)*: 41–69. Florence, All'Insegna del Giglio.

Toubert, P. (1983) Il sistema curtense: la produzione e lo scambio interno in Italia nei secoli VIII, IX e X. In *Economia naturale, economia monetaria. Storia d'Italia. Annali* VI: 5–63. Turin, Einaudi.

Travaini, L. (1991) Coins. In N. Christie (ed.), *Three South Etrurian Churches (Archaeological Monographs of the British School at Rome* 4): 81. London, British School at Rome.

Ward-Perkins, B. (1991) Coins. In N. Christie (ed.), *Three South Etrurian Churches (Archaeological Monographs of the British School at Rome* 4): 255. London, British School at Rome.

Zifferero, A. (2000) La ceramica preromana come indicatore di processi socio-economici: il caso dell'Italia medio-tirrenica. In R. Francovich and H. Patterson (eds), *Extracting Meaning from Ploughsoil Assemblages (POPULUS Project. The Archaeology of Mediterranean Landscapes* 5): 147–59. Oxford, Oxbow.

The economic exploitation of geological resources in the Tiber valley: road building

Ray Laurence

Abstract • Riassunto

FIELD SURVEYS FROM THE 1950S AND 1960S frequently made mention of the presence of '*selce* paving stones' at sites. The use of this material, a leucitic basalt, was relatively common across the Tiber valley. This paper examines the possibilities for identifying the geological origins of road paving through the visual distinctions of leucitic basalts from the Monti Sabatini and the Monti di Vici. There is also an examination of the historical development of paved roads, which highlights an expansion in the use of paved roads in the region during the first and second centuries AD. The use of leucitic basalts for road building points to a geological awareness or choice in the exploitation of materials. Finally, the diagnostic possibilities of the analysis of leucitic basalts are discussed with a view to work in the future.

LE RICOGNIZIONI EFFETTUATE TRA IL 1950 E IL 1960 frequentemente menzionano la presenza di 'selce' nei siti. L'uso di questo materiale, un basalto leucitico, era relativamente diffuso nella valle del Tevere. La presente relazione esamina le possibilità di identificare le origini geologiche dei manti stradali attraverso la distinzione autoptica dei basalti leucitici dei Monti Sabatini e Vicani. Lo sviluppo storico delle strade pavimentate inoltre mostra un'estensione del loro uso nella regione durante il I e il II secolo d.C. L'uso dei basalti leucitici per la costruzione delle strade implica una conoscenza geologica e una scelta nell'uso dei materiali. Infine vengono discusse le possibilità diagnostiche dell'analisi dei basalti leucitici e le prospettive di lavoro future.

INTRODUCTION

THE TIBER VALLEY in the historical and the archaeological literature appears to have little unity in terms of peoples or settlement patterns. The areas of Etruria or the Sabina are often treated separately, as though the Tiber itself created an enormous barrier to human interaction. At the same time, discussion focuses on the relationship between these communities and Rome via the Tiber (for example, Quilici 1986). This sets up Rome as the classic consumer city or imperialist capital exploiting its various hinterlands — without any attempt being made to understand the integration of those areas into other economic formations. In part, the creation of this picture has been caused by a greater historical interest in the capital city and in its consumption. In fact, we need to concentrate our attention upon discussion of the organization and mechanisms of production and of the local character of trade and development in the Tiber Valley through time, and thus explain the effects of the very different settlement patterns that have been identified in this area.

The starting-point for this paper was a reassessment of the records of paved roads in the Tiber valley. The surveys of South Etruria begun by John Ward-Perkins (built upon earlier traditions of the recording of ancient monuments north of Rome) were successful in the discovery of a number of paved roads to the west of the Tiber. Despite certain methodological faults, the survey found extant evidence of surfaces paved in the rock known as *selce*. In contrast, the absence of similar data from the area east of the Tiber is most striking. We might put this down to the simple fact that Etruria has attracted a far greater intensity of archaeological survey than, say, the Sabina. Further, the settlement patterns in antiquity appear from the literary evidence to have been different: in Etruria there was a

FIG. 1. Modern *selce* quarry on Monte Maggiore. *(R. Laurence.)*

greater emphasis on colonial towns, whereas in the *Ager Sabinus* there was a greater emphasis on *viritane* settlements. These two factors need to be borne in mind; but equally, there is, across the Tiber valley, a fundamental variation in geological resources. The geology of Etruria is dominated by the volcanoes of the Monti Sabatini and Monti di Vici, which produced the classic Roman building materials: tufa and *selce*, for example. In contrast, the eastern side of the Tiber is dominated by limestone, conglomerates and gravels, with only minor deposits of tufa; and the building materials used here tend to be limestone-based, in contrast to the use of tufa in Etruria. Although geological determinism should be avoided, we should expect to see localized patterns of exploitation of resources. Where materials quarried on one side of the Tiber are utilized on the other, our attention should be drawn to the interconnection of the regions, and we may begin to understand the linkages across the Tiber, as well as to Rome.

This paper examines the exploitation of *selce* from the Monti di Vici and Monti Sabatini, with a view to establishing the chronological and regional use of these materials. The *selce* produced by volcanoes has a very distinctive petrology, which can be distinguished visually — particularly when the stone has been cut to form a smooth surface —, allowing the identification of the geological source of any *selce* block. The move-

ment of the stone blocks involved considerable manpower and transportation effort: hence, if we follow a premise of geological determinism dictating that materials were used with the minimum effort or minimum transportation cost, we should expect a very localized pattern of consumption of this material. However, what we see in the Tiber valley is the transportation of *selce* blocks to Rome and other areas in which these rocks do not occur naturally. It is with these factors in mind that the paper finally offers some conclusions on the exploitation of mineral resources in the Tiber valley.

GEOLOGICAL RESOURCES AND SURVEY DATA

The general pattern for the paving of roads across the Tiber valley is that they are in *selce* on the western side and in other materials on the eastern bank of the river. Where paving has been located in the Sabina, even on roads such as the Via Salaria, it is often found to be in limestone rather than in *selce* blocks (Quilici 1994: 90–5). Ogilvie (1965: 84, 94–5, 103–4, 111), in his published survey of the area around *Eretum*, recorded a number of limestone blocks and three diverticula in *selce* paving. It should be noted that the long-term survival of limestone blocks *in situ* is not as great as that of *selce*, since limestone blocks are less durable, easier to cut and, in terms of basic density, more portable than *selce*. The diverticula with *selce* paving-stones demonstrate that in some cases material was moved across the Tiber for road construction, though generally limestone, or conglomerate, was probably the more important rock for road-paving on the eastern side of the Tiber.[1] On the western side of the Tiber, the *Ager Capenas* Survey produced only seven sites with material in *selce* (Jones 1962); in contrast, the survey of the *Ager Veientanus* located a far greater number of sites associated with *selce* paving. The reason highlighted in the publication was the proximity of the *selce* deposits on Monte Aguzzo and Monte Maggiore (**Fig. 1**) (Kahane, Murray Threipland and Ward-Perkins 1968)[2] or another deposit quarried near Anguillara and Nepi (Hemphill 1975: 120).[3] The survey of the *Ager Faliscus* produced a number of sites with evidence for the use of *selce* (Potter n.d.),[4] the overall pattern of the survey showing a marked prominence of paved roads leading from these quarry sites to the Via Flaminia, but also the paving of private roads leading to villas. In fact, 63 of the 534 sites located displayed evidence of the use of *selce* — a significant number, in other words. The variation in the discovery of *selce* paving blocks in contemporary surveys does not necessarily point to an inconsistency in methodological approach, but to the geological availability of *selce* and its long-term survival in the archaeological record. The pattern of usage seems to indicate that mainly local resources were utilized, even on the major roads: for example, local materials (*selce*) were used for the paving through Etruria of the Via Flaminia and the Via Cassia.

THE HISTORICAL EVIDENCE

I want to examine briefly the historical record for the use of *selce* (*silex*) for the paving of roads in Rome and Italy, in order to place the material from the Tiber valley in its historical context. Often there is an assumption, particularly in Britain, that roads were always paved in *selce*. The literary evidence is clear: not all roads were paved, many were simply made up of gravel or were made of beaten earth (Ulpian, *Digest* 43.11.1–3). The paving of roads has a prominence in the literary evidence from the Augustan period onwards of which account needs to be taken.

Livy finds the paving of roads of historical interest and worthy of note in his history of Rome. The reference to the earliest paving is of the Via Appia: in 295

BC a *semita*, or path, was paved in stone blocks (*saxo quadrato*) from the Porta Capena to the Temple of Mars (Livy 10.23); three years later, in 292 BC, a section was paved with *silex* from the Temple of Mars to Bovillae (Livy 10.47); a little over a hundred years later, in 189 BC, we find the censors letting the contract for the paving in *silex* of the road from the Porta Capena to the Temple of Mars (Livy 38.28). These are exceptional projects, using a hard stone to create an all-weather surface, and it is clear from the actions of the censors in 174 BC that roads paved with *silex* were unusual in the second century BC: 'The censors first let contracts for the paving with *silex* of streets in the city, and for laying with *glarea* (gravel) the roads outside the city' (Livy 41.27.5). The censors also let a contract for the paving with *silex* of the streets of the colony of *Pisaurum* (Livy 41.27.11). The other use for this stone found in the literature is in connection with agricultural activities — for the support of olive presses and the construction of threshing floors (Cato, *De Agri Cultura* 18; Varro, *De Re Rustica* 1.51–2). Thus, what we see is the quarrying of *silex* for specialized purposes and on a limited scale.

It would appear that even in the 50s BC most public roads did not have a paved surface. Cicero, in a letter to his brother (*Epistulae ad Quintum Fratrem*), describes a private road recently constructed in this form as comparable to a public highway in terms of quality. Dated contemporary sources for road building are relatively rare, but they do mention the use of *silex* and may point to an understanding of the utilization of this rock. For roads within towns the inscriptions tend to refer to paving prior to the first century AD (for example, there are references to street paving at Ostia (*CIL* XIV 375) and *Casinum* (*CIL* X 5204)). At *Forum Sempronii* we find *Augustales* overseeing the paving of roads with *silex* for relatively short distances (*CIL* XI 6126–7), from a few hundred to just over a thousand paces. These actions, commemorated epigraphically, should be seen as public works of great significance at a local level (maybe acts of emulation of Augustus's repair and relaying of the Via Flaminia in 27 BC). What is apparent, though, is that roads in the towns of central Italy in the early first century AD were being paved in *selce* for short lengths by the local magistrates.

For the state's road building activities in the first century AD, the classic text remains Statius's *Silvae* 4.4. This unusual text eulogizes the action of road building and makes frequent mention of the use of *silex*. I believe that this passage has been misread as typical of all Roman road building and as providing a general description of the construction of roads.[5] I do not think this can be sustained. Statius is not referring to an action that is run of the mill, but to the Via Domitiana as a marvel to behold (Pavlovskis 1973: 2). The use of paving in *silex* is not part of that innovation, but its use over a long distance is what makes this road so remarkable for Statius. Although the Via Domitiana was constructed from locally available *selce*, the extensive use of this stone would seem to be remarkable, and points to a demand on a larger scale than in earlier projects.

The paving of the major roads of Rome was organized on a larger scale in the second century AD. The office of *Procurator ad silices* appears alongside a *Procurator silicum viarum sacrae urbis* (*CIL* VI 1598; Muratori 1739: no. 1114.5),[6] pointing to state organization of the supply of road-paving materials. Alongside this evidence, we find that milestones from Italy refer to a variety of works relating to roads. The most informative and closely dated series of milestones comes from the Via Appia (*CIL* X 6812–73). These milestones point to a variety of works on the road and a restoration of the road surface according to the condition of the road, and involved the figure of the emperor as responsible for or simply overseeing the work.[7]

The contrast of these milestones to those of the contemporary Via Traiana is striking: on the new road we find a simple statement that Trajan *fecit*; in contrast, on the Via Appia, we have a series of actions mostly begun by Nerva and completed by Trajan (Table 1). These suggest that individual sections of the road were repaired, restored or renewed throughout the period, but that repair of the whole road was undertaken in stages, and completed at different speeds according to

the nature of the repair undertaken. Where complete renewal of the road surface was required, the date of completion is considerably later than that for the simpler repairs. The renewal of the paving of the road is only mentioned for one section in AD 110, coincidentally the same year in which Cassius Dio (68.15.3) reports on the construction of a road across the Pontine marshes: 'At this same period he built a road of stone through the Pontine marshes and provided the roads with most magnificent buildings and bridges'. I would suggest that we should see this as a change in the type of road surface provided and that there was a new emphasis on the provision of roads that were paved, not just in Rome itself, but on the major highways of Roman Italy.

Following on from this first action, we find in the second century AD that Ulpian (*Digest* 43.11.1–3) distinguishes between three types of roads: *viae terrenae*, *viae glarea stratae* and *viae silice stratae*. The latter were identified as paved specifically for the driving of carriages (Fronto, *Epistulae* 5.40). Coins commemorating the construction of the Via Traiana feature a wheel, and we may conclude that the feature emphasized here is the possibility of travel by wheeled transport. The emphasis on paving would have involved skilled labourers, and it comes as no surprise that *silicarii* appear among the gangs of labourers working on the aqueducts of Rome during the second century AD (Frontinus, *De Aquae Ductu Urbis Romae* 117). I do not wish to argue that roads were not paved prior to the last decade of the first century AD; what I want to highlight is a new emphasis on the road surface being made from *silex*. This shows a new level of demand for *selce* and a general specialization in its production, which in

TABLE 1. Works detailed on milestones from the Via Appia.

MILE	DATE	ACTION	CIL X
10	97 AD	*refecit*	6812
17	97 AD	*refecit*	6813
39–43	97 AD	*faciendum curavit*	6825 / 6827
	98 AD	*sua pecunia const*	6820
	98 AD	*viam inchoavit*	6824
	100 AD	*constr. curavit*	6820
	100 AD	*consummavit*	6824
<43	100 AD	*refecit*	6819
44–8	97 AD	*facien curavit*	6833–9
48–53	110 AD	*silice sua pecunia stravit*	6833–9
71	216 AD	*silice novo* (21 miles)	6854
85–112	97 AD	*faciendum curavit*	6861–73

FIG. 2. *Occhio di pesce selce* from the Via Flaminia at *Ocriculum*. (R. Laurence.)

turn points to the skill involved in cutting this stone, which would not have been universally available; a limiting factor that today is difficult to account for when viewing the use of materials in the past.

THE EXPLOITATION OF *SELCE* IN THE TIBER VALLEY

In the context of a general usage of paving on the major Roman roads and in the city of Rome, we need to consider the role of the Tiber valley in the supply of *selce*. In the nineteenth century, *selce* for the paving of Rome's streets was quarried from the deposit close to the tomb of Caecilia Metella on the Via Appia, and it has been assumed that the same source was utilized in antiquity (Corsi 1845: 74–5; Middleton 1892: 354; Lanciani 1897; Porter 1907: 19–20).[8] However, such an assumption is running against the ancient source material, and in particular Procopius's account (*De Bello Gothico* 14.6–11) of the construction of the Via Appia and the source of the stone for the road: 'For all the stone, which is millstone (*mulitain*) and hard by nature, Appius quarried in another place far away and brought there; for it is not found anywhere in that district'.[9] We could argue that Procopius simply got this wrong (cf. Quilici 1990: 25). However, given the topographical accuracy of his account of the activities during the Gothic War near Rome, I think that would be a mistake. It seems possible that the material quarried near the tomb of Caecilia Metella is of a quite different appearance to the paving blocks of the Via Appia, since different sources of *selce* have quite distinct characteristics in terms of colour and appearance. We should not contest that this quarry source was utilized in antiquity, but we should reject the notion that it was *the* source for *selce* used in the capital. The few pieces of geologically analysed *selce* from stratified sequences dating to the second century BC in Rome confirm this viewpoint. In the 1920s the American geologist Henry Washington, in a contribution still recognized as fundamental (cf. Funiciello 1995: 32), analysed a number of pieces collected by Tenney Frank from the *Scalae Caci* and *Emporium*, sourcing the samples to the Monti di Vici near Civita Castellana (Frank 1924: 54–5; Blake 1947: 40–1). Similarly, material from the Clivus Capitolinus also has been provenanced to the same region (Van Deman 1924: 14). The material referred to locally as 'occhio di pesce' has a distinctive composition and a high leucitic content (**Fig. 2**).[10] The potential for any error of identification of this most distinctive rock seems unlikely. What is clear is that this material was being used in Rome in stratified contexts prior to the first

century BC, if we are to follow the dating evidence given in the literature for the locations at which these samples were taken. Such evidence suggests a firm connection between the middle Tiber valley and the paving of streets in Rome at an early date.

The *occhio di pesce selce* is found in the middle Tiber valley at a number of sites on both sides of the river. Most significantly, it was utilized in the paving of the Via Flaminia. In 1998, paving-stones were identified close to Civita Castellana on the Treia river crossing and to the north at *Ocriculum*, where the whole section of road recently excavated was composed exclusively of *occhio di pesce selce* with the occasional piece of limestone (**Fig. 3**).[11] Further examples of the use of this material were also found at *Falerii Novi* and on the Via Amerina, to the south. In both cases, the *occhio di pesce* paving blocks were found to have been patched with material of a more complicated and darker colour, with less leucite crystals (**Fig. 4**). A probable source for these would be the east–central Monti Sabatini near Nepi and Sutri or similar sources at Monte Aguzzo, Monte Maggiore or Sacrofano.[12] This might suggest a sequence of use in which *occhio di pesce* fell out of use in favour of the harder and more difficult to work types of *selce* from the Monti Sabatini. Interestingly, *occhio di pesce* paving blocks were located on paved sections of the roads on the

eastern side of the Tiber valley: the roads leading to *Forum Novum* from the Aia Gallantina and from the Tiber are paved in this material.[13] Also, similar paving-stones were found to have been reused in the later medieval towns of Calvi dell'Umbria and Selci, which points to a wider use in the Sabina of this material than is accounted for by the existing archaeological record. No blocks of any other type of *selce* were found to be present. Interestingly, the two excavated sections of street at *Forum Novum* were both paved in conglomerate rather than in *selce*, possibly suggesting that the *selce* paving of the roads to *Forum Novum* may have occurred after the construction and paving of the town's streets in local materials. The use of *occhio di pesce selce* in the paving of roads in the Sabina leads to the conclusion that a choice was made to use this particular material, rather than one available locally, like conglomerates and limestones. In doing so, the person responsible for paving the roads may have been attempting to emulate the use of such materials on the major highways in Italy. Alternatively, the widespread use of this type of *selce* (found from *Falerii Novi* in the east to *Forum Novum* in the west and from *Ocriculum* in the north to Malborghetto in the south) may suggest that the material was quarried and utilized extensively in the paving of roads throughout the region of the middle Tiber valley.

FIG. 4. *Falerii Novi*: use of *occhio di pesce selce* alongside blocks quarried from the Monti Sabatini (top right- and bottom left-hand corners).
(R. Laurence.)

In terms of dating the usage of this particular source of rock, its qualities need to be taken into account. As it contains leucitic crystals, the stone is much easier to cut than other *selces*, which may have given the stone an advantage in the creation of blocks for paving, but in terms of erosion its composition has the disadvantage of being subject to some cracking. Also, it should be noted that the stone, when made into blocks, does not create a completely smooth surface. Instead, a pitted surface is formed that in some circumstances might be advantageous, providing greater cohesion between the shoes of men or the hoofs of beasts moving over its surface. However, the smoothness of a journey in a wheeled vehicle may not have benefited from the use of this stone type. Thus, the rock creates an ideal all-weather surface for journeys on foot or horseback — but not for those by wheeled carriage. The second-century emphasis found in literary sources for the creation of road surfaces for the use of carriages over other forms of transport might suggest that the *occhio di pesce* would not be preferred at this date. This view is in part confirmed by a brief examination of the paving of the streets of Ostia in 1998. I was unable to locate any *occhio di pesce* type *selces* in the paving of the streets constructed after the raising of the street level in the second century AD, though a variety of quarry sources could be identified: clearly present

were the light grey to dark green *selces* of the Alban hills, alongside darker materials from the Monti Sabatini quarries (**Fig. 5**).[14] It may be that the *occhio di pesce* type of paving was superseded by the use of the harder and smoother paving-stones from other sources. It should also be noted that transport costs would not seem to have determined the source of paving-stones at Ostia, because materials from the middle Tiber valley were laid alongside other materials from sources closer at hand.

The use of *occhio di pesce* paving in the middle Tiber Valley points to a general integration of the towns and settlements on either side of the river. Unusually, for the eastern side of the Tiber, *Forum Novum* is associated with roads paved in *selce*, recorded in the nineteenth century. This can be accounted for by suggesting that *Forum Novum* was linked to the Tiber by the paved road that led to a crossing point north of the confluence of the Treia with the Tiber: across the river lay the major source of *selce*, which would appear to have been exported to Rome; to the west lay *Falerii Novi*, a town associated with one of the earliest inscriptions referring to the paving of a road in *silex* — the Via Augusta from *Falerii Novi* to the Via Annia (*CIL* XI 3083). The two towns and their association with the construction of roads in the same material from a similar source point to a unity across

FIG. 5. **Ostia: use of three types of** *selce* **on the Decumanus Maximus.** *(R. Laurence.)*

the Tiber. In viewing the relationships across the Tiber and the use of materials in the paving of roads, I think we need to recognize that it was not the Tiber that was a barrier to communications, but Monte Soratte, separating the *Ager Sabinus* from the Roman colonies of Etruria. It should also be noted that, to the south of *Forum Novum*, the Tiber valley narrows at the base of this mountain to impede north–south transport down the valley. The routes in antiquity tended to focus on the Via Flaminia, to the west of Monte Soratte, and *Forum Novum* is linked across the Tiber to this route, as well as to the north–south transport route between Terni and the Tiber.

Given that *occhio di pesce* stone has been found in Rome, we might surmise that there was a river port above the confluence of the Treia and the Tiber in antiquity — after all, it is at this point that the rock outcrops close to the Tiber itself. The geological source of *selce* here, being the closest to the Tiber, is thus the most appropriate to be found in use in Rome, because river transport would have reduced labour and economic costs in the movement of the stone to Rome. It should be pointed out that river transport on the Tiber was not particularly fast — comparative evidence would suggest that the journey from the middle Tiber valley region would take at least 48 hours, at a speed of 2–3 km per hour (Le Gall 1953:

16), a factor that should be accounted for in any consideration of labour costs, alongside the seasonal variation in the river's regime.

The absence of the use of *occhio di pesce* material at Ostia suggests a preference for other materials. These materials include stone quarried in the middle Tiber valley, from the area of Monte Aguzzo and Monte Maggiore, alongside materials available closer to Rome from quarries associated with the Alban hills. The mixture requires some explanation, since we have been taught through cost analysis of transport to consider that a Roman contractor obtained materials from the closest available source to avoid high transport costs.[15] The use of materials from regions that were distant from rivers or from the city itself is often regarded as having a clear disadvantage over places closer to rivers or to the location of construction. However, from the sourcing of paving-stone in Ostia it is clear that materials from quarries in the middle Tiber valley, as well as from quarries located nearer at hand in the lower Tiber valley, supplied stone. This suggests that an argument based on an assumption that the nearest geological source was preferred could be severely flawed. The key to explaining the mixture of materials at Ostia is not so much patching or repair through time, but instead the observation that, from the second century AD, there existed a procurator of *selce* at Rome. It would seem

kely that there was a need to organize the supply of
is stone for use in road repairs and in building gener-
ly. With the repaving of many of the roads by Nerva
nd Trajan, and the relaying of the street paving of
stia after the level of the town had been raised, the
mount of material involved in the second century AD
ould have been on a larger scale than previously.

Equally, it needs to be stated that the exploitation of
ocks for the building industry or road building
epended on the owners of the land choosing to quarry
at material, rather than utilize their land for another
urpose (for example, agriculture). It is necessary to
void the assumption that, because a type of stone used
antiquity appears on a modern geology map, or is at
resent quarried at a certain place, that area was utilized
the same manner in antiquity. This preliminary study
f the use and exploitation of *selce* resources in the
iber valley points to a complexity of use in Rome and
stia, whereas at a more local level — away from the
etropolitan centre — local resources were utilized
herever possible. However, it would appear from
ese initial findings that the smoothness of a stone may
ave been a quality sought out at a later date, causing
e *occhio di pesce* quarries to be superseded by quar-
es with materials with less leucitic inclusions, on
hich it was possible to cut a uniform surface.

GEOLOGICAL AWARENESS

A further factor to be considered is the nature of
eological awareness in antiquity. The petrological
tudies by Peacock (1980; 1986; 1989) and Williams-
horpe (1988) of Roman millstones have demonstrat-
d that the leucitic basalts found near Lake Bolsena
vere the primary source for millstones in Italy, even
vhen similar sources were available locally (for ex-
mple at Pompeii). The case of millstones suggests
nat, in accounting for the exploitation of mineral
esources in antiquity, we should not assume that,
imply because a geological source was available in an
rea, it was exploited in antiquity. The ancient writers
eem most aware of the local qualities of various rocks
nder the general heading *silex*. The word defines hard
ocks of various colours from a number of sources; for
xample the Sabine variety — a dark stone (Pliny,
Natural History 36.135) —, in contrast to the Umbrian
vhite variety that could carry heavy loads but which,
ve are told, would break up if exposed to frost (Pliny,
Natural History 36.167). Pliny (*Natural History*
6.168–70) suggests that the black stone is of the

highest quality, but no specific source is mentioned.
Stone for rotary millstones is also mentioned, and the
quarries are associated with the region around Lake
Bolsena (36.135). What we see in Pliny's brief discussion of the quarrying and use of rocks in Italy is an
emphasis on regional specialization. I think we must
also recognize that the quarrying of hard rocks, such as
leucitic basalts for millstones and *selce* for the paving
of roads, required skill and knowledge that was not
universally available. Finally, a consideration of the
exploitation of such resources through time is necessary in order to understand the dynamics of the use of
specialized stones. For example, paved streets stra-
tigraphically earlier than the paving of Ostia's post
second-century AD phase point to quite different quarry
sources than the later phases at that site. It may be that
the economic resources or choices of the quarry owner,
rather than the economics of quarrying per se, might be
where the explanation lies. Today, we see only the
result of the activity of quarrying and paving, rather
than the dynamics of the economy of the agents
involved.

CONCLUSIONS: TRADE AND ECONOMY

This paper has raised more questions than it has provided solutions. What it has pointed to is a need to
refine our description of materials used in the building
of Roman structures. The nature of *selce* as a relatively
rare rock, but with a wide pattern of use for a specific
purpose, would mean that it has a higher diagnostic
value than, say, tufa in addressing particular problems
of exploitation and use. For example, the deposits of
selce in Etruria are distinguished geologically and are
located at different distances from the Tiber. The
description '*selce* block' from the field surveys of the
1960s tells us no more than that the road was paved in
a leucitic basalt. Given that the leucitic basalts from the
Tiber valley are relatively easy to distinguish, it is possible (where paving blocks still survive) to source this
material and begin to understand the pattern of use and
quarrying of a relatively rare resource. Similarly, in
Rome itself and at Ostia, the variety of sources of *selce*
may point to a pattern of exploitation of quarry
resources in the Tiber valley that could address questions pertaining to the nature of transport costs and the
relationship of these costs to actual practice in antiquity
— in other words, to move from a discussion of cost to
an understanding of economic profit. Importantly, the

use of materials, as identified in this paper, points to a level of choice that is not solely determined by local availability — an example being the obtaining of *selce* for the paving of roads to *Forum Novum*. It would seem that there was a preference for the paving of roads in *selce* blocks, but that this preference can be defined chronologically as having occurred after the first century BC. Also, the cost of transporting stone to its point of consumption should not be related solely to the cost of such action, but to the demand for the use of the stone itself in that location. After all, it is the demand that creates the profit for the supplier or producer of the stone. This, more than a cost ratio for the movement of goods, provides information for the economics of quarrying in the Tiber valley. In the case of *selce*, it is clear that the demand for the product overcame any inherent disadvantage caused by the cost of transporting blocks of stone by land or river to the lower Tiber valley. We should not extend this observation to other building materials, since *selce* was a specialized stone that required skilled labour for its production. Where we do find *selce* blocks in contexts beyond their local area of production, there is a complex economic situation requiring our attention and an explanation.

Acknowledgements

The initial research for this paper was conducted while I held a Hugh Last Award at the British School at Rome in 1997–8. I am most grateful for the support of the Hugh Last Fund of the British School at Rome. I would like to thank Helen Patterson for enthusiastic discussion of the use of materials in the Tiber valley during my stay at the British School at Rome, in the field at Monte Maggiore and subsequently at *Forum Novum*. Also, Clayton Fant and Janet DeLaine deserve warmest thanks for promptly responding to my request for information and for pointing out to me at an early stage in 1997 how little was known or published on the subject. I am most grateful to the late Tim Potter for allowing me to read his unpublished report on the *Ager Faliscus* Survey. Further thanks are due to those who discussed my paper at the Tiber Valley Workshop in 1998. Naturally, all errors and misconceptions are my own creation and responsibility. Translations are taken from the Loeb Classical Library.

Notes

1. On the use of *selce* and limestone on the Via Latina, see Ashby 1927: 42; Quilici 1982: 110–35; 1991: 199; on the variation of usage on the Via Nomentana, see Quilici Gigli 1994: 66, 6[?] and, for a general summary, Quilici 1990: 27.
2. For the characterization of the rock type, see Bertini *et al.* 1971: 45.
3. For the characterization of the rock type, see Bertini *et al.* 1971: 41–2.
4. See also Frederiksen and Ward-Perkins 1957.
5. For example, Quilici (1990: 25) has seen this text as a simpl[e] description of road building.
6. See also Gruterus 1616: no. 411.1; Henzen 1857: 94.
7. On the inscriptions, see Di Vita-Evrard 1990.
8. This assumption remains in the literature today (for exampl[e] DeLaine 1995: fig. 2).
9. In contrast to the scholars just cited, Forbes (1963) accepte[d] Procopius at face value.
10. For a description of *occhio di pesce*, see Bertini *et al.* 1971: 4[?]
11. For a description and discussion of the topography of the are[a] of Civita Castellana and the Treia river crossing, see Ashb[y] and Fell 1921. A similar combination of *selce* and limestone [is] found in Ostia on the street beneath the forum and the *cap[i-] tolium*.
12. For a description of this rock, see Bertini *et al.* 1971: 45.
13. For the topography, see Gamurrini *et al.* 1972: 342–55; als[o] Filippi 1989.
14. For a discussion of the supply of other building materials t[o] Ostia, see DeLaine 1996: 178–9.
15. For discussion of transport costs and other matters of roa[d] building, see Laurence 1998; 1999.

References

CIL = *Corpus Inscriptionum Latinarum* (1863–). Berlin, Georg[?] Reimer and Walter de Gruyter.

Ashby, T. (1927) *The Roman Campagna in Classical Times.* London, E. Benn Ltd.

Ashby, T. and Fell, R.A.L. (1921) The Via Flaminia. *Journal o[f] Roman Studies* 11: 125–91.

Bertini, M., D'Amico, C., Dertu, M., Tagliavini, S. and Vernia, L. (1971) *Note illustrative della carta geologica d'Italia fogli[o] 143 (Bracciano).* Rome, Istituto Poligrafico dello Stat[o] Libreria.

Blake, M.E. (1947) *Ancient Roman Construction in Italy from th[e] Prehistoric Period to Augustus.* Washington, Carnegi[e] Institution.

Corsi, F. (1845) *Delle pietre antichi.* Rome, Gaetano Pucinelli.

DeLaine, J. (1995) The supply of building materials to the city o[f] Rome. In N. Christie (ed.), *Settlement and Economy in Italy 1500 BC to AD 1500. Papers of the Fifth Conference of Italia[n] Archaeology (Oxbow Monograph* 41): 555–62. Oxford[,] Oxbow.

eLaine, J. (1996) The Insula of the Paintings. A model of the economics of construction in Hadrianic Ostia. In A. Gallina Zevi and A. Claridge (eds), *'Roman Ostia' Revisited. Archaeological and Historical Papers in Memory of Russell Meiggs*: 165–84. London, British School at Rome.

i Vita-Evrard, G. (1990) Inscriptions routiéres de Nerva et de Trajan sur l'Appia Pontine. In *La Via Appia (Archeologia Laziale* 10 (1); *Quaderni del Centro di Studio per l'Archeologica Etrusco-italica* 18): 73–93. Rome, Consiglio Nazionale delle Ricerche.

lippi, G. (1989) Region IV. Sabina et Samnium. Forum Novum (Vescovio – IGM 144, IV, NE). *Supplementa Italica* 5: 145–238.

orbes, R.J. (1963) *Studies in Ancient Technology* 7. Leiden, E.J. Brill.

rank, T. (1924) *Roman Buildings of the Republic. An Attempt to Date their Materials (Papers and Monographs of the American Academy* 3). Rome, American Academy in Rome.

ederiksen, M.W. and Ward-Perkins, J.B. (1957) The ancient road systems of the central and northern Ager Faliscus. *Papers of the British School at Rome* 25: 67–203.

iniciello, R. (1995) *La geologia di Roma*. Rome, Istituto Poligrafico e Zecca dello Stato.

amurrini, G.F., Cozza, A., Pasqui, A. and Mengarelli, R. (1972) *Carta archeologica d'Italia (1881–1897). Materiali per l'Etruria e la Sabina (Forma Italiae* 2.1). Florence, Leo S. Olschki.

ruterus, I. (1616) *Inscriptionum Romanorum Corpus Absolutissimum*. Rome, in Bibliopolio Commeliniano.

emphill, P. (1975) The Cassia-Clodia survey. *Papers of the British School at Rome* 43: 118–72.

enzen, G. (1857) Iscrizione latina di Casa Calda. *Annali dell'Instituto di Corrispondenza Archeologica* 29: 86–101.

ahane, A., Murray Threipland, L. and Ward-Perkins, J.B. (1968) The Ager Veientanus, north and east of Veii. *Papers of the British School at Rome* 36: 1–218.

nes, G.D.B. (1962) Capena and the Ager Capenas. Part I. *Papers of the British School at Rome* 30: 116–207.

anciani, R. (1897) *The Ruins and Excavations of Ancient Rome*. London, MacMillan.

aurence, R. (1998) Land transport in Roman Italy: costs, practice and the economy. In H. Parkins and C. Smith (eds), *Trade, Traders and the Ancient City*: 129–48. London, Routledge.

aurence, R. (1999) *The Roads of Roman Italy: Mobility and Cultural Change*. London, Routledge.

e Gall, J. (1953) *Le Tibre: fleuve de Rome dans l'antiquité*. Paris, Presses Universitaires de France.

iddleton, J.H. (1892) *The Remains of Ancient Rome* II. London/Edinburgh, A. and C. Black.

uratori, L.A. (1739) *Novus Thesaurus Veterum Inscriptionum*. Milan, ex aedibus Palatinus.

gilvie, R.M. (1965) Eretum. *Papers of the British School at Rome* 33: 70–112.

avlovskis, Z. (1973) *Man in an Artificial Landscape (Mnemosyne* supplement 25). Leiden, E.J. Brill.

eacock, D.P.S. (1980) The Roman millstone trade: a petrological sketch. *World Archaeology* 12: 43–53.

Peacock, D.P.S. (1986) The production of millstones near Orvieto, Umbria, Italy. *Antiquaries Journal* 66: 45–51.

Peacock, D.P.S. (1989) The mills of Pompeii. *Antiquity* 63: 205–14.

Porter, M.W. (1907) *What Rome was Built with*. London, H. Frowde.

Potter, T. (n.d.) Ager Faliscus. Unpublished survey report held in the Archaeological Archive at the British School at Rome.

Quilici, L. (1982) *La civita di Artena*. Rome, Consiglio Nazionale delle Ricerche.

Quilici, L. (1986) Il Tevere e l'Aniene come vie d'acqua a monte di Roma in età imperiale. In S. Quilici Gigli (ed.), *Il Tevere e le altre vie d'acqua del Lazio antico (Archeologia Laziale* 7.2; *Quaderni del Centro di Studio per l'Archeologia Etrusco-italica* 12): 198–217. Rome, Consiglio Nazionale delle Ricerche.

Quilici, L. (1990) *Le strade. Viabilità tra Roma e Lazio*. Rome, Quasar.

Quilici, L. (1991) La Via Latina e l'organizzazione del territorio attorno alla civita di Artena. In J. Mertens and R. Lambrechts (eds), *Communità indigene e problemi della romanizzazione nell'Italia centro-meridionale*: 195–215. Brussels, Institut Historique Belge de Rome.

Quilici, L. (1994) La Via Salaria da Roma all'alto Velino: la tecnica struttiva dei manufatti stradali. In L. Quilici and S. Quilici Gigli (eds), *Strade romane: percorsi e infrastrutture*: 85–154. Rome, L''Erma' di Bretschneider.

Quilici Gigli, S. (1994) La Via Nomentana da Roma a *Eretum*. In L. Quilici and S. Quilici Gigli (eds), *Strade romane: percorsi e infrastrutture*: 45–84. Rome, L''Erma' di Bretschneider.

Van Deman, E.B. (1924) The Sullan Forum. *Journal of Roman Studies* 12: 1–31.

Williams-Thorpe, O. (1988) Provenancing and archaeology of Roman millstones from the mediterranean area. *Journal of Archaeological Science* 15: 253–305.

Il Tevere e le vie di terra nell'alto medioevo

Tersilio Leggio

Riassunto • Abstract

Il Tevere ha esercitato in antico un ruolo quasi egemone nei collegamenti con Roma. La navigazione fluviale a monte della città si mantenne viva fino alla prima metà del VI secolo, ma, dopo lo stanziamento longobardo in Sabina, avvenuto intorno al 590, il fiume divenne una precisa linea di demarcazione, mentre i commerci dovettero rarefarsi in modo brusco. Dagli inizi dell'VIII secolo il traffico fluviale si risvegliò, per divenire sempre più intenso, come attestato dalla presenza di numerosi porti o scali minori, in gran parte dominati dall'abbazia di Farfa. La viabilità terrestre si raccordava in larga misura ai porti tiberini, mentre la Salaria e la Flaminia, le due strade più importanti, costeggiavano inizialmente le sponde del Tevere prima di discostarsene sensibilmente. In conclusione, le fonti scritte hanno mostrato come nell'alto medioevo il Tevere a nord di Roma abbia costituito il perno principale intorno al quale ruotava un efficace sistema integrato di trasporti e di commerci.

The Tiber played a critical role in links to and from Rome in antiquity. Navigation of the river to the north of the city was possible until the first half of the sixth century AD, and only after the Lombard conquests of parts of the Sabina around AD 590 did the Tiber come to serve as a demarcation line, with commerce diminishing sharply. Traffic on the river was restored and became increasingly intense from the early eighth century AD, as attested by the presence of numerous ports or minor harbours — most of which were controlled by the monastery of Farfa. Land transport routes mainly connected with the river ports along the Tiber, whereas the initial stretches of the two major roads in the area, the Via Salaria and the Via Flaminia, followed the river before diverging sharply away from it. The written sources have shown how in the early Middle Ages the Tiber constituted a pivotal feature around which an efficient and integrated transport and commercial system revolved.

PREMESSA

La viabilità nella valle del Tevere è stata costantemente dominata nell'antichità dalla presenza del fiume (Le Gall 1953; *Il Tevere* 1984; Quilici Gigli 1986; *Tevere* 1986). È una via d'acqua di considerevole importanza, che ha confinato le vie di terra ad un ruolo di minore rilevanza e di sostanziale complementarietà, pur con accentuazioni diverse a seconda dei periodi storici. Il Tevere, inoltre, ha costituto nello stesso momento una precisa linea di demarcazione ed un tramite notevole, in ogni caso un veicolo essenziale e fondamentale, per i rapporti politici, economici, sociali e culturali tra i popoli rivieraschi.

LE VIE D'ACQUA

La centralità del ruolo del fiume nelle relazioni commerciali con Roma continuò fin nei primi decenni del VI secolo, come attestano lo Pseudo Etico, nella sua apologetica descrizione del Tevere, che ricorda lo scendere di imbarcazioni tanto dalla Sabina quanto dalla riva destra, genericamente definita *Etruria*, e lo stesso Teodorico con i provvedimenti presi per impedire che sbarramenti artificiali potessero ostacolare la navigazione dei principali fiumi italiani, tra i quali il Tevere (Leggio

1989: 172). Un ulteriore elemento di riflessione sulla vitalità delle comunicazioni via acqua in questo periodo è costituito dal racconto che Benedetto, monaco di Sant'Andrea del Soratte, fece nel X secolo sulla fondazione dell'abbazia, attribuita a Galla, figlia di Simmaco (Poland 1931: 1160–1), che l'edificò 'super cunc macerie murorum … iuxta ipso flumen', mentre vicino alla chiesa fu costruito un porto chiamato 'Bonus', a dimostrare, al di là della possibile enfatizzazione di Benedetto sulle origini del monastero tiberino, il nesso tra Sant'Andrea e fiume (Zucchetti 1920: 25; s.n. 1966).

Dopo il definitivo stanziamento longobardo, avvenuto sullo scorcio del VI secolo, le due sponde del Tevere furono sottoposte a dinamiche differenziate sul piano politico-istituzionale, con il fiume che divenne una precisa linea confinaria, sia pure fortemente permeabile e difficilmente controllabile. La Sabina, inserita nel ducato di Spoleto, conobbe un momento di forte discrimine susseguente al collasso delle istituzioni che si riverberò non soltanto sul sistema politico ma anche su quello economico, con Rieti che divenne il principale baricentro territoriale dell'area. Al contrario, la sponda destra dovette restare nel ducato romano all'interno di quel corridoio tenuto aperto dai bizantini ed essenziale per i collegamenti terrestri con Ravenna (Sennis 1996: 34–8). Non si conoscono in modo puntuale le tappe, i modi ed i tempi di questa contrapposizione tra le due sponde e sulle conseguenze che ne derivarono. Anche per la navigabilità del Tevere, dunque, si ripropone il problema di quanto la fase di passaggio tra tardo antico ed alto medioevo abbia inciso sulla intensità e sulle direzioni del traffico fluviale, sulla sua continuità o sulla sua discontinuità. Tema che, a mio avviso, rischia di rimanere difficilmente risolubile per il silenzio quasi totale delle fonti per tutto il VII secolo.

Peraltro, i re longobardi non furono particolarmente attenti a definire il regime giuridico dei fiumi e dei loro affluenti, così che nella legislazione da loro emanata si trovano tracce soltanto della presenza di traffico locale, situazione ben diversa dalla tarda romanità. È, però, dagli inizi del VIII secolo che il traffico fluviale tende a risvegliarsi non soltanto in area padana, ma anche lungo il bacino tiberino (Racine 1986: 9–12). La presenza e l'attività di porti lungo il Tevere sono attestate ancora da un passo dalla cronaca di Benedetto, pur tenendo conto delle numerose inesattezze presenti nel testo e derivanti dall'uso quasi esclusivo della tradizione orale come fonte, il quale riporta che Astolfo, giunto a Spoleto, avesse inviato

in Sabina il conte di palazzo, Roberto, 'ut via et portua custodiret, nec Romanis iter carperet', mentre altrettanta attenzione il re longobardo aveva posto al controllo dei porti marini ai confini con il ducato romano nella zona di Cencelle (Zucchetti 1920: 68; cfr. Jarnut 1995: 110–18). A confermare questa notizia, al di là del ripetitivo formulario notarile, esiste un precetto del re Desiderio, databile tra il 770 e il 774, che rende l'abbazia di Farfa esente dal pagamento di ogni 'teloneum et portaticum sive ripaticum' dovuti in qualunque porto del regno longobardo, in linea con la progressiva spoliazione dei diritti regali sui fiumi a favore in particolare di enti ecclesiastici (*RF* 5: 213–15, n. 1225; Racine 1986: 11–14). Peraltro, la stessa Farfa nell'822 vide l'imperatore Lotario I concedere ad una nave del monastero l'esenzione, tra l'altro, dal teloneo, dal ripatico e dal portatico su tutti i fiumi e sui mari sottoposti alla giurisdizione carolingia.[1] Nave, però, che con molta probabilità non doveva essere collegata alla navigazione sul Tevere, ma a quella marina o sui grandi fiumi dell'impero carolingio.

La politica di esenzioni e di concessione di diritti pubblici messa in atto da re longobardi e da imperatori carolingi in favore dei grandi enti ecclesiastici minò alla base la presenza del *fiscus* nell'organizzare i servizi di interesse pubblico che dovevano garantire la riscossione dei proventi, la custodia delle rive, la cura degli argini, il controllo della navigazione, le prestazioni d'opera necessarie alla manutenzione degli attracchi e così a seguire (Racine 1986: 15–17). A partire dal X secolo, le fonti danno chiaramente l'impressione di un forte ravvivamento del traffico fluviale lungo il Tevere, consentendo di delineare un quadro generale meno lacunoso e frammentario, almeno negli aspetti maggiormente caratterizzanti, dell'uso del fiume, in particolare sulla sponda Sabina, grazie alla dovizia della documentazione farfense (*LL*; *RF*; Balzani 1903; Maggi Bei 1986).[2]

La dinamica della navigazione fluviale nella media val tiberina è stata colta in modo efficace da Pierre Toubert, che ha descritto i 'portus ad naves decurrendas' come nello stesso momento punti d'ormeggio, attrezzati con pontili e magazzini, punti di pedaggio e piccoli mercati locali, mentre restano nell'oscurità i dettagli del commercio regionale, probabilmente legato in larga misura al trasporto del sale dalle saline di Porto e di Ostia, mentre potevano scendere al ritorno prodotti agricoli, cereali, vino ed olio in particolare, e legname (Toubert 1973: 633–8, 641–2). Via Tevere dovette sicuramente avvenire, nel 911–13, il trasporto delle travi per il rifacimento del tetto del-l'abbazia di Farfa, incendiata dai saraceni, prelevate, una ogni cinque, da quelle che erano inviate a Roma, per la ricostruzione del tetto di San Giovanni in Laterano, dagli Appennini, dalla zona di Spoleto in particolare, dove era frequente l'approvvigionamento delle travi principali per i tetti delle basiliche romane (Leggio 1986: 107).

In moltissimi casi gli approdi svolgevano anche una funzione di traghetto con uno scalo, più o meno attrezzato, corrispondente sulla sponda opposta. Ruolo che le fonti evidenziano in più occasioni, almeno nel caso dei porti di maggiore importanza dove il servizio poteva assumere caratteri di continuità, come nel caso dell'antipapa Onorio II che, nel 1062, dopo aver lasciato Roma, dovette giungere fino al porto di Fiano per poter attraversare il Tevere (Pertz 1854: 616). Ancor più evidente è il caso di Magliano, che fu ceduto 'cum introitu et exitu suo a sabinis uel etiam a romania' (*RF* 5: 147, n. 1146 del 1097–9), attestando in modo paradigmatico la stretta interdipendenza tra i due punti di approdo, anche se non sembrano essere presenti in questo periodo strutture collegate e deputate a questo compito specifico, come funi di traino od altro, testimoniate invece per lo scorcio del medioevo (De Angelis 1961: 51–4).

In casi diversi, invece, dove la funzione del traghettamento non doveva essere abituale, il porto era ceduto soltanto con l'acqua di pertinenza fino alla metà del fiume, che fungeva da elemento confinario (Fabre 1905: 350, n. lxxi). Questi casi mostrano la presenza sempre più evidente di un processo di privatizzazione delle acque, causato dal dissolvimento della funzione pubblica conseguente al collasso delle istituzioni carolinge, minando alla base il concetto della demanialità dei corsi d'acqua perenni, che derivava dal diritto romano classico (cfr. Chiappa Mauri 1990: 132–4). Il traffico fluviale era assicurato dai *sandalarii*, il cui nome derivava dalle barche a fondo piatto — *sandalae* — con le quali percorrevano il Tevere. I *sandalarii* romani, suddivisi in *maiores* e *minores* e riuniti in una *schola*, che serviva a tutelare i loro interessi, appaiono in Sabina nel 1115, quando, a seguito di un lungo braccio di ferro, dovettero riconoscere i diritti dell'abbazia di Farfa sul porto di Corese (Moscati 1980: 54–5; cfr. anche Palermo 1979: 21). Fatto questo che induce a ritenere che la *schola* fosse presente da molto tempo nella media valle del Tevere e che gli interessi collegati al traffico fluviale in quest'area fossero indubbiamente rilevanti.

Altrettanto paradigmatico è il caso del porto di Orte,

uno degli scali più importanti della valle tiberina, che vide, a cavaliere dell'anno mille, scoppiare un duro confronto per il suo controllo (*LL* 1: 221–2, n. 411; *RF* 3: 191–2, n. 483).[3] Nel 994 l'abate di Farfa, Giovanni, concesse in usufrutto a vita al tribuno Gregorio, detto *Goccho*, ed alla moglie Anna, i beni, tra i quali il porto, da loro stessi donati alla chiesa urbana di San Teodoro, punto di riferimento degli interessi farfensi nell'area. Pochi anni dopo il monastero sabino, però, fu costretto a rivendicare il possesso di questi beni che erano stati usurpati da Farolfus de Castellione, resi poi all'abate Ugo I in un placito celebrato nel 1010, a mostrare la rilevanza della funzione svolta del porto di Orte nei traffici commerciali tiberini.

Se, poi, i *sandalarii* romani riuscirono ad assicurarsi i trasporti delle persone e delle merci verso e da Roma lungo la media valle del Tevere in regime quasi monopolistico è difficile dire. Ritengo comunque che a livello locale sia stato presente un certo numero di *sandalarii*, ricordati dalle fonti farfensi, che dovettero garantire i servizi di traghettamento e di trasporto a breve e medio raggio, pur senza organizzarsi in forme corporative (Leggio 1986: 107). Le fonti ricordano in area romana anche la presenza di *caudicarii*, anch'essi riuniti in una *schola* (Moscati 1980: 55–6, 172), per i quali è difficile, a causa del tipo di barca utilizzata — probabilmente più pesante e meno maneggevole delle *sandalae* e di indubbia derivazione dai modelli d'età romana —, stabilire il peso effettivamente svolto nel traffico fluviale tiberino a monte di Roma, probabilmente di scarsissima rilevanza a causa del pescaggio più elevato.[4]

Pur nel silenzio delle fonti il traffico fluviale lungo il Tevere nel pieno e nel basso medioevo dovette aumentare considerevolmente, con le barche, definite dalle fonti genericamente *naves*, che dovettero assumere forme di maggiore complessità, collegate all'incremento delle merci trasportate e del loro tonnellaggio, pur con il rischio non irrilevante di una navigazione pericolosa e di naufragi con affondamento dei navigli o con deterioramento di parte del carico, eventi ricordati a partire dalla seconda metà del XIV secolo (Leggio 1999: 400–1). Non esistono documenti sui noli che venivano praticati, sulla loro dinamica, ovviamente influenzata da innumerevoli fattori, tra i quali lo scendere o il risalire il fiume, e sulla competitività dei trasporti via acqua e via terra. Uno dei pochi casi riportati dalle fonti è quello del trasporto del sale a Rieti nel XV secolo, quando si dovette decidere se il trasferimento del sale da Roma fosse più conveniente effettuarlo via terra, con un costo minore ma con maggior

TABELLA I. La presenza di scali lungo il corso del Tevere a nord di Roma.

RIVA SINISTRA:	RIVA DESTRA:
Portus Ungarisscus, 1043 (?) (Hartmann 1895: 99–100 n. 76; Quilici e Quilici Gigli 1980: 52–3 e tav. 121)	*Portus Flaiani* o *pons de Flaiano*, 1058–62
Portus qui uocatur de Corrise, ante 1115	*Portus Bonus*, VI secolo (prima metà) (Zucchetti 1920: 25)
Pons Sancti Anastasii, 942	*Portus ... in civitate Hortana*, 994–1010? (*LL* 1: 221–2, n. 411; *RF* 3: 191–2, n. 483)
Portus ad petra periura, 1058	
Portus Sextilianus, 1035	
Pons terraneus, 1032–6	
Portus Tribilianus, 1085–124	
Portus de Cerro, 1034–120	
Portus de Marciliano, ante 1105	
Portus de Gabiniano, ante 1105	
Portus de Furella, 996–9	
Portus de Pacciano, qui et de Collis de Nera vocatur, ante 1105	
Portus Malliani, 1097–9	
Portus fluminis Tiberis inter Sabinense et Utriculanum territorium, 946–55	

pericoli, legati in larga misura all'insicurezza, o via Tevere, al costo di otto carlini per rubbio, con il rischio, però, per la comunità 'casu quo in itinere submergeretur' (Archivio di Stato di Rieti: 20v–21 del 1450). Questo caso mostra come i costi dei trasporti del sale via terra, effettuato dai carrettieri, o via acqua, con una 'rottura' del carico nella zona dell'antico porto di Corese, fossero determinati da diversi fattori di rischio, che influivano sulle scelte probabilmente più che le differenze dei costi, non molto accentuate, almeno nel risalire il fiume.

Le fonti non fanno prefigurare durante l'alto medioevo la presenza di forme di alaggio lungo il medio corso del Tevere, mentre non possono essere esclusi interventi mirati ad agevolare la navigabilità del fiume nei luoghi dove i fondali erano bassi o nei periodi di magra. Anche in questo caso le tracce degli interventi sono molto tarde, ma indicative di una tradizione di ben più antica origine (Fedeli Bernardini 1998: 17–18). Peraltro, le fonti indicano con chiarezza che la navigabilità del Tevere ha subito nel tempo trasformazioni legate a diverse condizioni, in particolare ambientali. Per esempio, è stato ipotizzato che il fiume Nera fosse navigabile in età romana (Quilici 1986: 216–17). Nel medioevo, indicativa di un peggioramento della situazione è la *societas* decennale che nel 1283 il comune di Narni strinse con il comune di Magliano, con la quale, tra altre clausole, fu concesso ai mercanti ed ai cittadini narnesi di utilizzare le barche del porto maglianese senza pagare alcun pedaggio (Leggio

1995: 46).[5] Tutto ciò ad attestare l'impossibilità di utilizzare il tratto terminale del Nera per un traffico commercialmente significativo.

Ovviamente anche altri enti religiosi avevano interessi lungo il Tevere, come ad esempio il monastero dei Santi Cosma e Damiano in *Mica Aurea* che aveva delle *tractorie* a Magliano, punto di raccolta prima di trasferire a Roma i prodotti derivanti dai possessi monastici (Fedele 1981: 217–19 n. xciv del 27 marzo 1096; cfr. Toubert 1973: 635). L'abbazia reatina di San Salvatore Maggiore possedeva un nucleo abbastanza compatto di chiese dipendenti situate intorno al castello di Grappignano, oggi diruto, situato nei pressi dello sbocco nel Tevere del torrente Laia, poco a nord di Poggio Sommavilla. Tra queste chiese è da ricordare il *monasterium* di San Giuliano *de Toza in ripa fluminis* (Petrucci 1984), una collocazione spaziale che sembra suggerire un rilevante interesse da parte dell'abbazia reatina a controllare da presso un tratto del Tevere e quindi rende credibile l'ipotesi della presenza di uno scalo fluviale nella zona. L'influenza del monastero nell'area tiberina subì un rapido declino sullo scorcio del Duecento, quando gli Orsini si assicurarono il controllo dei castelli di Poggio Sommavilla, Grappignano, Foglia e Campovaro, tutti affacciati sul Tevere (Cortonesi 1988: 225).

Dai porti si ricavavano introiti che dovevano essere cospicui, ma che potevano essere composti dall'esazione di diritti diversi non sempre agevoli da identificare.[6] Il *portuum redditus* figura, infatti, genericamente dalla fine del secolo XI tra i proventi spettanti alla camera conventuale farfense. Di certo si conosce soltanto che il *teloneum* — un vero e proprio dazio che colpiva i prodotti e le merci che transitavano negli scali fluviali — veniva riscosso in almeno tre porti sabini: Gavignano, Marcigliano e Colle Nero. Il *teloneum* appare come un vero e proprio diritto signorile che poteva essere frazionato in quote di cosignoria castrense e rivenduto. Fatto questo che rende credibile una sua applicazione generalizzata in tutti i porti tiberini, anche se sfuggono totalmente modalità e metodi di riscossione e di ripartizione dei proventi, che dovettero trasformarsi nel tempo in censi svincolati dai diritti signorili sulle quote castrali (Egidi 1908: 174; Leggio 1986: 107–8). Il progressivo dissolvimento della funzione pubblica generò una sempre più forte spinta alla privatizzazione dei diritti sui fiumi e, più genericamente, sulle acque, con i comuni, anche potenti come nel caso di Milano, che non riuscirono ad affermare la loro autorità nel mediare le esigenze diverse che emergevano dall'uso delle acque in ambiente urbano (Chiappa Mauri 1990: 136–62), mentre a livello rurale spesso lignaggi signorili spostarono i loro baricentri in funzione del controllo delle vie d'acqua.[7]

Questi antichi diritti furono rivendicati a livello consuetudinario, tanto che, agli inizi del Quattrocento, nel momento in cui la presenza delle famiglie baronali romane lungo il Tevere si era fatta più pressante, il diritto di esigere pedaggi per il porto di Nazzano fu riconosciuto a Battista Savelli, grazie alla sua antichità, da papa Martino V (Theiner 1862: 289, n. 229 del 28 gennaio 1425; cfr. Angelini e Cassatella 1990: 23).

I PORTI

Le fonti scritte attestano, nell'arco cronologico che va dal VI al XII secolo, la presenza di numerosi scali lungo il corso del Tevere a nord di Roma, con un maggior addensamento sulla riva sinistra.[8] Fatto questo che può essere agevolmente spiegato sia per la netta preponderanza delle fonti farfensi rispetto a quelle riguardanti la sponda opposta, sia per il peso maggiore esercitato a livello socio-economico dall'abbazia di Farfa sull'intero bacino fluviale tiberino (Tabella 1).

In molti casi i porti erano collocati alle foci dei principali affluenti del Tevere. Fatto questo che induce a prefigurare la navigabilità anche dei corsi d'acqua minori a scopi principalmente commerciali, pur se i necessari riscontri risalgono soltanto alla prima età moderna.[9]

La continuità degli impianti portuali è ben difficile da dimostrare. In molti casi, poi, si hanno notizie di spostamenti dovuti a diversi motivi, con la prevalenza di fattori ambientali. In alcuni casi, poi, gli scali furono costruiti per esigenze contingenti e furono poi abbandonati al terminare delle funzioni.[10] Le strutture materiali per la maggior parte dei casi dovettero essere precarie e costruite con materiali deperibili, così come altrettanto precari dovettero essere i sistemi di traghettamento.

I GUADI

Di notevole importanza è l'individuazione dei possibili punti di guado lungo il Tevere. Problema questo di non facile risoluzione, dato che è legato a molte variabili, soprattutto di carattere ambientale, non sempre facili da evidenziare e da valutare. Alcune indicazioni di ordine più generale possono essere ricavate da tre episodi accaduti tra XI e XII secolo, la cui dinamica è, però, pressoché identica.

Nel primo, il vescovo d'Alba, Benzone, descrive con vivacità i problemi e le difficoltà incontrate nel marzo del 1082 dall'esercito di Enrico IV per riuscire a guadare il fiume a nord di Roma. Dopo nove giorni di marcia ed aver sfiorato il Soratte, l'esercito raggiunse le sponde del Tevere, probabilmente all'altezza dell'attuale Magliano Sabina. In carenza di ponti e, in apparenza, di guadi nel fiume torbido per la piena, dopo lunghe indecisioni, dopo aver pensato di raggiungere Narni, alcuni personaggi influenti attraversarono il fiume in segno di sfida con barche comprate localmente, fatto questo che consentì di individuare due guadi che permisero l'attraversamento dell'intero esercito, che, poi, insieme ad Enrico IV, raggiunse Farfa.

Nel 1111 fu la volta di Enrico V con il suo esercito a risalire da Roma fino al Soratte prima di attraversare, con buona probabilità a guado, il Tevere nei pressi del monastero di Sant'Andrea. Nel 1155 un percorso simile fu compiuto da Federico I il Barbarossa, che fu costretto a risalire il Tevere da Roma fino a Magliano Sabina, dove, guadato il fiume, tornò indietro passando per Farfa prima di raggiungere Tivoli.

Dati non del tutto univoci, influenzati ovviamente da molti fattori, in larga misura stagionali o legati alla conoscenza accurata dei luoghi, che mettono in evidenza una oscillazione abbastanza ampia del primo punto di guado a nord di Roma, ma che consentono di fissare con buona precisione il tratto del Tevere dove il guado era possibile.

LE VIE DI TERRA

Si è già più volte sottolineato come il Tevere abbia svolto per un lunghissimo arco cronologico la funzione di principale via di comunicazione con Roma. Un sistema che si raccordava alle vie di terra che, nel breve raggio, potevano essere altamente concorrenziali nei traffici commerciali, costituendo un valido percorso alternativo alla navigazione fluviale. Nei primi tratti a nord della città parallelamente al corso del fiume, infatti, correvano due strade di notevole rilevanza come la Flaminia e la Salaria (Quilici e Quilici Gigli 1980; Messineo 1991; Turchetti 1995; Catani e Paci 2000). Mentre la Salaria giungeva fino al XVIII miglio prima di discostarsi dal Tevere (Quilici 1994), dalla Flaminia si separava presso *ad Rubras* la Via Tiberina, che, a sua volta, costeggiava il fiume. La Flaminia, poi, attraversava il Tevere con un ponte presso Otricoli. A sua volta, invece, la Via Amerina, che collegava Sutri e *Falerii Novi* a Roma, si distaccava dalla Cassia *ad Baccanas*, attraversava il fiume ad Orte ed aveva assunto un ruolo di notevole rilevanza (Potter 1985: 115–34), contribuendo a mantenere aperto il 'corridoio bizantino' tra Roma e la Pentapoli tra la fine del VI e gli inizi dell'VIII secolo.[11]

La 'rottura longobarda' della fine del VI secolo comportò in Sabina anche per il sistema viario una evidente riorganizzazione su di un piano più strettamente regionale e locale (cfr. Leggio 1999). La carenza di un forte potere istituzionale in grado di imporre le manutenzioni ed i rifacimenti necessari, la crisi demografica e la depressione economica della tarda antichità, con la conseguente forte contrazione di traffici commerciali significativi che ne giustificassero gli interventi, furono le cause principali del degrado della viabilità locale. La Salaria fu in parte abbandonata nelle zone alla frontiera con il ducato romano, mentre nelle zone più interne la presenza del potente gastaldato di Rieti fu in grado di garantire una maggiore continuità, grazie anche alla presenza dei ceti dirigenti longobardi che avevano interessi fondiari diffusi sul territorio, mostrando una notevole propensione alla mobilità nell'ambito del ducato di Spoleto.

Questi fattori contingenti, sommandosi, generarono una situazione di notevole complessità che, agli inizi dell'VIII secolo, vide nuovamente ricomporsi un quadro di riferimento generale favorevole alla ripresa, anche se su scala ampiamente ridotta, dei viaggi e dei commerci che attirò nuova attenzione sulla viabilità e sulla sua riorganizzazione, inizialmente in prevalenza su dimensione regionale. Successivamente si aprirono percorsi di più ampia prospettiva, grazie anche alle iniziative delle abbazie benedettine, come Farfa. Queste contribuirono non poco a ravvivare gli spostamenti di uomini, di animali e di merci sulla Salaria e sui suoi diverticoli, seguendo le fasi di espansione dei loro beni fondiari e delle chiese e delle cappelle dipendenti fondate in momento di nuova evangelizzazione del territorio, come mostrano con buona evidenza le fonti monastiche coeve (cfr. Susi 2000), dalle quali la memoria dell'antico traspare nei tratti dove il basolato antico (*silex*) era ancora conservato, mentre alcuni ponti sono ricordati come *fracti*, a richiamare alla memoria i danni causati probabilmente dalle alluvioni e non riparati dall'uomo. I ponti costituirono nell'alto medioevo un importante fattore di continuità lungo i principali tracciati viari ed anche punti di riscossione di diritti di passaggio, dai quali furono spesso esentati i maggiori enti ecclesiastici, mostrando anche in questo caso l'incipiente privatizzazione di questi diritti e la loro segmentazione conseguente alla dissoluzione delle strutture dell'impero carolingio ed all'affermarsi sempre più deciso di poteri locali (Leggio 1988: 17).

L'importanza dei monasteri benedettini in questa fase di riordinamento della viabilità è ben mostrato dal caso di Farfa, che supplì alle carenze derivate dalla scomparsa del *cursus publicus*, creando una nuova organizzazione che prevedeva una maglia abbastanza articolata di appositi luoghi di sosta dislocati lungo gli itinerari principali. Nel contempo anche la viabilità fu 'catturata' dai grandi monasteri benedettini, con significative modifiche nelle gerarchie del tessuto viario. Questo si era rimodellato seguendo le esigenze che emergevano di momento in momento, con molti punti che sono destinati a rimanere in larga misura irrisolti per la difficoltà di comprendere appieno la dinamica subita dalla viabilità in un periodo di forti trasformazioni, come la fase di passaggio tra la tarda antichità e l'alto medioevo, infatti che comportò semplificazioni non irrilevanti sugli stili di vita e spostamenti non marginali dei centri di decisione politica, con la scomparsa dei municipi tardoromani, salvo Rieti.

La sopravvivenza di un tracciato viario d'età romana che risaliva in parallelo il Tevere sulla riva sinistra, così come segnalato dalla *Tabula Peutingeriana*, può essere accettata in via di ipotesi (Mancinelli 1999), anche se, a mio avviso, è molto difficile ipotizzare la sovrapponibilità dei tracciati d'età romana con quelli medievali, per di più in un'area densamente connotata da insediamenti produttivi e quindi da un tessuto viario articolato e complesso, che ha mostrato evidenti tracce di discontinuità e di rimodellamento alle mutate esigenze a partire principalmente dai primi decenni dell' VIII secolo. Meno conosciuta è la situazione sulla sponda destra del Tevere per la lacunosità delle fonti scritte, anche se la Flaminia sembra mostrare evidenti tracce di continuità (Bosman 1993). Le più recenti indagini topografiche hanno mostrato, riprendendo gli studi di Ward-Perkins e del Jones (cfr. Potter 1985), lungo la sponda fluviale la persistenza nel medioevo di tracciati viari di più antica origine, come la Tiberina (Ramieri 1987; *Capena* 1995; *Filacciano* 1995; Boenzi *et al.* 1997). Risultati confermati dalle poche notizie che le fonti cronachistiche già ricordate hanno tramandato, indicando come da Roma la sponda destra poteva essere risalita, passando per Sant'Andrea *in Flumine*, fino alle 'pile di Augusto' ed al ponte di Orte anche da convogli complessi, come gli eserciti di Enrico IV, di Enrico V e di Federico I.

CONCLUSIONI

L'esegesi delle fonti scritte ha mostrato la presenza di un sistema di trasporti integrato con al centro il Tevere, principale via di comunicazione a livello commerciale con Roma, mentre una rete di infrastrutture viarie minori, sia parallele che di raccordo, interconnetteva i porti e gli scali tiberini con il tessuto economico della valle, con i grandi enti ecclesiastici che costituirono i principali poli di attrazione, anche a livello economico, della vallata.

Il declino dei grandi monasteri benedettini altomedievali vide il graduale affermarsi, a partire dal secolo XII, dei comuni, con Viterbo e Narni in prima fila, che si garantirono, a sostegno delle attività commerciali, vie sicure di raccordo per raggiungere gli scali tiberini, rispettivamente Gallese e Magliano. A partire dalla seconda metà del XIII secolo, ai comuni si affiancarono le signorie territoriali formatesi grazie alla spinta espansiva dell'aristocrazia romana e dello stesso comune di Roma che si assicurò il controllo di Magliano Sabina, sede di un porto di rilevante interesse come già ricordato, assoggettato nel 1311 (Pagani 1894).

Lo studio del Tevere nel basso medioevo e nell'età moderna, grazie alla copiosa presenza di fonti scritte, potrà contribuire a definire con maggior puntualità e con più accurato dettaglio le trasformazione intervenute nell'uso del fiume come via d'acqua, fino al rapido declino della sua funzione intervenuto nei primi decenni del XIX secolo.

NOTE

1. Vedi Schieffer 1966: 51–2, n. 1 e 139–40 n. 47 per una concessione simile dell'840 per il monastero di Donzère per due navi sul Rodano e su altri fiumi dell'impero.
2. I diplomi ducali e le carte private longobarde sono stati nuovamente editi rispettivamente da Brühl (1981) e Zielinski (1986); si vedano, pero, Leggio 1986; Selig 1992.
3. Su porto ortano cfr. Zuppante e Nasetti 1994; Frale 1995: 34–5, 77–80.
4. Per la tipologia della *caudicaria* d'età romana cfr. Höckmann 1988: 219; Casson 1995: 332–3, 337–8.
5. Anche Viterbo si era assicurato l'uso del porto di Gallese senza pagamento di pedaggio: Zuppante e Nasetti 1994: 370.
6. Si veda per un confronto la situazione sul Po, Castignoli 1965: xv–xvii.
7. Si veda il caso della famiglia comitale dei Cadolingi che fondò Borgonovo sull'Arno a controllo di un ponte e di un porto: Stopani 1988: 22–3.
8. Cfr. Leggio 1986: 105–6 con le ipotesi di localizzazione.
9. Il fiume Farfa, ad esempio, fu in parte allargato nel tardo XVI secolo, al tempo di Gregorio XIII, per consentire il trasporto di legname: Ait e Vaquero Piñeiro 2000: 199.
10. Si veda ad esempio il caso del porto 'delle colonne' o 'del travertino' a Stimigliano, servito per il trasporto via Tevere a Roma della colonne di marmo di Cottanello utilizzate in San Pietro: Apollonj Ghetti 1977.
11. Cfr., a livello generale, Menestò 1999.

RIFERIMENTI BIBLIOGRAFICI

LL = *Liber Largitorius vel Notarius Monasterii Pharphensis* — vedi Zucchetti 1913–32.

RF = *Il Regesto di Farfa* — vedi Giorgi e Balzani 1879–1914.

Ait, I. e Vaquero Piñeiro, M. (2000) *Dai casali alla fabbrica di San Pietro. I Leni: uomini d'affari del Rinascimento*. Roma, Ministero per i Beni e le Attività Culturali.

Angelini, M.A. e Cassatella, A. (1990) *Nazzano. Itinerario archeologico-topografico*. Roma, Edizioni Rari Nantes.

Apollonj Ghetti, F.M. (1977) Santi Ghetti scalpellino e imprenditore. *L'Urbe* 40: 22–39.

Balzani, U. (1903) (a cura di) *Il chronicon farfense di Gregorio da Catino*. Roma, Forzani e c.

Boenzi, G., Ciccarese, A., Di Giannantonio, P., Fei, F., Gazzetti, G. e Stanco, A.E. (1997) *Terra di Fiano. Ricerche di storia, arte, archeologia*. Roma, Quasar.

Bosman, F. (1993) Viabilità ed insediamenti lungo la Via Flaminia nell'alto medioevo. In L. Paroli e P. Delogu (a cura di), *La storia economica di Roma nell'alto medioevo alla luce dei recenti scavi archeologici*: 295–308. Firenze, All'Insegna del Giglio.

Brühl, C. (1981) (a cura di) *Codice diplomatico longobardo* IV.1. Roma, Istituto Storico Italiano per il Medio Evo.

Capena e il suo territorio (1995). Bari, Dedalo.

Casson, L. (1995) *Ships and Seamanship in the Ancient World*. Baltimora/Londra, Johns Hopkins University Press.

Castignoli, P. (1965) (a cura di) *Atti che riguardano la navigazione fluviale a Piacenza dal secolo decimoquarto al decimottavo*. Milano, A. Giuffré.

Catani, E. e Paci, G. (2000) (a cura di) *La Salaria in età antica (Atti del convegno di studi. Ascoli Piceno, Offida, Rieti 2–4 ottobre 1997)*. Roma, L'‛Erma' di Bretschneider.

Chiappa Mauri, L. (1990) *Paesaggi rurali di Lombardia*. Roma/Bari, Laterza.

Cortonesi, A. (1988) *Terre e signori nel Lazio medioevale*. Napoli, Liguori.

De Angelis, P. (1961) *L'architetto e gli affreschi di Santo Spirito in Saxia*. Roma.

Egidi, P. (1908) Liber anniversariorum della basilica Vaticana. In P. Egidi (a cura di), *Necrologi e libri affini della provincia romana* I. *Necrologi e libri affini della città di Roma*: 167–291. Roma, Forzani e c.

Fabre, P. (1905) (a cura di) *Le Liber Censuum de l'Église romaine* I. Parigi, A. Fontemoing.

Fedele, P. (1981) *Carte del monastero dei SS. Cosma e Damiano in Mica Aurea*. Roma, Società Romana di Storia Patria.

Fedeli Bernardini, F. (1998) Il porto di Nazzano. In F. Fedeli Bernardini (a cura di), *Il Tevere custodito. Nazzano e il fiume*: 17–27. Roma, Fratelli Palombi.

Filacciano e il suo territorio (1995). Roma/Bari, Dedalo.

Frale, B. (1995) *Orte 1303–1367. La città sul fiume*. Manziana, Vecchiarelli.

Giorgi, I. e Balzani, U. (1879–1914) (a cura di) *Il Regesto di Farfa compilato da Gregorio di Catino*. Roma, Reale Società Romana di Storia Patria.

Hartmann, L.M. (1895) (a cura di) *Ecclesiae S. Mariae in Via Lata Tabularium* I. Vienna, C. Gerold filii.

Höckmann, O. (1988) *La navigazione nel mondo antico*. Milano, Garzanti.

Il Tevere. Natura, storia e territorio da Nazzano a Castel Giubileo (1984). Roma, Savelli Gaumont.

Jarnut, J. (1995) *Storia dei longobardi*. Torino, Einaudi.

Le Gall, J. (1953) *Le Tibre: fleuve de Rome dans l'antiquité*. Parigi, Presses Universitaires de France.

Leggio, T. (1986) Le principali vie di comunicazione della Sabina tiberina tra X e XII secolo. *Il Territorio* 2 (1): 3–19, 101–11.

Leggio, T. (1988) Il ponte romano sul Velino nel medioevo. In T. Leggio (a cura di), *Il ponte romano sul Velino a Rieti*: 17–34. Rieti, Amministrazione Comunale.

Leggio, T. (1989) Forme di insediamento in Sabina e nel Reatino nel medioevo. Alcune considerazioni. *Bullettino dell'Istituto Storico Italiano per il Medio Evo e Archivio Muratoriano* 95: 165–201.

Leggio, T. (1995) *Tarano nel medioevo. Ascesa e declino di un castello sabino*. Tarano, Tarano Sabino Comune.

Leggio, T. (1999) Continuità e trasformazioni della viabilità in Sabina e nel Reatino nel medioevo. In Z. Mari, M.T. Petrara e M. Speradio (a cura di), *Il Lazio tra antichità e medioevo. Studi in memoria di Jean Coste*: 391–406. Roma, Quasar.

Maggi Bei, M.T. (1986) (a cura di) *Il 'Liber Floriger' di Gregorio da Catino*. Roma, Società Romana di Storia Patria.

Mancinelli, M.L. (1999) Nuove acquisizioni sulla viabilità della Sabina tiberina in età tardoantica e medievale. In Z. Mari, M.T. Petrara e M. Sperandio (a cura di), *Il Lazio tra antichità e medioevo. Studi in memoria di Jean Coste*: 445–67. Roma, Quasar.

Menestò, E. (1999) (a cura di) *Il corridoio Bizantino e la Via Amerina in Umbria nell'alto medioevo*. Spoleto, CISAM.

Messineo, G. (1991) *La Via Flaminia*. Roma, Quasar.

Moscati, L. (1980) *Alle origini del comune romano. Economia società istituzioni*. Napoli, B. Carucci.

Pagani, A. (1894) *Maglianosabino ed il senato e popolo romano. Memoria storico — critica dalle origini di Magliano al 1311*. Roma, Cooperativa Operaia.

Palermo, L. (1979) *Il porto di Roma nel XIV e XV secolo. Strutture socio-economiche e statuti*. Roma, Istituto di Studi Romani.

Pertz, G.H. (1854) (a cura di) *Benzonis episcopi Albensis ad Heinricum IV imperatorem libri VII*. In *MGH, Scriptores* 11: 591–681. Hannover, Bibliopolii Aulici Haniani.

Petrucci, E. (1984) Pievi e parrocchie del Lazio nel basso medioevo. Note e osservazioni. In *Pievi e parrocchie in Italia nel basso medioevo (sec. XIII–XV) (Atti del VI convegno di studi della chiesa in Italia)*: 981–2. Roma, Herder.

Poland, F. (1931) *s.v.* Symmacus. In *Paulys Real-encyclopädie der Classischen Altertumswissenschaft* 31: 1135–67. Stuttgart, J.B. Metzlersche Verlagsbuchhandlung.

Potter, T.W. (1985) *Storia del paesaggio dell'Etruria meridionale*. Roma, La Nuova Italia Scientifica.

Quilici, L. (1986) Il Tevere e l'Aniene come vie d'acqua a monte di Roma in età imperiale. In S. Quilici Gigli (a cura di), *Il Tevere e le altre vie d'acqua del Lazio antico (Archeologia Laziale 7.2; Quaderni del Centro di Studio per l'Archeologia Etrusco-italica 12)*: 198–217. Roma, Consiglio Nazionale delle Ricerche.

Quilici, L. (1994) La Via Salaria da Roma all'alto Velino: la tecnica struttiva dei manufatti stradali. In L. Quilici e S. Quilici Gigli (a cura di), *Strade romane: percorsi e infrastrutture*: 85–154. Roma, L'‛Erma' di Bretschneider.

Quilici, L. e Quilici Gigli, S. (1980) *Crustumerium. Latium Vetus* III. Roma, Consiglio Nazionale delle Ricerche.

Quilici Gigli, S. (1986) (a cura di) *Il Tevere e le altre vie d'acqua del Lazio antico (Archeologia Laziale 7.2; Quaderni del Centro di Studio per l'Archeologia Etrusco-italica 12)*. Roma, Consiglio Nazionale delle Ricerche.

Racine, P. (1986) Poteri medievali e percorsi fluviali nell'Italia padana. *Quaderni Storici* 61: 9–61.

Ramieri, A.M. (1987) *Ponzano. La storia, i monumenti, il territorio*. Roma, Tipar.

Schieffer, T. (1966) (a cura di) *MGH, Diplomatum Karolinorum*, III, *Lotharii I et Lotharii II diplomata*. Berlino/Zurigo, Weidmannsche Verlagsbuchhandlung.

Selig, M. (1992) Un exemple de normalisation linguistique dans l'Italie médiévale. Grégoire de Catino et le 'Regestum Farfense'. In J. Herman (a cura di), *Latin vulgaire — latin tardif (Actes du Ier colloque international sur le latin vulgaire et tardive)* III: 327–39. Tübingen, M. Niemeyer.

Sennis, A. (1996) Un territorio da ricomporre: il Lazio tra i secoli IV e XIV. In *Atlante storico-politico del Lazio*: 27–62. Roma/Bari, Laterza.

s.n. (1966) *s.v.* Benedetto di S. Andrea. In *Dizionario biografico degli Italiani* 8: 446–51. Roma, Istituto della Enciclopedia Italiana.

Stopani, R. (1988) *La Via Francigena. Una strada europea nell'Italia del medioevo*. Firenze, Le Lettere.

Susi, E. (2000) I culti farfensi nel secolo VIII. In S. Boesch Gajano e E. Petrucci (a cura di), *Santi e culti del Lazio. Istituzioni, società, devozioni*: 61–81. Roma, Società Romana di Storia Patria alla Biblioteca Vallicelliana.

Tevere. Un'antica via per il Mediterraneo. Roma, Istituto Poligrafico e Zecca dello Stato.

Theiner, A. (1862) *Codex diplomaticus dominii temporalis S. Sedis* III. Roma, Imprimerie du Vatican.

Toubert, P. (1973) *Les structures du Latium médiéval. Le Latium méridional et la Sabine du IXe à la fin du XIIe siècle* (*Bibliothèque des Écoles Françaises d'Athènes et de Rome* 221). Roma, École Française de Rome.

Turchetti, R. (1995) Il territorio di Monterotondo nell'antichità. In *Monterotondo e il suo territorio*: 33–58. Bari, Dedalo.

Zielinski, H. (1986) (a cura di) *Codice diplomatico longobardo* V. *Le chartae dei ducati di Spoleto e di Benevento*. Roma, Istituto Storico Italiano per il Medio Evo.

Zucchetti, G. (1913–32) (a cura di) *Liber Largitorius vel Notarius Monasterii Pharphensis*. Roma, E. Loescher.

Zucchetti, G. (1920) (a cura di) *Il chronicon di Benedetto monaco di S. Andrea del Soratte e il Libellus de imperatoria protestate in urbe Roma*. Roma, Tip. del Senato.

Zuppante, A. e Nasetti, G. (1994) Orte–Roma, dal Tevere alla strada ferrata. In A. Ravaglioli (a cura di), *Strade del Lazio (Lunario romano 1994)*: 367–84. Roma, Gruppo Culturale di Roma e del Lazio.

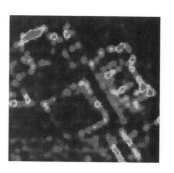

COLOUR PLATES

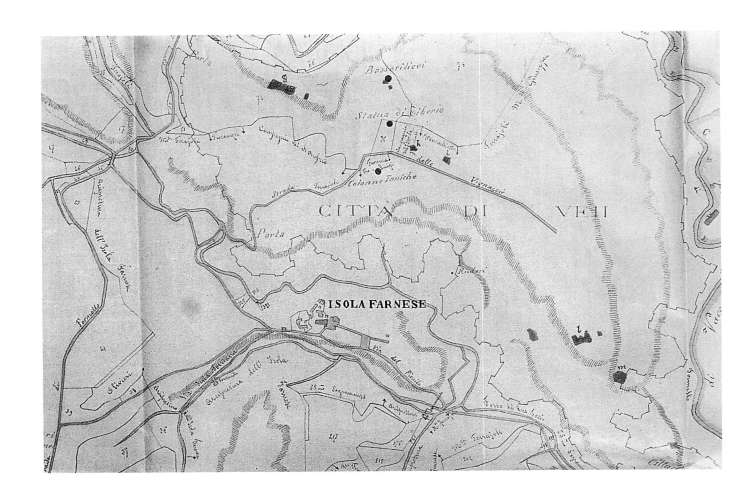

CHAPTER 14

Tav. 1. Topografia di Isola Farnese e Vaccareccia: dettaglio della carta archeologica su base catastale. La lettera *l* indica l'edificio di Piano di Comunità, la lettera *m* il deposito votivo (MSS Lanciani **79**, n. 21; BINASA). *(Da Delpino 1999: tav. V.)*

CHAPTER 14

Tav. 2. **Veio, Piano di Comunità. Strada romana (saggio 6d).**

CHAPTER 15

PLATE 1. *Falerii Novi.* Interpretation of the magnetometer survey in relation to the city walls, the 1969–75 excavations and the medieval church. The topography of the area outside the walls is based on the cadastral maps, whilst the contour survey of the interior is the product of our own survey. The plan of the city walls is based on that published by Di Stefano Manzella (1979), modified slightly at the North Gate on the basis of our own survey. *(After Keay et al. 2000: fig. 7.)*

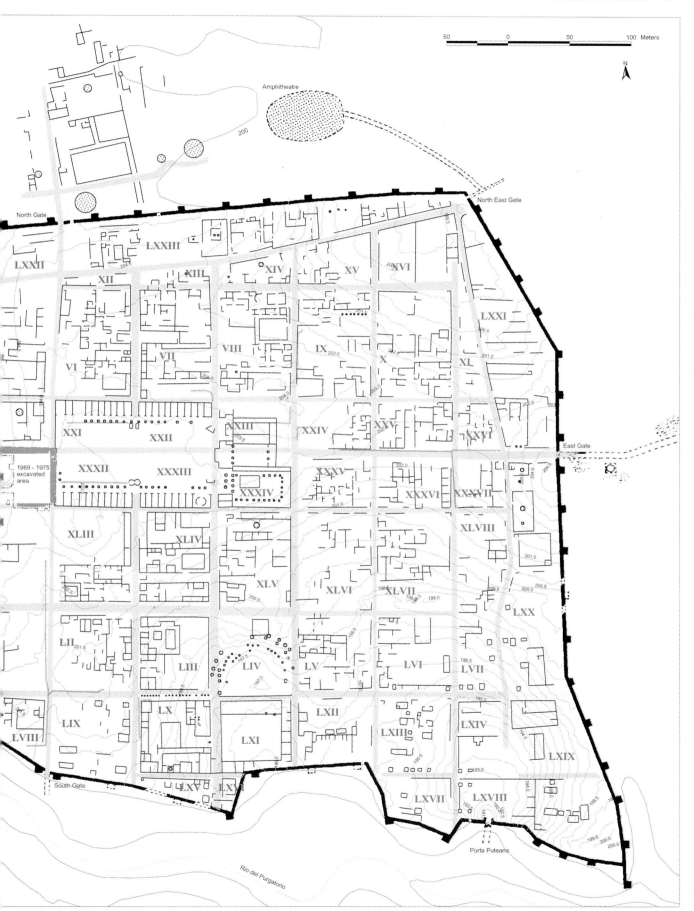

Amphitheatre

North Gate

North East Gate

LXXIII

LXXII

XII   XIII   XIV   XV   XVI

LXXI

VIII   IX   X   XL

VI   VII

XXI   XXII   XXIII   XXIV   XXV   XXVI

East Gate

1969 - 1975
excavated
area

XXXII   XXXIII   XXXIV   XXXV   XXXVI   XXXVII

XLIII   XLIV   XLVIII

XLV   XLVI   XLVII

LXX

LII   LIII   LIV   LV   LVI   LVII

LIX   LX   LXII   LXIII   LXIV

LVIII   LXI   LXIX

South Gate   LXV   LXVI   LXVII   LXVIII

LXIX

Porta Puteana

Rio del Purgatorio

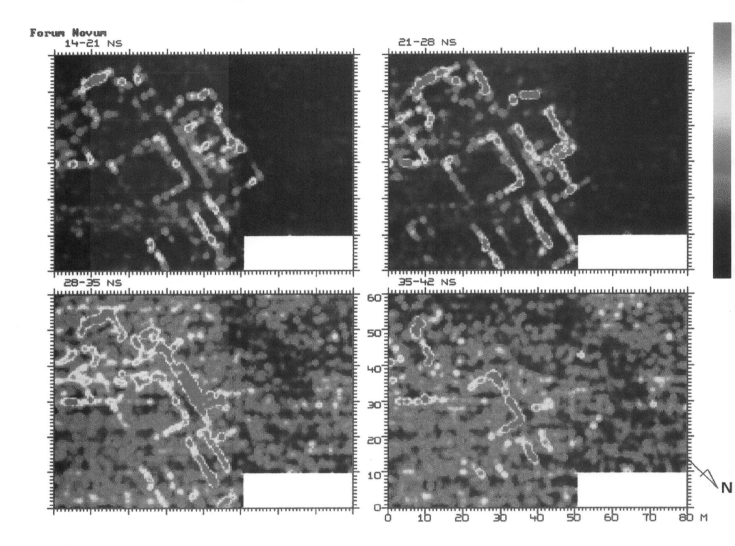

Site - Roman Villa - GPR time slices

PLATE 1. **GPR time-slices from the villa site.** *(D. Goodman, Y. Nishimura and S. Piro.)*

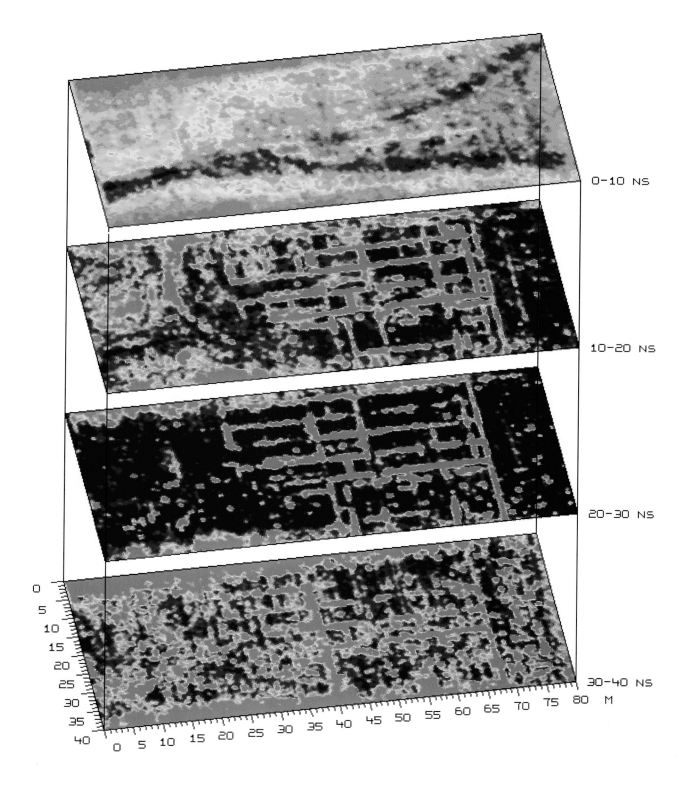

CHAPTER 16

PLATE 2. **GPR time-slices from the area adjacent to the forum complex.** *(D. Goodman, Y. Nishimura and S. Piro.)*

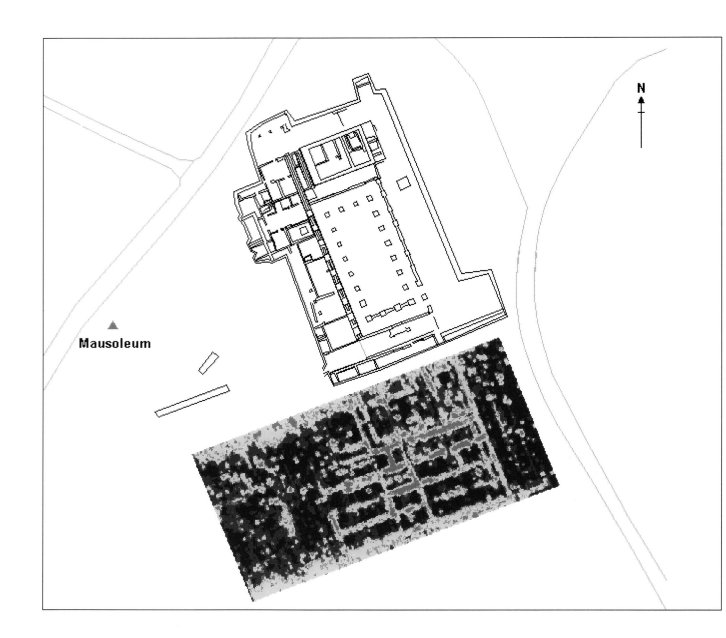

Mausoleum

PLATE. 3. Plan of the excavations of the forum complex and the probable *horreum*, as revealed by the GPR survey.
(D. Goodman, Y. Nishimura and S. Piro.)

CHAPTER 16

PLATE 4. **GPR** results from the area adjacent to the forum complex. The square anomaly to the northeast of the complex is almost certainly the remains of a temple podium. The amphitheatre can be seen just to the southwest of the complex.
(D. Goodman, Y. Nishimura and S. Piro.)

Forum Novum - Roman Villa site

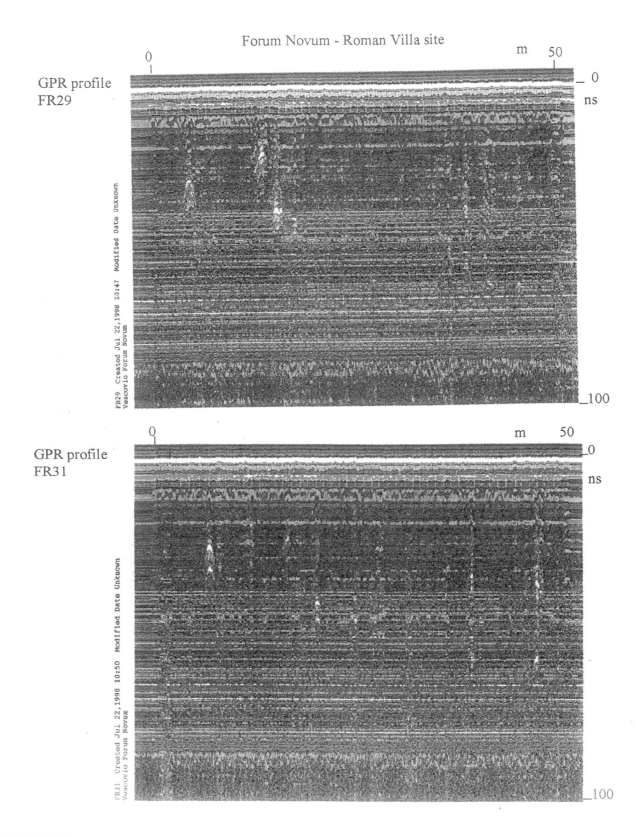

GPR profile
FR29

GPR profile
FR31

PLATE 5. **Example of GPR profiles. Length of profiles 50 m, time-window 100 ns.** *(D. Goodman, Y. Nishimura and S. Piro.)*

INDEX

abbeys — *see monasteries*
Abeken, Wilhelm 220
Abruzzo, the 148
acculturation 7, 255, 256–7, 261
Acheloos 207
Acqua Acetosa Laurentina (Rome) 46,
 47, 48, 52, 173, 258, 260, 264
Acquafredda (Rome) 198, 258, 260, 265
Acquarossa 18, 258
Acquaviva di Nerola 119
ad Baccanas 226, 302
Ad Novas, statio 118
Adriatic sea 148, 185
ad Rubras 112, 302
ad Turres, mansio of 96
ad Vicesimum 80, 82, 91, 94, 112
Aesculapius, cult of 79
Africa, north 107, 271, 275
Agapetus II, pope (AD 946–55) 129
Ager Caeretanus 67
Ager Capenas 5, 38, 41, 49, 54, 65, 66,
 67, 75–98, 158, 287
Ager Faliscus xiii, 5, 8, 13, 21, 32, 33,
 47, 49, 50, 54, 75–98, 158, 234, 287
ager publicus 68, 76, 77, 79
Ager Romanus 6–7, 57, 125, 126–33
 passim, 136, 139, 141, 142, 143, 256,
 265
Ager Sabinus 49, 286, 292
Ager Veientanus 12, 21, 25, 76, 80, 82,
 88, 91, 94, 287
 bronze age settlement in 156
 Imperial settlement in 156
 Orientalizing settlement in 49, 50
 protohistoric material from 158
 Republican settlement in 77, 83
 rural settlement in 50, 54
Agnuli di Mattinata, villa of 106
agri 45, 46, 49, 53, 56
agriculture 8, 13, 47, 65, 67, 70, 76, 79,
 136, 137, 228, 244, 287, 293
 in *Ager Capenas* 89
 in *Ager Faliscus* 95
 cereal 47, 67, 80, 93, 95, 125–35
 passim, 138, 139, 140, 141, 173,
 265
 at *Crustumerium* 148, 162, 173
 diversification of 80, 93
 Etruscan 4
 extent of 83, 87
 intensive 24, 140, 142
 late Roman changes in 117, 271
 local practices of 64, 275, 277
 medieval 126–41 *passim*
 in Orientalizing period 185
 products of 61, 63, 64, 95, 126, 131,
 139, 141, 142, 256, 265, 266, 269,
 271, 275, 277, 298

protohistoric 4, 148
 resources of 49, 51, 186
 at Veii 4, 148, 149, 201
 workers in 53
 writers on 65, 80, 126, 261, 287
Agrippa 68
agro Alsiense 96
agro Nepesino 82, 97
Aia, Torrenti and Fosso 183, 184, 185,
 186, 238, 290, 300
air photographs 30, 32, 208, 215, 220,
 241
alari 17
Alaric I, king of the Visigoths (AD
 395–410) 97
Alba 301
Alban hills 148, 171, 258, 260, 291, 292
Albano 129, 264
Albegna valley 256
Allumiere 258
alluviation 4, 37, 39, 63, 302
altars 20, 77, 81, 114
Ameria 66
Ammianus Marcellinus 104
amphitheatres 237, 243, 244, 245–6, 247
amphorae 63, 207, 228, 271, 272, 282
 and burials 217
 Dressel 2–4 63, 217
 eastern mediterranean 247
 locally produced 271
 Rhodian 81
 Spello type 63, 282
 transport 14, 18–19, 64, 247, 271,
 275, 282
 wine 63
Ampurias 246
Anacletus II, antipope (AD 1130–8) 130
Anagni 258, 260, 264
Ancharius, potter 83
Ancona 302
Ancus Marcus, fourth king of Rome
 (642–616 BC) 53
Andalusia 265
Anguillara 66, 270, 279, 287
Aniene, river 39, 40, 57, 64, 127, 142,
 148, 154, 170, 225, 270
animals 87, 139, 239, 262 — *see also*
 individual species
 draught 67, 135
 enclosures for 130, 139, 141
 housing for 131
 movement of 291, 302 — *see also*
 transhumance
 pasturing of 81, 132–3 — *see also*
 pastoralism
 products of 135, 173, 261 — *see also*
 cheese; wool
 watering of 134, 135, 141

Anio, river 63, 64
Annaeus, C., senator 69
annona 95
antefixes 174, 205, 207, 209, 218–19,
 220
Antemnae 38, 46, 68, 170, 171, 258,
 260, 264
antepagmenta 208, 220
Antimenes Painter, School of 17
Apennines 62, 64, 147, 299
Apollo 17, 77, 78, 79, 81, 208, 219, 231
Apollo Medicus 79
apparitores 69
Apulia/*Apulia* 24, 106, 107
Aquaviva 82, 91, 94, 95, 112, 225
aqueducts 87, 232, 233, 239, 288
Aquileia 107
Arabs 275
Arcadia 77
arches, monumental 63, 230, 233
architectural fragments 12, 16, 17, 23,
 88, 94, 151, 191, 195, 200, 205–9
 passim, 218–19, 220, 228, 232, 240
Ardea/*Ardea* 21, 162, 172, 258, 260,
 264
Arezzo 22, 62
Ariccia 128, 129, 140, 258, 260, 264
armies 95, 301, 303
Arpinum 66
Arretium 64
Arrone, river 258, 260, 264
Artena 260, 264
Ashby, Thomas xiii, 34
Assisi 62
Astolphus, Lombard king 298
Astura, river 258, 260, 264
atelier des petites estampilles 22
Athena 219
Athens 265
Augustus, Roman emperor (31 BC–AD
 14) 68, 69, 70, 83, 87, 88, 287, 303
Aurelian, emperor (AD 270–5)
 Temple of the Sun of 63
 walls of Rome of 107
Aurelius Symmachus, Q., consul AD 446
 98
Auxilium 81
aviaries 83

Bacchus 240
Badia 46, 67, 77, 79, 80, 82, 88, 91, 97
Baduila (Totila), Ostrogothic king (AD
 541–52) 279, 280
Baetica 224
Baldacchini, villa of 67
Barano 260
barley (*Hordeum vulgare*) 258

Bartoli, Pietro Santi 220
basalt — *see* selce
basilicas
 Christian 107, 113, 114, 115, 118,
  120, 121, 142, 233, 299
 Roman 230, 237, 239, 240, 243, 247
Basilicata 107
Bassus, martyrdom of 240
bath-houses 64, 82
 at *Falerii Novi* 231
 at *Forum Novum* 239, 242–7 *passim*
 at Leprignano 96
 in Rome 64
 at Seripola 232
Benzone, bishop of Alba 301
birds 65, 139, 257
Bisenzo 150
bishoprics 104, 107, 112, 119
 at *Aquaviva* 112
 at *Cures Sabini* 111, 112–13, 117,
  118, 119, 120, 240
 at *Falerii Novi* 95
 at *Forum Novum* 8, 107, 237, 238,
  240, 244, 247, 272
 at Magliano Sabina 240
 at Nepi 107
 at *Nomentum* 107, 112, 114, 119
 at Santa Rufina 272, 280
 at Sutri 107
 at Veii 107
bishops 97, 98, 114, 118, 240, 247, 301
boats 24, 62, 63, 64, 68, 104, 127, 128,
 299, 300, 301, 303
Boccea 142
Bolsena 280
 lake 258, 260, 264, 293
Bomarzo 46, 270, 279
Bona Dea 78, 88
bones 193, 194, 202, 244
 worked 244
Borgonovo sull'Arno 303
Bosphorous 105
Bovillae 287
Bracciano, lake 3, 172, 225, 238, 258,
 260, 264, 270
braziers 18
bread 17, 255, 257, 259, 260, 261, 262,
 265, 266
bricks 14, 64, 67, 120, 200, 207, 209,
 217
 production of 65, 67
brick stamps 14, 26, 64, 68
brickworks 64, 67, 68
bridges xiii, 77, 128, 139, 232, 288, 298,
 301, 302, 303
British School at Rome xiii, 32, 151,
 156, 179, 220, 248
 directors of xiii, 11

and restudy of material from the
 South Etruria Survey of 4, 11, 12,
 33, 34, 121
and South Etruria Survey of xiii, 11,
 24, 29, 30, 34, 37, 65, 151, 156,
 158, 205, 225
and Tiber Valley Project of xiv, 1, 11,
 41, 225, 226, 237
bronzes 68, 214
brothels 63
Buffala, Fosso della 173
Bufala, Fosso della 181
building materials 8, 12, 128, 228, 293,
 294
 at *Forum Novum* 245
 quarries for 126
 sources for 286, 292
 supply of to Rome 61, 63, 64
 at Veii 12, 23, 25, 195, 217, 218
Bunsen, Prussian ambassador 207
Byzantines 1, 103, 234, 269, 272, 275,
 278, 279, 298, 302

Cadolingi family 303
Caecilia Metella, tomb of 289
Caenina 171
Caere (Cerveteri) 14, 46, 171, 219 —
 see also Cerveteri
Caesius Athictus 23
Calcata 95
Calvi dell'Umbria 290
Cameria 53, 57
Campagnano di Roma 31
Campagna romana 138, 148, 272, 276,
 277, 278, 279
Campana, Torrente 183, 185, 186
Campania 22, 24, 25, 63, 148, 154, 170,
 171
Campetti (Veii) — *see Veii*/Veio,
 Campetti
Campo del Pozzo 38, 40, 41, 47, 179,
 180–2
Campovaro 300
campus 239, 243, 244
campus Stellatinus 76
Canale Monterano 258, 260
canals/canalization 126, 127, 132, 133,
 134, 140, 233
Capena/*Capena* 3, 5, 17, 21, 46, 68, 69,
 75–98, 106, 112, 226, 238
Capenati, people and territory of 45, 46,
 47, 50, 76, 77 — *see also* Ager
 Capenas
capitolia 231, 239, 240, 294
Capobianco, Tenuta 170, 173
Capo l'Aia 185, 186
Capracorum 7, 142, 277

Caprarola 86
Caprola 118, 120
Caracalla, emperor (AD 211–17) 69
Carbognano 79, 83
carbonarium 134, 142
Carlo Corso, Fosso 180, 181
Caroci 39
Carolano, Fosso 180, 181, 182
Carolingians 247, 269, 279, 280, 282,
 298, 299, 302
Carsulae 246
Carthage 54, 55
carticetum 126, 131, 133, 135, 141
cartographic sources — *see* maps
Casacotta 39, 181
Casacotta, Fosso di 180, 181
Casalazzara 172
Casale Caprioli 220
Casale Cencelli 184
Casale Cocciafava 180, 181, 182
Casale della Marcigliana 151
Casale delle Donne 130
Casale di Marco Simone 182
Casale Grillini 184
Casale Massima 47, 48
Casale Pian Roseto 18, 194, 220, 258,
 260
Casale San Donato 270, 272, 273, 274,
 280
Casale Tosti 183
casalia 105, 126–35 *passim*, 139–43
 passim
Casali di Mentana (*Nomentum*) 182
Casino d'Arci 180
Casinum 83, 246, 287
Cassia-Clodia Survey 66
Cassius Dio 288
Castel di Decima 173, 258, 260, 264
Castel Giubileo 128, 129, 131, 136, 137,
 139, 140, 142
Castellaccio di Valca 142
castelli 128, 131, 132, 142, 279, 300
Castellina della Civita (Tarquinia) 157
Castellina del Marangone 172, 258
Castellonchio 172
Castellum Amerinum 232
Castelnuovo di Porto 31, 39, 88
Castiglioni 63
castra 53, 127, 128, 131, 132, 301
catacombs 96–7, 98, 114, 115, 116, 117,
 120, 280 — *see also* cemeteries;
 tombs
Catasto Alessandrino (AD 1660) 126,
 129–43 *passim*
Catasto Gregoriano (AD 1820) 126, 135,
 136, 138, 139, 140, 142
Cato 56, 262, 266, 287
cattle 80, 81, 83, 131, 132, 135, 139,

219, 220, 244, 261
  merchants of 83, 84, 127, 129, 142
caudicarii 299, 303
Celleno 46
Celts, territory of 257
cemeteries 32, 48, 150
  in the *Ager Faliscus* 80, 82, 91, 94,
    98
  bronze age 39, 40, 151, 157, 159,
    180, 183
  of Cannicella (Orvieto) 172
  at Cerveteri 150
  of Colle del Forno 37–8, 181, 182
  at *Crustumerium* 48, 148, 149, 153,
    162, 165, 170, 171
  at *Cures Sabini* 180
  early Christian 6, 8, 96, 104, 106,
    107, 111–21
  of Etruria 48
  at *Falerii Veteres* 231
  iron age 150, 151, 156, 157–8, 159,
    161
  in Lazio 48, 114, 156
  medieval 126
  at Monte Gelato 95
  Orientalizing 165, 182, 185
  at Palombara Sabina 180
  at Poggio Sommavilla 39, 40
  protovillanovan 180
  at Rome 121, 172
  of Veii 4, 13, 15, 16, 24, 150, 158,
    159, 161, 189, 207, 217
  see also catacombs; tombs
Cencelle 298
centumviri 69, 70
ceramic studies xiv, 3, 7, 11–12, 121,
  255–66, 269–79, 281–3
cereals 80, 88, 126, 141, 257, 258
  in diet 261, 262, 265, 272
  distribution of in/to Rome 264, 272,
    275
  for flour and bread 255, 257, 259,
    260, 262, 264
  processing of 259, 260, 261
  production of 64, 67, 126, 131, 173;
    see also agriculture, cereal
  from Sicily 275, 278
  transport of 64, 126, 141, 265, 272,
    298
Ceres 20, 78, 240, 259
Ceri 47
Cerqua Cupa, estate of 185
Cerveteri 14, 16, 18, 21, 47, 66, 150,
  155, 258, 260, 264 — *see also* Caere
Cesano 142
chapter houses 6, 125, 128, 129, 131,
  132, 139, 142
Charlemagne, emperor (AD 742–814)

278, 279
cheese 64, 135, 139, 142, 262
Chiana, river 62
Chiascio, river 62
Chiesa, map-maker 134
Chiorano, Fosso 184, 185
Christianity 75, 94, 97, 98, 113, 240, 251
Church, the 97, 128, 130, 275, 277, 278,
  282
churches 6, 9, 126, 127, 275, 299
  as administrative centres 97
  archaeology of 118
  building of 97, 282
  cemeterial 118
  documentary evidence for 6
  establishment of 111
  at *Forum Novum* 237, 239, 240, 241,
    243, 247
  and land and property ownership 97,
    127, 128, 129
  martyr 96, 111, 113, 115, 117, 118
  monastic 300, 302
  rural 127, 130
  and tributes/taxes 128
  urban 128
Ciampiglia 134
Cicero 61, 62, 64, 66, 68, 83, 87, 171,
  287
Cingolani, Giovanni Battista 127
cippi 151, 154, 171
Cisra (Cerveteri) 14
Cisterna di Latina 266
cisterns 191, 192, 200, 201, 209, 211,
  212, 213, 216, 217, 231
Civita 46
Civita Castellana 31, 40, 229, 231, 289,
  290, 294
Civita di Arlena 172
Civitas Sepernatium 88, 93, 96, 97
civitates 77, 78, 88, 96, 98, 121, 233
Civitella San Paolo 78, 80, 82, 88, 91,
  94, 98
Clanis, river 64
Claudius, Roman emperor (AD 41–54)
  68, 232, 233
climate 40, 65, 95, 135, 138, 139, 143
Clodius 64
Cn. Piso 64
coins/coinage 7, 8, 76, 142, 269–71,
  278, 279–83, 288
Colle Cece 184
Colle del Forno, cemetery of 37–8, 181,
  182
Colleferro 260
Colle Lepre, tomb of 182
Colle Lupo 170, 173, 180, 181, 182
Colle Nero 301
Colle Pineto 184

Colle Rosetta 184
Collevecchio 39, 40, 41
Colli, I 180
Collicello 40, 183
Collina 127, 129
Colli Oti 185
Colli San Pietro 260
colonies 69, 78, 79, 82, 83, 87, 98, 105,
  229, 287, 292
colonists 79, 81, 87, 88, 96, 214
colonization 52, 87, 149, 154, 180
Colonna family 129
Coltodino 119
Columella 80
commerce 81, 103, 104, 128, 129, 256,
  257, 271, 282, 297–303 *passim*
communication networks 4
  bronze age 40
  in Hellenistic period 234
  iron age 41
  late antique 275
  medieval 6, 126, 128, 275, 278,
    297–303
  pre-Roman 155, 157, 165, 170, 171,
    182, 183, 184, 186
  Roman 6, 64, 67
  water 105, 128, 165, 171, 183
Comunità (Veii) — *see Veii/*Veio, *Piano
  di Comunità*
conciliabulum 214
condumae 105
confarreatio 259
Constantine I, Roman emperor (AD
  306–37) 78
  reforms of 108
Constantine IV, Byzantine emperor (AD
  668–85) 280
Constantinople 105
Consualia, festival of 171
cooking stands 18, 194, 197, 201, 256,
  258, 266
Corchiano 46, 79, 80, 81, 82, 83, 86,
  234
Corese, port of 299, 300
Corese, river 8, 115, 180, 181, 182
Corinth 223
cork 138
Corniculum 170
Cosa 231
Cottanello, marble of 303
council of AD 501 113, 119
cremations 64, 244
Cremera, river 98
Cretone 170, 180, 181, 182, 260
Crustumerium 21, 46, 57, 147, 148–9,
  152, 154, 162–71, 173, 225
  Casale di Cisterna Grande 149
  cemetery/tombs near 48, 148, 149,

153, 162, 165, 170, 171, 174
cippus from 154, 171
cooking stands from 18, 258
eneolithic–bronze age material from 39, 151
iron age material from 41, 162, 164, 165
jewellery from 153
Monte Del Bufalo 149, 151, 152, 153, 165, 170
pottery from 151–2, 153, 156, 162–9 *passim*
as proto-urban centre 148, 149, 154
Sasso Bianco, cemetery of 165
size of proto-urban and urban centre of 41, 53, 68, 147, 151, 169, 172
survey around/at 38, 39, 149, 162, 163, 165
terracottas from 151, 155
testi from 260, 264
cult centres/sites 13, 14, 17, 20, 23, 24, 25, 80, 97, 171, 174, 214, 265
cultivation — *see agriculture*
cults 5, 14, 17, 20, 79, 83, 88, 149, 171, 214, 259
of martyrs 6, 111–21
Roman 20, 76–9, 81, 231
Cures Sabini 46, 47, 70, 121, 181, 225, 238, 270, 275
bishopric of 111, 112–13, 117, 118, 119, 120, 240
cemetery of 180
contraction of settlement at/around 21, 97
cooking stands from 258
epigraphic material from 69
iron age site of 180, 181
Orientalizing settlement of 181, 182
public statuary at 240
rural settlement around 66, 68
senate of 69, 70
size of 5, 68
survey at/around 3, 38, 65
territory of 98, 115, 121
testi from 260, 264
cursus publicus 302
curtes 97, 118, 128, 282

dams 62
Decima 46
decuriones 88
deforestation 95, 132
Dellius, Q., friend of Horace 67
Demeter 20
demographic changes
early medieval 95, 97, 116, 117
as indicated by pottery 19

late antique 107, 302
medieval 127, 128
modelling of 30
prehistoric 37, 38, 41
pre-Roman 47, 48, 52, 54, 56
protohistoric 37, 38, 41, 151, 153, 179, 182
Roman 66, 76–9, 93, 96
at Veii 15, 16, 21, 22, 25, 157, 161
dendrochronology 149
Dennis, George xiii, 206
depopulation
medieval 117, 126, 127, 132, 133
Roman 95
at Veii 19, 21, 23
Desiderius, King 298
Dia, dea, sanctuary of 259
Diana, goddess 88
Diana Augusta, goddess 78
dietary customs/needs 7, 65, 104, 255–66
Digital Elevation Models 12, 29–30, 32, 241
Diocletian, Roman emperor (AD 284–305) 240
reforms of 104, 108
Dionysius of Halicarnassus 62, 83, 171
Dispater — *see Soranus Apollo Dispater*
di Vico, lake 3, 225, 238, 270
documentary sources 6, 68, 104, 107, 111–20 *passim*, 125–43, 297–303 *passim*
Doganella 256, 258
dolia 87, 157, 216
domini 53, 87, 88, 95
Dominici, casale 206, 208, 209
Domitian, persecutions of 98
domus 205, 231, 251
domuscultae 7, 132, 269, 277, 281, 282
Donzère, monastery of 303
drainage works 95, 127, 133, 141, 151
Drusus, father of Germanicus 68, 69
duoviri 87, 98

Egnatii (gens) 82, 83, 84, 85, 87
Egnatius, C. 80, 81, 95
Egnatius Maticanus 83, 84
emmer wheat (*Triticum dicoccum*) 258–9, 261, 262, 264, 265
emporia 257
epigraphy 5, 8, 61, 68, 69, 70, 112, 261
and *Ager Capenas* 5, 75, 88
and *Ager Faliscus* 5, 75, 83
and *Cures Sabini* 69
and *Forum Novum* 69, 239
funerary 113, 114, 119
and imperial estates 61, 68

and roads 287
from urban sites 61, 62, 224
and Veii 6, 23, 24, 26
equestrians/*equites* 66, 68
Eretum 39, 41, 46, 106, 112, 133, 170, 173, 180, 181, 182, 238, 286
ergastulum 88
Ermete, martyr 120
estates, imperial 61, 68–70
ethnicity 256–7, 265–6
ethnography, as a source 6, 125
Etruria 2, 76, 97, 147, 171, 285, 297
agricultural produce of 63, 95, 265
artefacts from 64, 266
bronze and iron age 46, 148, 150, 154, 155, 172
cemeteries of 48
coastal 67, 147, 150
early Christian monuments of 112
geology of 286, 293
northern 22, 25
river transport in 104
roads in 287
Roman colonies of 292
rural sites in 50
and the Sabina 77, 285
settlement hierarchy in 47, 57
southern — *see South Etruria*
villas of 67, 88
Etruria Tiberina 21, 47, 53
Etruscans 1, 4, 5, 76
language of 149, 261
Eufrosino della Volpaia, map of 132, 139
Eutropius 171
Evenzio, tomb of 114

Fabbrica 81
Fabi, war of 201
Fabretaria Nova 246
Fabrica 80, 82, 83, 86
Faianus Plebius, P. 239
Faleria 95
Falerii, territory of 63
Falerii 46, 75–98, 107
Falerii Novi 76, 79, 80, 82, 91, 94, 98, 106, 225, 229–31, 234–5, 291, 310–11
bath-house at 231
as bishopric 95
close contour survey of 223, 227, 230
colonial status of 229
forum at 230, 231
foundation of 226, 229, 234
geophysical survey at xiv, 6, 8, 223, 226–31 *passim*
inscriptions from 69
late antique 106, 107

as *municipium* 81, 229
plan of 5, 6, 229, 230, 231
public buildings of 231
roads at 231, 247
size of 5, 6
statutes of 78
temples at 230, 231
tombs near 83
Falerii Veteres 3, 98, 225, 231–2, 234
cemetery at 231
Christian community at 94–5
cults at 79, 81, 231
defences of 5, 231
geophysical survey at 8, 223, 231, 232
pre-Roman sites near 32
prosopography of 85
resettlement of inhabitants of 229, 234
revolt by and defeat of 79, 229
survey of 223, 226, 228, 231
temple of 231
Faliscans 1, 4, 46, 76, 79, 81, 98, 226, 234
famines 5, 52, 171, 272
Fano 302
Fara Sabina 180, 181, 182
Farfa abbey 66, 112, 119, 121, 225, 238, 270, 301, 302
abbots of 120, 299
and attack of Saracens 299
and Charlemagne 278
coins from 280
control of ports and harbours by 297, 299, 301
documents from 68, 115, 116, 118, 120, 298, 299, 301
excavations at 238, 272, 278
iron age material found near 180, 181
and land/property ownership 118, 120
and Lothair I 298
and Louis the Pious 104
Orientalizing material found near 182
origins of 119
pottery from 272, 273, 278, 279, 280, 281
Regesto of 120, 121
repairs to fabric of 299
and shipping on the Tiber 104, 298, 301
survey around xiii, 2, 3, 65, 107, 121, 272, 279
and taxes 298
Farfa, river 38, 40, 42, 179, 180, 181, 182, 303
farms 48–52 *passim*, 56, 57, 65, 66, 75, 200, 234, 269

Farnesiana, La 158
Fasanale 141
Fasanoro/Fasanoro 131, 141, 142, 143
Faunus 77
Ferentium 46
Feronia 79, 87, 92 — *see also* Lucus Feroniae
Ferriera di Sutri 172
ferries 40, 127, 182, 299, 301
Fiano Romano 37, 41, 78, 88, 89, 142, 299
fibres 126, 134, 135
fibulae 150, 157, 193
Ficana/*Ficana* 46, 171, 258, 260, 264
Ficulea 53, 112, 154, 169, 170, 173, 181, 260
Fidene/*Fidenae* 39, 46, 53, 68, 119, 154
bronze age material at 40
communication networks of 165, 170, 171
decline of 68
defeat/taking of 54, 76
fornelli from 258
inscriptions from 112, 119
iron age material at 41
rural settlement in territory of 53, 57
sanctuaries at 174
size of 162, 173
surveys in territory of 38
territory of 169, 170, 171
testi from 260, 264
tufa from 64, 140, 151
Villa Spada 39, 174
wars with 53, 54
Fiestari, casale 142
Fiora, river 11, 119, 170, 173, 180, 181, 182, 258, 260, 264
fiscalia vina 63
Fiscari/*Fiscari*, casale 142
fiscus 298
fishing/fish resources 126, 165
fishponds 244
Fiumicino 104, 233
flamen Dialis 265
Flavio Biondo 104
Flavius Actius, consul 98
flint 14, 33, 172
flooding 126, 131, 138, 139
foedus 76, 77, 78, 98
foedus Cassianum 55
Foglia 184, 185, 186, 300
Fontanelle 40, 183, 184
Fontanile di Vacchereccia 79, 87, 96
Fonte di Papa 134
fora 8
architecture of 224
at *Falerii Novi* 230, 231
at *Forum Novum* 237–50 *passim*

as indicator of urbanism 6, 224, 238
at Ostia 294
at *Portus* 233
fords 77, 88, 93, 97, 171, 184, 186, 301
Forma Italiae xiii, 37, 38, 181, 225
Formello 156
Fornacalia 259
fortifications 77, 128, 131, 170, 174, 218
Fortuna 86, 259
Fortuna Imperii 81
Fortuna Sancta 78
Forum Cassii 226
Forum Novum 3, 6, 68, 70, 106, 225, 237–51, 292
amphitheatre of 237, 243, 245–6, 247, 315
basilica of 237, 239, 240, 243, 247
baths at 239, 242–7 *passim*
bishopric of 8, 107, 237, 238, 240, 244, 247, 272
campus at 239, 243, 244
church at 237, 239, 240, 241, 243, 247
epigraphic material from 69, 239
forum of 237–50 *passim*, 313, 314, 315
foundation of 238, 247
funerary evidence from 243, 244, 246, 247, 248, 251
geophysical survey at xiv, 6, 8, 237, 240–4, 248–50, 312–16
gladiatorial combats at 239, 243, 246
horrea at 241, 243, 314
inscriptions from 68–9, 239, 240, 243, 246
market of 5, 238, 240, 247
mausolea at 240–4 *passim*, 247
as *municipium* 238, 240, 247
ports near 241
pottery from 247, 272, 282
public buildings at 237, 244, 247
roads at/to 116, 238, 241, 243, 290, 292, 294
Roman town of 8, 237, 238
statuary from 68–9, 240
temples at 239, 243, 315
tombs at 244
villa at 237, 241–50 *passim*, 312, 316
see also Vescovio
Forum Sempronii 287
Fosso delle Gioie 185
Fosso del Pavone (Nepi) 258
fountains 239, 244
Frank, Tenney 289
Frascari, casale 142
Frassineta-Franco 258
Frassineto 131, 132, 137, 140, 142, 143

fratres arvales 259
Fratta, Torrente 183
Frederick I (Barbarossa) (b. 1123, r. 1152–1190) 301, 303
Frederick of Metz 120
freedmen 63, 68, 69, 82–6 *passim*, 89, 90, 91, 92, 93
Fregellae 234
frontiers 40, 41, 76, 256, 265, 266, 275, 297, 299, 302
Frontinus 87
Frosinone 258, 260, 264
fruit 65, 126, 133, 135, 140
Frusino 246
fulling-mills 126
Fulvius Gillo, M., suffect consul 69
fundi 97, 129, 130
fundus Capreolis 113, 119, 120
fundus Germanicianus 68
funerary evidence/practices 185
　food and drink in 256, 257
　from *Forum Novum* 243, 244, 246, 247, 248, 251
　iron age 37, 150, 157
　late Roman and/or medieval 201–2
　pottery in 255, 261
　from Veii 150

Gabi/*Gabii* 21, 120, 121, 165, 169, 170, 171, 172, 258, 260, 264
Gabrici, Ettore 190–1
Galantina 8, 42, 183, 186
Galeria 142
Gallese 80, 81, 82, 86, 129, 142, 303
Galletti 115, 120
Gallienus, Roman emperor (AD 253–68) 69, 229
Gallinas Albas 68
Gambarini, map-maker 134
gardens 88, 128, 129, 140, 141
Gargano, river 106
gastaldates 275, 302
Gauls 5, 61
Gavignano 301
Gell, Sir William xiii, 206
Genoa 257
Geographical Information Systems xiii, 2, 3, 11, 12, 25, 30, 31, 32, 33, 34, 76, 226, 227, 228, 230
geology 65, 216, 234, 285–94
geomorphology 5, 125, 126, 132–41, 183
georadar — *see survey, Ground Penetrating Radar*
Germanicus, emperor and son of Drusus 64, 68, 69
Germany 207

Geta, emperor 69
Giacinto, martyr 111, 120
Giardino 82, 88, 91
Giardino Vecchio 87
Giglioli, Giulio Quirino 208
Gioie, Fosso 185
Giorgi 206, 207
Giostra, La 263
gladiatorial combats 239, 243, 246
glass 12, 26, 281
Global Positioning Systems 30, 230
goats 78, 98, 139, 219, 261
Gordian III, Roman emperor (AD 238–44) 69
Gorgoneion 207
Goths — *see Ostrogoths*
grain — *see cereals*
granaries 88
Gran Carro di Bolsena 150
Grappignano 300
grave goods 48, 151, 152, 157, 181, 195, 255, 257, 261, 280
Grazioli, Duca Massimiliano 151
Greece 14, 79, 265
Gregory I (the Great), pope (AD 590–604) 111, 113, 119, 120
Gregory XIII, pope (AD 1572–85) 303
Grotta Colonna 79
Grotta Gramiccia 158
Grotta Oscura 64
Grotta Porciosa 40, 79, 234
Grottarossa 143
Grotte di Torri 118, 120–1
Grotti, località i 39, 184
Grottoline, Fosso 181
Ground Penetrating Radar — *see survey, Ground Penetrating Radar*
gualdi 118

Hadrian, Roman emperor (AD 117–38) 94, 95
Hadrian I, pope (AD 772–95) 277, 279
Hadrian III, pope (AD 884–5) 280
Hannibal
　sack by 79
　war with 79, 81
harbours 233, 297; — *see also ports*
hay 80, 81, 126, 132, 133, 139, 142
hearths 189, 193, 194, 227
hemp 126, 140
Henry IV, emperor 301, 303
Henry V, emperor 301, 303
Hera, temple of 83
Heracles 17
Heraclius 280
Hilarius, pope/saint (AD 461–8)
　synod of 240

Hirpi Sorani 77
Honorius II, antipope (AD 1061–72) 299
Horace 24, 67
horrea 241, 243; *see also warehouses*
horses/donkeys 79, 139, 291
Horta 63, 64
hortensia 107
horticulture 64, 65
hospitals 126
houses 76, 79, 80, 81, 82, 91, 94
　early medieval 95, 96, 97
　late antique 95
　late Orientalizing 201
　Roman 224, 231, 243, 247
　of Roman colonists 79, 81, 87, 88, 96
　at San Giovenale 194
　at Veii 194, 200
　wooden 96
huts 95, 134, 135, 141, 149, 150, 158, 159, 161, 184, 200–1, 208
hydrology 125, 126, 133, 140, 141, 142

Il Pizzo (Nepi) — *see Nepi, Il Pizzo*
incastellamento 128, 130
industries 67, 172, 224, 281
Innocent I, pope/saint (AD 401–17) 114, 118
inns 126
inscriptions 23, 32, 63, 75, 76, 81, 83, 226
　at Capena 76, 87
　early Christian 112, 119
　from *Falerii Novi* 69
　at *Forum Novum* 68–9, 239, 240, 243, 246
　and freedmen 69
　funerary 96, 114, 119
　and imperial house/estates 68, 69, 70
　relating to roads 287, 291
　at *Seperna* 88
Inviolata 142
Inviolatella 136, 137, 142
irrigation 81, 126, 132, 134, 141
Ischia 275
Isola 142
Isola Sacra 233
Italica 224
Italy 61, 67, 69, 104, 147, 201, 229, 271, 293
　central 62, 93, 147, 148, 149, 226, 271, 272, 278, 281, 287
　changing settlement patterns in 66, 67
　economic structure of 271, 275, 281
　markets in 65
　milestones of 288

northern 138, 282
Ostrogoths in 96
roads of 287, 288, 290
Roman 70, 87, 224, 246
Romanization of 235
southern 97, 271, 272, 275, 278, 281
towns in 149, 224, 226
vegetation of 138
Iulius Gelos, C., imperial freedman 69, 70
Iunia Sabina c.f. 114
Iunii Bassi, villa of 95
Iustus, bishop 98

jewellery 96, 153
John III, abbot of Farfa 120, 299
Jones, G.D.B. 5, 34, 75, 303
Julius Caesar 83, 87
Julius Martialis, villa of 63, 67
Juno 81, 191
Juno Caprotina, cult of 98
Juno Curitis 79, 80, 81, 83, 98
Juno Lanuvina 174
Juno Regina 5, 189, 205, 209, 214, 219, 220
Juno Sospita 219, 220
Jupiter Liber 214
Jupiter Libertas 214
Jupiter Optimus Maximus 78
Jupiter Sabatius 78
Justinian I 279, 280
Juvenal 63

kantharoi 17
kepotaphion 244
kilns 7, 16, 20, 21, 63, 227, 271, 278
spacers 21, 22
wasters from 17, 21
kylikes 17, 18
kythoi 17

Labrouste, Henri 220
La Calva, Torrente 185
Lacus Ciminus 80, 82, 91, 94
Lacus Sabatinus 80, 82, 91, 94
lamps 247
Lanciani, Rodolfo 23, 189, 191, 205, 207, 208, 209, 211, 214, 217
landholding 6, 55, 56, 68, 103, 106, 125, 126
landowners 52, 53, 55, 66, 67, 126, 127, 128–9, 132, 134
landownership 5, 45, 52, 53, 55, 56, 66, 68, 127–8
land use 6, 7, 31, 32, 45, 65, 125, 126,

127–8, 135, 136, 143, 158
lararium 88, 95
La Rustica (Rome) 47, 260
Latera 263, 266
latifondia 95, 96, 97
Latina 258, 260, 264
Latins 4, 5, 46, 54, 55, 154, 155, 257
archaic language of 261
centre of 46, 54, 57, 147
food systems of 259
funerary contexts of 261
territory of 45, 53, 56
Latium Vetus 14, 66, 147, 148, 154, 162, 165, 171, 256, 259, 261, 265, 266
Lattes (Languedoc) 257
Lavinium 21, 162, 171, 258, 260, 264
Lazio 45, 46, 127, 151, 171, 226
cemeteries in 48, 114, 156
changes in settlement of 21, 47
martyr sanctuaries in 111
pottery production in 22, 105
and relations with Rome 57, 272
rivers in 129, 148
rural parishes in 121
settlements in 57, 155
leges Liciniae Sextiae 54–5
Legion XVI 98
Leo III, pope (AD 795–816) 120
Leo III Isaurico, Byzantine emperor (AD 717–41) 275
Leprignano 96
Le Rughe 156
liba 265, 266
Liber Coloniarum 87
Liber Pontificalis 120, 282
Liguria 257
Ligurian sea 257
limekilns 64
limestone 5, 64, 286, 287, 290, 294
literary sources 5, 66, 68, 75, 76, 78, 114, 119, 209
for agriculture 65, 80, 126, 261, 287
for *Cures Sabini* 112
for *Falerii Novi* 229
for *Forum Novum* 240
for military campaigns 53, 171, 229
for *Portus* 233
for ritual 257, 259
for roads/road paving 287, 289, 291, 293
for settlement patterns 285
for South Etruria 62, 63
for the Tiber 62, 63, 64, 127
for trade 63, 64
Liutprand, Lombard king (AD 712–44) 118
Livy 61, 76, 79, 171, 229, 287
loci 127, 128

Lombards 1, 269, 272, 275, 278, 279, 281, 297, 298, 302
areas controlled by 272, 275, 281
and duchy of Spoleto 1, 275
invasions of 272, 275, 278, 281, 297, 302
kings of 298
monetary system of 279
loomweights 49, 215
Lothair I, western emperor (AD 814–40) 298
Louis the Pious, emperor 104
louterion 209, 215
Lubre 131, 141, 142, 143
Lucan 68
lucus 77, 79, 87
Lucus Feroniae 46, 76, 78, 80, 82, 91, 94, 112, 238
Augusteum of 69
as *civitas* 77
cults at 77
inscriptions from 69
limekiln at 64
as major Roman town 225
market at 79
port near 63
pottery from 270, 278, 280
settlement at 21, 77, 106
villas near 66, 87
Lufrani, Lavernio 208, 220
Lunghezza 142
Lupacchini, estate of 185
Luperci 77

Macchia Grande 140, 142
Macchia Grande (Veii) — *see Veii/Veio, Macchia Grande*
Macchia Tonda, villa of 96
Madonna dei Colori 106
Madonna del Passo 270, 272, 274, 280
magistri 83
magistri Augustales 83, 85, 287
Maglianello 40, 183, 184
Maglianello, Fosso della 265
Magliano Sabina 46, 142, 183, 260, 300
bishopric at 240
bronze age material from 40
iron age material from 41
Orientalizing settlement at 185, 186
port of 104, 299, 300, 301, 303
protohistoric material from 37
survey in the territory of 183, 185
tombs at 183, 185
Magna Mater 81, 88
magnetometer surveys/magnetometry — *see survey, magnetometry*
Malagrotta 258

Malagrotta-Panta di Grano 47
Malborghetto 290
Malmesbury Itinerary 117
Malpasso 129, 131, 136, 137, 139, 142,
    143, 169
Mandra di Galeotto 129
Manius Curius Dentato 239
mansio 96, 121
mansio Aquaviva 82, 95
maps 4, 6, 30, 125–43 *passim*, 227
marble 12, 14, 23, 26, 81, 88, 120, 207,
    208, 217, 242, 303
Marcigliana, casale of 129, 130, 133–9
    passim, 142
Marcigliano, fondo of 130, 133, 134,
    142, 301
Marco Simone Vecchio 169, 170
Maremma laziale 133, 135, 138
Maria Teresa Cristina, empress of Brasil
    189, 191, 207
markets 63, 64, 65, 105
    at *Forum Novum* 5, 238, 240, 247
    local 298
    at *Lucus Feroniae* 79
    of Rome 63, 65, 67, 104, 105, 139,
        275, 297, 299, 303
    urban 88, 89, 98, 104, 105
    of Veii 21
Marmara, sea of 105
Marrana di Prima Porta 140, 142
Marrane delle Pantanelle 140
marshland 126–42 *passim*, 288
Marta, river 258, 260, 264
Martial 63, 67, 104
Martignano, lake 172
Martirologio Geronimiano 113, 114,
    115, 119, 120
martyrdoms 240
martyria 115, 117, 120
martyrs 111, 113, 115, 116, 119, 120,
    251
    churches of 96, 111, 113, 115, 117,
        118
    cults of 6, 111–21
    tombs of 114, 116, 117, 120
Massa 134
massa 130
massa fundorum 106
Massimo/Massimiliano, martyr 120
Mater Larum 259
Mater Matuta 259
Matralia 259
mausolea 64, 83, 232, 233, 238, 240–4
    passim, 247
Maxentius, complex of 107
Mazzano 95
Mediterranean 3, 61, 62, 98, 104, 107,

226, 270, 275
Melania 97
Mentana 182
merchants 83, 84, 127, 129, 141, 142,
    257, 300
Mercurio dei Sassi Caduti 79
Mercurius 81
Mignone, river 258, 260, 264
Milan 107, 301
milestones 288
mills 142
millstones 49, 64, 257, 293
Milo 64, 66
Minerva 20, 220
Minerva allo Scasato/*Minerva Capta* 79,
    81
mines 63
Misenum 275
Mithras 78
Molise 107
Mompeo 180, 181
monasteries 6, 97, 112, 125, 127, 128,
    132, 229, 238, 298, 302, 303; *see also*
    individual monasteries
monetarization 271, 279, 281
monks 128, 129, 140, 207, 298
Monte Aguzzo 287, 290, 292
Monte Calvo 180
Monte Campanile 158, 206
Monte Canino 82, 94, 96, 97
    villa of 88, 95, 96
Monte Caricarola, catacomb of 98, 112
Monte Cimino 1, 3, 78, 82, 91, 94, 98,
    147, 155, 229
Monte della Casetta 96, 112
Monte delle Palme 39, 184
Monte del Morto 112
Monte del Sorbo 128, 132
Monte d'Oro 173, 184
Monte Fiore 39
Monte Forco 65, 87, 88
Monte Fumaiolo 62
Monte Gelato, Mola di 3, 7, 83, 91, 94,
    95, 105, 107, 270, 272, 273, 277, 278,
    279, 280
Monte Gennaro 180
Monteleone Sabino 119
Monte le Palme 185
Montelibretti 39, 41, 180, 181, 182
Montemaggiore 114, 115, 116
Monte Maggiore 286, 287, 290, 292
Monte Oliveto 140, 142
Monte Oliviero 140
Monte Palombo 96
Monte Pelliccia 41
Monte Piombone 172
Monte Ramiano 38, 39
Monte Roncione 47

Monterotondo 111, 117, 138, 142
Monte Sacro 170, 171
Monte San Martino 180
Monte Sant'Angelo 131, 172
Monte Soracte — see Monte Soratte
Monte Soratte 76, 77, 78, 80, 82, 88,
    91, 92, 94, 292, 301
Monte Spada 39
Monte Tosto e Sasso 172
Monte Valscurella 197
Monti di Vici 285, 286, 289
Monti Prenestini 148
Monti Sabatini 1, 3, 78, 155, 285, 286,
    290, 291
Monti Sabini 1, 3, 42
Montopoli Sabina 182
Morlupo 79, 80, 82, 88, 90, 91, 94, 128
mortaria 261–6 *passim*
mosaics 23, 24, 69, 81, 88, 207, 217,
    239, 242
Moscio, Rio 181
municipia 6, 12, 14, 22, 25, 26, 76, 81,
    83, 119, 229, 238, 240, 247, 271, 302
Municipium Augustum Veiens 19, 22, 25,
    26, 69, 207, 209, 218
Muracci di Crepaddosso (Artena) 260
Musicus, freedman and *magister*
    Augustalis 83

Naples 275
Nar, river 64
Narce 21, 32, 46, 150, 234
Narni 300, 301, 303
Narnia 64
Nazzano Romano 21, 40, 41, 46, 78, 79,
    88, 98, 103, 142, 181, 238, 301
necropolises — *see cemeteries*
Nepet 76, 78, 79, 80, 82, 91, 94, 98
Nepi xiv, 3, 8, 29–34 *passim*, 82, 107,
    150, 238, 258, 287, 290
    archaeological work at/round xiv, 8,
        29, 30, 33, 34
    as bishopric 107
    deposits of *selce* near 287, 290
    Il Pizzo 33
    protohistoric material from 150, 258
    territory of 82
Nera, river 1, 62, 64, 148, 182, 300
Nero, Roman emperor (AD 54–68) 63,
    232, 246
Nerva, Roman emperor (AD 96–8) 288,
    293
Nibby, Antonio 206
Ninfeo Rosa 79, 81
nobilitates 53
Nomentum 53, 106, 107, 111–19 *passim*,
    154, 170, 173, 179, 180–2, 238, 240

Norchia 155
Numa Pompilius, second king of Rome (715–673 BC) 70
Numisii 98
Numisius Rufus, C., legate 98
nundinae 63
nuns 129

occhio di pesce 289–94 *passim*
Ocriculum xiv, 3, 41, 46, 63, 64, 66, 179, 225, 226, 232, 238, 289, 290
oil 63, 64, 257, 282, 298
Olevano 112
olives 56, 64, 67, 140
    presses for 56, 89, 287
Olivole 129
oppida 98
opus quadratum 217
opus reticulatum 23, 232, 247
opus sectile 88, 217
opus signinum 23
opus spicatum 217
oracles 77
Orazia, tribe of the 98
Ornale, Fosso dell' 130, 138
Orneto, Fosso 180, 181, 182
Orsini family 129, 300
Ortana, *massa* of 129
Orte 46, 63, 142, 225, 280
    bridge at 303
    bronze age material from 38, 40
    climate and vegetation around 138
    iron age material from 41
    as a port 104, 232, 299
    protohistoric material from 172
    Tiber at 62, 65, 225, 228, 302
Orvieto 14, 62, 64, 149, 155, 157, 261
    Cannicella Etruscan cemetery at 157
Ostia 46, 53, 62, 224, 225, 287, 291, 292, 293, 294, 298
Ostrogoths 96, 279
Otricoli 1, 3, 38, 104, 183, 184, 185, 226, 232, 302
Ovid 81, 83

Pacatius Tyrannus, L., *faber tignarius* 88
pagi 76, 79, 80, 83, 88, 93, 96, 97, 265
Paglia, river 11, 62
palaces
    bishops' 118, 247
    imperial 233
Palestrina 21, 258, 260, 264
Pallottino, Massimo 149, 159, 205
Palombara Sabina 180, 181, 182, 260
Pantanella 142
Pantanelle, Fosso delle 142

papacy 7, 269, 277, 278, 282
passio BHL 115
Passio Sancti Anthimi 114, 240
Passo Corese 104, 116, 121, 299, 300
Passo Regina 81
pastiones villaticae 65
pasture/pastoralism 47, 64, 67, 80, 81, 89, 93, 126–43 *passim*, 158, 159, 180, 185, 186, 228
Patellino, casale 140, 141, 142, 143
Paulus Foronovanus, bishop 240
pavements/flooring 23, 88, 114, 193, 207, 231, 242
pax romana 270
Pelagius I, pope (AD 556–61) 121
Peñaflor 224
Pentapolis, Byzantine 302
Peperelli, Francesco 115
Perugia 104
Pesaro 214, 302
Pescia Romana 172
Philippus, emperor 69
Phlegon of Tralles 68
Piana di Prima Porta 140
Piana di Stigliano 258, 260
Pian della Regina 150
Pian di Civita 150
Piano della Conserva 47, 258
Piano di Comunità (Veii) — *see Veii/Veio, Piano di Comunità*
Piano San Giovanni 180, 181
Piazza d'Armi (Veii) — *see Veii/Veio, Piazza d'Armi*
Picazzano 197
pigs/pork 139, 259, 261, 262
pilgrimage 117, 272
Pilo Rotto 128, 132
Pisaurum 287
Piscinale 270, 280
place-names 125, 126, 132, 133, 135, 138, 140, 141, 142, 143
plague, Antonine 67
plaques, bronze 68
Plautus 257
Pliny the Elder 62, 67, 81, 104, 238, 257, 293
Pliny the Younger 62, 64
Plutarch 171
Po, river 298, 303
Poggio di Sermugnano 172
Poggio Evangelista 263
Poggio Garofalo 172
Poggio Mirteto 119
Poggio Sommavilla 37–41 *passim*, 46, 180–6 *passim*, 300
pollen diagrams 40
Polybius 229
Pompeii 223, 224, 293

Ponte del Ponte 79
Ponte Matidia 233
Ponte Salario 130, 142
Ponte Salaro 129
Ponte Sfondato 116, 118, 120
Ponte Sublicio 108
Ponticchio 181
Pontine marshes 288
Ponzano Romano 39, 41, 97, 98
Porsenna 201
Porta Cerere — *see Veii/Veio, Porta Cerere*
Portonaccio — *see Veii/Veio, Portonaccio*
ports 63, 67, 232–4, 292, 297–303 *passim*
    at Colle Nero 301
    controlled by Farfa 297, 299, 301
    controlled by Sant'Andrea del Soratte 298
    of Fiano 299
    near *Forum Novum* 241
    at Gallese 303
    at Gavignano 301
    near *Horta* 63
    near *Lucus Feroniae* 63
    at Magliano 104, 299, 300, 301, 303
    at Marcigliano 301
    medieval 139, 297
    near Nazzano 40
    near *Ocriculum* 63, 226
    at Orte 104, 232, 299
    at Passo Corese 104, 299, 300
    at *Portus* 232–4
    near *Portus Curensis* 181
    at Rome 63, 104
    of Rome 1, 232, 233, 270, 271
    at Scorano 278
    at Seripola 232, 234, 272
    on the Tiber 63, 104, 108, 171, 232, 272, 297–303 *passim*
Portus/*Portus Romae* 8, 104, 105, 128, 129, 223, 225, 226, 232–4, 270, 275, 298
Portus Curensis 181
Potter, Tim xiii, 2, 4, 5, 6, 7, 8, 11, 13, 15, 32, 33, 34, 75, 82
pottery
    African red slip wares 19, 106, 217, 247, 270, 272, 280, 282
    'apennine' 156, 157
    archaic 15–18, 162, 193, 194, 217
    archaic *acroma* 17, 195, 196, 199
    Attic 17
    Attic black-figure 200
    black-figure 17
    black glaze ware 7, 19, 21, 22, 25, 98, 217, 231, 244

bronze age 15, 150, 151, 155, 156, 157, 172, 180, 231
bucchero 17, 49, 194, 195, 198, 199, 200, 207, 215, 257
ceramica a vetrina pesante 270, 277, 278, 279
ceramica a vetrina sparsa 278
coarse-wares 3, 7, 14, 18, 33, 65, 106, 228, 255–66, 270
domestic-wares 18–19, 255–66, 272–8 *passim*
early medieval glazed wares 270, 277
Etruscan 15–18, 24–5, 26, 49, 191, 209, 256, 257
Etruscan banded ware 17
Etrusco-Corinthian 17, 194, 195
Etrusco-geometric 17
fine creamware 220
fine-wares 3, 14, 17, 18–19, 49, 65, 193, 228, 271, 272
forum ware 270, 277, 279
Gallic 217
Greek 49
green-glazed ware 31
impasti chiaro-sabbiosi 18, 194–200 *passim*, 217
impasto wares 17–18, 194–200 *passim*, 215, 216, 218, 261
internal slip ware 18, 194, 195, 196, 200, 217
iron age 15, 151, 152, 153, 160, 161, 162, 165–9 *passim*, 172, 174, 181, 231
Italic *sigillata* 19, 228, 231
Italo-geometric 17, 195
kitchen-wares 18–19, 105, 193, 272, 277
late antique 7, 8, 269–79, 281–3
medieval xiv, 7, 8, 31, 269–79, 280, 281–3
Orientalizing 15–18, 156, 181, 194, 195, 196, 197, 200
production centres for — *see production, pottery*
proto-Corinthian 195
protohistoric 14–15, 162, 165, 181, 256
protovillanovan 15
redating of xiii, 2, 12, 29, 33, 70, 107
red-figure 17
Roman 18–24, 25–6, 64, 191, 244, 246, 247
sparse glazed ware 278
storage wares 18
surface collections of xiii, 7, 11–12, 24, 30, 31, 228, 230, 232
terra sigillata 64, 83, 105, 217, 231
testum 260–6 *passim*

thin walled ware 217
transport vessels 18
villanovan 153, 194, 195, 196
workshops 17, 64
see also amphorae; dolia
Pozzo, Rio 181
pozzolana, quarries for 126
praedia 107
praedia Piniani 120
Praeneste 169; *see also Prenestina*
praetores 98
praetoria 106, 107, 113, 119
prata 80, 81, 82
Prati Fiscali 128, 129, 142
Prato la Corte (Formello, RM) 156
Prenestina 120; *see also Praeneste*
priests 77, 85, 89, 91, 96, 117, 118
Prima Porta 77, 129, 131, 132, 136, 137, 140, 142, 143
Primitivo, martyr of *Gabii* 120
Procopius 104, 289, 294
production 3, 4, 14, 20, 65, 103, 256, 272, 275, 281, 282, 285
  of African red slip ware 106, 272
  agricultural 64, 65, 67, 256, 271, 275
  of black glaze ware 21, 22, 25
  of bricks 65, 67
  centres of 17, 272
  at *Fidenae* 154
  of iron weapons 185
  late antique 104, 105
  local 105, 185, 280
  pottery xiii, 7, 22, 105, 185, 270–1, 272, 277, 278, 279, 280, 282
    centres for 7, 21, 24
    at Veii 17, 19, 21, 22, 24, 25, 155, 194
  of *selce* 294
  of timber 65
  of wine 67
Progetto Veio 161, 172, 193, 205, 209, 220
Propertius 22
Proto, martyr 120
Pseudacrone 24
Pseudo-Ethicus 104, 297
public buildings 21, 23, 25, 26, 97, 224, 231, 233, 237, 244, 247
puls 259, 261, 262, 263, 265
Purgatorio, Rio del 229
Puzzaroli 180, 181
Pyrgi 258, 260

Quaranta Rubbie 195
quarries/quarrying 64, 65, 67, 126, 128, 140, 143, 245, 286–94 *passim*
Quarticcioli, contrada of — *see*

Veii/Veio, *Quarticcioli*
Quarto, casale 142
Quarto della Conca 173
Quarto della Vipera 47
Quarto di Comunità — *see Veii*/Veio, *Piano di Comunità*
quattorviri 83

Radicicoli 129
Radiciole/*Radiciole* 139, 142
rafts 62
Ravenna 298
razors 150, 157
reeds/reed beds 134, 135, 137, 141
Regillo, battle of lake 54
resistivity surveys — *see survey, resistivity*
Rhône, river 303
Riano 80, 82, 88, 91, 94, 96
Rieti 62, 148, 179, 225, 248, 258, 260, 264, 270, 274, 299
  bishops of 118
  deacons of 120
  and duchy of Spoleto 275
  as a *municipium* 271, 302
  Piazza San Rufo excavations 271–2, 280
  as seat of *gastaldato* 275, 302
  surveys around xiii, 272
Rignano Flaminio 31, 78, 79, 80, 82, 88, 91, 92, 96, 106
Rimini 302
Riserva del Ferrone 47
ritual 7, 83, 171, 255, 257, 259, 261
rivers 129, 142, 148, 180, 185
  as communication route 65, 105, 165, 183, 271, 292, 297, 298
  courses of 138
  erosion by 155, 231
  names of 140
  rights over 301
  in Sabina 104, 148, 297, 298
  volume of 95, 138
roads 65, 111, 127, 138, 139, 227, 230, 231
  bronze age 162
  at *Casinum* 287
  construction of 6, 77, 120, 121, 216, 285–94
  control over 169
  in Etruria 287
  at *Falerii Novi* 231, 247
  at/to *Forum Novum* 116, 238, 241, 243, 290, 292, 294
  at *Forum Sempronii* 287
  iron age and Etruscan 5, 170, 171
  and mausolea 241

medieval networks of 6, 8, 127, 128, 135, 278, 302–3
at Ostia 287, 293
at *Portus* 283
Roman networks of 1, 8, 32, 67, 209, 285, 287, 289
of Rome 288, 289, 293
in Sabina 170, 286, 290, 302
in Veii 13, 20, 21, 22, 157, 159, 189, 192, 193, 194, 195, 198, 200, 201, 205, 206, 209, 216, 217
Roccabaldesca 270, 279
Romanization 45, 56, 57, 75–9 *passim*, 98, 234–5
Rome 22, 46, 53, 56, 62, 63, 64, 76, 133, 171, 224, 225, 238, 258, 260
amphitheatre of Statilius Taurus in 246
aqueducts of 288
architectural fragments from 200, 220
Arch of Constantine 63
attacks on 5, 174
Aventine 63, 214
Auditorium site in 51, 52, 56
Aurelian walls 107
Bassilla, catacombs of 120
bath-house in 64
Bovillae 287
Caelian 79, 172
Campus Martius 63, 98
Capitoline 172, 214
and Carthage 54, 55
cemeteries/tombs in 121, 172, 173
churches of 299
Ciconiae 63
Clivus Capitolinus 289
and *Crustumerium* 170, 171
Crypta Balbi 272, 275, 280
cults in 79, 171, 259
economic system of 61–70, 103, 104, 105, 107, 139, 226, 261–5, 266, 269–83, 285
élites of 66, 69
Emporium 289
Esquiline 172, 173
excavations in 8, 289
expansion of dominion of 5, 45, 56, 78
and *Falerii Novi* 79, 229
Forum 172
Forum Vinarium 63
Gallic attack on 5, 61
hinterland of 1, 5, 6, 7, 57, 61–9 *passim*, 106, 108, 129, 142, 272, 278, 285
inscriptions from 119
iron age 180

Janiculum 63, 67
late antique 103, 104
and Latins 54, 55
markets of 63, 65, 67, 104, 105, 139, 275, 297, 299, 303
Mausoleum of Augustus 64
Meta Sudans 63
Oppian 172
Palatine 77, 172, 174, 263
pilgrims to 117
Pons Aelius 63
Pons Milvius 63
Ponte Milvio 62, 129
Porta Appia 127
Porta Capena 287
Porta Maggiore 127
Porta San Giovanni 127
Porta San Paolo 127
ports of 1, 63, 104, 232, 233, 234, 270, 271
Portus Vinarius 63
pottery of/in 7, 21, 22, 255, 259–65 *passim*
power of 1, 6, 104
protohistoric 259
proto-urban 4, 162, 172
provisioning of 1, 6, 61–8 *passim*, 103, 105, 135, 264, 272, 275, 286, 292, 293, 299, 300, 302
Quirinal 172
and relations with Veii 4, 11, 12, 14, 21, 45, 54, 56, 57, 68, 70, 83, 201, 206
rise of 1, 4, 5, 46, 53, 61, 148, 149, 154
roads of 288, 289, 293
San Giovanni in Laterano 299
archive of 139
San Stefano Rotondo 120
Santa Maria Maggiore, archive of 134
Santa Sabina 220
Santi Pietro e Marcellino, cemetery of 121
Sant'Omobono 200, 259, 260
satellite settlements of 47, 105
Scalae Caci 289
Servian walls of 173
suburbium of 48, 49, 50–5 *passim*, 57, 65, 69, 105, 107, 108, 127
Temple of Jupiter Capitolinus 214
Temple of Juno Moneta 214
Temple of Mars 287
Temple of the Sun, of Aurelian 63
Temple of Venus Genetrix 69
temples at 214
Theatre of Marcellus 79
Tiber island 63

tribes in territory of 53, 54
Velia 172
Via Sacra buildings 63
villas at 53, 63, 67
Viminal 172
wars of 5, 12, 45, 54, 226, 234, 289
Romulus, first king of Rome (578–535 BC) 61, 70, 149, 171, 174
Roselle 258
Rostrata villa 112
Rustica, Fosso 183, 185
Rutilius Namatianus 104

Sabatino, massif of 147
Sabina 2, 45, 56, 77, 120, 299
and duchy of Spoleto 298
and Etruria 77, 285
geology of 293
landscape of 97
Lombard invasions of 272, 275, 278, 297, 302
pottery from 272, 273, 274, 275, 281
projects in 2, 3, 8, 225, 237, 270, 272, 273, 274, 280, 282, 285
rivers in 104, 148, 297, 298
roads in 170, 286, 290, 302
Roman conquest of 239
Roman towns in 241, 247
settlement in 47, 171
see also Sabina Reatina; Sabina Tiberina
Sabina Reatina 271, 272, 275, 279
Sabina Tiberina 6, 21, 41, 111–21, 179–86, 240, 266, 272, 275, 278, 279
Sabines 1, 4, 46, 70, 77, 171
agricultural products of 63, 67
centres of 46
economies of 64, 186, 259
expansion of 45, 180
kings of 174
'rape' of 171
rural settlement of 45, 50
territory of 45, 56, 62, 68 — *see also* Ager Sabinus
wars with 53
Sacco, valley of 148
sacrifices 77, 240, 259
Sacrofano 290
Saint Alexander 114
Saint Anthimus 111, 114, 120
passio of 120
Saint Eutychius, *passio* of 115
Saint Evenzio 114
Saint Getulius 112, 115–16, 120, 121
passio of 113, 116, 120, 121
Saint Giacinto 120
Saint Maximus 120

Saint Melania 95, 97
Saint Peter's 129, 132, 142, 303
Saints Primus and Felician, *passio* of 115
Saint Theodulus 114
Salo, river 62
salt 12, 259, 261, 262, 298, 299–300
salt-works 128, 129
San Ciriaco in Via Lata, monastery of 125–43
sanctuaries
    archaic 259, 265
    early Christian 8, 107, 111–20 *passim*
    Etruscan 17, 20, 24, 174
    medieval 127
    Roman 20, 24, 78–82 *passim*, 87, 91, 94, 231
    at Veii 20, 24, 205–20
sandalarii 299
San Filippo 130
San Getulio 112, 113, 115
    martyr's sanctuary at 115, 118, 119
San Giacinto 112, 115, 118, 119
    martyr's sanctuary at 112, 113, 115, 118
San Giorgio, Brindisi 106
San Giovenale 150, 194, 258, 260
San Giuliano 172
San Giuliano *de Toza in ripa fluminis*, monastery of 300
San Giusto, Lucera 106
San Leucio 112
San Lorenzo 184
San Lorenzo, church of in Toffia 119
San Lorenzo in Lucina 130
San Marcello 112, 130
San Martino, oratory of 119
San Michele, church on Via Salaria 112, 119
San Paolo, basilica of 142
San Restituto a Monterotondo, catacombs/cemetery of 111, 112, 114, 116, 117
San Salvatore *ad Sancta Sanctorum* 142
San Salvatore Maggiore, abbey of 300
Sansepolcro 104
San Silvestro 112
San Silvestro in Capite, monastery of 6, 125–43
Santa Caeciliae, domusculta of 132
Santa Colomba, *pieve* of 130, 134, 137
Santa Cornelia 270, 276, 277, 280
Santa Cristina, catacomb of 280
Santa Croce 184
Sant'Agnese, on Via Nomentana 130
Sant'Alessandro (Via Nomentana)
    cemetery of 111–21 *passim*
    sanctuary of 117

Santa Lucia 41, 130
    tombs at 40
Santa Maria degli Arci 181
Santa Maria di Fálleri 226, 310
    abbey/church of 229
    see also Falerii Novi
Santa Maria in Vescovio, church of 239, 240, 282 — *see also* Forum Novum
Santa Maria in Via Lata, chapter house of 6, 125, 128, 130, 131, 132, 133, 143
Santa Marinella 258
Sant'Andrea 112
Sant'Andrea del Soratte 298, 301
Sant'Andrea *in Flumine* 303
Sant'Antimo 88, 182
Sant'Antimo, church and cemetery of 41, 88, 112–19 *passim*
Santa Palomba 264
Santa Rufina 270, 272, 275, 277, 280
Santa Severa sul mare 142
Santa Teodora, catacomb of 96, 112
Santa Vittoria di Trebula 119
San Teodoro, church of 299
Sant'Eutiche 112
    cemetery of 111, 115
Santi Cosma e Damiano in *Mica Aurea*, monastery of 300
Santi Primo e Feliciano, cemetery of 111, 112, 115, 118
Sant'Onesto 128
Santo Spirito in Sassia, hospital of 129, 141, 142
Santo Stefano, basilica on Via Latina 107
Santo Stefano, monastery of 112
San Valentino, suburb of 129
San Vittore 41
San Vittore di Otricoli 179, 182, 184, 185
Saracens 299
sarcophagi 96, 112, 119, 201
Sasso di Furbara 47
Satricum 21, 162, 200, 201, 219, 220, 258, 260, 264
Savelli, Battista 301
Saxa Rubra 68
Scandriglia 180
Scoppieto 64
Scorano sul Tevere 142, 270, 278, 280
Scornabecchetto 39, 40
sculptures 155, 208, 209, 226 — *see also architectural fragments*
Second World War 24
Segni 21, 260
selce 6, 231, 285–94 *passim*, 302
Selci 290
self-sufficiency 105, 271

Selva Proba 142
Selvasecca 87
Senigallia 302
Sentinum, battle of 234
Seperna 76, 77, 80, 82, 88, 91, 93, 94, 98
Seripola 8, 63, 223, 225, 226, 232, 234, 270, 272, 280
Serpentara 129, 136, 142
servi 53
Servian reforms 52, 55
Servilius Vatia Isauricus, P. 66
Servius Tullius, king of Rome (578–535 BC) 53
Settebagni 129, 136, 137, 139, 142, 143, 169
settlement 2, 4, 5, 7, 33, 225
    archaic 51, 56, 57
    bronze age 150, 155, 156, 157, 159, 172, 179, 180, 183, 231
    centralization of 6, 14, 22, 23, 40, 46, 117, 127, 151, 153, 155
    density of 5, 16, 21, 24, 32, 39, 40, 66, 67, 105, 127, 161
    early medieval 6, 111, 112, 118
    Etruscan 16, 24, 25, 153
    Faliscan 231, 234
    fortified 77
    hierarchy of 23, 45, 46–9, 50, 56, 57, 106, 182, 224
    iron age 24, 147, 149, 155, 158, 162, 165, 169, 172, 173, 179, 182, 183
    late antique 6, 95, 103, 107, 111, 112, 118
    Latin 162, 165, 170, 171, 174
    medieval 4, 7, 108, 130, 132
    Orientalizing 49, 50, 179, 181–6 *passim*
    prehistoric 4
    pre-Roman 239
    protohistoric 4, 14, 45
    proto-urban 14, 47
    Roman 12, 23, 66, 67, 68, 77, 79–81, 83, 94, 108, 118, 156, 224, 226, 231, 232, 239, 285, 291
    rural 2, 46, 50, 52, 53, 54, 57, 65, 66, 67, 68, 103, 105, 126, 129, 130, 224, 233, 247
    Sabine 173
    Villanovan 149, 157, 158, 162, 172
seviri 88, 92, 93
Sextus Papinius 83
Sextus Roscius 66
sheep 132, 139, 194, 220, 261
shepherds 77
shipping 63, 104, 298, 301
Sicily 97, 107, 275, 277, 278, 282
silex — *see* selce

Silvanus 78
Silva Proba 129, 130–1, 133, 135
sime 17
slaves 53, 69, 79, 83, 85, 87, 88, 89, 95
snails 65
soils 65, 67, 127, 128, 132, 143, 148, 227, 228, 231, 232, 248
Sora 260
Soranus Apollo–Dispater 77, 78, 79, 81
South Etruria 2, 11, 18, 21, 30, 32, 53, 162, 225
  air photographs of 30, 32
  cemeteries of 106, 116
  cultural landscape of 12, 14, 32
  excavations and surveys in 8, 13, 14, 225, 270; *see also* South Etruria *Survey*
  exchange networks in 22, 25
  proto-urban centres of 40–1, 149, 155, 173, 256
  and relations with Rome 62, 278
  roads in 67
  settlement in 6, 32, 47, 52, 83, 149, 155
South Etruria Survey xiii, 5, 7, 11, 31, 32, 37, 62, 65, 98, 106, 151, 156, 158, 162, 205, 220, 270, 285, 293, 303
  bronze age sites identified by 15, 156
  enhancement of 29–34
  iron age sites identified by 15, 24, 158, 160, 161
  methodology of 3, 4, 13–14, 65
  Orientalizing and archaic sites identified by 15, 24, 50
  re-analysis of material from xiii, xiv, 2–8 *passim*, 11–26, 32, 33, 34, 49, 70, 107, 121, 172, 225, 247, 275, 282
  rural settlement as revealed by 2, 65
Spain 224, 225, 246
Spello 63, 271
spelt 255
spindle-whorls 49, 173
Spoletium 98, 246
Spoleto 1, 275, 298, 299, 302
Statilius Taurus 246
Statius 287, 288
statues/statuettes 68–9, 70, 88, 208–9, 220, 240
Stefani, Enrico 17, 114, 190–1, 200
Stellatina, tribe of the 76
Stimigliano 31, 119, 303
stockraising 80, 81, 83, 132, 134–5, 141, 173, 261, 262
storerooms/storage 56, 63, 66, 88
Strabo 61, 63, 68, 77
street-grids 192, 193, 201, 205, 230–1
strigils 244

Subbiaco, monastery of 142
subsistence 7, 255–66
suburbanitas 104–5
Sulla, dictator 66
Suri, Etruscan god 77
survey xiii, 2, 38, 223
  in Etruria 2, 285
  at *Forum Novum* 240, 247
  geochemical 231, 232
  geophysical 2, 6, 32, 70, 223, 224, 226, 227–8
    at *Falerii Novi* xiv, 6, 8, 223, 226–31 *passim*
    at *Forum Novum* xiv, 6, 8, 237, 240–4, 248–50
    Ground Penetrating Radar 193, 237, 241, 242–4, 246, 248–50
    magnetometry 193, 227–8, 230, 231, 232, 237, 240–6 *passim*
    at *Ocriculum* xiv, 232
    at *Portus* 8, 223, 233
    resistivity 227–8, 231, 232, 237, 241–2, 243
    at Seripola 8, 223, 232
    at Veii 4–5, 189, 209, 210, 214
  surface 70, 113, 116, 117, 149, 157, 163, 165, 205, 223–33 *passim*, 237, 238, 241
  topographic 226–7, 230, 231, 232, 233, 237, 240, 241
Sutri 21, 66, 67, 107, 228, 290, 302
Sutrium 78, 79, 80, 82, 91, 94, 98, 225, 228, 238
Sylvester, pope/saint (AD 314–35) 78, 97
Syria 64

Tabula Peutingeriana 119, 232, 302
Tacitus 64, 98
Tarquinia 14, 15, 21, 24, 78, 150, 154, 155, 258, 260, 264
  Castellina della Civita 157
  Pian della Regina 150
  Pian di Civita 150
Tarquins 46
Tarraco 225
Tarragona — *see* Tarraco
taverns 63
taxes 127, 298, 300, 301
teloneum 301
temples 224
  Etruscan 23
  at *Falerii Novi* 230, 231
  at *Falerii Veteres* 231
  Faliscan 83
  at *Forum Novum* 239, 243
  of Hera 83
  at *Portus* 233

  at Rome 214
  at Sant'Antimo 88
  at Veii 5, 17, 23, 189, 191, 193, 194, 195, 200, 201, 205, 207, 208, 209, 219
Teneas, river 64
tenimenta 127, 128, 131, 132
Terminus, god 259
Terni 62, 258, 260, 264, 292
terracing 185, 209, 211, 214, 215, 216, 217–18, 231
terracottas 17, 151, 195, 206, 207, 209, 220, 232
Terre di Bettona (Formello, RM) 156
textiles 126
theatres 224, 231
Theodore I, pope (AD 642–9) 120
Theodoric, Ostrogothic king (AD 493–526) 96, 297
Thiessen polygons 32, 169, 170
threshing floors 287
Tiber, river 1, 2, 46, 68, 70, 80, 82, 91, 94, 103, 104, 112, 118, 140, 180–5 *passim*, 238, 258, 260, 264, 270, 287, 291–2, 297–303
  ancient and medieval writers on 61, 63, 67, 297, 298
  as border between Roman-Byzantine state and the Lombard duchy of Spoleto 1, 275, 298
  as boundary xiii, 6, 11, 42, 147, 154, 169, 183, 186, 256, 285, 292, 297, 298
  and canals 132, 233
  as communication and transport route 1, 6, 62–4, 65, 103, 108, 135, 171, 275, 292, 298–303 *passim*
  and confluence with Aia 183, 184, 185, 238, 300
  and confluence with Aniene 62, 127, 148, 154
  and confluence with Chiascio 62
  and confluence with Farfa 38, 40, 179
  and confluence with Fosso delle Gioie 185
  and confluence with Malpasso 139
  and confluence with Nera 62, 148
  and confluence with Treia 229, 291
  control of 41, 298
  as corridor to Rome xiii, 1, 39, 105, 135, 285, 297, 299, 303
  course of 4, 37, 41, 62, 104
  dams on 62–3
  fords on 77, 93, 171, 301
  historical importance of 1, 61
  improvements to banks of 68
  literary sources for 62, 63, 64, 127

mouth of 232, 233
navigation of 62, 63, 104, 292, 297, 298, 299, 300
at Orte 62, 65, 225, 228, 302
ports on 63, 104, 108, 171, 232, 233, 272, 297–303 *passim*
source of 62
in trade 1, 61, 63, 297, 298, 299, 303
valley of *passim*
volume of water of 62, 147, 292
Tiberius, Divus 78
Tiberius, Roman emperor (AD 14–37) 88
Tiber Valley Project xiii, xiv, 1, 2, 3, 6, 7, 11, 30, 41, 65, 68, 121, 225, 226, 237, 238
Tibur 67, 170
Tifernum Tiberinum 62, 64
tiles 14, 49, 195, 199, 209, 216, 217, 242
timber 64, 65, 96, 126, 128, 133, 135, 139, 141, 174, 193, 245, 246, 298–9, 303
Tinia, river 62
Titus Tatius, Sabine king 174
Tivoli 62, 64, 264, 301
Todi 46
Toffia 119
Tolfa 258
tombs 76, 120, 182, 248
of aristocrats 48, 260–1
bronze age 150, 157, 159, 180, 183
Christian 96, 111, 112, 114, 116, 120, 121
at Colle del Forno 181, 182
at *Crustumerium* 165, 171, 174
eighth-century BC 47, 48
near *Falerii Novi* 83
at *Forum Novum* 244
and grave goods 48, 151, 152, 157, 181
iron age 150, 151, 157, 165, 181
at Magliano 183, 185
of martyrs 114, 116, 117, 120
at Monte Canino 96
at Monte Del Bufalo (*Crustumerium*) 151, 152, 165, 170
at Monte Gelato 83, 280
Orientalizing 182
at Orvieto 261
at Poggio Sommavilla 185
in Rome 173
of saints 113, 114
at Santa Lucia 40
at Seripola 232
at Veii 193, 197, 202, 213, 217, 260–1
see also cemeteries; catacombs
torcularia 89

Tor de Cenci 47, 48
Tor de' Specchi 207
Torre Madonna 134
Torretta 138
Torrino (Rome) 47, 48, 51
Torrita Tiberina 67
Tor Vergata (Rome) 260
Totila — *see* Baduila
towers 126
towns 8, 41, 63, 66, 70, 149, 150, 223–35, 256, 281, 286, 291
administrative roles of 223
archaic 39, 51–3
epigraphic records of 61, 68, 69
Etruscan 54
first in Tiber valley 46–9, 153
government of 70
late antique 105, 107
Latin 49, 50
plans/planning of xiv, 5, 229, 247
Pliny's list of 238
public statuary in 240
roads in 230, 231, 287
Sabine 49
size of 155, 173, 247
Traianus Decius 81, 94
Trajan, Roman emperor (AD 98–117) 69, 94, 232, 233, 288, 293
transhumance 37, 40, 67, 183
transport 68, 292
of building materials 128, 294
costs of 65, 286, 291, 292, 293, 294
land routes of 291, 292, 297, 302–3
river 63, 126, 139, 141, 271, 272, 292, 297
of timber 128, 139
use of Tiber for 62–4, 67, 129, 135
travertine 64, 88, 120, 303
treatises, agricultural 65, 126, 141
Trebula Mutuesca 119, 238
Treia, river 77, 80, 82, 91, 98, 229, 290, 291, 292, 294
Trevignano Romano 150
Treviri 107
Triangular Irregular Networks 32, 33
Tuder 64
tufa 286, 293
around *Falerii* 229, 231
of Fidene 64, 140, 151
quarries for 64
at Veii 155, 192, 193, 194, 195, 198, 207, 209, 215, 216, 217, 218
Tullius Cincius, Q., *pontifex* 98
Tullius Hostilius, king of Rome (673–642 BC) 53
Turano, river 62
turnips 80
Tuscia 15

Tusculum 67
Tyrrhenian coast 7, 11
Tyrrhenian sea 12, 225, 238, 257, 258, 260, 264, 270

Ugo I, abbot 299
Ulpian 288
Umbria 3, 63, 64, 226, 246, 271, 293
Umbrians 46
unguentaria 244
urbanism 4, 218
at *Falerii Novi* 226, 229–31, 247
at *Falerii Veteres* 231–2
fora as indicator of 6, 224, 238
at *Forum Novum* 6, 238, 247
late antique 107
at *Portus* 232–4
proto- 15, 150, 155, 162
Roman 223–35
at Seripola 232
urbanization 148
Etruscan 149
in Europe 41
iron age 151
late antique 107
in middle and lower Tiber valley 46, 47, 56
Orientalizing 184, 185
of Veii 4, 14, 150, 154, 161, 201
urns, cinerary 151, 158
Urso, bishop of *Nomentum* 114, 119
ustrinum 244, 251

Valca 132, 140, 142–3
Valchetta 132, 136, 142, 143
Valerius Faustus, C. 83
Valle Cancella (Rome) 156
Vallelunga 39
Valle Ornara 134
Valle Ricca 169
Valle Roncetta 182
valzola 131, 139
Varro 83
Vasanello 80, 82, 83, 86
Vatican authorities 131, 143, 207
Vediovis, partner of Juno Regina 214
vegetables 65, 80, 126, 173
vegetation 125, 126, 127, 132–41, 143
vehicles, wheeled 68, 181, 195, 207, 288, 291
Veientes 76, 98
Veii/*Veio* 2, 4, 6, 46, 48, 50, 64, 66, 76, 82, 83, 91, 94, 133, 238
acropolis of 4, 5, 159, 189, 200, 205
agriculture at 4, 148, 149, 201
ancient authors on 22, 24, 68

architectural fragments from 12, 16, 17, 23, 195, 200, 205–9 *passim*, 218–19

arx of 209

battles of with Rome 45

bishopric at 107

building materials from 12, 23, 25, 195, 217, 218

Campetti 13, 17, 20, 21, 150, 158, 159, 160, 200, 201

Canina 206

Casale del Fosso 150, 157, 158, 172

Casale Domenici 159

cemeteries and tombs at 4, 13, 15, 16, 24, 47, 150, 156, 157–8, 159, 161, 189, 193, 197, 201, 202, 207, 213, 217, 260–1

Chigi excavations at 220

cisterns at 191, 192, 201, 209, 211, 212, 213, 216, 217

conquest of 54, 76

cult centres at 13, 14, 17, 20, 23, 24, 25, 214

defensive walls of 5, 20, 25, 192, 193, 206, 218

demographic development of 15, 16, 19, 21, 22, 23, 25, 157, 161

epigraphic evidence at 6, 23, 24, 26

Etruscan 8, 11, 13, 14, 15–18, 24, 161

exchange networks of 22, 25

gates of 13, 18, 20, 157, 158, 159, 160, 192, 193, 194, 201, 206

geophysical survey at 4–5, 189, 209, 210, 214

glass from 12, 26

Grotta Gramicia 158

habitation at 17, 158, 161, 194, 200–1, 208

hearths at 189, 193, 194

Isola Farnese 150, 158, 172, 191, 206, 207, 308

kilns at 16, 17, 20, 21

in late antique period 19, 106, 107, 202

Macchia della Comunità 158

Macchia Grande 13, 17, 18, 20, 21, 22, 23, 159, 161, 172, 214

marble at 12, 23, 26, 207, 209

markets of 21

Monte Campanile 158, 206

Monte Michele 158

as *municipium* 12, 14, 19, 22, 25, 26, 69, 207, 209, 218

Piano di Comunità 4, 5, 13, 17, 20, 21, 22, 23, 159, 161, 172, 205–20, 309

Piazza d'Armi 4, 5, 13, 14, 18, 21,

158, 159, 161, 172, 189–202, 206, 208, 209, 218

political basis of 12, 21, 54

Porta Cerere 20

Portonaccio 17, 158, 159, 161, 172, 200, 201, 205, 207, 208, 219, 220

pottery from 11–26, 153, 157, 160, 161, 162, 191–201 *passim*, 207, 209, 216, 217, 218, 258, 260, 264

pottery production at 17, 19, 21, 22, 24, 25, 155, 194

production areas at 14, 17, 20, 21, 194, 200, 201

protohistoric 14–15, 16, 24, 148, 149, 150, 151, 155–61 *passim*

proto-urban 148, 150, 151, 154, 155

public buildings at 21, 23, 25, 26

Quarticcioli contrada 23, 24, 207

Quarto della Comunità — *see Piano di Comunità*

Quattro Fontanili 150, 157, 158, 261

re-evaluation of material from 11–26, 152, 158

and relations with other settlements 14, 21, 47, 66, 155–6, 159, 171, 256

and relations with Rome 4, 11, 12, 14, 21, 45, 54, 56, 57, 68, 70, 83, 201, 206

Riserva del Bagno 158

roads from/to 169, 171, 206

roads within 13, 20, 21, 22, 157, 159, 189, 192, 193, 194, 195, 198, 200, 201, 205, 206, 209, 216, 217, 309

Roman 8, 11, 18–24, 25–6, 161, 201, 225

sanctuaries at 20, 24, 205–20

senate of 70

size of 5, 12, 14, 21, 83, 147, 149, 153, 155, 172

South Etruria Survey material from 4, 7, 11–26, 161, 162, 205, 220

temples at 5, 17, 23, 189, 191, 193, 194, 195, 200, 201, 205, 207, 208, 209, 219

territory of 53, 54, 77, 147, 154, 170; *see also* Ager Veientanus

tufa at 155, 192, 193, 194, 195, 198, 207, 209, 215, 216, 217, 218

urbanization of 4, 14, 150, 154, 161, 201

Vaccareccia 158, 191, 197, 206, 308

Valle la Fata 158, 220

Vignacce 159, 161, 172, 207

villas at 21–6 *passim*, 161, 205, 208, 209

votive material and deposits from 16, 17, 18, 20, 189, 207, 208, 209,

216, 220

Velino, river 62, 148

Velletri 200, 207, 258, 260, 264

Velzna (Orvieto) 14

Venafrum 246

Vennonius, T. 91, 96

Venus 239

Verrius Flaccus 265

Vescovio 8, 225, 237–41 *passim*, 247, 248, 251 — *see also* Forum Novum

Vespignani, Francesco 17, 189, 208, 214

Vesuvius 63

vetch 80

veterans 82, 87, 92

Via Amerina 78, 80, 82, 83, 91, 94, 95, 225, 230, 232, 234, 238, 270, 290, 302

Via Annia 291

Via Appia 107, 225, 287, 288, 289

Via Ardeatina 107

Via Augusta 83, 291

Via Aurelia 225, 265, 270

Via Campana 259

Via Cassia 3, 80, 82, 91, 94, 133, 206, 225, 238, 270, 287, 302

Via Cimina 238

Via Clodia 3, 206, 225, 238, 270

Via Decima 171

Via Domitiana 288

Via Flaminia 2, 63, 64, 67, 76, 78, 79, 80, 82, 87, 91, 94, 112, 128, 133, 225, 238, 270, 289, 290, 292

and Alaric 97

construction of 77, 287, 290

in Gothic war 95

inns on 126

mansio on 96

in medieval period 297, 302, 303

opening of 77

roads off from 77, 287

survey around 106, 232

Via Latina 107, 294

Via Laurentina 171

Via Nomentana 49, 111–15 *passim*, 119, 127, 128, 130, 173, 294

Via Ostiense 127

Via Portuense 127, 128, 140

Via Prenestina 121

Via Salaria 2, 67, 112, 128, 130–5 *passim*, 138, 139, 140, 162, 169, 171, 225, 238, 270, 271, 275

Ad Novas on 118

and Alaric 97

construction of 121, 286

inns on 126

mansio on 121

in medieval period 297, 302

religious centres on 113, 116, 118,

119
roads off from 119, 139, 170
settlement around 37, 40
vici on 106
VII mile of 119
XVIII mile of 302
XXII mile of 114, 120
XXX mile of 113, 116, 120
Via Tiberina
at *ad Rubras* 302
catacombs near 96
in medieval period 302, 303
settlement around 79
villas near 87, 88, 95
XVII mile of 96
XVIII mile of 96
XXVI mile of 96
Via Tiburtina 127, 128, 225, 270
Via Traiana 288
Via Veientana 206, 209
Vibia Sabina 95
vici 76, 83, 88, 95, 96, 105, 106, 107, 117
vicus Sepernatium 88
Vignale 79, 81, 226, 228, 231–2
Vignanello 46, 75, 79, 80, 81, 82, 83, 86
villages 57, 76–9
abandonment of 81
in *Ager Capenas* 76–9, 88–9
in *Ager Faliscus* 76–9, 81, 82, 83, 91, 94
bronze age 149, 150, 180
at *Crustumerium* 165
early medieval 111
of Gran Carro di Bolsena 150
Imperial 75
iron age 150
late antique 95, 96, 97, 105, 111
of Leprignano 96
medieval 127
of Monte Gelato 94
of Ponzano 97
seventh-century BC 48, 49
sixth-century BC 50
at Veii 159
villas 66, 67, 69, 75, 76, 83, 87, 96, 97, 106, 107, 115, 121, 287
in *Ager Capenas* 66, 67, 95
in *Ager Faliscus* 80, 82, 88, 91, 94
in *Ager Veientanus* 88
in Etruria 67, 88
near *Falerii Novi* 82
at *Forum Novum* 237, 241–50 *passim*
of Grotte di Torri 120–1
Imperial 32, 105
of Iunii Bassi 95
late antique 95, 97
luxurious suburban 23, 25–6, 113

in medieval period 121, 128
at Monte Canino 88, 95, 96
at Monte Gelato 83
at *Ocriculum* 64, 66
Republican 81, 105
at Rome 53, 63, 67
in the Tiber valley 66, 67
of Varro at *Casinum* 83
at Veii 21–6 *passim*, 161, 205, 208, 209
of Volusii Saturnini near *Lucus Feroniae* 66, 75, 87–8, 89, 95, 96
water supply to 96
Villa Sambuco 87
Villa Spada — *see* Fidene
Villa Torlonia 233
vines 126, 132
vineyards 13, 127, 128, 129, 134, 140, 141, 207
viridaria 88
Viterbo 258, 260, 264, 303
viticulture 88
volcanoes/volcanics 5, 63, 155, 229, 231, 286
Volcii 46
Volpignano, Fosso 180, 181
Volsinio, massif of 147
Volsinii (Orvieto) 14, 41, 46, 258, 260, 264
Volterra 22
Voltinia, tribe of 87
Volusii Saturnini 66, 75, 82, 88, 91, 94, 98
villa of 66, 75, 87–8, 89, 95, 96
von Thünen, Johan Heinrich 64–5, 66, 67, 70
von Urlichs, Karl Ludwig 207
votive deposits 18, 171, 189, 207, 209, 214, 220, 259
votive material 16, 17, 20, 208, 216, 255
Vulcano Laziale 148
Vulci 14, 15, 24, 150, 154, 155, 256, 258, 260, 264

wagons — *see vehicles, wheeled*
walls, city/defensive 5, 20, 25, 53, 88, 185, 193, 206, 208, 218, 227, 230, 233
Ward-Perkins, John 34
and South Etruria Survey xiii, 2, 3, 4, 7, 11, 34, 62, 65, 156, 220, 285, 303
and Veii 13, 15, 20–1, 23, 148, 159, 208, 209
warehouses 233, 243, 298; *see also storerooms/storage*
wars 5, 12, 45, 52, 53, 54, 55, 78, 97,

174, 226
civil 68, 69
Gothic 95, 97, 289
Hannibalic 79, 81
Social 98, 229, 234
Washington, Henry 289
water, management of 81, 141, 189, 194, 217, 298, 299, 301
weapons 185, 214
wharves 233
wheat 255, 265
willow 134, 135, 138
wine 17, 63, 64, 67, 88, 89, 139, 256, 257, 282, 298
wolves 77, 78
woodland 24, 64, 76, 78, 79, 87, 95, 126–43 *passim*
wool 64
workshops 17, 64, 154, 185, 194, 201, 219, 220, 256

Zara Madonna 182
Zonaras, John (Byzantine chronicler) 229, 234

Contributors' Addresses

Amoroso, Angelo
Via G. Rossini 13, 65121 Pescara, Italy.
levino@interfree.it

Bartoloni, Gilda
Dipartimento di Scienze Storiche, Archeologiche e
Antropologiche dell'Antichità, Università degli Studi
di Roma 'La Sapienza', Piazzale Aldo Moro 5,
00185 Rome, Italy.
gilda.bartoloni@uniroma1.it

Belelli Marchesini, Barbara
Via Campodimele 45, 00189 Rome, Italy.
s.salvago@tin.it

Cambi, Franco
Dipartimento di Archeologia e Storia delle Arti,
Università degli Studi di Siena, Via Roma 56,
53100 Siena, Italy.
cambi@unisi.it

Carafa, Paolo
Dipartimento di Archeologia e Storia delle Arti,
Facoltà di Lettere e Filosofia, Università della
Calabria, Via Pietro Bucci, 87036 Arcavacata di Rende
(CS), Italy.
p.carafa@unical.it

Carlucci, Claudia
Via delle Acacie 119, 00171 Rome, Italy.

Colonna, Giovanni
Dipartimento di Scienze Storiche, Archeologiche e
Antropologiche dell'Antichità, Università degli Studi
di Roma 'La Sapienza', Piazzale Aldo Moro 5,
00185 Rome, Italy.

Di Gennaro, Francesco
Soprintendenza Archeologica di Roma, Piazza delle
Finanze 1, 00185 Rome, Italy.
francescodig@inwind.it

Di Giuseppe, Helga
The British School at Rome, Via Gramsci 61,
00197 Rome, Italy.
tiberhelga@hotmail.com

Fiocchi Nicolai, Vincenzo
Dipartimento di Antichità e Tradizione Classica,
Università degli Studi di Roma 'Tor Vergata', Via
Columbia 1, 00133 Rome, Italy.
fiocchi.nicolai@tiscali.it

Fontana, Sergio
Cooperativa Parsifal, Via Clementina 11, 00184 Rome,
Italy.
Sergio.Fontana@libero.it

Gaffney, Vince
Institute of Archaeology and Antiquity, University of
Birmingham, Edgbaston, Birmingham, B15 2TT, Great
Britain.
V.L.Gaffney@bham.ac.uk

Goodman, Dean
Geophysical Archaeometry Laboratory, University of
Miami Japan Division, Otsubu 39–1, Nakajima Machi,
Ishikawa Ken 929–22, Japan.
gal_usa_goodman@msn.com

Guidi, Alessandro
Università degli Studi di Verona, Vicolo dietro San
Francesco 5, 37129 Verona, Italy.
alessandro.guidi@univr.it

Harrison, Andrew
School of Geographical Science, University of Bristol,
Bristol, BS8 1SS, Great Britain.
a.r.harrison@dial.pipex.com

Keay, Simon
Department of Archaeology, University of
Southampton, Highfield, Southampton, SO17 1BJ,
Great Britain.
sjk1@soton.ac.uk

Laurence, Ray
Department of Classics, University of Reading,
Whiteknights, Reading, RG6 6AA, Great Britain.
lkslaure@reading.ac.uk

Leggio, Tersilio
Assessorato per la Cultura, Provincia di Rieti, Via
Salaria 3, 02100 Rieti, Italy.
sindaco.farasabina@i2000net.it

Marazzi, Federico
Istituto Universitario 'Suor Orsola Benincasa',
Laboratorio Archeologico San Vincenzo al Volturno,
Via Colle 25, 86071 Castel San Vincenzo (Isernia),
Italy.
federico.marazzi@unisob.na.it

Millett, Martin
Faculty of Classics, University of Cambridge,
Sidgwick Avenue, Cambridge, CB3 9DA, Great
Britain.
mjm62@cam.ac.uk

Nishimura, Yasushi
Nara National Cultural Properties Research Institute,
9–1, 2 chome Nijocho, Nara-Shi 630, Japan.
nyasushi@nabunken.go.ip

PASSIGLI, SUSANNA
Via di Trasone 22, 00199 Rome, Italy.
susanna.passigli@fastwebnet.it

PATTERSON, HELEN
The British School at Rome, Via Gramsci 61,
00197 Rome, Italy.
h.patterson@bsrome.it

PATTERSON, JOHN
Magdalene College, Magdalene Street, Cambridge,
CB3 0AG, Great Britain.
jrp11@cam.ac.uk

PIRO, SALVATORE
Consiglio Nazionale delle Ricerche — Istituto per le
Tecnologie Applicate ai Beni Culturali, Via Salaria KM
29,300, C.P. 10, 00016 Monterotondo Stazione Roma,
Italy.
salvatore.piro@mlib.cnr.it

POPPY, SARAH
County Archaeology Office, Castle Court, Shire Hall,
Cambridge, CB3 0AP, Great Britain.
Sarah.Poppy@cambridgeshire.gov.uk

RAJALA, ULLA
New Hall, Cambridge, CB3 0DF, Great Britain.
umr20@hermes.cam.ac.uk

RENDELI, MARCO
Via Giacomo Boni 4, 00162 Rome, Italy.
rendeli@libero.it

ROBERTS, PAUL
Department of Greek and Roman Antiquities, The
British Museum, Great Russell Street, London, WC1B
3DG, Great Britain.
proberts@thebritishmuseum.ac.uk

ROBINSON, JULIA
3 Turners Place, Witton Gilbert, Durham, DH7 6QR,
Great Britain.

ROVELLI, ALESSIA
Dipartimento di Scienze del Mondo Antico, Università
degli Studi della Tuscia, Largo dell'Università,
01100 Viterbo, Italy.

SANSONI, MARTA
c/o The British School at Rome, Via Gramsci 61,
00197 Rome, Italy.
marta.sansoni@tiscalinet.it

SANTORO, PAOLA
Consiglio Nazionale delle Ricerche, Istituto per
l'Archeologia Etrusco-italica, Viale di Villa Massimo
29, 00161 Rome, Italy.
psantoro@iaei.cnr.rm.it

SCHIAPPELLI, ANDREA
Via Romeo Rodriguez Pereira 129, 00136 Rome, Italy.
skya@libero.it

STODDART, SIMON
Magdalene College, Cambridge, CB3 0AG, Great
Britain.
ss16@cus.cam.ac.uk

TAYLOR, JEREMY
School of Archaeological Studies, University of
Leicester, University Road, Leicester, LE1 7RH, Great
Britain.
jt38@leicester.ac.uk

TERRENATO, NICOLA
Department of Classics, 202 Murphey Hall, University
of North Carolina at Chapel Hill, Chapel Hill, NC
27599–3145, USA.
terrenat@email.unc.edu

WATTERS, MEG
Institute of Archaeology and Antiquity, University of
Birmingham, Edgbaston, Birmingham, B15 2TT, Great
Britain.
wattemsw@hhs.bham.ac.uk

WITCHER, ROB
The British School at Rome, Via Gramsci 61,
00197 Rome, Italy.
rewitcher@libero.it

ZIFFERERO, ANDREA
Dipartimento di Archeologia e Storia delle Arti,
Università degli Studi di Siena, Via Roma 56,
53100 Siena, Italy.
zifferero@unisi.it

ZUBROW, EZRA
Department of Anthropology, College of Arts and
Sciences, 380 MFAC, Box 610005, Buffalo, NY
14261–0005, USA.
zubrow@buffalo.edu

Printed in Italy, February 2004